Heinrich Gasteiger
Gerhard Wieser
Helmut Bachmann

So kocht Italien

Antipasti, Risotti, Pasta,
Dolci ...

Fotos: Daniela Kofler · Udo Bernhart

Zweite Auflage

VERLAGSANSTALT ATHESIA | BOZEN

So kocht Südtirol · ISBN 88-8266-015-X

GERHARD WIESER

1968 in Rasen (Südtirol) geboren. Der Küchenmeister sowie diplomierte Diätkoch (DGE) sammelte internationale Erfahrung bei Spitzenköchen in Europa und Asien. Bei internationalen Wettbewerben gewann er Gold- und Silbermedaillen. Als Küchenchef des Fünf-Sterne-Hotels *Castel* in Dorf Tirol, Mitglied der *L'Art-de- Vivre*-Gourmetresidenzen, hat er die feine Küche des Hauses zur gehobenen Gourmetküche geführt. Die Gastroszene zeichnete ihn mit 3 Hauben, gleich 17 *Gault-Millau*-Punkten, aus. Im *Schlemmeratlas* wurde er mit 4 Kochlöffeln bewertet. Gerhard Wieser publizierte verschiedene Fachbücher, Rezeptbroschüren, Kochkalender und veröffentlichte Artikel in Gourmetzeitschriften. Er entwickelt als Food-Consulter innovative Produkte im Feinkost- und Lebensmittelbereich.

HEINRICH GASTEIGER

1957 in Luttach-Ahrntal geboren, wohnt heute in Lana bei Meran (Südtirol). Der Küchenmeister und Fachlehrer unterrichtet seit 1985 an der Landeshotelfachschule *Kaiserhof* in Meran. Auslandstätigkeiten in gehobenen Küchen in Deutschland, Österreich und der Schweiz. Er nahm als Teamchef des Südtiroler Köcheverbandes (SKV), dessen Vizepräsident er war, erfolgreich an Kochkunstausstellungen (Wettbewerben) teil. Gasteiger veröffentlichte zahlreiche Beiträge in Gourmetmagazinen, publizierte Rezeptbroschüren, Kochkalender und Videos und ist Autor mehrerer Kochbücher und Gastronomieführer. Er ist auch Produktentwickler für Lebensmittel und Food-Designer.

HELMUT BACHMANN

1959 in Antholz-Mittertal geboren, wohnt mit seiner Familie in Mühlbach (Südtirol). Der Küchenmeister unterrichtet seit 1983 an der Berufsschule *Emma Hellenstainer* in Brixen. Für die italienische Köchenationalmannschaft nahm er an Wettbewerben in Frankfurt, Luxemburg, Basel, Chicago und Wien teil. Als Referent gibt er sein Wissen bei Kochseminaren im In- und Ausland weiter. Außerdem hat er zahlreiche Beiträge in Form von Fachartikeln, Rezeptbroschüren und Kochkalendern veröffentlicht. Er ist auch Koautor verschiedener einschlägiger Fachbücher.

So kocht Italien
Mehr als ein Kochbuch

»So kocht Italien – Antipasti, Risotti, Pasta, Dolci...« ist kein Kochbuch im herkömmlichen Sinn, es ist viel mehr: Es versucht – über die Rezepte hinaus – Wissen über die italienische Esskultur, über die vielfältigen Traditionen und die wichtigsten Produkte des Landes zu vermitteln. Wertvolle Tipps und nützliche Warenkundeinformationen ergänzen das umfangreiche Werk. Die Tabellen und schematischen Darstellungen vereinfachen das Nachschlagen und machen die Klassifizierung und die verschiedenen Verfahren leichter verständlich als eine lange Beschreibung.

Diese Mischung aus typischen Gerichten und Hintergrundwissen hat sich bereits bei unserem Kochbuch »So kocht Südtirol« bewährt, das ein echter Bestseller geworden ist.

Aus der Vielzahl der Speisen, die die typische italienische Küche ausmachen, haben wir eine Auswahl getroffen, die Hausfrauen ebenso wie Hobbyköche und Profis zufrieden stellen wird. Die einfache Beschreibung der Gerichte wird auch Anfängern zu einem Erfolgserlebnis verhelfen und sie für das Kochen erst so richtig begeistern. Allerdings muss eine Grundregel eingehalten werden: Die italienische Küche lebt von frischen Grundprodukten bester Qualität. Sparen Sie also nicht am falschen Ort!

Darüber hinaus sind die Kenntnisse der Qualitätskriterien und die richtige Verwendung der Lebensmittel die Grundvoraussetzungen für befriedigende Kochergebnisse.

Ob Antipasti oder Vorspeisen – beim Lesen der Rezepte werden Sie sich oftmals an Ihre Urlaube erinnert fühlen. Für unsere Fischgerichte müssen Sie keine Kochkünstler sein: Lassen Sie sich von uns führen, und Sie werden sehen, wie einfach es ist, wohlschmeckende Fische und Meeresfrüchte auf den Tisch zu bringen.

Dass die Italiener nicht nur Fisch, sondern auch Fleisch lieben, zeigen herrliche Gerichte wie die »Fiorentina«, das wohl größte Stück Fleisch, das Sie jemals gegessen haben, oder die sanft glasierte Kalbsstelze. Wissen Sie, was man auf der italienischen Halbinsel unter Bodenschätzen versteht? Natürlich Spargel und Trüffeln, die zum Köstlichsten gehören, was uns die Erde schenkt.

Warum ein italienisches Mahl mit einem Dessert enden muss, haben Sie sicher auch schon erkannt, während sie ein Tiramisu oder ein »sorbetto« auf der Zunge zergehen ließen. Doch auch der Käse hat in Italien wegen der Vielfalt und der raffinierten Herstellung unzählige Freunde. Die vielen Käsesorten kann man variantenreich mit Früchten und Nüssen genießen.

Damit Sie schon beim Durchblättern auf den Geschmack kommen, ist das Kochbuch mit zahlreichen ansprechenden Fotos illustriert. Alle Rezepte sind einfach und leicht nachvollziehbar beschrieben.

Es würde uns freuen, wenn »So kocht Italien« zu einem wertvollen Ratgeber in Ihrem Küchenalltag wird.

Ihre Autoren

H. Gasteiger
G. Wieser
H. Bachmann

Heinrich Gasteiger
Gerhard Wieser
Helmut Bachmann

Gewusst wie!
Praktische Anleitungen

Damit Sie bei der Zubereitung Spaß statt Probleme haben und die Gerichte ein Genuss für Sie und Ihre Gäste sind, geben wir Ihnen im Folgenden einige nützliche Informationen.
Die Rezeptangaben sind nur Richtlinien. Für das Gelingen eines Gerichts bedarf es noch anderer Fähigkeiten:

Eine gute Organisation ist alles!

Das erfolgreiche Kochen mit dem Kochbuch **So kocht Italien** ist weniger eine Frage des Könnens und der Übung, als vielmehr der Planung und Organisation.
Befolgen Sie die nachstehenden 8 Punkte, und das Resultat wird Sie überzeugen.

1. Vor dem Kochen das Rezept genau durchlesen und alle Geräte und Zutaten griffbereit halten.
2. Zeit gut einteilen: Während ein Gericht auf dem Herd oder im Backrohr gart, können Beilagen und Salate zubereitet werden.
3. Backrohr oder Grill rechtzeitig vorheizen. Das verhindert unnötige Wartezeiten.
4. Kontrollieren Sie, ob Sie über das notwendige Kochgeschirr verfügen. Reinigen Sie Töpfe, die nicht mehr benötigt werden, sofort.
5. Mit vorbereiteten Zutaten lässt sich viel Zeit sparen! Vom Fischhändler filetierter Fisch und vom Metzger in Ragoutwürfel geschnittenes Fleisch können direkt weiterverarbeitet werden.
6. Haben Sie Mut zum Ausprobieren!
7. Nehmen Sie sich Zeit, die Speisen kreativ anzurichten.
8. Kochen Sie mit Leidenschaft. Nur wer mit Freude, Fleiß und Ausdauer kocht, erzielt gute Resultate für sich und seine Gäste.

Personenanzahl

Zu jedem Rezept finden Sie die Mengen- oder Personenangabe. Die Personenanzahl ist nur ein Richtwert. Unterschiede ergeben sich, wenn Sie das Gericht als Hauptspeise oder innerhalb einer Menüfolge servieren.
Wenn nicht anders angegeben, sind die Rezepte für vier Personen.

Singles

Für Singles oder Paare kann die angegebene Menge halbiert oder geviertelt werden.

Zutaten

Diese Rubrik enthält sämtliche Zutaten mit Mengenangaben, die für die Gerichte benötigt werden. Die Zutaten sind nicht nur in der Reihenfolge der Vor- und Zubereitungsschritte aufgeführt, sondern auch nach den einzelnen Bestandteilen des Gerichts wie Teige, Massen, Saucen, Füllungen geordnet.
Saucen, Teige, Massen, Cremen, Kuchen, Torten usw. sind in Liter, Kilogramm oder als Form angegeben.

Koch-, Gar- und Backzeiten und Gartemperaturen

Alle Garzeiten sind nur Richtwerte, die abweichen können, da die jeweilige Küchenausstattung variiert.
Herde und Backrohre heizen unterschiedlich, deshalb können die Backzeiten in den Rezepten schwanken. Schauen Sie rechtzeitig nach, und machen Sie stets eine Garprobe. Besonderes Augenmerk wurde darauf gerichtet, dass die Gerichte schonend gegart werden.

Mehl
Wenn in den Rezepten Mehl als Zutat genannt wird, ist Weizenmehl gemeint.

Eier
In den Rezepten sind mittelgroße Eier (M = 53–63 g) angegeben.

Öl
Darunter verstehen wir Samenöl, und unter Olivenöl ein kaltgepresstes. Zum Kochen müssen Sie nicht unbedingt das beste Olivenöl verwenden. Aber zum Vollenden der Gerichte oder für Salate ist es von Vorteil, nur gutes Öl mit der Bezeichnung »olio d'oliva extra vergine« zu verwenden.

Speisestärke
Als Speisestärke wird zumeist Weizenstärke verwendet. Sie können aber auch Kartoffel- oder Maisstärke nehmen.

Salzen
Salzen ist eine Gefühlssache und kann nicht immer in Gramm ausgedrückt werden. Das Salz sollte man zwischen die trockenen Finger nehmen und es mit genügend Abstand in die Speise rieseln lassen. Zum Salzen von größeren Mengen Flüssigkeit, z. B. beim Kochen von Nudeln, verwendet man besser grobes Salz, weil sich das leichter messen lässt.

Pfeffer
Sie sollten ihn immer frisch in der Mühle mahlen. So hat er ein weitaus intensiveres Aroma.

Gebräuchlichste Richtwerte für Esslöffel und Teelöffel

1 EL	Öl	13 g
1 TL	ÖL	6 g
1 EL	Butter	10 g
1 TL	Butter	6 g
1 EL	Milch	13 g
1 TL	Milch	6 g
1 EL	Zucker	15 g
1 TL	Zucker	6 g
1 EL	gerieb. Nüsse	6 g
1 TL	gerieb. Nüsse	3 g
1 EL	gerieb. Käse	6 g
1 TL	gerieb. Käse	3 g
1 EL	Salz	15 g
1 TL	Salz	5 g
1 EL	Mehl	8 g
1 TL	Mehl	3 g

1 EL = 10 ml = 1 cl
1 TL = 5 ml
1 Schnapsglas = 20 ml = 2 cl

$^1/_4$ l ist etwa 1 gefüllter Suppenteller

$^1/_8$ l ist etwa 1 Kaffeetasse

2 cl sind etwa 2 EL oder ein Schnapsglas

Tipps und Variationen

Bei vielen Rezepten finden Sie Tipps. Es sind unter anderem Hinweise, welche Beilagen, Saucen, Cremen, Früchte usw. zu dem jeweiligen Gericht besonders gut passen.
Alle Rezepte und empfohlenen Gerichte sind im Buch beschrieben und mit dem Seitenvermerk gekennzeichnet oder Sie schlagen im Register ab Seite 538 nach.

Küchenschreibweisen und Begriffe

Sollten Sie Begriffe, Arbeitsweisen, Produkte usw. auf Anhieb nicht zuordnen oder verstehen, schlagen Sie einfach im Register ab Seite 538 nach.

Maße und Gewichte

Exaktes Wiegen und Abmessen der Zutaten sind Voraussetzungen für das Gelingen von Speisen. Natürlich sind Messbecher mit genauer Einteilung und eine Küchenwaage praktische Helfer. Wenn es jedoch schnell gehen soll, kann man auch ohne zeitaufwändiges Messen und Wiegen die benötigten Zutaten in der richtigen Menge abmessen. In vielen Fällen misst es sich leichter mit Ess- oder Teelöffeln. Da Löffel jedoch sehr unterschiedlich groß sein können, betrachten Sie die Tabelle nur als Orientierungshilfe.

- Als Mengenangaben werden Liter (l), Milliliter (ml), Zentiliter (cl), Kilogramm (kg) und Gramm (g) verwendet.
- Bei Löffelangaben – Esslöffel (EL) oder Teelöffel (TL) – ist, wenn nicht anders angegeben, von einem mäßig gehäuften auszugehen.
- Eine Messerspitze (Msp.) ist jene Menge, die auf einem kleinen Gemüsemesser die Spitze bedeckt.
- Unter einer Prise versteht man die Menge, die man zwischen Zeigefinger und Daumen halten kann.

Begriff »etwa«

In den Rezepten wird der Begriff »etwa« einige Male verwendet. Zum Beispiel bei der Garzeit von Kartoffeln »etwa 30 Minuten« oder die Bologneser Sauce »etwa 2 Stunden kochen«. Wenn »etwa« angegeben ist, ist es entweder nicht nötig, eine genauere Angabe zu machen oder auch nicht möglich.
Das »Etwa« lässt also die Freiheit, Gefühl und Erfahrung zu benutzen, ohne dass man dabei ein Misslingen riskiert.

Einkauf von Fleisch

Vertrauen zu Ihrem Metzger ist gut, eigenes Wissen und Beurteilen besser. Fleisch ist ein wertvolles und gesundes Nahrungsmittel. Es enthält für den Menschen wichtige Nährstoffe. Die Qualität von Fleisch wird nach drei Gesichtspunkten beurteilt:

1. **Genusswert:** Aussehen (Farbe), Saftigkeit, Zartheit, Fettverteilung, Faserung;
2. **Eignungswert:** Schneidefestigkeit, Kocheignung, Brateignung, Ausbeute;
3. **Gesundheitswert:** Nährstoffgehalt, Kaloriengehalt, Verdaulichkeit, hygienische Beschaffenheit.

Wie erkennt man frisches Fleisch?

- Kräftig rot gefärbtes Fleisch mit ziemlich trockener Anschnittfläche schrumpft in der Pfanne wenig und lässt sich gut braten. Das gebratene Fleisch ist saftig, schmackhaft und zart.
- Dunkles, purpurrotes Fleisch mit einer trockenen, leimigen Anschnittsfläche klebt in der Pfanne leicht an! Das zubereitete Fleisch schmeckt fade.

• Blasses, schwammiges Fleisch, das sich am frischen Anschnitt durch starken Saftaustritt kennzeichnet, schrumpft in der Pfanne erheblich zusammen. Das zubereitete Fleisch (Schnitzel, Medaillons, Steaks) ist geschmackarm, trocken und zäh.

• Achten Sie besonders auf Farbe und Saftigkeit. Auf keinen Fall zu blasses und wässriges oder zu dunkles und trockenes Fleisch kaufen.

Verwendung von Wein und Getränken

Wenn in den Rezepten Wein als Zutat genannt wird, verwenden Sie bei Weißwein einen eher trockenen und bei Rotwein einen kräftigen Wein, wenn nicht anders angegeben.

Grundsätzlich gilt: guter Wein zu gutem Essen. Bei vielen Rezepten wird mit Wein aufgegossen: wie Weinschaum, Weinsauce. Auch hier gilt: Eine schlechte Zutat macht kein Essen besser.

Würzen

Gut gefüllte Regale mit einem reichhaltigen Sortiment an Gewürzen aus aller Welt stehen heute in jedem Supermarkt.

Bei Gewürzen handelt es sich um getrocknete Pflanzenteile. Man verwendet Blätter, Samen, Blüten, Wurzeln oder Rinden.

Da Gewürze entscheidend zum Gelingen der Speisen beitragen, sollten Sie beim Kauf auf gute Qualität achten. Diese Gewürze sind fachgerecht verpackt und dadurch vor Aromaverlust geschützt, denn die ätherischen Öle in Gewürzen sind leicht flüchtig.

Zerkleinerte Gewürze wie Pfeffer oder Muskatnuss büßen sehr leicht an Geschmack ein; kaufen Sie daher am besten ungemahlene Gewürze.

So können sie lichtgeschützt und trocken verpackt mindestens 2 Jahre gelagert werden.

Zum Mahlen der Gewürze eignen sich Pfeffer-, Salz- und Gewürzmühlen.

Wellnessküche

Sollte Sie Wellness interessieren, finden Sie in diesem Buch Anleitungen dazu (siehe Seite 518). Grundsätzlich sind alle Rezepte so aufgebaut, dass sie den Anforderungen des Wellnessgedankens entsprechen.

Hygiene

Da Hygiene und Sauberkeit bei der Zubereitung von Speisen ohnehin selbstverständlich sind, wurde bei den einzelnen Rezepten nicht näher darauf eingegangen. Bei allen Rezepten dieses Buches wird immer von gewaschenem Gemüse, Fisch, Fleisch, Obst usw. ausgegangen.

Vermeidung von Salmonelleninfektionen

• Leicht verderbliche Lebensmittel tierischer Herkunft immer im Kühlschrank bei einer Temperatur unter 6 Grad aufbewahren.

• Lebensmittel, die als Träger von Salmonellen gelten, also vor allem Geflügel, Wild, Fisch, Eier, Krusten-, Schalen- und Weichtiere, getrennt von anderen Lebensmitteln aufbewahren und zubereiten.

• Beim Auftauen von gefrorenem Geflügel und anderem gefrorenen Fleisch darauf achten, dass das Tauwasser nicht mit anderen Lebensmitteln in Berührung kommt.

• Hackfleisch, Geflügel und teilweise auch Fisch immer ganz, aber noch saftig durchbraten. Hackfleisch noch am Tag der Herstellung verbrauchen.

• Für bestimmte Eierspeisen (Tiramisu, Cremen, die nicht erhitzt werden, Cremeeis usw.) sollten Sie pasteurisierte Eier verwenden.

• Eier immer im Kühlschrank aufbewahren.

• Bei Küchenarbeiten auf peinliche Sauberkeit achten. Vor und während der Küchenarbeit möglichst oft die Hände mit warmem Wasser und Seife waschen.

Wiegen ohne Waage

Das Gewicht vieler Lebensmittel lässt sich auch ohne Waage in etwa bestimmen. Die folgenden Angaben beziehen sich jeweils auf mittelgroße Stücke:

1 Ei (M)	55–64 g
1 Eigelb	20 g
1 Eiweiß	35 g
1 Tomate, etwa	100 g
1 Zwiebel, etwa	100 g
1 Karotte, etwa	100 g
1 Kartoffel	150 g
1 Zucchini (o)	150 g
1 Paprikaschote	150 g
1 Aubergine	150 g
1 Prise (meist Salz)	1–2 g
1 Messerspitze	3–5 g

Richtiges Handwerkszeug
Geräte und Maschinen

Um gut zu kochen, brauchen Sie keine teure Luxusküche. Und auch in Ihren Schränken müssen sich Töpfe, Pfannen und Geräte nicht stapeln. Ein paar Standardgeräte sollte Ihre Küche aber schon enthalten. Denn ein gutes Handwerkszeug erleichtert die Küchenarbeit sehr. Und mit dem passenden Zubehör macht das Kochen auch gleich mehr Spaß.

Kochherde

Es ist immer eine individuelle Entscheidung, ob man einen Elektro- oder einen Gasherd kauft.

Elektroherde

Blitz- und Schnellkochplatten

Sie sind meistens mit einem roten Punkt versehen und eignen sich daher zum schnellen Kochen, Aufkochen oder Anbraten. Sie heizen sich schneller auf (nur bei Glaskeramik-Kochfeldern nicht, sie haben keinen roten Punkt).

Induktionskochstelle

Die neueste Entwicklung sind Induktionskochstellen. Beim induktiven Kochen wird die Wärme über elektromagnetische Wechselfelder direkt im Topfboden erzeugt. Statt eines Heizkörpers befindet sich eine Kupferspule unter der Herdplatte. Die Wärme entsteht unmittelbar da, wo sie gebraucht wird. Das Aufheizen des Topfes über den Umweg Kochplatte entfällt. Der Topfboden oder die Pfanne müssen allerdings aus einem magnetischen Material bestehen. Edelstahl eignet sich für diese Kochplatten nur mit einem extra dafür ausgestatteten Boden. Die Menge der Energieabgabe des Herdes richtet sich nach der Größe des darauf stehenden Topfes oder der Pfanne. Das Kochfeld »denkt« also mit. Diese neue Technik ermöglicht ein schnelles und energiesparendes Kochen. Nahezu alle Kochtöpfe sind heutzutage für Induktion geeignet.

Da beim Induktionsherd das Kochfeld nicht erhitzt wird, können überkochende Flüssigkeiten auf der Kochplatte nicht anbrennen.

Gasherd

Das Kochen mit Gas ist energiesparend und bietet Vorteile durch die schnelle und gut regulierbare Hitzezufuhr (kein An- bzw. Vorheizen); Spezial-Geschirr ist nicht notwendig. Die offene Flamme lässt jedoch viele vor einer Verwendung zurückschrecken.

Mikrowelle

Mit einem Mikrowellengerät (separat oder kombiniert mit klassischen Heizarten) besteht die Möglichkeit, die Garzeit zu verkürzen. Doch nicht jedes Kochgeschirr ist mikrowellengeeignet.

Dampfgarer

Es gibt keine sanftere Garmethode als die Zubereitung über Wasserdampf. Im Gegensatz zum Dämpfen im Kochtopf, wo das Gargut im Wasser schwimmt, werden im Dampfgarer wertvolle Vitamine, Mineral- und Geschmacksstoffe sowie Farbe und Form des Gargutes nicht ausgewaschen. Die kombinierten Dampfgarer können sowohl zum reinen Dämpfen als auch als Backrohr mit Heißluft genutzt werden. Weiters verfügen sie über kombinierte Funktionen mit Dampf und Heißluft, die sich hervorragend zum Backen aller Hefeteige (z. B. wird Brot wunderbar luftig mit einer glänzenden Kruste und bleibt länger frisch) oder auch für Braten eignen.

Die kombinierten Dampfgarer können sowohl zum reinen Dämpfen als auch als Backrohr mit Heißluft genutzt werden.

Backrohre mit konventioneller Beheizung

Bei dieser Beheizungsart wird die Temperatur durch Ober- und Unterhitze erzeugt und durch Strahlung übertragen.

Backrohre mit Heißluftsystem

Ein Ringheizkörper an der Backrohrwand umschließt das Lüfterrad und verteilt die Hitze gleichmäßig im Backofen. Dieses System ermöglicht das gleichzeitige Garen in verschiedenen Etagen.

Umschaltbare Backrohre

Die modernsten Backrohre sind umschaltbar auf mehrere Beheizungsarten oder miteinander kombinierbar:

- Ober- und Unterhitze für bestimmte Rezepte
- Oberhitze
- Unterhitze
- Heißluftsystem für große Mengen auf mehreren Ebenen
- Flächengrill (Groß- und Kleinflächengrill)
- Heißluft mit Unterhitze (Brot)
- Heißluft mit Oberhitze für Braten; die Bräunung erfolgt ohne Zusatzgeräte, die das Gargut drehen
- Flache Grillstücke werden durch Strahlungshitze gegart und an der Oberfläche knusprig

Kühlschrank

Wo sollte man was im Kühlschrank lagern?

Die richtige Kühlschranktemperatur beträgt 3 bis 5 Grad im mittleren und 6 bis 8 Grad im oberen Fach. Dies ist der richtige Platz für Eier, Milchprodukte und Wurst.

Der kälteste Punkt ist das untere Fach mit 2 Grad. Hier sollte Fisch und Fleisch gelagert werden. Die Schubfächer am Boden mit 10 Grad eignen sich für Gemüse und Obst.

Noch »wärmer« sind nur die Fächer der Kühlschranktür mit bis zu 12 Grad: gut für Getränke.

Lebensmittel sollten immer abgedeckt sein, um Feuchtigkeits- und Geschmacksverlust zu vermeiden.

Manche Lebensmittel dürfen gar nicht gekühlt und nur bei Zimmertemperatur gelagert werden: Tomaten, Gurken, Zucchini und Brot sowie Obst und Gemüse, das noch nachreifen soll.

Geräte und Werkzeuge

Messer

Gemüse- oder Allroundmesser

Genauso wichtig wie das richtige Kochgeschirr sind zuverlässige Küchenutensilien. Ob Messer, Kochlöffel oder Schneebesen, entscheidend für den Erfolg sind auch hier Qualität und Funktionalität.

Kochlöffel

Man sollte deshalb bei der Anschaffung dieser Geräte nicht sparen. Messer in Profiqualität erkennen Sie am Gewicht, an der sorgfältigen Verarbeitung von Griff und Klinge sowie am Preis.

Ein Gemüse- und ein Fleischmesser sind unerlässlich.

Qualität zahlt sich aus. Denn mit guten scharfen Messern lassen sich Kräuter, Gemüse, Obst, Fleisch für Schnitzel und Ragout leichter schneiden.

Töpfe und Pfannen

Kochtopf aus Edelstahl

Sorgfältig ausgewählte Töpfe und Pfannen sind der Grundstein einer guten Küchenausstattung. Die Vielfalt an Kochgeschirr ist unerschöpflich. Neben Unterschieden in der Optik wird auch jeder Topf auf die Garmethode abgestimmt.

Kupferpfanne

Kriterien für gutes Kochgeschirr

Wichtige Kriterien für die Qualität eines Topfes sind vor allem das Material, die Verarbeitung und die Form. Im Handel gibt es Töpfe aus Edelstahl, Emaille, Kupfer, Gusseisen, Aluminium und Glas. Töpfe aus Edelstahl sind für die Zubereitung der meisten Gerichte hervorragend geeignet. Sie zeichnen sich durch eine sehr lange Lebensdauer aus. Je besser die Wärmeleitung funktioniert, desto energiesparender und schneller können Sie die Gerichte zubereiten.

Garmethoden
sollten je nach Gericht und Zutat eingesetzt werden. Im Rahmen einer gesunden Ernährung sollte darauf geachtet werden, unter Zugabe von wenig Fett zu garen.
Möglichst frische und nur kurz gelagerte Lebensmittel sind eine gute Voraussetzung, aber nicht unbedingt ein Garant für gesunde Ernährung. Denn bei der Zubereitung kann man auch einiges falsch machen.

Der Topf sollte zudem einen gut schließenden Deckel besitzen. Besonders praktisch und platzsparend ist stapelbares Kochgeschirr.

Schneidbretter
Als Schneidbretter bieten sich Bretter aus hellem Kunststoff oder Holz an. Kunststoffbretter sind hygienischer als Holzbretter, nehmen weder Geruch noch Geschmack der darauf zerkleinerten Zutaten an und sind spülmittelfest.

Siebe
Ein bis zwei Siebe sollte man in der Küche haben; ein engmaschiges zum Abgießen von Reis, zum Abtropfen von Konserven, zum Bestäuben mit Staubzucker. Außerdem ein Standsieb mit größeren Löchern zum Abseihen von gekochten Nudeln oder auch zum Waschen von Gemüse oder Obst.

Garmethoden

Kochen
ist ein Garen in reichlich kochender Flüssigkeit im geschlossenen oder offenen Topf. Meistens werden z. B. Nudeln, Kartoffeln, Hülsenfrüchte, Fleisch, Geflügel, Eier gekocht.

Nudeln sollen in reichlich Salzwasser »al dente« gekocht werden.

⊕ Stärke und Eiweiß werden leichter verdaulich, das Gekochte dadurch besser bekömmlich. Außerdem braucht man beim Kochen kein zusätzliches Fett.

⊖ Hitzeempfindliche Vitamine und Mineralsalze lösen sich auf, wasserlösliche gehen ins Kochwasser über.

Beim Kochen sollten Sie Folgendes beachten:

1. Alles, was ausgelaugt werden darf (z. B. Knochen in Suppen, Suppenfleisch, Wurzelgemüse), in kaltem Wasser aufsetzen und dann erhitzen.
2. Alles was Geschmack behalten soll, in die kochende Flüssigkeit geben.

Blanchieren
ist ein Vorgaren roher Lebensmittel, maximal eine Minute, in siedendem Wasser oder in Wasserdampf; vor allem zarte Gemüse wie Spinat, Mangold, grüner Spargel, Tomaten, Kartoffeln werden blanchiert und Früchte, die anschließend tiefgefroren, gratiniert oder frittiert werden.

⊕ Durch das Blanchieren werden Keime und Enzyme zerstört, die Tiefgekühltes schneller verderben lassen. Lebensmittel behalten außerdem ihre appetitliche Farbe.

⊖ Ein Teil der Vitamine und Mineralstoffe geht ins Kochwasser bzw. Abkühlwasser über.

Garziehen/Pochieren
ist ein langsames Garen von empfindlichen Lebensmitteln wie z. B. Fisch, Eiern, Fleisch, Würsten oder Cremen in reichlich Flüssigkeit bei Temperaturen unterhalb des Siedepunktes (max. 82 Grad) im offenen Topf oder Wasserbad.

⊕ Garziehen ist schonender als das Kochen von Lebensmitteln.

⊖ Wasserlösliche und hitzebeständige Vitamine können, allerdings weniger als beim Kochen, zerstört werden.

Dünsten
ist ein Garziehen im geschlossenen Topf oder in Alufolie im Backrohr im eigenen Saft, eventuell unter Zugabe von wenig Flüssigkeit oder Fett. Vorzugsweise werden Gemüse, Pilze, Kartoffeln, Reis, Obst, Fleisch mit kurzer Garzeit gedünstet.

⊕ Der Eigengeschmack von Gemüse, Fleisch usw. bleibt sehr gut erhalten. Dünsten macht Lebensmittel bekömmlicher, ist dabei jedoch nährstoffschonender als Kochen.

⊖ Hitzeempfindliche Vitamine werden in geringem Umfang geschädigt.

Kurzbraten
wird auch als Sautieren bezeichnet. Das kurzzeitige Braten findet in heißem Fett ohne Flüs-

sigkeitszufuhr in der Pfanne statt. Vor allem portioniertes Fleisch, Fisch und Geflügel, klein geschnittenes Gemüse usw. können kurz gebraten werden.

⊕ Das Kurzbraten braucht wenig Zeit und verleiht den Lebensmitteln eine appetitliche Kruste. Beim Anbraten schließen sich die Fleischporen sofort, der Eigengeschmack bleibt erhalten

⊖ Hitzeempfindliche Vitamine und Mineralstoffe werden zerstört.

Schmoren

ist eine Kombination aus Braten und Dünsten. Das Gargut wird im Schmortopf bei hoher Temperatur rundum in heißem Fett angebraten. Dann wird Flüssigkeit zugegeben und der Braten bei mittlerer Hitze und geschlossenem Deckel gegart. Zum Schmoren eignen sich besonders Fleisch, Geflügel, Wild, Kohl, gefülltes Gemüse usw.

⊕ Beim Schmoren entstehen Röst- und Aromastoffe, die eine hervorragende Basis für viel gute Sauce bilden. Zum Schmoren kann man preiswertes Fleisch verwenden.

⊖ Durch die hohe Anbrattemperatur und lange Garzeit werden Nährstoffe zerstört. Schmoren braucht Zeit.

Grillen

ist eine Garung mit starker Bräunung auf dem Rost oder am Spieß. Vorzugsweise nimmt man Fleisch, Geflügel, Fisch, Gemüse usw.

⊕ Wenn Sie das Fleisch vor dem Garen marinieren, sorgt das für einen besseren Geschmack, und es wird zarter.

⊖ Zu stark gegrilltes Fleisch kann gesundheitsschädlich sein. Tropft Fett in das Grillfeuer, so entwickeln sich Giftstoffe.

Gratinieren

ist ein Überbacken von gegarten Speisen z. B. mit geriebenem Käse im Backrohr bei starker Oberhitze oder unter dem Salamander, um ihnen eine appetitliche Kruste zu verleihen. Meistens werden Gemüse, Fleisch, Fisch oder Kartoffeln gratiniert.

⊕ Durch das Gratinieren entwickelt sich eine feine Kruste, und das Gericht wird viel aromatischer.

⊖ Gratiniert wird meist mit Käse und Butter oder einer Sauce Hollandaise. Dadurch enthalten diese Gerichte mehr Fett und sind schwerer verdaulich.

Dämpfen

ist ein nährstoffschonendes Garen in Wasserdampf in einem Topf mit Siebeinsatz. Die Lebensmittel dürfen nicht mit der Flüssigkeit in Berührung kommen. Der Topf wird mit dem Deckel verschlossen. Wichtig ist, den Deckel während des Garens nicht anzuheben.
Dämpfen kann man Kartoffeln, Gemüse, Fisch, Obst usw.

⊕ Dämpfen schont wasserlösliche Nährstoffe, Eigengeschmack und Farbe der Lebensmittel und macht Speisen sehr bekömmlich.

⊖ Die Garmethode bringt wenig zusätzliches Aroma.

Garen in der Folie oder Papier

Fischfilet, Fleisch, Geflügel, ganze Fische, Gemüse usw. lassen sich gut in Alufolie oder Backpapier dünsten.

⊕ Eine fettsparende und schonende Garmethode. Die Nährstoffe bleiben erhalten.

⊖ Das Garen in Papier oder Folie ist etwas arbeitsaufwändig.

Frittieren

ist Garen im Fettbad. Das Gargut wird mit Mehl bestäubt, paniert oder in einer Teighülle schwimmend im Fett gebacken. Frittiert werden z. B. kleine Meeresfrüchte, Fleisch- und Gemüsestücke, Kartoffeln, Früchte.

⊕ Eine sehr aromatische Garmethode. Die Nährstoffe bleiben zum Teil erhalten.

⊖ Frittiertes hat einen hohen Fettgehalt und ist schwer verdaulich.

Garregeln

1. Gekocht werden sollte generell nur so lange wie unbedingt nötig.
2. Gerade beim Kochen in reichlich Flüssigkeit gehen oft wertvolle Inhaltsstoffe wie Vitamine und Mineralstoffe verloren. Speziell bei der Gemüsezubereitung sollten deshalb Garmethoden bevorzugt werden, bei denen man möglichst wenig Flüssigkeit benötigt und die man anschließend sogar mit verwenden kann.
3. Fleisch und Fisch in der Pfanne beim Wenden nicht anstechen. Es tritt wertvoller Saft aus und das Gargut kann trocken werden.
4. Beim Grillen sollte man Fleisch, Fisch usw. vor zu starker Hitze schützen. Eventuell das Gargut auf Alufolie legen.
5. Bei zu starker Bräunung im Backrohr hilft das Abdecken mit Alufolie.
6. Langes Warmhalten bereits gegarter Speisen sollte man nach Möglichkeit vermeiden.

ITALIEN

KULINARISCH UNÜBERTREFFLICH

Dass die italienische Küche weltweit so beliebt ist, hat mehrere Gründe.
Die Grundprodukte müssen frisch sein und von guter Qualität. Das schlägt sich im Geschmack nieder. Eine große Vielfalt von Gerichten lässt sich innerhalb kurzer Zeit zubereiten. Damit ist diese mediterrane Küche alltagstauglich, das heißt, auch Berufstätige können sich ohne Stress leckere Speisen zubereiten. Die italienische Küche kommt aber auch dem Zeitgeist entgegen. Gemüse und Obst sind wichtige Zutaten zahlreicher Rezepte, fördern die schlanke Linie; Sie müssen nicht Kalorien zählen, denn die Gerichte machen nicht dick.

Sizilien – Syrakus, Ortigia Lungomare

Die Küche aller Küchen
Das Land und seine Produkte

In Trattorien isst man in Italien meist gut. Die oft urigen Lokale sind typisch für das Land.

Ein gutes Essen, ein guter Wein – das sind Inbegriffe italienischer Lebensart, das ist Lebensphilosophie und Kultur. In Italien dauern Mahlzeiten oft Stunden. Denn es werden immer mehrere Gänge serviert. Man genießt das Essen meist mit der ganzen Familie.

Auch für viele Gäste aus dem Ausland ist die italienische Küche was Besonderes. Bei einem Besuch in Italien möchten sie nicht nur Kunst und Kultur erleben, sondern vor allem auch die kulinarischen Köstlichkeiten der mediterranen Küche.

Italien weist in Landschaft und Klima große Unterschiede auf. Daher gibt es beispielsweise vorzügliche Käse aus Kuhmilch im Norden, aber auch ihnen qualitativ ebenbürtige Käse aus Schafsmilch im Süden. Greifen norditalienische Rezepte oft auf Butter und Sahne zurück, dominiert in der südlichen Küche feines Olivenöl.

Die Vielfalt der italienischen Küche

Bei Urlauben werden Sie festgestellt haben, dass viele italienische Rezepte, die in Kochbüchern stehen, nur in ganz bestimmten Regionen Italiens gegessen werden, und dass man sie oft anders zubereitet, als Sie es von zu Hause kennen.

Es ist zwar üblich, von »der« italienischen Küche zu sprechen, jede Region hat jedoch ihre eigene Küche als natürliche Folge einer vielschichtigen Entwicklung.

Trends in der italienischen Küche

»Es ist allgemein bekannt, dass der Erfolg der italienischen Küche in ihrer Einfachheit, der Geschmacksvielfalt, der großen Auswahl an Produkten und – nicht zuletzt – in den Aromen, die uns die Natur zur Verfügung stellt, liegt. Zu diesem Erfolgsrezept gehören aber auch die nationalen Weine, die für eine perfekte Abrundung der italienischen Gerichte sorgen.«

Die Einfachheit liegt in der Kunst, die Eigenschaften und den Geschmack der Zutaten nicht zu verfälschen oder zu verändern. Da Italien von Norden bis in den Süden eine so umfangreiche Produktpalette bietet, können die Köchinnen und Köche die unterschiedlichsten Geschmacksrichtungen miteinander kombinieren.

Was die italienische Küche weltweit aber am meisten auszeichnet, sind die Düfte: Man denke nur an Basilikum, Knoblauch, Rosmarin, Salbei, Oregano, Thymian – schon läuft einem das Wasser im Mund zusammen.

Einkaufen

Das Angebot an sonnengereiftem Gemüse, Obst, Salaten und frischen Kräutern ist enorm. Es macht Spaß, hier auf den Markt zu gehen oder sich in einem der vielen kleinen Lebensmittelläden beraten zu lassen.

Italiens Klassiker

Alle Welt kocht Saltimbocca nach, schwärmt von Carpaccio, Risotto alla milanese, Pizza, Pasta und einem Ossobuco mit köstlicher Gremolata.

Typische Lokale

In den kleinen Lokalen, speziell dort, wo die Einheimischen essen gehen, in den **Trattorien**, **Pizzerien** und **Locande**, schmeckt's garantiert ganz typisch italienisch.

Auf gutes Essen wird heute trotz modernem, städtischem Leben bei den Italienern noch genauso viel Wert gelegt wie früher.

Mediterrane Küche

Die Mittelmeerküche vereint die geschmackliche Vielfalt vieler Gegenden der Erde. Der Mittelmeerraum war nämlich ein kulinarischer Kreuzungspunkt. Hier kamen die Gewürzhändler aus dem Fernen Osten auf ihrer Reise nach Europa vorbei, hier trafen Schiffsladungen mit Gütern aus der Neuen Welt ein.

Die Küche des **Mare nostrum**, wie es die Römer einst nannten, ist für uns jedoch nicht nur deshalb so spannend, weil sie von vielen Kulturen beeinflusst wurde, sondern auch, weil sie besonders aromatisch ist. Das liegt an der reichlichen Verwendung von Olivenöl, das neben dem Knoblauch zu den gesündesten Lebensmitteln zählt.

Es ist aber auch auf den besonders schonenden Umgang mit den Grundprodukten zurückzuführen und zeigt den Respekt vor dem Eigengeschmack der Zutaten.

Gesunde Küche

Italienisches Essen schmeckt nicht nur hervorragend, es ist auch sehr gesund. Italiener legen nämlich großen Wert auf qualitativ hochwertige Zutaten.

Gutes Olivenöl ist ein absolutes Muss, genauso wie vitaminreiches Gemüse, frische Kräuter, knackige Salate, frischer Fisch und frische Meeresfrüchte, Pasta und Reis. Diese Zutaten sichern den täglichen Bedarf an Vitaminen und Mineralstoffen und sorgen für erstaunlich fettarme Mahlzeiten.

Die italienische Küche bietet – wie Sie beim Durchblättern dieses Buches bereits feststellen werden – eine große Auswahl an Rezepten. Schnelle, etwas aufwändige, leichte, anspruchsvolle, schlichte und raffinierte. Für jeden Geschmack, für jede Gelegenheit ist etwas dabei.

Was heißt mediterrane Küche?
Leichte Gerichte auf den Speisenplan zu setzen, Rücksicht auf das saisonale Marktangebot und die regionalen Besonderheiten herauszuarbeiten. Gerade auf den Mittelmeerinseln haben sich aufgrund der isolierten Lage vom Festland bestimmte Lebensmitteleigenschaften besonders gut erhalten.

Kochen nach der Saison

Eine Küche, die sich an den Jahreslauf hält, ist heute wieder gefragt. Sie garantiert besonders frische, reife und geschmackvolle Zutaten, wie Gemüse und Kräuter. Da sie oft eine regionale Küche ist, gibt sie uns wieder ein Gefühl dafür, zur richtigen Zeit am richtigen Ort das Richtige zu kochen und zu essen. In ihr werden vor allem die Gemüse und Früchte der jeweiligen Jahreszeit verwendet, um sie in typischen Zubereitungsarten zu servieren.

Italiens Märkte bieten Obst und Gemüse von bester Qualität.

Damit auch Sie diesem Trend folgen können, finden Sie hier einen kleinen Fahrplan für das Kochen nach den Jahreszeiten.

Frühjahr

Das Frühjahr ist für Genießer die Zeit der ersten kulinarischen Höhepunkte nach einem langen Winter. Gleich die ersten wärmeren Tage bringen die Lust auf Frisches: Kräuter, Salate und junges Gemüse zaubern Duft und Farbe in den Kochtopf. Zu Ostern und Pfingsten locken z. B. Braten vom zarten Kalb, Lamm oder Kitz.

Was hat im Frühjahr Saison?

Gemüse: Spargel, Frühspinat, Artischocken, Morcheln, Zucchiniblüten, Frühlingszwiebeln, neue Kartoffeln, Kohlrabi, Radieschen

Salate: Löwenzahn, Feldsalat, Bärlauch, Gartenkresse

Kräuter: Schnittlauch, Kerbel, Basilikum

Obst, Beeren: Erdbeeren, Rhabarber

Sommer

Mittelmeeraromen geben der Sommerküche den leichten Geschmack.

Die Grillzeit beginnt: Steaks, Gemüse, Fisch schmecken vom Grill zubereitet am besten, und dann sind da natürlich noch die Getränke: Bowlen und fruchtige Cocktails sind typisch für den Sommer und ideal für Gartenfeste.

Was hat im Sommer Saison?

Gemüse: Gurken, Melanzane, Tomaten, Zucchini, Paprikaschoten, Blumenkohl, Bohnen, Broccoli

Salate: Rucola, Lollo rosso, Brasiliana

Kräuter: Basilikum, Rosmarin, Salbei, Thymian

Obst, Beeren: Erdbeeren, Himbeeren, Johannisbeeren, Walderdbeeren, Kirschen, Aprikosen

Herbst

Beim Kochen zeigt sich im Herbst der Fleiß des Frühlings. In dieser Zeit werden die übers Jahr gereiften Gemüse und Früchte geerntet. Die Pilzsaison geht dem Höhepunkt zu. Die feinen Steinpilze, Totentrompeten und viele andere Pilze lassen das Herz des Koches höher schlagen.

Auch Wild und Schlachtvieh haben nun den besten Geschmack.

Traditionsfeste wie Erntedank und Kirchweih oder die »Sagra del pesce« (Fischfest) sind gute Anlässe, um alles zu genießen, was der Markt bietet.

Was hat im Herbst Saison?

Gemüse, Pilze: Artischocken, Fenchel, Kartoffeln, Kohl, Kürbis, Pilze, Schwarzwurzeln

Salate: Radicchio, Chicorée

Obst: Äpfel, Birnen, Quitten, Kaki, Weintrauben, Nüsse, Kastanien

Winter

Gemüse, konserviertes Obst, getrocknete Früchte werden eingelegt. Zu Winteranfang beginnt wieder die etwas deftigere Küche. Der erste Frost macht Rosenkohl sogar erst zum Genuss.

Für Abwechslung sorgen Früchte aus dem Süden und den Tropen, weil sie nun am besten schmecken.

Panettone, Kekse, Zelten backen ist im Advent eine alte Tradition. Edelfische und Krustentiere und viele weitere Luxusgerichte dürfen um Weihnachten und Silvester nicht fehlen, genauso wie bei vielen Italienern der Zampone mit Linsen.

Was hat im Winter Saison?

Salate, Gemüse: Chicorée, Chinakohl, Rosenkohl, Rohnen, Sauerkraut, Schwarzwurzeln, Linsen, Wirsing, Trüffeln

Obst: Orangen, Mandarinen, Zitronen, Äpfel, Kastanien, Nüsse

Fleisch: Wild und Wildgeflügel, Truthahn

Kochen »à la mamma«

Am allerbesten wird in Italien immer noch zu Hause gekocht. Gerade weil Essen und Beieinandersitzen hier groß geschrieben werden, kocht man(-n) (und frau) gern und anspruchsvoll.

Essen ist hier, die jahrtausendealte Kultur eines schöpferischen Volkes mit allen Sinnen aufzunehmen.

Die Zubereitung basiert auf der Achtung vor den Nahrungsmitteln wie Fisch, Gemüse, Käse, Olivenöl und einem Gespür für Frische und Qualität der Zutaten.

Kein anderes Land ist so eng mit unserer Sehnsucht nach Sonne, milder Luft und blauem Meer verbunden wie Italien. Und gleichzeitig tauchen Erinnerungen an die Küche auf, an das einfache Essen auf einer Terrasse unter freiem Himmel, den Duft des frisch geriebenen Parmesans, des Basilikums und an den einfachen, köstlichen Landwein.

Die Cucina italiana ist mehr als nur Ravioli, Pasta, Risotto, Pizza und Polenta. Sie ist, wie viele andere Länderküchen, eine Küche der regionalen Spezialitäten, die Gourmets ein Reiseleben lang auskosten. In keinem anderen Land wird mit so viel schlichter Raffinesse so perfekt und ohne Pomp gekocht.

Essenszeiten der Italiener

Colazione (Frühstück)

In den Städten besteht das Frühstück meist nur aus einem schnell getrunkenen Espresso. Wichtiger ist die kurze Vormittagspause, gegen zehn Uhr, wenn man in einer Bar einen Spuntino (einen Happen) zu sich nimmt.

Pranzo (Mittagessen)

War früher das Mittagessen Hauptmahlzeit, bei dem sich die ganze Familie bei Tisch einfand, spricht man heute von der Seconda colazione, dem zweiten Frühstück, und isst entsprechend weniger. Nur in den Vorstädten und auf dem Lande, wo die Mittagspause unverändert von 13 bis 16 Uhr dauert, nimmt man sich noch Zeit für ein ausgiebiges Mahl mit drei oder vier Gängen.

Italienische Lebensart: ein Kaffee und die Zeitung

Umfangreichere Speisefolgen mit zusätzlichen Antipasti und Dolci sind indes dem Sonntag oder besonderen Ereignissen vorbehalten.

Cena (Abendessen)

Das Abendessen wird in den Städten meist gegen 20 Uhr eingenommen und inzwischen schneller konsumiert. Man gönnt sich eine warme Hauptmahlzeit, Gemüse und einen Nachtisch. Allerdings bürgert sich ein zusätzlicher Imbiss gegen Mitternacht ein: Für feine Salumi (salami, coppa, soppressa) oder andere Spezialitäten ist es nie zu spät.

Eine Reise durch die Regionen Italiens

Valdobbia, Piemont

Unter italienischer Küche verstehen viele nur Pasta und Pizza. Damit tut man ihr aber Unrecht. Italien besitzt die vielfältigste Küche des Mittelmeerraumes, da das Land viele regionale Besonderheiten und große klimatische Unterschiede aufweist.

Die italienische Küche besteht eigentlich aus vielen regionalen Küchen, denen die Italiener eng verbunden sind. Die Menschen sind stolz auf ihre regionalen Spezialitäten und wetteifern gerne, welche Küche die bessere ist. Sizilianer, die in Italien als »mangiamaccheroni« (Maccheroni-Esser) verschrien sind, drücken ihre Missachtung gegenüber der neapolitanischen Küche mit dem Wort »mangiafoli« (Gemüse-Esser) aus.

Die südlichsten Regionen Italiens wurden lange von der Regierung vernachlässigt. Es gibt wenig Industrie. Jedoch überzeugen diese Landstriche mit ihrer natürlichen und einfachen Küche ganz besonders. Tomaten und Mehl kann sich jeder leisten. Daraus sind auch berühmte Gerichte wie Pizza alla napoletana und die Spaghetti al pomodoro entstanden, die wohl jeder kennt. Die Fave, eine Bohnensorte, die mit Schafskäse gegessen wird, sind genauso köstlich wie die Pasta con ceci, ein Nudelgericht mit Kichererbsen. Die Mozzarella bufala, ein Mozzarellakäse, der aus Büffelmilch hergestellt, wird, ist typisch für Kampanien. Carciofi (Artischocken), Melanzane (Auberginen) und Peperoni (Paprikaschoten) spielen in der sizilianischen Küche die Hauptrolle; gegrillt, gebacken, gebraten oder mit Sardellen gefüllt, fehlen sie in keinem Antipasto. Die Spaghetti al tonno, Nudeln mit einer frischen, gebratenen Thunfischscheibe, die zerpflückt und in Tomatensauce weitergekocht wird, sind ein Hochgenuss für jeden Nudelliebhaber. Aber auch Kombinationen wie Orangenscheiben mit Zwiebelringen, Oliven und Pfefferminze gehören zur Küche Siziliens. Nicht zuletzt gibt es eine Unzahl süßer Speisen auf der Insel, die meisten beinhalten Honig und Mandeln als Zutaten.

Italien mit seinen Regionen und Hauptstädten

Die Alpen mit den Dolomiten

Die Küche der gebirgigen, nördlichen Region wurde stark vom Nachbarland Österreich beeinflusst. In Südtirol und den zu den Alpen zählenden Gebieten Italiens wie dem nördlichen Piemont mit dem Aostatal und dem Veltlin wir-

San Giorgio, Venedig

Mille-Miglia, Oldtimerstart in Brescia

Dom und Taufhaus von Parma

ken sich strenge und lange Winter zwangsläufig auf die Speisen aus. In diesen Gebieten gibt es deftige, kalorienreiche Gerichte wie die **Fonduta (Käsefondue)** im Aostatal, die **Schlutzkrapfen** und **Speckknödel** in Südtirol oder die **Pizzoccheri** (Buchweizennudeln mit Wirsing und Käse) im Veltlin. Wenn wir an Fleischspezialitäten wie den **Südtiroler Speck,** die **geräucherten Würste (Kaminwurzen)** oder die **Bresaola** aus dem Veltlin denken, so sehen wir, dass Fleisch keine alltägliche Kost war, und wenn geschlachtet wurde, dann versuchte man, das Fleisch zu konservieren, damit es über das ganze Jahr zur Verfügung stand.

Nicht zu vergessen sind die guten Weine aus Südtirol – der **Gewürztraminer** oder der **Lagrein dunkel** – und aus dem Trentino der **Teroldego**. Das sind wahre Spezialitäten.

Die Reise geht weiter die Etsch entlang Richtung Verona nach Venetien

In dieser nordöstlichen Region wird sehr viel Getreide angebaut. Gemüse und Früchte gedeihen hier besonders gut und haben bereits eine jahrhundertelange Tradition. Es gibt unzählige Variationen von **Risotti,** sei es mit Steinpilzen oder dem **Trevisaner Radicchio** und **Spargeln aus Bassano**, mit Butter und Parmesan verfeinert, eine Spezialität ohnegleichen. Die Polenta (Mais) wird mit Wasser und Milch in einem Kupferkessel unter ständigem Rühren zu einem Brei verkocht, mit **Soppressa**, einer sehr fettreichen Wurstart, oder mit gerösteten Steinpilzen serviert. **Baccalà alla vicentina**, eine typisch venezianische Stockfischspezialität, ist aus dieser Region nicht wegzudenken. Eines der traditionellen Gerichte der Region ist **Risi-Bisi** (Reis und Erbsen).

Auf den Spuren des San-Daniele-Schinkens, kommen wir nach Friaul

Dass diese Region an Österreich grenzt, erkennt man an Gerichten wie **Strudel** und **Knödel**, die genauso als Spezialität gehandelt werden wie in Kärnten. Aber auch **Pilze** und **Wildgerichte** sind hier zu Hause. Zu Rohschinken veredelte Schweinsschlegel gehören zu den berühmtesten Leckerbissen Italiens. Die Herstellung des gitarrenförmigen **San-Daniele-Schinkens** ist ähnlich wie beim Parmaschinken. Nur werden die Keulen zwischen zwei Holzbrettern gepresst, und so wird der Schinken etwas dünner und braucht weniger Salz, was ihn noch milder macht.

Italien ist ein Land der Genüsse, ein Land, in dem das gute Essen neben Fußball für viele das Wichtigste auf der Welt ist.

Imperia, Ligurien *Piazza Spagna, Rom* *Casentino, Toskana*

Ein Land, wie geschaffen für den Reis, ist die Lombardei

Als sehr wichtiges Reisanbaugebiet im Nordwesten Italiens, ist diese Region die Heimat des Risottos.

Das Zentrum der Lombardei bildet die Millionenstadt Mailand mit dem berühmten **Risotto alla milanese**, der ursprünglich nur den Reichen vorbehalten war. Der Parmesanrisotto wurde mit hauchdünnen Blattgoldblättern garniert, um den Wohlstand noch zu verdeutlichen. Natürlich wollte auch die ärmere Bevölkerungsschicht ihren gelben Reis haben, und sie verwendete anstelle des Blattgoldes Safran, um den Reis einzufärben. Diese Kombination war so hervorragend, dass auch die Reichen sich das Gold sparten und den Safranrisotto vorzogen.

Aber auch der **Gorgonzola**, ein Blauschimmelkäse, ist eine Spezialität, die in Verbindung mit einer Polenta an Geschmack kaum zu übertreffen ist. Die lombardische Küche ist ohne Milchprodukte kaum denkbar. Die Herstellung von **Butter** und **Mascarpone** stammt ursprünglich aus dieser Region.

Fleischgerichte werden hier besonders sorgfältig zubereitet, wie zum Beispiel die geschmorten Kalbsbeinscheiben, **Ossobuco alla milanese**. Aber auch der **Zampone**, ein gefüllter Schweinsfuß, gekocht und mit Linsen serviert, ist typisch für diese Region.

Eine Region, die den feinsten und teuersten Duft der Erde verkauft, das Piemont

An den Grenzen zu Frankreich und der Schweiz gelegen, steht die piemontesische Küche stark unter dem kulinarischen Einfluss ihrer Nachbarn.

Trüffel heißt der Pilz, der mit Hunden in den Buchenwäldern rund um Alba gefunden wird. Die **weiße Trüffel** ist unverkennbar in ihrem feinen Duft. Hauchdünn auf Bandnudeln oder Risotto gehobelt, wird sie zum Höchstgenuss für Gourmets. Aber nicht nur Trüffeln machen diese Region interessant, sondern auch die vielen anderen Spezialitäten wie **Bagna cauda** (Gemüsefondue) oder **Gnocchi alla piemontese** (Kartoffelnocken), um nur einige zu nennen. Weltbekannt sind auch Weine wie der Barolo, Barbera oder Nebbiolo.

Weiter geht es in eine kulinarisch sehr abwechslungsreiche Gegend – Ligurien

Diese Region mit ihrem langen Küstenstreifen ist bekannt für hervorragenden Fisch und Meeresfrüchte. Die Einwohner von Ligurien

Campo dei fiori, Rom

sind die Erfinder der **Pesto-Sauce**. Die alte Hafenstadt Genua gilt als eine der ersten Städte in Europa, die Gewürze aus Asien importiert haben, und noch heute wird hier pikant gewürzt.

Im Argentinatal nördlich von Imperia wird seit Jahrhunderten aus den Taggiasca-Oliven das aromatische Olivenöl gepresst. Doch nicht nur das gute Öl macht diese Region interessant, auch Fischliebhaber kommen auf ihre Rechnung. Die Küste von La Spezia bis Ventimiglia, man könnte sie auch die Fischstraße Italiens nennen, bietet eine so große Vielfalt an **Fischgerichten**, wie es sie sonst nirgends gibt. Zum Beispiel wird der **Branzino** (Wolfsbarsch) im Ofen gebraten und mit einer Kartoffelkruste serviert. **Artischocken** und vieles mehr bereichern diese einzigartige Küche.

Saftige Wiesen und schöne Strände, Markenzeichen der Emilia-Romagna

Unter den Küchen Italiens eine der vielfältigsten und reichhaltigsten ist die Küche der Emilia-Romagna. Die Vielzahl der Pastagerichte und der Prosciutto di Parma (Rohschinken) stechen sofort ins Auge, wenn man das erste Restaurant betritt. Aber auch der **Aceto balsamico**, ein feinwürziger Essig, der zwischen 12 und 25 Jahre in Fässern gelagert wird, ist aus dieser Region nicht wegzudenken. Neben all diesen Spezialitäten ist aber der **Parmigiano reggiano** das Spitzenprodukt, das auf der ganzen Welt die **Pastagerichte** verfeinert. Hier werden die Nudelteige mit Weizenmehl und Eiern hergestellt, während weiter im Süden Hartweizen und Wasser dafür verwendet werden.

Cotechino, Mortadella sowie natürlich die **Tagliatelle alla bolognese** sind ebenfalls berühmte Spezialitäten dieses Gourmet-Paradieses.

Die nächste Station ist ein Synonym für Italien – die Toskana

Mit ihren mit Reben und Olivenbäumen bewachsenen Hügellandschaften, herrlichen alten Villen oder Ansitzen und mit den zum Himmel ragenden Säulenzypressen ist die Toskana eine der schönsten Gegenden Italiens, das Ziel vieler Genießer und Träumer. Aber nun zu den Genüssen, die eine Reise unvergessen machen: Da kommt natürlich der Wein an erster Stelle – beginnend mit dem viel besungenen **Chianti-Wein**. Ein voller, robuster Wein, der natürlich auch nach robusten Gerichten verlangt, wie die **Costoletta alla fiorentina**, ein bis zu 600 Gramm schweres Rindskotelett, das gegrillt serviert wird. Zu den Spezialitäten zählt auch die **Trippa** (Kutteln). Viele deftige Bohnengerichte werden hier serviert. Zum Abschluss gibt es natürlich das **Panforte di Siena**, einen traditionellen Weihnachtskuchen aus Honig, kandierten Früchten und Nüssen, der aus der Stadt Siena stammt. Die Getreidesorte **Farro** (Dinkel) wird fast ausschließlich in der Toskana angebaut.

Ein Land, das viele bewaldete Hügel hat, ist unser nächstes Ziel – Umbrien

Es ist das Land der **Oliven**. Hier werden die Oliven nicht nur für eines der feinsten Olivenöle verwendet, sondern auch die Speisen werden mit den Oliven gewürzt. Sie machen diese Küche ganz besonders schmackhaft. **Gemüse-** und **Bohnengerichte** begleiten fast jede Mahlzeit, aber ein Muss sind die **Kichererbsen**, die hier zu Fleischgerichten serviert werden. **Schweine-** und **Lammfleisch, Wild** und **Süßwasserfische** werden einfach, aber sehr delikat zubereitet.

Endlich kommen wir in die Hauptstadt Italiens, nach Rom (Latium)

Wer Rom kennt, kennt auch die vielen Märkte, auf denen alle Lebensmittel zu finden sind, die die römische Küche braucht. Die vielfältige Küche bietet unter anderem **Lamm-** und **Kalbfleischgerichte** wie etwa das berühmte Kalbsschnitzel **(Saltimbocca alla romana)**. Rigatoni mit feinem Ragout, Bohnensuppe mit Nudeln, aber auch Stockfischragout stehen neben den **Gnocchi alla romana** (römische Grießnocken) auf dem Speiseplan.

Wer das Bodenständige bei Menschen und Küche mag, ist in Sardinien richtig

Die Insel im Mittelmeer ist für ihre verführerischen Desserts und ihre ausgefallenen Konditoreiwaren berühmt, von denen viele mit Honig, Nüssen und Früchten zubereitet werden. Thunfisch, Aal, Meeräsche, Zackenbarsch, Hummer und Muscheln nehmen die zentrale Rolle in der sardischen Küche ein. Ein Nationalgericht, das auf keinem Fest fehlen darf, ist die **Porchetta** (Spanferkel).
Der **Pecorino sardo**, eine weitere Spezialität, ist ein auf Sardinien hergestellter Schafskäse.

Die Insel der Mandeln und Zitrusfrüchte ist Sizilien

Auch die Sizilianer haben eine Vorliebe für Süßes. Viele der Kuchen, Desserts und Eissorten werden mit den inseleigenen **Mandeln**,

Sciacca, Sizilien

Pistazien und **Zitrusfrüchten** zubereitet. Pastagerichte sind unverzichtbare Bestandteile der sizilianischen Speisekarte, ebenso Thunfisch, Schwertfisch und Muscheln.

Ein Paradies, was Oliven, Früchte und Fischgerichte angeht, ist Apulien

Die an der Ferse des italienischen Stiefels gelegene Region produziert hervorragende Oliven, Kräuter, Gemüse und Früchte, ganz besonders **Melonen** und **Feigen**. In Apulien findet man Fisch und Meeresfrüchte in reicher Auswahl. Zu den kulinarischen Spezialitäten zählen Austern- und Muschelgerichte sowie der **Calzone** (eine in der Mitte gefaltete und zusammengeklappte Pizza), der hier erfunden wurde.

Die beste Mozzarella aus Büffelmilch gibt es in Kampanien

Das an der Westküste gelegene Neapel ist die Heimat der Pizza, die heute in der ganzen Welt bekannt ist. Doch auch die delikaten sonnengereiften **Tomaten** werden in dieser Region massenhaft geerntet. Neben reichlich frischem Fisch und frischen Meeresfrüchten isst man rund um Neapel kräftige, gut gewürzte **Eintopfgerichte** mit viel Knoblauch. Traditionell

Scopello, Sizilien *Amalfitanische Küste, Kampanien* *Schafherde, Apulien*

zubereitete Konditoreiwaren und Fruchtdesserts sind ebenfalls charakteristisch für die neapolitanische Küche.

Wenn wir uns nach Kalabrien begeben, kommen wir in die Region der Gegensätze

Sozusagen auf der Stiefelspitze Italiens liegt Kalabrien. Es verfügt sowohl über traumhafte Strände als auch über hoch aufragende Berge. Ausgezeichnete Fische und Meeresfrüchte prägen die lokale Küche, die berühmt ist für ihre Schwertfisch- und Thunfischgerichte. Aber auch Obst und Gemüse sind hier reichlich vorhanden, besonders **Orangen** (Tarocco, Moro und Sanguinelle), Zitronen, Melanzane und Oliven. Die Desserts der Kalabresen werden genau wie bei den südlichen Nachbarn aus Feigen, Honig und Mandeln aus regionalem Anbau zubereitet.

Stellt man sich die italienische Halbinsel als hochkantigen Stiefel vor, so liegt die Basilikata auf seinem Spann

Die Landschaft ist rau und unwirtlich, und große Teile der Region liegen über 2000 Meter über dem Meeresspiegel. Daher verwundert es nicht, dass die Küche hier sehr herzhaft und reichlich ist und bevorzugt **kräftige Suppen** serviert werden. **Geräuchertes, Schweine-** und **Lammfleisch** sind beliebte Speisen, und in den Gebirgsregionen gibt es reichlich **Süßwasserfische**.

Fisch und Käse führen uns in die Abruzzen und nach Molise

Die einst zusammengehörenden und heute getrennten Regionen stehen sich in kulinarischer Hinsicht weiterhin sehr nahe. Sie liegen nordöstlich von Rom und sind für ihre hervorragenden geräucherten Fischprodukte und ihren Käse berühmt. In ihrer traditionellen, sehr bodenständigen Küche wird viel Lammfleisch zubereitet. In Küstennähe sind Fisch und Meeresfrüchte beliebt. Der **Peperoncino**, eine kleine scharfe, getrocknete Chilischote, stammt aus den Abruzzen.

Einfallsreichtum in der Küche zeichnet die Marken aus

Ihren langen Küsten und hohen Bergen verdankt diese Region den Reichtum an Meeresfrüchten und Wild. Pasta, Schweinefleisch und Oliven gehören ebenfalls zur Küche der Marchigiani wie die Zubereitungsmethoden, die hier sogar einfallsreicher als in der benachbarten Region Umbrien sind.

Für Nase und Gaumen
Gewürze und Kräuter

Wir unterscheiden zwischen Salatkräutern (Petersilie, Schnittlauch, Kerbel, Basilikum, Estragon, Dill, Koriander, Majoran, Oregano), also jenen Kräutern, die man ungekocht verwenden kann, und den verholzten Kräutern (Rosmarin, Thymian, Salbei, Lavendel), die ihren vollen Geschmack durch die Wirksamkeit der ätherischen Öle erst mit der Zubereitung entfalten.

»Für jedes Gericht ist ein Kraut gewachsen«, so lautet leicht abgewandelt ein altes Sprichwort. Tatsächlich hat die Verwendung von Garten- und Wiesenkräutern in der Küche eine jahrhundertelange Tradition, die neben dem geschmacklichen auch einen gesundheitlichen Aspekt hat. Im Gegensatz zu früher müssen wir kaum noch auf getrocknete Kräuter zurückgreifen, denn von Basilikum bis Thymian gibt es fast alle gängigen Würzkräuter rund um das Jahr in kleinen Töpfchen oder im Bund zu kaufen.

Verarbeitung von Kräutern

Alle Kräuter sollte man nach Möglichkeit **vor der Blüte** ernten. Da die Kräuter während der Blüte ihre ganze Kraft in die Blüten stecken, fehlt es den Blättern an Aroma.

Würzregeln

- Da sich Kochsalz in Speisen sehr schnell verteilt, empfiehlt es sich, die Gerichte mit Gewürzen und Kräutern zuzubereiten und erst unmittelbar vor dem Servieren nach Bedarf zu salzen.
- Gewürze und Kräuter geben den einzelnen Speisen nicht nur das gewisse Etwas, sie tragen auch dazu bei, den meist viel zu hohen Salzverbrauch zu reduzieren.
- Vorsicht bei heißem Fett! Viele Gewürze werden bitter und verbrennen, z. B. Paprika.

• Gewürze wie Pfeffer und Muskatnuss erst unmittelbar vor der Verwendung mahlen. So bleiben ihre Geschmacks- und Aromastoffe erhalten.

Tipps

• Andererseits sind Kräuterblüten wie Kapuzinerblüten, Schnittlauchblüten, Borretsch usw. eine ausgefallene Dekoration für einen bunten Salat oder auch für eine kalte oder warme Vorspeise.

• Getrocknete Kräuter verlieren sehr schnell an Aroma und Würzkraft. Deshalb immer nur kleine, wiederverschließbare Packungen oder Gläser kaufen und auf das Mindesthaltbarkeitsdatum schauen.

• Je frischer Kräuter verwendet werden, umso besser können sie ihr Eigenaroma entfalten und ihre Vitamine behalten.

• Für die Verarbeitung ist es wichtig, die gewaschenen Kräuter gut abtropfen zu lassen oder zu schleudern und sie dann zu schneiden. Benützen Sie ein großes Küchenmesser. Das Messer oder auch das Wiegemesser muss gut schneiden.

• Schnittlauch sollte wegen des Flüssigkeitsgehaltes nicht gehackt werden, sondern immer in Röllchen geschnitten werden.

Basilikum

Basilikum, sein Name leitet sich von dem griechischen Wort *basilikon* ab, das »königlich« bedeutet. Die Gewürzpflanze zählt heute zu den typischen Kräutern der mediterranen Küche.

Das beste Aroma und die beste Qualität haben die Blätter kurz vor der Blüte. Nach der Blüte werden die Blätter pikanter.

Sorten

Die wichtigsten Basilikumsorten auf dem Markt sind, neben dem bekannten Genueser Basilikum, **rote Arten** sowie **Zwerg-** und **Buschbasilikum** mit kleinen grünen Blättchen. Alle drei Sorten haben einen kräftigen, pfeffrigen Geschmack.

Neben dem klassischen Aroma gibt es eine **Ingwer-, Zitronen-** und beim **Thai-Basilikum** eine Anisvariante. Darum schmecken z. B. Orangen auch mit Basilikum.

Konservierung

Getrocknetes Basilikum verliert einen Teil seiner aromatischen Eigenschaften, und auch beim tiefgefrorenen Basilikum geht ein Teil des Aromas verloren.

Basilikum kann in Olivenöl konserviert werden. Dieses nimmt den Basilikumgeschmack an und kann zum Würzen verwendet werden.

In getrockneter Form wird das Basilikum mit den Speisen mitgekocht. Bewahrt man die Blätter zu kalt auf, werden sie schwarz oder braun.

Verwendung

Am aromatischsten ist frisch gepflücktes Basilikum. Am besten wird es roh verwendet, zerzupft und grob zerteilt, jedoch nie zu fein geschnitten. Wird das Basilikum als Zutat zu gekochten Gerichten verwendet, wird es am besten erst ganz zum Schluss hinzugegeben.

Basilikum passt hervorragend zu Tomaten und ist für viele Speisen auf Tomatenbasis unerlässlich. Eine der geschmackvollsten Verwendungszwecke für Basilikum stellt die Pestosauce für jegliche **Pastagerichte** oder für **Minestrone** dar.

Basilikumblätter können auch für Salate und zum Garnieren verwendet werden. In Streifen geschnitten sind sie ein wichtiges Würzmittel für Suppen **(Zucchinisuppe, Tomatensuppe Paprikaschotensuppe)**, **Risotti**, **Lammgerichte**, **Farcen**, für **Suppeneinlagen**, **Fischgerichte** (zum Braten von ganzen Fischen, Fischsuppen).

Basilikumessig eignet sich ganz besonders für das Abschmecken von Tomaten, Salaten – **Basilikumöl** für Salate, Teigwaren, Fischgerichte.

Genueser Basilikum

Rotes Basilikum

Buschbasilikum

Zitronenbasilikum

Knoblauch

Bekannt für seinen Geruch und sein unvergleichliches Aroma ist Knoblauch in vielen Landesküchen, insbesondere im Mittelmeerraum und in Asien unentbehrlich. Knoblauch ist eine Pflanze, die ursprünglich aus Asien stammt und von der die Zwiebel verwendet wird. Deshalb wird Knoblauch auch zum Zwiebelgemüse gezählt.

Knoblauch hat einen recht aufdringlichen Geruch, der durch den Wirkstoff »Allicin« hervorgerufen wird. Dieser hat auch eine antibakterielle Wirkung. Der typische Knoblauchgeruch dagegen stammt von einer chemischen Verbindung, die als »Schwefelallayl« bezeichnet wird.

! Knoblauch regt den Gallefluss und den Appetit an.

Knoblauchgeruch

Gerade wegen des typischen Aromas polarisiert der Knoblauch unsere Gesellschaft. Viele lieben ihn, aber ebenso viele Menschen lehnen ihn strikt ab. Der Verzehr von Knoblauch macht sich nämlich einige Zeit danach noch immer in den Körperausdünstungen bemerkbar.

Früher bannte man den unangenehmen Geruch mit Anis, Nelken, Zimt, Kümmel oder Petersilie. Aber auch zwei, drei Gläser Milch sollen helfen.

Entfernen Sie den Keim des Knoblauchs, so ist die Ausdünstung geringer.

Einkauf

Im Handel sind die drei Hauptarten, weißer **(früher Knoblauch)**, violetter oder rosa **(späterer Knoblauch)**, erhältlich. Der Geschmack reicht von mild bis scharf. Es gibt ihn sowohl frisch als auch in Form von grobem oder feinem Pulver.

Riesenknoblauch ist besonders mild und kann als Gemüse zubereitet werden.

! Achten Sie beim Einkauf darauf, dass die Knollen fest und unbeschädigt sind. Ist der Knoblauch wegen zu langer Lagerung grün ausgewachsen, so bedeutet das Qualitätseinbuße durch Aromaverlust.

Lagerung

Den Knoblauch sollten Sie an einem trockenen, kühlen und eher dunklen Ort luftig aufbewahren, nicht im Kühlschrank.

Verwendung

Das Lauchgewächs mit seinen Zehen ist vielseitig verwendbar.

Der kulinarische Wert von Knoblauch liegt in der Würzkraft, sparsam verwendet unterstreicht er andere Aromen. Roh ist Knoblauch am wirkungsvollsten in Salatsaucen, Marinaden, auf Pizza, in Saucen und Nudelgerichten. Ohne Knoblauch wären mediterrane Gerichte kaum denkbar und manche Rezepte langweilig. Schon das Ausstreichen einer Pfanne oder Schüssel mit einer Zehe wirkt Wunder.

Denken wir nur an die Spaghetti mit Knoblauch, Öl und Peperoncino, gegrillten Fisch, gegrilltes Fleisch, zu Pastasaucen oder als Gewürz zu **Bagna cauda.** Viele Gerichte erhalten erst mit Knoblauchöl, Knoblauchessig, eingelegtem Knoblauch, Knoblauchsauce oder Knoblauchpaste den unvergleichbaren Geschmack.

Tipps

- Nach langer Garzeit wird der Knoblauch milder und nimmt einen süßlichen Geschmack an.
- Um ein mildes Knoblaucharoma zu erzielen, kann man ganze Zehen in Öl oder Butter leicht bräunen und wieder herausnehmen, bevor die anderen Zutaten hinzugefügt werden.
- Damit der Knoblauch sein Aroma entfalten kann, muss er leicht zerdrückt werden.
- Wollen Sie Fleisch (Lamm, Schwein) oder Fisch (als Ganzes) mit Knoblauch würzen, so sollten Sie das erst nach dem Anbraten machen, da der Knoblauch sonst verbrennt und bitter wird.
- Den Knoblauch sollten Sie nicht zu klein schneiden. Je nach Verwendung in Scheiben schneiden oder grob hacken. Wenn man den Knoblauch durch die Knoblauchpresse drückt, tritt üblicherweise mehr Saft aus, was wiederum Aromaverlust bedeutet.

Oregano

Oregano oder Origano, auch wilder Majoran genannt, erinnert an die Sonne Italiens; der Duft ist voller Würze. Oregano mit dem feinsten Aroma kommt aus den Karstgebieten rund um das Mittelmeer.

Ernte

Oregano erntet man, wenn er in voller Blüte steht. Verwendet werden die Blätter der oberen Stängelteile. Frischer Oregano hat von Juni bis September Saison. Es gibt ihn im Bund oder in Töpfen oder getrocknet und gerebelt im Gewürzregal.
Oregano ist bei uns selten frisch erhältlich. Es können aber frische wie getrocknete Blätter verwendet werden. Der Oregano ist nicht nur geschmacklich, sondern auch botanisch eng verwandt mit dem zu den Lippenblütlern zählenden Majoran.

Eigenschaft

Oregano schmeckt etwas pfeffrig, eher herb und leicht bitter.

Verwendung

Oregano wird vor allem in der italienischen Küche zu Tomaten und Tomatengerichten, zu gegrilltem Fleisch, zu Zucchini, Melanzane, Paprikaschoten, Kartoffeln, in Pastasaucen wie Tomatensauce und Bologneser Sauce, getrocknet auf Pizza, in allerlei Nudelgerichten, Lasagne, Käse und Frischkäse, in Kräuterölen usw. verwendet. Der getrocknete Oregano kann mitgekocht werden.

Oregano und Majoran

Im Garten kann man diese beiden Kräuter nur schwer unterscheiden. Und auch beim Kochen sind sie austauschbar, wenngleich Majoran häufig milder ist als der pfeffrige Oregano. Oreganoarten kreuzen sich munter untereinander, auch mit Majoran, und sind dadurch oft nicht auseinander zu halten.

Peperoncino

Jedes Land verwendet irgendein scharfes Gewürz, das den Gaumen reizt und den Appetit anregt, sei es nun als Würze bei Tisch, wie Pfeffer oder Senf, oder als Zutat beim Kochen.
In heißen Ländern sind Chilischoten ihrer intensiven Schärfe wegen beliebt, die sich mit keiner noch so großen Menge Pfeffer erzielen lässt, während in gemäßigten Klimazonen würzige Wurzeln und Samen wie Meerrettich oder Senf bevorzugt werden.
Zur Familie der Nachtschattengewächse gehören Dutzende von Paprika- und Chilisorten. Die milden Paprikaschoten werden als Gemüse zubereitet. Die schärferen Arten, die Gewürzpaprikaschoten, nennt man gewöhnlich Chilischoten, Chillis oder Pfefferschoten und nimmt sie zum Würzen von pikanten Speisen.
Chilis sind die Schoten der Paprikapflanze, die sowohl frisch in Stücken als auch getrocknet (gemahlen) verwendet werden können.

Ernährung

Sie enthalten Samen, die das Alkaloid Capsizis enthalten, das für den typisch scharfen Geschmack verantwortlich ist und außerdem die Speichelbildung und die Bildung von Magen-

Oregano fehlt auf keiner Pizza.

Italiener legen auf Frische und Qualität großen Wert.

Grüne, unreife Peperoncini

Rote Peperoncini sind meist angenehm scharf.

Gelbe Peperoncini, mild oder scharf

saft anregt und damit verdauungsfördernd wirkt.

Die Pfefferschote hat außerdem in gewissem Umfang eine antibakterielle Wirkung und enthält viel Vitamin C.

Einkauf

Peperoncini gibt es in einer großen Auswahl an unterschiedlichen Formen, Farben und Schärfegraden.

Ein wenig Verwirrung stiften können jedoch Handelsbezeichnungen und die internationalen Namen. Es kommt auf das Herkunftsland an: Früchte aus dem Mittelmeerraum bezeichnet man als Peperoni (Gemüsepaprika). In Italien bezeichnet man die scharfen kleinen als »Peperoncini«. In Mittel-, Südamerika und Asien sind es die »Chilis«.

Bei allen frischen, getrockneten oder gemahlenen Peperoncini sind Geschmack und Schärfe sehr unterschiedlich. Deshalb sollten Sie stets nur geringe Mengen zugeben, das Gericht kosten und eventuell nachwürzen.

Im Geschmack reichen frische und getrocknete Peperoncini von pikant bis brennend-scharf, die Farbe reicht von Grün bis Dunkelrot.

Produkte

Peperoncinoöl, Essig, Chilipaste, Paprikapulver, Tabasco, Chilisauce, Cayennepfeffer usw.

Tabasco

wird aus Chilischoten, Essig und Salz hergestellt. Tabasco ist die traditionelle scharfe Sauce für Nudelgerichte und Saucen. Nur tröpfchenweise verwenden.

Chilisauce

ist im Gegensatz zum Tabasco eine dickflüssige Sauce, die zu Grillspezialitäten, Fondue und zu Gerichten aus der asiatischen Küche passt.

Es gibt darunter sehr scharfe Produkte und auch welche, die man als pikante, leicht süßliche Saucen bezeichnen kann. Die Schärfe richtet sich nach dem Anteil der Chilischoten. Weitere Zutaten sind Zucker, Essig, Salz und auch Knoblauch und Tomaten.

Cayennepfeffer

Cayennepfeffer wird aus einer extrem scharfen Art roter Chilischoten gewonnen und unterscheidet sich von anderen Chilipulvern durch seine feinere Struktur. Der Geschmack ist feurig-scharf.

Lagerung

Achten Sie zu Hause darauf, dass die Gewürze immer gut verschlossen und nicht zu lange aufbewahrt werden. Gewürze müssen Sie unbedingt vor Feuchtigkeit schützen, da es andernfalls zu Schimmelbildung kommen kann.

Tipps

- Generell gilt, je kleiner die Peperoncini, desto schärfer sind sie auch. Im Zweifelsfall kostet man ein winziges Stück, bevor man eine Speise damit würzt.
- Ist die Schote zu scharf, entfernt man die Samen und Rippen, dies sind die schärfsten Teile.
- Ein mildes Peperoncino-Aroma lässt sich erzielen, indem man eine ganze Schote in heißem Öl bräunt, sie anschließend wieder entfernt und nur das Öl zum Kochen verwendet.
- Eine andere Möglichkeit besteht darin, eine ganze Schote in etwas Flüssigkeit köcheln zu lassen und sie herauszunehmen, wenn der gewünschte Schärfegrad erreicht ist.
- Wer den frischen Peperoncino entschärfen will, schlitzt ihn einen Tag vor dessen Verwendung der Länge nach auf, entnimmt ihm dann das Innere samt Kernen, legt ihn in siedendes Wasser und lässt ihn über Nacht ziehen.
- Nach dem Kontakt mit Peperoncino – egal ob es sich um getrockneten oder frischen handelt – sollte man sich die Hände waschen und auch alle Flächen, die mit den Pfefferschoten in Berührung gekommen sind, wie z. B. das Schneidbrett, gründlich säubern.
- Die ätherischen Öle können nämlich zu Reizungen der Haut führen.

Sein Name leitet sich möglicherweise von Cayenne ab, der Hauptstadt Französisch-Guayanas, die lange ein florierender Umschlagplatz für Gewürze war.
Cayennepfeffer gehört zu den Grundgewürzen der westlichen Küche. Er passt besonders gut zu Schalentieren.

Verwendung
Sehr sparsam, für Ragouts, Fisch, Nudelgerichte, Spaghetti aglio, olio e peperoncino, Cocktailsauce usw.

Wilde Kräuter

Was für Generationen vor uns völlig normal war, entdecken wir heute wieder – wilde Kräuter zum Würzen und Verfeinern von Speisen.
Das Sammeln von Kräutern, Blüten, Früchten, Blättern war vor Jahrtausenden Nahrungsquelle. Die Menschen früherer Zeiten kannten noch Hunderte von verschiedenen Pflanzen und nutzten sie als Lebensmittel. Wir kultivieren und essen heute gerade noch zehn Prozent davon. Den Rest bezeichnen wir kurzerhand als »Unkraut«.

Brennnessel (ortica)

Die anspruchslose Brennnesselpflanze gedeiht auf Wiesen, auf Weideplätzen und fast in jedem Garten. Die »Brennwirkung« verliert sich beim Blanchieren oder beim Darüberrollen mit einem Nudelholz. Brennnesseln schmecken herb und etwas bitter.

Gerichte
Aus den jungen Trieben der Brennnessel kann man Suppen, Gemüse, Nocken oder Nudelteige zubereiten.

Bärlauch (aglio orsino)

Bärlauch gehört zur Pflanzenfamilie der Lauchgewächse. Den wild wachsenden Bärlauch findet man im Frühsommer an schattigen Stellen, auf feuchten Waldböden und in Flussauen. Im Juni ist die Saison für Bärlauch zu Ende.
In der Küche wird Bärlauch ähnlich dem Knoblauch verwendet, darf allerdings nicht zu hohen Temperaturen ausgesetzt werden. Bärlauch sollte möglichst frisch verwendet werden, denn die Blätter verlieren beim Garen ihr typisches Aroma. Er schmeckt ähnlich dem Knoblauch, aber milder und erinnert etwas an Schnittlauch. Er verursacht keine Knoblauch-Fahne.
Einen intensiven Duft verströmt der so genannte Wilde Knoblauch in Buchen- und Auwäldern. Man pflückt die jungen Bärlauchblätter vor der Blüte. Sie sind an ihrer lanzenartigen Form und an ihrem markanten Geruch zu erkennen.

Gerichte
Klassische Gerichte aus Bärlauch sind Suppen, Pesto, Ravioli mit Bärlauchfüllung, Ricotta-Aufstrich mit Bärlauch, Risotto, Salat, Nudeln, Cannelloni, Gnocchi, Minestrone, Omeletten.

Salz

Salzig ist einer der vier Eckpfeiler unseres Geschmacksempfindens. Kochen ohne Salz ist unvorstellbar! Natriumchlorid, so der chemische Name für Kochsalz, ist das wichtigste aller Würzmittel. Es steuert lebenswichtige Körperfunktionen und macht Lebensmittel haltbar.
Doch das sprichwörtlich gewordene Salz in der Suppe will behutsam dosiert sein. Zu viel verdirbt den guten Geschmack und schadet der Gesundheit. Ohne Salz schmeckt alles fad.

Maiglöckchen sind giftig!

Bärlauch (Wilder Knoblauch)

! Vorsicht: Die Blätter des Bärlauchs sehen denen des Maiglöckchens und der Herbstzeitlose sehr ähnlich und werden leicht verwechselt.
Die Folgen sind fatal, denn diese Pflanzen sind giftig. Übelkeit, Durchfall und Erbrechen gehören zu den harmloseren Folgen. Bei schweren Vergiftungen können Nieren und Lunge geschädigt werden. Es kommt immer wieder zu Todesfällen.
Riechen die Blätter also nicht nach Knoblauch, so sind es nicht Bärlauch-, sondern Maiglöckchenblätter, und diese sind giftig!
Machen Sie also immer eine »Geruchsprobe«.

Jodsalz, fein gemahlen

Steinsalz, grob gemahlen

Meersalz, grob gemahlen

Salzblüte

Himalajasalz, fein gemahlen

Himalajasalzsteine

! Achtung: Mehr als fünf Gramm Salz pro Tag können den Nieren schaden.

Meersalz und Steinsalz

Physiologisch betrachtet, macht es keinen Unterschied, ob man seine Speisen mit Meersalz oder Steinsalz würzt. Meersalz ist zwar von Natur aus mit mehr Mineralstoffen angereichert, diese werden jedoch auch dem Steinsalz künstlich zugesetzt. Der Unterschied liegt lediglich im Geschmack.

Gewinnung

Aus Meerwasser oder salzhaltigen Binnenseen wird das Salz durch Verdampfung gewonnen. Nur 80 Prozent der Salze im Meerwasser sind Natriumchloride, der Rest entsteht aus anderen Salzverbindungen, die stufenweise abgetrennt werden.

Steinsalz

Auch bekannt als Koch- oder Tafelsalz. Es wird aus unterirdischen Salzlagern gewonnen. Normales Kochsalz wird zerkleinert, gereinigt und gebleicht. Schmeckt intensiver als Meersalz.

Jodsalz

Es entsteht künstlich aus Kochsalz und zugesetztem Jod. Jodsalz hilft Schilddrüsenerkrankungen vorzubeugen.

Meersalz

Das grobkörnige, hellgraue Meersalz stammt aus dem Mittelmeer und aus den berühmten Salzgärten in der Bretagne. Dort verdunstet Meerwasser in freien offenen Becken, das Salz bleibt zurück. Es wird anschließend getrocknet und gebleicht. Dabei gehen viele Mineralien verloren. Der Jodgehalt vom Meersalz ist nur unwesentlich höher als der des Steinsalzes.

Salzblüte

Die so genannte Fleur de Sel entsteht aus dem Zusammenspiel von Wind und Sonne. Die Salzblüte besteht aus feinen Kristallen, duftet nach Veilchen und bekommt ihre natürliche Farbe durch das Trocknen an der Sonne.

Himalajasalz

Stammt aus dem Himalajagebirge, wird dort von Hand abgebaut. Enthält 84 Spurenelemente und wirkt entgiftend. Wird auch als Heilwasser getrunken und ist relativ teuer.

Tipps

- Salz verstärkt den Eigengeschmack der Speisen.
- Salz erhöht die Kochtemperatur des Wassers.
- Versalzenes lässt sich mit Zucker selten aufbessern. Am ehesten kann man versalzene Speisen essbar machen, wenn man sie verlängert, das heißt, wenn man Flüssigkeit zugibt.

Die Vorratskammer

Wenn Sie italienisch kochen wollen, sollten Sie sich einen kleinen Vorrat der folgenden haltbaren Lebensmittel anlegen:

- Nudeln wie Spaghetti, Tagliatelle, Maccheroni sind aus der italienischen Küche gar nicht wegzudenken. Frische Pasta schmeckt besser als getrocknete, aber wenn's einmal schnell gehen muss, ist es gut, wenn man getrocknete im Schrank hat.
- Rundkornreis wird verwendet für Risotti, weil er mehr Flüssigkeit aufnimmt als andere Reissorten. Auch Langkornreis zum Dünsten sollten Sie ebenfalls vorrätig haben.
- Tomaten in Dosen sind ein Muss in der italienischen Küche. Sie haben vielfach den vollen Tomatengeschmack und schmecken besser als frische Treibhaustomaten. Außerdem sind sie bereits geschält, mitunter auch schon gewürfelt, was ihre Verwendung einfacher macht.
- Tomatenmark verstärkt Geschmack und Farbe der Gerichte.
- Kaltgepresstes Olivenöl verwendet man zum Verfeinern von Salaten, Antipasti, Pasta, Fisch, Fleisch, aber auch für Desserts.

- Oliven in Gläsern, aber auch frische sind gut haltbar. Verwenden Sie sie sowohl als Zutaten für Saucen und Schmorgerichte als auch für Vorspeisen zum Antipasto.
- Kapern geben Saucen, Fisch und Fleisch eine besondere Note und eignen sich auch als Garnitur.

Küchentechniken

Frische Lebensmittel müssen vor der Zubereitung und dem Verzehr entsprechend vorbereitet werden, um den ernährungsphysiologischen Wert dieser Lebensmittel zu erhalten. Besonders der Vitamin- und Mineralstoffgehalt von Gemüse, Kartoffeln, Salat und Obst wird durch falsches Putzen, Waschen und Schälen nachhaltig beeinflusst.

Waschen

Vorbereitung: Entfernung von Staub, Schmutz, Erde und anhaftenden Schadstoffen.

Praktische Durchführung: Unzerkleinert unter fließendem, kaltem Wasser kurz waschen.

! Achtung: Langes Waschen und warmes Wasser laugen lebensnotwendige, wasserlösliche Vitamine, Mineralstoffe und Eiweiß aus.

Wässern

Vorbereitung: Entfernen von unerwünschten wasserlöslichen Stoffen wie Bitterstoffen oder Salzen.

Praktische Durchführung: Lebensmittel einige Zeit in Wasser legen, um Bitterstoffe zu entziehen, wie bei Rucola, Radicchio, Chicorée usw.

! Achtung: Wertvolle Inhaltsstoffe können durch das Wässern ausgelaugt werden.

Einweichen

Vorbereitung: Getrockneten Lebensmitteln wie Hülsenfrüchten (Bohnen, Linsen, Erbsen), Vollkorn- oder Wildreis, Trockenpilzen, Tomaten, Kastanien, Trockenobst (Äpfel, Birnen usw.), Fischen (Stockfisch, Klippfisch) wird Wasser wieder zugefügt, um den Garprozess zu ermöglichen. Blattgelatine wird eingeweicht, damit das Eiweiß aufquellen kann.

Praktische Durchführung: Getrocknete Lebensmittel werden zuerst gewaschen, dann in reichlich kaltem Wasser eingeweicht.

! Achtung: Ein Teil der wasserlöslichen Vitamine und Mineralstoffe geht in das Einweichwasser über.

Putzen und Schälen

Vorbereitung: Wertlose, welke oder harte Bestandteile wie Stiele, Stängel, Kerngehäuse, Samenkerne usw. sowie harte, ungenießbare Schalen und Häute werden entfernt.

Praktische Durchführung: Zu entfernende Pflanzenteile mit Hilfe eines Messers putzen. Mit einem Sparschäler möglichst dünn schälen. Geschältes Obst nicht an der Luft liegen lassen. Es ist abzuwägen, ob ein Lebensmittel geschält oder nur gewaschen werden muss.

! Achtung: Umweltschadstoffe lassen sich durch Putzen und Schälen besser entfernen. Die Schalen enthalten aber meist wertvolle Ballaststoffe. Geschältes Obst und Gemüse rasch weiterverarbeiten, da der Sauerstoff Vitamine zerstört.

Zerkleinern

Vorbereitung: Lebensmittel werden durch Zerkleinern leichter verdaulich gemacht. Es gibt verschiedene Arten der Zerkleinerung: Schneiden, Hobeln, Raspeln, Hacken und Pürieren.

Praktische Durchführung: Mit Hilfe eines Küchenmessers in Scheiben, Stäbchen, Streifen, Würfel usw. schneiden. Rohkostreiben, Gemüsehobel oder Küchenmaschinen erleichtern die Arbeit. Durch ein Haarsieb drücken oder mit einem Pürierstab zerkleinern.

! Achtung: Durch Zerkleinern wird die Lebensmitteloberfläche vergrößert. Dadurch wird die Angriffsfläche für Sauerstoff und Wasser größer. Durch Zugabe von Zitrone, Essig oder Wein wird der Vitamin-C-Abbau verlangsamt.

Kaufen Sie als Vorrat nur kleine Mengen an Lebensmitteln ein.

Pesto genovese (Basilikumsauce)
passt perfekt zu Spaghetti und eignet sich wunderbar zum Verfeinern und Abschmecken von Pasta allgemein. Legen Sie sich im Spätsommer, wenn es besonders aromatisches Basilikum gibt, einen Vorrat an. Abgefüllt in kleine Gläser und kühl und dunkel aufbewahrt, hält er mehrere Monate.

ANTIPASTI

KALTE VORSPEISEN

Sie sind der Auftakt des Essens – meist kalt oder lauwarm servierte Köstlichkeiten, die als Augen- und Gaumenschmeichler den Appetit anregen und Lust auf mehr machen.
Die einfachsten und am schnellsten zubereiteten Antipasti sind hauchdünn aufgeschnittene Salami- und Schinkensorten, die mit Oliven und eingelegtem Gemüse serviert werden. Etwas aufwändiger und damit auch für den kleinen Hunger zwischendurch geeignet sind ein Carpaccio oder Insalata di mare, Bruschette oder Pinzimonio. Frisches Brot und kaltgepresstes Olivenöl gehören immer auf die Antipasti-Tafel.

Valdobbia, ein einsames Walsertal im Piemont

Kulinarisches Vorspiel
Antipasti, Salumi und Prosciutti

Am besten schneidet man den Rohschinken mit einer handbetriebenen Berkel – der klassischen Aufschnittmaschine.

Zu den köstlichsten Genüssen, die die **Cucina italiana** für uns bereithält, gehört die breite Palette der kalten Vorspeisen.

Antipasti sind der »kulinarische Auftakt« des Essens. Ihre Aufgabe ist es, auf ein Mahl einzustimmen.

Der Ruhm vieler Antipasti ist weit über die Grenzen der Halbinsel hinausgedrungen und hat viele Teile der Welt erobert. So sind **Carpaccio, Vitello tonnato, Insalata caprese** in ganz Europa ein Begriff.

Ob auf einem Teller, einer Platte, einer Theke aufgestellt oder auf einem Wagen vom Kellner an den Tisch gerollt, stets gehören die Antipasti zu jenen Speisen, denen der Gast seine besondere Aufmerksamkeit zuwendet. Nicht nur die Vielfalt des Angebots ist imponierend, auch die appetitliche Art, in der die Vorspeisen angerichtet werden, wirkt ungemein anregend. Fast jede Region hat eine Fülle traditioneller Vorspeisen, die sorgfältig zubereitet werden.

<u>Auswahl an köstlichen Vorspeisen</u>

- Salate aus rohen und gekochten Zutaten
- eingelegtes, rohes, mariniertes, gedünstetes und frittiertes Gemüse
- Würste und Schinken, in dünne Scheiben geschnitten, mit Melone oder Feigen
- in Salz eingelegte Sardellen und Kapern

- Melanzane, Paprikaschoten, Tomaten vom Grill
- Oliven, Artischocken, Pilze in Öl eingelegt
- Fenchel, Broccoli, Bohnen, Blumenkohl, Artischocken, was immer der Markt an frischer Ware bietet, wird gekocht und in einer würzigen Sauce wie Pinzimonio mariniert
- geröstete Brotscheiben wie Crostini, Grissini und verschiedene Brotsorten
- Käse wie Parmesan, Bel Paese und Mozzarella

Da diese Antipasti länger vor dem Essen fertig gestellt werden können, sind sie besonders bei berufstätigen Gastgebern sehr beliebt.

Meeresfrüchte (frutti di mare)

Fische und Meeresfrüchte schmecken natürlich dort am besten, wo sie fangfrisch auf den Markt kommen. Heutzutage wird es jedoch immer leichter, die nötigen Zutaten auch fern von Häfen frisch zu bekommen.
Antipasti mit Lachs, Sardinen, Sardellen, Muscheln wie Miesmuscheln, Venusmuscheln, Herzmuscheln und Tintenfischen wie Sepia, Kalmar, Oktopus usw. sind edle kalte Vorspeisen.

Klassiker mit Fleisch

Neben dem allseits bekannten **Antipasto misto** mit verschiedenen Schinken wie Rohschinken San Daniele oder Parmaschinken in Kombination mit frischen Früchten, Würsten wie Salami, Coppa, Soppressa, Bresaola gibt es auch eine ganze Reihe anderer Vorspeisen aus Fleisch wie Roastbeef, Carpaccio, Vitello tonnato, kalt aufgeschnittener Truthahnbraten und würzige Salate aus gekochtem Geflügel, Rindfleisch und Wild.

Rohschinken

Wie fast alle Schinken werden auch die Rohschinken aus den Hinterkeulen der Schweine hergestellt.
Die italienischen Parma- und San-Daniele-Schinken sind mit ihrem zarten und unvergleichlichen Aroma weltbekannt.
Prosciutto crudo: *crudo* heißt roh, ungekocht. Prosciutto ist abgeleitet von *prosciugare*, was »trocknen« bedeutet, luftgetrocknet.
Durch das Salz wird dem Fleisch die Feuchtigkeit entzogen, somit wird es haltbar. Geräuchert werden in Italien die Schinken in der Regel nicht, die Ausnahme machen die Schinken im gebirgigen Norden, wie z. B. der Südtiroler Speck.

Prosciutto di Parma (Parmaschinken)

Nur die Schweine bestimmter Regionen dürfen dafür verwendet werden. Und sie müssen speziell aufgezogen sein, teilweise werden sie mit Molke, die bei der Parmesanproduktion anfällt, gefüttert.
Auf seiner Schwarte prangt die fünfzackige Krone des einstigen Herzogtums Parma. Italiens berühmtester Schinken stammt aus der gleichnamigen Provinz, nordwestlich von Bologna.
Die frische Luft gehört mit Sicherheit zu den wichtigsten Faktoren bei der Produktion von Parmaschinken. Die leichten, vom Berg talauswärts strömenden Winde bringen den würzigen Duft von Pinienwäldern und Kastanienhainen mit, dazu milde Durchschnittstemperaturen und geringe Luftfeuchtigkeit.

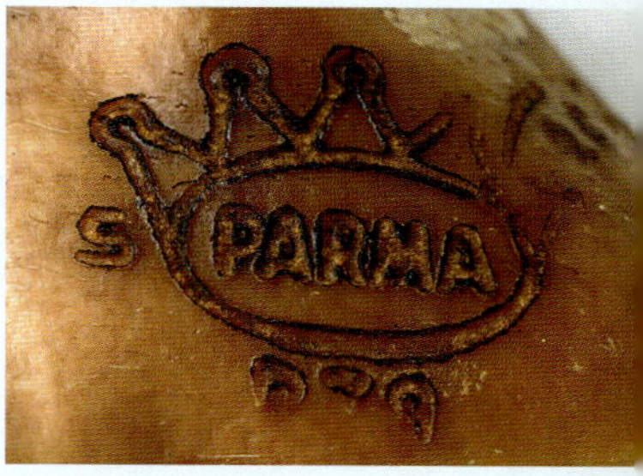

Nur mit dem Stempel ist der Parmaschinken echt.

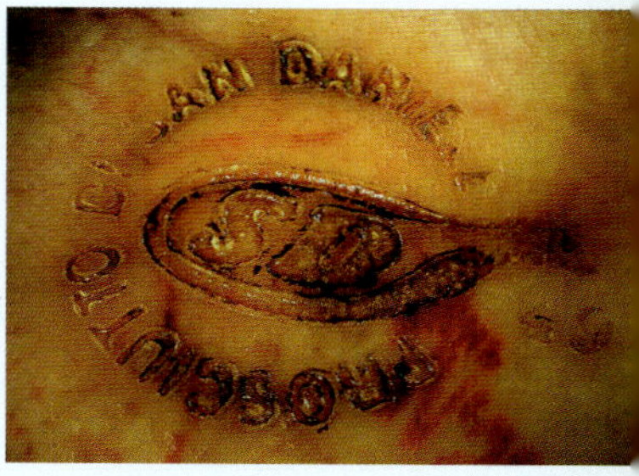

Wie beim Parmaschinken ist auch beim San-Daniele-Schinken der Stempel Zeichen der Originalität.

Herstellung von Parmaschinken

Zunächst wird die rohe, rund zehn Kilogramm schwere Keule eingesalzen. Dann kommt sie für die erste Salzphase sechs bis sieben Tage in null bis vier Grad Celsius kalte Kühlzellen. Nach einer neuen Salzung folgt die zweite, 14 bis 18 Tage dauernde Phase.

Handel
Die Hälfte der Rohschinken wird in Italien selbst verzehrt, die andere geht in den Export, wo man – im Gegensatz zu Italien – die Schinken zu 95 Prozent ohne Knochen verlangt.

Der Erdkeller, der richtige Lagerort der Salumi und Prosciutti

Prüfen der Reife
Während der letzten Reifezeit werden die Schinken regelmäßig mit einem nadelähnlichen Pferdeknochen kontrolliert. Beim Hineinstechen bleiben an seiner porösen Oberfläche winzige Partikel hängen. An deren Geruch weiß der Schinkenmeister zu erkennen, ob der Schinken ausreichend gereift ist.

Kälte und Salz treiben Flüssigkeit aus dem Fleisch, was für die Konservierung unabdingbar ist. Immer wieder wird die Keule kräftig maschinell durchgewalkt. So durchdringt das Salz schneller das Fleisch.
Nach einer Ruhezeit in Kühlzellen wird der Schinken für 60 bis 70 Tage gelagert.
Nach einer lauwarmen Waschung beginnt für die Schinken die eigentliche Trockenphase. Über sechs Monate durchläuft der Parmaschinken genau ausgetüftelte Passagen in Kühlkammern, temperierten Trockenräumen und luftigen Lagerhallen für die Vorreife.
Dann werden die Teile mit einer Paste aus Schmalz, Reismehl und Pfeffer zugespachtelt. Sie schützt das Fleisch vor Austrocknung und Verhärtung.
Anschließend wird der Schinken in Kellern mit geringer Luftzufuhr und kühleren Temperaturen gelagert. Dort vollziehen sich die natürlichen biochemischen Veränderungen, die ihm den feinen Geschmack verleihen.
Nach zehn bis zwölf Monaten, manchmal sogar erst nach zwei Jahren, je nachdem, ob er sieben bis neun oder mehr Kilogramm wiegt, ist der Parmaschinken fertig zum Verzehr.

Qualität
Die Qualität des Parmaschinkens beginnt bei den Schweinen, die sich an Futtergerste, Mais und Obst satt fressen dürfen. Sie leben in genau überprüften Ställen Nord- und Mittelitaliens. Bei ihrer Schlachtung müssen sie mindestens zehn Monate alt sein. Ihr Fleisch ist dann fest und rosig und von einer beachtlichen Fettschicht umgeben, die als Schutzmantel dient, damit der Schinken nach einem Jahr Trocknung und Reifung besonders zart ist.

Die Schinkenherstellung ist höchste Kunst.

Prosciutto di San Daniele (San-Daniele-Schinken)

Rein äußerlich erkennt man den San-Daniele-Schinken an der gitarrenähnlichen Form, am Spitzfuß, der beim Parmaschinken fehlt.
Die Produktion des gitarrenförmigen San-Daniele-Schinkens ist ähnlich wie beim Parmaschinken, nur werden die Keulen zwischen zwei Holzbretter gepresst. So wird der Schinken etwas dünner und braucht dadurch weniger Salz.
Er ist im Geschmack besonders süß (dolce) und milder und zarter als der berühmte Parmaschinken aus der Emilia-Romagna. Den Namen verdankt er einem kleinen Ort am Alpenrand in der Provinz Friaul, nahe der slowenischen Grenze. Sein Markenzeichen (Brandzeichen) ist das Monogramm SD.
Ausgangsbasis sind Keulen, die mindestens elf, maximal fünfzehn Kilogramm wiegen. Das Fleisch wird einen Tag pro Kilogramm gepökelt. Schinken San Daniele reift bis zuletzt am Knochen.
Seine Reifezeit beträgt mindestens zehn, meist zwölf bis dreizehn Monate, was seinen besonderen Geschmack ausmacht.

Culatello di Zibello

Der würzige Bruder des Parmaschinkens stammt aus Zibello, also ebenfalls aus der Emilia-Romagna und reift luftgetrocknet. Manche halten ihn für den besten Schinken auf der Welt. Der kleine »culatello« wird auch »il principe dei salumi« (Prinz der Wurstwaren) genannt.

Für den Culatello ist nur das Beste gut genug: der Teil des Schinkens, der ganz besonders zart ist. Nach dem Entfernen des Knochens wird das Kernstück der Keule mit wenig Salz, Knoblauch sowie Pfeffer eingerieben und mit einer Haut aus Naturdarm (Schweinsblase) überzogen. Der Rest der Keule wird zu **Fiochetto** weiterverarbeitet.

Dann beginnt die *Legatura,* das Verschnüren. Mit Nadel und Faden wird ein birnenförmiges Gebilde hergestellt. Der Schinken wird meist von November bis Februar produziert, da die Temperatur während der Produktion zwischen –2 bis + 5 Grad liegen muss.

Rohschinken verwendet und isst man gerne:

- als Antipasto
- sehr dünn geschnitten, nur mit Weißbrot oder Grissini
- mit Melone, Feigen, Mango, Trauben
- zu warmen Vorspeisen
- zu Spargel
- für die Sauce der Spaghetti alla carbonara
- als Bestandteil von Saltimbocca alla romana

Culatello di Zibello

Salumi – Wurstwaren

Italien verfügt über ein reichhaltiges Angebot an Wurstwaren. Unter dem Oberbegriff »salumi«, in dem sich das Wort *salare* (einsalzen) verbirgt, werden sämtliche Wurst- und Schinkensorten zusammengefasst. Salumi sind so beliebt, dass italienische Schweine nur unter dem Aspekt ihrer Verarbeitung zu Schinken und Wurst aufgezogen werden.

Salami (salame)

Sie unterscheiden sich in der Konsistenz, dem Verhältnis zwischen fettem und magerem Fleisch, den beigefügten Gewürzen und Kräutern und der jeweiligen Trockenzeit.

Bei der Salami handelt es sich um ein Produkt, das in der Regel aus Schweinefleisch oder einer Mischung aus Schweine- und Rindfleisch hergestellt wird. Es gibt aber auch Salamiarten, für die das Fleisch von Pferd, Esel, Lamm, Maultier, Gans und Wildschwein verarbeitet wird. Die Salami wird ausschließlich in Naturdarm eingefüllt.

Das Abhängen variiert je nach Produkt sehr stark: von zwei Monaten bis zu einem Jahr und länger. Während dieser Zeit wird das Aroma der Salami intensiver, was zum einen an der teilweisen Verdunstung des Wassers und der daraus folgenden Konzentrierung der Geschmacksstoffe liegt, zum anderen an den Umsetzungsprozessen durch die in der Salami vorhandene Mikroflora, bei denen der typische Duft und Geschmack dieser Wurst entstehen.

Reifung

Die Reifung muss in einem kühlen Raum stattfinden, in dem es weder zu trocken noch zu

Bekannte Salamisorten

- Salame di Milano ist die wohl berühmteste aller italienischen Salamiarten. Sie wird in große Därme gefüllt und hängt dann 3–4 Monate ab.
- Salame di Felino, aus der Emilia-Romagna, eine sehr magere Salami aus reinem Schweinefleisch, das nur sehr grob zerkleinert und mit Knoblauch und Weißwein gewürzt wird.
- Salame sardo, eine scharf gewürzte sardische Salami.
- Salame napoletano ist mit schwarzem und rotem Pfeffer gewürzt.
- Cacciatora enthält viel Knoblauch und ist so klein, dass ein Cacciatore (Jäger) sie in der Tasche tragen kann.
- Ungarische Salami hat ein relativ feines Brät und außen eine gleichmäßige weiße Edelschimmelflora.

Wurstwaren und Schinken werden in zwei Kategorien unterteilt

- Rohe und gereifte Produkte

Aus rohem Fleisch hergestellt, mehr oder weniger gesalzen und anschließend gereift, wobei Lufttrocknung eine Vorrangstellung einnimmt. Nach Abschluss der Reifung können sie bei Raumtemperatur längere Zeit aufbewahrt werden. Zu dieser Kategorie gehören: Rohschinken wie Parma oder San Daniele. Dauerwürste wie Salami oder Soppressa, Coppa oder Bresaola.

- Gekochte Produkte

Nach der eigentlichen Zubereitung gekocht oder in modernen Umluftöfen erhitzt und gegart. Sie sollten immer gekühlt aufbewahrt und relativ schnell verzehrt werden. Hierzu zählen: Mortadella, Cotechino, Zampone, Prosciutto cotto (gekochter Schinken).

Mortadella

Cotechino

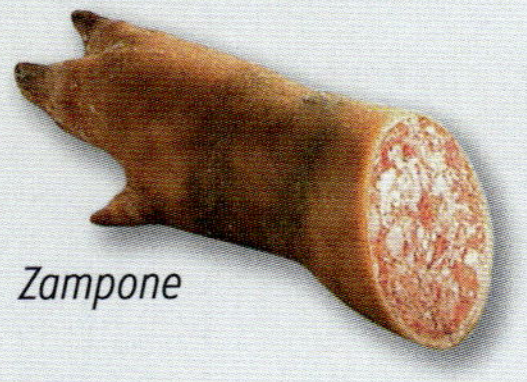

Zampone

feucht sein darf. Im Laufe des natürlichen Reifungsprozesses bildet sich auf der Salamihaut ein mehliger Schimmel, der regelmäßig abgewischt wird. Ihm verdanken wir das typische Aroma.

Im Norden wird die Salami milder, im Süden pikanter und schärfer gewürzt.

! Achtung: Die Verdaulichkeit von Salami und Wurstwaren im Allgemeinen hängt vom Fettanteil ab.

Salamisorten

Auf Seite 41 werden kurz die wichtigsten Eigenschaften der Salamisorten und Wurstwaren angesprochen, die in Italien am meisten gegessen werden und am weitesten verbreitet sind, oder die aufgrund ihrer besonderen Eigenschaften erwähnenswert sind.

Grobe Salami: Dafür wird das Fleisch recht grob (groß) gehackt und enthält ziemlich große Fettstückchen.

Feine Salami: Für sie werden feineres Fleisch und Fett verarbeitet.

Mortadella (Brühwurst)

Diese gekochte Wurst aus Fleischmasse stammt ursprünglich aus Bologna. Für die Mortadella wird fein gehacktes Schweine- oder Rindfleisch, seltener auch Pferdefleisch verwendet, zu dem größere Fettstückchen hinzugegeben werden, dazu Pfefferkörner und Pistazien zum Würzen.

Verwendung

- als Aufschnitt, in feine Scheiben oder in Würfel geschnitten
- als Füllungen für Ravioli, Tortellini, Crespelle
- für Knödel

Cotechino (Schlackwurst)

Diese Wurst stammt aus der Emilia und wird gekocht gegessen. Der Cotechino wird aus Schweinefleisch, Speck (Fett) und Schwarte hergestellt und mit verschiedenen Gewürzen abgeschmeckt.

Verwendung

- zum Bollito misto
- mit Kartoffelpüree, Bohnen oder Linsen

Zampone (gefüllter Schweinefuß)

Er stammt aus der Emilia und besteht aus Schweinefleisch, Schweinskopf und Schwarte, die mit Salz, Pfeffer, Gewürznelken, Zimt und Muskatnuss abgeschmeckt und in den Vorderfuß vom Schwein eingefüllt werden. Der Zampone ist roh oder vorgekocht im Handel.

Verwendung

Mit Kartoffelpüree, mit Bohnen (fagioli), Linsen (lenticchie), aber auch mit Sauerkraut schmeckt der Zampone ganz ausgezeichnet; auch zu Bollito misto verwendet man Zampone.

Coppa (gerollter Schweinehals)

Diese berühmte Spezialität aus dem Muskelfleisch des Schweinehalses (Nacken) reift eingewickelt in einem mit Weißwein getränkten Tuch. Der Fettanteil muss bei 40 Prozent liegen. Die beste Coppa wird in der Gegend von Piacenza hergestellt, ist aber auch in der Emilia-Romagna und der Lombardei verbreitet.

Verwendung

- als Aufschnitt, zu Saucen
- für Saltimbocca

Bresaola (luftgetrocknetes Rindfleisch)

Die Bresaola ist ein direkter Verwandter des »Bündner Fleisches« aus der Schweiz und wird in der Provinz Sondrio aus den besten Stücken der Keule vom Rind, vom Pferd oder von der Gämse hergestellt. Das Würzen der Bresaola unterscheidet sich von Hersteller zu Hersteller, wobei neben dem unverzichtbaren Pfeffer und Salz auch mit Gewürznelken, Zimt und Lorbeer gewürzt werden kann. Es wird auch eine geräucherte Variante der Bresaola hergestellt.

Am Ende des Abhängens muss die Bresaola kompakt, dunkelrot, zart und schmackhaft sein.

Verwendung

Nach Meinung der Gourmets schmeckt die Bresaola am besten ohne Zutaten, kann aber auch mit etwas Olivenöl, Pfeffer und einigen Tropfen Zitrone als Vorspeise serviert werden.

Soppressa (Presskopf)

Diese Wurst wird in Venetien und Friaul-Julisch-Venetien produziert und besteht zu zwei Dritteln aus magerem Schweinefleisch und zu einem Drittel aus Schweinefett. Sie muss mehr als ein Jahr lang im Naturdarm abhängen.

Salsiccia (Schweinswurst)

»Salsicce« heißen in Italien würzige, lange, dünne frische Rohwürste (salsicce fresche).

Manche Sorten werden luftgetrocknet angeboten.

Die Salsiccia wird zumeist aus grobem gehacktem Schweinefleisch, zuweilen auch aus einer Mischung von Rind- und Schweinefleisch hergestellt. Aus Kalb-, Pferdefleisch oder aus Wildschwein und anderem Wildfleisch kann sie auch hergestellt werden. Diese Würste werden vor allem frisch gegessen.

In Norditalien wird die Salsiccia meistens mit Knoblauch, Pfeffer, Zimt und Weißwein abgeschmeckt, in Mittelitalien isst man auch getrocknete, rohe Salsiccia und in Süditalien wird sie oft mit Fenchelsamen und Pfefferschote gewürzt.

Luganega (Frischwurst)

Die italienische Rohwurst hat eine typische Form. Besonders charakteristisch ist ihre Würzung mit viel Pfeffer. Die rohe Wurst (Brät) wird auch für Füllungen für Ravioli, Tortellini, Pastasaucen, Risotti usw. verwendet.

Speck

Südtiroler Speck

Speck ist seit jeher ein fester Bestandteil der Südtiroler Küche. Der Speck ist ein Teil dieses Landes. Seine geografische Herkunft entsprechend, an der Schnittstelle der Kulturen des Mittelmeerraums, ist der echte Südtiroler Speck milder, ausgewogener im Geschmack und gleichzeitig aber auch kräftiger als die süßlichen Rohschinken aus Italien.

Speckherstellung

Der Speck wird ausschließlich aus mageren, vollfleischigen Schweinekeulen (Schlegel) hergestellt.

1. Salzen: Die Hammen werden eingesalzen und drei Wochen lang in kühlen Räumen gepökelt.
2. Räuchern: Für das Räuchern wird nur ausgewähltes, harzarmes Holz verwendet. Die Temperatur darf 20 Grad nicht übersteigen.
3. Reifung: Danach folgt die Reifung, die im Durchschnitt 22 Wochen dauert: bei einer Temperatur von höchstens 15 Grad und einer relativen Luftfeuchtigkeit von höchstens 60 bis 75 Prozent.
4. Auf der Oberfläche bildet sich eine dünne Schimmelschicht, die nach Abschluss der Reifung entfernt wird.

Lagerung

Der Speck ist leicht geräuchert, hat im Endprodukt nur 5 Prozent Salzgehalt und eine lange (bis zu 22 Wochen) Reifezeit in der reinen Luft der Südtiroler Bergtäler.

Verwendung

Speck mit Grana, Speck mit Mozzarelline, Speck mit Spargel, Speck mit Garnelen, Speck mit Melone und Feigen, Krautsalat mit Speck, Steinpilze oder Pfifferlinge mit Speck, Speckknödel, Gerstensuppe, Nudelgerichte.

Coppa

Bresaola

Soppressa

Luganega

Südtiroler Speck muss fein geschnitten werden.

Pancetta

Lardo di Colonnata

Carne salada
Carne salada (gesalzenes Fleisch) ist eine lokale Spezialität, die hauptsächlich im südlichen Teil des Sarca-Tales zu finden ist. Von grundlegender Bedeutung ist das verwendete Fleischstück und ebenso wichtig sind die Zutaten der Salzlake: Salz, Pfeffer, Knoblauch, Lorbeer, Rosmarin, Wacholder und Weißwein. In Holzbottichen wird das frische Fleisch zwanzig Tage lang in der Salzlacke eingelegt.

Pancetta (Bauchspeck)

(Vom italienischen *pancia* = Bauch) Sie ist ein ungeräucherter, luftgetrockneter Bauchspeck vom Schwein. Er besteht aus abwechselnd mageren und durchwachsenen Fettschichten und wird mit Gewürzen, Salz und Pfeffer getrocknet, dann öfters auch aufgerollt.
Es gibt aber auch geräucherte und gerollte Pancetta.

Verwendung
Pancetta wird oft in Streifen oder Würfel in Saucen und Pastagerichte gegeben. Zum Beispiel für die Spaghetti alla carbonara oder als Zutat für die Sauce »all'amatriciana«, angeröstet als Zutat von Salaten, Schmorgerichten, Suppen wie die »pasta fagioli« und Speckkuchen verwendet.

Lardo (fetter Speck)

Entspricht der fetten Schicht unter der Haut des Schweins, vor allem im Rückenbereich. Dieser fette Speck wird eingesalzen. Wird er auch noch geräuchert, heißt er Räucherspeck (lardone).
Der Lardo wird bei einigen regionalen Rezepten verwendet. Er dient zum Umwickeln von Wildgeflügel (damit das Fleisch nicht austrocknet) und zur Herstellung von Pasteten.

Lardo di Colonnata – der weiße Speck von Carrara

Schon im Mittelalter sorgte der marmorweiße würzige Lardo aus der nördlichen Toskana dafür, dass die hart arbeitenden Cavatori (Marmorbrucharbeiter) bei Kräften blieben. Heute ist der würzige Lardo di Colonnata, der auf der Zunge zergeht, eine weithin beliebte Delikatesse.
Die Schweine wachsen langsam, sie dürfen nur in Italien aufwachsen und gemästet werden. Ihr Fleisch und auch ihr Fett haben ein besonders nussiges Aroma.

Das Speck-Machen hat sogar einen eigenen Berufsstand hervorgebracht, den der »lardaioli«.
Dem Lardo di Colonnata wurde von der Europäischen Union eine geschützte Ursprungsbezeichnung zuerkannt.

Herstellung
Lardo di Colonnata reift mit Meersalz, Kräutern wie wildem Rosmarin aus den Bergen, Salbei und Gewürzen wie schwarzem Pfeffer, Zimt, Muskatnuss, Sternanis, Koriander, Nelkenpulver und Knoblauch sechs Monate in Behältern aus Marmor.
Innerhalb eines halben Jahres fermentiert der Speck und verwandelt sich in eine aromatische, mürbe Köstlichkeit, die so gar nichts mit talgigem Fett zu tun hat.
Frischer Speck nimmt kein Salz auf, so dass der toskanische Lardo eher süß und aromatisch schmeckt.
Gerade der Canaloni-Marmor fördert die optimale geschmackliche Entwicklung der Lake und verhindert, dass der Speck ranzig wird.

Verwendung
Den Lardo isst man besonders gern im Sommer hauchdünn geschnittenen auf Brot, Bruschetta, als Antipasto oder auch nur so zum Wein. Im Winter reicht man ihn zu Eintöpfen mit viel Speck.

Pancetta di Colonnata

Weiters gibt es auch die Pancetta di Colonnata, den Bauchspeck. Dieser Speck lagert in Kellern, die in den Felsen geschlagen werden. Die Temperatur liegt dort bei 12 Grad und die Luftfeuchtigkeit ist sehr hoch, ideal für die Reifung des Specks.

Klassische Antipasti

Carpaccio

Erfunden hat die Vorspeise **Giuseppe Cipriani** in »Harry's Bar« in Venedig. Weil der Arzt einem Stammgast gekochtes Fleisch verboten hatte, wurde der Carpaccio kreiert und weltberühmt.
Benannt ist das Rezept nach dem Renaissancemaler Vittorio Carpaccio.
Inzwischen wird Carpaccio von allerlei Fleischarten wie Kalb, Lamm, Wild usw., aber auch Carpaccio vom Lachs, Seeteufel, Jakobsmuscheln, Garnelen und Gemüse zubereitet. Für den traditionellen Carpaccio werden hauchdünne Rindsfiletscheiben mit kaltgepresstem Olivenöl, Zitronensaft, gehobeltem Parmesan und frisch gemahlenem Pfeffer angemacht.

Bagna cauda (Gemüsefondue mit heißer Sardellensauce)

Bagna cauda ist die traditionelle Vorspeise des Piemonts. Die Zutaten sind von Ort zu Ort, von Gastgeber zu Gastgeber unterschiedlich.
Manchmal nimmt man für die Sauce mehr oder weniger Sardellen, manchmal mehr oder weniger Knoblauch. Manchmal nimmt man nur rohes oder nur gekochtes Gemüse wie Fenchel, Karotten, Zucchini, Paprika und Salate wie Radicchio, Chicorée, dann wieder kombiniert man beide. Die Jahreszeiten sorgen jeweils für die Auswahl. Das Gemüse wird in eine Knoblauch-Sardellensauce getaucht, die auf einem Rechaud (Wärmeplatte) warm gehalten wird.
Im Piemont serviert man dieses Gericht meist im Winter in geselliger Runde oder im großen Familienkreis. Bagna cauda wird hauptsächlich als Vorspeise angeboten, kann aber auch gut als Hauptgericht eingeplant werden. Dann sollte man es möglichst mit weiteren Zutaten wie Pellkartoffeln und Weißbrot ergänzen.
Bei einem mehrgängigen Menü reiht man Bagna cauda vor dem Hauptgang ein.

Pinzimonio (Gemüserohkost)

In Italien heißt eigentlich nur die aus bestem, kaltgepresstem Olivenöl, Essig, Salz und grobem Pfeffer zusammengerührte Sauce Pinzimonio. Sie kommt aus der Toskana. In diese taucht man saftiges, rohes Gemüse wie Karotten, Zucchini, gelbe, rote und grüne Paprikaschoten, Frühlingszwiebeln, Fleischtomaten, Stangensellerie, Fenchel, Gurken, Radicchio usw. Das Gemüse wird in Streifen geschnitten, hübsch wie ein Blumenstrauß im Glas arrangiert und als erster Gang serviert.
Dazu isst man knuspriges Weißbrot.

Tramezzini

Tramezzini sind italienische Sandwiches für zwischendurch, teils mit Fisch, mit Fleisch, teils vegetarisch, aber immer dreieckig.
Ob als kleiner Imbiss für zu Hause, in der Bar oder als besonderes Extra, die italienischen Sandwiches mit cremiger und würziger Füllung sind der Snack für den »tramezzo«, die Zeit dazwischen.
Typisch sind das dreieckige Format und die vielfältigen Variationen der »Stockwerke«.
Die Brote sollen, wenn möglich, immer mit Mayonnaise, Senfsauce, Kräutersauce oder Ketchup bestrichen werden.

<u>Auswahl</u>
Tramezzini gibt es mit Gemüse und Fisch, mit Thunfisch, Käsecreme, Garnelen, Mozzarella, Salami und Paprika, Roastbeef, Tomaten-Oliventartar usw.

Bruschette und Crostini

In der italienischen Antipasti-Küche sind sie die Zwillinge. In jedem Fall handelt es sich um geröstete Brotschnitten, die phantasievoll bestrichen, beträufelt oder anderweitig verfeinert werden.

Wo kommen die Tramezzini her?
Das italienische Wort stammt von *tramezzare* (lateinisch transmettere), was so viel wie »dazwischenschieben« bedeutet. Ein Tramezzino ist daher zunächst einmal eine kleine Zwischenwand. In übertragener Bedeutung bezeichnet das Wort jedoch vor allem das berühmte, in fast jedem italienischen Café oder Bar gereichte Sandwich aus meist rindenlosen, vor allem aber saftigen Weißbrotscheiben. Das Tramezzino ist auf diese Weise die italienische Antwort auf das aus Großbritannien stammende Sandwich.

Bruschette und Crostini
Der Unterschied zwischen beiden bezieht sich vor allem auf die Größe des Brotes.
- <u>Bruschette:</u> Als Bruschetta bezeichnet man größere Scheiben von knusprigem Weiß-, Kasten- oder Vollkornbrot, meist aber Ciabatta, das noch vor dem Überbacken mit Knoblauch eingerieben und mit Olivenöl beträufelt wird.
- <u>Crostini:</u> Die Crostini hingegen haben ihren Namen von *crostare* (knusprig überbacken). Als Brot verwendet man vielfach die Baguette.

Das flüssige Gold
Kaltgepresstes Olivenöl

Im November werden auf Sizilien die Oliven geerntet.

Der Olivenbaum – eine der ältesten Kulturpflanzen der Erde

In Italien, und nicht nur in Italien, geht die Kultivierung des Olivenbaumes bis auf die Römerzeit zurück. Er war heilig, Symbol für Frieden und Fruchtbarkeit. Olivenöl diente zum Einsalben, als Medizin und als kostbares Lebensmittel. Landschaften mit den charakteristischen Olivenbäumen finden sich fast überall in Italien, mit Ausnahme des Aostatales. Italien und Spanien sind weltweit führend in der Produktion von Olivenöl, gefolgt von Griechenland, Portugal, Frankreich und den Ländern des Mittleren Ostens und Nordafrikas.

Ernährung/Gesundheit

Olivenöl, auch goldener Nektar genannt, ist nicht nur leicht verdaulich, sondern hat generell eine positive Wirkung auf Magen und Darm. Der hohe Anteil einfach ungesättigter Fettsäuren, der mit 80 Prozent nicht nur tierische, sondern auch andere pflanzliche Öle weit übersteigt, senkt das Risiko von Herz-Kreislauf-Erkrankungen. Aufgrund des hohen Gehaltes an Antioxydantien wird Olivenöl bei der Erhitzung nicht in gesundheitsschädliche Substanzen aufgespalten.
Es ist das Fett, das am leichtesten vom menschlichen Körper aufgenommen werden kann, hat

eine ausgezeichnete Wirkung auf die Leberfunktion, fördert die Gallentätigkeit und wirkt regulierend auf die Verdauung. Es fördert die Fixierung und Aufnahme der fettlöslichen Vitamine, führt zu einer Senkung des schädlichen Cholesterins LDL (Low Density Lipoprotein) und hat eine vorbeugende Wirkung gegen die so genannten »Wohlstandskrankheiten« wie Arteriosklerose, Diabetes und Übergewicht.

Zusammensetzung

Olivenöl hat eine mehr oder weniger dickflüssige Konsistenz mit einer Farbe, die von strohgelb über grünlich bis zu einem intensiven Grün reichen kann.

Olivenöl gerinnt bei einer Temperatur von etwa 15 Grad und wird bei niedrigen Temperaturen fest, wobei es eine körnige, schmierig weißliche Masse bildet.

Chemisch gesehen besteht Olivenöl in erster Linie aus Triglyceriden, der wichtigsten Gruppe der Fette in der Ernährung.

Die Ernte

Für eine gute Ernte müssen die Oliven zur Zeit der »Rotreife« geerntet werden, das heißt: Wenn sie sich gerade von grün nach violettrot verfärben, sind sie besonders aromatisch, würzig und ausgewogen in ihrem Nährstoffgehalt. Die beste Zeit, Oliven zu ernten, beginnt im November.

Es ist mit einer guten Ernte dann zu rechnen, wenn im Winter kurze Zeit leichter Frost herrscht und im Sommer kräftig die Sonne scheint. Außerdem soll bis zur Erntezeit im Herbst möglichst wenig Regen fallen.

Von Hand gepflückt oder ins Netz geschüttelt

Die Oliven werden entweder mühselig von Hand gepflückt (diese Methode ist heute den allerfeinsten Ölsorten vorbehalten) oder mit Stöcken von den Zweigen geschlagen und fallen in darunter ausgespannte Netze, die weitgehend verhindern, dass die Früchte Schaden nehmen.

Ein geschickter Pflücker schafft etwa 40 Kilo Oliven am Tag, was etwa 20.000 Oliven entspricht. Das ergibt in guten Jahren acht Liter Öl. So ist es nicht verwunderlich, wenn etwa 70 Prozent des Herstellungspreises allein auf die Erntekosten entfallen

Die Oliven müssen rasch verarbeitet werden. Nach 24 Stunden beginnt sich die Qualität zu verschlechtern. Deshalb werden die Früchte gleich nach der Ernte in die Ölmühlen gebracht und von tonnenschweren Mühlsteinen aus Granit zerquetscht, bis das Fruchtfleisch ein graubrauner Brei ist. Die Maische wird auf runde Bastmatten gestrichen, die aufeinander gesetzt und zu einem Turm geschichtet werden. Zur Stabilisierung werden Metallscheiben dazwischengelegt, und noch ehe Druck auf den Turm ausgeübt wird, fließen die ersten Tropfen des besten Öls aus den Matten.

In der ersten Pressung entsteht beste Qualität

Und je nach Klima, Boden, Lage, Art der Frucht und Reifegrad schmeckt Olivenöl erdig oder fruchtig, würzig oder mild, rassig oder fein und manchmal auch zartbitter.

Nach den Verordnungen der Europäischen Union müssen Olivenöle bestimmte festgelegte Qualitätsbezeichnungen tragen. Die verschiedenen Bezeichnungen in den einzelnen Ländern sind dabei jeweils gleich bedeutend.

Güteklassen

Alle Sorten und Typen von Olivenöl unterscheiden sich in Geschmack, Geruch, Farbe und dem Anteil freier Fettsäuren.

- Olio d'oliva extra vergine (natives Olivenöl extra): Öl der ersten Pressung mit bester Qualität. Es enthält maximal ein Gramm Ölsäure auf hundert Gramm Öl.
- Olio d'oliva vergine (natives Olivenöl): Öl der zweiten und dritten Pressung in den Qualitätsstufen »fein« und »mittelfein«, mit überdurchschnittlicher Qualität. Natives Olivenöl enthält bis zwei Gramm Ölsäure auf hundert Gramm.
- Olio d'oliva (Olivenöl): aus nativem und raffiniertem Öl gemischt. Enthält bis zu 3,3 Gramm Ölsäure.
- Olio di sansa d'oliva (Olivenresteröl): Hier überwiegt das aus den Pressrückständen durch Lösungsmittel gewonnene, raffinierte Tresteröl. (Raffination: Physikalisches Verfahren zum Reinigen von Speiseölen)

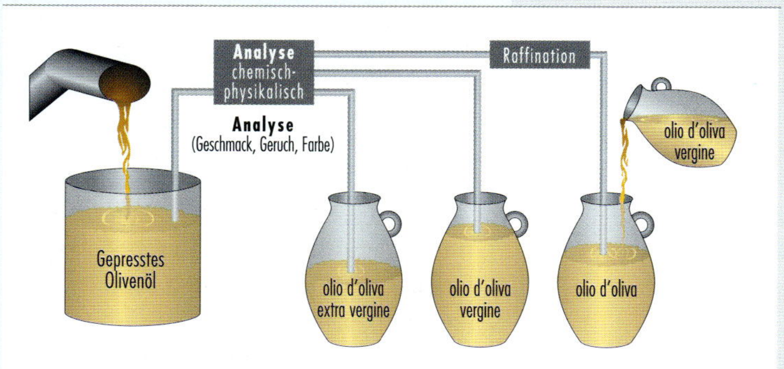

Die Bestimmung der richtigen Reife ist ausschlaggebend für gutes Olivenöl.

Die richtige Reihenfolge der Verkostung:

1. Einschenken des Öls
2. Schwenken des Degustationsglases
3. Riechen (nasal, d. h. durch die Nase, und retronasal, d. h. durch den Rachenraum)
4. Beurteilung des Aromaeindrucks
5. Schmecken (auf Zunge und Gaumen)
6. Beurteilung des Geschmackseindruckes
7. Beurteilung des harmonischen Gesamteindrucks

Wie man Olivenöl degustiert

Zehntausende Olivenölproduzenten buhlen um die Gunst der Käufer. Und nur wer die Eigenheiten eines guten Öls kennt, kauft dann auch das beste Öl.

Grundregeln für richtiges Degustieren

- Es ist wichtig, nicht zu viele Öle innerhalb kürzester Zeit zu degustieren. Der Gaumen und die gesamte Mundhöhle überziehen sich bei jedem Probieren mit einem Ölfilm. Am besten entfernt man den Ölfilm, indem man ein Stück säuerlichen, nicht zu süßen Apfel kaut und dann ausspuckt oder hinunterschluckt. Zusätzlich neutralisiert man Gaumen und Mundhöhle am besten mit reinem Wasser, das in etwa die Zimmertemperatur hat.
- Die Öle werden in der Regel in bauchigen Gläsern, z. B. Cognacglas, mit engen Hälsen präsentiert. Schwenkt der Prüfer das Glas ein wenig, dann können sich die flüchtigen Aromakomponenten im Glasbauch entwickeln und frei werden. Im engen Glashals werden die Aromastoffe dann konzentriert, so dass die Nase sie in ihrer Komplexität wahrnehmen kann.
- Olivenöl kann aber auch mit einem Stück Weißbrot verkostet werden, das man in das Öl tunkt und dann isst.
- Zunächst versucht man den Aromaeindruck mit der Nase zu erfassen und zu bewerten. Erst jetzt nimmt man das Öl in den Mund und verteilt es idealerweise auf der ganzen Zunge, damit sie die Geschmackseindrücke in ihrer Vielfalt umfassend aufnehmen kann.

Lagerung

Olivenöl ist licht-, wärme-, luft- und feuchtigkeitsempfindlich. Daher sollte es in einer gut verschlossenen Flasche an einem dunklen, kühlen und trockenen Ort bei einer Temperatur zwischen 10 und 15 Grad aufbewahrt werden. Dann hält es sich etwa 1 bis 1½ Jahre. Es enthält natürliche Konservierungsstoffe, aber auch Enzyme, die mit Sonnenlicht und Luftsauerstoff reagieren, was zu einem langsamen Verfall des Produktes führt.

Frisches Öl ist in jedem Fall besser. Es wird daher empfohlen, immer die Produkte aus der letzten Ölernte zu konsumieren, die in der Regel in der Zeit von November bis Februar stattfindet, weshalb immer ein Doppeljahr angeben wird (z. B. 2005/2006).

Verdorbenes Olivenöl schmeckt ranzig oder hat einen metallischen Geschmack und riecht nach Schimmel oder nach Bodensatz. Gefälscht wird Olivenöl, indem es mit unterschiedlichen Olivenölen und Samenölen vermischt wird.

Richtige Verwendung des Olivenöls

- Kaltgepresste Olivenöle erster Pressung sind hochwertig und sollten deshalb vorzugsweise in der »Kalten Küche« verwendet werden.
- Zum Kochen eignet sich ein einfaches natives Olivenöl.
- Die großen Unterschiede im Bukett und Geschmack der Öle führen in Italien zu einer besonderen gastronomischen Kultur. Olivenöl wird als Würzmittel eingesetzt und über die fertig zubereiteten Speisen geträufelt.
- Dabei wird genauso wie beim Wein die Harmonie zwischen Gericht und Öl gesucht. In guten Restaurants steht dem Gast eine Ölkarte oder ein Ölwagen zur Verfügung, von dem er selbst den richtigen Tropfen wählt oder sich beraten lässt.
- Olivenöl gibt der kalten und warmen Küche die mediterrane Note.
- Frische Salate schmecken mit Olivenöl viel besser.
- Olivenöl immer als letzte Zutat in den Salat geben, damit sich die Gewürze vorher mit dem Salat verbinden können.
- Ein paar Tropfen Olivenöl runden das Aroma von Saucen, gegrilltem oder gedünstetem Gemüse, gebratenem Fisch oder gegrilltem Fleisch ab.

• Eingelegte Gemüse, Pilze und Meeresfrüchte bekommen erst durch Olivenöl ihren typischen Charakter.

Welche Sorte Olivenöl wofür?

Das Heimatland der höchsten Olivenölklasse, des »extra vergine«, ist Italien. Seinen geschmacklich ungemein vielfältigen Charakter verdankt das italienische Öl den zahlreichen Olivensorten. So unterschiedlich die Sorten sind, so verschieden schmeckt auch das Öl.

Man unterscheidet drei Sorten von Fruchtigkeit

- leicht (leggero)
- mittel (medio)
- intensiv (intenso)

Die Einteilung nach Sorte und Boden

• Leichte oder mild-fruchtige Öle

Casaliva vom Gardasee, Taggiasca aus Ligurien, Biancheria aus Friaul und Venetien, Coroncina aus den Marken, Gentile aus Molise.

Das Öl dieser Sorten hat ein mild-süßliches Aroma, schmeckt nach Mandeln und Pignoli, hat zarte Noten von Gras und Kräutern wie Petersilie und Estragon sowie von gelben Äpfeln und Birnen.

Geschmack: Am Gaumen werden die Töne ergänzt durch vegetabile Noten, im Abgang schmeckt man eine leichte Bitterkeit und delikate, ausgewogene pikante Aromen.

Verwendung: Ideal für Vorspeisen mit Fisch, im Dampf gegarte Krustentiere, gebratene Fische, Gemüsesalate oder gegrilltes bzw. gebratenes Gemüse.

Im Hauptgang passt das Öl zu gebratenem hellen Fleisch. Bei den Desserts zu Hefegebäck, Soufflés und zu Schokoladenmousse.

• Mittelfruchtige Öle

Dritta aus den Abruzzen, Nostrano di Brisoghella aus der Emilia-Romagna, Carboncella aus dem Latium, Ortice aus Kampanien.

Die Olivenöle dieser Sorten duften nach frischen Wiesenkräutern, reifen Früchten, aromatischen Kräutern wie Rosmarin und Thymian, nach Trockenfrüchten und grünen Tomaten.

Geschmack: Am Gaumen kommen bittere und pikante Töne hinzu, die jedoch den harmonischen Gesamteindruck nur abrunden.

Verwendung: Diese Öle sind optimal für Salate mit Muscheln oder Tintenfisch, Vorspeisen mit Gemüse oder Garnelen, Fischsuppe, aber auch für helles und dunkles Fleisch vom Grill.

• Intensiv-fruchtige Öle

Frantoio aus der Toskana, Moraiolo aus Umbrien, Coratina aus Apulien, Nocellara del Belice aus Sizilien und Bosana aus Sardinien.

Dieses Öl ist in jeder Hinsicht eindringlich und von ausgeprägtem Geschmack.

Der Duft beeindruckt mit kräftigen Aromen wie frisch gemähtem Gras, wilden Disteln und Artischocken, grünen Äpfeln und reifen Tomaten.

Geschmack: Das Öl bleibt länger und nachhaltig am Gaumen, es ist auch bitterer und pikanter, mit dominanten Aromen von Gemüse.

Verwendung: Exzellent für Bruschetta, marinierten Fisch, zu rotem Fleisch vom Grill.

Vom Umgang mit Olivenöl

Die Unkenrufe vergangener Jahre, erhitztes Olivenöl sein gesundheitsschädlich, sind vergessen. Indessen ist wissenschaftlich erwiesen, dass sich alle Olivenölqualitäten für fast jede Garmethode eignen.

- zum Marinieren von Fleisch, das anschließend gegrillt wird
- zum Braten, Schmoren und Dünsten von Fleisch, Fisch, Gemüse
- zum Frittieren bei Temperaturen bis zu 190 Grad
- als Würze für Salate und Rohkost
- zum Einlegen von Gemüse, Pilzen, Käse ...
- zum Verfeinern von Suppen, Saucen, Gemüsegerichten, Eintöpfen
- zum Verfeinern von Pasta und Risotti

Beurteilungskriterien

- Natives Olivenöl wird in drei Geschmacksrichtungen eingeteilt: mild-fruchtig, mittel-fruchtig und intensiv-fruchtig.
- Innerhalb dieser Kategorie werden Schärfe und Bitterkeit der Öle beurteilt. Ein Übermaß an Schärfe und Bitterkeit wirkt sich negativ auf den harmonischen Gesamteindruck aus.
- Fehler bei der Ernte und Lagerung der Oliven, bei der Herstellung des Olivenöls oder der Lagerung können zu negativer Qualität führen. Das Öl kann dann schimmlig, erdig-feucht, metallisch oder ranzig schmecken.

Ungefiltertes Olivenöl frisch aus der Presse

Balsam für den Gaumen
Aceto balsamico

Guter Balsamico reift in nicht geschlossenen Fässern auf dem Dachboden.

Lagerung und Reifung
Mit der Verdunstung wechselt der Balsamico die Fässer.
Holzfässer aus:
Eiche (60 Liter)
Kastanie (50 Liter)
Kirsche (40 Liter)
Eiche (30 Liter)
Maulbeerbaum (20 Liter)

Der Aceto balsamico ist ein Essig italienischen Ursprungs und wird schon seit langer Zeit in Modena aus eingekochtem Traubenmost hergestellt. Erst durch jahrelanges Lagern in verschiedenen Holzfässern erhält er die bekannte dunkle Farbe und sein markantes, ausgeprägtes Aroma. Der edle Aceto balsamico tradizionale (DOC seit 1987) wird von speziellen Konsortien in den beiden einzigen Produktionsgegenden Italiens, in Modena (etwa 150 Produzenten) und Reggio-Emilia (etwa 50 Hersteller), kritisch unter die Lupe genommen. Er lagert während mindestens zwölf Jahren in möglichst vielen unterschiedlichen Fässern und verfeinert sein Bouquet beim Durchwandern der verschiedenen Holzfassarten. Die Essigfässer reihen sich hoch unter den luftigen Dächern einer Acetaia (Essigfabrik). Die zu drei Vierteln vollen Fässer müssen atmen, weil die Essigfassbakterien Sauerstoff brauchen, um sich zu entwickeln. So verdunsten bis zu 10 Prozent des wertvollen Inhalts.

Im Gegensatz zu anderen Essigarten basiert der Aceto balsamico auf Most und nicht auf Wein. Dieser stammt von den geschmacklich neutralen weißen »Trebbiano-Trauben«, die an den Hängen um Modena und in der Provinz Reggio-Emilia reifen.

Aceto tradizionale di Modena

Der traditionelle Balsamessig aus Modena wird aus gekochtem Traubenmost gewonnen, der bei natürlich ablaufender Essigsäuregärung altert. Während seiner Lagerung in immer kleiner werdenden Fässern unterschiedlicher Holzsorten wird er nach und nach konzentrierter. Er unterliegt einem langsamen Reifeprozess, bei dem keinerlei Aromastoffe zugefügt werden.

Farbe: Seine Farbe ist ein leuchtendes und dickes Dunkelbraun.

Konsistenz: Er hat eine eigene Konsistenz, die ihm eine sirupartige Beschaffenheit verleiht.

Aroma: Sein Aroma ist charakteristisch und vielfältig, durchdringend und deutlich, aber angenehm und harmonisch sauer.

Geschmack: Der traditionelle und unnachahmliche Geschmack ist süßsauer.

So viel kostet der Balsamessig!

- Aceto balsamico tradizionale ist der teuerste Essig der Welt. Er wird in kleinen 100-ml-Flaschen verkauft und kostet je nach Alter bis zu 100 Euro.
- Aceto balsamico di Modena hat zum Teil eine viel kürzere Reifezeit, wird in großen Holzfässern vergoren und ist wesentlich preisgünstiger. Je nach Anzahl der Weinblätter auf dem Gütesiegel kostet er zwischen 3 und 20 Euro.
- Aceto balsamico wird von verschiedenen Produzenten hergestellt und kostet um 2 Euro.

Verwendung

- Sehr gut passt der Balsamico zu Tomaten, Blattsalaten, Basilikum, Kürbisgerichten usw.
- Mit Aceto balsamico können Sie auch Eis, Früchte und Beeren, wie z. B. Erdbeeren, Melonen marinieren bzw. verfeinern.
- Er harmoniert sehr gut mit Olivenöl.
- Aceto balsamico tradizionale verwendet man zum Verfeinern von Carpaccio, dunklen Saucen, Parmesan, gebratenem Fisch und als Aperitif.

Tipp

Man sollte lieber vorher ein paar Tropfen Balsamico auf einem Löffel probieren. Von Mal zu Mal kann er unterschiedlich abgerundet mild oder scharf sauer schmecken.

Herstellung eines »gefälschten« Balsamicos

Wer den Werdegang des Aceto balsamico kennt, weiß, dass nur jene Flakons echt sein können, für die man sehr tief in die Tasche greifen muss. Aceto balsamico ist kein geschützter Name, deshalb kommen viele Billigvarianten dieses edlen Essigs in den Handel. Diese lagern bei weitem nicht so lange in Holzfässern, wenn überhaupt, und werden mit Zuckercouleur eingefärbt und mit Aromastoffen verfeinert. Ein guter Balsamico kann nicht billig sein. Dass die Köstlichkeit ihren Preis hat, ist aufgrund der langwierigen Herstellung verständlich. Verständlich ist auch, dass die Essig-Industrie längst diesen Markt für sich entdeckt hat. Allerdings entstehen solche Essige innerhalb eines Tages: Essig, Zucker, Wasser, Karamellfarbe, fertig ist die begehrte Spezialität.

Balsamico-Weißweinessig (balsamico bianco)

Ist eine Mischung aus Weißweinessig und Traubenmost. Aufgrund seiner hellen Farbe und dem süß-sauren Geschmack ist er beliebt für das Anmachen von Salaten wie Blattsalaten, Gurken, Blumenkohl, Kartoffeln.

Herstellung

Die weißen Trauben werden nach der Ernte schonend gepresst. Im traditionellen Balsamico-Verfahren wird der gewonnene Saft in großen Kesseln erhitzt und eingedickt, bis er die gewünschte Süße erreicht. Danach setzt die langsame und behutsame Gärung ein. Das Ziel ist es, einen möglichen hohen Restzuckergehalt zu erreichen, ohne Zucker zuzusetzen. Der helle, klare Balsamico-Weißweinessig überzeugt im Gegensatz zu anderen Weißweinessigen durch Reinheit und natürliche Süße.

Balsamico extra vecchio

Er ist in zwei Typen erhältlich, die sich aufgrund der Alterungszeit unterscheiden, von zwölf Jahren bis zu 25 Jahren und darüber.

Nach der Pressung, bei der man aus 100 Kilogramm Lesegut 70 Liter Most keltert, wird dieser im Zeitlupenverfahren bei max. 80 Grad Hitze konzentriert, bis ein Drittel oder gar die Hälfte verdunstet ist.

Den originalen Aceto balsamico tradizionale gibt es nur in diesen Flaschen, als »extra vecchio« (links) oder »vecchio«.

Tramezzini mit Thunfisch

Tramezzini con tonno

Für 4 Personen

Zutaten	250 g	*Thunfisch in Öl*
	2 EL	*Mayonnaise (siehe Seite 74)*
	2 EL	*Sauerrahm oder Naturjoghurt*
	1/2 EL	*Zitronensaft*
		Pfeffer aus der Mühle
		Salz
Weiteres	4	*Radicchioblätter*
	8	*Kastenweißbrot- oder Sandwichbrotscheiben*
	1	*Tomate*

- Den Thunfisch abtropfen lassen und mit einer Gabel etwas zerbröckeln.
- Mayonnaise mit Sauerrahm oder Naturjoghurt vermischen, den Thunfisch untermengen und alles mit Zitronensaft, Salz und Pfeffer würzen.
- Die Radicchioblätter waschen und gut trocken tupfen.
- Die Tomate ebenfalls waschen, den Stielansatz herausschneiden und in möglichst dünne Scheiben schneiden.

Fertigstellung
- Die Hälfte der Brotscheiben mit jeweils einem Radicchioblatt und Tomatenscheiben belegen.
- Die Thunfischmasse darauf verteilen. Mit den restlichen Brotscheiben bedecken und leicht andrücken.
- Die Brote diagonal durchschneiden.

Tipps

1. *Zur Abwechslung können Sie auch 1 Teelöffel Kapern oder fein geschnittene Kräuter (Dillspitzen, Petersilie, Basilikum) und Salate wie z. B. Rucola unter die Thunfischmasse mischen.*
2. *Die meisten Tramezzini sind mit feinen Cremes gefüllt und müssen deshalb vorsichtig geschnitten werden. Am besten geht das mit einem scharfen Sägemesser.*
3. *Beim Schneiden nicht zu sehr drücken, damit die Füllung nicht herausquillt.*
4. *Wer möchte, schneidet die Brote zweimal diagonal durch, dann lassen sie sich noch leichter essen.*

Tramezzini mit Roastbeef

Tramezzini con roastbeef

Für 4 Personen

Zutaten	2 EL	*Butter*
	1 EL	*Meerrettich aus dem Glas oder 1/2 TL frisch geriebener Meerrettich*
	1	*Orange*
	8	*Scheiben gebratenes Roastbeef*
	4	*Maikönig-Salatblätter*
	1	*Chicorée*
	1 EL	*Schnittlauch*
	100 g	*Mayonnaise (siehe Seite 74)*
	2 EL	*Naturjoghurt*
		Salz
		Pfeffer aus der Mühle
	8	*Kastenbrot- oder Sandwichbrotscheiben*

- Die weiche Butter verrühren, mit dem Meerrettich vermischen und würzen.
- Die Orange mit einem Messer schälen und in kleine Würfel schneiden, dabei entkernen und gut abtropfen lassen.
- Den Chicorée waschen und in feine Streifen schneiden (dabei den Strunk entfernen).
- Maikönigblätter waschen und vom Strunk befreien.

Fertigstellung
- Die Mayonnaise mit Naturjoghurt, Orangenwürfeln, Chicorée und Schnittlauch mischen, mit Salz und Pfeffer abschmecken.
- Die Meerrettichbutter auf 4 Brotscheiben streichen, mit dem Maikönig und jeweils mit 2 Scheiben Roastbeef belegen.
- Die Mayonnaise auf dem Roastbeef verteilen. Mit 4 weiteren Brotscheiben abdecken und ein- oder zweimal diagonal teilen und servieren.

Tipps

1. *Für alle Tramezzini-Rezepte gilt: Sie können das Brot auch toasten.*
2. *Die Meerrettichbutter gibt den Tramezzini eine leichte Schärfe.*
3. *Anstelle von Roastbeef können Sie auch Truthahnschinken oder gekochten Schinken, italienische Wurstwaren oder gebratenes Kalbfleisch verwenden.*

Tramezzini mit Tomaten-Oliventatar

Tramezzini con tartara di pomodori e olive

Für 4 Personen

Tomaten-Oliventatar	*8*	*Basilikumblätter*
	1 TL	*Kapern*
	4 EL	*Mayonnaise (siehe Seite 74)*
		Salz
		Pfeffer aus der Mühle
	1	*Tomate, mittelgroß*
	2	*Tomaten, getrocknet und in Öl eingelegt*
	100 g	*Oliven, schwarz*
	1 Prise	*Cayennepfeffer*
Weiteres	*8*	*Kastenweißbrot- oder Sandwichbrotscheiben*
	8	*Käsescheiben (Bel Paese, Mozzarella oder Fontina)*

Tomaten-Oliventatar

- Basilikumblätter mit den abgetropften Kapern fein hacken.
- Beides mit der Mayonnaise mischen und mit Salz und Pfeffer abschmecken.
- Die Tomate waschen, halbieren, die Kerne herausnehmen und das Fruchtfleisch grob zerkleinern.
- Die getrockneten Tomaten abtropfen lassen und grob aufschneiden.
- Oliven von den Steinen befreien und fein hacken.
- Mit Salz und etwas Cayennepfeffer pikant abschmecken.

Fertigstellung

- Die Hälfte der Brotscheiben mit der gewürzten Mayonnaise bestreichen und mit den Käsescheiben belegen.
- Mit dem Tomaten-Oliventatar bestreichen, mit dem übrigen Brot abdecken und leicht andrücken, dann die Brote zweimal diagonal durchschneiden und servieren.

Tipps

1. *Noch würziger werden die Tramezzini, wenn Sie vier in Öl eingelegte Sardellen fein hacken und in das Tatar geben.*
2. *Anstelle des Käses können Sie auch Räucherlachs oder rohen Thunfisch verwenden.*

Crostini mit Oliven

Crostini con olive

Für 4 Personen

Zutaten	150 g	Oliven, grün
	100 g	Oliven, schwarz
	200 g	Tomaten
	2	Schalotten, fein geschnitten
	1/2	Knoblauchzehe, fein gehackt
	2 EL	Olivenöl
	1 TL	Kapern, fein geschnitten
	1 TL	Dillspitzen, fein geschnitten
	1/2	Peperoncino
		Pfeffer aus der Mühle, Salz
	8	Weißbrotscheiben (Ölbrot oder Baguette), getoastet
	4	Kapernfrüchte

- Grüne und schwarze Oliven entkernen und fein hacken.
- Tomaten schälen, entkernen, fein hacken und mit den Oliven vermischen.
- Schalotten und Knoblauch in etwas Olivenöl andünsten und unter das Oliven-Tomaten-Gemisch geben.
- Mit Kapern, Dill, dem zerriebenen Peperoncino, Salz und Pfeffer würzen und auf die getoasteten Weißbrotscheiben geben, dann die Brötchen mit den halbierten Kapernfrüchten garnieren und servieren.

Tipps

1. *Statt Weißbrot können Sie andere Brotsorten verwenden.*
2. *Diese kleinen knusprigen Brote können als leichter Snack oder als köstliche Vorspeise serviert werden.*

Knoblauchcrostini

Crostini all'aglio

Für 4 Personen

Zutaten	80 ml	Olivenöl
	2	Knoblauchzehen, fein gehackt
	1/2	Peperoncino
	8	Baguettescheiben oder anderes Weißbrot wie Ölbrot oder Ciabatta, getoastet

- Olivenöl in eine Schüssel füllen, Knoblauch schälen und fein hacken und mit Peperoncino unter das Olivenöl mischen.
- Die Brotscheiben damit bestreichen.
- Das Brot bei 180 Grad etwa 3 bis 4 Minuten im vorgeheizten Backrohr rösten.

Crostini mit Ricotta, Estragon und Lauch

Crostini con ricotta e porri

Für 4 Personen

Zutaten	2	Schalotten, fein geschnitten
	1/2	Knoblauchzehe, fein gehackt
	2 EL	Olivenöl
	150 g	Ricotta romana
	1 EL	Estragon, fein geschnitten
	1/2	Peperoncino
	20 g	Parmesan, gerieben
		Salz
	8	Weißbrotscheiben (Ölbrot oder Baguette), getoastet
	80 g	Lauch, in feine Streifen geschnitten

- Schalotten und Knoblauch in etwas Olivenöl andünsten und unter die Ricotta mischen.
- Mit Estragon, dem zerriebenen Peperoncino, Parmesan und Salz würzen, auf die getoasteten Weißbrotscheiben geben.
- Den Lauch in etwas Olivenöl dünsten, auf die Crostini geben und servieren.

Tipp

Diese kleinen knusprigen Brote können als leichter Snack oder als köstliche Vorspeise serviert werden.

Variationen

Crostini mit Zucchini: Man nimmt anstelle des Lauchs Zucchiniwürfel.
Crostini mit Melanzane: Sie können anstelle des Lauchs auch Melanzanewürfel verwenden.
Crostini mit Peperoni: Der Lauch wird durch Peperoniwürfel ersetzt.

Crostini mit Tomaten und Basilikum

Crostini con pomodori e basilico

Für 4 Personen

Zutaten		
	200 g	*Tomaten*
	½	*Knoblauchzehe, fein gehackt*
	2 EL	*Olivenöl*
	1 TL	*Basilikum, fein geschnitten*
	½	*Peperoncino*
		Salz, Pfeffer aus der Mühle
	8	*Baguettescheiben oder anderes Weißbrot wie Ölbrot oder Ciabatta, getoastet*

- Die Tomaten schälen, entkernen und in kleine Würfel schneiden.
- Den Knoblauch in etwas Olivenöl andünsten und unter die Tomaten mischen.
- Mit Basilikum, zerriebenem Peperoncino, Salz und Pfeffer würzen und auf die getoasteten Weißbrotscheiben geben.

Tipps

1. *Anstelle des Weißbrotes können auch Vinschgerlen oder Toastbrotscheiben verwendet werden.*
2. *Sie können die Crostini zur Abwechslung mit gedünsteten Melanzane-, Zucchini- oder Mozzarellawürfeln zubereiten.*
3. *Sie können die Tomaten auch ungeschält verwenden.*
4. *Diese kleinen knusprigen Brote können als leichter Snack oder als köstliche Vorspeise serviert werden.*

Bruschetta mit Thunfisch und Zwiebel

Bruschetta mit Salame di Felino

Bruschetta con salame di Felino

Für 4 Personen

Zutaten	1/2	*Knoblauchzehe, fein gehackt*
	2 EL	*Olivenöl*
	200 g	*Tomaten, passiert*
	1 TL	*Basilikum, fein geschnitten*
	1	*Peperoncino*
		Salz
		Pfeffer aus der Mühle
	4	*Bruschettabrotscheiben oder anderes Weißbrot wie Ölbrot oder Baguette, getoastet*
	125 g	*Mozzarella, in kleine Würfel geschnitten*
	12	*Felino-Salamischeiben*

- Den Knoblauch in etwas Olivenöl andünsten und unter die Tomaten mischen.
- Mit Basilikum, zerriebenem Peperoncino, Salz und Pfeffer würzen und auf die getoasteten Bruschettabrotscheiben geben, mit Mozzarella und Felino-Salami belegen. Die Brötchen im Ofen überbacken.

Gartemperatur: 220 Grad
Garzeit: etwa 5 Minuten

Tipps

1. *Anstelle des Bruschettabrotes können auch Vinschgerlen oder Toastbrotscheiben verwendet werden.*
2. *Sie können die Bruschette zur Abwechslung mit gedünsteten Melanzane oder Zucchini zubereiten.*
3. *Anstelle der Mozzarella können Sie auch andere Käsesorten wie Taleggio, Gorgonzola oder Brie verwenden.*
4. *Diese kleinen knusprigen Brote können als leichter Snack oder als köstliche Vorspeise serviert werden.*

Variationen

Bruschetta mit Thunfisch und Zwiebel: Sie können die Bruschette anstelle der Salami mit Thunfisch und Zwiebelringen belegen.
Bruschetta mit Melanzane: Sie können die Bruschette noch zusätzlich mit gebratenen Melanzanescheiben belegen.

Thunfischtatar

Tartara di tonno

Für 4 Personen

Zutaten	200 g	*Thunfisch, frisch*
	1 EL	*Olivenöl*
	1 TL	*Dillspitzen*
	1 EL	*Weißweinessig*
	1 Msp.	*Pfeffer, rosa und zerrieben*
		Salz
	2	*Eier, hart gekocht (8 Minuten)*
Weiteres	1	*Salatgurke*
	1 EL	*Sauerrahm*
	100 g	*Salatspitzen*

- Den rohen, geputzten Thunfisch fein hacken.
- Olivenöl und Dillspitzen mit einem Löffel unterrühren und mit rosa Pfeffer und Salz würzen.
- Die Eier schälen und fein hacken.

Fertigstellung
- Die Gurke waschen und in feine Scheiben schneiden (Gurkenhobel oder Aufschnittmaschine), auf Tellern verteilen.
- Eine Ringform (Ausstecher) auf die Gurken setzen und die gehackten Eier einfüllen.
- Dann das Thunfischtatar hineindrücken, den Ring entfernen und mit gewürztem Sauerrahm und Salatspitzen servieren.

Bruschetta mit Salame di Felino

Nizzasalat mit frischem Thunfisch

Insalata di Nizza con tonno fresco

Für 4 Personen

Zutaten	12	Kirschtomaten
	150 g	Bohnen, grün
	400 g	Thunfisch
	1/2	Zwiebel
	150 g	Bohnen, weiß, weich gekocht
	1 EL	Kapern
	2 EL	Oliven aus Ligurien
	2 EL	Weißweinessig
	50 ml	Olivenöl
	2 EL	Olivenöl zum Braten
		Salz
		Pfeffer aus der Mühle
Weiteres		Kerbel

- Die Tomaten waschen und halbieren. Die Bohnen rüsten, kochen und halbieren.
- Thunfisch zerlegen und in 3 cm dicke Stücke schneiden.
- Die Zwiebel in dünne Halbringe schneiden.
- Weiße und grüne Bohnen, Tomaten, Kapern und Oliven mit Essig und Olivenöl marinieren.
- Die Thunfischstücke im Olivenöl kurz braten (nicht ganz durchbraten, sonst wird der Fisch trocken).
- Den Fisch noch warm auf dem Salat anrichten, mit Kerbel garnieren und servieren.

Tipps

1. Sie können den Salat auch mit Thunfisch aus der Dose servieren.
2. Gekochte Eier passen zu diesem Salat hervorragend.
3. Sie können auch andere Fische zu diesem Salat servieren, z. B. Forellenfilet, Steinbutt, Schwertfisch, Seeteufel oder Garnelen.

Seeteufel-Lachscarpaccio

Carpaccio di coda di rospo e salmone

Für 4 Personen

Carpaccio	200 g	Seeteufelfilet, Mittelstück
	150 g	Lachsfilet, Mittelstück, ohne Haut und entgrätet
		Pfeffer aus der Mühle
Marinade	2 EL	Zitronensaft
	4 EL	Olivenöl
		Salz
		Pfeffer aus der Mühle
Weiteres	200 g	Pfifferlingsalat (siehe Seite 76)
		Friséesalat, Kerbelblättchen und rote Kresse zum Garnieren

Seeteufel-Lachscarpaccio

- Den Seeteufel von den Häuten und Sehnen befreien und bereitstellen.
- Lachsfilet mit einem Längsschnitt so aufklappen, dass sich seine Oberfläche verdoppelt, mit Klarsichtfolie bedecken und mit einem Fleischklopfer vorsichtig gleichmäßig platt klopfen.
- Folie abziehen und mit Pfeffer würzen.
- Den Seeteufel auf das Lachsfilet geben und zu einer Rolle zusammendrehen.
- Diese Rolle zuerst in eine Klarsicht-, dann in eine Alufolie einwickeln, die Enden gut zusammendrehen und einige Stunden tiefkühlen.

Marinade

- Zitronensaft mit Salz und Pfeffer verrühren, dann das Olivenöl einlaufen lassen und nochmals abschmecken.

Fertigstellung

- Den Carpaccio aus der Folie nehmen, etwas antauen lassen und mit einer Aufschnittmaschine in hauchdünne Scheiben schneiden. Diese Scheiben direkt auf einem mit Öl bestrichenen und mit Salz und Pfeffer bestreuten Teller rosettenartig anordnen.
- Mit der Marinade beträufeln und mit Pfifferlingssalat, Friséesalat, Kerbel und Kresse servieren.

Tipp

Besonders dekorativ sieht der Carpaccio aus, wenn Sie 4 Esslöffel geschnittenen Dill auf das Lachsfilet geben und es erst dann einrollen.

Nizzasalat mit frischem Thunfisch

Seeteufel-Lachscarpaccio

Garnelencarpaccio

Carpaccio di gamberi

Für 4 Personen

Zutaten	*200 g*	*Riesengarnelen*
Orangendressing	*2*	*Orangen, Saft*
	1 TL	*Zitronensaft*
		Pfeffer aus der Mühle
	1	*Spritzer Tabasco*
	4 EL	*Olivenöl*
Weiteres		*Salz*
		Pfeffer aus der Mühle
	24	*Melonenperlen*
	80 g	*Friséesalat*
	1/2 TL	*Pfeffer, rosa*
	2 EL	*Kresse, gezupft*

- Die Garnelen von Kopf, Schale und Darm befreien.
- Je zwei Garnelen zusammenlegen, eine Rolle formen, in eine Klarsichtfolie einwickeln und etwa 2 Stunden tiefkühlen.

Orangendressing
- Orangen- und Zitronensaft auf die Hälfte einkochen, mit frisch gemahlenem Pfeffer und Tabasco verrühren, das Olivenöl dazugeben und mixen.

Fertigstellung
- Die Teller mit Salz und Pfeffer bestreuen.
- Die Garnelenrolle mit der Aufschnittmaschine in hauchdünne Scheiben schneiden und auf den Tellern anordnen.
- Mit Melonenperlen und geputztem Friséesalat anrichten.
- Mit Orangendressing beträufeln und mit fein gehacktem rosa Pfeffer und Kresse garnieren.

Meeresträffeln auf Eis

Tartufi di mare con pomodoro e basilico

Für 4 Personen

Zutaten	*16*	*Meeresträffeln*
Marinade	*100 g*	*Tomaten, in kurze Streifen geschnitten*
	1/2	*Knoblauchzehe, fein gehackt*
	2 EL	*Basilikum, fein geschnitten*
		Salz
	1	*Zitrone, Saft*
		Pfeffer aus der Mühle

- Die Muscheln waschen, öffnen und aus der Schale lösen.
- Für die Marinade in einer Schüssel Tomaten, Knoblauch, Basilikum, Salz und Zitronensaft vermischen.
- Marinade in eine Muschelhälfte füllen, das rohe Muschelfleisch darauflegen, mit frischem Pfeffer bestreuen und auf einem Teller mit Eis servieren.

Eingelegte Rotbarbe

Triglie marinate

Für 4 Personen

Zutaten	*12*	*Rotbarben*
		Salz, Pfeffer aus der Mühle
	1 EL	*Mehl*
	2 EL	*Öl*
	1 EL	*Weißweinessig*
	1	*Zwiebel*
	1	*Knoblauchzehe, fein gehackt*
	2 EL	*Olivenöl*
	100 ml	*Wasser*
	125 ml	*Weißwein*
	1 TL	*Petersilie, fein geschnitten*
	1	*Lorbeerblatt*
	1 TL	*Koriander, zerdrückt*

- Die Rotbarben ausnehmen und waschen, filetieren oder auch ganz lassen.
- Die Filets mit Salz und Pfeffer würzen und mit Mehl bestäuben, dann in heißem Öl in einer Pfanne braten, mit Weißweinessig ablöschen und auf eine Platte geben.
- Die Zwiebel schälen, in Streifen schneiden und mit Knoblauch in Olivenöl dünsten, mit Wasser und Weißwein aufgießen und weich dünsten (5 Minuten).
- Die Zwiebel mit Petersilie, Lorbeerblatt, Salz und Pfeffer würzen und über die Rotbarben geben.
- Die Fische etwa 2 Stunden ziehen lassen, dann servieren.

Meeresfrüchtesalat

Insalata di mare

Für 4 Personen

Zutaten	*200 g*	*Garnelen (gamberetti)*
	200 g	*Oktopus (piovra)*
	200 g	*Tintenfische (seppie)*
	200 g	*Kalmare (calamari)*
	1/2 l	*Fischsud (siehe Seite 399)*
	200 g	*Miesmuscheln (cozze)*
	200 g	*Venusmuscheln (vongole)*
	2 EL	*Olivenöl*
	80 ml	*Weißwein*
Marinade	*2*	*Knoblauchzehen, fein gehackt*
	4 EL	*Petersilie, fein geschnitten*
	1	*Zitrone, Saft*
		Pfeffer aus der Mühle
		Salz
	80 ml	*Olivenöl*
Weiteres		*Rucola, Friséesalat und Dill zum Garnieren*

- Die Garnelen putzen, Schalen entfernen und den Darm mit einem kleinen Messer herausziehen.
- Den Oktopus putzen, waschen, im Fischsud etwa 1 Stunde kochen und darin auskühlen lassen, dann in Stücke schneiden.
- Die Tintenfische und Kalmare putzen, waschen, in Stücke oder Streifen schneiden und mit den Garnelen im Fischsud etwa 1 Minute kochen und darin auskühlen lassen.
- Von den Miesmuscheln den »Bart abziehen« und zusammen mit den Venusmuscheln gut waschen.
- In einem Topf Olivenöl erhitzen, Muscheln hineingeben, mit Weißwein löschen und bei geschlossenem Topf einmal aufkochen und dann etwas auskühlen lassen.
- Die Muscheln aus der Schale lösen und im eigenen Sud bereitstellen.
- Für die Marinade in einer Schüssel Knoblauch, Petersilie, Zitronensaft, Pfeffer, Salz und Olivenöl verrühren.
- Die gekochten Meeresfrüchte mit der Marinade vermischen und einige Zeit ziehen lassen, dann mit Rucola, Frisée und Dill garnieren und servieren.

Tipps

1. *Nach Belieben Tomaten- oder Paprikastreifen zum Meeresfrüchtesalat mischen.*
2. *Nach Möglichkeit sollten Sie nur frische Meeresfrüchte verwenden.*
3. *Die Muschelschalen können Sie als Garnitur verwenden.*
4. *Verwendungsmöglichkeit als kalte Vorspeise mit knusprigem Knoblauchbrot, für das Salatbuffet oder das kalte Buffet.*

Meerestrüffeln mit Tomaten und Basilikum auf Eis

Meeresfrüchtesalat

Scampi mit Lardo auf Radicchio und Orangen

Scampi con lardo su radicchio e arance

Für 4 Personen

Zutaten	*12*	*Stangenweißbrotscheiben (Baguette)*
	3 EL	*Olivenöl*
	12	*Scampischwänze, geschält*
		Pfeffer aus der Mühle
	12	*Lardoscheiben, klein und hauchdünn geschnitten*
	100 g	*Radicchio, geputzt*
	12	*Orangenfilets*
Weiteres	*2 EL*	*Balsamicoessig*
	2 EL	*Olivenöl*

- Die Brotscheiben mit Olivenöl beträufeln und in einer Pfanne oder im Backrohr toasten.
- Die Scampischwänze pfeffern, mit je einer Scheibe Lardo umwickeln und in einer heißen Pfanne kurz (1–2 Minuten) braten, bis die Scampi auf den Punkt gegart sind.
- Den Radicchio salzen und mit den Fruchtfilets auf Tellern verteilen. Jeweils drei Scampi darauflegen.
- Balsamicoessig und Olivenöl verrühren, die Scampi beträufeln und mit den getoasteten Brotscheiben servieren.

Tipps

1. *Anstelle der Scampi können Sie auch Garnelen und anstelle von Lardo Bauchspeck verwenden.*
2. *Verwenden Sie anstelle des Radicchio folgende Salate: Brasilianer, Maikönig, Chicorée, Kresse, Rucola usw.*

Muschelsalat auf Tomatenscheiben

Insalata di molluschi

Für 4 Personen

Zutaten	*4*	*Fleischtomaten*
	8	*Basilikumblätter*
	20 g	*Zwiebel, fein geschnitten*
	4 EL	*Olivenöl*
	2 EL	*Zitronensaft*
		Salz, Pfeffer aus der Mühle
	16	*Miesmuscheln (cozze)*
	500 g	*Venusmuscheln (vongole)*
	4	*Jakobsmuscheln (capesante)*
Zum Sautieren der Meeresfrüchte		
	4 EL	*Olivenöl*
	1	*Knoblauchzehe, fein gehackt*
	30 ml	*Weißwein*
	1 EL	*Petersilie, fein geschnitten*
		Salz und Pfeffer
Weiteres		*Feldsalat zum Garnieren*

Tomatensalat
- Tomaten waschen, in dünne Scheiben schneiden und auf 4 Tellern anrichten.
- Das Basilikum in Streifen schneiden und mit Zwiebel, Salz, Pfeffer, Olivenöl und Zitronensaft zu einer Marinade rühren. Mit einem Teil der Marinade die Tomaten anmachen und ziehen lassen.

Muscheln
- In der Zwischenzeit die Muscheln vorbereiten. Die Jakobsmuscheln mit einem spitzen, starken Messer öffnen, putzen und sauber waschen.
- Die Miesmuscheln unter kaltem Wasser bürsten, den Bart entfernen und bereithalten.
- Die Venusmuscheln waschen und aussortieren.
- In einem Topf Olivenöl erwärmen, Knoblauch leicht anschwitzen, Miesmuscheln, Venusmuscheln und Weißwein dazugeben, zudecken, aufkochen lassen, bis sie aufspringen, die gehackte Petersilie darüberstreuen und bereitstellen.
- Die Jakobsmuscheln in einer Pfanne mit etwas Olivenöl etwa 2 Minuten braten und anschließend mit Salz und Pfeffer würzen.

Fertigstellung
- Die noch warmen Muscheln auf den Tomaten anrichten, mit der restlichen Marinade beträufeln, mit Feldsalat garnieren und servieren.

Muschelsalat auf Tomatenscheiben

Bagna cauda

Gemüsefondue

Für 4 Personen

Sauce	60 g	*Sardellenfilets in Öl*
	2	*Knoblauchzehen*
	40 g	*Butter*
	120 ml	*Olivenöl*
Zutaten	200 g	*Blumenkohl*
	200 g	*Broccoli*
	4	*Schalotten*
	1	*Fenchelknolle, klein*
	1	*Stangensellerie, ein Stängel*
	200 g	*Karotten*
	100 g	*Zucchini*
	4	*Chicoréeblätter*
	4	*Radicchioblätter*
	1	*Tomate*
		Basilikum

Sauce

- Die Sardellenfilets unter fließendem kaltem Wasser abspülen, abtrocknen und klein schneiden.
- Die Knoblauchzehen sehr fein hacken und in einem Topf in Butter dünsten, ohne sie zu bräunen.
- Nach und nach bei kleiner Hitze unter Rühren das Olivenöl dazugießen und erhitzen; dabei Acht geben, dass es nicht zu heiß wird, da der Knoblauch braun und bitter wird.
- Den Topf vom Herd nehmen, Sardellenfilets dazugeben, den Topf auf den Herd zurückstellen und die Sauce bei schwacher Hitze so lang rühren, bis eine cremige Masse entsteht.

Gemüse

- Das Gemüse vorbereiten, mundgerecht zerkleinern.
- Blumenkohl und Broccoli putzen, waschen, in Röschen teilen, in kochendem Salzwasser garen (Blumenkohl etwa 6–8 Minuten, Broccoli etwa 2–4 Minuten). Abschrecken und abtropfen lassen.
- Die Schalotten vierteln und in Salzwasser 4 Minuten kochen.
- Fenchelknolle in ½ cm dicke Scheiben schneiden.
- Stangensellerie in 3 cm lange Stücke schneiden.
- Karotten schälen, halbieren und in Streifen schneiden.
- Zucchini in Scheiben schneiden.
- Chicorée und Radicchio waschen.
- Tomate in Spalten schneiden.

Fertigstellung

- Das Gemüse auf einer Platte dekorativ mit etwas Basilikum anrichten.
- Zum Servieren die Sauce in einem Rechaud auf den Tisch stellen, so dass jeder das Gemüse seiner Wahl in die heiße Sauce dippen kann. Achtung, die Sauce darf nie kochen!

Tipps

1. *Man kann die Sardellensauce auch in eine kleine Pfanne füllen und für jeden Gast extra auf einem Rechaud bereitstellen.*
2. *Reichlich knuspriges Brot bereitstellen, das die wuchtige Sauce begleitet.*
3. *Auch als »Gruß aus der Küche« können Sie Bagna cauda servieren.*

Mariniertes Gemüse

Verdure marinate

Für 4 Personen

Zutaten	12	*Kirschtomaten*
	200 g	*Melanzane*
	200 g	*Zucchini*
	200 g	*Fenchel*
	100 g	*Peperoni*
Marinade	100 ml	*Olivenöl*
	50 ml	*Rotweinessig*
	1	*Knoblauchzehe, in feine Scheiben geschnitten*
	4	*Basilikumblätter*
	½	*Peperoncino, zerrieben*
		Salz

- Die Kirschtomaten schälen.
- Melanzane, Zucchini und Fenchel waschen, putzen und in ganz dünne Längsscheiben schneiden.
- Die Peperoni mit dem Sparschäler schälen, in 1 cm breite Streifen schneiden und kurz in Wasser aufkochen lassen.
- Die Melanzane, Zucchini, Fenchel und Peperoni grillen.
- Das Gemüse in einen passenden, flachen Behälter geben.

Marinade

- Olivenöl, Essig, Knoblauch, Basilikum, Peperoncino und Salz vermischen und damit das Gemüse etwa 1 Stunde marinieren.

Tipps

1. *Servieren Sie zum marinierten Gemüse Rohschinken, italienische Wurstwaren, Mozzarella, Ricotta, Frischkäse usw.*
2. *Gebratene Garnelen oder gegrillter Schwertfisch passen gut zum marinierten Gemüse.*

Mariniertes Gemüse

Bagna cauda

Gemüsetatar im Strudelblatt mit Löwenzahn

Millefoglie con tartara di verdure e dente di leone

Für 4 Personen

Zutaten	*100 g*	*Zucchini*
	100 g	*Karotten*
	100 g	*Knollensellerie*
	80 g	*Melanzane*
	50 g	*Oliven, grob gehackt*
	100 g	*Tomaten, in kleine Würfel geschnitten*
	70 ml	*Olivenöl*
	30 ml	*Balsamicoessig*
		Salz
		Pfeffer aus der Mühle
	150 g	*Ziehteig, tiefgefroren oder (siehe Seite 452)*
	50 g	*Löwenzahnblätter zum Garnieren*

- Das Gemüse (Zucchini, Karotten, Sellerie und Melanzane) in kleine Würfel schneiden und getrennt kochen oder dämpfen, abgießen, auskühlen und auf einem Tuch abtropfen lassen.
- Oliven und Tomaten mit dem gekochten Gemüse vermischen, mit Olivenöl, Balsamicoessig, Salz und Pfeffer würzen.
- Aus Ziehteig mit einem Ausstecher 16 runde, 5 cm große Blätter ausstechen und auf ein mit Backpapier belegtes Blech geben und backen.
- Nun ein Teigblatt auf einen flachen Teller geben, mit etwas Gemüsetatar belegen, ein zweites Blatt darauflegen. Diesen Vorgang wiederholen, bis vier Blätter mit Gemüse übereinander geschichtet sind.
- Das Tatar mit den Strudelblättern mit kleinen Löwenzahnblättern garnieren und mit dem restlichen Gemüsetatar den Löwenzahnsalat marinieren.

Gartemperatur:	200 Grad
Garzeit:	3–4 Minuten

Pinzimonio

Gemüserohkost

Für 4 Personen

Zutaten	*1*	*Karotte*
	1	*Fenchelknolle*
	1	*Kohlrabi*
	1	*Radicchio*
	1	*Chicorée*
	1	*Stangensellerie, ein Stängel*
Sauce	*60 ml*	*Weißweinessig*
		Salz
		Pfeffer aus der Mühle
	150 ml	*Olivenöl*
Weiteres	*1*	*Weißbrot, klein*

- Karotte schälen und vierteln.
- Die harten Außenblätter der Fenchelknolle entfernen, Stiele großzügig abschneiden, Fenchelblätter in breite Streifen schneiden.
- Kohlrabi schälen und ebenfalls in längliche Stücke schneiden.
- Radicchio und Chicorée in Blätter zerteilen und waschen. Beide Salatsorten gut abtropfen lassen.
- Selleriestängel in Stäbchen schneiden.

Sauce
- Für die Sauce den Weißweinessig mit Salz und Pfeffer kräftig verrühren und dann Olivenöl bester Qualität unterrühren.
- In kleine Schüsselchen umfüllen und auf dem Tisch verteilen.

Fertigstellung
- Gemüse und Salate dekorativ in einem Porzellangefäß oder auf einer Platte anrichten.
- Jeder Gast nimmt das Gemüse, dippt es kurz in die Sauce und isst es mit Weißbrot.

Tipps

1. *Weiteres Gemüse: Frühlingszwiebeln, Salatgurken, gelbe, rote und grüne Paprikaschoten, Fleischtomaten, Zucchini usw.*
2. *Wie viel Sauce Sie brauchen, lässt sich nicht exakt voraussagen, deshalb lieber etwas mehr anrühren; sollte etwas übrig bleiben, können Sie die Sauce für einen Salat verwenden.*

Pinzimonio

Artischockensalat

Insalata di carciofi

Für 4 Personen

Zutaten	4	Artischocken, groß
	1	Zitrone, Saft
	2 EL	Olivenöl
	200 ml	Gemüsebrühe (siehe Seite 398) oder Wasser
		Salz und Pfeffer
	200 g	Tomaten
	4 EL	Olivenöl
	4 EL	Balsamicoessig
	1 EL	Petersilie, fein geschnitten
	1 EL	Schnittlauch, fein geschnitten
		Salz
		Pfeffer aus der Mühle
	200 g	Mozzarella, in Würfel geschnitten
Weiteres	1 EL	Dillspitzen, fein gezupft

- Den Strunk der Artischocken abschneiden und mit einem kleinen scharfen Messer den Boden zurechtschneiden.
- Die größeren Blätter mit erkennbarem Fruchtfleischanteil abreißen und bereitstellen.
- Artischocken vorsichtig mit einem kleinen Messer so lange zuputzen, bis das weiße Fruchtfleisch erkennbar ist. Alle harten, ungenießbaren Blattteile müssen komplett entfernt werden.
- Reiben Sie die Artischocken während der Vorbereitung mehrmals mit Zitronensaft ein, damit sich die Frucht nicht braun verfärbt.
- Das Innere der Artischocke mit einem Parisienne-Ausstecher (ein spezieller Kugelausstecher, notfalls geht auch ein kleiner Löffel) ausschaben und sofort wieder mit Zitronensaft einreiben.
- Die Artischockenböden in kleine Stücke (Ecken) schneiden, in Olivenöl und etwas Brühe bei mäßiger Hitze 7 Minuten dünsten.
- Anschließend salzen und pfeffern.
- Die Artischockenblätter in kochendem Salzwasser etwa 5–7 Minuten garen lassen (der dickere Teil des Blattes sollte weich sein). Danach abseihen und kurz mit kaltem Wasser abschrecken.
- Tomaten in kochendem Wasser kurz überbrühen, herausheben und kalt abschrecken, die Haut abziehen und das Fruchtfleisch in kleine Würfel schneiden.
- Olivenöl, Balsamicoessig, Petersilie, Schnittlauch, Salz und Pfeffer zu einer Marinade verrühren, Mozzarella und Tomatenwürfel dazugeben.
- Die Artischockenblätter und -stücke dekorativ auf den Tellern anrichten, mit dem Tomaten-Mozzarellagemisch marinieren und mit Dill servieren.

Tipps

1. *Die Artischocken werden nach klassischer Art als Ganzes gekocht und dann zerteilt.*
2. *Die Artischockenblätter kann man mit der Hand halten und das Fruchtfleisch mit den Zähnen herausschaben.*

Bohnensalat mit Mortadella

Insalata di fagioli con mortadella

Für 4 Personen

Zutaten	200 g	Bohnen, weiß (Cannellini)
		Salz
	70 g	Zwiebel
	1 EL	Schnittlauch, fein geschnitten
	50 ml	Olivenöl
	30 ml	Weißweinessig
		Pfeffer aus der Mühle
Weiteres	8	Mortadella-Scheiben, klein
	2 EL	Balsamicoessig

- Die Bohnen waschen, einige Stunden in kaltem Wasser einweichen, dann in Wasser kochen und erst zum Schluss salzen.
- Die Zwiebel in feine Längsstreifen schneiden.
- Den Bohnensalat mit Zwiebel, Schnittlauch, Olivenöl, Weißweinessig und Pfeffer würzen.
- Den Salat etwas ziehen lassen, dann mit der Mortadella und dem Balsamicoessig servieren.

Tipps

1. *Wenn Sie Bohnen kochen, sollten Sie das Einweichwasser nicht verwenden, denn es verursacht Blähungen.*
2. *Salzen Sie die Hülsenfrüchte immer zum Schluss der Garzeit, denn zu frühes Salzen verhärtet den Zellkern und die Hülsenfrüchte werden nicht weich.*
3. *Anstelle der weißen Bohnen können Sie auch Borlottibohnen, Saubohnen oder eine andere Hülsenfrucht verwenden.*

Artischockensalat

Bohnensalat mit Mortadella

Linsensalat mit Culatello

Insalata di lenticchie con culatello

Für 4 Personen

<u>Zutaten</u>	*200 g*	*Berglinsen*
		Salz
	200 g	*Stangensellerie*
	300 g	*Tomaten*
	150 g	*Hartkäse (Parmesan oder Pecorino)*
	1	*Knoblauchzehe, fein gehackt*
	1 EL	*Petersilie, fein geschnitten*
	50 ml	*Olivenöl*
	30 ml	*Balsamicoessig*
		Salz, Pfeffer aus der Mühle
<u>Weiteres</u>	*8*	*Scheiben Culatello*
		Riccia (gekrauster Endiviensalat)
		Kerbel

- Die Linsen waschen, eventuell einige Stunden in kaltem Wasser einweichen (nicht geschälte Linsen), dann in Wasser kochen und erst zum Schluss salzen.
- Den Sellerie von den Fasern befreien und in kleine Würfel schneiden.
- Tomaten schälen, entkernen und in kleine Würfel schneiden.
- Den Hartkäse in kleine Würfel schneiden, mit den Sellerie- und Tomatenwürfeln und den gekochten Linsen vermischen.
- Das Gemisch mit Petersilie, Olivenöl, Balsamicoessig, Salz und Pfeffer würzen.
- Den Salat etwas ziehen lassen, dann mit Culatello, Riccia und Kerbel servieren.

Tipps

1. *Servieren Sie den Linsensalat anstelle des Culatello mit Rohschinken, Salami, Lamm-, Enten- oder gekochtem Schinken.*
2. *Wenn Sie Linsen kochen, sollten Sie das Einweichwasser nicht verwenden, denn es verursacht Blähungen.*
3. *Salzen Sie die Linsen immer zum Schluss der Garzeit, denn zu frühes Salzen verhärtet den Zellkern und die Hülsenfrüchte werden nicht mehr weich.*
4. *Anstelle der Berglinsen können Sie auch Rot- oder Grünlinsen verwenden.*
5. *Würzen Sie den Linsensalat mit verschiedenen Sprossen, so wird er besonders würzig und Sie können dabei Salz sparen.*

Kichererbsensalat

Insalata di ceci

Für 4 Personen

Zutaten	200 g	Hühnerfleisch, gekocht
	200 g	Kichererbsen
	50 g	Zwiebel, fein geschnitten
	300 g	Tomaten
	1 l	Wasser
	1 TL	Currypulver
	1 TL	Ingwer, fein geschnitten
	1/2 TL	Kreuzkümmel oder Kümmel
	1/2 TL	Piment
	50 ml	Olivenöl
	30 ml	Rotweinessig
	1 EL	Petersilie, fein geschnitten
		Salz

- Hühnerfleisch in 2 cm große Würfel schneiden.
- Die Kichererbsen in kaltem Wasser etwa 5 Stunden einweichen.
- Die Zwiebel in Olivenöl andünsten, die Kichererbsen dazugeben und mitdünsten. Mit dem Wasser aufgießen und etwa 30 Minuten langsam kochen lassen (bis die Erbsen weich sind).
- Tomaten schälen, entkernen und in Würfel schneiden.
- Nun das geschnittene Hühnerfleisch, Tomatenwürfel, Curry, Ingwer, Kreuzkümmel, Piment, Olivenöl, Essig, Petersilie und Salz dazugeben und etwa 5 Minuten weiterkochen lassen. Den Salat noch lauwarm servieren.

Tipps

1. *Sie können den Salat auch warm als Hauptgericht servieren.*
2. *Anstelle des Hühnerfleisches können Sie auch Lammnuss oder Schweinsfilet verwenden.*

Maissalat

Insalata di mais

Für 4 Personen

Zutaten	100 g	Paprikaschoten, rot
	100 g	Schnittkäse (Asiago, Pecorino oder Emmentaler)
	80 g	Schinken, gekocht
	350 g	Maiskörner, gekocht
	100 g	Erbsen, grün, gekocht
	50 g	Zwiebel, fein geschnitten
	4 EL	Olivenöl
	1 EL	Petersilie, fein geschnitten
	4 EL	Weißweinessig
		Pfeffer aus der Mühle, Salz

- Die Paprikaschoten halbieren, putzen, waschen und in Würfel schneiden.
- Schnittkäse und Schinken ebenfalls in Würfel schneiden.
- In einer Schüssel Maiskörner, Paprikaschoten, Erbsen, Käse, gekochten Schinken und Zwiebel verrühren.
- Mit Olivenöl, Weißweinessig, Salz und Pfeffer würzen.

Kirschtomatensalat mit Rucola und Parmesan

Insalata di pomodorini con rucola e parmigiano

Für 4 Personen

Zutaten	125 g	Rucola
	200 g	Kirschtomaten
	4 EL	Olivenöl
	2 EL	Balsamicoessig
		Salz, Pfeffer aus der Mühle
Weiteres	150 g	Parmesan im Stück

- Rucola waschen, abtropfen lassen oder trocken schleudern.
- Kirschtomaten waschen, Stielansatz herausschneiden und halbieren oder vierteln.
- Eine Marinade aus Balsamicoessig, Olivenöl, Salz und Pfeffer anrühren.
- Rucola und Tomaten mit der Marinade anmachen und auf vier Tellern verteilen, Parmesan darüber hobeln und servieren.

Tipp

Anstelle von Kirschtomaten eignen sich auch Fleisch- oder Eiertomaten.

Italienischer Salat

Insalata russa

Für 4 Personen

Zutaten
320 g Kartoffeln
200 g Karotten
80 g Essiggurken
½ TL Kapern
4 Sardellen in Öl
100 g Salami, in Streifen geschnitten
180 g Mayonnaise
½ TL Senf
Pfeffer aus der Mühle
Salz

- Die Kartoffeln in der Schale 30 bis 40 Minuten kochen, auskühlen lassen und schälen.
- Karotten schälen und in Salzwasser weich kochen.
- Die Essiggurken, Kartoffeln und Karotten in 4 cm lange Streifen schneiden.
- Gemüse auf einem Küchenkrepp oder einem Küchentuch gut abtropfen lassen.
- Die Kapern und Sardellen klein schneiden.
- Nun das Gemüse, die Salami, Kapern und Sardellen in einer Schüssel mit Mayonnaise und Senf verrühren, mit Salz und Pfeffer abschmecken.

Tipps

1. *Sie können den Salat auch mit Thunfisch oder Käse ergänzen.*
2. *Italienischer Salat dient als Unterlage für kalte Eier-, Fisch- und Fleischgerichte sowie als Fülle für Schinken- oder Roastbeefröllchen oder ist Teil des Salatbuffets.*

Chicoréesalat mit Orangendressing

Insalata di cicoria belga con arance

Für 4 Personen

Zutaten
3 Orangen
4 Chicorée-Salatköpfe
Salz, Pfeffer aus der Mühle
1 EL Zitronensaft
2 EL Olivenöl

- Zwei Orangen mit einem Messer schälen und filetieren.
- Eine Orange halbieren und auspressen.
- Chicorée putzen, waschen, die Spitzen abschneiden und für die Garnitur beiseite legen.
- Restlichen Chicorée in Ringe schneiden und mit den Orangenfilets mischen.
- Mit Salz, Pfeffer, Orangensaft, Zitronensaft und Olivenöl anmachen und mit den Chicoréespitzen anrichten.

Tipps

1. *Zu diesem Salat passen auch in dünne Scheiben geschnittene geräucherte Entenbrust oder gebratene Hühner- oder Truthahnbruststreifen.*
2. *Legen Sie den Chicorée 5 Minuten in lauwarmes Wasser, damit er die Bitterstoffe verliert.*
3. *Mit seinem zartbitteren Geschmack harmoniert Chicorée hervorragend mit Kopf- und Feldsalat oder mit Äpfeln, Ananas, Walnüssen oder Haselnüssen.*
4. *Anstelle des Chicorées können Sie rohen, gehobelten Fenchel verwenden.*

Mayonnaise

Für etwa 300 ml Sauce

Zutaten
2 Eigelb oder 60 g pasteurisiertes Eigelb
½ TL Senf
1 EL Wasser
¼ l Samenöl
1 TL Zitronensaft
Salz

- Eigelb, Senf und Wasser mit dem Schneebesen oder Handrührgerät gut verrühren.
- Dann das Öl fadenweise in die Eigelbmasse einrühren, bis eine Emulsion entsteht.
- Die Mayonnaise mit Zitronensaft und Salz abschmecken.

Variation

Limettenmayonnaise: Ergänzen Sie die Mayonnaise mit 20 ml Limettensaft und einem Esslöffel Limettenschale, in feine Streifen geschnitten.
Zubereitung: Die Limettenschale für 2 Minuten in Wasser kochen lassen, abschütten, mit Limettensaft vermischen und unter die Mayonnaise mischen.

Nudelsalat mit Gemüse

Insalata di pasta con verdure

Für 4 Personen

Zutaten	*150 g*	*Farfalle*
	1 EL	*Öl*
	200 g	*Tomaten*
	150 g	*Mozzarella oder Feta (Schafskäse)*
	50 g	*Oliven, schwarz*
	150 g	*Paprikaschoten, gelb, in Würfel geschnitten*
	4	*Basilikumblätter, in feine Streifen geschnitten*
	2 EL	*Weißweinessig*
	4 EL	*Olivenöl*
		Pfeffer aus der Mühle
		Salz
	4	*Basilikumblätter zum Garnieren*

- Die Nudeln in reichlich Salzwasser kochen, abgießen, mit etwas Öl beträufeln und auskühlen lassen.
- Die Tomaten waschen, den Strunk entfernen, schälen, vierteln, vom Kerngehäuse befreien und in Würfel schneiden.
- Mozzarella oder Feta in kleine Würfel schneiden.
- Die Oliven entsteinen und halbieren.
- Gekochte Nudeln mit Tomaten, Mozzarella, Oliven, Paprikaschoten und Basilikum vermischen und mit Weißweinessig, Olivenöl, Salz und Pfeffer anmachen; mit den Basilikumblättern garnieren und servieren.

Tipps

1. *Als Alternative können Sie eine Marinade aus Mayonnaise oder Naturjoghurt herstellen.*
2. *Anstelle der Farfalle können Sie auch andere Teigwaren wie Maccheroncini, Reisnudeln o. ä. verwenden.*
3. *Den Salat können Sie zusätzlich mit gekochtem Schinken oder Thunfisch ergänzen.*
4. *Sie können auch andere Gemüsesorten wie Bohnen, Linsen, Kartoffeln, Zucchini, Melanzane, Spargel usw. verwenden.*

Steinpilzsalat

Insalata di porcini

Für 4 Personen

Zutaten	400 g	Steinpilze
Essigsud	$^1/_2$ l	Wasser
	150 ml	Weißwein
	70 ml	Weißweinessig
	1	Lorbeerblatt
	5	Pfefferkörner
		Salz
Marinade	40 g	Zwiebel oder Schalotten
	6 EL	Olivenöl
		Salz, Pfeffer aus der Mühle
	3 EL	Weißweinessig
	3 EL	Fleischsuppe (siehe Seite 398) oder Wasser
	1 TL	Schnittlauch, fein geschnitten
	1 TL	Petersilie, fein geschnitten
Weiteres	50 g	Blattsalate (Feldsalat, Radicchio, Rucola) und Kerbel
	1 TL	Pfeffer, rosa

- Die Steinpilze sorgfältig putzen, im Essigsud 5 Minuten kochen und längs in sehr dünne Scheiben schneiden.

Marinade
- Zwiebel oder Schalotten schälen, in feine Würfel schneiden und in Olivenöl kurz dünsten, mit Salz und Pfeffer würzen, Essig, Fleischsuppe und Kräuter dazugeben und vermischen.

Fertigstellung
- Blattsalate putzen, waschen und trocknen.
- Die Steinpilzscheiben kreisförmig auf flachen Tellern anrichten und die Salate bukettartig in die Mitte platzieren.
- Nun die Pilze und Salate mit der Marinade beträufeln, mit rosa Pfeffer bestreuen und servieren.

Tipps

1. *Dazu passt Ciabattabrot.*
2. *Anstelle der Steinpilze können Sie auch Pfifferlinge, Champignons, Hallimasch, Totentrompeten usw. verwenden.*

Variationen

Roher Steinpilzsalat: Sie können anstelle der gekochten Steinpilze auch rohe Pilze aufschneiden und – wie oben beschrieben – zubereiten.
Gebratener Steinpilzsalat: Die Steinpilze putzen und in $^1/_2$ cm dicke Scheiben schneiden. Olivenöl in einer Pfanne erhitzen, Pilze hinzugeben und bei starker Hitze braten. Knoblauch unterrühren und kurz mitbraten. Mit Salz, Pfeffer und Petersilie abschmecken und mit den Salaten und der Marinade servieren.

Pfifferlingsalat

Insalata di gallinacci

Für 4 Personen

Zutaten	600 g	Pfifferlinge
	50 g	Zwiebel
	4 EL	Olivenöl oder Nussöl
		Salz
		Pfeffer aus der Mühle
	1 EL	Petersilie, fein geschnitten
	2 EL	Weißweinessig

- Pfifferlinge putzen, kurz waschen und auf einem Küchentuch trocknen lassen, je nach Größe halbieren, vierteln oder in Scheiben schneiden.
- Die Zwiebel schälen und fein schneiden.
- Olivenöl erhitzen, Pilze dazugeben, kurz rösten, dabei die Pfanne öfter kräftig schwingen, dann gleich die Zwiebel hinzufügen.
- Salzen und pfeffern, Petersilie beigeben, mit Essig abschmecken, eventuell nochmals mit Olivenöl übergießen und kalt servieren.

Tipps

1. *Sie können die Pfifferlinge auch mit Knoblauch abschmecken.*
2. *Servieren Sie den Pfifferlingsalat zu verschiedenen Carpacci, als kalte Vorspeise, zu italienischen Wurstwaren usw.*

Variation

Pfifferlingsalat mit gekochtem Ei: Unter die Pfifferlinge 2 gekochte, grob gehackte Eier mischen und statt mit Essig mit 2 Esslöffel Zitronensaft abschmecken.

Steinpilzsalat

Vitello tonnato mit grünen Bohnen

Vitello tonnato con fagiolini

Für 4 Personen

Zutaten	800 g	*Kalbfleisch (Nuss, lange Seite oder Schulterteil)*
	100 g	*Zwiebel*
	50 g	*Sellerie*
	4	*Pfefferkörner, zerdrückt*
	1	*Lorbeerblatt*
	3	*Sardellen in Öl*
	1 TL	*Kapern*
		Salz
	100 ml	*Weißwein*
Thunfischsauce	200 g	*Thunfisch in Öl*
	100 ml	*Kochbrühe vom Fleisch*
	20 ml	*Essig*
	100 g	*Mayonnaise (siehe Seite 74)*
		Salz
		Pfeffer aus der Mühle
Weiteres	200 g	*Bohnen, grün, gekocht*
	4	*Wachteleier oder Hühnereier, gebraten*
		Kapern, Feldsalat, Friséesalat und Pfeffer, rosa, zum Garnieren

- Das Kalbfleisch von den Sehnen und Häuten befreien.
- Zwiebel und Sellerie putzen, waschen und in kochendes Wasser geben.
- Das Kalbfleisch, Pfefferkörner, Lorbeerblatt, Weißwein, Sardellen, Kapern und Salz dazugeben und köcheln lassen.
- Das Fleisch aus der Brühe nehmen und in kaltem Wasser auskühlen lassen.

Thunfischsauce
- Für die Thunfischsauce den Thunfisch gut abtropfen lassen und in kleine Stücke teilen.
- Zusammen mit der Kochbrühe und dem Essig im Mixer fein pürieren. Eventuell durch ein Haarsieb streichen. Mit der Mayonnaise vermischen und mit Salz und Pfeffer abschmecken. Die Sauce sollte eher dünnflüssig sein.

Fertigstellung
- Das erkaltete Fleisch in gleichmäßig dünne Scheiben schneiden.
- Die gekochten grünen Bohnen und die Kalbfleischscheiben auf Tellern anrichten, mit der Thunfischsauce überziehen und mit Kapern, Salaten, rosa Pfeffer und gebratenen Wachteleiern garnieren.

Garzeit: 30–40 Minuten

Tipps

1. *Servieren Sie zum Vitello tonnato Salzkartoffeln.*
2. *Sie können auch gebratenes Kalbfleisch verwenden.*

Kartoffel-Mozzarellasalat mit Pesto

Insalata di patate e mozzarella con pesto

Für 4 Personen

Zutaten	250 g	*Kartoffeln, festkochend*
	100 g	*Tomaten*
	100 g	*Mozzarella im Stück*
	4	*Kerbelsträußchen*
	2 EL	*Pesto (siehe Seite 144)*
		Pfeffer aus der Mühle
		Salz
	20 g	*Pignoli, geröstet*

- Die Kartoffeln schälen und in dünne Scheiben schneiden, für 3 Minuten in Salzwasser kochen, dann abschütten und auskühlen lassen.
- Die Tomaten waschen, in hauchdünne Scheiben schneiden und auf flachen Tellern abwechselnd mit den Kartoffelscheiben anrichten.
- Die Mozzarella ebenfalls in dünne Scheiben schneiden und in der Mitte des Tellers auf die Tomaten und Kartoffeln geben.
- Mit Kerbel garnieren, mit Pesto beträufeln, salzen, pfeffern und die Pignoli darüberstreuen.

Tipp

Anstelle der Tomatenscheiben können Sie gegrillte Zucchinischeiben oder gekochte Artischockenscheiben verwenden.

Vitello tonnato mit grünen Bohnen

Carpaccio Cipriani

Für 4 Personen

Zutaten	*360 g*	*Rindsfilet oder Spitzrose*
	8 EL	*Olivenöl*
	1	*Zitrone, Saft*
		Salz
		Pfeffer aus der Mühle
Weiteres	*100 g*	*Parmesankäse im Stück*

- Vom Rindsfilet die Häute und Sehnen entfernen (zuputzen).
- Es gibt zwei Methoden, das rohe Fleisch in hauchdünne Scheiben zu schneiden:
  a) Das Rindsfilet in dünne Scheiben schneiden, zwischen zwei Klarsichtfolien legen und mit dem Schnitzelklopfer dünn klopfen.
  b) Das Filet fest in Frischhaltefolie und Alufolie wickeln, an den seitlichen Enden gut verschließen und etwa 2 bis 3 Stunden ins Tiefkühlfach legen. Dann das Rindsfilet aus der Folie nehmen und mit der Aufschnittmaschine in hauchdünne Scheiben schneiden.
- Das Olivenöl mit Zitronensaft, Salz und Pfeffer zu einer Marinade verrühren.
- Die Teller mit einem Teil des Olivenöls bepinseln, mit Salz und Pfeffer bestreuen.
- Das geschnittene Fleisch kreisförmig auf den Tellern anrichten, mit der Marinade beträufeln, mit fein gehobeltem Parmesankäse bestreuen und sofort servieren.

Tipps

1. *Als Garnitur eignen sich diverse Blattsalate je nach Marktangebot, z. B. Feldsalat, Lollo rosso, Eichblattsalat, Frisée, Radicchio, Kresse, Cocktailtomaten, Tomatenvinaigrette, Gemüse- oder Paprikawürfel, Melanzane in Öl, Basilikum-Pesto, Salsa verde, Steinpilze in Öl, Pfifferlinge in Öl, Artischocken in Öl oder roh, rosa oder grüne Pfefferkörner, eine Senfsauce, Frischkäsewürfel, Wachteleier, Balsamicoessig oder Knoblauchöl.*
2. *Beim tiefgekühlten Fleisch tritt beim Aufschneiden allerdings der Fleischsaft aus; das Fleisch verliert an Qualität.*
3. *Dazu passt ein knuspriges Olivenbrot.*

Ochsencarpaccio mit Kräuterfüllung

Carpaccio di bue con erbe aromatiche

Für 4 Personen

Zutaten	*400 g*	*Rindsfilet*
Füllung	*2 EL*	*Petersilie*
	1 EL	*Basilikum*
	1 TL	*Rosmarin*
	1 TL	*Thymian*
	1/2	*Knoblauchzehe*
Salate	*20 g*	*Feldsalat*
	20 g	*Frisée*
	20 g	*Radicchio*
	20 g	*Eichblattsalat*
		Kerbel
Kartoffeldressing (etwa 250 ml)		
	50 g	*Kartoffeln, mehlig*
	1 EL	*Zwiebel, fein gerieben*
	1 TL	*Senf*
	150 ml	*Fleischsuppe (siehe Seite 398)*
	3 EL	*Weißweinessig*
	150 ml	*Öl*
		Salz
		Pfeffer aus der Mühle

Ochsencarpaccio

- Das Fleisch parieren, der Länge nach aufschneiden und klopfen. Die Zutaten der Füllung sehr fein hacken und mischen. Die fertige Füllung auf das Fleisch streichen. Das Fleisch zuerst in Klarsicht-, dann in Alufolie rollen und bei −18 Grad etwa 2 Stunden tiefkühlen.

Salate

- Die Salate fein zupfen, waschen und bereitstellen.

Kartoffeldressing

- Kartoffeln waschen, kochen oder dämpfen, auskühlen lassen und passieren. Zwiebel und Senf dazugeben, Fleischsuppe und Weißweinessig einrühren. Unter ständigem Rühren das Öl dazugießen und kräftig rühren, damit eine cremige Sauce entsteht. Mit Salz und Pfeffer würzen.

Fertigstellung

- Das gefrorene Fleisch (1/4 Stunde aufgetaut) aus der Folie nehmen, mit der Maschine dünn aufschneiden und auf den gekühlten Tellern kreisförmig anrichten. Den Salat in der Mitte des Tellers anrichten, das Kartoffeldressing darübergeben und servieren.

Hirschcarpaccio

Carpaccio di cervo

Für 4 Personen

Zutaten	*300 g*	*Hirschkalbrücken oder Schlegelfleisch, ausgelöst und geputzt*
Preiselbeersauce	*1*	*Orange*
	4 EL	*Rotwein*
	1 TL	*Ingwer, geschält und gerieben*
	1 TL	*Senf*
	100 g	*Preiselbeermarmelade, passiert*
Walnussmarinade	*3 EL*	*Walnussöl oder anderes Öl mit nussigem Geschmack*
	1 TL	*Zitronensaft*
	2–3	*Wacholderbeeren, fein gehackt*
		Salz
		Pfeffer aus der Mühle
Weiteres	*4 EL*	*Pfifferlingsalat (siehe Seite 76)*
		schwarzer Pfeffer aus der Mühle
	2 EL	*Kerbelblätter zum Garnieren*

Hirschcarpaccio

- Hirschrückenfilet in Folie wickeln, straff einrollen, anschließend einige Stunden tiefkühlen.

Preiselbeersauce

- Eine gewaschene Orange ganz dünn schälen (ohne weißen Flaum) und die Schale in feinste Streifen schneiden oder mit dem Zestenreißer von der Orange abtrennen.
- Für die Marinade die Orange halbieren, auspressen und den Saft bereitstellen.
- Rotwein gemeinsam mit Orangenstreifen und drei Vierteln des Orangensafts einige Minuten kochen, dann erkalten lassen, geriebenen Ingwer, Senf und Preiselbeeren einrühren.

Walnussmarinade

- Für die Marinade das Walnussöl mit Zitronensaft, dem restlichen Orangensaft, Wacholderbeeren, Salz und Pfeffer vermengen.

Fertigstellung

- Hirschrückenfilet antauen lassen, Folien entfernen, Preiselbeersauce dünn auf die ganze Fläche der Teller verteilen. Hirschfleisch mittels Schneidemaschine in dünne Scheiben schneiden und jede einzelne Scheibe rosettenartig auf die vorbereiteten Teller legen.
- Mit Walnussmarinade und Pfifferlingsalat, schwarzem Pfeffer aus der Mühle und Kerbelblättern servieren.

Tipp

Sie können den Carpaccio auch nur mit Parmesan, Olivenöl und Zitrone servieren.

Ochsencarpaccio mit Kräuterfüllung

Hirschcarpaccio

Bresaola mit Rucola

Bresaola con rucola

Für 4 Personen

Zutaten	125 g	Rucola
	4 EL	Olivenöl
	2 EL	Balsamicoessig
		Salz, Pfeffer aus der Mühle
	100 g	Parmesanspäne
	16	Bresaolascheiben

- Rucola waschen, abtropfen lassen oder trocken schleudern.
- Eine Marinade aus Balsamicoessig, Olivenöl, Salz und Pfeffer anrühren.
- Rucola, Parmesan und Bresaola auf einem flachen Teller aufschichten, mit der Marinade beträufeln und servieren.

Tipp

Rohschinkenchips: In einer Pfanne fingerhoch Öl erhitzen, dünne Streifen Rohschinken knusprig frittieren, herausnehmen, auf Küchenkrepp trocknen lassen, mit den knusprigen Rohschinkenchips den Salat dekorieren und servieren.

Rohschinken mit Feigen

Prosciutto crudo con fichi

Für 4 Personen

Zutaten	8	Feigen, vollreif
	300 g	Rohschinken
		Pfefferminze

- Frische Feigen waschen, abtropfen lassen, vierteln oder kreuzweise einschneiden.
- Rohschinken in dünne Scheiben schneiden und neben die Feigen legen.
- Mit Pfefferminze garnieren.

Tipps

1. *Nur kreuzweise eingeschnittene Feigen lassen sich leicht enthäuten.*
2. *Nach Wunsch können Sie auf die Feigen groben Pfeffer aus der Mühle reiben.*

Variationen

Feigen mit Salami: Sie können auch würzige Salami statt Rohschinken zu den Feigen servieren.
Rohschinken mit Melone: Melone halbieren, die Kerne und die Fasern entfernen und in Spalten schneiden. Das Fruchtfleisch von der Schale lösen und mit dem Rohschinken servieren.

Bresaola mit Rucola

Spargelsalat mit Rohschinken und Nektarinen

Prosciutto crudo con asparagi e nettarine

Für 4 Personen

Zutaten	400 g	*Spargel, weiß*
	1 TL	*Butter*
	1	*Prise Zucker*
		Salz
		Pfeffer aus der Mühle
	4 EL	*Olivenöl*
	1 TL	*Zitronensaft*
Weiteres	8	*Scheiben Rohschinken*
	12	*Nektarinenspalten, eingelegt (siehe Seite 394)*
	4	*Lavendelzweige und Weißbrotchips mit Oliven zum Garnieren*

- Von den Spargeln die angetrockneten Enden wegschneiden, die Stangen schälen und in kochendem Salzwasser mit Butter und etwas Zucker etwa 15 Minuten kochen.
- Nun die Spargelstangen mit Salz, Pfeffer, Olivenöl und Zitronensaft marinieren.
- In flachen Tellern zusammen mit den Rohschinkenscheiben, Nektarinen, Weißbrotchips und Lavendel anrichten und servieren.

Tipp

Servieren Sie anstelle der Weißbrotchips getoastetes Ciabattabrot oder Grissini (siehe Seite 387).

Tomaten-Käsesalat

Insalata di formaggio e pomodori

Für 4 Personen

Zutaten		
	4	Fleischtomaten
	100 g	Chicorée
	100 g	Hartkäse, z. B. Pecorino oder Parmesan
	3 EL	Olivenöl
	2 EL	Weißweinessig
		Salz
		Pfeffer aus der Mühle
	1 EL	Butter
	2 EL	Brotwürfel (Toastbrot, Semmel, Schwarzbrot oder Mehrkornbrot)

- Tomaten waschen, Strunk herausschneiden, in dünne Scheiben schneiden und wie einen Carpaccio auf flachen Tellern kreisförmig anrichten.
- Chicorée waschen und trocknen, die Blätter in Stücke schneiden und auf den Tomatenscheiben verteilen.
- Käse in Würfel schneiden und darüber streuen.
- Olivenöl, Weißweinessig, Salz und Pfeffer verrühren und über den Tomatensalat träufeln.
- In einer flachen Pfanne die Butter aufschäumen lassen.
- Die Brotwürfel darin goldgelb rösten, etwas auskühlen lassen, über den Salat geben und servieren.

Tipps

1. *Sie können den Käse mit einem Sparschäler in Späne schneiden und über den Salat streuen.*
2. *Auch 1 Esslöffel geröstete Pignoli können Sie über den Salat geben. Dazu Pignoli in einer trockenen Pfanne leicht braun rösten, kurz abkühlen lassen und darüberstreuen.*
3. *Den Salat können Sie auch mit verschiedenen Früchten wie Orangenfilet, Melonen, Apfelstücken, eingelegten Nektarinen usw. kombinieren.*
4. *Anstelle des Hartkäses können Sie auch Räucherfische wie Lachs, Stör oder Aal servieren.*

Salat Caprese

Insalata caprese

Für 4 Personen

Zutaten		
	250 g	Mozzarella
	200 g	Tomaten, in Spalten geschnitten
	2 EL	Basilikum
	50 g	Feldsalat
		Salz, Pfeffer aus der Mühle
	2 EL	Balsamicoessig
	50 ml	Olivenöl

- Mozzarella in Würfel schneiden.
- Basilikum in Streifen schneiden, kleine Blätter ganz lassen.
- Feldsalat putzen, waschen und gut abtropfen lassen.
- Mozzarella, Tomaten, Feldsalat und Basilikum vorsichtig vermengen, mit Salz, Pfeffer, Balsamicoessig und Olivenöl anmachen und sofort servieren.

Tipps

1. *Das Originalrezept aus Capri besteht ausschließlich aus Mozzarella, Fleischtomaten, Knoblauch, Basilikum, Olivenöl und frisch gemahlenem schwarzem Pfeffer.*
2. *Zu diesem Salat passen Kapern.*
3. *Statt Balsamicoessig können Sie Zitronensaft verwenden.*

Büffelmozzarella mit Tomaten

Mozzarella di bufala con pomodori

Für 4 Personen

Zutaten		
	200 g	Tomaten
	500 g	Büffelmozzarella (4 bocconcini)
	8	Basilikumblätter
		Salz, Pfeffer aus der Mühle
	100 ml	Olivenöl

- Die Tomaten waschen, in Scheiben schneiden und auf flache Teller legen.
- Die Mozzarella ebenfalls in Scheiben schneiden und über die Tomaten verteilen, mit dem grob geschnittenen Basilikum bestreuen, salzen und mit frisch gemahlenem Pfeffer würzen.
- Dann mit Olivenöl beträufeln.

Tipp

Die Mozzarella kann auch mit Balsamico- oder Estragonessig angemacht werden.

Peperoniröllchen mit Büffelmozzarella

Involtini di peperoni con mozzarella di bufala

Für 4 Personen

Zutaten	2	*Peperoni (rot oder gelb)*
	250 g	*Büffelmozzarella*
	1 EL	*Oregano oder Basilikum*
		Salz
		Pfeffer aus der Mühle
		Olivenöl
Weiteres	200 ml	*Tomatenragout (siehe Seite 202)*
		Frisée und Dill zum Garnieren

- Die Peperoni halbieren, vom Strunk und den Samenkernen befreien, dann in das vorgeheizte Backrohr (220 Grad) geben und braten, bis die Haut dunkelbraun ist, denn nur dann löst sie sich.
- Die Peperoni etwas auskühlen lassen, mit einem kleinen Messer die Haut abziehen und nochmals der Länge nach teilen.
- Die Mozzarella in acht gleiche längliche Stücke schneiden, mit Oregano, Salz und Pfeffer würzen.
- Nun die Mozzarella auf die Peperonistücke legen, einrollen und auf dem Tomatenragout anrichten, mit Olivenöl beträufeln, mit Frisée und Dill garnieren und servieren.

Tipps

1. *Sie können die Peperoni auch mit einem Sparschäler schälen und anschließend in einer Bratpfanne oder auf dem Grill braten.*
2. *Die Büffelmozzarella schmeckt besonders aromatisch, aber Sie können an ihrer Stelle auch normale Kuhmilch-Mozzarella verwenden.*
3. *Servieren Sie die Röllchen lauwarm, denn so schmecken sie am besten.*
4. *Sie können die Röllchen auch mit Topfen oder Ricotta füllen.*

Variation

Melanzaneröllchen mit Büffelmozzarella: Verwenden Sie anstelle der Paprikaschoten 1 cm dicke, gegrillte Melanzanescheiben.

Ziegenkäsemousse auf Orangen-Fenchelsalat

Mousse di caprino su insalata di arance e finocchio

Für 4 Personen

Zutaten	*2*	*Blatt Gelatine*
	200 g	*Ziegenfrischkäse*
	2 EL	*Sahne, flüssig*
	20 g	*Walnüsse, geröstet und grob gehackt*
	100 ml	*Sahne, geschlagen*
		Salz
		Pfeffer aus der Mühle
Salat	*1*	*Fenchelknolle*
	2	*Orangen, in Filets geschnitten*
	2 EL	*Olivenöl*
	1 EL	*Balsamicoessig*
		Salz und Pfeffer
	1 EL	*Orangenschale, in feine Streifen geschnitten*

- Die Gelatineblätter in reichlich kaltem Wasser einweichen.
- Ziegenkäse mit der Handpassiermaschine (Flotte Lotte) pürieren.
- Die ausgedrückte Gelatine in 2 Esslöffel Sahne im heißen Wasserbad auflösen und mit den Walnüssen zur Käsemasse geben.
- Die geschlagene Sahne nach und nach unterheben und mit Salz und Pfeffer abschmecken.
- Die Frischkäsemousse in eine beliebige Form füllen und mindestens 2 Stunden in den Kühlschrank stellen.
- Die Fenchelknolle mit der Aufschnittmaschine in feine Blätter schneiden und in Eiswasser legen, damit sie schön knackig werden.
- Die Mousse mit einem Spritzsack birnenförmig aufspritzen oder mit einem Löffel zu Nocken formen, mit den Fenchelscheiben und den Orangenfilets anrichten.
- Das Olivenöl mit Balsamicoessig vermischen, mit Salz und Pfeffer würzen, damit den Fenchel-Orangensalat marinieren und mit den Orangenschalenstreifen garnieren und servieren.

Tipps

1. *Zu der Ziegenkäsemousse passen verschiedene Blattsalate oder ein Avocadosalat.*
2. *Die Mousse können Sie in Mokkatassen oder in eine Dachrinnenform füllen, die mit Klarsichtfolie ausgelegt ist.*
3. *Als geschmackliche Ergänzung passt auch Bienenhonig oder Feigensenf (siehe Seite 388).*

Salat mit Gorgonzolacreme und Birnen

Insalata con crema di gorgonzola e pere

Für 4 Personen

Gorgonzolacreme	*100 g*	*Gorgonzola*
	100 g	*Naturjoghurt*
	1 EL	*Petersilie oder Schnittlauch, fein geschnitten*
		Salz
		Pfeffer aus der Mühle
Salatsauce	*1 EL*	*Balsamicoessig*
		Salz
		Pfeffer aus der Mühle
	¼ TL	*Senf*
	3 EL	*Olivenöl*
Weiteres	*200 g*	*Feldsalat*
	2	*Birnen*
	1 EL	*Zitronensaft*
	1 EL	*Walnüsse*

Gorgonzolacreme
- Für die Gorgonzolacreme den Käse in einer Schüssel mit einer Gabel zerdrücken, mit Joghurt, Petersilie oder Schnittlauch, Salz und Pfeffer vermischen.

Salatsauce
- Für die Salatsauce Balsamicoessig mit Salz, Pfeffer und Senf verrühren, das Olivenöl langsam einlaufen lassen und nochmals abschmecken.

Salat
- Den Feldsalat putzen, dabei die Wurzeln abschneiden. Die Pflänzchen, wenn möglich, dabei ganz lassen, danach gründlich waschen und trocknen.
- Birnen waschen, schälen, halbieren, entkernen und in kleine Spalten schneiden. Sofort mit Zitronensaft beträufeln.
- Die Nüsse in einer Pfanne ohne Fett unter Wenden bräunen.

Fertigstellung
- Die Birnen auf den Tellern gleichmäßig verteilen, mit der Gorgonzolasauce überziehen und mit dem marinierten Feldsalat und den Walnüssen garnieren.

MINESTRE

ITALIENISCHE SUPPEN

Suppen sind ein wichtiger Bestandteil der italienischen Küche und hier in großer Vielfalt vertreten.
Eine leichte Zuppa di pesce, eine mit viel Gemüse zubereitete Minestrone oder die nahrhafte Pasta-e-fagioli-Suppe bilden das Fundament der gesunden italienischen Küche.
Sie können auch als eigenständiges Gericht serviert werden. Im Norden werden die »zuppe« oft mit Reis angereichert, im Süden eher mit »pasta«. Hülsenfrüchte wie Kichererbsen, Bohnen oder Linsen sind ebenfalls äußerst wichtige Zutaten. Viele Zuppe bekommen erst mit geriebenem Parmesan oder Pecorino den letzten Schliff.

Sizilien – wildwachsende Blumen in Segesta, und das im November

Warm und köstlich
Suppen und Hülsenfrüchte

In größeren Städten finden sich an vielen Straßenecken kleine Obst- und Gemüsemärkte mit langen Öffnungszeiten.

Suppen

Das Geheimnis einer guten Suppe sind einfach gute Zutaten. Sie kann innerhalb von Minuten fix und fertig zubereitet sein und trotzdem so gut schmecken, wie eine Suppe, an der Sie unter Umständen eine Stunde oder länger gekocht haben. Suppen gehören zu den Dingen, die wirklich jedem gelingen.

Fast alle Nahrungsmittel eignen sich für eine Suppe. Man dünste frisches Gemüse wie Zwiebeln, Zucchini, Tomaten, Bohnen, Lauch oder andere Zutaten in der passenden Schnittart, gebe die passenden Gewürze wie Knoblauch und Oregano und einige Kräuter wie Basilikum und Lorbeer dazu und fertig ist die Suppe. Dann müssen Sie sich nur noch entscheiden, ob Sie die Suppe so belassen, als **Minestrone,** oder ob Sie sie pürieren und dann zu einem **Passato di verdura** machen. Zur Verfeinerung können Sie geröstete Brotwürfel, Olivenöl, Pesto oder auch Sahne untermischen. Suppen werden in der italienischen Küche gerne auch als eigenständige Mahlzeit gegessen. Aufgrund ihrer Geruchs- und Geschmacksstoffe sowie ihres appetitlichen Aussehens und ihres oft hohen Sättigungswertes sind sie sehr beliebte Gerichte in der Familienküche.

Typische italienische Suppen

- Minestrone col pesto – Gemüsesuppe mit Pesto
- Cipollata – Zwiebelsuppe
- Ribollita – aufgewärmte Gemüsesuppe
- Pasta e fagioli – Bohnen-Nudelsuppe
- Zuppa di cozze – Muschelsuppe
- Cacciucco alla livornese – gemischter Fischeintopf
- Stoccafisso – Stockfischeintopf
- Stracciatella alla romana – Eintropfsuppe
- Zuppa pavese – Fleischsuppe mit Brot und Ei

Tipps

So können Sie Gemüsesuppen verfeinern:

- Verwenden Sie mehrere verschiedene Kohlsorten, wie z. B. Weißkohl und Wirsing.
- Ihre Minestrone wird etwas ganz Besonderes, wenn Sie die Pasta selber machen.
- Geben Sie beim Kochen ein paar Scheiben durchwachsenen Bauchspeck (pancetta) oder Schinken dazu.
- Ideal sind vollreife Tomaten von guter Qualität.
- Auch mit einem sehr guten Olivenöl (olio di oliva extra vergine) kann man die Minestrone vollenden.
- Weiters kann auch ein Teelöffel Basilikumpesto vor dem Servieren in die Suppe gegeben werden.
- Geriebener Parmesan verfeinert ebenfalls die Suppe.
- Wenn Sie fertige Spaghetti verwenden, dann rollen Sie diese in ein Küchentuch ein. An beiden Enden festdrücken und kräftig über die Tischkante ziehen. Dadurch werden die Spaghetti in kleine Stücke gebrochen.

Minestrone

Wer je eine echte Minestrone gegessen hat, wird verstehen, worum es hier geht. In Italien kennt man viele köstliche Minestrone-Variationen, die sich von Ort zu Ort und von Region zu Region unterscheiden.

Es gibt kein einheitliches Grundrezept. Die Zutaten ändern sich mit den Jahreszeiten: Wenn es kalt ist, soll die Suppe wärmen und sättigen und enthält deshalb auch mehr Pasta oder Reis und Gemüse. Im Sommer schmecken leichte, weniger üppige, nicht gebundene Suppen mit frischen Kräutern wie Basilikum, Oregano, Petersilie, Kerbel oder anderen Kräutern besser.

Hülsenfrüchte

Bohnen sind die Hülsenfrüchte, die in Italien am häufigsten gegessen werden. Sie zählen zu den ältesten Kulturpflanzen und haben in ihrer bunten Vielfalt Köchinnen und Köche aller Kontinente inspiriert. Haupterntezeit ist der Sommer, auch wenn sich der Erntezeitpunkt verschiebt, falls die Hülsenfrüchte zum Trocknen bestimmt sind. Einige Bohnensorten, wie z. B. die **Toscanelli,** haben nur regionale Bedeutung, während andere Sorten, wie z. B. **Borlotti** und **Cannellini,** in ganz Italien angebaut werden.

<u>Ernährung</u>

Hülsenfrüchte sind besonders nahrhaft, aber auch besonders schwer verdaulich. Sie haben im Vergleich zu anderen Gemüsearten den höchsten Gehalt an Proteinen und Ballaststoffen, Kohlenhydraten und Mineralstoffen und ersetzen in der vegetarischen Ernährung oft das Fleisch. Sie sind relativ krankheitsresistent und werden kaum mit chemischen Pflanzenschutzmitteln behandelt. Dennoch sollten sie für die Zubereitung verlesen werden, um

Tipps

- Beliebte Zutaten beim Garen von Bohnen sind aromatische Kräuter wie Rosmarin, Thymian, Salbei, Knoblauch, Peperoncinoschoten, Zwiebel, Karotten und Tomaten.
- Bohnen lassen sich auch gut pürieren.

Borlotti-Bohnen

Cannellini-Bohnen

Fave- oder Saubohnen

eventuelle Steinchen auszusondern. Einmal feucht gewordene Hülsenfrüchte werden sauer und beginnen zu gären.

Bohnen

Wenn Sie Bohnen kaufen, achten Sie darauf, dass die Samenkerne eine einheitliche Form und Größe aufweisen, damit sie gleichmäßig garen.
Mit der Zeit werden Bohnen trockener und erfordern längere Garzeiten. Je älter und trockener Bohnen sind, um so eher zerfallen sie beim Kochen, was sich bei der Zubereitung von Pürees als vorteilhaft erweist, bei vielen anderen Gerichten jedoch unerwünscht ist. Bei den Bohnen gibt es eine fast unüberschaubare Sortenvielfalt. Von den Borlotti, Cannellini, Fave und vielen anderen Arten werden in der Regel nur einige wenige Sorten getrocknet verwendet.

Borlotti-Bohnen

Die Bohnen der Sorte Borlotti sind beige-hellbraun und rot bzw. dunkel gescheckt. Sie sind vor allem getrocknet im Handel. Diese Bohnensorte hat einen ausgeprägten Geschmack und eignet sich für Salate, Suppen oder reine Bohnengerichte wie z. B. »pasta e fagioli« (Bohnensuppe mit Nudeln).

Cannellini-Bohnen

Die Cannellini-Sorten gelten als die besten Bohnensorten zum Trocknen und werden deshalb in ganz Europa angebaut. Sie sind zylindrisch, leicht abgeflacht, hellbeige. Sie eignen sich auch sehr gut zur Herstellung von Konserven und werden für Salate und Suppen verwendet.

Fave oder Saubohnen

Sie gehören zu den ältesten Bohnensorten und wurden schon von den Römern angebaut und als eine der ersten Gemüsearten gezüchtet. Vor allem werden sie für Salate und als Beilage zu Fleischgerichten verwendet.

Bohnen einweichen

- In der Regel weicht man getrocknete Bohnen in viel kaltem Wasser ein. Man kann aber auch – was den Vorgang beschleunigt – die Hülsenfrüchte zum Kochen bringen und sie dann im Wasser stehen lassen. Da sie beim Quellen ihr Volumen verdoppeln, muss man sie in einem großen Topf aufsetzen.
- Für 500 Gramm Bohnen benötigt man etwa 1½–2 Liter Wasser (die drei- bis vierfache Menge) und lässt sie 6–8 Stunden oder über Nacht weichen. Alle auf der Wasseroberfläche schwimmenden Bohnen müssen entfernt werden.

Italiener kaufen Lebensmittel gerne unverpackt ein.

Linsen (lenticchie)

Linsen werden in einigen Regionen Mittel- und Süditaliens angebaut und sind vor allem getrocknet im Handel erhältlich. Es gibt sie aber auch gekocht in Dosen oder Gläsern. Die Samen in der Hülse sind linsenförmig und relativ stark abgeflacht.

Sorten

Die Farbe variiert je nach Sorte (grünlich, rötlich, schwarz, gelb oder braun). Es gibt außerdem auch noch die **Berglinse**. Am gängigsten sind die grüne und braune Linse. Ungeschälte Linsen, vor allem die grünen und braunen, müssen etwas länger kochen, behalten dafür aber auch bei hohen Kochtemperaturen ihre Form.

Typisch italienisch

In Italien werden Linsen traditionell zu Neujahr zu **Cotechino** oder **Zampone** gereicht, da sie nach dem Volksglauben Reichtum bringen. Sie waren jahrhundertelang als Armenspeise verschrien. Doch jetzt sind sie selbst in der feinen Küche anerkannt.

Rosa Linsen (lenticchie rosse)

Rosa Linsen vom Typ »ägyptische Linsen« sind geschält und benötigen deshalb nur eine kurze Garzeit. Sie verkochen schnell zu Brei. Die schöne rote Farbe schlägt beim Kochen um in eine gelbliche. Rosa Linsen sind wesentlich weicher und milder im Geschmack. Kleinere Linsen sind üblicherweise geschmackvoller. Rosa Linsen kann man für Suppen, Salate, Fisch und Geflügel, z. B. Wachtel, verwenden.

Verwendung

Überall sind Linsen als anpassungsfähige Gemüseform geschätzt. Sie passen gut als gekochte Beilage zu Pökel- oder Räucherfleisch, Würsten wie Cotechino und Zampone, zu Geflügelgerichten, Eintopfgerichten mit Speck oder Wurst, zu Speck, Salaten, aber auch zu Kartoffeln, Reis, Nudeln usw.

Linsen werden außerdem zur Zubereitung von Suppen und Cremesuppen verwendet. Die kleinen Linsen haben einen höheren Schalenanteil. Die Schale ist Träger des typischen Aromas.

Erbsen (piselli)

Trockenerbsen sind nicht so süß wie die Gartenerbsen. Wie Linsen gehören auch Trockenerbsen seit alters zu den Grundnahrungsmitteln im Mittelmeerraum. Auch die Erbsenvielfalt kann sich sehen lassen. Zu den gängigsten Sorten zählen grüne (halbreif geerntete Erbsen), gelbe (reif geerntete Erbsen) und graue Erbsen. Meist kommen sie geschält und gespalten als so genannte Spalterbsen in den Handel. Ganze Trockenerbsen müssen über Nacht weichen und benötigen eine relativ lange Garzeit. **Splitter- oder Spalterbsen** sind Erbsen, die beim Schälen in Hälften zerfallen.
Splittererbsen sind hinsichtlich des Koch- und Nährwertes genauso gut wie ganze Früchte, jedoch erheblich preiswerter. Gelbe Sorten schmecken milder als grüne. Getrocknete Erbsen verwendet man für Suppen, Eintöpfe, zu Zampone.

Kichererbsen (ceci)

Kichererbsen sind unregelmäßig geformte Erbsen. Sie werden meist im Ganzen angeboten. Es gibt sie aber auch halbiert. Man verwendet sie für Suppen, Salate, Eintöpfe oder mit Speck.

Kichererbsen

Tipp

Zum Kochen von Linsen dürfen keine Aluminiumtöpfe verwendet werden, da sich diese leicht schwarz färben.

Rosa Linsen

Gelbe Linsen

Graue Berglinsen

Weiße Bohnensuppe mit Fenchel und Speck

Minestra di cannellini con finocchio e speck

Für 4 Personen

Zutaten	150 g	*Cannellini-Bohnen, getrocknet*
	50 g	*Zwiebel*
	40 g	*Stangensellerie*
	50 ml	*Olivenöl*
	30 g	*Bauchspeckstreifen*
	200 g	*Fenchel*
	1,2 l	*Fleischsuppe (siehe Seite 398) oder Wasser*
	1/2	*Lorbeerblatt*
	1	*Knoblauchzehe, fein gehackt*
	4	*Basilikumblätter*
		Pfeffer aus der Mühle
		Salz
Weiteres	100 g	*Karotten und Zucchini, gekocht, in feine Streifen geschnitten*
	1 EL	*Olivenpesto (siehe Seite 142)*

- Die Bohnen bereits am Vortag in reichlich kaltem Wasser einweichen.
- Zwiebel und Sellerie putzen und in kleine Würfel schneiden.
- Das Olivenöl erhitzen und Zwiebel, Sellerie, Knoblauch und Bauchspeck darin dünsten.
- Den Fenchel putzen, waschen und in Scheiben schneiden.
- Bohnen und Fenchel dazugeben, mit der Fleischsuppe aufgießen, das Lorbeerblatt hinzufügen und die Bohnen weich kochen. Die Hälfte der Suppe fein passieren und mit der anderen Hälfte vermischen.
- Die Bohnensuppe mit grob geschnittenem, frischem Basilikum, Salz und Pfeffer abschmecken und mit Karotten, Zucchinistreifen und Olivenpesto servieren.

Garzeit: etwa 40 Minuten

Tipps

1. *Als geschmackliche Ergänzung können Sie zum Schluss auch etwas Olivenöl, Knoblauch und frisch geriebenen Parmesan in die Suppe geben.*
2. *Servieren Sie zu dieser Suppe Grissini oder Ciabatta-Brot.*

Variation

Erbsensuppe: Anstelle der Bohnen verwenden Sie getrocknete Spalterbsen.
Pasta e fagioli: Verwenden Sie anstelle der weißen Bohnen Borlotti-Bohnen und anstelle des Fenchels Tomaten.
Als Einlage geben Sie gekochte Teigwaren wie Maccheroncini, Maltagliati oder andere Nudeln dazu.

Kichererbsen-Lauchsuppe

Zuppa di ceci e porri

Für 4 Personen

Zutaten	*180 g*	*Kichererbsen*
	100 g	*Kartoffeln*
	150 g	*Lauch*
	1	*Knoblauchzehe*
	2 EL	*Olivenöl*
	1 EL	*Butter*
	1 l	*Gemüsebrühe (siehe Seite 398) oder Fleischsuppe (siehe Seite 398)*
		Salz
		Pfeffer aus der Mühle
Weiteres	*2 EL*	*Parmesan, gerieben*
	2 EL	*Nussöl oder Olivenöl*
	1 EL	*Petersilie, fein geschnitten*
	2 EL	*Brotwürfel, geröstet*

- Kichererbsen einige Stunden in reichlich kaltem Wasser einweichen.
- Das Einweichwasser abgießen, dann die Kichererbsen erneut mit Wasser bedecken und weich kochen.
- Kartoffeln schälen und in kleine Würfel schneiden.
- Die äußeren Blätter der Lauchstangen entfernen, den Lauch von der Wurzel her der Länge nach halbieren, waschen und in feine Ringe schneiden.
- Knoblauch schälen und in feine Scheiben schneiden.
- In einem Topf Olivenöl erwärmen, Butter hineingeben und Lauch und Knoblauch dünsten.
- Die Kichererbsen abseihen und mit den Kartoffeln dazugeben und mitdünsten.
- Die Gemüsebrühe aufgießen und etwa 15 Minuten leicht kochen lassen. Eine Hälfte der Suppe pürieren und den Rest belassen.
- Mit Salz und Pfeffer abschmecken, nach Belieben mit Parmesan bestreuen, mit Nussöl, Petersilie und Brotwürfeln servieren.

Garzeit: etwa 30 Minuten

Tipps

1. *Sie können die Kichererbsen auch direkt in der Suppe kochen, allerdings ist die Garzeit dann schwer einzuschätzen, da Kichererbsen sehr lange gekocht werden müssen.*
2. *Die Suppe eignet sich auch als Hauptgericht.*
3. *Sie können die Suppe mit gekochten kleinen Teigwaren wie Maccheroncini, Maltagliati, gebrochenen Spaghetti usw. servieren.*

Artischockensuppe

Vellutata di carciofi

Für 4 Personen

Zutaten	*4*	*Artischocken, groß*
	1	*Zitrone, Saft*
	100 g	*Zwiebel*
	1	*Knoblauchzehe*
	3 EL	*Olivenöl*
	50 ml	*Weißwein*
	3/4 l	*Gemüsebrühe (siehe Seite 398) oder Fleischsuppe (siehe Seite 398)*
	1	*Thymianzweig*
		Salz
		Pfeffer aus der Mühle
	100 ml	*Sahne*
Weiteres	*2 EL*	*Olivenöl zum Verfeinern der Suppe*
	2 EL	*Parmesanspäne zum Garnieren*

- Von den Artischocken den Stiel abtrennen und die Blätter 2–3 cm über dem Artischockenboden abschneiden. Die verbliebenen harten Blätter rund um den Boden entfernen, dann mit einem Teelöffel oder einem Kugelausstecher das »Heu« aus der Mitte des Artischockenbodens lösen. Die Artischocken in kleine Blätter schneiden und mit einem Drittel des Zitronensaftes beträufeln, um das Braunwerden zu verhindern.
- Zwiebel und Knoblauch schälen. Zwiebel in Würfel, Knoblauch in Blättchen schneiden.
- In einem Topf Olivenöl erhitzen und Zwiebel und Knoblauch darin glasig dünsten. Artischocken hinzufügen und kurze Zeit mitdünsten.
- Mit Weißwein löschen und mit der Gemüsebrühe aufgießen, den Thymian dazugeben, mit Salz und Pfeffer würzen, dann die Artischockensuppe kochen.
- Die Sahne dazugeben und alles im Mixer pürieren, durch ein Sieb passieren und zum Vollenden den restlichen Zitronensaft und das Olivenöl unterrühren und mit Parmesan garnieren.

Garzeit: 30–40 Minuten

Tipps

1. *Als Einlage können Sie auch gebratene Garnelen oder Seezungenstreifen verwenden.*
2. *Die Suppe kann auch ohne Sahne und nicht passiert serviert werden.*

Oben: Artischockensuppe
Unten: Kichererbsen-Lauchsuppe

Kartoffelsuppe mit Kopfsalat

Minestra di patate con lattuga

Für 4 Personen

Zutaten	200 g	*Kartoffeln*
	60 g	*Zwiebel*
	1 EL	*Butter*
	1/8 l	*Weißwein*
	3/4 l	*Fleischsuppe (siehe Seite 398)*
	200 ml	*Sahne*
		Salz
		Pfeffer aus der Mühle
	1 Msp.	*Muskatnuss*
	150 g	*Kopfsalat (Maikönig, Brasilianer)*
Weiteres	2	*Kopfsalatblätter, in feine Streifen geschnitten*
		Kerbelblätter
	2 EL	*Butter oder Walnussöl*
	2	*Scheiben Weißbrot, in Würfel geschnitten*

- Die Kartoffeln schälen, in größere Würfel schneiden.
- Zwiebel schälen und in kleine Würfel schneiden.
- Zwiebel in Butter dünsten, Kartoffeln dazugeben und ebenfalls etwas dünsten.
- Mit Weißwein löschen und mit Fleischsuppe und Sahne aufgießen, mit Salz, Pfeffer und Muskatnuss würzen und köcheln lassen.
- Den Kopfsalat putzen, waschen und grob schneiden und zur Suppe geben, aufkochen lassen, dann pürieren; nochmals kurz erhitzen, aber nicht mehr kochen lassen.
- Die Suppe mit dem in Streifen geschnittenen Kopfsalat und dem Kerbel servieren.
- Als Einlage geben Sie die in Butter oder Walnussöl gerösteten Brotwürfel in die Suppe.

Garzeit: etwa 20 Minuten

Tipps

1. *Als Einlage können Sie auch geröstete Speckwürfel oder Rohschinkenchips (siehe Seite 103) reichen.*
2. *Um einen anderen Geschmack zu erhalten, kann man auch 80 g Gorgonzola mitkochen.*

Variation

Kressesuppe: Anstelle des Kopfsalates verwenden Sie Garten- oder Brunnenkresse; allerdings müssen Sie diese Suppe sofort servieren, da die Kresse sehr schnell oxidiert.

Ribollita

Für 4 Personen

Zutaten	120 g	*Bohnen (Cannellini), weiß, getrocknet*
	80 g	*Bauchspeck*
	100 g	*Karotten*
	150 g	*Lauch*
	100 g	*Stangensellerie*
	100 g	*Zwiebel, in Würfel geschnitten*
	4 EL	*Olivenöl*
	1	*Knoblauchzehe, fein gehackt*
	1 l	*Fleischsuppe (siehe Seite 398) oder Wasser*
	1	*Thymianzweig*
	200 g	*Wirsing, geputzt*
		Pfeffer aus der Mühle
		Salz
Weiteres	100 g	*Weißbrot vom Vortag*
	2 EL	*Olivenöl*

- Cannellini-Bohnen mit kaltem Wasser bedeckt etwa 12 Stunden einweichen, dann mit Wasser aufkochen und bei geringer Hitze 1 1/2 Stunden garen.
- Die Hälfte der gekochten Bohnen pürieren.
- Bauchspeck in Würfel schneiden.
- Karotten, Lauch und Sellerie waschen, putzen und in Würfel schneiden.
- In einem großen Topf Olivenöl erhitzen. Speck, Zwiebel, Knoblauch und Gemüse darin unter Rühren dünsten und mit Fleischsuppe aufgießen.
- Thymian dazugeben und zugedeckt bei kleiner Hitze 15 Minuten kochen.
- Wirsingblätter putzen, in grobe Streifen oder Flecken schneiden, zum Gemüse geben, die ganzen und passierten Bohnen dazugeben und weitere 15 Minuten mitgaren.
- Die Suppe mit Salz und Pfeffer abschmecken und mit Brotscheiben lagenweise in einen großen Topf schichten. Eventuell über Nacht kühl stellen; vor dem Servieren nochmals aufkochen.
- Mit Olivenöl beträufeln, nachwürzen und servieren.

Garzeit der Bohnen: 1 1/2 Stunden
Garzeit der Suppe: 30–40 Minuten

Tipps

1. *Sie können auch Bohnen aus der Dose verwenden.*
2. *Die Suppe lässt sich sehr gut vorbereiten und dann aufwärmen.*

Genueser Gemüsesuppe

Minestrone alla genovese

Für 4 Personen

Zutaten	40 g	Sellerie
	40 g	Karotten
	80 g	Zucchini
	80 g	Weißkohl
	100 g	Kartoffeln
	50 g	Zwiebel
	50 g	Lauch
	2 EL	Olivenöl
	1,2 l	Fleischsuppe (siehe Seite 398) oder Wasser
		Salz, Pfeffer aus der Mühle
	1	Lorbeerblatt
Einlage	20 g	Mangold, gekocht und in kleine Stücke geschnitten
	50 g	Borlotti-Bohnen, gekocht
	1	Tomate, geschält, entkernt und in Würfel geschnitten
Weiteres	30 g	Maccheroncini, gekocht
	50 g	Pesto (siehe Seite 144)
	2 EL	Parmesan oder Pecorino

- Das Gemüse (Sellerie, Karotten, Zucchini, Weißkohl) putzen, schälen, waschen und in kleine Würfel oder Blättchen schneiden. Die Kartoffeln schälen und ebenfalls in die gewünschte Form schneiden.
- Zwiebel schälen, Lauch putzen, beide in feine Würfel schneiden und in Olivenöl dünsten, Gemüse und Kartoffeln dazugeben und mitdünsten.
- Mit der heißen Fleischsuppe aufgießen, salzen, pfeffern und sieden lassen.
- Die Gemüsesuppe mit Mangold, Bohnen, Tomaten, Maccheroncini, Pesto und Parmesan oder Pecorino vollenden und servieren.

Garzeit: etwa 20–30 Minuten

Tipps

1. *Sie können die eingeweichten Borlotti-Bohnen auch in der Suppe kochen.*
2. *Es eignen sich auch andere Bohnensorten wie Cannellini, Fave.*
3. *Wenn Sie Tomaten mit der Suppe mitkochen, dann erhalten Sie eine rötliche Suppe.*

Cipollata

Zwiebel-Specksuppe

Für 4 Personen

Zutaten	400 g	*Zwiebel*
	80 g	*Bauchspeck*
	80 ml	*Olivenöl*
	1 EL	*Butter*
	1 TL	*Zucker*
	200 g	*Tomaten oder Tomaten aus der Dose*
	1 l	*Gemüsebrühe (siehe Seite 398)*
Röstbrot	4	*Weißbrotscheiben (Ciabatta, Baguette)*
	2 EL	*Olivenöl*
	50 g	*Fontina, in Scheiben geschnitten*
	1 EL	*Petersilie oder Basilikum*
Weiteres		*Rosmarin und Lorbeer zum Garnieren*

Zwiebel-Specksuppe

- Zwiebel schälen, halbieren und in dünne Streifen schneiden.
- Den Bauchspeck ebenfalls in dünne Streifen schneiden und in einem Topf ohne Zugabe von Fett rösten, den Speck herausnehmen und bereitstellen.
- Im selben Kochtopf Olivenöl und Butter erwärmen, Zwiebel zufügen, mit Zucker bestreuen und alles bei mittlerer Hitze etwa 15 Minuten goldbraun rösten.
- Tomaten und Gemüsebrühe dazugeben, salzen und pfeffern, zum Kochen bringen, die Hitze reduzieren und etwa 15–20 Minuten köcheln lassen.
- Bei Bedarf noch etwas Brühe aufgießen, den Speck dazugeben und nochmals abschmecken; mit Rosmarin und Lorbeer garnieren und mit den Brotscheiben servieren.

Röstbrot

- Das Brot in etwa $^1/_2$–1 cm dicke Scheiben schneiden, mit Öl beträufeln und im Backrohr bei 200 Grad goldgelb rösten, dann mit den Käsescheiben belegen, mit Petersilie bestreuen und noch einmal kurz überbacken.

Tipp

Sie können die Suppe unmittelbar vor dem Servieren mit einer Art Rührei verfeinern: Dazu zwei Eier in einer Schüssel verrühren und mit Salz und Pfeffer würzen, Butter in einer Pfanne zerlassen und die Eier zum Stocken bringen, mit einem Löffel ständig rühren und zur Mitte hinschieben, bis das Rührei gleichmäßig fest ist, dann in die Suppe geben.

Käsesuppe mit weißer Polenta

Fonduta di formaggio con polenta bianca

Für 4 Personen

Zutaten	50 g	Zwiebel
	20 g	Lauch
	20 g	Karotten
	50 g	Butter
	70 g	Polentamehl, weiß
	1 l	Gemüsebrühe (siehe Seite 398) oder Fleischsuppe (siehe Seite 398)
		Salz
		Pfeffer aus der Mühle
	1	Knoblauchzehe
	30 g	Gorgonzola
	1 TL	Kerbel
	1	Eigelb
	100 ml	Sahne
Weiteres	4 EL	Schlagsahne
	1 EL	braune Butter
		Kerbel zum Garnieren

- Zwiebel, Lauch und Karotten waschen, putzen, schälen, in Blättchen oder Würfel schneiden und in Butter an schwitzen.
- Das weiße Polentamehl dazugeben und mit der heißen Gemüsebrühe aufgießen, mit Salz und Pfeffer würzen und die Suppe kochen, bis das Polentamehl weich ist.
- Die Suppe mit rohem Knoblauch, Gorgonzola und Kerbel mixen.
- Vor dem Servieren das Eigelb mit Sahne vermischen und unter die Suppe rühren. Sie darf nun nicht mehr kochen.
- Die Suppe mit Schlagsahne, brauner Butter und Kerbelblättern garnieren und servieren.

Garzeit: 30–40 Minuten

Tipp

Sie können auch andere Käse wie Taleggio, Pecorino oder Parmesankäse verwenden.

Variation

Polenta-Trüffelsuppe: Hobeln Sie kurz vor dem Servieren frische weiße Trüffel über die Suppe.

Polentasuppe

Crema di polenta

Für 4 Personen

Zutaten	4 EL	Olivenöl
	80 g	Zwiebel, fein geschnitten
	80 g	Polentamehl, mittelfein
	1/8 l	Weißwein
	1 l	Fleischsuppe
		Salz
		Pfeffer aus der Mühle
	1 Msp.	Muskatnuss
	1 EL	Butter, kalt
Weiteres	1 EL	Kürbiskernöl

- Olivenöl in einem Topf erhitzen, Zwiebel darin anschwitzen. Polentamehl einfließen lassen, leicht rösten, mit Weißwein ablöschen, Fleischsuppe aufgießen, mit einem Schneebesen glatt rühren, aufkochen lassen und so lange rühren, bis die Suppe gebunden ist.
- Mit Salz, Pfeffer und Muskatnuss würzen, mit einem Stabmixer mixen, mit kalter Butter verfeinern und mit etwas Kürbiskernöl servieren.

Garzeit: etwa 25 Minuten

Tipps

1. *Die Suppe kann zum Schluss mit 2 Esslöffel geschlagener Sahne verfeinert werden.*
2. *Getrocknete, eingeweichte und grob aufgeschnittene Steinpilze geben der Suppe eine besondere Note.*
3. *Walnuss- oder Trüffelöl machen die Polentasuppe noch aromatischer. Sie können auch eine frisch gehobelte Trüffel zum Schluss über die Suppe geben.*
4. *Rohschinkenchips: hauchdünn geschnittene Rohschinkenscheiben im vorgeheizten Backrohr oder in Öl schwimmend knusprig backen und in die Suppe geben.*

Variation

Polenta-Rucolasuppe: 30 g geputzte, gezupfte Rucolablätter zum Schluss der Polentasuppe hinzufügen.

Gebundene Fischsuppe

Zuppa di pesce

Für 4 Personen

Zutaten	200 g	*Venusmuscheln*
	100 g	*Miesmuscheln*
	200 g	*Knurrhahn*
	200 g	*Drachenkopf*
	150 g	*Zwiebel*
	30 ml	*Olivenöl*
	1	*Knoblauchzehe, fein gehackt*
	70 ml	*Weißwein*
	100 g	*Wurzelgemüse (Sellerie, Karotten und Petersilienwurzeln), in Würfel geschnitten*
	1 TL	*Tomatenmark*
	1,2 l	*Fischbrühe (siehe Seite 399) oder Wasser*
	100 g	*Tomaten, in Streifen geschnitten*
	1	*Briefchen Safran*
	1	*Peperoncino*
	1 EL	*Speisestärke, zum Binden*
		Salz
Weiteres	1 EL	*Petersilie, fein geschnitten*
	2 EL	*Lauchstreifen, gekocht oder gedünstet*

- Die Muscheln unter fließendem Wasser gut waschen und von den Miesmuscheln die Byssusfäden entfernen.
- Die Fische entgräten, in 30 g große Stücke schneiden.
- Die Gräten in fließendem, kaltem Wasser wässern.
- Zwiebel halbieren, in dünne Scheiben schneiden und in Olivenöl zusammen mit Knoblauch dünsten.
- Die Mies- und Venusmuscheln dazugeben, mit Weißwein aufgießen und zugedeckt 4 Minuten garen, bis sich alle Muscheln geöffnet haben. Nun Muscheln und Zwiebel und Knoblauch mit einer Schaumkelle herausnehmen und bereitstellen.
- In den Muschelsud das Wurzelgemüse, Tomatenmark und die Fischgräten geben, mit Fischbrühe oder Wasser aufgießen und 15–20 Minuten leicht köcheln lassen.
- Die Suppe abseihen und wieder zum Kochen bringen. In die kochende Suppe die Fischstückchen, Tomaten, den Safran und Peperoncino geben und 5 Minuten ziehen lassen. Die Fischsuppe mit etwas in kaltem Wasser angerührter Speisestärke binden und salzen.
- Zwei Drittel der Muscheln aus der Schale lösen und zusammen mit dem Zwiebel-Knoblauchgemisch in die Suppe geben, mit Petersilie und Lauch bestreuen und servieren.

Garzeit: etwa 25 Minuten

Variation

Fischsuppe Tigulio: Die Fischsuppe wird nicht passiert und auch nicht gebunden.

Tintenfischsuppe

Minestra di seppie

Für 4 Personen

Zutaten	*300 g*	*Kalmare (calamari)*
	300 g	*Sepien (seppie)*
	150 g	*Zwiebel*
	30 ml	*Olivenöl*
	100 g	*Wurzelgemüse (Sellerie, Karotten und Petersilienwurzeln), in Streifen geschnitten*
	1	*Knoblauchzehe, fein gehackt*
	70 ml	*Weißwein*
	0,8 l	*Fischbrühe (siehe Seite 399) oder Wasser*
	200 g	*Kartoffeln, in Streifen geschnitten*
	500 g	*Tomaten, in Würfel geschnitten*
	1	*Lorbeerblatt*
		Salz
Weiteres	*1 EL*	*Petersilie, fein geschnitten*
		Weißbrot

- Von den Kalmaren und Sepien Kopf und Fischbein entfernen und das Eingeweide aus den Körperbeuteln ziehen, dann putzen, waschen, die dünne Haut abziehen und abtrocknen. Kalmare eventuell der Länge nach halbieren, dann in 1 cm große Stücke schneiden, die Sepien halbieren oder vierteln, je nach Größe.
- Die Zwiebel schälen, halbieren, in dünne Scheiben schneiden und im Olivenöl zusammen mit dem Wurzelgemüse und Knoblauch dünsten.
- Die Tintenfische dazugeben, mit Weißwein und Fischbrühe aufgießen, Kartoffeln, Tomaten und Lorbeerblatt in die Suppe geben und zugedeckt kochen lassen, bis das Fischfleisch und die Kartoffeln weich sind. Die Fischsuppe mit etwas Salz würzen, mit Petersilie bestreuen und mit italienischem Weißbrot servieren.

Garzeit: etwa 40 Minuten

Tipp

Sie können dazu Knoblauchcrostini (siehe Seite 54) servieren.

Stockfischsuppe

Minestra di stoccafisso

Für 4 Personen

Zutaten	*400 g*	*Stockfisch, gewässert*
	100 g	*Zwiebel*
	2	*Knoblauchzehen*
	50 g	*Karotten*
	40 g	*Stangensellerie*
	80 ml	*Olivenöl*
	600 g	*Tomaten, entkernt und in Würfel geschnitten*
	0,8 l	*Fischbrühe (siehe Seite 399) oder Gemüsebrühe (siehe Seite 398)*
	250 g	*Kartoffeln*
		Salz
		Pfeffer aus der Mühle
Weiteres	*1 EL*	*Petersilie, fein geschnitten*
	1 EL	*Basilikum, fein geschnitten*
	2 EL	*Olivenöl*

- Den Stockfisch gut waschen, enthäuten und entgräten, in mundgerechte Stücke zerteilen.
- Zwiebel und Knoblauch schälen und klein schneiden.
- Karotten und Stangensellerie ebenfalls schälen und in kleine Würfel schneiden.
- In einem Topf Olivenöl erhitzen, Zwiebel, Knoblauch, Karotten und Sellerie dünsten, Stockfisch darauflegen und ebenfalls etwas dünsten. Tomaten dazugeben, mit Fischbrühe aufgießen und etwa eine ½ Stunde kochen lassen.
- Kartoffeln schälen und in 1 cm große Würfel schneiden, zum Fisch geben, mit Salz und Pfeffer würzen und nochmals etwa 20 Minuten kochen lassen.
- Fertige Suppe abschmecken, mit Petersilie und Basilikum bestreuen und nach Wunsch mit Olivenöl beträufeln.

Tipps

1. *Verwenden Sie für dieses Rezept sehr reife Tomaten, ersatzweise Tomaten aus der Dose.*
2. *Sie können auch 2 Esslöffel Pignoli in die Suppe geben.*

Variation

Zandersuppe: Sie können anstelle des Stockfisches auch frischen Zander verwenden.

Klare Muschelsuppe mit Gemüse

Brodo di molluschi

Für 4 Personen

Zutaten
- 500 g *Miesmuscheln (cozze)*
- 200 g *Venusmuscheln (vongole)*
- 4 *Jakobsmuscheln (capesante)*
- 30 ml *Olivenöl*
- 1/8 l *Weißwein*
- 30 g *Butter*
- 1 *Schalotte oder 30 g Zwiebel, in feine Würfel geschnitten*
- 1 *Knoblauchzehe, fein gehackt*
- 50 g *Lauch, in Streifen geschnitten*
- 30 g *Zucchini, in Streifen geschnitten*
- 30 g *Karotten, in Streifen geschnitten*
- 1 l *Fischbrühe (siehe Seite 399) oder Wasser*
- *Salz, Pfeffer aus der Mühle*
- 1/2 *Peperoncino, gerieben*
- 1 Msp. *Safranpulver oder einige Safranfäden*
- *Dillspitzen*

- Die Muscheln (Mies-, Venusmuscheln) putzen, eventuell abbürsten, dann waschen und eine 1/2 Stunde mit etwas grobem Salz in kaltes Wasser legen. Von den Miesmuscheln den »Bart« abziehen.
- Die Jakobsmuscheln öffnen und putzen.
- In einem Kochtopf Olivenöl erwärmen, die Venus- und Miesmuscheln dazugeben, mit Weißwein auffüllen, dann den Topf mit einem Deckel so lange verschließen, bis sich die Muscheln geöffnet haben (etwa 3 Minuten).
- Die Muscheln aus dem Topf nehmen, aus den Schalen lösen und bereitstellen.
- Den Saft der Muscheln durch ein feines Teesieb gießen und zur Fischbrühe geben.
- In einem Topf Butter erhitzen, die Schalotte darin dünsten, den Knoblauch und die Gemüsestreifen ebenfalls dünsten, die Jakobsmuscheln halbieren, dazugeben und kurz mitdünsten, mit der Fischbrühe aufgießen, mit Salz, Pfeffer und Peperoncino würzen und 5 Minuten kochen lassen.
- Die Suppe mit Safran verfeinern, dann mit den ausgelösten Mies- und Venusmuscheln und den Dillspitzen servieren.

Garzeit: etwa 15 Minuten

Tipps

1. *Servieren Sie zu dieser Suppe Crostini mit Oliven (siehe Seite 54) oder ein Knoblauchbrot.*
2. *Als Garnitur eignen sich auch ein Häubchen geschlagene Sahne mit Curry oder Tomatenwürfel.*

Zuppa pavese

Zuppa pavese

Kraftsuppe mit Brot und Ei

Für 4 Personen

Zutaten
- 800 ml *Fleischsuppe (siehe Seite 398)*
- 2 EL *Butter*
- 4 *Weißbrotscheiben (Ciabatta) oder Toastbrot*
- 50 g *Parmesan, gerieben*
- 4 *Eier*
- *Salz*
- *Petersilie*

- Fleischsuppe fast bis zum Siedepunkt erhitzen und abschmecken.
- In einer Pfanne die Butter heiß, aber nicht braun werden lassen. Die Brotscheiben in der Butter auf beiden Seiten goldgelb braten, so dass sie außen knusprig, innen aber noch weich sind.
- Die heiße Fleischsuppe in den Teller geben, die knusprigen Brotscheiben mit etwas Parmesan bestreuen und in die Suppe geben, je ein Ei aufschlagen und vorsichtig auf das Brot gleiten lassen, so dass das Eigelb nicht ausläuft.
- Das Ei leicht salzen, den restlichen Käse und die Petersilie darüberstreuen.
- Die Suppe eventuell überbacken und sofort servieren.

Passatelli in brodo

Kraftsuppe mit ›Passatelli‹

Für 4 Personen

Zutaten	1 EL	Petersilienblätter
	50 g	Parmesan, gerieben
	50 g	Weißbrotbrösel
	2	Eier
	1 EL	Mehl
	1 Msp.	Muskatnuss
		Salz
Weiteres	1 l	Fleischsuppe (siehe Seite 398)
		Kerbel

- Petersilienblätter waschen, trockentupfen und fein schneiden.
- Parmesan, Weißbrotbrösel, Eier, Mehl, Salz, Muskatnuss und Petersilie gut mischen und den Teig etwa eine ½ Stunde ruhen lassen.
- Mit der »Passatelli-Presse« direkt in die siedende Fleischsuppe pressen, kochen lassen und mit Kerbel servieren.

Garzeit: 3 Minuten

Tipps

1. *Die Passatelli erst kurz vor dem Essen kochen.*
2. *Die »Passatelli-Presse« ist ein Gerät, das wie eine Kartoffelpresse aussieht, aber größere Löcher hat.*

Stracciatella alla romana

Römische Eierflockensuppe

Für 4 Personen

Zutaten	4	Eier
	4 EL	Parmesan, gerieben
	1 EL	Petersilie, fein geschnitten
	1 l	Fleischsuppe (siehe Seite 398)
		Salz, Pfeffer aus der Mühle

- In einer Schüssel die Eier mit einem Schneebesen verrühren, Parmesan und Petersilie unterrühren.
- Die Fleischsuppe in einem Topf aufkochen, kurz vom Herd nehmen, nach und nach unter ständigem Rühren mit dem Schneebesen die Eiermasse einlaufen lassen.
- Den Kochtopf zurück auf den Herd stellen, nochmals leicht köcheln lassen und dabei öfters mit dem Schneebesen umrühren, bis Eierflocken entstehen.

Garzeit: etwa 2 Minuten

Kalte Tomatensuppe mit Frischkäsenocken

Minestra fredda di pomodori con formaggio fresco

Für 4 Personen

Zutaten	1 kg	Fleischtomaten, reif
	150 ml	Olivenöl
	80 g	Zwiebel, in kleine Würfel geschnitten
	1	Knoblauchzehe, fein gehackt
		Salz
	8	Basilikumblätter
	200 ml	Fleischsuppe (siehe Seite 398)
	½	Peperoncino
Frischkäsenocken	200 g	Frischkäse aus Ziegen-, Kuh- oder Schafmilch
	1 EL	Schnittlauch, fein geschnitten
Weiteres	2 EL	Kapernpesto (siehe Seite 142)
	4	Schnittlauchhalme zum Garnieren

- Die Tomaten waschen, den Stängelansatz herausschneiden, vierteln und die Kerne entfernen.
- In einem Kochtopf wenig Olivenöl erwärmen, Zwiebel und Knoblauch darin dünsten.
- Die Tomaten dazugeben, salzen und kurz mitdünsten. Zusammen mit den Basilikumblättern im Mixer pürieren, währenddessen langsam das restliche Olivenöl und die Fleischsuppe einlaufen lassen.
- Die Tomatensuppe durch ein feines Sieb streichen und kalt rühren.
- Zum Schluss mit Peperoncino leicht pikant abschmecken.

Frischkäsenocken

- Den Frischkäse mit Schnittlauch vermischen und mit einem Löffel zu Nocken formen.

Fertigstellung

- Die Tomatensuppe mit jeweils einer Nocke, dem Kapernpesto und einem Schnittlauchhalm servieren.

Tipps

1. *Servieren Sie dazu geröstete Brotwürfel.*
2. *Anstelle der Fleischtomaten eignen sich wegen des intensiven Aromas auch San-Marzano-Tomaten.*
3. *Statt Kapernpesto können Sie auch Basilikum-, Rucola- oder Olivenpesto servieren.*

Kalte Tomatensuppe mit Frischkäsenocken

Passatelli in brodo

PRIMI PIATTI

WARME VORSPEISEN

Eine unglaubliche Vielfalt von Zutaten, Farben, Aromen und Geschmack – wen wundert's, dass viele ihr Menü aus mehreren »primi« zusammenstellen? Die warmen Vorspeisen, die nach den Antipasti und vor dem Hauptgang serviert werden, zählen zu den beliebtesten Gerichten der italienischen Küche. Hauptsächlich bestehen sie aus Nudel- oder Reisgerichten in Kombination mit Gemüse, Fleisch oder Fisch. Daneben finden Sie in diesem Kapitel auch Rezepte für Pizze, Tortellini, Ravioli und Lasagne. Gnocchi oder Polenta gehören ebenfalls zu den Primi piatti und bieten von Region zu Region immer neue Geschmackserlebnisse.

Kampanien – Neapel mit Vesuv im Hintergrund

Unerschöpfliche Vielfalt
Warme Vorspeisen

In Italien sagt man:
»Gli spaghetti amano la compagnia.« (Spaghetti lieben die Gesellschaft.)

Pasta (Nudeln, Teigwaren)

Der alte Streit, ob sie aus Ostasien oder Italien stammen, macht ihren internationalen Stellenwert deutlich. In kaum einem Land der Welt verzichtet die Küche heutzutage auf Nudeln. Sie sind nicht nur warme Vorspeise oder Hauptmahlzeit, sondern auch als Beilage und als Einlage für Suppen beliebt.
In Italien entwickelte sich die Pasta zur Kultspeise, zum Mittelpunkt der Ernährung, ähnlich dem Reis in Asien. Neben den Chinesen sind die Italiener die erfolgreichsten Exporteure ihrer Küche. Erstaunlich ist die parallele Entwicklung der gefüllten Teigwaren. Chinesische Ravioli unterscheiden sich nur unwesentlich von italienischen, außer dass man Erstere auch frittiert auf den Tisch bringt.

Pastasorten

Industrieteigwaren (pasta secca)
Zur heute bekannten Vielfalt der Teigwarenformen führte erst die industrielle Herstellung, und diese reicht nicht sehr weit zurück. Es waren die teigwarenbesessenen Neapolitaner, die verschiedene Hilfsmittel entwickelten, um die Produktion zu beschleunigen.

Nudeln lassen sich trocknen und sind in dieser Form recht lange haltbar. Trockenteigwaren sind nicht nur ein populäres, sondern sind auch ein simples Produkt, das nur aus Hartweizenmehl und Wasser oder aus Hartweizenmehl, Wasser und Ei (pasteurisiert oder getrocknet) besteht. Grüne, rötliche oder schwarze Nudeln bereichern erst seit wenigen Jahren die Vielfalt, desgleichen die Vollwertnudeln, die aus dem ganzen, grob ausgemahlenen Weizen, Roggen, Buchweizen, Dinkel usw. hergestellt werden und mit ihren Vitaminen und Ballaststoffen der Gesundheit förderlicher sind als die aus weißem Mehl.

Getrocknete Nudeln (pasta secca)

Unter dem Begriff **Pasta secca** werden in Italien alle getrockneten Nudeln zusammengefasst: Die **Pasta lunga** sind lange Nudeln wie Spaghetti, Tagliatelle, Bucatine usw. Als **Pasta corta** werden die kurzen Nudeln wie Maccheroni, Penne, Garganelli usw. bezeichnet.

Um sich von dem Angebot ihrer Konkurrenten zu unterscheiden, vergeben die einzelnen Nudelhersteller zusätzlich firmeneigene Nummern für ihre Sorten. Da werden die Spaghetti in mehreren Stärken angeboten, etwa von den hauchdünnen Capellini über die Spaghettini bis hin zu den Fettuccelle. Jede dieser Abstufungen ist nummeriert. Doch, wie gesagt, die Nummer ist keine allgemein gültige Norm unter den Herstellern. Und mit der italienischen Sprache lässt sich zudem spielen. Da sind bei den Bandnudeln die Tagliolini schmaler als die Taglierini.

Pastaherstellung

Der Mehlkörper des Weizenkorns (Durumweizen) enthält spezielle Eiweißstoffe, die für die gute Eigenschaft der Teigwaren verantwortlich sind. Der »Kleber« – so heißt das Eiweiß – gibt dem Mehl den richtigen »Griff« und verleiht den Teigwaren die richtige Konsistenz. Der Kleberanteil ist im Weizen wesentlich höher als im Roggen oder in anderen Getreidesorten. Hartweizen liefert das beste Mehl und den besten Grieß. Der benötigte Hartweizen kommt überwiegend aus Italien, zum Teil aus Kanada, wo lange, trockene Sommer für die hochwertige Qualität des Weizens sorgen. In Italien hat sich die Pastaindustrie dort angesiedelt, wo die besten Bedingungen für die Herstellung von Nudeln gegeben sind, vor allem in der Gegend von Parma, Neapel und in den Abruzzen.

Spaghetti alla chitarra

Italienische Pasta ist durch einfallsreiche Formen geprägt. Diese Formenvielfalt macht Sinn, denn die beste Sauce verliert ihren Reiz, wenn dazu eine unpassende Nudel gereicht wird. Faszinierend sind die hauchdünnen »spaghetti alla chitarra« mit quadratischem Querschnitt. Um Nudeln derart filigrane und während des Kochens stabile Formen zu geben, muss der Pastateig besondere mechanische Eigenschaften aufweisen:

- leichte Verformbarkeit,
- gute Fließeigenschaften,
- es darf sich auch bei höchster Deformation (im Extruder unter hohen Pressgeschwindigkeiten) keine Rissbildung zeigen.

Spaghetti alla chitarra

Frische Teigwaren (pasta fresca all'uovo)

Frische, aus weichem Teig geformte und kurz abgekochte Teigwaren schmecken unübertrefflich. Sie sind mit den getrockneten nicht zu vergleichen. Ob man den Teig aus Hartweizen oder Grieß oder einer Mischung aus beiden Sorten herstellt, ob mit ganzen Eiern oder Eigelb, ob mit etwas Wasser und Olivenöl, der Teig muss vor der Weiterverarbeitung in Folie eingewickelt ruhen.

Die Eier sind ein wichtiger Bestandteil der Teigwaren. Sie geben ihnen Geschmeidigkeit

Bucatini

Linguine

Pappardelle

Tagliatelle

Salz im Nudelteig
Salzen Sie den Teig nicht, wenn Sie ihn nicht sofort weiterverarbeiten, denn durch längeres Ruhenlassen kann er sich braun verfärben.

Nur getrocknete Pasta kann man »al dente« kochen.

und Lockerheit und bringen einen vollmundigen Geschmack.

Bunte Nudeln
Mit bunten Nudeln soll das Auge verwöhnt werden. Die gängigsten Nudelformen erhalten mit Spinat, Petersilie, Tomaten, Rohnen, Sepiatinte, Safran, Steinpilzen usw. eine optisch schöne Farbe.

»Al dente«
Damit ist die Bissfestigkeit der Nudeln gemeint. Am besten richtet man sich nach der Kochzeit, die auf der Packung angegeben ist. Sieht man beim Anbeißen innen noch einen winzigen weißen Punkt (siehe Foto), sind die Nudeln genau richtig, da sie ja im Sieb und in der Schüssel noch ein wenig weitergaren. Dann müssen sie so schnell wie möglich gegessen werden.

Nudeln »al dente« kochen
Nudeln kochen ist eine der leichtesten Übungen, wenn man einige einfache Grundregeln beachtet:

- Die Menge der Nudeln hängt vor allem vom Hunger ab.
- Abgesehen davon ist es entscheidend, ob Sie die Pasta als Vorspeise oder als Hauptgericht servieren.
- Die Menge ist auch unterschiedlich, ob Sie die Nudeln pur mit bestem Olivenöl genießen oder mit einer deftigen Sauce wie z. B. die Bologneser Sauce servieren.
- Als Faustregel rechnet man 50–70 Gramm Nudeln pro Person als Vorspeise und 100 Gramm für ein Hauptgericht.
- Die Nudeln brauchen im Kochtopf reichlich Platz und Wasser. Pro 100 Gramm Pasta rechnet man etwa 1 Liter Wasser, das man in einem ausreichend großen Topf zum Kochen bringt und salzt.
- Eventuell können Sie auch etwas Öl in das Wasser geben, damit die Lasagneblätter und Bandnudeln beim Kochen nicht zusammenkleben.
- Spaghetti gibt man auf einmal ins bereits sprudelnd kochende Wasser und drückt sie vorsichtig hinein.
- Das Nudelwasser sollte weiterkochen, während man gelegentlich mit einem Holzlöffel umrührt, damit die Nudeln nicht aneinander kleben.
- Die Kochzeit beginnt ab dem Zeitpunkt, an dem die Pasta zu kochen anfängt.
- Gekaufte frische Eierteigware braucht gewöhnlich etwas länger.

Klassiker unter den Pastasaucen

Bologneser Sauce (ragù alla bolognese)
Das »ragù alla bolognese« ist wohl eine der bekanntesten Pastasaucen Italiens. In vielen Restaurants und Trattorien wird das Ragù alla bolognese jeden Tag frisch zubereitet. Eine gute Qualität der Zutaten ist Voraussetzung, und das fängt schon mit der Auswahl des Fleisches an. Eine gute »bolognese« muss langsam und lange kochen, dann entfaltet sie ihr wunderbares Aroma aus Fleisch und Gemüse.

Fleisch
In jedem Fall sollte man das Fleisch am Stück erwerben und dann zu Hause in kleine Würfel schneiden oder durch den Fleischwolf drehen. Ob mehr Rind- oder Schweinefleisch verwendet oder sogar Lammfleisch untergemischt wird, bleibt dem eigenen Geschmack überlassen.

Gemüse
Die unvergessliche Würze der Sauce basiert auf dem »soffritto« aus Zwiebel, Sellerie, Karotten und nach Wunsch auch Knoblauch, alles klein geschnitten und in Olivenöl gedünstet.

Tomaten

Die Tomaten spielen natürlich auch eine wichtige Rolle. In den Sommermonaten werden ausschließlich frische Tomaten verwendet. In den Wintermonaten nimmt man hauptsächlich eingekochte Tomaten oder Tomaten aus der Dose.

Wein

Der Wein sollte von guter Qualität sein.

Gewürz

Als Gewürze hat jede Hausfrau ihre eigene Auswahl. Die Petersilie darf nie fehlen, dann kann vom Basilikum, Oregano, Knoblauch, Lorbeer, Rosmarin, Salbei alles dazukommen, je nach Belieben und Geschmack.

Verwendung

- Diese Sauce findet in der Gegend um Bologna am häufigsten Verwendung, ob zu den klassischen Fettuccine oder Tagliatelle oder im »pasticcio di lasagne«.
- »Ragù bolognese« ist eine aromatische Begleitsauce, die kombiniert mit Nudeln kaum zu übertreffen ist.
- Das Ragout wird auch als Füllung im »pasticcio di polenta« verwendet: Die Polenta wird in Scheiben geschnitten, schichtweise mit Ragout und Parmesankäse in eine Form gegeben und im Backrohr gratiniert.

Genueser Basilikumsauce

(pesto alla genovese)

Aus Ligurien stammt die berühmteste kalte Pastasauce, das »pesto alla genovese«. Diese Genueser Basilikumsauce ist von internationaler Berühmtheit. Entlang der Riviera gibt es zwar zahlreiche Variationen, doch unterscheiden sich die Zusammensetzungen nur geringfügig. Wie und mit welchen Zutaten die würzige Basilikumsauce zubereitet werden muss, ist allerdings selbst in ihrer Heimat umstritten. Für die einen gehören Pignoli (Pinienkerne) unbedingt dazu, andere lehnen diese strikt ab; die einen verwenden nur Parmesan, während andere noch zusätzlich Pecorino untermischen. Klassisch verwendet man den Mörser für die Zubereitung und nicht den Blitzhacker (Moulinette).

Tipps für die Pesto-Herstellung

- Das eigentliche Geheimnis eines guten Pestos ist die Qualität des Olivenöls und des Basilikums. Ein billiges Olivenöl verdirbt den Geschmack.
- Ganz wichtig: Pesto wird nie erhitzt oder gekocht, sondern nur mit frisch gekochten Nudeln vermischt!
- Pesto kann so kompakt sein, dass man es unter Umständen zunächst mit Olivenöl verrühren muss, um eine saucenähnliche Konsistenz zu erzielen.
- Will man das Pesto länger aufbewahren, sollte man den geriebenen Käse bei der Zubereitung weglassen und erst kurz vor dem Servieren über die Nudeln geben.
- Sie können die Pignoli vor dem Zerstoßen kurz trocken anrösten. Diese gewinnen dadurch an Aroma.
- Der Knoblauch sollte trocken, aber nicht zu alt sein, denn auch von einer guten Knoblauchqualität hängt der Geschmack des Pestos ab. Vertrocknete und grüne ausgewachsene Knoblauchknollen schmecken scharf, und das überträgt sich natürlich auch auf die Sauce.

Anmerkung: Es gibt auch noch andere Formen von Pesto, wie z. B. Tomatenpesto, Bärlauchpesto, Kerbelpesto, Petersilienpesto, Olivenpesto, Kapernpesto.

Pesto genovese – ein Mix aus Basilikum, Knoblauch, Pignoli, Parmesan und Olivenöl sowie Salz und Pfeffer

Welche Nudel zu welcher Sauce

Dünne Nudeln
Generell sollten lange, dünne Nudeln mit einer leichten Olivenöl- oder Tomatensauce gereicht werden, denn diese verhindert, dass sie zusammenkleben.

Dicke, lange Nudeln
Nudelformen wie Bucatini mögen schwere Saucen mit Fleisch, Sahne, Käse oder Eiern.

Große, kurze Pasta
wie Maccheroni, Penne schmeckt fantastisch mit gehaltvollen Fleischsaucen oder Ragouts.

- Im Allgemeinen eignen sich getrocknete Nudeln wie Rigatoni für dickere Saucen, weil sich diese in den Einkerbungen und Röhren festsetzen können.
- Nur in den klaren Brühen oder Suppen wie Minestrone oder Pastina in brodo darf die Pasta schwimmen. Sonst sollten Saucen mengenmäßig so bemessen sein, dass die gewählte Pastaform die Sauce völlig aufnimmt: Je flüssiger die Sauce, desto aufnahmefähiger und hohler müssen die Nudeln sein.

Tomatensauce (sugo al pomodoro)
Das A und O für geschmacksintensive Tomatensauce, in Italien **Sugo** genannt, sind am Strauch gereifte, aromatische Tomaten. Nur sie bringen die erwünschte fruchtig-süße Note. Am besten eignen sich die länglichen Eiertomaten (San Marzano). Außerhalb der Sommermonate empfiehlt es sich, auf italienische Dosentomaten zurückzugreifen, wobei die besten **Pelati** aus der Gegend von Neapel oder Parma kommen. Frisch zubereitete Tomatensauce kann man auch in Gläser abgefüllt und dann sterilisiert auf Vorrat halten.

Wie die Sauce zu ihrem Namen kam?

All'arrabiata (Pastasauce für »Wütende«)
Arrabbiare heißt »zornig werden«, »toll werden«, »vor Schmerz wütend werden«. Für diesen letztlich nicht unangenehmen »Schmerz« auf der Zunge sind die in diesem Gericht verwendeten Peperoncinischoten verantwortlich.

All'amatriciana
(Nudelsauce der Sabinerinnen)
Die Zubereitungsart »all'amatriciana« hat ihren Namen nach der kleinen Abruzzenstadt Amatrice in Sabinien erhalten, jener Gegend, die einst durch den Raub der Sabinerinnen zu historischer Berühmtheit gelangte.

Alla puttanesca (Nudelsauce nach Art der leichten Mädchen)
Entstanden ist diese Speise der Überlieferung nach im Hafenviertel von Neapel. Die »Damen«, die dort dem ältesten Gewerbe der Welt nachgingen, sollen die Zubereitung dieser Sugovariante deshalb so geschätzt haben, weil sie so schnell fertig ist und sich gewissermaßen zwischen zwei Freiern leicht einschieben lässt.

Welche Sauce zu welcher Nudel?

- **Ragù alla bolognese** (Hackfleischsauce): universelle Pastasauce für alle Arten von Pasta wie Spaghetti, Tagliatelle, Maccheroni, Penne, aber auch als Füllung für Lasagne
- **Sugo al pomodoro**, alla napoletana (Tomatensauce): zu Pasta jeglicher Art und Konsistenz
- **Carbonara** (Speck, Eier und Käse): zu Spaghetti und anderen langen Nudeln
- **Aglio-olio** (Knoblauch, Öl, Petersilie): zu Spaghetti, Spaghettini, Vermicelli, Linguine
- **All'amatriciana** (Speck-Tomatensauce): zu Bucatini, Spaghetti
- **Pesto** (Basilikumsauce): zu Trennette, Fettuccine, Tagliatelle, Farfalle, Linguine und zu gefüllten Nudeln wie Ravioli, Tortellini, Cannelloni
- **Sugo di pesce** (Fischsauce mit Tomaten): zu Maccheroni, Penne, Rigatoni
- **Burro e salvia** (Salbeibutter): zu allen Pastasorten
- **Alla panna** (Sahne): zu Tortellini, Rigatoni
- **Ai frutti di mare** (mit Meeresfrüchten): zu Spaghetti, Capelli d'angelo, Fidellini, Lingue
- **Alla siciliana** (Tomatensauce mit Sardinen): zu Vermicelli, Bucatini
- **In brodo** (Fleischsuppe aus Rind, Huhn): zu Cappelletti, Anellini, Tortellini, aber auch zu Capelli d'angelo oder Tagliolini
- **Salsa di noci** (Walnuss-Ricottasauce): zu Fettuccine und anderen Bandnudeln
- **Sugo di asparagi** (Spargelsauce): zu Tagliatelle oder anderen nicht zu breiten Bandnudeln, aber auch zu Gnocchetti
- **Allo spezzatino** (mit geschmortem Fleisch): zu Maccheroni, Fusilli, Penne, Rigatoni, Pappardelle und Bandnudeln
- **Salsa d'agnello** (Lammragout): zu Penne, Rigatoni, Orecchiette, Pappardelle, Tortiglioni
- **Salsa cruda** (rohe, ungekochte Sauce): zu Bandnudeln

Pasta als Beilage

Teigwaren dienen als Beilage zu Fleisch, Fisch oder als willkommener Saucenträger. Zu den Teigwaren als Beilage werden die Nudeln oft mit gebräunter Butter abgeschmälzt und mit frischen Kräutern wie Schnittlauch, Petersilie, Basilikum, Dill verfeinert. Es sind vor allem die feinen Eierbandnudeln, die man gern zu Gulasch, Ragout und Geschnetzeltem verzehrt und mit der Sauce genießt.

Um etwas mehr Abwechslung in das Beilageneinerlei zu bringen, empfehlen sich die fantasievoll geformten Nudeln wie Farfalle, Tagliatelle, Fusilli und auch Mischungen von gelben, roten oder grünen Teigwaren.

Nudelsalate

Nudelsalat wird vorwiegend als kalte Vorspeise oder auf kalten Buffets serviert. Ob mit Gemüse, Fisch oder Fleisch – er passt zu vielen kalten Gerichten.

Nudelsuppen (pasta in brodo)

Nudeln dienten ursprünglich nur als Suppeneinlage. Erst später begann man, Nudeln auch trocken, d. h. als Pasta asciutta, mit Sauce zu essen. Es gibt zahlreiche Kategorien von Nudelsuppen mit verschiedenen Nudeltypen, die dafür entwickelt wurden.

Pastina in brodo bezeichnet eine klare Fleischsuppe, mit Kräutern aromatisiert und mit kleinen Suppennudeln (pastina) oder feinen Engelhaarnudeln (capelli d'angelo) serviert.

Minestrina ist eine relativ leichte Suppe, in die man kleine Suppennudeln wie z. B. Farfalline gibt.

Kleines Pastalexikon

Agnoletti: rechteckige, gefüllte Teigtaschen
Bucatini: dicke, runde Spaghetti mit Loch
Cannelloni: große Röhrennudeln, die gefüllt und überbacken werden
Capelli d'angelo: dünne Fadennudeln, dünner als Spaghettini
Conchiglie: Muschelnudeln, in verschiedenen Größen
Fedelini: dünne, lange Nudeln, wie Spaghettini oder Capelli d'angelo
Fettuccine: lange Bandnudeln, die manchmal zu Nestern aufgerollt sind
Fusilli: gekräuselte, spiralförmige Nudeln
Garganelli: auf gerilltem Holzbrett aufgerollte Teigblättchen
Lasagne: breite Bandnudeln, die für Aufläufe verwendet werden; die Pasta kann auch mit Spinat gefärbt sein
Linguine: lange, dünne »Zungennudeln«
Lumache: »Schneckennudeln«, in verschiedenen Größen
Maccheroni: schmale, leicht gebogene Röhrennudeln in unterschiedlichen Längen
Orecchiette: »Ohrennudeln«, die innen glatt und außen rau sind
Pappardelle: Bandnudeln mit 5–6 Zentimeter Breite
Penne: kurze Röhrennudeln mit Schrägschnitt, die glatt oder gerillt sein können
Pipe rigate: kurze, pfeifenähnliche geriffelte Röhrennudeln
Ravioli: gefüllte Teigtaschen in verschiedenen Größen, Formen und Geschmacksrichtungen
Rigatoni: kurze, geriffelte Röhrennudeln
Rotelle: kleine Nudeln in Form von Wagenrädern, als Einlage für Suppen und Eintöpfe
Spaghetti: lange, dünne Nudeln
Tagliatelle: Bandnudeln mit Ei, die auch grün, rot, schwarz usw. gefärbt sein können
Tortellini: gefüllte Teigtaschen, die eingedreht werden und dann wie kleine Ringe aussehen
Vermicelli: sehr dünne Fadennudeln

Conchiglie

Fusilli

Garganelli

Maccheroni

Pipe rigate

Orecchiette

Zubehör für Pastaherstellung

Abgesehen von erstklassigen Kochtöpfen und Pfannen kommt die italienische Küche mit sehr wenig Gerätschaften aus. Die Pastaherstellung wird jedoch sehr viel einfacher, wenn Sie eine von Hand betriebene oder elektrische Nudelmaschine zum Ausrollen des Teiges und das entsprechende Zubehör anschaffen.

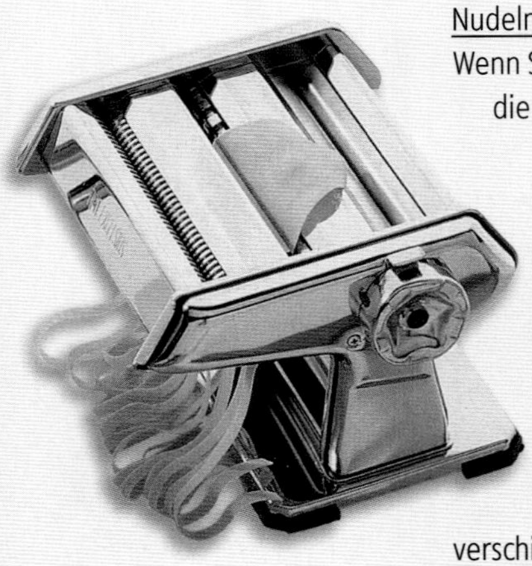

Mit der Nudelmaschine lassen sich verschiedene Formen von frischen Nudeln, wie etwa Tagliolini, herstellen.

Nudelmaschine

Wenn Sie oft Nudeln selber machen, lohnt sich die Anschaffung einer Nudelmaschine. Sie erleichtert die Herstellung sehr. Der Teig wird durch die Walzen der Maschine gedreht und kommt als dünnes, elastisches Teigblatt wieder heraus. Je öfter das Teigblatt durchgedreht wird, desto dünner wird es.

Es gibt Zusatzgeräte, mit denen die Teigblätter in ganz gleichmäßige, verschieden breite Bandnudeln oder feine Nudeln geschnitten werden können.

Nudelholz

Es wird zum Ausrollen von Nudel-, Brot- und Kuchenteig verwendet. Ein Nudelholz sollte schwer sein, dann übernimmt es durch sein Gewicht schon einen Teil ihrer Arbeit und Sie müssen weniger Kraft einsetzen. Nudelhölzer werden aus Holz, Kunststoff mit beschichteter Oberfläche und auch aus Marmor angeboten. Beim Ausrollen sollten Sie Teig und Nudelholz leicht mit Mehl bestauben, damit der Teig nicht daran kleben bleibt.

Nudelbrett

Zum Verarbeiten des Nudelteiges.

Teigrädchen

Ein Teigrädchen mit glattem Rad (auch Pizzaschneider genannt) und ein Teigrädchen mit gezacktem Rand nimmt man zum Zurechtschneiden von Bandnudeln und zum Ausradeln von Nudeltaschen, Ravioli usw.

Pinsel

Zum Verschließen von gefüllten Nudeln (Ravioli, Tortellini, Tortelli, Tortelloni usw.). Den Pinsel in Wasser oder Eiweiß tauchen und die Teigränder einpinseln.

Spritzbeutel

Setzen Sie die Füllmasse für Ravioli und Tortellini mit einem Teelöffel oder einem Spritzbeutel mit weiter glatter Tülle auf die Teigstreifen.

Ausstechformen

Mit diesen Förmchen, die einen glatten oder gewellten Rand haben, können Sie das Teigblatt für gefüllte Nudeln ausstechen.

Ravioli-Ausstecher (Model)

Damit können Sie einzelne Teigquadrate aus einer Nudelteigplatte ausstechen und anschließend nach Belieben füllen.

Teigschaber

Mit einem Teigschaber können Sie die Arbeitsfläche von Teigresten reinigen.

Ravioliblech

Das ist eine Gussform mit Vertiefungen, auf die ein ausgetriebenes Teigblatt gelegt und angedrückt wird. Dann wird die Füllung in die Mitte der Vertiefung gesetzt, eine zweite Teigplatte aufgelegt und mit einem Nudelholz darüber gerollt, wodurch die Teigplatten zusammengedrückt und die Ravioli abgetrennt werden.

Nützliche Geräte, um frische Teigwaren zu verarbeiten

Herstellung von gefüllten Teigwaren

Tortellini-herstellung

Tortellini

1. Den Teig mit einer Nudelmaschine etwa 1 Millimeter dick ausrollen.
2. Mit einem Messer, Teigrädchen oder einem Ausstecher in gleich große Quadrate oder Kreise mit einem Durchmesser von etwa 4–6 Zentimeter schneiden.
3. Sie können das mit allen Teigplatten machen oder portionsweise vorgehen und die restlichen Teigplatten inzwischen mit einem feuchten Tuch abdecken.
4. Geben Sie 1 Teelöffel Füllung nicht ganz genau in die Mitte jedes Teigstücks.
5. Bestreichen Sie die Ränder mit einem Küchenpinsel gleichmäßig mit Wasser oder Eiweiß.
5. Klappen Sie den Teig in der Mitte zusammen, so dass die Füllung komplett eingehüllt ist.
6. Wenn die Tortellini Risse oder Öffnungen haben, platzen sie beim Kochen auf; in so einem Fall die Füllung entfernen und noch einmal von vorne beginnen.
7. Die beiden »Teigspitzen« nach innen falten und zusammendrücken. Wenn die einzelnen Tortellini etwas ungleichmäßig sind, macht das nichts.
8. Die Tortellini können nun in reichlich Salzwasser gekocht werden, normalerweise genügen 3–4 Minuten.
9. Damit Sie beim Kochen nicht zusammenkleben, geben Sie etwas Olivenöl ins Wasser.

Ravioli

1. Rollen Sie mehrere Teigplatten etwa 1 Millimeter dick aus und stellen Sie jeweils mehrere Ravioli gleichzeitig her. Die anderen Teigstücke inzwischen mit einem Tuch zudecken.
2. Die Teigstreifen auf einer gut bemehlten Arbeitsfläche auslegen.
3. An einem Ende beginnend, jeweils im Abstand von 5 Zentimetern in die Teigmitte einen gut gehäuften Teelöffel der Füllung setzen und mit einem Pinsel die Zwischenräume leicht mit Wasser bestreichen. Das Wasser bewirkt, dass der Teig zusammenklebt. Machen Sie das sorgfältig, sonst sind die Ravioli nicht richtig verschlossen.
4. Dann eine zweite, gleich große Teigplatte darüber legen.
5. Den Teig vorsichtig mit dem Mehlbesen oder Daumen und Handkante entlang der (von Ihnen aus gesehen) hinteren Längsseite festdrücken.
6. Beginnen Sie an einer Seite und »schieben« Sie den Teig mit der Handkante zusammen.
7. Dann die Füllung mit der Handkante und den Fingern zusammendrücken.
8. Beim gesamten Teigstreifen so verfahren und darauf achten, dass er nicht an der Arbeitsfläche festklebt.
9. Dann die Ravioli mit einem Messer oder Teigrad ausschneiden. Die fertigen Ravioli können sofort 3–4 Minuten in leicht sprudelndem Salzwasser gekocht werden.

Tortellini und Tortelloni

Tortellini werden in unterschiedlichen Größen hergestellt, dafür gibt es folgende Namen: Tortellini nennt man die kleinen Teigtaschen. Tortelloni sind etwas größer.

Lagerung von Pasta und Teigwaren

- Wollen Sie die Teigware erst etwas später kochen, dann können Sie sie auf ein leicht bemehltes Tablett geben, abdecken und kühl stellen.
- Oder Sie lassen sie einfach 2–3 Stunden auf einem Gitter oder Tablett trocknen und bewahren sie dann in einem luftdicht verschlossenen Behälter auf.
- Sie können die Farfalle, Ravioli oder Tortellini auch einfrieren.

Die bekanntesten Risotto-Reissorten

Carnaroli

Vialone

Arborio

Ribe

Roma

Reissorten

Riso semifino
ganz kleines, längliches, rundes Korn, speziell für Minestrone und andere Suppen

Riso fino
mittellanges, rundes Korn, kochfeste Risottosorte, unterteilt in die Sorten Vialone nano, Ribe usw.

Riso superfino
langes, großes rundes Korn; unterteilt in die Sorten Arborio, Carnaroli, Roma u. a., verbreiteter Risottoreis

Risotto

Italien ist nicht nur Europas größter Reiserzeuger. Die Anbaufläche für Reis konzentriert sich fast ausschließlich auf die Poebene. In dem Dreieck zwischen Vercelli, Novara und Pavia, südwestlich von Mailand, werden im März nach dem Säen die Felder unter Wasser gesetzt. Wenn Ende Mai die hellgrünen Pflänzchen sprießen, wird das Wasser abgelassen. Zur Erntezeit im September sind die Reispflanzen buschig, braun und trocken geworden.
Kein anderes Land hat so viele verschiedene köstliche Reisrezepte entwickelt. Vor allem in der Küche Norditaliens spielt Reis eine bedeutende Rolle und hat sich neben der Pasta zu den wichtigsten Primi piatti gesellt. Aber auch in Suppen und Salaten, als Beilage oder als Zutat zu Süßspeisen oder Gebäck ist er beliebt.

Reissorten

Italiener wissen mit Reis umzugehen. Denn es gibt unterschiedliche Sorten, die beim Kochen verschiedene Eigenschaften zeigen und deshalb für jeweils andere Gerichte geeignet sind.

Wie wird ein Risotto richtig gekocht?
In Italien hat jeder sein Geheimrezept, ja sogar seine eigene Philosophie. Die meisten lieben ihn sehr dickflüssig, weshalb er auch als **Zuppa di riso** bezeichnet wird. Für die einen müssen die Reiskörner weich sein, andere mögen sie in der Mitte noch deutlich »al dente«. Es gelten jedoch einige Grundregeln, ohne deren Beachtung ein Risotto nicht gelingen kann.

Klassische Risotti
Risotto alla milanese, Risotto mit Trüffeln, Spargel, Fenchel, Kürbis, Löwenzahn, Gorgonzola, Tomaten, Zucchini, Fisch, Meeresfrüchten, Pilzen usw.

Tipps für das gute Gelingen des Risotto

- Da ist zunächst einmal die Wahl des Reises.
- Durch ständiges Rühren wird die Reisstärke zu einem Bindemittel, das die einzelnen Körner sowie die weiteren Zutaten zusammenhält und den Risotto so cremig macht.
- Durch das wiederholte Zugeben von wenig Flüssigkeit bekommt der Risotto seine charakteristische Konsistenz.
- Gleichzeitig muss das Reiskorn im Kern jedoch bissfest sein.
- Die Kochzeit beträgt 14–18 Minuten.

Gnocchi

Auch wenn die italienischen Gnocchi für uns wohl zu den bekanntesten Kartoffelnudeln zählen, waren es bis zum Beginn des vorigen Jahrhunderts vor allem die Köche in Österreich-Ungarn, die Kartoffelteigwaren zubereiteten.
Italienische kleine Nocken aus **Kartoffeln, Grieß, Mais, Brandteig** usw. in Salzwasser gekocht, im Backrohr fertig gebacken sind eine abwechslungsreiche Alternative zu einer Hauptspeise. Die klassischen Gnocchi (sprich: »njocki«) aus Kartoffelteig sind vermutlich am bekanntesten. Gnocchi gibt es in Italien fast ebenso lang wie Nudeln. Man denke nur an die römischen Gnocchi (gnocchi alla romana) aus Weizengrieß.
Diese werden noch heiß mit Eigelb, Butter oder Olivenöl und Salz vermischt. In die erkaltete Masse wird das Mehl eingearbeitet und zu einem glatten Teig geknetet. Jedes kleine Teigstück wird mit dem Finger gegen eine Gabel oder Raspel gedrückt und darüber abgerollt, so dass die Gnocchi auf der Rückseite eine Höhlung aufweisen und auf der Vorderseite mit einem Rautenmuster versehen sind. Grundbedingung für ein gutes Gelingen ist die Qualität von mehligen Kartoffeln.

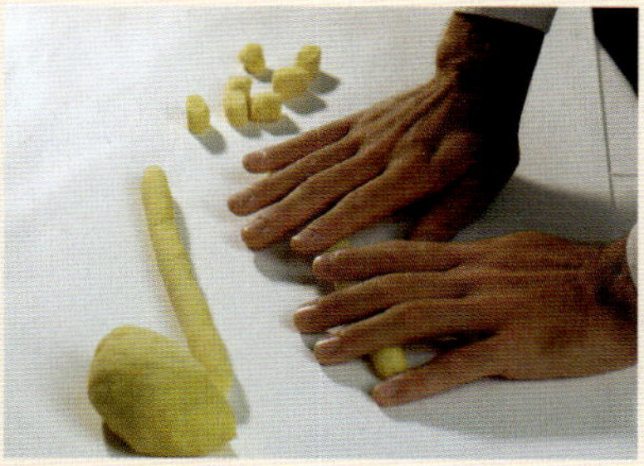

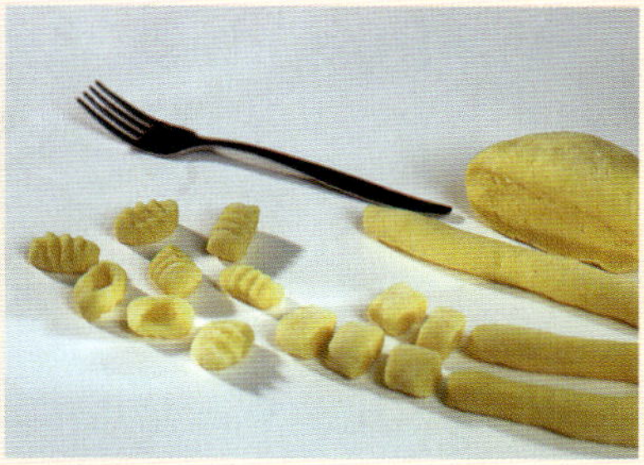

Herstellung von Gnocchi aus Kartoffelteig

Zu fertigen Gnocchi wird fast immer Parmesan gereicht. Häufig serviert man sie mit Tomaten- oder Pilzsauce, Gorgonzolasauce und Basilikum, mit gehackten Walnüssen, Butter und Salbei oder auch mit Bologneser Sauce.

Tipps

1. Den Kartoffelteig sollte man so frisch wie möglich verarbeiten, weil er sonst weich, zäh und unformbar wird.
2. Gnocchi müssen wie Nudeln nach dem Kochen schnellstens serviert werden, um ein Optimum an Konsistenz und Geschmack zu erreichen.

Polenta

Mais ist das größte Getreidekorn. Die Maispflanze mit ihren knackigen gelben Körnern findet in Norditalien ein geeignetes Klima und ausreichend Wasser. Es werden nahezu 200 Maissorten angebaut. Wie Erbsen enthalten auch die meisten Maissorten Zucker, der sich bald nach der Ernte der Kolben in Stärke umwandelt.

Die Maiskörner sitzen dicht gedrängt auf der Spindel des Kolbens und sind von papierartigen Hüllblättern umgeben.

Die Maissorten reichen von winzigen, jungen Maiskölbchen bis hin zu den großen, mehrfarbigen Ziermaiskolben. Der Mais wird im Sommer geerntet. Hauptsächlich werden der **weiße** und **gelbe Mais** verwendet: Der weiße Mais ist zwar älter, weiter verbreitet ist jedoch der gelbe Mais. Aus den Maiskörnern wird Maismehl, -grieß und -stärke hergestellt.

Polenta kochen wie zu Großmutters Zeiten

Sie wird im »pailo« gekocht, dem großen Kupferkessel, der über dem Feuer im Kamin hängt. Kocht das Wasser, wird der Maisgrieß eingestreut. Dann beginnt die Schwerstarbeit. Dafür brauchen die Hausfrauen einen »gomito d'olio«, einen »gut geölten Ellbogen«, und einen stabilen langen Holzlöffel, den »bastone«, wie er bei den Italienern genannt wird. Denn die Polenta muss ständig gerührt werden. Löst sich der Brei vom Topfrand, wird die Polenta auf ein Brett gestürzt, mit einem Faden in Scheiben geschnitten und gegessen.

Verwendung

- Polenta schmeckt hervorragend zu Fleischgerichten wie Rindsgulasch, Ragout vom Lamm, Kaninchen, Wild, zu Würsten wie Luganega und Soppressa.
- Mit gerösteten oder gegrillten Waldpilzen wie Steinpilzen, Pfifferlingen usw.
- Mit Käse wie Gorgonzola, Bel Paese und Fontina schmeckt Polenta hervorragend.
- Im Veneto ist sie Begleiter vieler Fischgerichte. Weiße Polenta isst man zu Stockfisch.
- Man kann sie aber auch mit Butter und Parmesan servieren.
- Polenta wird auch gegrillt und gebraten.
- Gerichte aus Polenta sind die Polentasuppe, Polentaauflauf, Polentaroulade, Pasticcio di polenta, Polentasoufflé und als Dessert die Polentaflammeri mit Himbeersauce.

Sobald das Wasser kocht, lässt man den Maisgrieß langsam unter ständigem Rühren einrieseln.

Mit dem Kochlöffel rührt man dann so lange, bis er gar ist und sich der Brei vom Topfrand löst.

Malloreddus-Nudelteig

Pasta per Malloreddus

Für etwa 400 g Teig

Zutaten	*250 g*	*Hartweizenmehl, fein*
	50 g	*Mehl*
	140 ml	*Wasser*
	1 EL	*Olivenöl*
		Salz

Teig

- Hartweizenmehl und Mehl in eine Schüssel geben und mit Wasser, Olivenöl und Salz vermischen. Auf einem Tisch oder Nudelbrett zu einem geschmeidigen Teig kneten.
- Den Teig mit einer Klarsichtfolie gut zugedeckt ½ Stunde ruhen lassen.

Malloreddus

- Aus dem Teig gleich dicke Stränge (½ cm Durchmesser) formen und diese in 1 cm lange Stücke schneiden. Die Stücke der Länge nach mit dem Messerrücken andrücken und für die Weiterverarbeitung bereitstellen.

Variationen

Safranmalloreddus-Nudelteig: Ergänzen Sie den Malloreddusteig mit 1 Messerspitze Safranfäden.
Orecchiette-Nudelteig: Den gleichen Teig ohne Safran herstellen. Aus dem Teig gleich dicke Stränge (½ cm Durchmesser) formen und diese in ½ cm lange Stücke schneiden. Die Stücke auf der Handfläche mit dem Daumen andrücken, sodass eine Art Halbkugel entsteht, und für die Weiterverarbeitung bereitstellen.

Eiernudelteig

Pasta all'uovo

Für 300 g Teig

Zutaten	*100 g*	*Mehl*
	100 g	*Hartweizenmehl*
	2	*Eier*
	1 EL	*Olivenöl*
		Salz

- Das Mehl und das Hartweizenmehl in eine Schüssel geben und mit den Eiern, dem Olivenöl sowie eventuell Salz vermischen. Auf einem Tisch oder Nudelbrett zu einem geschmeidigen, aber doch relativ festen Teig kneten.
- Den Teig mit einer Klarsichtfolie gut zugedeckt 1 Stunde ruhen lassen.

Tipps

1. *Den Teig können Sie für Bandnudeln, Pappardelle, Lasagne, Cannelloni, Ravioli, Maltagliati, Tagliolini, Fleckerln usw. verwenden.*
2. *Salz nur dann verwenden, wenn der Teig innerhalb eines Tages verwendet wird, denn sonst oxidiert er und wird bräunlich.*
3. *Dieser Nudelteig kann auch nur mit Weizenmehl hergestellt werden, allerdings verkocht der Teig ohne Hartweizenmehl schneller.*

Variationen

Safrannudelteig: 1 Briefchen Safran in 1 Esslöffel Wasser auflösen und in den Teig einarbeiten.
Schwarzer Nudelteig: 1 Briefchen Tinte von Tintenfischen unter den Teig mischen.
Pilznudelteig: 2 Esslöffel getrocknete und gemahlene Steinpilze zum Teig geben.

Malloreddus

Strozzapreti

Spaghetti alla chitarra (Nudelteig)

Pasta per spaghetti alla chitarra

Für etwa 400 g Teig

Zutaten	*300 g*	*Mehl*
	2	*Eier*
	1	*Eigelb*
	1 EL	*Olivenöl*
		Salz

Teig

- Das Mehl in eine Schüssel geben, mit Eiern, Eigelb, Wasser, Olivenöl sowie Salz vermischen und auf einem Tisch oder Nudelbrett zu einem geschmeidigen, aber doch relativ festen Teig kneten.
- Den Teig mit einer Klarsichtfolie gut zugedeckt $^1/_2$ Stunde ruhen lassen.

Spaghetti alla chitarra

- Den Teig mit der Nudelmaschine dünn ausrollen, in etwa 2 mm breite und 20 cm lange Streifen schneiden und für die Weiterverarbeitung bereitstellen.

Strozzapreti-Nudelteig

Pasta per strozzapreti

Für etwa 400 g Teig

Zutaten	*300 g*	*Mehl*
	140 ml	*Wasser*
	1 EL	*Olivenöl*
		Salz

Teig

- Das Mehl in eine Schüssel geben, mit lauwarmem Wasser, Olivenöl sowie Salz vermischen und auf einem Tisch oder Nudelbrett zu einem geschmeidigen, aber doch relativ festen Teig kneten.
- Den Teig mit einer Klarsichtfolie gut zugedeckt $^1/_2$ Stunde ruhen lassen.

Strozzapreti

- Den Teig mit der Nudelmaschine dünn ausrollen, in etwa 2 cm breite und 6 cm lange Streifen schneiden und mit der Hand auf dem Tisch zu Strozzapreti einrollen.

Tomatennudelteig

Pasta ai pomodori

Für etwa 300 g Teig

Zutaten	*100 g*	*Mehl*
	100 g	*Hartweizenmehl*
	1	*Ei*
	50 g	*Tomatenmark*
	5 g	*Tomaten, getrocknet und in sehr feine Streifen geschnitten*
	1 EL	*Olivenöl*
		Salz

- Mehl und Hartweizenmehl in eine Schüssel geben, mit dem Ei, Tomatenmark und den Tomatenstreifen, Olivenöl und Salz vermischen. Auf einem Tisch oder Nudelbrett zu einem geschmeidigen, aber doch relativ festen Teig kneten.
- Den Teig mit einer Klarsichtfolie gut zugedeckt etwa $^1/_2$ Stunde ruhen lassen.

Tipp

Diesen Teig können Sie für Bandnudeln, für Lasagneblätter, Ravioli, Fleckerln usw. verwenden.

Spinatnudelteig

Pasta agli spinaci

Für etwa 300 g Teig

Zutaten	*50 g*	*Spinat, gekocht*
	1	*Ei*
	100 g	*Mehl*
	100 g	*Hartweizenmehl*
	1 EL	*Olivenöl*
		Salz

- Den Spinat grob aufschneiden und mit dem Ei im Mixer fein pürieren.
- Das Mehl und das Hartweizenmehl in eine Schüssel geben und mit dem Ei-Spinatpüree, Olivenöl und Salz vermischen. Auf einem Tisch oder Nudelbrett zu einem geschmeidigen, aber doch relativ festen Teig kneten.
- Den Teig mit einer Klarsichtfolie gut zugedeckt $^1/_2$ Stunde ruhen lassen.

Tipps

1. *Diesen Teig können Sie für Bandnudeln, für Lasagne, Ravioli, Fleckerln usw. verwenden.*
2. *Sie brauchen für 50 g gekochten Spinat etwa 100 g rohen Spinat.*
3. *Anstelle des Spinatpürees kann auch ein Petersilienpüree verwendet werden.*

Conchiglie mit Wolfsbarsch und Peperoni

Conchiglie con branzino e peperoni

Für 4 Personen

Sauce	200 g	*Peperoni, rot*
	40 ml	*Olivenöl*
	1	*Knoblauchzehe, fein gehackt*
		Salz
	200 ml	*Gemüsebrühe (siehe Seite 398) oder Wasser*
Weiteres	400 g	*Wolfsbarschmedaillons*
		Salz, Pfeffer aus der Mühle
	2 EL	*Petersilie, fein geschnitten*
		Olivenöl zum Braten
		Estragonblätter zum Garnieren
Nudeln	320 g	*Conchiglie*

- Die Peperoni mit dem Sparschäler schälen und in 4 mm breite und 4 cm lange Streifen schneiden.
- Das Olivenöl leicht erhitzen und darin den Knoblauch dünsten, die Peperonistreifen dazugeben, leicht salzen, die Gemüsebrühe aufgießen und zugedeckt auf kleiner Flamme weich dünsten.
- Die Wolfsbarschmedaillons mit Salz, Pfeffer und Petersilie würzen und in Olivenöl langsam braten.
- Die Nudeln in reichlich Salzwasser nach der Packungsanweisung kochen, das Wasser abschütten, mit der Peperonisauce vermischen und mit den Medaillons und den Estragonblättern servieren.

Garzeit Sauce:	etwa 3–4 Minuten
Garzeit Fisch:	etwa 3–4 Minuten

Tipp

Folgende Nudelsorten können Sie für diese Sauce genauso verwenden: Bavette, Spaghetti, Maccheroni, Orecchiette usw.

Spaghetti mit Venusmuscheln

Spaghetti alle vongole

Für 4 Personen

Zutaten	*800 g*	*Venusmuscheln*
	80 ml	*Olivenöl*
	50 ml	*Weißwein*
	50 g	*Zwiebel, in Würfel geschnitten*
	1	*Knoblauchzehe, fein gehackt*
		Salz, Pfeffer aus der Mühle
	1	*Peperoncino, frisch geschnitten oder getrocknet und zerrieben*
	320 g	*Spaghetti*
	2 EL	*Petersilie, fein geschnitten*
Weiteres		*Kerbel zum Garnieren*

- Die Venusmuscheln aussortieren (kaputte oder geöffnete Muscheln wegwerfen), gut waschen.
- In einem Topf die Hälfte des Olivenöls erhitzen, die Muscheln bei starker Hitze mit Weißwein zugedeckt aufkochen lassen, dabei sollen sich die Schalen der Muscheln öffnen.
- Den Sud abseihen und die Muscheln bereitstellen.
- Zwiebel und Knoblauch in der anderen Hälfte des Olivenöls dünsten, den Muschelsud dazugeben, mit Salz, Pfeffer und Peperoncino abschmecken und etwas einkochen lassen.
- Die Spaghetti in reichlich Salzwasser bissfest kochen (Kochzeit siehe Angabe auf Nudelpackung), abseihen und in der Muschelsauce mit den Muscheln schwenken, mit Petersilie bestreuen, mit Kerbel garnieren und servieren.

Tipps

1. *Dazu passen Knoblauchcrostini (siehe Seite 54).*
2. *Man kann das Muschelfleisch auch aus den Schalen lösen und in die Spaghetti geben.*
3. *Anstelle der Spaghetti können Sie die ganz dünnen Spaghettini verwenden.*
4. *Sie können die Muschelsauce auch mit Tomatensauce (siehe Seite 150) ergänzen.*

Gnocchetti sardi mit Miesmuscheln

Gnocchetti sardi con cozze

Für 4 Personen

Zutaten	400 g	*Miesmuscheln*
	1/2	*Zwiebel, fein geschnitten*
	1	*Knoblauchzehe, fein gehackt*
	50 ml	*Olivenöl*
	30 ml	*Weißwein*
	500 g	*Tomatenwürfel oder Tomatensauce*
		Salz
	1/2	*Peperoncino*
Nudeln	400 g	*Gnocchetti sardi*
	2 EL	*Basilikum, fein geschnitten*
		Basilikum zum Garnieren

- Die Miesmuscheln putzen, waschen und von den Byssusfäden befreien.
- Zwiebel und Knoblauch in Olivenöl dünsten, Muscheln dazugeben, mit Weißwein aufgießen und die Muscheln etwa 2 Minuten zugedeckt garen, bis sich alle Muscheln geöffnet haben.
- Das Muschelfleisch aus den Schalen nehmen und bereitstellen. Den Muschelfond abseihen.
- Die Tomatenwürfel in den Sud geben, mit Salz, Peperoncino würzen und 5 Minuten kochen lassen.

Fertigstellung
- In einem Topf Wasser zum Kochen bringen und salzen.
- Die Gnocchetti sardi hineingeben, öfters umrühren und nach der Packungsanweisung bissfest kochen.
- Die Sauce erhitzen, die gekochten Gnocchetti dazugeben, mit Salz nachwürzen, die Muscheln dazugeben, gut mischen und mit geschnittenem Basilikum bestreuen und servieren.

Garzeit Nudeln: etwa 8–10 Minuten
Garzeit Sauce: etwa 5 Minuten

Tipps

1. *Anstelle von Miesmuscheln können Sie auch Garnelen, Hummer, Lachs, Aal, Makrele oder Räucherfische verwenden.*
2. *Sie können auch Spaghetti, Maccheroni, Farfalle oder Tagliolini nehmen.*

Cavatelli mit Muscheln

Cavatelli con molluschi

Für 4 Personen

Cavatelli	*220 g*	*Mehl*
	40 g	*Kartoffeln, gekocht und fein passiert*
	60 ml	*Wasser, lauwarm*
	1 TL	*Olivenöl*
	1	*Eigelb*
		Salz
Sauce	*300 g*	*Miesmuscheln, in der Schale*
	300 g	*Venusmuscheln, in der Schale*
	4 EL	*Olivenöl*
	1	*Knoblauchzehe, fein gehackt*
	30 ml	*Weißwein*
	1	*Schalotte, fein geschnitten*
	100 g	*Tomaten, geschält und gewürfelt*
	2 EL	*Petersilie, fein geschnitten*
		Salz
Weiteres		*Petersilienblätter zum Garnieren*

Cavatelli

- Mehl, Kartoffeln, Wasser, Olivenöl, Eigelb und Salz zu einem geschmeidigen Teig verkneten und etwas ruhen lassen.
- Aus dem Teig gleich dicke Stränge (1/2 cm Durchmesser) formen und diese in 1/2 cm lange Stücke schneiden. Diese mit dem Daumen einseitig eindrücken (zu Cavatelli formen).

Sauce

- Mies- und Venusmuscheln gründlich waschen und kontrollieren, ob sie noch gut verschlossen sind.
- Miesmuscheln von den Byssusfäden befreien.
- Nun in einem flachen Kochtopf die Hälfte des Olivenöls erwärmen und den Knoblauch leicht erhitzen. Die Muscheln dazugeben, mit Weißwein löschen und den Topf mit einem Deckel verschließen, bis sich die Muscheln öffnen.
- Das Fleisch aus den Muschelschalen nehmen, den Muschelfond abseihen und beides bereitstellen.
- Die andere Hälfte des Olivenöls erwärmen, Schalotte darin dünsten, Tomatenwürfel und Muschelfond dazugeben, mit Petersilie und Salz würzen und etwa 10 Minuten einkochen.

Fertigstellung

- Die Cavatelli in reichlich Salzwasser kochen, das Wasser abschütten, mit der Muschelsauce und den Muscheln vermischen, mit Petersilie garnieren und servieren.

Garzeit der Nudeln: 3–4 Minuten

Variation

Cavatelli neri: Sie können den Teig auch mit 1 Teelöffel Sepia-Tinte einfärben. So wird er schwarz.

Bavette mit Hummer

Bavette con astice

Für 4 Personen

Zutaten	*1*	*Hummer zu 500 g*
	4	*Artischocken*
	50 g	*Schalotten oder Zwiebel*
	1/2	*Knoblauchzehe*
	80 ml	*Olivenöl*
	1 TL	*Tomatenmark*
	1 EL	*Cognac*
	50 ml	*Weißwein*
	1	*Thymianzweig*
	1 TL	*Estragon, fein geschnitten*
	100 ml	*Fischbrühe (siehe Seite 399) oder Wasser*
		Salz, Pfeffer aus der Mühle
	2	*Tropfen Tabasco*
		Pesto (siehe Seite 144)
Nudeln	*320 g*	*Bavette*

- Den Hummer in kochendes Wasser geben und 4 bis 5 Minuten kochen lassen, herausnehmen, in Eiswasser abschrecken, aus der Schale brechen und das Hummerfleisch vom Schwanz in Würfel schneiden.
- Artischocken putzen, alle holzigen Blätter entfernen und in kleine Würfel schneiden.
- Schalotten oder Zwiebel und Knoblauch fein hacken, in Olivenöl dünsten, Artischocken dazugeben und mitdünsten.
- Tomatenmark dazugeben und kurz mitrösten, dann mit Cognac und Weißwein löschen, Thymian und Estragon dazugeben, mit Fischbrühe aufgießen und etwas einkochen lassen.
- Die Hummerstücke dazugeben und mit Salz, Pfeffer und Tabasco abschmecken.

Fertigstellung

- In einem Topf Wasser zum Kochen bringen und salzen.
- Die Bavette hineingeben, öfters umrühren und nach der Packungsanweisung bissfest kochen.
- Die Sauce erhitzen, die gekochten Bavette dazugeben, mit Salz nachwürzen, gut mischen, mit Hummerscheren garnieren und mit Pesto servieren.

Garzeit Nudeln: etwa 8 Minuten
Garzeit Sauce: etwa 8 Minuten

Tipp

Folgende Nudelsorten können Sie für diese Sauce verwenden: Pappardelle, Tagliolini, Orecchiette, Spaghetti usw.

Variation

Garnelen-Artischockensauce: Anstelle des Hummers können Sie auch 300 g Garnelen verwenden.

Cavatelli mit Muscheln

Bavette mit Hummer

Spaghetti alla chitarra mit Rotbarbe und Kürbis

Spaghetti alla chitarra con triglie e zucca

Für 4 Personen

Zutaten	300 g	Kürbis
	50 g	Zwiebel
	½	Knoblauchzehe
	50 g	Olivenöl
	100 ml	Fischbrühe (siehe Seite 399) oder Wasser
	2	Tropfen Tabasco
		Salz
		Pfeffer aus der Mühle
	1 EL	Estragon oder Petersilie
	4	Rotbarben
Nudeln	320 g	Spaghetti alla chitarra (siehe Seite 123)
Weiteres	30 ml	Olivenöl
		Salz

- Den Kürbis putzen, waschen und in kleine Würfel schneiden.
- Zwiebel und Knoblauch schälen und fein hacken.
- Das Olivenöl erhitzen, Zwiebel dünsten, Knoblauch und Kürbis mitdünsten.
- Mit Fischbrühe auffüllen, mit Tabasco, Salz und Pfeffer würzen und die Sauce etwas einkochen lassen.
- Estragon oder Petersilie fein aufschneiden und zur Sauce geben.
- Die Sauce beiseite stellen.
- Von den Rotbarben die Flossen entfernen, schuppen, dann putzen, waschen, trockentupfen und filetieren.
- Die Filets in Stücke schneiden.
- In einem Topf Wasser zum Kochen bringen und salzen.
- Die Spaghetti alla chitarra hineingeben, öfters umrühren und bissfest kochen.
- In einer beschichteten Pfanne etwas Olivenöl erwärmen, die Rotbarbenstücke salzen und nicht zu stark auf beiden Seiten anbraten (insgesamt etwa 4 Minuten).
- Die Sauce erhitzen, die gekochten Spaghetti dazugeben, mit Salz nachwürzen, gut mischen und mit den gebratenen Rotbarbenstücken servieren.

Garzeit Nudeln: etwa 8 Minuten
Garzeit Sauce: 8–10 Minuten

Tipps

1. *Anstelle des Kürbisses können Sie auch Broccoli, Zucchini oder Spinat verwenden.*
2. *Die Rotbarben können durch Wolfsbarsch, Steinbutt, Drachenkopf usw. ersetzt werden.*

Tagliatelle mit Carabinieros und Oliven

Tagliatelle con gamberi carabinieros e olive

Für 4 Personen

Sauce	50 g	Zwiebel
	30 ml	Olivenöl
	1	Knoblauchzehe, fein gehackt
	50 ml	Weißwein
	200 ml	Tomaten, fein passiert
		Salz
		Pfeffer aus der Mühle
	400 g	Carabinieros (Spanische Riesengarnelen) (etwa 2–3 Stück pro Person)
	2 EL	Olivenöl zum Braten der Carabinieros
	1 EL	Petersilie
	60 g	Oliven (Taggiasca-Oliven), entsteint
Nudeln	300 g	Eiernudelteig (siehe Seite 122) oder Tagliatelle als Fertigprodukt
Weiteres	1 EL	Thymian

Sauce

- Die Zwiebel schälen und fein schneiden.
- Olivenöl erhitzen, Zwiebel dünsten, Knoblauch dazugeben und mitdünsten.
- Mit Weißwein und Tomaten aufgießen, salzen und pfeffern und zugedeckt 10 Minuten kochen lassen.
- Carabinieros von der Panzerschale befreien, den Darm entfernen, salzen, pfeffern und in Olivenöl etwa 2 Minuten braten.
- Die Petersilie fein aufschneiden und mit den Carabinieros und Oliven zur passierten Sauce geben.

Fertigstellung

- Den Nudelteig herstellen und etwas ruhen lassen, dann Tagliatelle schneiden.
- Die Tagliatelle in Salzwasser kochen, abseihen, in der Sauce schwenken und mit Thymian servieren.

Garzeit Nudeln: etwa 2 Minuten

Tipps

1. *Anstelle der Carabinieros können Sie auch Scampi, Garnelen, Hummer oder Languste verwenden.*
2. *Taggiasca-Oliven sind besonders schmackhaft und eignen sich für viele Fisch- und Nudelgerichte.*
3. *Anstelle der Tagliatelle können Sie Pappardelle, Tagliolini, Maltagliati usw. nehmen.*

Tagliatelle mit Carabinieros und Oliven

Orecchiette mit Garnelen und Tomatenpesto

Orecchiette con gamberi e pesto al pomodoro

Für 4 Personen

Tomatenpesto	*100 ml*	*Olivenöl*
	50 g	*Tomaten, getrocknet und in kaltem Wasser eingeweicht*
	1 EL	*Pignoli*
	½ TL	*Rosmarin, fein gehackt*
	2	*Tropfen Tabasco*
		Salz
		Pfeffer aus der Mühle
	1 EL	*Parmesan, gerieben*
Nudeln	*320 g*	*Orecchiette (siehe Seite 122)*
Weiteres	*300 g*	*Garnelenschwänze*
	80 ml	*Olivenöl*
	½	*Knoblauchzehe, fein gehackt*
	1 TL	*Basilikum, fein geschnitten*

Tomatenpesto

- Das Olivenöl mit Tomaten, Pignoli und Rosmarin in einem Mixer oder einer Moulinette fein pürieren und mit Tabasco, Salz, Pfeffer und Parmesan abschmecken.

Fertigstellung

- In einem Topf Wasser zum Kochen bringen und salzen.
- Orecchiette hineingeben, öfters umrühren und nach der Packungsanweisung bissfest kochen.
- Die Garnelen vom Panzer befreien und den Darm vom Schwanzrücken entfernen.
- Garnelenschwänze in Olivenöl und etwas Knoblauch etwa 3 Minuten leicht braten.
- Orecchiette im Tomatenpesto schwenken, mit Salz nachwürzen und mit den gebratenen Garnelen und Basilikum servieren.

Garzeit Nudeln: etwa 12 Minuten
Garzeit Sauce: etwa 8 Minuten

Tipps

1. *Folgende Nudelsorten können Sie ebenfalls für diese Sauce verwenden: Penne, Conchiglie, Spaghetti usw.*
2. *Sie können dieses Nudelgericht auch mit gekochtem Gemüse und Rohschinken verfeinern.*

Fettuccine mit Garnelen und Erbsen

Fettuccine con gamberi e piselli

Für 4 Personen

Zutaten	*250 g*	*Garnelen*
	80 ml	*Olivenöl*
	20 ml	*Brandy oder Cognac*
	200 g	*Erbsen, gekocht*
	100 ml	*Erbsen-Kochwasser oder Gemüsebrühe (siehe Seite 398)*
	40 g	*Butter, kalt*
	½	*Knoblauchzehe*
	1 TL	*Dill*
	½	*Peperoncino*
		Salz
Nudeln	*320 g*	*Fettuccine*

- Die Garnelen aus deren Panzer schälen, den Darm aus dem Schwanzrücken entfernen, in Stücke schneiden und in Olivenöl anbraten.
- Dann mit dem Brandy ablöschen (vorsichtig, immer nur mit einem Glas den Brandy in den Topf schütten, nie aus der Flasche, es könnte das Feuer in die Flasche schlagen).
- Die Erbsen und das Kochwasser dazugeben und etwa 1–2 Minuten leicht köcheln lassen.
- Die Sauce mit der kalten Butter verfeinern und mit Knoblauch, Dill, Peperoncino und Salz würzen.
- Die Nudeln in reichlich Salzwasser kochen, das Wasser abschütten und die Nudeln in der Garnelen-Erbsensauce schwenken und servieren.

Garzeit Sauce: etwa 2 Minuten
Garzeit Nudeln: 2–3 Minuten

Tipps

1. *Für diese Sauce eignen sich alle Arten von Bandnudeln oder Nudelfleckerln.*
2. *Es können auch andere Krustentiere wie Languste, Hummer, Flusskrebse oder Scampi verwendet werden.*

Orecchiette mit Garnelen und Tomatenpesto

Fettuccine mit Garnelen und Erbsen

Tagliolini mit Oktopus

Tagliolini con piovra

Für 4 Personen

Oktopussauce	*500 g*	*Oktopus*
	50 g	*Zwiebel*
	30 ml	*Olivenöl*
	50 ml	*Weißwein*
	150 ml	*Tomatensauce (siehe Seite 150)*
	400 ml	*Fischbrühe (siehe Seite 399) oder Wasser*
	1	*Lorbeerblatt*
	1/2	*Peperoncino, gerieben*
		Salz, Pfeffer aus der Mühle
	1 TL	*Petersilie*
Nudeln	*300 g*	*Eiernudelteig (siehe Seite 122)*
Weiteres	*100 g*	*Tomaten, geschält und in Spalten geschnitten*
	1	*Knoblauchzehe, in Scheiben geschnitten*
		Rosmarin zum Garnieren

Oktopussauce
- Den Oktopus, wenn nötig, putzen und waschen.
- Zwiebel schälen und fein schneiden.
- Das Olivenöl erhitzen, Zwiebel dünsten, Oktopus dazugeben und mitdünsten.
- Mit Weißwein, Tomatensauce und Fischbrühe aufgießen, Lorbeerblatt und Peperoncino dazugeben, salzen, pfeffern und zugedeckt langsam schmoren lassen.
- Den Oktopus aus der Sauce nehmen, die Sauce durch ein Sieb passieren, das Fleisch in Stücke schneiden und wieder in die Sauce geben.

Nudeln
- Den Nudelteig herstellen und 10 Minuten ruhen lassen, dann feine Bandnudeln (Tagiolini) herstellen und diese etwas trocknen lassen.

Fertigstellung
- Petersilie fein schneiden und mit den Tomatenspalten und dem Knoblauch zur Sauce geben.
- Tagliolini in Salzwasser kochen, abseihen, in der Sauce schwenken, mit Rosmarin garnieren und servieren.

Garzeit Oktopus: 1 1/2 –2 Stunden
Garzeit Nudeln: etwa 1 Minute

Tipps

1. *Sollte die Sauce zu dünnflüssig sein, so können Sie diese mit Speisestärke (angerührt in etwas kaltem Wasser oder Weißwein) binden.*
2. *Die Oktopussauce können Sie auch für Pappardelle, Kartoffelnocken, Risotto usw. verwenden.*

Maltagliati mit Flusskrebsen und Tomaten

Maltagliati con gamberi di fiume e pomodori

Für 4 Personen

Sauce	16	Flusskrebse
	40 g	Zwiebel, in Würfel geschnitten
	1	Knoblauchzehe, fein gehackt
	50 ml	Olivenöl
	30 ml	Weißwein
	300 g	Tomatenwürfel oder Tomatensauce (siehe Seite 150)
	60 g	Oliven, schwarz
		Salz
		Pfeffer aus der Mühle
Nudeln	320 g	Maltagliati
Weiteres		Basilikum zum Garnieren

- Flusskrebse in kochendes Wasser geben und 3–4 Minuten kochen. Herausnehmen, im Eiswasser abschrecken und die Flusskrebsschwänze aus der Schale brechen.
- Zwiebel und Knoblauch in Olivenöl dünsten, Weißwein, Tomatenwürfel oder Tomatensauce und Oliven dazugeben, für etwa 2 Minuten kochen, die Flusskrebsschwänze dazugeben, mit Salz und Pfeffer würzen und einmal aufkochen lassen.

Fertigstellung
- In einem Topf Wasser zum Kochen bringen und salzen.
- Die Maltagliati hineingeben, öfters umrühren und bissfest kochen.
- Die Sauce erhitzen, die gekochten Maltagliati dazugeben, mit Salz nachwürzen, gut mischen, mit geschnittenem Basilikum bestreuen und servieren.

Garzeit Nudeln: etwa 8 Minuten
Garzeit Sauce: etwa 8 Minuten

Tipps
1. *Sie können auch Orecchiette, Bigoli, Garganelli, Pappardelle usw. nehmen.*
2. *Anstelle der Flusskrebse eignen sich auch Scampi, Langusten, Hummer oder Garnelen sowie Tintenfisch, Wolfsbarsch, Rotbarbe, Steinbutt, Forelle usw.*

Maltagliati mit Thunfischsauce

Maltagliati con salsa di tonno

Für 4 Personen

Sauce	40 g	Zwiebel
	1	Knoblauchzehe
	50 ml	Olivenöl
	250 g	Thunfisch in Öl
	400 g	Tomatensauce (siehe Seite 150) oder Tomatenwürfel aus der Dose
		Salz
		Pfeffer aus der Mühle
	2 EL	Petersilie, fein geschnitten
Nudeln	320 g	Eiernudelteig (siehe Seite 122) oder Maltagliati als Fertigprodukt

Thunfischsauce
- Zwiebel schälen und in Würfel schneiden.
- Knoblauchzehe ebenfalls schälen und fein hacken.
- Olivenöl leicht erhitzen und darin Zwiebel und Knoblauch dünsten.
- Thunfisch ohne Öl dazugeben und erhitzen. Die Tomatensauce unterrühren und mit Salz und Pfeffer würzen.
- Etwa 5 Minuten kochen lassen und mit fein geschnittener Petersilie abschmecken.

Fertigstellung
- Den Nudelteig mit der Nudelmaschine dünn ausrollen und zu Maltagliati (rombusförmige Blätter, 4 mal 4 cm) schneiden.
- Die Nudeln in reichlich Salzwasser kochen, abschütten, mit der Thunfischsauce vermischen und servieren.

Garzeit Nudeln: 2–3 Minuten

Tipps
1. *Statt der Maltagliati können Sie Spaghetti, Orecchiette, aber auch Bandnudeln nehmen.*
2. *In die Sauce kann man auch gekochte Erbsen mischen.*

Farfalle mit Tintenfischen

Farfalle con calamari

Für 4 Personen

Zutaten	400 g	*Kalmare*
	40 g	*Zwiebel, in Würfel geschnitten*
	1	*Knoblauchzehe, fein gehackt*
	50 ml	*Olivenöl*
	30 ml	*Weißwein*
	500 g	*Tomatenwürfel*
	60 g	*Oliven, schwarz*
	2 EL	*Basilikum, fein geschnitten*
		Salz, Pfeffer aus der Mühle
Nudeln	320 g	*Farfalle*

- Die Tintenfische putzen: Den Kopf knapp hinter den Augen anfassen und vorsichtig aus dem Körperbeutel ziehen. Die weichen Innereien lösen sich so mit dem Kopf.
- Die Fangarme vom Kopf abschneiden und bereitstellen. Den Kopf und die Innereien wegwerfen.
- Den schnabelförmigen Mund, der sich in der Mitte der zusammenhängenden Fangarme befindet, vorsichtig mit den Fingern herausdrücken und wegwerfen.
- Den Knochen (Kalkblatt) herausziehen und entfernen.
- Die Haut abziehen, die Tintenfische nochmals gründlich waschen und trockentupfen.
- Zwiebel und Knoblauch in Olivenöl dünsten, Weißwein, Tomatenwürfel, Oliven und Basilikum dazugeben, für etwa 2 Minuten kochen, die in Ringe geschnittenen Tintenfische dazugeben, mit Salz und Pfeffer würzen und einmal aufkochen lassen.

Fertigstellung

- Die Farfalle in reichlich Salzwasser nach Verpackungsanweisung bissfest kochen, abseihen, in der Tintenfischsauce schwenken, mit Basilikum garnieren und servieren.

Tipps

1. *Am besten Sie lassen sich die Tintenfische schon vom Fischhändler putzen und in Ringe schneiden.*
2. *Wenn Sie die Nudeln würziger machen möchten, dann reiben Sie einen 1/2 Peperoncino in die Sauce.*
3. *Andere Nudeln, die für dieses Gericht geeignet sind: Penne, Fusilli, Orecchiette, Spaghetti usw.*

Tagliolini mit Bottarga und Rucola

Tagliolini con bottarga e rucola

Für 4 Personen

<u>Nudeln</u>	*320 g*	*Eiernudelteig (siehe Seite 122)*
<u>Rucolasauce</u>	*125 g*	*Rucola*
	1	*Knoblauchzehe*
	100 ml	*Olivenöl*
	100 ml	*Fischbrühe (siehe Seite 399) oder Wasser*
		Salz, Pfeffer aus der Mühle, schwarz
	1 EL	*Petersilie*
<u>Weiteres</u>	*40 g*	*Bottarga, gehobelt oder gerieben*

<u>Nudeln</u>

- Den Nudelteig herstellen und etwas ruhen lassen, dann mit der Nudelmaschine dünn ausrollen und mit dem entsprechenden Aufsatz zu 1 mm breiten Tagliolini schneiden. Die Nudeln kurz trocknen lassen.

<u>Rucolasauce</u>

- Die Rucola putzen, von den Stielen befreien, waschen und abtrocknen.
- Knoblauch schälen und fein hacken.
- Olivenöl leicht erhitzen und Knoblauch dazugeben.
- Mit der Fischbrühe auffüllen, mit Salz und Pfeffer würzen, und die Sauce etwas einkochen lassen.
- Petersilie fein aufschneiden und mit Rucola zur Sauce geben.
- Die Sauce beiseite stellen.

<u>Fertigstellung</u>

- In einem Topf Wasser zum Kochen bringen und salzen.
- Die Tagliolini hineingeben, öfters umrühren und bissfest kochen.
- Die Sauce erhitzen, die gekochten Tagliolini dazugeben, mit Salz nachwürzen, gut mischen und mit der frisch gehobelten Bottarga servieren.

<u>Garzeit Nudeln:</u> etwa 2 Minuten
<u>Garzeit Sauce:</u> etwa 4 Minuten

Tipps

1. *Verwenden Sie zu dieser Sauce auch Mies- oder Venusmuscheln.*
2. *Sie können anstelle der Rucola auch gekochten Spinat, Mangold oder Wilden Spargel nehmen.*
3. *Es eignen sich auch Spaghetti, Penne oder Fusilli.*
4. *Am besten verwenden Sie für dieses Rezept Olivenöl aus erster Pressung (extra vergine), weil es einen besonders kräftigen und vollmundigen Geschmack hat.*

Strozzapreti mit Sardinen

Strozzapreti con sardine

Für 4 Personen

<u>Zutaten</u>	*8*	*Sardinen*
	2	*Knoblauchzehen*
	1–2	*Peperoncini, frisch, rot*
	80 ml	*Olivenöl*
<u>Nudeln</u>	*320 g*	*Strozzapreti (siehe Seite 123)*
<u>Weiteres</u>	*2 EL*	*Petersilie*
		Salz
		Basilikumblätter zum Garnieren

- Die Sardinen putzen, waschen und filetieren.
- Knoblauch schälen und in feine Scheiben schneiden oder fein hacken.
- Peperoncini längs halbieren, entkernen und in feine Streifen schneiden.
- In der Zwischenzeit Olivenöl in einer großen Pfanne erhitzen, Knoblauch und Peperoncini dazugeben, die Sardinenfilets in das Öl einlegen und etwa 1 Minute braten.

<u>Fertigstellung</u>

- Die Strozzapreti in reichlich kochendem Salzwasser nach der Packungsangabe bissfest kochen, öfters mit einem Kochlöffel umrühren, in ein Sieb abgießen und gut abtropfen lassen.
- Die heiße Pasta und Petersilie unter das scharfe Knoblauch-Peperoncinoöl-Gemisch mit den Sardinenfilets mischen, mit Basilikumblättern garnieren und servieren.

<u>Garzeit Nudeln:</u> 8–10 Minuten

Tipps

1. *Sardinen einmal anders putzen: Die Sardinen auf der Bauchseite aufschneiden, den Kopf abreißen und die Innereien samt dem Rückgrat und den Gräten herausziehen, dann waschen.*
2. *Sie können anstelle der Sardinen auch Knurrhahn, Sprotte oder Rotbarbe verwenden.*
3. *Folgende Nudelsorten eignen sich auch: Orecchiette, Spaghetti, Farfalle usw.*

Tagliolini mit Bottarga und Rucola

Strozzapreti mit Sardinen

Spaghetti mit Knoblauch-Peperoncinoöl

Spaghetti aglio, olio e peperoncino

Für 4 Personen

Knoblauchöl	3	Knoblauchzehen
	1	Peperoncino, frisch und rot
	100 ml	Olivenöl
	1/2	Peperoncino, zerrieben
	2 EL	Petersilie, fein geschnitten
		Salz
Nudeln	320 g	Spaghetti oder Spaghettini

Knoblauchöl
- Knoblauch schälen und in feine Scheiben schneiden oder fein hacken.
- Den frischen Peperoncino längs halbieren, entkernen und in sehr feine Streifen schneiden.
- Olivenöl in einer Pfanne erhitzen, Knoblauch, Peperoncinostreifen und getrockneten Peperoncino dazugeben und unter Rühren etwa 1 Minute garen.

Fertigstellung
- Spaghetti in reichlich Salzwasser nach der Packungsangabe bissfest kochen, öfters mit einem Kochlöffel umrühren, Nudeln in ein Sieb abgießen und gut abtropfen lassen.
- Heiße Pasta und Petersilie unter das scharfe Knoblauch-Peperoncinoöl mischen und die Spaghetti mit Salz abschmecken.

Garzeit Nudeln: etwa 8 Minuten

Tipps

1. *Sie können die Spaghetti auch mit Pecorino verfeinern.*
2. *Das Knoblauchöl eignet sich auch zum Einlegen von gebratenen Melanzane, Zucchini und getrockneten Tomaten.*

Gnocchetti sardi mit Rucolapesto

Gnocchetti sardi con pesto alla rucola

Für 4 Personen

Rucolapesto	50 g	Rucola
	20 g	Petersilien- und Basilikumblätter
	100 ml	Olivenöl
	1 TL	Pignoli
	1	Knoblauchzehe
	1 EL	Parmesan, gerieben
		Salz
		Pfeffer aus der Mühle
Nudeln	320 g	Gnocchetti sardi
Weiteres		Rucola zum Garnieren

- Rucola waschen, die langen Stängel abzupfen, Petersilie oder Basilikum ebenfalls waschen und grob schneiden.
- Rucola, Petersilie, Basilikum, Olivenöl, Pignoli und Knoblauch in einem Mixer pürieren.
- Mit Parmesan, Salz und Pfeffer verfeinern.

Fertigstellung
- Die Gnocchetti sardi nach Packungsanweisung in reichlich Salzwasser bissfest kochen, Wasser abschütten, die Gnocchetti wieder in den Topf zurückschütten, Rucolapesto untermischen, nochmals abschmecken, mit Rucola bestreuen und sofort servieren.

Garzeit Nudeln: etwa 8 Minuten

Tipps

1. *Der Pesto ist eine würzige Paste und eignet sich für Crostini, Bruschette oder als Sauce für Pasta, Risotti, Gnocchi usw.*
2. *Zum Aufbewahren in ein Glas mit Schraubverschluss füllen und die Oberfläche mit Olivenöl bedecken. So hält sich der Pesto im Kühlschrank über Wochen.*

Variation

Haselnusspesto: 80 g geröstete Haselnüsse, 30 g Parmesan, gerieben, 1 Knoblauchzehe, 100 ml Olivenöl, Salz. Alle Zutaten zusammen im Mixer pürieren.

Pappardelle mit Bärlauchpesto

Pappardelle con pesto all'aglio orsino

Für 4 Personen

Bärlauchpesto	*60 g*	*Bärlauch*
	2 EL	*Petersilie oder Rucola*
	1 EL	*Pignoli*
	1 EL	*Parmesan, gerieben*
	100 ml	*Olivenöl*
		Salz, Pfeffer aus der Mühle
Nudeln	*320 g*	*Pappardelle (siehe Seite 122) oder als Fertigprodukt*

Bärlauchpesto
- Bärlauch und Petersilie waschen und trockentupfen.
- Pignoli in einer Pfanne bei trockener Hitze leicht rösten.
- Pignoli, Bärlauch, Petersilie, Parmesan, Olivenöl vermischen, salzen und pfeffern und im Mixer pürieren.

Fertigstellung
- Pappardelle in reichlich Salzwasser kochen, das Wasser abschütten, die Nudeln mit dem Bärlauchpesto vermischen und servieren.

Tipps

1. *Bärlauchpesto kann auch auf Vorrat gemacht werden; in Gläser füllen und gut verschlossen kühl und dunkel lagern.*
2. *Anstelle der Pignoli verwenden Sie geschälte Mandeln.*

Tomatenpesto (siehe Seite 132)

Pesto (siehe Seite 144)

Kapernpesto (siehe Seite 142)

Olivenpesto (siehe Seite 142)

Linguine mit Olivenpesto und Ofentomaten

Linguine con pesto di olive e pomodori al forno

Für 4 Personen

Olivenpesto	*10 g*	*Petersilienblätter*
	½ TL	*Rosmarin, fein gehackt*
	80 g	*Oliven, schwarz, eingelegt*
	1 EL	*Pignoli*
	2	*Sardellenfilets in Öl*
	1 TL	*Kapern, eingelegt*
	½	*Knoblauchzehe, fein gehackt*
	100 g	*Olivenöl*
	2	*Tropfen Tabasco*
		Salz
		Pfeffer aus der Mühle
	1 EL	*Parmesan, gerieben*
Nudeln	*320 g*	*Linguine*
Weiteres	*200 g*	*Ofentomaten (siehe Seite 353)*

Olivenpesto
- Petersilienblätter waschen und mit Küchenkrepp trockentupfen. Mit Rosmarin, Oliven, Pignoli, Sardellenfilets, Kapern, Knoblauch und Olivenöl in einem Mixer oder einer Moulinette pürieren.
- Den Pesto mit Tabasco, Salz, Pfeffer und Parmesan abschmecken.

Nudeln
- In einem Topf Wasser zum Kochen bringen und salzen.
- Linguine hineingeben, öfters umrühren und nach der Packungsanweisung bissfest kochen.

Fertigstellung
- Den Olivenpesto in einer Pfanne leicht erhitzen, Ofentomatenwürfel dazugeben und bei mittlerer Hitze unter ständigem Rühren erwärmen.
- Die gekochten Linguine dazugeben, mit Salz würzen, gut mischen und servieren.

Garzeit Nudeln: etwa 8 Minuten

Tipps

1. *Am besten verwenden Sie für dieses Rezept Olivenöl aus erster Pressung (extra vergine), weil es einen besonders kräftigen und vollmundigen Geschmack hat.*
2. *Sie können auch Spaghetti, Penne oder Fusilli verwenden.*
3. *Statt Olivenpesto passt auch ein Basilikum- (siehe Seite 144) oder Rucolapesto (siehe Seite 140).*

Spaghetti mit Kapernpesto

Spaghetti con pesto ai capperi

Für 4 Personen

Kapernpesto	*10 g*	*Basilikumblätter*
	10 g	*Petersilienblätter*
	100 ml	*Olivenöl*
	70 g	*Kapern*
	1 EL	*Pignoli*
	1	*Sardellenfilet in Öl*
	½	*Knoblauchzehe, fein gehackt*
	2	*Tropfen Tabasco*
		Salz
		Pfeffer aus der Mühle
	1 EL	*Parmesan, gerieben*
Nudeln	*320 g*	*Spaghetti*
Weiteres		*Kapernfrüchte und rotes Basilikum zum Garnieren*

Kapernpesto
- Die Basilikum- und Petersilienblätter waschen und mit Küchenkrepp trockentupfen. Mit Olivenöl, Kapern, Pignoli, Sardellenfilet und Knoblauch in einem Mixer oder einer Moulinette fein pürieren.
- Den Pesto mit Tabasco, Salz, Pfeffer und Parmesan abschmecken.

Fertigstellung
- In einem Topf Wasser zum Kochen bringen und salzen.
- Die Spaghetti hineingeben, öfters umrühren und nach der Packungsanweisung bissfest kochen.
- Kapernpesto in einer Pfanne bei mittlerer Hitze unter ständigem Rühren erwärmen.
- Die gekochten Spaghetti dazugeben, mit Salz würzen, gut mischen, mit den halbierten Kapernfrüchten und rotem Basilikum garnieren und servieren.

Garzeit Nudeln: etwa 8 Minuten

Tipps

1. *Wenn Sie die Pignoli bei trockener Hitze rösten, erhält der Pesto einen nussigen Geschmack.*
2. *Anstelle des Kapernpestos können Sie auch Basilikum- oder Olivenpesto verwenden.*
3. *Es eignen sich auch andere Nudeln wie Bucatini, Farfalle, Garganelli usw.*

Spaghetti mit Kapernpesto

Bucatini mit Pesto und Pecorino

Bucatini con pesto e pecorino

Für 4 Personen

Pesto	40 g	*Basilikumblätter*
	20 g	*Petersilienblätter*
	120 ml	*Olivenöl*
	1 EL	*Pignoli, geröstet*
	1/2	*Knoblauchzehe, fein gehackt*
		Salz
		Pfeffer aus der Mühle
	2	*Tropfen Tabasco*
	1 EL	*Parmesan, gerieben*
Nudeln	320 g	*Bucatini*
Weiteres	40 g	*Pecorino, fein gehobelt*
	20 g	*Pignoli, geröstet*
	1 EL	*Basilikumblätter, klein*

- Die Basilikum- und Petersilienblätter waschen und mit Küchenkrepp trockentupfen. Mit Olivenöl, Pignoli und Knoblauch in einem Mixer fein pürieren. Den Pesto mit Salz, Pfeffer, Tabasco und Parmesan abschmecken.
- Die Nudeln in reichlich Salzwasser kochen, Wasser abschütten und die Nudeln mit der Pestosauce vermischen, mit Pecorino, Pignoli und Basilikumblättern garnieren und servieren.

Garzeit Nudeln: etwa 8 Minuten

Tipp

Folgende andere Nudelsorten können Sie für diese Sauce ebenso verwenden: Bavette, Spaghetti, Maccheroni, Orecchiette usw.

Heu und Stroh mit Pilzsauce

Paglia e fieno con salsa ai funghi

Für 4 Personen

Heu und Stroh	*150 g*	*Eiernudelteig (siehe Seite 122)*
	150 g	*Spinatnudelteig (siehe Seite 123)*
Sauce	*70 g*	*Schinken, gekocht, oder Rohschinken*
	200 g	*Pilze (Champignons, Steinpilze, Pfifferlinge oder Hallimasch)*
	2 EL	*Butter*
	1	*Knoblauchzehe, fein gehackt*
	¼ l	*Sahne*
	100 ml	*Fleischsuppe (siehe Seite 398)*
	2 EL	*Petersilie*
		Salz
		Pfeffer aus der Mühle
Weiteres		*Parmesan und Basilikum zum Servieren*

Heu und Stroh
- Beide Teige mit der Maschine dünn ausrollen.
- Etwa 15 Minuten trocknen lassen. Die Nudelblätter locker aufrollen, mit einem scharfen Messer in ½ cm breite Streifen schneiden und auf ein bemehltes Tuch legen.

Sauce
- Für die Sauce Schinken in feine Streifen schneiden.
- Pilze putzen, kurz waschen und in Scheiben schneiden.
- In einem breiten Topf Butter schmelzen lassen, Knoblauch leicht dünsten, Pilze dazugeben und anbraten. Den Schinken beifügen, die Sahne aufgießen und einkochen lassen. Die Sauce soll cremig sein.

Fertigstellung
- Reichlich Wasser zum Kochen bringen, salzen, weiße und grüne Bandnudeln unter ständigem Rühren kochen.
- Die abgetropften Nudeln in die Pilzsauce geben, mit Petersilie bestreuen, nochmals nachwürzen und mit Parmesan sowie Basilikum servieren.

Garzeit Nudeln: 2–3 Minuten

Tipps

1. *Sie können die Nudeln auch mit dem Nudelmaschinenaufsatz schneiden.*
2. *Wenn Ihnen das Herstellen der Bandnudeln zu aufwendig ist, verwenden Sie Bandnudeln als Fertigprodukt.*

Variation

Heu und Stroh mit Salbeibutter: Die gekochten Nudeln mit Salbeibutter servieren.

Buchweizennudeln mit Wirsing und Käse

Pizzoccheri

Für 4 Personen

Buchweizenteig	*150 g*	*Buchweizenmehl, fein*
	150 g	*Mehl*
	3	*Eier*
	30 ml	*Olivenöl*
	1	*Prise Salz*
Sauce	*200 g*	*Wirsingblätter*
	300 g	*Kartoffeln*
	40 g	*Zwiebel*
	50 ml	*Olivenöl*
	1	*Knoblauchzehe, fein gehackt*
		Salz
		Pfeffer aus der Mühle
	200 ml	*Fleischsuppe (siehe Seite 398)*
	150 g	*Trentiner Bergkäse oder andere Hartkäsesorten wie Pecorino, Parmesankäse usw.*

Buchweizenteig
- Alle Zutaten für den Teig verkneten und etwa 20 Minuten ruhen lassen.
- Den Teig mit der Maschine ausrollen und 2 cm breite und 6 cm lange Nudelblätter schneiden.

Sauce
- Die Wirsingblätter von den Blattstielen befreien, in Blättchen schneiden und in Salzwasser 2–3 Minuten weich kochen, dann im kalten Wasser abkühlen.
- Die Kartoffeln schälen, in mittelgroße Würfel schneiden und im Salzwasser etwa 15 Minuten kochen.
- In einer Pfanne Olivenöl erhitzen und die fein geschnittene Zwiebel dünsten, Kartoffelwürfel und Wirsing dazugeben und kurz schwenken, mit Salz und Pfeffer würzen und etwas Fleischbrühe aufgießen.

Fertigstellung
- In reichlich Salzwasser die Nudelblätter kochen, in der Sauce schwenken und in ein feuerfestes Geschirr geben.
- Mit dem grob geraspelten Bergkäse bestreuen und im Salamander oder im Backrohr bei starker Oberhitze überbacken und servieren.

Garzeit der Nudelblätter: etwa 5 Minuten
Garzeit der Pizzoccheri: etwa 3 Minuten

Bigoli mit Steinpilzen

Bigoli con porcini

Für 4 Personen

Zutaten	200 g	*Steinpilze*
	50 g	*Zwiebel*
	1/2	*Knoblauchzehe*
	80 ml	*Olivenöl*
	100 ml	*Fleischsuppe (siehe Seite 398)*
		Salz
		Pfeffer aus der Mühle
	1 EL	*Petersilie, fein geschnitten*
	1 TL	*Thymian, fein geschnitten*
	50 g	*Butter, kalt*
Nudeln	320 g	*Bigoli*

- Steinpilze putzen und blättrig oder würfelig schneiden.
- Zwiebel und Knoblauch schälen und fein hacken.
- Olivenöl erhitzen, Zwiebel dünsten, Knoblauch und Pilze dazugeben, kurz dünsten lassen, bis die Flüssigkeit eingekocht ist.
- Mit der Fleischsuppe aufgießen, mit Salz und Pfeffer würzen.
- Fein geschnittene Petersilie und Thymian zur Pilzsauce geben.
- Nochmals kurz aufkochen lassen und die kalte Butter einrühren.

Fertigstellung
- In einem Topf Wasser zum Kochen bringen und salzen.
- Bigoli hineingeben, öfters umrühren und bissfest kochen.
- Sauce erhitzen, die gekochten Nudeln dazugeben, mit Salz nachwürzen, gut mischen und servieren.

Garzeit Nudeln: etwa 12 Minuten
Garzeit Sauce: etwa 6 Minuten

Tipps

1. *Sie können auch getrocknete Steinpilze, Champignons, Pfifferlinge oder Shiitakepilze nehmen.*
2. *Verwendung findet diese Sauce auch für Gnocchi, Pappardelle, Fettuccine usw.*

Maltagliati mit Kichererbsen

Maltagliati con ceci

Für 4 Personen

Sauce	150 g	*Kichererbsen, getrocknet*
	80 g	*Zwiebel, in Streifen geschnitten*
	100 g	*Bauchspeck, in Streifen geschnitten*
	80 ml	*Olivenöl*
	80 ml	*Weißwein*
	1/4 l	*Fleischsuppe (siehe Seite 398) oder Kochwasser der Erbsen*
	1	*Rosmarinzweig*
	1	*Thymianzweig*
	1	*Lorbeerblatt*
	1/2	*Knoblauchzehe, fein gehackt*
		Salz
		Pfeffer aus der Mühle
Nudeln	400 g	*Maltagliati*
Weiteres		*Lorbeerblätter zum Garnieren*

Sauce
- Kichererbsen am Vortag in reichlich kaltem Wasser einweichen und in Salzwasser etwa 1 Stunde kochen.
- Zwiebel und Bauchspeck in Olivenöl dünsten, das Wasser der Kichererbsen abschütten und die Erbsen ebenfalls dazugeben.
- Mit Weißwein löschen, Fleischsuppe dazugeben und etwa 8 Minuten langsam köcheln lassen. Kurz vor Ende der Garzeit alle Würzmittel (Rosmarin, Thymian, Lorbeer und Knoblauch) dazugeben, mit Salz und Pfeffer abschmecken und die Sauce bereitstellen.

Fertigstellung
- Die Maltagliati in reichlich Salzwasser kochen, das Wasser abschütten, die Nudeln in der Kichererbsensauce schwenken, mit Lorbeerblättern garnieren und servieren.

Garzeit Nudeln: etwa 6–8 Minuten

Tipps

1. *Lassen Sie die Kichererbsen so lange kochen, bis sie fast zerfallen.*
2. *Verwenden können Sie diese Sauce auch für Bandnudeln, Pappardelle, offene Ravioli oder als Füllung für Blätterteigkissen oder -pastetchen.*

Maltagliati mit Kichererbsen

Garganelli mit Saubohnen und Pecorino

Garganelli con fave e pecorino

Für 4 Personen

Zutaten	*300 g*	*Saubohnen oder 150 g getrocknete*
	50 g	*Zwiebel*
	1	*Knoblauchzehe*
	100 g	*Olivenöl*
	100 ml	*Fleischsuppe oder Wasser*
	1	*Tropfen Tabasco*
		Salz
		Pfeffer, schwarz, aus der Mühle
	1 EL	*Petersilie, fein geschnitten*
	40 g	*Butter*
Nudeln	*320 g*	*Garganelli*
Weiteres	*80 g*	*Pecorino*

- Von den Bohnen die Kerne herausnehmen und in kochendem Salzwasser etwa 5 Minuten kochen.
- Bohnen in ein Sieb schütten, sofort mit kaltem Wasser oder Eiswasser abkühlen, um die grüne Farbe zu erhalten, dann abtropfen lassen.
- Die gekochten Bohnenkerne von der Samenschale befreien.
- Zwiebel und Knoblauch schälen und fein hacken.
- Das Olivenöl erhitzen, Zwiebel, Knoblauch und Saubohnen kurz dünsten.
- Mit Fleischsuppe aufgießen, mit Tabasco, Salz und Pfeffer würzen und etwas einkochen lassen.
- Petersilie und kalte Butter zur Sauce geben.
- Ein Drittel der Sauce pürieren und bereitstellen.

Fertigstellung
- In einem Topf Wasser zum Kochen bringen und salzen.
- Die Garganelli hineingeben, öfters umrühren und nach der Packungsanweisung bissfest kochen.
- Die Sauce erhitzen, die gekochten Garganelli dazugeben, mit Salz nachwürzen, gut mischen, auf der pürierten, erwärmten Bohnensauce anrichten und mit dem gehobelten Pecorino servieren.

Garzeit Nudeln: etwa 8 Minuten
Garzeit Sauce: etwa 4 Minuten

Tipps

1. *Sie können anstelle der Saubohnen auch Erbsen verwenden.*
2. *Folgende Nudelsorten können Sie für diese Sauce verwenden: Maccheroni, Orecchiette, Spaghetti usw.*

Tomatennudeln mit Fenchelölsauce

Pasta di pomodoro con olio di finocchio

Für 4 Personen

Fenchelölsauce	250 g	Fenchel
	50 g	Zwiebel
	1	Knoblauchzehe
	100 ml	Olivenöl
	250 ml	Gemüsebrühe (siehe Seite 398) oder Fleischsuppe (siehe Seite 398)
		Salz
	1 EL	Fenchelsamen
	1/2	Peperoncino
	2 EL	Dillspitzen oder Fenchelkraut
	200 g	Kirschtomaten, halbiert
Tomatennudeln	400 g	Tomatennudelteig (siehe Seite 123)

Fenchelölsauce
- Fenchel putzen, waschen und in 1 cm große Würfel schneiden
- Zwiebel und Knoblauch schälen und fein hacken.
- Olivenöl erhitzen, Zwiebel dünsten, Knoblauch und Fenchel dazugeben, für 3 Minuten dünsten und mit der Gemüsebrühe aufgießen.
- Mit Salz, Fenchelsamen und Peperoncino würzen, dann etwa 5 Minuten kochen lassen, bis der Fenchel weich ist.
- Dillspitzen oder Fenchelkraut fein aufschneiden und mit den Kirschtomaten zur Sauce geben.

Fertigstellung
- Tomatennudelteig mit der Nudelmaschine etwa 1/2 cm dick ausrollen und zu 4 cm langen und 1/2 cm breiten Nudelstreifen schneiden.
- Die Nudeln in reichlich Salzwasser bissfest kochen, das Wasser abschütten und die Nudeln zur Fenchelsauce geben.
- Die Nudeln kurz durchschwenken und servieren.

Garzeit Nudeln: etwa 8 Minuten

Tipp

Anstelle der Tomatennudeln können Sie auch Fertignudeln wie Spaghetti, Orecchiette usw. verwenden.

Variation

Dinkelnudeln mit Gemüseölsauce: Anstelle der Tomatennudeln können Sie auch Dinkelnudelteig (siehe Seite 162) verwenden. Die Sauce kann auch mit anderen Gemüsesorten wie Zucchini, Peperoni, Lauch, Artischocken usw. zubereitet werden.

Spaghettini mit Tomatensauce

Spaghettini al pomodoro

Für 4 Personen

Tomatensauce	100 g	Zwiebel
	1	Knoblauchzehe
	3 EL	Olivenöl
	500 g	Tomaten (San Marzano) oder Tomaten aus der Dose
	1 TL	Oregano
		Salz
		Pfeffer aus der Mühle
	6	Basilikumblätter
Nudeln	320 g	Spaghettini
Weiteres	4	Butterrollen
		Parmesan, gerieben

Tomatensauce
- Zwiebel und Knoblauch schälen und fein schneiden.
- Olivenöl leicht erhitzen, Zwiebel und Knoblauch an-schwitzen.
- Tomaten waschen, schälen und in Stücke schneiden oder Tomaten aus der Dose dazugeben, mit Oregano, Salz und Pfeffer würzen und köcheln lassen.
- Zum Schluss mit grob geschnittenem Basilikum abschmecken.

Fertigstellung
- Die Spaghettini nach Packungsanweisung in reichlich Salzwasser bissfest kochen, das Wasser abschütten und die Nudeln mit Tomatensauce, Butterrollen und Parmesan servieren.

Garzeit Tomatensauce: etwa 1/2 Stunde
Garzeit Nudeln: 5–8 Minuten

Tipps

1. Wenn Sie eine »feine« Tomatensauce wünschen, so passieren Sie die Sauce durch eine Handpassiermaschine (Flotte Lotte).
2. Sind die Tomaten eher säuerlich, geben Sie einen 1/2 Teelöffel Zucker in die Sauce.
3. Sollte die Tomatensauce zu dünnflüssig sein, können Sie 1 Esslöffel Brotbrösel in die fertige Sauce einrühren.
4. Diese einfache Sauce, die in der italienischen Küche vielseitig eingesetzt wird, dient unter anderem als Grundlage für andere Sauce oder auch für Lasagne.

Farfalle mit Trüffel und Spargel

Farfalle con tartufo e asparagi

Für 4 Personen

Zutaten	*300 g*	*Spargel, grün*
	50 ml	*Kochwasser der Spargel*
	2 EL	*Butter*
	½	*Knoblauchzehe, fein gehackt*
	1 EL	*Petersilie, fein geschnitten*
		Salz
		Pfeffer aus der Mühle
Nudeln	*320 g*	*Farfalle*
Weiteres	*40 ml*	*Olivenöl*
		Trüffel, frisch

- Spargel waschen, Stiele etwas schälen, dann die Spitzen abschneiden.
- Die Spargelstiele in Salzwasser etwa 10 Minuten weich kochen, in ein Sieb schütten, kurz mit kaltem Wasser abkühlen, im Mixer mit dem Kochwasser, Butter, Knoblauch, Petersilie fein pürieren und mit Salz und Pfeffer abschmecken.
- Salzwasser zum Kochen bringen, Spargelspitzen etwa 4 Minuten knackig kochen und sofort in kaltem Wasser abkühlen, damit die grüne Farbe erhalten bleibt.

Fertigstellung
- Die Farfalle in reichlich Salzwasser nach der Packungsanweisung bissfest kochen.
- Das Olivenöl erwärmen, Spargelspitzen und Nudeln darin schwenken. Auf der heißen Spargelsauce anrichten und mit frisch gehobelter Trüffel servieren.

Garzeit Nudeln: etwa 8 Minuten

Tipps

1. *Folgende Nudelsorten können Sie ebenfalls für diese Sauce verwenden: Bandnudeln, Nudelfleckerln usw.*
2. *Sie können auch etwas Pecorino vor dem Servieren dazugeben.*

Orecchiette mit Broccoli und Peperoncino

Orecchiette con broccoli e peperoncino

Für 4 Personen

Broccolisauce	*200 g*	*Broccoli*
	50 ml	*Kochwasser der Broccoli*
	80 ml	*Olivenöl*
	1	*Sardellenfilet*
	1/2	*Knoblauchzehe, fein gehackt*
	1	*Spritzer Zitronensaft*
	1 TL	*Basilikum, geschnitten*
	1 TL	*Petersilie, fein geschnitten*
	1	*Peperoncino, frisch und in feine Ringe geschnitten*
Nudeln	*320 g*	*Orecchiette (siehe Seite 122)*

Broccolisauce

- Broccoli waschen, Blätter entfernen, harte Stängel wegschneiden und schälen.
- Geschälte Broccolistängel in Salzwasser etwa 10 Minuten weich kochen, kurz mit kaltem Wasser abkühlen und in der Moulinette oder im Mixer mit Kochwasser, Olivenöl, Sardellenfilet, Knoblauch, Zitronensaft, Basilikum und Petersilie fein pürieren, mit Salz, Pfeffer und Peperoncino abschmecken.
- Salzwasser zum Kochen bringen, Broccoliröschen etwa 4 Minuten knackig kochen und sofort in kaltem Wasser abkühlen, damit die grüne Farbe erhalten bleibt.
- Pürierte Broccolistängel mit den gekochten Röschen vermischen.

Fertigstellung

- In einem Topf Wasser zum Kochen bringen und salzen.
- Orecchiette hineingeben, öfters umrühren und nach der Packungsanweisung bissfest kochen.
- Die Sauce erhitzen, die gekochten Orecchiette mit Salz nachwürzen, gut mischen und servieren.

Garzeit Nudeln: etwa 12 Minuten
Garzeit Sauce: etwa 15 Minuten

Tipps

1. *Folgende Nudelsorten können Sie ebenfalls für diese Sauce verwenden: Maccheroni, Spaghetti usw.*
2. *Sie können auch Ricotta-salata- oder Mozzarella-Würfel vor dem Servieren dazugeben oder das Gericht mit scharfer Salami verfeinern.*

Garganelli mit grüner Spargelsauce

Garganelli con asparagi verdi

Für 4 Personen

Zutaten	*200 g*	*Spargel, grün*
	50 ml	*Kochwasser der Spargel*
	80 ml	*Olivenöl*
	4	*Sardellenfilets*
	½	*Knoblauchzehe, fein gehackt*
	1	*Spritzer Zitronensaft*
	1 TL	*Basilikum, fein geschnitten*
	1 TL	*Petersilie, fein geschnitten*
		Salz, Pfeffer aus der Mühle
	½	*Peperoncino, fein gemahlen*
Nudeln	*320 g*	*Garganelli*
Weiteres	*50 g*	*Parmesan, gerieben*
	4	*Sardellenfilets*
	1 EL	*Kapernfrüchte*
	1 EL	*Estragon*

- Spargel waschen, die Spitzen wegschneiden.
- Die Spargelstangen in Salzwasser etwa 10 Minuten weich kochen, in ein Sieb schütten, kurz mit kaltem Wasser abkühlen und in der Moulinette oder im Mixer mit Kochwasser, Olivenöl, Sardellenfilets, Knoblauch, Zitronensaft, Basilikum, Petersilie fein pürieren und mit Salz, Pfeffer und Peperoncino abschmecken.
- Salzwasser zum Kochen bringen, die Spargelspitzen etwa 4 Minuten knackig kochen und sofort in kaltem Wasser abkühlen, damit die grüne Farbe erhalten bleibt.
- Nun die pürierten Spargelstangen mit den gekochten Spargelspitzen vermischen.

Fertigstellung

- In einem Topf Wasser zum Kochen bringen und salzen.
- Die Garganelli hineingeben, öfters umrühren und nach der Packungsanweisung bissfest kochen.
- Die Sauce erhitzen, die gekochten Garganelli dazugeben, mit Salz nachwürzen, gut mischen und mit Parmesan, Kapern, Estragon und Sardellenfilets servieren.

Garzeit Nudeln: etwa 8 Minuten

Tipp

Sie können auch Mozzarellawürfel vor dem Servieren dazugeben oder die Sauce mit scharfer Salami verfeinern.

Penne mit Peperonisauce

Penne ai peperoni

Für 4 Personen

Peperonisauce	*1*	*Zwiebel*
	2	*Knoblauchzehen*
	2	*Peperoni, rot*
	3 EL	*Olivenöl*
	80 ml	*Weißwein*
	200 g	*Tomatenwürfel oder geschälte Tomaten aus der Dose*
		Salz, Pfeffer aus der Mühle
Nudeln	*400 g*	*Penne rigate (geriffelte Röhrennudeln)*
Weiteres	*2 EL*	*Petersilie, fein geschnitten*
	30 g	*Parmesan, gerieben*

Peperonisauce
- Zwiebel und Knoblauch schälen und fein schneiden.
- Peperoni längs aufschneiden, entkernen, waschen und in Würfel schneiden.
- Olivenöl in einem Topf erhitzen, Zwiebel und Peperoniwürfel und die Hälfte des Knoblauchs etwa 3 Minuten dünsten. Mit Weißwein löschen und etwa 5 Minuten köcheln lassen.
- Tomaten zugeben, salzen, pfeffern und kochen lassen.

Fertigstellung
- Nudeln nach Packungsanweisung in reichlich Salzwasser bissfest kochen.
- Pasta nach dem Abgießen des Wassers zurück in den heißen Topf geben, Peperonisauce, den restlichen Knoblauch, Petersilie und Parmesan untermischen.
- Nudeln abschmecken und servieren.

Garzeit Peperonisauce: etwa 20 Minuten
Garzeit Nudeln: etwa 8 Minuten

Penne mit Gorgonzolasauce

Penne con gorgonzola

Für 4 Personen

Gorgonzolasauce	*20 g*	*Butter*
	1	*Knoblauchzehe, fein gehackt*
	200 g	*Gorgonzola*
	200 ml	*Sahne*
		Salz
		Pfeffer aus der Mühle
	1 TL	*Schnittlauch, fein geschnitten*
Nudeln	*320 g*	*Penne*

Gorgonzolasauce
- Die Butter in einem Topf schmelzen lassen und den Knoblauch darin dünsten.
- Den Gorgonzola in Stücke schneiden, mit der Sahne in den Topf geben und schmelzen lassen.
- Wenn die Sauce cremig ist, vorsichtig salzen und pfeffern, da der Käse schon würzig ist.

Fertigstellung
- Die Penne in reichlich Salzwasser kochen.
- Die gekochten Nudeln in der Käsesauce schwenken und mit Schnittlauch vermischen und servieren.

Garzeit Sauce: etwa 4 Minuten
Garzeit Nudeln: etwa 8 Minuten

Tipps

1. *In die Sauce können Sie zum Schluss auch etwas geschnittene Gartenkresse oder Rucola geben.*
2. *Diese Sauce eignet sich auch für Bandnudeln oder Kartoffelnockerln sehr gut.*

Pennette mammarosa

Für 4 Personen

Nudeln	*320 g*	*Pennette*
Sauce	*20 g*	*Butter*
	1	*Knoblauchzehe, fein gehackt*
	200 g	*Tomatensauce (siehe Seite 150)*
	150 ml	*Sahne*
		Salz
		Pfeffer aus der Mühle
	1 TL	*Oregano*
	2 EL	*Parmesan, gerieben*

- Die Pennette in reichlich Salzwasser bissfest kochen.
- Die Butter in einem Topf schmelzen lassen und den Knoblauch darin dünsten.
- Tomatensauce und Sahne dazugeben und einkochen lassen.
- Wenn die Sauce cremig ist, salzen und pfeffern.
- Die gekochten Nudeln in der Sauce schwenken, mit Oregano und Parmesan verfeinern und servieren.

Garzeit Sauce: etwa 4 Minuten

Tipp

Ergänzen Sie die Sauce zum Schluss mit einem Esslöffel Pesto.

Tagliatelle mit Ragout bolognese

Tagliatelle al ragù

Für 4 Personen

Ragout bolognese	*200 g*	*Rindfleisch (Schulter)*
	100 g	*Schweinefleisch (Schulter)*
	20 g	*Karotten*
	20 g	*Sellerie*
	40 g	*Zwiebel*
	20 ml	*Öl*
	1 EL	*Tomatenmark*
	1/8 l	*Rotwein*
	250 ml	*braune Kalbsbrühe (siehe Seite 400) oder Wasser*
	100 g	*Tomaten, geschält und in Würfel geschnitten, oder Tomaten aus der Dose*
	1	*Rosmarinzweig*
	1	*Salbeiblatt*
	1/2	*Knoblauchzehe, fein gehackt*
	2	*Scheiben getrocknete Steinpilze, im Wasser eingeweicht und fein geschnitten*
		Pfeffer aus der Mühle, Salz
Nudeln	*320 g*	*Tagliatelle*
Weiteres	*4*	*Butterrollen*
	2 EL	*Parmesan*

Ragout bolognese

- Das Fleisch grob faschieren, am besten lassen Sie es schon vom Metzger faschieren.
- Karotten, Sellerie und Zwiebel putzen, waschen, schälen und in kleine Würfel schneiden. Im Öl andünsten, Fleisch dazugeben und mitdünsten, bis die ganze Flüssigkeit verdunstet ist.
- Tomatenmark dazugeben und mitrösten, bis die gewünschte dunkle Farbe entstanden ist.
- Mit Rotwein, immer in kleinen Mengen, löschen, um die Farbe und den Geschmack noch zu verstärken.
- Braune Kalbsbrühe und Tomaten dazugeben und das Ragout etwa 1 Stunde langsam köcheln lassen. Kurz vor Ende der Garzeit die Würzmittel (Rosmarin, Salbei, Knoblauch) und die Pilze hinzugeben, mit Salz und Pfeffer abschmecken und das Ragout fertig kochen lassen.

Fertigstellung

- Die Tagliatelle in reichlich Salzwasser kochen, das Wasser abschütten, die Nudeln auf den Tellern anrichten und mit Ragout, Butterrollen und Parmesan servieren.

Garzeit Ragout: etwa 1 Stunde
Garzeit Nudeln: etwa 3 Minuten

Tipps

1. *Damit die Gewürze nicht in der Sauce schwimmen, kann man sie in ein Tüchlein oder in ein Lauchblatt einbinden.*
2. *Sollte die Sauce zu flüssig sein, können Sie sie mit in Wasser angerührter Speisestärke binden.*
3. *Das Ragout lässt sich auch gut einfrieren.*

Variation

Spaghetti mit Ragout: Anstelle der Tagliatelle können Sie Spaghetti verwenden.

Penne mit Salsiccia und geräucherter Ricotta

Penne con salsiccia e ricotta affumicata

Für 4 Personen

Nudeln	*320 g*	*Penne rigate*
Sauce	*150 g*	*Salsicce (Schweinswürste)*
	2 EL	*Butter*
	150 ml	*braune Kalbssauce (siehe Seite 400)*
	4	*Salbeiblätter*
		Salz
		Pfeffer aus der Mühle
Weiteres	*50 g*	*Ricotta, geräuchert*
	1 EL	*Olivenöl zum Servieren*
	2 EL	*Parmesan, geraspelt*

- Salzwasser zum Kochen bringen und die Penne 8–12 Minuten nach Packungsangabe bissfest kochen.

Sauce

- Inzwischen von den Salsicce die Haut abziehen und die Würste in Stücke teilen.
- Butter in einer flachen Pfanne erhitzen und die Wurststücke anbraten, die Kalbssauce aufgießen und etwa 2 Minuten einkochen lassen.
- Das Wasser abgießen und die Penne in die Pfanne geben, den Salbei dazugeben, mit Salz und Pfeffer würzen, durchschwenken und auf Tellern anrichten.
- Zum Vollenden die geräucherte Ricotta mit einem Parmesanhobel oder Sparschäler über das Nudelgericht hobeln und mit Olivenöl und Parmesanspänen servieren.

Tipps

1. *Anstelle der Salsicce verwenden Sie Coppa, Rohschinken, Hühnerbrüstchen, Truthahnbrust usw.*
2. *Sie können das Gericht auch ohne Kalbssauce zubereiten.*

Penne mit Salsiccia und geräucherter Ricotta

Fusilli mit Kalbswange und Broccoli

Fusilli con guancia di vitello e broccoli

Für 4 Personen

Zutaten	300 g	*Kalbswange*
	30 g	*Sellerie*
	50 g	*Zwiebel*
	50 g	*Olivenöl*
	1 EL	*Tomatenmark*
	100 g	*Tomaten, geschält und in Würfel geschnitten*
	400 ml	*braune Kalbsbrühe (siehe Seite 400) oder Wasser*
	1	*Rosmarinzweig*
	1	*Salbeiblatt*
	1	*Thymianzweig*
		Salz, Pfeffer aus der Mühle
	300 g	*Broccoli*
Nudeln	320 g	*Fusilli*
Weiteres	10 g	*Petersilienblätter, fein geschnitten*
	1 EL	*Parmesan, gerieben*

- Die Kalbswange vom Fett befreien und in Würfel schneiden.
- Den Sellerie waschen und schälen, Zwiebel schälen, putzen und alles in kleine Würfel schneiden.
- In Olivenöl dünsten, das Fleisch dazugeben und mitdünsten, bis die ganze Flüssigkeit verdunstet ist.
- Das Tomatenmark und die Tomaten dazugeben und mit brauner Kalbsbrühe aufgießen. Die Sauce langsam köcheln lassen.
- Kurz vor Ende der Garzeit die Würzmittel (Rosmarin, Salbei, Thymian) hinzugeben, mit Salz und Pfeffer abschmecken und fertig kochen lassen.
- Den Broccoli putzen, trockene und harte Stielenden abschneiden, die Blätter entfernen und zu Röschen reißen.
- Salzwasser zum Kochen bringen, den Broccoli etwa 8 Minuten knackig kochen und sofort im kalten Wasser abkühlen, damit die grüne Farbe erhalten bleibt.

Fertigstellung
- In einem Topf Wasser zum Kochen bringen und salzen.
- Fusilli hineingeben, öfters umrühren und nach der Packungsanweisung bissfest kochen.
- Das Kalbswangenragout erhitzen, die Broccoli beigeben und erwärmen.
- Die gekochten Fusilli und die Petersilie dazugeben, mit Salz würzen, gut mischen, mit dem Parmesan bestreuen und servieren.

Garzeit Kalbswange: etwa 1 1/2 Stunden
Garzeit Nudeln: etwa 12 Minuten

Tipps
1. *Dazu passen Blattsalate je nach Jahreszeit.*
2. *Sollte die Sauce zu flüssig sein, können Sie sie mit in etwas kaltem Wasser angerührter Speisestärke binden.*
3. *Sie können anstelle der Broccoli auch Steinpilze, Champignons oder Pfifferlinge nehmen.*
4. *Verwendung findet diese Sauce auch für Kartoffelnudeln, Kartoffelnocken und verschiedene andere Nudeln.*

Malloreddus mit Schweinswurst und Tomaten

Malloreddus con salsiccia e pomodori

Für 4 Personen

Sauce	40 g	*Zwiebel, fein geschnitten*
	1	*Knoblauchzehe, fein gehackt*
	50 ml	*Olivenöl*
	1	*Schweinswurst*
	30 ml	*Weißwein*
	300 g	*Tomatenwürfel*
	100 g	*Spinat*
		Salz
	1/2	*Peperoncino*
Nudeln	400 g	*Malloreddus (siehe Seite 122)*

Sauce
- Zwiebel und Knoblauch in Olivenöl dünsten, die in kleine Stücke geschnittene Schweinswurst mitrösten.
- Weißwein und Tomatenwürfel dazugeben, Spinat waschen, putzen, eventuell grob schneiden und dazugeben, für etwa 2 Minuten dünsten und mit Salz und Peperoncino würzen.

Fertigstellung
- In einem Topf Wasser zum Kochen bringen und salzen.
- Malloreddus hineingeben, öfters umrühren und bissfest kochen.
- Die Sauce erhitzen, die gekochten Malloreddus dazugeben, mit Salz nachwürzen, gut mischen und servieren.

Garzeit Sauce: etwa 4 Minuten
Garzeit Nudeln: etwa 10 Minuten

Tipps
1. *Anstelle der Schweinswurst können Sie auch Rohschinken, Salami oder Kalbsrücken verwenden.*
2. *Sie können auch Spaghetti, Maccheroni, Farfalle oder Tagliolini nehmen.*

Malloreddus mit Schweinswurst und Tomaten

Fusilli mit Kalbswange und Broccoli

Fettuccine mit Rohschinken und Rucola

Fettuccine con prosciutto crudo e rucola

Für 4 Personen

Zutaten	100 g	Rohschinken oder Coppa
	50 ml	Olivenöl
	80 g	Tomaten, getrocknet und in Streifen geschnitten
	1	Knoblauchzehe, fein gehackt
		Salz
		Pfeffer aus der Mühle
Nudeln	400 g	Bandnudeln
Weiteres	50 g	Rucola
	2 EL	Parmesan, gerieben

- Den Rohschinken in feine Streifen schneiden und in Olivenöl dünsten.
- Die getrockneten Tomaten dazugeben und mit Knoblauch, Salz und Pfeffer würzen.
- Bandnudeln in reichlich Salzwasser kochen, Wasser abschütten und in der Sauce schwenken.
- Von der Rucola die Stiele wegschneiden und waschen.
- Erst vor dem Servieren die rohen Rucolablätter untermischen, mit Parmesan bestreuen und servieren.

Garzeit Nudeln: 3–6 Minuten

Tipps

1. *Anstelle der getrockneten Tomaten können Sie auch frische Tomaten verwenden.*
2. *Auch gekochte Spinatblätter eignen sich anstelle der Rucola sehr gut.*
3. *Sie können die Sauce mit Oliven oder gedünsteten Zucchini ergänzen.*

Bucatini mit Speck und Zwiebel

Bucatini con speck e cipolle

Für 4 Personen

Zutaten	120 g	Zwiebel
	60 ml	Olivenöl
	100 g	Bauchspeck, in Streifen geschnitten
	$1/2$	Knoblauchzehe
	1 EL	Basilikum, fein geschnitten
	20 g	Petersilie, fein geschnitten
		Salz
		Pfeffer aus der Mühle
Nudeln	320 g	Bucatini

- Die Zwiebel schälen, in feine Längsstreifen schneiden und in Olivenöl goldgelb dünsten.
- Bauchspeck dazugeben und mitdünsten.
- Knoblauch schälen, fein hacken, mit Basilikum und Petersilie zum Zwiebel-Speckgemisch geben und mit Salz und Pfeffer würzen.
- Die Bucatini in reichlich Salzwasser nach Packungsanweisung kochen, das Wasser abschütten und mit der Zwiebel-Specksauce servieren.

Garzeit Nudeln: 8–12 Minuten

Tipp

Folgende Nudelsorten können Sie für diese Sauce genauso verwenden: Bavette, Spaghetti, Maccheroni, Orecchiette usw.

Variation

Amatricianasauce: Sie geben zur Zwiebel-Specksauce etwa 200 ml Tomatensauce und verfeinern sie mit Peperoncino und Oregano.

Spaghetti alla carbonara

Für 4 Personen

Zutaten		
	320 g	*Spaghetti oder Spaghettini*
	100 g	*Rohschinken, Coppa oder Bauchspeck*
	1 EL	*Butter*
	3	*Eigelb*
	200 ml	*Sahne*
	2 EL	*Parmesan, gerieben*
		Salz
		Pfeffer aus der Mühle, schwarz

- Reichlich Wasser zum Kochen bringen und salzen.
- Spaghetti nach Verpackungsanweisung kochen, dabei öfters mit dem Kochlöffel umrühren.
- In der Zwischenzeit Rohschinken, Coppa oder Bauchspeck in Streifen schneiden und in einer flachen Pfanne in der Butter leicht anbraten.
- Das Eigelb mit Sahne, Parmesan und Salz mit dem Schneebesen verrühren.
- Die gekochten Spaghetti in einem Sieb sehr gut abtropfen lassen und sofort in die Pfanne zum Rohschinken geben.
- Die Pfanne vom Herd nehmen, die Eiermasse zu den Nudeln gießen und gut vermischen.
- Nachwürzen, die Spaghetti auf vorgewärmte Teller geben und mit reichlich frisch gemahlenem Pfeffer bestreuen.

Garzeit Nudeln: 5–8 Minuten

Tipps

1. *Die Eier sollten nicht stocken, damit die Sauce cremig bleibt.*
2. *Essen Sie dazu einen Blattsalat und Weißbrot.*
3. *Anstelle des frischen Eigelbs können Sie auch pasteurisiertes verwenden.*

Dinkelfleckerln mit Wildschweinragout

Maltagliati di farro con ragù di cinghiale

Für 4 Personen

Wildschwein-ragout	*400 g*	*Wildschwein (Schulter)*
	20 g	*Karotten*
	20 g	*Sellerie*
	40 g	*Zwiebel*
	20 ml	*Öl*
	1/2 EL	*Tomatenmark*
	1/8 l	*Rotwein, dunkel und kräftig*
	1/4 l	*braune Wildbrühe (siehe Seite 400) oder Fleischsuppe (siehe Seite 398)*
	1	*Rosmarin- und Thymianzweig*
	1	*Salbeiblatt*
	1/2	*Knoblauchzehe, fein gehackt*
	3	*Wacholderbeeren, zerdrückt*
		Salz
		Pfeffer aus der Mühle
Dinkelnudelteig	*150 g*	*Dinkelmehl, fein*
	150 g	*Mehl*
	3	*Eier*
	30 ml	*Öl*
		Salz

Wildschweinragout

- Das Wildschweinfleisch in 1/2 cm große Würfel schneiden.
- Karotten, Sellerie und Zwiebel putzen, waschen, schälen, in kleine Würfel schneiden und in Öl dünsten.
- Das Fleisch dazugeben und mitdünsten, bis die ganze Flüssigkeit verdunstet ist.
- Tomatenmark hinzufügen und mitrösten, bis die gewünschte Farbe entstanden ist.
- Mit Rotwein, immer in kleinen Mengen, löschen, um die Farbe und den Geschmack noch zu verstärken.
- Die braune Wildbrühe dazugeben und das Ragout langsam köcheln lassen. Kurz vor Ende der Garzeit alle Würzmittel (Rosmarin, Thymian, Salbei, Knoblauch, Wacholderbeeren) hinzufügen, mit Salz und Pfeffer abschmecken und die Sauce fertig kochen lassen.

Dinkelnudelteig

- Alle Zutaten verkneten und etwa 20 Minuten ruhen lassen.
- Den Teig mit der Maschine dünn ausrollen und zu 3 cm großen Fleckerln schneiden.

Fertigstellung

- Die Fleckerln in Salzwasser kochen, mit dem Wildschweinragout vermischen und servieren.

Garzeit Ragout:	etwa 1 Stunde
Garzeit Dinkelfleckerln:	etwa 2–4 Minuten

Tipps

1. *Anstelle der Dinkelfleckerln können Sie auch Bandnudeln, Pappardelle, Maltagliati usw. verwenden.*
2. *Kräftige Rotweine wie Cabernet, Barolo, Merlot geben dem Ragout einen besonders guten Geschmack und auch eine schöne Farbe.*

Variation

Überbackene Dinkelfleckerln: Die Dinkelfleckerln können Sie anstelle des Wildschweinragouts einfach nur mit gedünstetem Lauch und Käse überbacken.

Pappardelle mit Hasenpfeffer

Pappardelle con lepre

Für 4 Personen

Zutaten	*700 g*	*Hasenkeulen und -schultern*
	30 g	*Karotten*
	20 g	*Sellerie*
	60 g	*Zwiebel*
	20 ml	*Öl*
	1/2 EL	*Tomatenmark*
	1/8 l	*Rotwein wie Barolo, Merlot usw.*
	1/2 l	*braune Wildbrühe (siehe Seite 400) oder Fleischsuppe (siehe Seite 398)*
	1	*Rosmarinzweig*
	1	*Thymianzweig*
	1/2	*Knoblauchzehe, fein gehackt*
		Pfeffer aus der Mühle
	4	*Wacholderbeeren*
		Salz
Nudeln	*320 g*	*Eiernudelteig (siehe Seite 122)*

- Keulen und Schultern von Sehnen und Fett befreien.
- Karotten, Sellerie und Zwiebel putzen, waschen, schälen, in kleine Würfel schneiden und in Öl dünsten.
- Das Fleisch salzen und pfeffern und in einer Pfanne rundum anbraten, zum Gemüse geben und mitdünsten, bis die ganze Flüssigkeit verdunstet ist.
- Tomatenmark dazugeben und mitrösten, bis die gewünschte Farbe entstanden ist.
- Mit Rotwein, immer in kleinen Mengen, löschen, um die Farbe und den Geschmack noch zu verstärken.

- Die braune Wildbrühe dazugeben und das Fleisch langsam köcheln lassen. Kurz vor Ende der Garzeit alle Würzmittel (Rosmarin, Thymian, Salbei, Knoblauch und Wacholderbeeren) hinzufügen, mit Salz und Pfeffer nochmals abschmecken und fertig kochen lassen.
- Das Fleisch aus der Sauce nehmen, von den Knochen befreien, Fleischstücke etwas zerpflücken und wieder in die Sauce geben.

Fertigstellung
- Den Nudelteig dünn ausrollen und in 2 cm breite und 20 cm lange Bandnudeln (Pappardelle) schneiden. Diese in reichlich Salzwasser kochen, das Wasser abschütten, die Nudeln im Hasenpeffer schwenken und servieren.

Garzeit Hasenpfeffer:	etwa 1 Stunde
Garzeit Nudeln:	etwa 2 Minuten

Tipps

1. *Damit die Gewürze nicht in der Sauce herumschwimmen, kann man sie in ein Tüchlein oder in ein Lauchblatt binden.*
2. *Verwendung: für Nudeln aller Art oder als Füllung für Ravioli oder Pastetchen.*

Maltagliati mit Rehragout

Maltagliati con ragú di capriolo

Für 4 Personen (etwa 600 g)

Rehragout	*400 g*	*Rehfleisch (Schulter)*
	30 g	*Karotten*
	30 g	*Sellerieknolle*
	50 g	*Zwiebel*
	20 g	*Öl*
	1/2 EL	*Tomatenmark*
	1/8 l	*Rotwein, dunkel und kräftig (Lagrein dunkel, Barolo oder andere)*
	300 ml	*braune Wildbrühe (siehe Seite 400) oder Fleischsuppe (siehe Seite 398)*
	1 TL	*Rosmarin, Thymian und Salbei*
	1/2	*Knoblauchzehe, fein gehackt*
	3	*Wacholderbeeren, zerdrückt*
	2	*Steinpilzscheiben, getrocknet, im Wasser eingeweicht und fein geschnitten*
		Pfeffer aus der Mühle
		Salz
Nudeln	*320 g*	*Maltagliati*

Rehragout
- Das Fleisch in 1/2 cm große Würfel schneiden.
- Karotten, Sellerie und Zwiebel putzen, waschen, schälen, in kleine Würfel schneiden und im Öl dünsten.
- Das Fleisch dazugeben und mitdünsten, bis die ganze Flüssigkeit verdunstet ist.
- Das Tomatenmark dazugeben und mitrösten, bis die gewünschte Farbe entstanden ist.
- Mit Rotwein, immer in kleinen Mengen, löschen, um die Farbe und den Geschmack noch zu verstärken.
- Die braune Wildbrühe dazugeben und das Ragout langsam köcheln lassen. Kurz vor Ende der Garzeit alle Würzmittel (Rosmarin, Thymian, Salbei, Knoblauch, Wacholderbeeren) und die Steinpilze hinzufügen, mit Salz und Pfeffer abschmecken und die Sauce fertig kochen lassen.

Fertigstellung
- Die Maltagliati in reichlich Salzwasser kochen, das Wasser abschütten, die Nudeln im Rehragout schwenken und servieren.

Garzeit Rehragout:	etwa 1 Stunde
Garzeit Nudeln:	6–8 Minuten

Tipps

1. *Sollte die Sauce zu flüssig sein, können Sie sie mit in kaltem Wasser angerührter Speisestärke binden.*
2. *Damit die Gewürze nicht in der Sauce herumschwimmen, kann man sie in ein Tüchlein oder in ein Lauchblatt einbinden.*
3. *Verwendung: für Bandnudeln, Pappardelle, Bigoli usw. oder als Füllung für Ravioli oder Pastetchen.*

Variationen

Hirschragout: Verwenden Sie anstelle des Rehfleisches eine Hirschschulter.
Gamsragout: Das Rehfleisch wird durch eine Gamsschulter ersetzt.
Wildschweinragout: Verwenden Sie anstelle des Rehfleisches eine Wildschweinschulter.
Perlhuhnragout: Verwenden Sie Perlhuhnkeulen anstelle des Rehfleisches und gießen Sie mit brauner Geflügelbrühe (siehe Seite 400) auf.

Pappardelle mit Wildhasenrücken

Pappardelle con sella di lepre

Für 4 Personen

Zutaten	4	*Wildhasenfilets*
	30 ml	*Olivenöl*
	1	*Rosmarinzweig*
	1	*Thymianzweig*
	50 ml	*Olivenöl zum Braten*
		Salz
		Pfeffer aus der Mühle
	200 ml	*braune Wildsauce (siehe Seite 400)*
	70 g	*Bauchspeckstreifen, geröstet*
	50 g	*Johannisbeeren*
Weiteres	320 g	*Eiernudelteig (siehe Seite 122)*
		Majoranblätter zum Garnieren

- Die Wildhasenfilets von den Sehnen befreien, dann mit Olivenöl, Rosmarin und Thymian etwa 1 Stunde marinieren.
- In einer Pfanne Olivenöl erwärmen, Wildhasenfilets salzen und pfeffern, auf beiden Seiten anbraten und mit Rosmarin und Thymian im Backrohr garen.

Fertigstellung
- Den Nudelteig dünn ausrollen und in 2 cm breite und 20 cm lange Bandnudeln (Pappardelle) schneiden.
- Die Pappardelle in reichlich Salzwasser kochen und das Wasser abschütten.
- Die Wildsauce erwärmen, den gerösteten Speck, die Johannisbeeren dazugeben und darin die Nudeln schwenken.
- Das Fleisch in schräge Scheiben schneiden, auf den Nudeln anrichten, mit Majoran garnieren und servieren.

Gartemperatur: 170 Grad
Garzeit Rücken: etwa 8 Minuten, je nach Größe der Filets
Garzeit Nudeln: etwa 3 Minuten

Kartoffelteigravioli mit Spargelfüllung und Thymian

Ravioli di patate ripieni di asparagi e timo

Für 4 Personen

Spargelfüllung	*200 g*	*Spargel, weiß*
	200 g	*Spargel, grün*
	50 g	*Lauch, in feine Streifen geschnitten*
	1 EL	*Butter*
	¼ l	*Sahne*
	1 EL	*Parmesan*
	1 EL	*Schnittlauch, geschnitten*
		Weißbrotbrösel zum Binden
Weiteres	*400 g*	*Kartoffelteig (siehe Seite 209)*
	1 EL	*Thymian*
	2 EL	*Parmesan, gerieben oder geraspelt*
	4 EL	*Butter, gebräunt*

Spargelfüllung

- Weißen Spargel schälen, die holzigen Enden wegschneiden und in Salzwasser etwa 15 Minuten kochen.
- Grünen Spargel schälen, in stark gesalzenem Wasser etwa 6 Minuten kochen, dann in kaltem Wasser abkühlen lassen.
- Die grünen Spargelspitzen abschneiden und bereitstellen.
- Lauch in Butter dünsten, Sahne und Parmesan dazugeben und auf ein Drittel einkochen lassen.
- Die restlichen grünen Spargelstangen und die weißen Spargel in ½ cm lange Stücke schneiden, dazugeben und mit Schnittlauch würzen, die Sauce eventuell mit etwas geriebenem Weißbrot binden und kalt stellen.

Fertigstellung

- Kartoffelteig auf einem bemehlten Nudelbrett mit dem Nudelholz dünn ausrollen und runde Blätter mit 5 cm Durchmesser ausstechen; die Spargelfüllung mit einem Teelöffel daraufgeben, die Teigblätter halbmondförmig zu Krapfen zusammenfalten und die Ränder mit den Fingern andrücken.
- Die Teigtaschen in kochendes Salzwasser geben und langsam kochen lassen.
- Mit der Schaumkelle aus dem Wasser heben, gut abtropfen lassen und auf Teller geben, mit den erwärmten grünen Spargelspitzen garnieren, mit Thymian und Parmesan bestreuen, mit der braunen Butter übergießen und servieren.

Garzeit Teigtaschen: 3–4 Minuten

Variation

Kartoffelteigtaschen mit Sauerkrautfüllung: Anstelle der Spargel lassen Sie das gekochte Sauerkraut in der Lauchsahne kochen, bis die Sahne fast zur Gänze eingekocht ist, und füllen damit die Teigtaschen.

Ravioli mit Kürbisfüllung und Gänsestopfleber

Ravioli ripieni di zucca e fegato grasso d'oca

Für 4 Personen

Kürbisfüllung	*300 g*	*Kürbis (Moschuskürbis)*
	50 g	*Schalotte oder Zwiebel*
	1	*Knoblauchzehe*
	2 EL	*Olivenöl*
	100 ml	*Sahne*
	30 g	*Parmesan, gerieben*
	2 EL	*Toastbrotbrösel*
	1 EL	*Petersilie, fein geschnitten*
		Salz, Pfeffer aus der Mühle
Apfelspalten	*1 EL*	*Zucker*
	2 EL	*Weißwein*
	2 EL	*Butter*
	8	*Apfelspalten*
Weiteres	*150 g*	*Eiernudelteig (siehe Seite 122)*
	120 g	*Gänsestopfleber, roh*
	150 g	*Kürbis, gekocht und fein püriert*
	2 EL	*braune Kalbssauce (siehe Seite 400)*
		Petersilie, frittiert

Kürbisfüllung

- Den Kürbis schälen und in kleine Würfel schneiden.
- Schalotte oder Zwiebel und Knoblauch schälen, fein schneiden und im Olivenöl dünsten.
- Kürbiswürfel mit Sahne 10 Minuten dünsten.
- Mit Parmesan, Brösel, Petersilie, Salz und Pfeffer würzen.

Apfelspalten

- Für die Apfelspalten Zucker in einer Pfanne karamellisieren, mit Weißwein löschen, Butter und Apfelspalten dazugeben und darin garen, bis sie weich sind.

Fertigstellung

- Den Nudelteig mit der Nudelmaschine dünn ausrollen, runde Blätter ausstechen und die Füllung daraufgeben, den Teigrand mit Wasser bestreichen, ein zweites Blatt darauflegen und gut verschließen.
- Die Ravioli in reichlich Salzwasser kochen lassen, mit der Schaumkelle herausheben und auf das Kürbispüree geben.
- Die rohe Gänsestopfleber in dünne Scheiben schneiden, über die Ravioli geben und mit der heißen Butter übergießen. Nun die Ravioli mit Apfelspalten und Petersilie garnieren und mit brauner Kalbssauce servieren.

Garzeit Ravioli: etwa 3 Minuten

Variation

Broccoli-Ravioli: Anstelle von Kürbis nimmt man Broccoli.

Kartoffelteigtaschen mit Spargelfüllung und Thymian

Ravioli mit Kürbisfüllung und Gänsestopfleber

Agnolotti mit Kartoffeln, Pancetta und Zwiebel

Agnolotti con patate, pancetta e cipolla

Für 4 Personen

Füllung	30 g	*Zwiebel*
	20 g	*Pancetta*
	1 EL	*Butter*
	250 g	*Kartoffeln, gekocht und grob geraspelt*
	60 g	*Topfen*
	1 TL	*Thymian, geschnitten*
	2 EL	*Pecorino, gerieben*
		Salz
		Pfeffer aus der Mühle
Teig	150 g	*Eiernudelteig (siehe Seite 122)*
Weiteres		*Parmesan, gerieben*
		Zwiebelstreifen, geröstet
		Bauchspeckstreifen, geröstet
		Rosmarin
		Butter, hellbraun, zum Übergießen

Kartoffelfüllung

- Zwiebel schälen, Pancetta in kleine Würfel schneiden und in der Butter dünsten.
- Kartoffeln, Topfen, Zwiebel, Speck, Thymian und Pecorino locker vermischen und mit Salz und Pfeffer würzen.

Teig

- Nudelteig dünn ausrollen und runde Blätter mit 6 cm Durchmesser ausstechen. Mit einem Löffel die Kartoffelfüllung auf die Teigblätter geben, die Ränder mit Wasser bestreichen, zu Agnolotti falten und den Teig gut zusammendrücken.

Fertigstellung

- Agnolotti in reichlich Salzwasser kochen, mit einer Schaumkelle herausheben und gut abtropfen lassen.
- Auf Tellern anrichten, mit Parmesan, Zwiebel- und Pancettastreifen sowie Rosmarin belegen, mit hellbrauner Butter übergießen und servieren.

Garzeit Nudeln: etwa 2 Minuten

Tipps

1. *Sie können dieses Gericht auch ohne Speck zubereiten und Dinkelnudelteig (siehe Seite 162) verwenden.*
2. *Die Agnolotti schmecken auch mit einem Schmelzkäse wie Taleggio oder Fontina überbacken sehr gut.*

Nudelbonbons mit Zucchinifüllung auf Fenchelragout

Nudelbonbons mit Zucchinifüllung auf Fenchelragout

Caramelle ripiene di zucchini con finocchi

Für 4 Personen

Zucchinifüllung	*100 g*	*Zwiebel*
	300 g	*Zucchini*
	30 g	*Butter*
	1 EL	*Mehl*
	1/8 l	*Sahne*
	1 TL	*Petersilie, fein geschnitten*
		Salz
		Pfeffer aus der Mühle
Teig	*150 g*	*Eiernudelteig (siehe Seite 122)*
Fenchelragout	*400 g*	*Fenchel, in kleine Würfel geschnitten*
	50 ml	*Olivenöl*
	1	*Knoblauchzehe, fein gehackt*
	100 ml	*Gemüsebrühe (siehe Seite 398) oder Fleischsuppe (siehe Seite 398)*
		Salz
		Pfeffer aus der Mühle
Weiteres	*12*	*Dillspitzen*
	1 TL	*Pfeffer, rosa, zerstoßen*

Zucchinifüllung

- Zwiebel und Zucchini putzen, waschen und in feine Würfel schneiden, in Butter dünsten, Mehl darüberstreuen, dann Sahne dazugeben und einkochen lassen. Mit Petersilie, Salz und Pfeffer würzen und auskühlen lassen.

Fenchelragout

- Die Fenchelwürfel in Olivenöl mit Knoblauch dünsten, mit Gemüsebrühe aufgießen und etwa 6 Minuten kochen lassen. Mit Salz und Pfeffer abschmecken und bereitstellen.

Fertigstellung

- Den Nudelteig dünn ausrollen und in Quadrate (2 x 2 cm) zuschneiden. Die Füllung mit einem Löffel oder Spritzsack auf die Teigblätter verteilen, Teigränder mit Wasser bestreichen und bei jedem Teigblatt die 4 Teigspitzen in der Mitte zu einem Bonbon zusammendrücken.
- Die Bonbons in Salzwasser kochen.
- Das Ragout auf die vorgewärmten Teller geben, die Bonbons daraufgeben, mit Dill und rosa Pfeffer garnieren und servieren.

Garzeit Bonbons: etwa 3 Minuten

Tipps

1. *Man kann auf die Bindung der Füllung mit Mehl auch verzichten, allerdings muss die Füllung dann stärker eingekocht werden.*
2. *Sie können anstelle der Zucchinifüllung auch eine Gemüsefüllung (siehe Seite 180) verwenden.*

Rohnenteigtaschen mit Perlhuhnfüllung

Borselli di barbabietola ripieni di faraona

Für 4 Personen

Rohnenteig	*50 g*	*Rohnen, gekocht*
	2	*Eier*
	150 g	*Mehl*
	1 EL	*Olivenöl*
		Salz
Perlhuhnfüllung	*600 g*	*Perlhuhnragout (siehe Seite 163)*
Weiteres	*2 EL*	*Schnittlauch, fein geschnitten*
	2 EL	*Asiago-Käse*
	50 g	*Butter, gebräunt*

Rohnenteig

- Die Rohnen schälen und in Stücke schneiden, mit den Eiern fein mixen. Mehl mit den Rohnen, Olivenöl und Salz zu einem geschmeidigen Teig kneten und etwas ruhen lassen.

Perlhuhnfüllung

- Das Ragout auf zwei Drittel einkochen lassen, dann kalt stellen.

Fertigstellung

- Den Nudelteig dünn ausrollen und runde, 6 cm große Blätter ausstechen. Auf die Nudelblätter einen Löffel Füllung geben, den Teigrand mit Wasser oder Eiweiß bestreichen, zusammenfalten und fest andrücken. Die Taschen auf ein bemehltes Tuch legen und eventuell kalt stellen.
- Die Teigtaschen in Salzwasser kochen und mit Schnittlauch, gehobeltem Asiago-Käse und hellbrauner Butter servieren.

Garzeit Teigtaschen: etwa 2 Minuten

Variation

Rohnenteigtaschen mit Lammfüllung: Verwenden Sie anstelle der Perlhuhnkeulen das Fleisch der Lammschulter.

Gekochte Fleischfüllung

Ripieno di carne

Für ½ kg Füllung

Zutaten	*150 g*	*Kalbfleisch (Schulter)*
	300 g	*Schweinefleisch (Schulter)*
	2 EL	*Öl*
	30 g	*Sellerie*
	50 g	*Zwiebel*
	1 EL	*Tomatenmark*
	30 ml	*Weißwein*
	¼ l	*Fleischsuppe (siehe Seite 398)*
		Salz
		Pfeffer aus der Mühle
	50 g	*Mortadella*
	½	*Lorbeerblatt*
	1	*Rosmarinzweig*
	1	*Salbeiblatt*
	30 g	*Parmesan, gerieben*

- Das Kalb- und Schweinefleisch in 40 g schwere Würfel schneiden.
- In einem flachen Kochtopf Öl erhitzen und das Fleisch darin anbraten.
- Sellerie und Zwiebel waschen, putzen und schälen, in mittelgroße Würfel schneiden, zum Fleisch geben und mitbraten. Sobald sich genügend Röst- und Geschmacksstoffe gebildet haben, das Tomatenmark dazugeben, mit Weißwein löschen, Fleischsuppe aufgießen, mit Salz und Pfeffer würzen und zugedeckt langsam dünsten.
- Kurz vor Garende die Mortadella und die Gewürze (Lorbeerblatt, Rosmarin und Salbei zusammenbinden) dazugeben, dann weitergaren, bis das Fleisch weich ist.
- Die Gewürze herausnehmen und das Fleisch mit dem Gemüse durch die feine Scheibe des Fleischwolfes drehen oder mit der Moulinette zerkleinern und mit Parmesan verfeinern.

Garzeit der Füllung: etwa 45 Minuten

Tipp

Diese Füllung können Sie für Ravioli, Cannelloni, Tortellini usw. verwenden.

Tortelloni mit Fleischfüllung und Salbeibutter

Tortelloni ripieni di vitello con burro alla salvia

Für 4 Personen

Fleischfüllung	*250 g*	*gekochte Fleischfüllung (siehe Seite 172), etwa ½ Rezept*
	50 ml	*Sahne*
Teig	*150 g*	*Eiernudelteig (siehe Seite 122), etwa ½ Rezept*
Weiteres	*4*	*Salbeiblätter*
	50 g	*Butter*
	40 g	*Parmesan, teils gerieben, teils geraspelt*

Fertigstellung

- Die Fleischfüllung herstellen, mit der Sahne verfeinern und bereitstellen.
- Den Nudelteig dünn ausrollen und etwa 5 cm große, runde Blätter ausstechen. Auf die Teigblätter einen Löffel Fleischfüllung geben, den Teigrand mit etwas Wasser bestreichen, zusammenfalten und über den Finger drehen. Die Tortelloni auf ein bemehltes Tuch legen und eventuell kalt stellen.
- Die Tortelloni in reichlich Salzwasser kochen, herausheben und gut abtropfen lassen, dann auf Tellern verteilen.
- Die ganzen oder in feine Streifen geschnittenen Salbeiblätter in die hellbraune Butter geben.
- Die Tortelloni mit geriebenem Parmesan und Parmesanspänen bestreuen und mit der Salbeibutter übergießen.

Garzeit Tortelloni: etwa 4–5 Minuten

Tipp

Sie können zu den Tortelloni auch Tomatensauce (siehe Seite 150), Gorgonzolasauce (siehe Seite 155) oder Spargelsauce (siehe Seite 205) reichen.

Tortelloni mit Fleischfüllung und Salbeibutter

Tortelli mit Fondutafüllung und weißer Trüffel

Tortelli ripieni di fonduta e tartuffo bianco

Für 4 Personen

Fondutafüllung	*150 ml*	*Milch*
	100 ml	*Sahne*
		Salz
	1 Msp.	*Muskatnuss*
	30 g	*Butter*
	30 g	*Mehl*
	100 g	*Fontina, in Würfel geschnitten*
	1	*Eigelb*
		Pfeffer aus der Mühle
Parmesanhippe	*4 EL*	*Parmesan, gerieben*
Nudelteig	*150 g*	*Eiernudelteig (siehe Seite 122)*
Weiteres	*200 g*	*Spinatpüree*
		Trüffel, weiß
	40 g	*Butter, gebräunt*

Fondutafüllung
- Milch und Sahne mit Salz und Muskatnuss erhitzen.
- In einem Topf Butter schmelzen lassen und das Mehl mit dem Schneebesen einrühren.
- Die heiße Milch und Sahne unter ständigem Rühren mit einem Schneebesen zur Mehlschwitze geben.
- Bei schwacher Hitze etwa 3 Minuten kochen lassen.
- Fontina und Eigelb einrühren, pfeffern und kalt stellen.

Parmesanhippe
- In einer beschichteten Pfanne jeweils 1 Esslöffel Parmesan dünn verteilen (je nach Form der Hippe) und bei 180 Grad im Backrohr knusprig backen. Die Hippe aus der Pfanne nehmen und noch heiß in die gewünschte Form bringen.

Fertigstellung
- Den Nudelteig dünn ausrollen und in runde, mit 5 cm Durchmesser große Blätter ausschneiden.
- Auf die Nudelblätter einen Löffel von der Fondutafüllung geben, den Teigrand mit etwas Wasser bestreichen, mit einem zweiten Blatt bedecken, gut andrücken, auf ein bemehltes Tuch legen und eventuell kalt stellen.
- Die Tortelli im Salzwasser langsam kochen lassen.
- Aus dem Wasser heben, auf das erwärmte und gut abgeschmeckte Spinatpüree legen und die weißen Trüffel über die Ravioli hobeln.
- Die Tortelli mit Butter beträufeln und mit der Parmesanhippe servieren.

Garzeit Tortelli: 3–5 Minuten

Tipps

1. *Die Parmesanhippe können Sie auch auf einem Backpapier in der Mikrowelle garen.*
2. *Sie können anstelle der weißen Trüffel auch schwarze Trüffel oder rohe, gehobelte Steinpilze verwenden.*
3. *Anstelle des Fontina-Käses können Sie Taleggio oder Büffelmozzarella verwenden.*

Variation

Tortelli mit Amarettobutter: Anstelle der Trüffel verwenden Sie 8 geriebene Amarettokekse, die Sie in brauner Butter erwärmen und dann über die gekochten Tortelli mit Fondutafüllung geben.

Tortelloni mit Melanzanefüllung

Tortelloni ripieni di melanzane

Für 4 Personen

Füllung	250 g	*Melanzane*
	50 g	*Zwiebel, fein geschnitten*
	1	*Knoblauchzehe, gehackt*
	30 g	*Butter*
		Salz
		Pfeffer aus der Mühle
	50 g	*Mozzarella, in Würfel geschnitten*
	1 EL	*Basilikum, fein geschnitten*
	30 g	*Parmesan, gerieben*
Teig	150 g	*Eiernudelteig (siehe Seite 122), etwa ½ Rezept*
Weiteres	100 g	*Melanzanestreifen*
	100 g	*Tomaten, in Streifen geschnitten*
	50 ml	*Olivenöl*
	2	*Knoblauchzehen, in Scheiben geschnitten*
	4	*Basilikumblätter*

- Melanzane schälen und in kleine Würfel schneiden.
- Zwiebel und Knoblauch in Butter dünsten, die Melanzane dazugeben, mit Salz und Pfeffer würzen und etwa 2 Minuten dünsten. Auskühlen lassen.
- Mozzarellawürfel und Basilikum dazugeben, mit Parmesan, Salz und Pfeffer würzen.

Fertigstellung

- Den Nudelteig dünn ausrollen und 12 runde Blätter ausstechen (Durchmesser etwa 8 cm). Die Füllung mit einem Löffel auf das Teigblatt geben, den Teigrand mit Wasser bestreichen, verschließen und zu einem Tortellone formen.
- Die Tortelloni in Salzwasser kochen.
- Melanzanestreifen und Knoblauch in Olivenöl dünsten, Tomatenstreifen dazugeben, mit Salz, Pfeffer und Basilikum abschmecken und zu den Tortelloni servieren.

Garzeit Tortelloni: etwa 3 Minuten

Gebackene Melanzaneröllchen

Involtini di melanzane fritti

Für 4 Personen

Füllung	4	*Sardellenfilets*
	1 EL	*Schalotten*
	1	*Knoblauchzehe*
	50 ml	*Olivenöl*
	120 g	*Zucchini*
	120 g	*Peperoni*
	2 EL	*Petersilie, fein geschnitten*
		Salz, Pfeffer aus der Mühle
Weiteres	1	*Melanzane*
	2	*Eier*
	1 EL	*Parmesan, gerieben*
	30 g	*Mehl zum Bestreuen*
	200 ml	*Tomatensauce (siehe Seite 150)*
	2 EL	*Pesto (siehe Seite 144)*
	4	*Melanzanescheiben, frittiert*
	1 EL	*Basilikum, in Streifen geschnitten*

Füllung
- Sardellen grob hacken.
- Schalotten und Knoblauch schälen und fein hacken.
- Zucchini und Peperoni halbieren, putzen, waschen, dann in kleine Würfel schneiden.
- Schalotten und den Knoblauch in Olivenöl dünsten. Zucchini und Peperoni dazugeben und kurz mitdünsten.
- Sardellen und Petersilie hinzufügen, salzen, pfeffern und kalt stellen.

Fertigstellung
- Melanzane waschen, in 1 cm dicke Längsscheiben schneiden und etwa 3 Minuten grillen.
- Auf die gegrillten Melanzanescheiben die Füllung geben und diese einrollen.
- Eier und Parmesan vermischen.
- Die Röllchen mit Mehl bestreuen, durch das aufgeschlagene Ei ziehen und in heißem Fett backen.
- Die Röllchen auf einen Teller mit Tomatensauce geben, mit etwas Pesto beträufeln und mit den frittierten Melanzanescheiben und etwas geschnittenem Basilikum garnieren.

Garzeit: etwa 3 Minuten
Gartemperatur: etwa 170 Grad

Variation

Gebackene Mozzarella-Melanzaneröllchen: Sie können die Röllchen auch mit Mozzarella füllen.

Kartoffel-Ricottacannelloni

Cannelloni ripieni di ricotta e patate

Für 4 Personen

Füllung	*30 g*	*Zwiebel*
	20 g	*Bauchspeck (Pancetta)*
	40 g	*Butter*
	300 g	*Kartoffeln, gekocht und grob geraspelt*
	100 g	*Ricotta oder Topfen*
	1 TL	*Petersilie, geschnitten*
	1 EL	*Parmesan, gerieben*
		Salz
		Pfeffer aus der Mühle
Teig	*150 g*	*Eiernudelteig (siehe Seite 122)*
Sauce	*½ l*	*Béchamelsauce (siehe Seite 180)*
	30 g	*Parmesan, gerieben*
Weiteres		*Butter, zerlassen, zum Ausstreichen der Form und Überbacken*
		Speckstreifen, geröstet, zum Garnieren
		Rosmarin zum Garnieren

Kartoffel-Ricottafüllung

- Die Zwiebel schälen, Bauchspeck in kleine Würfel schneiden und in Butter dünsten.
- Die Kartoffeln, Ricotta, Zwiebel, Speck, Petersilie und Parmesan locker untermischen und mit Salz und Pfeffer würzen.

Teig

- Den Nudelteig dünn ausrollen und 8 rechteckige Blätter (6 x 10 cm) zuschneiden. In Salzwasser etwa 3 Minuten kochen, in kaltem Wasser auskühlen lassen, dann auf einem Küchenkrepp trocknen lassen und auf eine Tischplatte legen.

Fertigstellung

- Mit einem Löffel die Kartoffel-Ricottafüllung auf die Teigblätter geben und den Teig einrollen.
- Ein feuerfestes Geschirr mit Butter ausstreichen, etwas von der Béchamelsauce hineingeben und die Cannelloni darauflegen. Nun mit der restlichen Béchamelsauce überziehen, mit Parmesan bestreuen, die zerlassene Butter darüberträufeln und im vorgeheizten Backrohr backen. Den gerösteten Speck daraufgeben, mit Rosmarin garnieren und servieren.

Gartemperatur:	180 Grad
Garzeit:	etwa 20 Minuten

Tipps

1. *Sie können dieses Gericht auch ohne Bauchspeck zubereiten und Dinkelnudelteig (siehe Seite 162) verwenden.*
2. *Servieren Sie die Cannelloni mit Tomatensauce (siehe Seite 150) oder Tomatenragout.*
3. *Anstelle des Nudelteiges können Sie auch Nudelblätter als Fertig- oder Halbfertigprodukt verwenden.*

Cannelloni mit Kalbfleischfüllung

Cannelloni ripieni di vitello

Für 4 Personen

Zutaten	*150 g*	*Eiernudelteig (siehe Seite 122)*
	400 g	*gekochte Kalbfleischfüllung (siehe Seite 172)*
	½ l	*Béchamelsauce (siehe Seite 180)*
Weiteres		*Butter zum Ausstreichen der Form*
	100 ml	*Tomatensauce (siehe Seite 150)*
	20 g	*Parmesan, gerieben*
	30 g	*Butter, zerlassen*
		Basilikumblätter zum Garnieren

- Den Nudelteig zu 6 mal 10 cm großen Nudelblättern ausrollen und diese in Salzwasser kochen. In kaltem Wasser auskühlen lassen, dann trocken auf ein Nudelbrett oder eine Tischplatte legen. Mit einem Spritzbeutel (große Lochtülle) die Fleischfarce aufspritzen, den Teig einrollen und in gleich große, 8 cm lange Stücke schneiden.
- Ein feuerfestes Geschirr mit Butter ausstreichen, etwas von der Béchamelsauce hineingeben und die Cannelloni darauflegen. Nun mit der restlichen Béchamelsauce überziehen, mit der Tomatensauce beträufeln, mit Parmesan und zerlassener Butter im vorgeheizten Backrohr backen, mit Basilikum garnieren und servieren.

Gartemperatur:	180 Grad
Garzeit Nudelblätter:	etwa 1 Minute
Garzeit:	etwa 20 Minuten

Tipp

Anstelle des Nudelteiges können Sie auch Nudelblätter als Fertig- oder Halbfertigprodukt verwenden.

Kartoffel-Ricottacannelloni

Cannelloni mit Kalbfleischfüllung

Gemüsecannelloni

Cannelloni ripieni di verdure

Für 4 Personen

Gemüsefüllung	*50 g*	*Lauch*
	50 g	*Karotten*
	50 g	*Fenchel*
	100 g	*Zucchini*
	100 g	*Melanzane*
	40 g	*Zwiebel*
	20 g	*Butter*
	1 EL	*Mehl*
	⅛ l	*Sahne*
	1 TL	*Petersilie, fein geschnitten*
		Salz, Pfeffer aus der Mühle
Teig	*150 g*	*Eiernudelteig (siehe Seite 122)*
Sauce	*½ l*	*Béchamelsauce (siehe Seite 180)*
Weiteres		*Butter zum Ausstreichen der Form und zum Überbacken*
		Parmesan, gerieben
		Schnittlauch, fein geschnitten

Gemüsefüllung

- Das Gemüse (Lauch, Karotten, Fenchel, Zucchini, Melanzane) putzen, waschen und in kleine Würfel schneiden.
- Die Zwiebel schälen, fein schneiden und in Butter dünsten, Gemüse dazugeben und mitdünsten. Das Mehl darüberstreuen, dann die Sahne dazugeben und einkochen lassen. Mit Petersilie, Salz und Pfeffer würzen und erkalten lassen.

Fertigstellung

- Den Nudelteig dünn ausrollen und 8 rechteckige Blätter (6 x 10 cm) zuschneiden. In Salzwasser kochen, in kaltem Wasser auskühlen lassen, dann trocknen lassen und auf eine Tischplatte oder ein Nudelbrett legen.
- Mit einem Löffel die Gemüsefüllung auf die Teigblätter geben und gleichmäßige Rollen formen.
- Ein feuerfestes Geschirr mit Butter ausstreichen, etwas von der Béchamelsauce hineingeben, die Cannelloni darauflegen und mit der restlichen Béchamelsauce überziehen.
- Parmesan und zerlassene Butter auf die Cannelloni geben und im vorgeheizten Backrohr backen.
- Die Cannelloni mit Schnittlauch bestreuen und servieren.

Gartemperatur: 180 Grad
Garzeit: etwa 20 Minuten

Tipp

Man kann auf die Bindung der Füllung mit Mehl verzichten, allerdings lässt sich die Füllung mit Mehl besser weiterverarbeiten.

Cannelloni mit Burrata

Cannelloni fritti con burrata

Für 4 Personen

Teig	*150 g*	*Eiernudelteig (siehe Seite 122)*
Füllung	*400 g*	*Burrata oder Mozzarella*
		Salz, Pfeffer aus der Mühle
	1 EL	*Basilikum, in feine Streifen geschnitten*
	150 ml	*Tomatensauce (siehe Seite 150)*
Weiteres		*Basilikumblätter zum Garnieren*

- Nudelteig zu 6 mal 10 cm großen Nudelblättern ausrollen.
- Die Burrata in 8 längliche Stücke schneiden, mit Salz, Pfeffer und Basilikum würzen und auf die Nudelblätter legen. Den Rand des Teiges mit etwas Wasser bestreichen, dann einrollen und die beiden Enden gut verschließen.
- Die Cannelloni im Fett schwimmend backen, auf einen Küchenkrepp geben, damit das Fett etwas aufgesaugt wird, dann auf Tomatensauce mit Basilikum servieren.

Gartemperatur: 180 Grad
Garzeit: etwa 4 Minuten

Tipp

Statt des Nudelteiges können Sie auch Ziehteig verwenden.

Béchamelsauce

Salsa besciamella

Für 4 Personen

Zutaten	*½ l*	*Milch*
		Salz
	1	*Prise Muskatnuss*
	30 g	*Butter*
	30 g	*Mehl*
	1	*Lorbeerblatt, klein*

- Milch mit Salz und Muskatnuss würzen und erhitzen.
- Die Butter zergehen lassen, das Mehl mit dem Schneebesen einrühren, dann von der Kochstelle nehmen und etwas auskühlen lassen.
- Die heiße Milch unter ständigem Rühren mit einem Schneebesen in die Mehlschwitze einrühren.
- Wenn die Sauce schön glatt ist und eine sämige Konsistenz hat, das Lorbeerblatt hinzufügen,
- Bei schwacher Hitze etwa 5–7 Minuten kochen lassen.
- Eventuell durch ein Sieb passieren und weiter verwenden.

Cannelloni mit Burrata

Peperoni, gefüllt mit Pilzknödel

Peperoni ripieni con funghi

Für 4 Personen

Pilzknödel	*40 g*	*Zwiebel*
	1	*Knoblauchzehe, fein gehackt*
	1 EL	*Butter*
	200 g	*Pilze (Steinpilze, Pfifferlinge, Morcheln, Totentrompeten usw.)*
	100 g	*Butter*
	3	*Eigelb*
	120 g	*Weißbrotwürfel*
	2 EL	*Mehl*
	2 EL	*Petersilie, fein geschnitten*
		Salz
	30 ml	*Milch*
	3	*Eiweiß*
		Salz
Weiteres	*4*	*Peperoni, mittelgroß, rot oder gelb*
	1 EL	*Parmesan*
	20 g	*Butterflocken zum Überbacken*

Pilzknödel
- Die Zwiebel schälen, fein schneiden und mit Knoblauch in Butter anschwitzen.
- Die Pilze putzen, kurz waschen, trocknen, in Würfel schneiden und kurz mitdünsten.
- Die weiche Butter schaumig rühren und Eigelb dazugeben. Weißbrotwürfel, Mehl und Pilze mit der Buttermasse vermischen, mit Petersilie und Salz würzen, Milch dazugeben und zu einer geschmeidigen Masse vermischen.
- Das Eiweiß mit einer Prise Salz zu Schnee schlagen und locker unter die Knödelmasse heben.

Fertigstellung
- Die Peperoni waschen, der Länge nach halbieren und die Kerne herauswaschen.
- Die Masse in die Peperoni füllen, mit Parmesan bestreuen, in eine feuerfeste Form stellen, mit Butterflocken belegen und im vorgeheizten Backrohr backen.

Gartemperatur: 170 Grad
Garzeit: 30–40 Minuten

Tipp

Sie können die Füllung auch ohne Pilze herstellen oder an ihrer Stelle Zucchini nehmen.

Mozzarella in carrozza

Für 4 Personen

Zutaten	*150 g*	*Mozzarella*
	8	*Toastbrotscheiben*
	4	*Sardellenfilets*
		Salz
		Pfeffer aus der Mühle
Weiteres	*2*	*Eier*
	2 EL	*Milch*
		Salz
		Pfeffer aus der Mühle
	2 EL	*Mehl*
Weiteres	*150 ml*	*Tomatensauce (siehe Seite 150)*
		Petersilienblätter zum Garnieren

- Die Mozzarella in 8 nicht zu dünne Scheiben schneiden.
- Toastbrotscheiben entrinden. Zwischen 2 Mozzarellascheiben 1 Sardellenfilet legen, auf eine Brotscheibe legen und die Ränder dabei frei lassen. Mit Pfeffer und etwas Salz würzen, mit einer zweiten Brotscheibe belegen und etwas andrücken.

Fertigstellung
- In einer Pfanne reichlich Öl erhitzen.
- Eier mit Milch, Salz und Pfeffer verquirlen. Brote auf beiden Seiten dünn mit Mehl bestreuen bzw. in Mehl wenden, in das Ei-Milchgemisch tauchen, bis alle Flüssigkeit aufgesogen ist. Brote zwischendurch einmal wenden.
- Brote in das heiße Fett geben und von beiden Seiten knusprig backen.
- Auf Küchenpapier gut abtropfen lassen und sofort mit Tomatensauce und Petersilie servieren.

Tipp

Servieren Sie zur Mozzarella in carrozza Blattsalate der Saison.

Mozzarella in carrozza

Fencheltorte

Tortino di finocchio

Für 4 Personen

Teig	*250 g*	*Mehl*
	80 g	*Butter, in Würfel geschnitten*
		Salz
	90 ml	*Wasser*
Füllung	*100 g*	*Ofentomaten (siehe Seite 353)*
	200 g	*Fenchel, in Streifen geschnitten und gedünstet*
Guss	*200 ml*	*Milch*
	2	*Eier*
	20 g	*Parmesan, gerieben*
Weiteres		*Butter zum Ausstreichen der Form und zum Überbacken*
		Parmesan, gerieben, zum Bestreuen

- Mehl, Butter und Salz vermischen und mit den Händen zerbröseln.
- Das Wasser dazugeben, den Teig glatt kneten und etwa 2–3 Stunden im Kühlschrank zugedeckt rasten lassen.

Fertigstellung
- Das Backrohr vorheizen.
- Den Teig dünn ausrollen und in 4 kleine, mit Butter ausgestrichene Kuchenformen geben.
- Ofentomaten in Streifen schneiden und mit Fenchel auf dem Teig verteilen.
- Milch, Eier, Parmesan und Salz verrühren und über das Fenchel-Ofentomaten-Gemisch gießen.
- Mit Parmesan bestreuen, die Butter darüberträufeln und im Backrohr backen.

Gartemperatur: 180 Grad
Garzeit: etwa 20 Minuten

Tipps
1. *Sie können die Fencheltorte auch in einer mittelgroßen Kuchenform etwa 40 Minuten backen.*
2. *Servieren Sie zum Fenchelkuchen eine Käse- oder Tomatensauce.*
3. *Zum Kuchen passt Kresse oder Feldsalat dazu.*
4. *Statt des Auslegeteiges können Sie Blätterteig verwenden.*

Variationen
Rohschinkentorte: Anstelle der Tomaten geben Sie Rohschinken, in feine Streifen geschnitten, in die Füllung.
Kürbis-Ziegenkäsetorte: Anstelle des Fenchels verwenden Sie Speisekürbis und anstatt der Tomaten Ziegenkäse, in Würfel geschnitten.

Delizia nach Valdostaner Art

Delizia alla valdostana

Für 4 Personen

Teig	*300 g*	*Blätterteig*
Füllung	*200 g*	*Schinken, gekocht*
	150 g	*Mozzarella*
	100 g	*Champignons in Öl*
	200 g	*Tomaten, in Scheiben geschnitten*
	1 EL	*Basilikum, fein geschnitten*
	1/2 TL	*Oregano*
		Salz
		Pfeffer aus der Mühle
Weiteres	*1*	*Ei zum Bestreichen*

- Den Blätterteig auf einer bemehlten Arbeitsplatte oder einem Nudelbrett dünn zu 2 Rechtecken (15 x 30 cm) ausrollen.
- Ein Blätterteigblatt mit Schinken, Mozzarella, Champignons und Tomaten belegen, mit Basilikum, Oregano, Salz und Pfeffer würzen. Die Teigränder mit Ei bestreichen, das zweite Teigblatt darüberlegen und gut andrücken.
- Auf ein mit Backpapier ausgelegtes Backblech geben, die Oberfläche des Strudels mit Ei bestreichen, die Seitenränder mit dem Teigroller abrollen, eventuell mit der Gabel den Teig einstechen und im vorgeheizten Backrohr backen.

Gartemperatur: 180 Grad
Garzeit: etwa 30 Minuten

Tipps
1. *Anstelle der frischen Tomaten kann man auch eine Tomatensauce (siehe Seite 150) nehmen.*
2. *Weitere Zutaten für die Füllung: gedünstete Artischocken oder Zucchini, Taleggio, Spinat usw.*
3. *Dieses Gericht ist auch unter dem Namen Pizzastrudel bekannt.*

Fencheltorte

Tomaten-Käseomelette

Frittata con formaggio e pomodori

Für 1 Person

Zutaten	*3*	*Eier*
	1 EL	*Sahne*
		Salz
	20 g	*Butter*
	50 g	*Käse (Fontina), in Würfel geschnitten*
	50 g	*Tomaten, in Scheiben geschnitten*
	1 TL	*Basilikum, fein geschnitten*

- Die Eier in einer Schüssel mit Sahne und Salz verrühren.
- Die Butter in eine beschichtete Pfanne geben und die Eiermasse hineingießen.
- Die Masse langsam stocken lassen und dabei mit einem Kochlöffel eine ovale Omelette formen. In die Mitte der Omelette Käse, Tomatenscheiben und Basilikum geben.
- Die Omelette für 2 Minuten weitergaren lassen, bis der Käse geschmolzen ist, dann servieren.

Variationen

Eieromelette mit Steinpilzen: Verwenden Sie anstelle der Tomaten geröstete Steinpilze.
Eieromelette mit Zucchini und Garnelen: Die Tomaten werden durch Zucchini und gebratene Garnelen ersetzt.
Eieromelette mit Kräutern: Statt Tomaten nehmen Sie 1 Esslöffel Kräuter (Basilikum, Schnittlauch, Majoran, Oregano oder andere).

Spinat-Thunfischomelette

Frittata con spinaci e tonno

Für 1 Person

Zutaten	*3*	*Eier*
	1 EL	*Sahne*
		Salz
	½	*Knoblauchzehe, fein gehackt*
	1 EL	*Butter*
	50 g	*Spinat, gekocht*
	60 g	*Thunfisch in Öl*

- Die Eier in einer Schüssel mit Sahne und Salz verrühren.
- In einer beschichteten Pfanne den Knoblauch in der Butter dünsten, den Spinat dazugeben und leicht erwärmen.
- Die Eiermasse dazugießen, den Thunfisch dazugeben und die Omelette langsam stocken lassen, dabei mit einem Kochlöffel die Masse zu einer ovalen Form zusammenschieben und servieren.

Panzerotti mit Büffelmozzarella und Melanzane

Panzerotti con mozzarella di bufala e melanzane

Für 4 Personen

Panzerottiteig	*200 g*	*Mehl*
	40 g	*Kartoffeln, gekocht und passiert*
	25 g	*Hefe*
	30 g	*Butter*
	2	*Eier*
	10 g	*Zucker*
		Salz
Füllung	*100 g*	*Büffelmilch-Mozzarella*
	80 g	*Ricotta*
	1 EL	*Basilikum*
		Salz
		Pfeffer aus der Mühle
Weiteres	*1*	*Ei zum Bestreichen*
	4	*Melanzanescheiben, frittiert*
		Basilikum zum Garnieren

Panzerottiteig
- Mehl in eine große Schüssel geben und in die Mitte eine Mulde drücken.
- Die passierten Kartoffeln mit zerbröckelter Hefe, zerlassener Butter, Eiern, Zucker und Salz in die Mulde geben und den Teig gut durchkneten. Mit einem Tuch zugedeckt bei 35 Grad 20 Minuten aufgehen lassen.

Füllung
- Die Büffelmilch-Mozzarella und die Ricotta mit dem Basilikum mixen und mit Salz und Pfeffer abschmecken.

Fertigstellung
- Den Panzerottiteig auf einer bemehlten Arbeitsfläche etwa 1 cm dick ausrollen, mit Ei bestreichen und die Füllung mit einem Teelöffel auf der Hälfte des Teiges verteilen.
- Die andere Hälfte des Teiges darauflegen, runde Plätzchen ausstechen und gut verschließen.
- Ein Nudelbrett mit einem Tuch bedecken, mit Mehl bestäuben und die Panzerotti daraufsetzen. Die Oberfläche der Panzerotti mit Mehl bestäuben und mit einem Tuch zudecken. Die Panzerotti aufgehen lassen, bis sie etwa das doppelte Volumen erreicht haben.
- In heißes Fett mit der Oberseite nach unten geben, wobei die Panzerotti im Fett schwimmen müssen. Die Pfanne mit einem Deckel schließen und die Panzerotti auf einer Seite goldgelb backen.
- Mit einem Kochlöffel umdrehen und fertig backen, wobei die Pfanne aber offen bleibt.

- Die Panzerotti auf einem Küchenkrepp abtropfen lassen und servieren.

Gartemperatur:	170 Grad
Garzeit:	etwa 5–7 Minuten

Tipps

1. *Es ist ratsam, dass die Zutaten bei der Verwendung Raumtemperatur haben. So wird ein schnelleres Aufgehen des Teiges erreicht.*
2. *Die Wärme darf 35 Grad nicht überschreiten, sonst stirbt die Hefe ab.*
3. *Den Panzerottiteig können Sie im Backrohr, in der Nähe der Heizung, auf warmem Wasser oder im Gärschrank aufgehen lassen.*
4. *Dazu empfehlen wir mariniertes Gemüse (siehe Seite 66) und verschiedene Blattsalate.*
5. *Sie können auch eine Tomatensauce (siehe Seite 150) oder Ofentomaten (siehe Seite 153) dazuservieren.*

Palatschinkenteig

Impasto per crespelle

Für 8 kleine Palatschinken

Zutaten	*120 g*	*Mehl*
	150 ml	*Milch*
		Salz
	2	*Eier*
	1 EL	*Butter, zerlassen*
Weiteres		*Öl zum Backen*

- Mehl mit Milch und Salz mit dem Schneebesen glatt rühren.
- Eier und Butter dazugeben und verrühren, bis der Teig sämig ist, dann 15 Minuten quellen lassen.
- In einer Pfanne wenig Öl erhitzen, den Teig dünn einlaufen lassen, dabei die Pfanne schräg halten. Der Boden muss gleichmäßig mit einer dünnen Teigschicht bedeckt sein.
- Den Teig beidseitig goldgelb backen.

Tipp

Verwenden Sie diese Crêpes für Pilz-, Spinat- oder Spargelpalatschinken.

Panzerotti mit Büffelmozzarella und Melanzane

Palatschinken mit Pilzen

Crespelle con funghi

Für 4 Personen

Pilzfüllung	*300 g*	*Pilze (Steinpilze, Pfifferlinge, Champignons oder andere)*
	40 g	*Zwiebel*
	1	*Knoblauchzehe, fein gehackt*
	1 EL	*Butter*
		Salz
		Pfeffer aus der Mühle
	30 g	*Parmesan, gerieben*
	1 EL	*Petersilie, fein geschnitten*
Weiteres	*4*	*Palatschinken (siehe Seite 186), etwa 1/2 Rezept*
	1/2 l	*Béchamelsauce (siehe Seite 180)*
		Butter zum Ausstreichen und Überbacken
		Parmesan, gerieben

Pilzfüllung

- Pilze putzen, waschen und blättrig schneiden.
- Die Zwiebel schälen, in kleine Würfel schneiden und mit dem Knoblauch in der Butter dünsten; die Pilze dazugeben, mit Salz und Pfeffer würzen und kräftig anbraten.
- Die Pilze mit Parmesan und Petersilie vermischen.

Fertigstellung

- Den Palatschinkenteig herstellen, etwas ruhen lassen, dann 4 Palatschinken backen.
- Die Palatschinken mit den Pilzen füllen und zu einem Dreieck falten.
- In eine mit Butter ausgestrichene feuerfeste Form geben, mit der Béchamelsauce übergießen und mit Parmesan und Butter im vorgeheizten Backrohr backen.

Gartemperatur: 180–200 Grad
Garzeit: etwa 20 Minuten

Variation

Palatschinken mit Rehragout: Anstelle der Pilzfüllung verwenden Sie Rehragout (siehe Seite 163).

Radicchio-Kartoffelpalatschinken

Crespelle con patate e radicchio

Für 4 Personen

Füllung	*100 g*	*Radicchio trevisano*
	30 g	*Zwiebel*
	1	*Knoblauchzehe, fein gehackt*
	1 EL	*Butter*
		Salz, Pfeffer aus der Mühle
	1/8 l	*Rotwein, dunkel und kräftig*
	100 g	*Kartoffeln, mehlig*
	1 EL	*Parmesan, gerieben*
	1 TL	*Basilikum, fein geschnitten*
Weiteres	*4*	*Palatschinken (siehe Seite 186)*
	1/2 l	*Béchamelsauce (siehe Seite 180)*
		Parmesan, gerieben
		Butter zum Ausstreichen und Überbacken

Radicchio-Kartoffelfüllung

- Radicchio putzen, waschen, abblättern und 10 Minuten in lauwarmes Wasser legen, damit er Bitterstoffe verliert.
- Die Zwiebel schälen, in kleine Würfel schneiden und mit Knoblauch in Butter dünsten.
- Die Radicchioblätter gut abtrocknen lassen, fein aufschneiden und zur Zwiebel geben, mit Salz und Pfeffer würzen, mit Rotwein aufgießen und etwa 4 Minuten einkochen lassen, dann kalt stellen.
- Den gedünsteten Radicchio mit den gekochten und passierten Kartoffeln, Parmesan und Basilikum vermischen.

Fertigstellung

- Die Palatschinken backen, mit der Radicchio- Kartoffelfüllung bestreichen und zu Dreiecken falten.
- In eine mit Butter ausgestrichene feuerfeste Form geben, mit Béchamelsauce übergießen mit Parmesan und Butter im vorgeheizten Backrohr backen.

Gartemperatur: 180–200 Grad
Garzeit: etwa 20 Minuten

Tipps

1. *Sollte die Füllung etwas zu trocken sein, können Sie sie mit etwas Béchamelsauce verdünnen.*
2. *Sie können etwas Radicchio in die Béchamelsauce geben, dann erhält die Sauce eine dekorative rötliche Farbe.*

Variation

Lauchpalatschinken: Anstelle der Radicchiofüllung füllen Sie die Palatschinken mit 100 g gedünstetem Lauch, 50 g geröstetem Bauchspeck und 200 g Ziegenfrischkäse.

Radicchio-Kartoffelpalatschinken

Palatschinkenpasticcio mit Thunfisch und Peperoni

Pasticcio di crespelle al tonno e peperoni

Für 4 Personen

Zutaten	8	*Palatschinken (siehe Seite 186)*
Sauce	200 ml	*Tomatensauce (siehe Seite 150)*
Einlage	400 g	*Peperoni (gelb und rot)*
		Salz
	200 g	*Thunfischfilet*
	1	*Knoblauchzehe, gehackt*
	2 EL	*Olivenöl*
Weiteres	1 EL	*Dill oder Petersilie, fein geschnitten*
	30 g	*Parmesan, gerieben*
		Pfeffer aus der Mühle
		Butter zum Ausstreichen und Überbacken

- Palatschinkenteig zubereiten und etwas ruhen lassen, dann 8 kleine Palatschinken backen.
- Tomatensauce zubereiten und bereitstellen.
- Peperoni mit dem Sparschäler schälen und in mittelgroße Stücke schneiden, salzen und in einer Bratpfanne oder auf dem Grill 5 Minuten braten.
- Thunfisch in Scheiben schneiden, salzen mit gehacktem Knoblauch bestreuen und in Olivenöl etwa 1 Minute beidseitig leicht anbraten.

Fertigstellung
- Eine feuerfeste Form oder Platte mit Butter ausstreichen und abwechselnd Palatschinken, Tomatensauce, Peperoni und Thunfisch sowie Dillspitzen und Parmesan übereinander schichten.
- Zum Schluss mit der Butter beträufeln.
- Im vorgeheizten Backrohr backen.

Gartemperatur: 180 Grad
Garzeit: etwa 25 Minuten

Tipps

1. *Wenn Sie vor dem Essen den Pasticcio etwas ruhen lassen, dann schmeckt er viel besser.*
2. *Portionieren Sie den Pasticcio vor dem Backen, dann werden die Portionen gleichmäßiger.*

Variation

Lachspasticcio: Anstelle des Thunfisches können Sie auch Lachsscheiben verwenden.

Lasagne Bologneser Art

Lasagne al ragù

Für 4 Personen

Zutaten	1/4 l	*Ragout bolognese (siehe Seite 156)*
	1/2 l	*Béchamelsauce (siehe Seite 180)*
	150 g	*Eiernudelteig (siehe Seite 122), etwa 1/2 Rezept oder Fertigprodukt*
	30 g	*Parmesan, gerieben*
	10	*Basilikumblätter, fein geschnitten*
Weiteres		*Butter zum Ausstreichen der Auflaufform und zum Überbacken*
		Parmesan zum Überbacken

- Ragout bolognese und Béchamelsauce zubereiten.
- In einem großen, weiten Kochtopf Salzwasser mit etwas Öl zum Kochen bringen.
- Den Nudelteig mit der Nudelmaschine dünn ausrollen und in 4 mal 6 cm große Lasagneblätter schneiden.
- Die Nudelblätter bissfest kochen (beim Fertigprodukt nach Angabe auf der Packung), mit dem Schaumlöffel in kaltes Wasser geben, abkühlen lassen und dann auf einem Küchenkrepp abtropfen lassen.

Fertigstellung
- Eine möglichst feuerfeste Auflaufform mit Butter ausstreichen, etwas Béchamelsauce hineingeben, mit Nudelblättern belegen und mit Ragout bedecken. Darüber wieder Béchamelsauce geben, mit Parmesan bestreuen und mit Basilikumblättern würzen.
- Diesen Vorgang wiederholen, bis alle Zutaten aufgebraucht sind.
- Die letzte Nudelschicht mit reichlich Béchamelsauce bedecken und mit wenig Ragout beträufeln.
- Nochmals mit Parmesan bestreuen und mit der zerlassenen Butter beträufeln.
- In das vorgeheizte Backrohr geben und backen.

Gartemperatur: 180 Grad
Garzeit: etwa 30 Minuten

Tipps

1. *Sie können die Béchamelsauce und das Ragout bolognese auch vermischen.*
2. *Sie können auch grüne Nudelblätter verwenden.*

Variation

Lasagne mit Mozzarella und Tomaten: Anstelle des Ragout bolognese können Sie Tomaten- und Mozzarellascheiben zwischen die Lasagneblätter schichten und mit Oregano würzen.

Lasagne Bologneser Art

Spargellasagne

Lasagne agli asparagi

Für 4 Personen

Zutaten	*150 g*	*Eiernudelteig (siehe Seite 122), etwa ½ Rezept*
	½ l	*Béchamelsauce (siehe Seite 180)*
	400 g	*Spargel, grün, gekocht*
	200 g	*Tomaten, geschält und in Würfel geschnitten*
	30 g	*Parmesan, gerieben*
Weiteres		*Butter zum Ausstreichen und Überbacken*
		Parmesan zum Überbacken
		Kerbel- oder Petersilienblätter zum Garnieren

- Den Nudelteig zubereiten und etwas ruhen lassen.
- Den Teig mit der Nudelmaschine dünn ausrollen und zu 8 cm großen, eventuell runden Lasagneblättern schneiden. Die Nudelblätter bissfest kochen (beim Fertigprodukt nach Angabe auf der Packung), mit dem Schaumlöffel in kaltes Wasser geben, abkühlen lassen, auf einen Küchenkrepp legen und abtropfen lassen.
- Vom gekochten Spargel die Spitzen abschneiden und die Stangen in Scheiben schneiden.
- Eine feuerfeste Form oder Platte mit Butter ausstreichen und abwechselnd Nudelblätter, Béchamelsauce, Spargelscheiben und Spitzen sowie Tomatenwürfel übereinander schichten.
- Zum Schluss mit den Spargelspitzen und etwas Tomaten belegen, mit Parmesan bestreuen und mit der Butter beträufeln. Im vorgeheizten Backrohr backen, mit Kerbel garnieren und servieren.

Gartemperatur: 180 Grad
Garzeit: etwa 25 Minuten

Tipp

Wenn Sie vor dem Essen die Lasagne etwas ruhen lassen, schmeckt sie viel besser.

Variationen

Zucchinilasagne: Statt der Spargel können Sie auch gegrillte Zucchinischeiben nehmen.
Artischockenlasagne: Anstelle der Spargel können Sie gedünstete Artischocken (siehe Seite 346) verwenden.

Lasagnette mit Waldpilzen

Lasagnette con funghi

Für 4 Personen

Teig	*150 g*	*Spinatnudelteig (siehe Seite 123), etwa ½ Rezept*
Rahmsauce	*150 ml*	*Sahne*
		Salz
		Pfeffer aus der Mühle
Einlage	*200 g*	*Waldpilze (Pfifferlinge, Steinpilze, Totentrompeten, Wiesenchampignons usw.)*
	1	*Knoblauchzehe, fein gehackt*
	2 EL	*Butter*
	100 ml	*braune Kalbssauce (siehe Seite 400)*
	1 TL	*Majoran, fein geschnitten*
	1	*Thymianzweig*
		Salz
		Pfeffer aus der Mühle
Weiteres	*100 g*	*Karottenwürfel, gekocht*
		Kerbel, zum Garnieren

Teig
- Den Spinatnudelteig mit der Nudelmaschine dünn ausrollen und in 10 cm runde Lasagneblätter ausstechen. Die Nudelblätter bissfest kochen. Dann auf einem Küchenkrepp abtropfen lassen.

Einlage
- Pilze putzen, waschen und in Scheiben schneiden.
- In einer flachen Pfanne Knoblauch in Butter leicht dünsten, Pilze dazugeben, kurz mitdünsten, mit brauner Kalbssauce aufgießen und mit Majoran, Thymian, Salz und Pfeffer würzen.

Rahmsauce
- Die Sahne auf die Hälfte einkochen lassen, mit Salz und Pfeffer würzen und mit dem Stabmixer aufschäumen.

Fertigstellung
- In einem Teller abwechselnd Nudelblätter und Pilze übereinander schichten mit Rahmsauce, Karottenwürfel und Kerbel garniern und servieren.

Tipps

1. Sie können die Sahne auch mit den Pilzen vermischen.
2. Es eignen sich auch Pilznudelteigblätter.

Spargellasagne

Lasagnette mit Waldpilzen

Teigblätter mit Muscheln und Gemüse

Lasagnette con molluschi e verdura

Für 4 Personen

Sauce	200 g	*Miesmuscheln*
	200 g	*Venusmuscheln*
	4	*Austern*
	40 ml	*Olivenöl*
	1	*Knoblauchzehe, fein gehackt*
	30 ml	*Weißwein*
	4	*Jakobsmuscheln, geputzt*
	100 g	*Cocktailtomaten*
	100 g	*Fenchelstreifen, gekocht*
	2 EL	*Petersilie, fein geschnitten*
		Salz
Teig	150 g	*Eiernudelteig (siehe Seite 122)*
Weiteres		*Pesto (siehe Seite 144) zum Verfeinern*
		Dillspitzen zum Garnieren

Sauce
- Mies-, Venusmuscheln und Austern gründlich waschen und kontrollieren, ob sie noch gut verschlossen sind.
- Die Miesmuscheln von den Byssusfäden befreien.
- Die Hälfte des Olivenöls erwärmen und den Knoblauch leicht erhitzen.
- Muscheln dazugeben, mit Weißwein löschen und den Topf mit einem Deckel verschließen, bis sich die Muschel öffnen.
- Nun das Fleisch aus den Muschelschalen nehmen, den Muschelsud abseihen und beides bereitstellen.
- Jakobsmuscheln in Stücke schneiden, dann in der anderen Hälfte des Olivenöls anbraten, Cocktailtomaten und Fenchel dazugeben, mit Petersilie und Salz würzen, die Muscheln und den Muschelsud aufgießen und erwärmen.

Fertigstellung
- Nudelteig dünn ausrollen und 8 runde, 6 cm große Blätter ausstechen.
- Die Nudelblätter in Salzwasser kochen, auf einem Tuch etwas trocknen lassen, auf Tellern abwechselnd mit der Sauce und den Muscheln anrichten, mit Pesto verfeinern, mit Dill garnieren und servieren.

Garzeit Nudelblätter: 2–3 Minuten

Tipps

1. *Es können auch andere Meeresfrüchte wie Herzmuscheln, Kalmar, Oktopus, Seeteufel, Steinbutt usw. verwendet werden.*
2. *Sie können auch Safran- oder Tintenfischnudelteig verwenden.*

Penne mit Schinken und Käse, überbacken

Penne pasticciate con prosciutto e formaggio

Für 4 Personen

Käsesauce	*1 EL*	*Butter*
	1 EL	*Mehl*
	300 ml	*Milch*
	1 Msp.	*Muskatnuss*
		Salz
	100 g	*Taleggio, in Würfel geschnitten*
Weiteres	*80 g*	*Schinken, gekocht*
	320 g	*Penne rigate*
		Parmesan, gerieben, zum Überbacken
		Butter zum Beträufeln
		Schnittlauch

Käsesauce

- Butter zerlassen, Mehl einrühren und eine Mehlschwitze herstellen. Nach und nach die warme Milch unter Rühren aufgießen, bis die Sauce leicht eindickt.
- Mit Muskatnuss und Salz abschmecken und den Käse untermischen.
- Schinken in Würfel schneiden und in etwas Butter anrösten.
- Penne nach der Packungsanweisung bissfest kochen. Das Wasser abgießen und die Nudeln abtropfen lassen.
- In die Käsesauce geben, den gerösteten Schinken untermischen und mit Salz und Pfeffer nochmals abschmecken.
- Eine feuerfeste Form mit Butter ausstreichen und die Nudeln in die Form geben. Parmesan und Schnittlauch darüberstreuen, mit Butter beträufeln, im vorgeheizten Backrohr überbacken und servieren.

Gartemperatur: 200 Grad
Garzeit: 20–30 Minuten

Tipps

1. Dieses Gericht eignet sich als vollständige Mahlzeit.
2. Um einen noch intensiveren Geschmack zu erhalten, können Sie Mozzarella affumicata oder Asiago nehmen.

Nudelteigblätter mit Kalbsbries und Spinat

Lasagnette con animelle e spinaci

Für 4 Personen

Kalbsbriesragout	1 l	*Wasser*
	50 g	*Karotten*
	1/2	*Zwiebel*
	2	*Pfefferkörner*
	1	*Lorbeerblatt*
		Salz
	250 g	*Kalbsbries*
	50 g	*Schalotten- oder Zwiebelwürfel*
	1/2	*Knoblauchzehe, fein gehackt*
	1 EL	*Olivenöl*
	200 ml	*braune Kalbssauce (siehe Seite 400)*
	1	*Thymianzweig*
	2 EL	*Petersilie, fein geschnitten*
		Salz, Pfeffer aus der Mühle
Weiteres	150 g	*Eiernudelteig (siehe Seite 122)*
	100 g	*Spinat*
	80 ml	*Fleischsuppe (siehe Seite 398)*

Kalbsbriesragout

- Das Wasser mit Karotten, Zwiebel, Pfefferkörnern, Lorbeerblatt und Salz zum Kochen bringen. Das Kalbsbries darin 10 Minuten leicht köcheln und im Sud auskühlen lassen.
- Aus dem Sud nehmen und in kleine Röschen zupfen.
- Schalotte und Knoblauch in Olivenöl anschwitzen und die Kalbsbriesstücke mitdünsten.
- Die braune Kalbssauce aufgießen, Thymianzweig und Petersilie dazugeben, etwas einkochen lassen und mit Salz und Pfeffer abschmecken.

Fertigstellung

- Den Nudelteig mit der Nudelmaschine dünn austreiben und runde Blätter (10 cm Durchmesser) ausstechen, auf ein bemehltes Tuch legen und kühl stellen.
- Die Teigblätter in Salzwasser »al dente« kochen.
- Den Spinat putzen, waschen, kochen, mit etwas Fleischsuppe pürieren, in einem Topf erhitzen, mit Salz und Pfeffer würzen und auf die Teller verteilen.
- Kalbsbriesragout in die Teigblätter einschlagen, mit etwas Ragoutsauce beträufeln und servieren.

Garzeit Nudeln: etwa 2 Minuten
Garzeit Sauce: etwa 5 Minuten

Melanzane pasticciate

Für 4 Personen

Zutaten	12	*Melanzanescheiben (½ cm dick)*
	4 EL	*Olivenöl zum Braten*
	200 g	*Tomaten*
	2	*Mozzarella zu je 125 g*
		Butter zum Ausstreichen der Form
	150 ml	*Tomatensauce (siehe Seite 150)*
	1 EL	*Basilikum, fein geschnitten*
		Salz
		Pfeffer aus der Mühle
	2 EL	*Parmesan, gerieben*

- In einer Pfanne die Melanzane im Olivenöl auf beiden Seiten rasch anbraten, herausnehmen und auf einem Küchenkrepp abtropfen lassen.
- Die Tomaten und die Mozzarella in Scheiben schneiden.
- Die Melanzanescheiben abwechselnd mit Tomaten- und Mozzarellascheiben in einer mit Butter ausgestrichenen Form auf der Tomatensauce anordnen, mit Basilikum, Salz und Pfeffer würzen.
- Mit Parmesan bestreuen und im vorgeheizten Backrohr backen.

Gartemperatur: 200 Grad
Garzeit: etwa 10 Minuten

Tipps

1. *Servieren Sie die Melanzane als Beilage zu Fleischgerichten.*
2. *Die Melanzane kann man auch als vegetarisches Gericht servieren.*

Polenta pasticciata

Für 4 Personen

Zutaten	1/2 l	*Ragout bolognese (siehe Seite 156)*
	1/2 l	*Polenta (siehe Seite 358)*
	1/2 l	*Béchamelsauce (siehe Seite 180)*
	80 g	*Parmesan, gerieben*
Weiteres	2 EL	*Butter, zerlassen, zum Ausstreichen der Form und Beträufeln des Pasticcios*

- Ragout bolognese laut Rezept zubereiten und bereitstellen.
- Polenta ebenfalls laut Rezept zubereiten. Die fertige Polenta in eine Kastenform geben und auskühlen lassen.
- Béchamelsauce zubereiten und bereitstellen.

Fertigstellung
- Eine feuerfeste Form mit Butter ausstreichen.
- Etwas Béchamelsauce hineingeben und verteilen. Restliche Béchamelsauce und Ragout vermengen.
- Die abgekühlte und fest gewordene Polenta in 1/2 cm breite Scheiben schneiden. Das geht am besten, wenn Sie das Messer immer wieder in Wasser tauchen.
- Die Polentascheiben auf die Béchamelsauce legen, mit den vermischten Saucen bedecken und mit Parmesan bestreuen.
- Wieder eine Lage Polentascheiben, etwas verschoben einschichten und mit Sauce bedecken. So fortfahren, bis die Zutaten aufgebraucht sind.
- Abschließend mit Parmesan bestreuen, mit Butter beträufeln und im vorgeheizten Backrohr backen.

Gartemperatur: 200 Grad
Garzeit: 20–30 Minuten

Tipps

1. *Sie können den Pasticcio auch mit Taleggioscheiben, Mozzarellascheiben, gekochtem Spinat oder Schinkenscheiben ergänzen.*
2. *Anstelle der gelben Polenta können Sie auch weiße Polenta oder Buchweizenmehl verwenden.*

Polentaauflauf auf Rohnenragout

Soufflé di polenta con ragù di barbabietole rosse

Für 4 Personen

Polentaauflauf	*200 ml*	*Wasser*
	150 ml	*Milch*
	2 EL	*Butter*
		Salz
	80 g	*Polentamehl, mittelfein*
	2	*Eigelb*
	1 Msp.	*Muskatnuss*
		Pfeffer aus der Mühle
	2	*Eiweiß*
Rohnenragout	*200 g*	*Rohnen, gekocht*
	1 EL	*Butter*
	40 g	*Lauch, in feine Würfel geschnitten*
		Salz
		Pfeffer aus der Mühle
	120 ml	*Fleischsuppe (siehe Seite 398)*
	50 g	*Butter, kalt*
Weiteres		*Butter zum Ausstreichen der Formen*
		Polentamehl zum Ausstreuen der Formen
		Kerbel zum Garnieren

Polentaauflauf

- Wasser, Milch und Butter in einem Topf zum Kochen bringen und salzen.
- Polentamehl langsam mit einem Schneebesen einrühren, um die Knollenbildung zu vermeiden, und weiterrühren, bis die Polenta fest ist.
- Anschließend mit einem Holzlöffel unter zeitweisem Umrühren langsam fertig kochen lassen, bis sich die Polenta vom Topfboden löst; dann leicht auskühlen lassen.
- Das Eigelb in die Polenta einrühren, mit Muskatnuss und Pfeffer abschmecken.
- Das Eiweiß steif schlagen und unter die Polentamasse heben.
- Die Auflaufformen mit Butter ausstreichen, mit dem rohen Polentamehl ausstreuen und die Masse dreiviertel voll einfüllen. In einer feuerfesten Form im Wasserbad im vorgeheizten Backrohr backen.

Rohnenragout

- Die Rohnen schälen und in kleine Würfel schneiden. Die Butter in einer Pfanne schmelzen lassen, Lauch darin dünsten, die Rohnen dazugeben, leicht salzen und pfeffern, mit Fleischsuppe aufgießen, einkochen lassen, bis die Flüssigkeit fast zur Gänze eingekocht ist, dann mit kalter Butter binden.

Fertigstellung

- Den Auflauf aus der Form stürzen, auf dem Rohnenragout anrichten, mit Kerbel garnieren und servieren.

Garzeit Polenta:	etwa 20–30 Minuten
Gartemperatur Auflauf:	180 Grad
Garzeit Auflauf:	etwa 20 Minuten

Tipps

1. *Die Polenta kann auch mit einem Rosmarin-, Lavendel- oder Thymianzweig gekocht werden.*
2. *Sie können den Auflauf auch mit 50 g Käsewürfeln (Fontina oder Gorgonzola) verfeinern.*

Spinatpudding mit Kirschtomaten

Sformato di spinaci con pomodorini

Für 4 Personen

Spinatpudding	*30 g*	*Butter*
	40 g	*Mehl*
	1/8 l	*Milch*
	3	*Eigelb*
	100 g	*Spinat, gekocht und püriert*
		Salz
	1 EL	*Parmesan, gerieben*
		Butter zum Ausstreichen der Formen
		Brotbrösel für die Formen
	3	*Eiweiß*
Tomaten	*1*	*Knoblauchzehe, fein gehackt*
	30 ml	*Olivenöl*
	250 g	*Kirschtomaten, halbiert*
		Salz
		Pfeffer aus der Mühle
Weiteres		*Parmesan, geraspelt*
		Butter

Spinatpudding mit Kirschtomaten

Spinatpudding

- Die Butter schmelzen lassen, das Mehl einrühren, mit der heißen Milch aufgießen und eine dicke Béchamelsauce kochen.
- Eigelb und Spinatpüree unter die Béchamelsauce rühren, mit Salz und Parmesan würzen.
- Puddingformen mit cremig gerührter Butter ausstreichen und mit Brotbröseln ausstreuen.
- Eiweiß steif schlagen (erst dann, wenn die ersten 3 Arbeitsgänge ausgeführt sind).
- Ein Drittel des geschlagenen Eiweißes unter die Masse rühren, das restliche Eiweiß vorsichtig unterheben.
- Die Masse in die Formen füllen und im Wasserbad bei 85 Grad auf dem Herd zugedeckt gar ziehen lassen oder den Spinatpudding im Backrohr bei 150 Grad Ober- und Unterhitze im Wasserbad zugedeckt garen.

Kirschtomaten

- Den Knoblauch in Olivenöl dünsten, die Kirschtomaten darin erwärmen und mit Salz und Pfeffer würzen.

Fertigstellung

- Den Pudding aus der Form stürzen und mit den Kirschtomaten anrichten, mit geraspeltem Parmesan bestreuen und mit schäumender Butter übergießen.

Garzeit Pudding: etwa 40 Minuten

Tipps

1. *Wenn Sie rohen Spinat verwenden, müssen Sie etwa doppelt so viel einkaufen.*
2. *Der Pudding kann auch im Dämpfer bei 80 Grad und 10 Prozent Dampf in 30 Minuten gegart werden.*
3. *Damit der Pudding länger saftig bleibt und auch nicht so schnell zusammenfällt, kann man unter die Masse etwas gekochte, passierte Kartoffeln (50 g für diese Rezeptur) geben.*

Variation

Steinpilzpudding: Verwenden Sie anstelle des Spinates 100 g in Würfel geschnittene geröstete Steinpilze.

Gemüsepudding

Sformato di verdure

Für 4 Personen

Zutaten	*30 g*	*Butter*
	40 g	*Mehl*
	1/8 l	*Milch*
	100 g	*Gemüse (Karotten, Zucchini, Lauch, Melanzane)*
	3	*Eigelb*
		Salz
	20 g	*Parmesan, gerieben*
	3	*Eiweiß*
Weiteres		*Butter zum Ausstreichen der Formen*
		Brotbrösel für die Formen

- Die Butter schmelzen lassen, das Mehl einrühren, mit der heißen Milch aufgießen und eine dicke Béchamelsauce kochen.
- Das Gemüse in kleine Würfel schneiden und in Salzwasser kochen, dann erkalten lassen.
- Eigelb und Gemüse unter die Béchamelsauce rühren, mit Salz und Parmesan würzen.
- Eiweiß steif schlagen (erst dann, wenn die ersten 3 Arbeitsgänge ausgeführt sind).
- Ein Drittel des geschlagenen Eiweißes unter die Masse rühren, das restliche Eiweiß vorsichtig unterheben.
- Die Puddingformen mit cremig gerührter Butter ausstreichen und mit Brotbröseln ausstreuen.
- Die Masse in die Formen füllen und im Wasserbad bei 85 Grad auf dem Herd zugedeckt gar ziehen lassen oder den Gemüsepudding im Backrohr bei 150 Grad Ober- und Unterhitze im Wasserbad zugedeckt garen.

Garzeit: etwa 40 Minuten

Tipps

1. *Der Pudding kann auch im Dämpfer bei 80 Grad und 10 Prozent Dampf in 30 Minuten gegart werden.*
2. *Damit der Pudding länger saftig bleibt und auch nicht so schnell zusammenfällt, kann man unter die Masse etwas gekochte, passierte Kartoffeln (50 g für diese Rezeptur) geben.*
3. *Servieren Sie den Gemüsepudding mit brauner Butter und Parmesan oder auf geschmolzenen Tomaten.*

Variation

Vollkorn-Gemüsepudding: Verwenden Sie anstelle der Mehls fein gemahlenes Vollkorn-Dinkelmehl.

Römische Grießnocken

Gnocchi alla romana

Für 4 Personen

Zutaten	*1/2 l*	*Milch*
	1 EL	*Butter*
		Salz
	1 Msp.	*Muskatnuss*
	125 g	*Weizengrieß, mittelfein*
	1	*Eigelb*
	30 g	*Parmesan, gerieben*
	1	*Ei zum Bestreichen*
		Butter zum Ausstreichen der Form und zum Beträufeln
		Parmesan, gerieben
Tomatenragout	*200 g*	*Tomaten, geschält und in Würfel geschnitten*
	2 EL	*Olivenöl*
		Salz, Pfeffer aus der Mühle
	1 EL	*Basilikum, fein geschnitten*
Weiteres		*Basilikum zum Garnieren*

- Die Milch mit Butter, Salz und geriebener Muskatnuss zum Kochen bringen.
- Weizengrieß unter ständigem Rühren mit dem Schneebesen langsam einlaufen lassen und unter ständigem Rühren etwa 5 Minuten bei schwacher Hitze kochen lassen.
- Die Grießmasse von der Kochstelle nehmen und Eigelb und Parmesan untermischen.
- Die Masse auf einem geölten Tisch oder Nudelbrett etwa 1 cm hoch auftragen und mit dem Nudelholz gleichmäßig glatt rollen; auskühlen lassen.
- Das Ei mit einer Gabel verquirlen und die Grießmasse damit bestreichen. Aus der Masse 5 cm große runde Plätzchen ausstechen und diese in eine mit etwas Butter ausgestrichene, feuerfeste Form legen.
- Mit Parmesan bestreuen, mit der restlichen Butter beträufeln und backen.

Tomatenragout
- Die Tomatenwürfel im Olivenöl erwärmen, mit Salz, Pfeffer und Basilikum würzen.

Fertigstellung
- Die Grießnocken mit Tomatenragout und Basilikum servieren.

Gartemperatur: 180 Grad
Garzeit: etwa 15–20 Minuten

Römische Grießnocken

Kürbisnocken mit Käsesauce und Trüffel

Gnocchi di zucca con formaggio e tartufi

Für 4 Personen

Teig	*300 g*	*Speisekürbis*
	100 g	*Kartoffeln, mehlig*
	1	*Eigelb*
	120 g	*Mehl*
		Salz
	1 Msp.	*Muskatnuss*
Käsesauce	*200 ml*	*Sahne*
	100 g	*Fontina oder Gorgonzola*
	1/2	*Knoblauchzehe*
	1 EL	*Schnittlauch, fein geschnitten*
Weiteres		*Trüffel, gehobelt, zum Verfeinern*

Teig

- Speisekürbis und Kartoffeln schälen, in nicht zu kleine Würfel schneiden und in Salzwasser kochen. Abseihen und etwas dämpfen lassen (damit sie trockener sind).
- Kürbis- und Kartoffelwürfel mit der Handpassiermaschine passieren, mit Eigelb verkneten und erkalten lassen.
- Mehl, Salz und geriebene Muskatnuss unter die Kürbismasse kneten.
- Den Teig rasch zu gleich dicken Strängen (1 cm Durchmesser) formen, diese in 2 cm lange Stücke schneiden und zu Nocken rollen.

Käsesauce

- Die Sahne erwärmen, den Käse darin schmelzen lassen, den fein gehackten Knoblauch und den Schnittlauch dazugeben.

Fertigstellung

- Die Nocken in Salzwasser kurz aufkochen lassen, mit einer Schaumkelle herausnehmen, in der Käsesauce schwenken und mit gehobelter Trüffel servieren.

Garzeit Kartoffeln: etwa 15 Minuten
Garzeit Sauce: etwa 5 Minuten

Tipps

1. *Sie können die Nocken auch mit Butter und Parmesan servieren.*
2. *Anstelle der Trüffel können Sie auch zerbröselte Amaretti-Kekse verwenden.*

Kastaniennudeln mit Spinat und Walnüssen

Gnocchi di castagne con spinaci e noci

Für 4 Personen

Teig	*200 g*	*Kartoffeln, mehlig*
	200 g	*Kastanien, gekocht*
	1	*Eigelb*
	1 EL	*Butter, zerlassen*
	150 g	*Mehl*
		Salz
	1 Msp.	*Muskatnuss*
Sauce	*200 g*	*Spinat*
	40 g	*Butter*
	1	*Knoblauchzehe, fein gehackt*
	200 ml	*Sahne*
	30 g	*Parmesan, gerieben*
	50 g	*Walnüsse, grob gehackt*

Teig

- Kartoffeln schälen, in Würfel schneiden und in Salzwasser kochen. Abseihen und etwas dämpfen lassen (damit sie trockener sind).
- Kartoffeln und Kastanien durch die Kartoffelpresse drücken, mit Eigelb und Butter verkneten, dann erkalten lassen.
- Mehl, Salz und geriebene Muskatnuss unter die Kastanien-Kartoffelmasse kneten.
- Aus dem Teig rasch gleich dicke Stränge (1 cm Durchmesser) formen, diese in 2 cm lange Stücke schneiden und zu kleinen Nudeln formen.

Sauce

- Den Spinat putzen, waschen und in feine Streifen schneiden.
- Die Butter schmelzen lassen, Knoblauch und Spinat dazugeben und für einige Minuten dünsten lassen.
- Mit Sahne auffüllen, den Parmesan und die Walnüsse dazugeben und etwa 4 Minuten einkochen lassen.

Fertigstellung

- Die Kastaniennudeln in Salzwasser einmal aufkochen lassen, mit der Schaumkelle herausnehmen, in die Sauce geben, durchschwenken und servieren.

Garzeit Kartoffeln: etwa 15 Minuten

Tipps

1. *Sie können anstelle der frischen Kastanien auch tiefgekühlte verwenden.*
2. *Anstelle des Spinats können Sie auch Mangold oder Speisekürbisse nehmen.*

Brennnesselnudeln mit Spargelsauce

Gnocchi di ortica con asparagi

Für 4 Personen

Teig	*400 g*	*Kartoffeln, mehlig*
	50 g	*Brennnesselpüree (Brennnesseln, gekocht und fein passiert)*
	1	*Eigelb*
	1 EL	*Butter*
	150 g	*Mehl*
		Salz
	1 Msp.	*Muskatnuss*
Spargelsauce	*200 g*	*Spargel, weiß*
	40 g	*Butter*
	200 ml	*Sahne*
	30 g	*Parmesan, gerieben*

Teig

- Die Kartoffeln schälen, in Würfel schneiden und in Salzwasser kochen. Abseihen und trocknen lassen.
- Die Kartoffeln durch die Kartoffelpresse drücken, mit dem Brennnesselpüree, Eigelb und der weichen Butter verkneten, dann erkalten lassen.
- Mehl, Salz und Muskatnuss unter die Kartoffelmasse kneten.
- Aus dem Teig rasch gleich dicke Stränge (1 cm Durchmesser) formen, diese in 2 cm lange Stücke schneiden und zu Nudeln formen.

Spargelsauce

- Die Spargel schälen, die holzigen Enden wegschneiden und in Rauten (schräge Scheiben) schneiden.
- Butter schmelzen lassen und die Spargel darin dünsten, die Sahne dazugeben und zur Hälfte einkochen lassen.

Fertigstellung

- Die Brennnesselnudeln in Salzwasser einmal aufkochen lassen, mit der Schaumkelle herausnehmen, in die Spargelsauce geben, mit Parmesan bestreuen, schwenken und servieren.

Garzeit Kartoffeln: etwa 15 Minuten
Garzeit Spargelsauce: etwa 5 Minuten

Tipps

1. *Anstelle der Spargel können Sie auch Tomaten, Zucchini oder andere Gemüsesorten verwenden.*
2. *Um die Brennnesseln leichter pürieren zu können, geben Sie etwas kaltes Wasser dazu, das Sie anschließend über ein Passiertuch wieder abrinnen lassen.*

Variationen

Bärlauchnudeln: Anstelle von Brennnesseln können Sie auch Bärlauchpüree verwenden.
Petersiliennudeln: Verwenden Sie anstelle der Brennnesseln Petersilienpüree.

Grüne Kartoffelpralinen mit Rehfüllung

Gnocchi ripieni di capriolo

Für 4 Personen (8 kleine Pralinen)

Rehfüllung	*600 g*	*Rehragout (siehe Seite 163)*
Teig	*400 g*	*Brennnesselnudelteig (siehe Rezept links)*
Weiteres	*30 g*	*Parmesan, gerieben*
	1 EL	*Thymian, fein geschnitten*
	40 g	*Butter, gebräunt*
		Blütensalat: Veilchen-, Gänseblümchen-, Ysop-, Kapuzinerblüten oder andere essbare Blumen zum Garnieren

- Die Hälfte des Rehragouts für die Füllung etwas einkochen lassen, fein faschieren und kalt stellen.
- Den Brennnesselkartoffelteig 1 cm dick ausrollen und runde (6–7 cm Durchmesser) Blätter ausstechen.
- Die Füllung auf die Teigblätter geben und den Teig zu runden Pralinen formen.
- Die Pralinen in reichlich Salzwasser kochen.
- Parmesan mit Thymian vermischen und die Pralinen darin wälzen.
- Die Pralinen auf das restliche Rehragout setzen und mit der braunen Butter und dem Blütensalat servieren.

Garzeit Kartoffelpralinen: etwa 6 Minuten

Tipp

Anstelle der Blüten können Sie auch frische Küchenkräuter verwenden.

Spinatnocken mit Morchelrahmsauce

Gnocchi di spinaci con salsa alle Spungnole

Für 4 Personen

Spinatnocken	*200 g*	*Spinat, gekocht*
	1	*Eigelb*
	30 g	*Mehl*
	1 EL	*Parmesan, gerieben*
	160 g	*Toastbrot, fein gerieben oder gemixt*
		Salz, Pfeffer aus der Mühle
Morchelsauce	*180 g*	*Morcheln*
	3 EL	*Olivenöl*
	40 g	*Zwiebel, fein geschnitten*
	1	*Knoblauchzehe, fein gehackt*
	100 ml	*braune Kalbssauce (siehe Seite 400)*
	100 ml	*Sahne*
		Salz, Pfeffer aus der Mühle
	1 EL	*Petersilie, fein geschnitten*
	1 TL	*Thymian, fein geschnitten*
Weiteres	*2 EL*	*Sahne, geschlagen*

Spinatnocken

- Den gekochten Spinat mit etwas Wasser fein mixen, dann in ein Passiertuch schütten und abtropfen lassen. In eine Schüssel geben und mit Eigelb, Mehl, Parmesan, Toastbrot, Salz und Pfeffer verkneten.
- Aus dem Teig rasch gleichmäßig dicke Stränge (1 cm Durchmesser) formen oder den Teig in einen Spritzsack füllen und aufspritzen. Die Stränge in 1 cm lange Stücke schneiden.

Morchelsauce

- Morcheln putzen, kurz waschen und der Länge nach halbieren.
- Olivenöl erhitzen, Zwiebel andünsten, Knoblauch und Morcheln dazugeben, kurz dünsten lassen, bis die Flüssigkeit eingekocht ist.
- Mit der braunen Kalbssauce und der Sahne auffüllen, 5 Minuten einkochen lassen und mit Salz, Pfeffer, Petersilie und Thymian würzen.

Fertigstellung

- In einem Topf Wasser zum Kochen bringen und salzen.
- Die Spinatnocken im Salzwasser kochen, mit der Schaumkelle herausnehmen, in die heiße Morchelsauce geben und schwenken, mit der geschlagenen Sahne garnieren und servieren.

Garzeit Nocken: 4–5 Minuten
Garzeit Sauce: etwa 8 Minuten

Tipps

1. *Dazu passen Blattsalate der Jahreszeit.*
2. *Sie können auch getrocknete Morcheln, Steinpilze oder Shiitakepilze verwenden.*
3. *Selbstverständlich können Sie die Morchelsauce auch nur mit Sahne und ohne Kalbssauce zubereiten.*
4. *Sie können auch Maccheroni, Farfalle oder Tagliolini verwenden.*

Variationen

Brennnesselnocken: Anstelle des Spinats kann man Brennnessel verwenden.
Olivennocken: Der Spinat wird durch Oliven ersetzt.

Melanzanenocken mit Tomaten und Scamorza

Gnocchi di melanzane con pomodori e scamorza

Für 4 Personen

Melanzanenocken	*300 g*	*Ofenmelanzane (siehe Seite 302)*
	1	*Eigelb*
	30 g	*Mehl*
	1 EL	*Parmesan, gerieben*
	180 g	*Toastbrot, fein gerieben oder gemixt*
		Salz, Pfeffer aus der Mühle
Weiteres	*200 ml*	*Tomatensauce (siehe Seite 150)*
	100 g	*Scamorza, in Würfel geschnitten*
	12	*Scamorzascheiben*
		Kerbel zum Garnieren

Melanzanenocken

- Ofenmelanzane pürieren, im eine Schüssel geben und mit Eigelb, Mehl, Parmesan, Toastbrot, Salz und Pfeffer verkneten.
- Aus dem Teig rasch gleichmäßig dicke Stränge (1 cm Durchmesser) formen oder den Teig in einen Spritzsack füllen und aufspritzen. Die Stränge in 1 cm lange Stücke schneiden.

Fertigstellung

- In einem Topf Wasser zum Kochen bringen und salzen.
- Die Melanzanenocken im Salzwasser kochen, mit der Schaumkelle herausnehmen, in die heiße Tomatensauce geben und mit der in Würfel geschnittenen Scamorza schwenken.
- Die Nocken auf Tellern anrichten, mit den Scamorzascheiben belegen, mit Kerbel garnieren und servieren.

Garzeit Nocken: etwa 4 Minuten

Tipp

Sie können auch Farfalle oder Tagliolini verwenden.

Melanzanenocken mit Tomaten und Scamorza

Spinatnocken mit Morchelrahmsauce

Kartoffelnocken mit Moscardini

Gnocchi con moscardini

Für 4 Personen

Teig	*400 g*	*Kartoffelteig (siehe Seite 209)*
Sauce	*500 g*	*Moscardini (kleine Tintenfische)*
	80 ml	*Olivenöl*
	50 g	*Zwiebel, in feine Streifen geschnitten*
	1	*Knoblauchzehe, fein gehackt*
	200 g	*Tomaten, passiert*
	30 ml	*Weißwein*
	1 EL	*Petersilie, fein geschnitten*
		Salz, Pfeffer aus der Mühle
Weiteres		*Petersilienblätter, frittiert, zum Garnieren*

Gnocchi

- Den Teig zu dünnen Strängen rollen (1 cm dick) und diese in 1 1/2 cm lange Stücke schneiden.

Sauce

- Die Moscardini putzen, waschen, Augen, Kauwerkzeuge und Innereien, wenn noch vorhanden, entfernen.
- In einer Pfanne Olivenöl erhitzen, Zwiebel und Knoblauch darin dünsten, passierte Tomaten dazugeben, mit etwas Weißwein aufgießen, dann die Tintenfische einlegen und kurz schwenken, mit Petersilie, Salz und Pfeffer würzen und bereitstellen.

Fertigstellung

- Die Gnocchi in reichlich Salzwasser kochen, bis sie an die Oberfläche steigen. Abseihen, sorgfältig abtropfen lassen, in die Sauce geben und kurz durchschwenken, mit der frittierten Petersilie garnieren und servieren.

Garzeit Sauce: etwa 5 Minuten

Tipps

1. *Lassen Sie sich die Tintenfische vom Fischhändler putzen.*
2. *Es ist wichtig, dass Sie nur kleine und zarte Tintenfische verwenden. Größere Exemplare sind zäh und müssen geschmort werden.*

Kartoffelnocken nach Piemonteser Art

Gnocchi alla piemontese

Für 4 Personen

Kartoffelteig	*400 g*	*Kartoffeln, mehlig*
	1	*Eigelb*
	1 EL	*Butter, zerlassen*
	120 g	*Mehl*
		Salz
	1 Msp.	*Muskatnuss*
Piemonteser Sauce	*100 g*	*Steinpilze*
	1 EL	*Butter*
	200 ml	*Tomatensauce (siehe Seite 150)*
		Salz, Pfeffer aus der Mühle
Weiteres	*4*	*Salbeiblätter*
	30 g	*Parmesan, gerieben*
	40 g	*Butter, gebräunt*

Kartoffelteig

- Die Kartoffeln schälen, in Würfel schneiden und in Salzwasser kochen. Abseihen und etwas ausdämpfen lassen (damit sie trockener sind).
- Die Kartoffeln durch die Kartoffelpresse drücken, mit Eigelb und Butter verkneten, dann erkalten lassen.
- Mehl, Salz und geriebene Muskatnuss unter die Kartoffelmasse kneten.
- Aus dem Teig rasch gleich dicke Stränge (1 cm Durchmesser) formen und diese in 2 cm lange Stücke schneiden. Die Nocken eventuell über eine Gabel rollen, damit sie ein schönes Muster bekommen.

Piemonteser Sauce

- Die Steinpilze putzen, in kleine Würfel schneiden und in Butter rösten, dann mit der Tomatensauce vermischen, mit Salz und Pfeffer würzen und bereitstellen.

Fertigstellung

- Die Kartoffelnocken in Salzwasser einmal aufkochen lassen, mit der Schaumkelle herausnehmen, Salbeiblätter dazugeben, mit Parmesan bestreuen, mit brauner Butter übergießen und in der Piemonteser Sauce servieren.

Garzeit Kartoffeln: etwa 15 Minuten

Tipps

1. *Dazu servieren Sie Blattsalate.*
2. *Sie können die Nocken auch mit einer Käsesauce reichen.*
3. *Zu den Kartoffelnocken passen Tomatensauce und Pesto.*
4. *Sie können anstelle der frischen Steinpilze auch 20 g getrocknete verwenden.*

Pariser Nocken, gratiniert

Gnocchi alla parigina

Für 4 Personen

Zutaten	*150 ml*	*Milch*
		Salz
	1 Msp.	*Muskatnuss*
	50 g	*Butter*
	70 g	*Mehl*
	2	*Eier*
	400 ml	*Béchamelsauce (siehe Seite 180)*
	10 g	*Parmesan, gerieben*
	20 g	*Butter*
Weiteres		*Butter zum Ausstreichen und zum Beträufeln*

- Milch mit Salz, geriebener Muskatnuss und Butter zum Kochen bringen.
- Das Mehl mit dem Kochlöffel (alles auf einmal) einrühren und die Masse 3 bis 5 Minuten kochen lassen, bis sie sich vom Geschirr löst.
- Vom Feuer nehmen und die Eier nach und nach in den Brandteig einrühren.
- Mit einem Spritzsack (große Lochtülle) in kochendes Salzwasser spritzen und dabei die Masse mit einem Spieß oder einer Fleischgabel zu 2 cm langen Nocken abschneiden.
- Die Nocken aufkochen lassen und in ein mit Butter ausgestrichenes, feuerfestes Geschirr geben.
- Mit der Béchamelsauce überziehen, mit dem Parmesan bestreuen, mit zerlassener Butter beträufeln und im Backrohr backen.

Gartemperatur: 170 Grad
Garzeit: etwa 20 Minuten

Tipps

1. *Die Pariser Nocken können Sie auch mit gekochten Schinkenwürfeln gratinieren.*
2. *Die Nocken müssen rasch serviert werden, denn sie fallen schnell zusammen.*
3. *Servieren Sie Tomatensauce (siehe Seite 150) dazu.*

Parmesanrisotto

Risotto al parmigiano

Für 4 Personen

Zutaten	80 g	Zwiebel
	2 EL	Öl
	320 g	Rundkornreis (Arborio, Carnaroli oder Vialone nano)
	50 ml	Weißwein
	1 l	Fleischsuppe (siehe Seite 398) oder Wasser
		Pfeffer aus der Mühle
		Salz
Weiteres	40 g	Butter, kalt
	30 g	Parmesan, gerieben

- Zwiebel schälen, fein aufschneiden und in Öl leicht dünsten.
- Den Reis beigeben und bei milder Hitze unter ständigem Rühren glasig werden lassen.
- Mit Weißwein löschen und die Flüssigkeit völlig einkochen lassen.
- Die Fleischsuppe nach und nach zugießen, so dass der Reis immer mit Flüssigkeit bedeckt ist (nicht zudecken).
- Unter oftmaligem Rühren kochen lassen.
- Der Risotto soll bissfest, seine Konsistenz aber cremig sein.
- Mit Salz und Pfeffer abschmecken, mit kalter Butter und Parmesan verfeinern und servieren.

Garzeit: 18–20 Minuten

Tipp

Zum Schluss können Sie auch etwas Sahne hinzufügen.

Variation

Gorgonzolarisotto: Geben Sie kurz vor dem Servieren 100 g milden Gorgonzola zum Reis.
Thunfischrisotto: Geben Sie kurz vor dem Servieren 150 g gebratene Thunfischwürfel oder Thunfisch in Öl in den Reis.
Rosmarinrisotto: Geben Sie kurz vor dem Servieren 1 Esslöffel fein geschnittenen Rosmarin zum Reis und garnieren Sie ihn mit in Fett gebackenem Rosmarin.
Basilikumrisotto: Geben Sie kurz vor dem Servieren 2 bis 3 Esslöffel Pesto (siehe Seite 144) zum Reis und garnieren Sie ihn mit Basilikumblättern.
Trüffelrisotto: Hobeln Sie mit dem Trüffelhobel vor dem Servieren die gewaschene Trüffel direkt auf den Reis. So entfaltet sich das Aroma der Trüffel am besten.
Spumanterisotto: Rühren Sie kurz vor dem Servieren 120 ml Spumante unter den Reis, so kommt die feine Säure des Schaumweines besonders zur Geltung.
Artischockenrisotto: Geben Sie kurz vor dem Servieren 200 g gedünstete Artischockenwürfel in den Reis und verfeinern Sie ihn mit eiskaltem Olivenöl anstelle der Butter.
Risotto al Barolo: Ergänzen Sie den Reis mit 1/4 l reduziertem Barolo.

Risotto mit Karde

Risotto ai cardi

Für 4 Personen

Zutaten	400 g	Kardenstiele ohne Blätter
	50 g	Zwiebel
	40 g	Butter
	50 ml	Weißwein
	240 g	Rundkornreis (Arborio, Vialone oder Carnaroli)
	1 l	Fleischsuppe (siehe Seite 398) oder Wasser
		Salz
		Pfeffer aus der Mühle
Weiteres	50 ml	Olivenöl, sehr kalt
	1 EL	Parmesan, gerieben
	1 EL	Petersilie, fein geschnitten
	1	Knoblauchzehe, fein gehackt

- Die Kardenstiele waschen und in schräge, 1 cm lange Scheiben schneiden.
- Die Zwiebel schälen, in kleine Würfel schneiden und in Butter dünsten, Kardenscheiben dazugeben und mit Weißwein löschen.
- Den Reis dazugeben und unter ständigem Rühren erhitzen, mit der Fleischsuppe nach und nach aufgießen und kochen lassen.
- Mit Salz und Pfeffer sowie Olivenöl, Parmesan, Petersilie und Knoblauch verfeinern und servieren.

Garzeit: 18–20 Minuten

Tipps

1. *Anstelle der Karde können Mangold, wilder Spargel oder weißer und grüner Spargel verwendet werden.*
2. *Mit dem eiskalten Olivenöl bindet der Risotto besser und der Olivenölgeschmack kommt stärker zu Geltung.*
3. *Ergänzen Sie den Risotto mit Lardo di collonato oder Bauchspeck.*

Risotto alla milanese

Für 4 Personen

Zutaten	*50 g*	*Zwiebel*
	2 EL	*Olivenöl*
	1 EL	*Butter*
	240 g	*Rundkornreis (Arborio, Vialone oder Carnaroli)*
	1/8 l	*Weißwein*
	1 l	*Fleischsuppe (siehe Seite 398) oder Wasser*
	1	*Briefchen Safran oder einige Safranfäden*
		Salz, Pfeffer aus der Mühle
Weiteres	*1 EL*	*Butter, kalt*
	30 g	*Parmesan, gerieben*
		Kerbel zum Garnieren
		Safranfäden, eingeweicht, zum Garnieren

- Die Zwiebel schälen, fein schneiden und im Olivenöl sowie einem Esslöffel Butter leicht anschwitzen.
- Den Reis einrühren, bei geringer Hitze glasig dünsten und mit Weißwein löschen.
- Wenn der Weißwein aufgenommen wurde, nach und nach die Fleischsuppe aufgießen und einkochen lassen.
- Salzen und unter mehrmaligem Rühren kochen lassen.
- Zum Schluss, wenn der Reis bissfest, also »al dente« ist, mit in etwas Wasser aufgelöstem Safran und Pfeffer abschmecken, den Risotto vom Herd nehmen, die kalte Butter sowie den frisch geriebenen Parmesan unterrühren, mit Kerbel und Safranfäden garnieren und servieren.

Garzeit: 18–20 Minuten

Tipps

1. *Der Risotto soll eher flüssig bis cremig sein.*
2. *In der klassischen Küche wird der »Risotto alla milanese« mit Rinds- oder Kalbsknochenmark zubereitet.*
3. *Dieser Risotto ist die klassische Beilage zum Ossobuco alla milanese (siehe Seite 284).*

Pfifferlingrisotto

Risotto ai gallinacci

Für 4 Personen

Zutaten	400 g	Pfifferlinge
	50 g	Zwiebel
	1	Knoblauchzehe
	2 EL	Butter
	1 EL	Petersilie, fein geschnitten
		Salz
		Pfeffer aus der Mühle
	240 g	Rundkornreis (Arborio, Vialone oder Carnaroli)
	100 ml	Weißwein
	1 l	Fleischsuppe (siehe Seite 398) oder Wasser
	1 EL	Schnittlauch, fein geschnitten
Weiteres	2 EL	Butter, kalt
	30 g	Parmesan, gerieben
		Schnittlauchhalme zum Garnieren

- Pfifferlinge putzen, waschen und große Pilze halbieren oder in Scheiben schneiden.
- Zwiebel und Knoblauch schälen und fein hacken.
- In einer Pfanne die Butter erhitzen, Zwiebel und Knoblauch dazugeben und anschwitzen, die Pfifferlinge dazugeben und kurze Zeit dünsten lassen. Dann mit Petersilie, Salz und Pfeffer würzen.
- Den Reis dazugeben, etwas mitdünsten lassen, mit Weißwein aufgießen und die Flüssigkeit einkochen lassen. Unter ständigem Rühren immer wieder etwas Fleischsuppe aufgießen und so lange köcheln lassen, bis die Reiskörner weich, aber bissfest sind.
- Zum Schluss mit Schnittlauch würzen und mit kalter Butter und Parmesan verfeinern, mit Schnittlauchhalmen garnieren und servieren.

Garzeit: 18–20 Minuten

Tipps

1. *Außerhalb der Pfifferlingsaison nimmt man Champignons oder getrocknete Steinpilze.*
2. *Noch feiner im Geschmack wird der Risotto, wenn Sie kurz vor dem Servieren geschlagene Sahne unterheben.*
3. *Ebenfalls können Sie den Risotto mit etwas brauner Kalbssauce verfeinern.*

Variation

Steinpilzrisotto: *Verwenden Sie anstelle der Pfifferlinge Steinpilze.*

Radicchiorisotto

Risotto con radicchio

Für 4 Personen

Zutaten	200 g	Radicchio trevisano
	50 g	Zwiebel
	1	Knoblauchzehe
	2 EL	Öl
	100 ml	Rotwein (Lagrein dunkel, Merlot oder andere)
	240 g	Rundkornreis (Arborio, Carnaroli)
	1 l	Fleischsuppe (siehe Seite 398) oder Wasser
		Salz
		Pfeffer aus der Mühle
Weiteres	2 EL	Butter, kalt
	30 g	Parmesan, gerieben
		Dillspitzen zum Garnieren

- Den Radicchio putzen, waschen und in Streifen schneiden.
- Zwiebel und Knoblauch schälen, klein schneiden und in Öl dünsten.
- Geschnittenen Radicchio dazugeben und ebenfalls dünsten, mit Rotwein aufgießen und weich dünsten, bis der Wein fast vollständig eingekocht ist.
- Reis hinzufügen, mit Fleischsuppe nach und nach aufgießen, mit Salz und Pfeffer würzen und unter ständigem Rühren kochen lassen.
- Mit der kalten Butter und Parmesan verfeinern, mit Dillspitzen garnieren und servieren.

Garzeit: 18–20 Minuten

Tipps

1. *Anstelle des Trevisaner Radicchio können Sie auch andere Radicchiosorten verwenden.*
2. *Zum Aufgießen eignet sich auch Geflügelbrühe.*
3. *Wer den Risotto etwas feiner mag, kann zum Schluss etwas flüssige oder geschlagene Sahne hinzufügen.*

Radicchiorisotto

Pfifferlingrisotto

Spargelrisotto

Risotto agli asparagi

Für 4 Personen

<u>Zutaten</u>	*400 g*	*Spargel, weiß*
	50 g	*Zwiebel*
	40 g	*Butter*
	80 ml	*Weißwein*
	240 g	*Rundkornreis (Arborio, Vialone oder Carnaroli)*
	1 l	*Fleischsuppe (siehe Seite 398) oder Spargelbrühe (Kochwasser der Spargelschalen)*
		Salz
		Pfeffer aus der Mühle
<u>Weiteres</u>	*20 g*	*Parmesan, gerieben*
	1 EL	*Schnittlauch, fein geschnitten*

- Die Spargel waschen und von der Spitze zur Schnittstelle mit einem Spargelschäler schälen.
- Den gesamten Spargel in schräge, 1 cm dicke Scheiben schneiden.
- Die Zwiebel schälen, in kleine Würfel schneiden und in Butter dünsten, Spargelscheiben dazugeben und mit Weißwein löschen.
- Den Reis dazugeben und unter ständigem Rühren erhitzen, mit der Fleischsuppe nach und nach aufgießen und kochen lassen.
- Mit Salz, Pfeffer, Parmesan und Schnittlauch verfeinern und servieren.

<u>Garzeit:</u> 18–20 Minuten

Tipps

1. *Es können sowohl weiße als auch grüne Spargel verwendet werden.*
2. *Der Risotto eignet sich hervorragend als Beilage zu gebratenem Fisch (Rotbarbe, Wolfsbarsch, Zander usw.).*

Variationen

<u>Spargelrisotto mit Gorgonzola:</u> Geben Sie kurz vor dem Servieren 100 g milden Gorgonzola zum Reis, da die Bitterstoffe des Spargels hervorragend mit dem Gorgonzola harmonieren.
<u>Spargelrisotto mit Kalbsleber:</u> Servieren Sie zum Spargelrisotto in Butter gebratene Kalbsleber und etwas Majoran.

Apfelrisotto

Risotto alle mele

Für 4 Personen

<u>Zutaten</u>	*50 g*	*Zwiebel*
	1 EL	*Butter*
	240 g	*Rundkornreis (Arborio, Carnaroli oder Vialone nano)*
	100 ml	*Weißwein*
		Salz
	3/4 l	*Fleischsuppe (siehe Seite 398)*
	125 ml	*Apfelsaft*
	200 g	*Äpfel*
	4	*Zitronenmelisseblätter*
	2 EL	*Butter, kalt*
	50 ml	*Sahne*

- Zwiebel schälen und in feine Würfel schneiden.
- Butter in einem Topf schmelzen lassen und Zwiebel darin dünsten.
- Reis dazugeben und unter ständigem Rühren glasig dünsten.
- Mit Weißwein löschen, salzen und mit heißer Fleischsuppe und Apfelsaft unter ständigem Rühren und öfterem Aufgießen den Risotto kochen lassen.
- Zum Schluss die Äpfel schälen, in Würfel schneiden und mit der in feine Streifen geschnittenen Zitronenmelisse zum Risotto geben.
- Mit kalter Butter und Sahne vollenden (die Sahne kann flüssig oder geschlagen sein) und servieren.

<u>Garzeit:</u> 18–20 Minuten

Tipps

1. *Besonders gut eignen sich Gravensteiner- und Granny-Smith-Äpfel.*
2. *Servieren Sie zum Risotto gebratene Kalbsleber oder Entenbrust.*

Reisorangen

Arancini di riso

Für 4 Personen

Zutaten	50 g	*Zwiebel*
	2 EL	*Öl*
	200 g	*Rundkornreis (Arborio, Carnaroli oder Vialone)*
	1	*Briefchen Safranpulver*
	40 ml	*Weißwein*
	1 l	*Fleischsuppe (siehe Seite 398)*
	2	*Eigelb*
	2 EL	*Parmesan, gerieben*
		Salz, Pfeffer aus der Mühle
	100 g	*Mozzarella, in Würfel geschnitten*
Weiteres		*Mehl, Eier und Brösel zum Panieren*
		Parmesanhippe und Kerbel zum Garnieren

Reis
- Die Zwiebel schälen, in feine Würfel schneiden und in Öl dünsten. Den Reis dazugeben und kurz glasig dünsten.
- Das Safranpulver im Weißwein auflösen und zum Reis geben, nach und nach mit der Fleischsuppe aufgießen, des Öfteren umrühren und kochen lassen, bis der Reis gar ist.
- Den Risotto vom Herd nehmen, Eigelb und Parmesan dazugeben, mit Salz und Pfeffer würzen, umrühren und etwas auskühlen lassen.

Fertigstellung
- Aus der Reismasse mit angefeuchteten Händen kleine Kugeln formen und die Mozzarella hineindrücken, dann zu runden Knödeln rollen.
- Knödel in Mehl wenden, im verquirlten Ei drehen und in Semmelbröseln wälzen.
- Reisorangen im heißen Fett backen, auf einem Küchenkrepp abtropfen lassen, mit Parmesanhippen und Kerbel garnieren und servieren.

Garzeit Risotto: 18–20 Minuten
Gartemperatur: 170 Grad
Orangen: etwa 2 Minuten

Tipp

Zu den Reisorangen passt Tomaten- oder Gorgonzolasauce.

Tomatenrisotto mit gebratenem Wolfsbarsch

Risotto al pomodoro con branzino

Für 4 Personen

Zutaten	50 g	*Zwiebel*
	2 EL	*Olivenöl*
	240 g	*Rundkornreis (Arborio, Vialone oder Carnaroli)*
	1 TL	*Tomatenmark*
	100 ml	*Weißwein*
	1 l	*Fischbrühe (siehe Seite 399) oder Wasser*
	400 g	*Tomaten, geschält und in Würfel geschnitten*
		Salz
	2 EL	*Butter, kalt*
Weiteres	250 g	*Wolfsbarschfilet*
		Salz
		Pfeffer aus der Mühle
	50 ml	*Olivenöl*
	1	*Rosmarinzweig*

- Zwiebel schälen, fein schneiden und in Olivenöl leicht dünsten.
- Den Reis dazugeben, bei geringer Hitze glasig dünsten, das Tomatenmark dazugeben und mit Weißwein löschen.
- Wenn der Weißwein aufgenommen wurde, nach und nach die Fischbrühe aufgießen und einkochen lassen.
- Die Tomaten dazugeben, salzen und unter ständigem Rühren kochen lassen.
- Zum Schluss den Risotto vom Herd nehmen und mit kalter Butter vermengen.

Fertigstellung

- Das Wolfsbarschfilet in 4 Stücke schneiden und mit Salz und Pfeffer würzen.
- Olivenöl erwärmen, Filets einlegen, etwa 2 Minuten braten lassen, den Fisch wenden und mit dem Rosmarin langsam fertig braten.
- Den Risotto auf die Teller geben, den gebratenen Wolfsbarsch darauflegen und servieren.

Garzeit Risotto: 15 bis 18 Minuten
Garzeit Fisch: etwa 4 Minuten

Tipps

1. Der Risotto soll eher flüssig bis cremig sein.
2. Zum Tomatenrisotto können Sie auch andere gebratene Fischfilets wie Rotbarbe, Zander, Steinbutt usw. oder gebratene Krustentiere wie Garnelen, Scampi, Langusten usw. servieren.

Risotto mit Meeresfrüchten

Risotto ai frutti di mare

Für 4 Personen

Zutaten	1/2 kg	*Miesmuscheln (cozze)*
	1/2 kg	*Venusmuscheln (vongole)*
	2 EL	*Samenöl*
	1/8 l	*Weißwein*
	4	*Garnelen (gamberetti)*
	100 g	*Knurrhahnfilet (gallinella)*
	100 g	*Kalmare, geputzt*
	4	*Jakobsmuscheln (capesante), geputzt*
	50 g	*Zwiebel*
	30 ml	*Olivenöl*
	250 g	*Rundkornreis (Arborio, Carnaroli)*
	1 l	*Fischbrühe (siehe Seite 399) oder Wasser*
	1/2 TL	*Curry*
	1/2	*Peperoncino, zerrieben*
		Salz, Pfeffer aus der Mühle
	100 g	*Tomaten, geschält und in Würfel geschnitten*
	1	*Knoblauchzehe, fein gehackt*
Weiteres		*Petersilie und Dill zum Garnieren*

- Die Muscheln waschen, putzen und in einem Kochtopf zugedeckt mit Öl erhitzen, mit etwas Weißwein löschen, dann etwa 4 Minuten garen, bis alle Muscheln geöffnet sind.
- Die Garnelen vom Panzer und Darm am Rücken befreien, Knurrhahn in Stücke schneiden, Kalmare in breite Streifen schneiden und die Jakobsmuscheln halbieren.
- Die Zwiebel schälen,fein schneiden und in Olivenöl dünsten, den Reis dazugeben und etwas mitdünsten, mit dem restlichen Weißwein löschen und mit einem Teil der heißen Fischbrühe oder dem Wasser aufgießen.
- Mit Curry, Peperoncino und Salz würzen, dann etwa 12–15 Minuten unter ständigem Rühren und Aufgießen der Brühe dünsten.
- Knurrhahn, Garnelen, Kalmare und Jakobsmuscheln mit Salz und Pfeffer würzen, in einer zweiten Pfanne kurz anbraten und mit den Tomaten und Knoblauch zum Reis geben.
- Die Muscheln zum Teil aus den Schalen brechen dazugeben, mit Petersilie und Dill garnieren und servieren.

Garzeit: 18–20 Minuten

Tipp

Weitere geeignete Fische sind Tintenfisch, Steinbutt, Rotbarbe, Seeteufel usw.

Variation

Oktopusrisotto: Anstelle der Meeresfrüchte verwenden Sie geschmorten Oktopus (siehe Seite 134).

Risotto mit Meeresfrüchten

PESCE

FISCHE UND MEERESFRÜCHTE

Alles, was Flüsse, Seen und Meer zu bieten haben, findet in der italienischen Küche Verwendung. Bei Fischen und Meeresfrüchten scheint die Flut von Rezeptideen schier unerschöpflich. Wer jemals über einen italienischen Fischmarkt gebummelt ist, wird von seinem Anblick fasziniert gewesen sein. So groß ist die Auswahl und so appetitlich das Angebot. Fisch ist gesund, kalorienarm, schnell zubereitet und schmeckt immer wieder anders. Besonders einfallsreich sind natürlich die Köche in den Restaurants entlang der italienischen Küste, die ihren Fisch jeden Tag fangfrisch angeliefert bekommen.

Äolische Inseln – Salina – Blick auf Lipari

Gutes aus dem Meer
Fische und Meeresfrüchte

Fischerboote im Hafen von Porto Ercole

Fische

Der alte Schlager von den Fischern aus Capri, die bei Sonnenuntergang aufs Meer hinausziehen, gilt für die Küstengebiete Italiens immer noch: Abend für Abend verlassen die kleinen Boote die Häfen, um die regionalen Märkte am nächsten Morgen mit frischem Fisch und Meeresfrüchten aller Art zu beliefern.

Wenn man von Italiens feiner Küche redet, werden die Begriffe »pesce« (Fisch) oder »frutti di mare« (Meeresfrüchte) sofort fallen. Die anregenden Düfte, die aus den Küchen Italiens strömen und an die man sich am schnellsten erinnert, gehören den herrlichen »spaghetti alle vongole« oder einer »grigliata di pesce«, die man auf einer Terrasse mit Meeresblick genossen hat.

Italien ist eines der reichsten Länder der Welt, wenn es um die Produktvielfalt geht. Es wächst alles, was das Herz begehrt. Durch die Wärme und die Feuchtigkeit gedeihen Tomaten, Zucchini, Artischocken, Kapern. Aber zurück zum Fisch: Am frühen Morgen kommen die Fischer mit den Boten und ihrem Fang zurück. Und es beginnt der Handel mit den Chefs der Restaurants, die die Fische mitnehmen und sofort verarbeiten. Fragt man nach einem Rezept, dann bekommt man fast immer dieselbe Antwort: Gegrillt oder im Backrohr gebraten, schmeckt er am besten. Gedünstet werden Tintenfische. Wenn es nicht so schöne Exemplare sind, dann werden die Fische für die Fischsuppe verwendet. Je natürlicher der Fisch belassen wird, desto besser schmeckt er. In Italien werden hauptsächlich Meeresfische verarbeitet – das Land ist auf drei Seiten vom Meer umgeben.

Seezunge (sogliola)

Die beste Jahreszeit für die Seezunge ist der Winter, denn dann sind die Filets dicker. Die anatomische Besonderheit der Seezunge bringt es mit sich, dass sie wie alle Plattfische jeweils vier Filets hat, zwei auf der Ober- und zwei auf der Unterseite. Die Seezunge hat eine länglich-ovale Form und eine dunkelgraue bis braune Oberseite, die mit kleinen Schuppen bedeckt ist. Das Fleisch ist weiß, fest und äußerst fein im Geschmack.
Grundsätzlich gilt für alle Plattfische, dass man den um den Körper laufenden Flossensaum entfernen sollte. Er schmeckt meist streng und tranig.

Verwendung
Eine frische Seezunge ist eine wahre Gaumenfreude. Besonders gut schmeckt sie in Butter gebraten, man kann sie aber auch grillen, backen oder pochieren und für Fischsuppen verwenden. Seezungen sind als Ganzes, aber auch filetiert erhältlich. Vorher muss allerdings die graue Oberhaut abgelöst werden.

Tipp
Wenn sich die Haut nur schwer lösen lässt, ist das das beste Zeichen dafür, dass der Fisch frisch ist.

Steinbutt (rombo)

Steinbutt ist einer der feinsten und teuersten Meeresfische. Gefangen wird er hauptsächlich mit Bodenschleppnetzen und Fangleinen. Sein wohlschmeckendes, weißes, festes Fleisch ist besonders eiweißreich und fettarm und hat während der Wintermonate Saison.

Er besitzt einen fast kreisrunden schuppenfreien Körper mit zahlreichen steinartigen Verknöcherungen, so genannte Hautknochen, an der Oberseite.

Verwendung
Der Steinbutt wird in der Regel filetiert, aber auch als Ganzes pochiert, gebraten, gegrillt oder in der Salzkruste gebacken.

! Vorsicht: Es gibt auch kleine Baby-Steinbutts mit einem Gewicht unter einem Kilogramm. Bei diesen Fischen muss man allerdings mit bis zu 60 Prozent Abfall rechnen.

Brasse (dentice)

Die Brasse ist fast das ganze Jahr über erhältlich, aber Fangzeit ist zwischen Juli und Oktober. Der beliebte Mittelmeerfisch hat ein weißes, fettarmes, eher trockenes Fleisch mit feinem Geschmack. Das übliche Handelsgewicht beträgt etwa 500 Gramm.

Einkauf
Es gibt im Mittelmeer etwa 20 Arten von Brassen. Am verbreitetsten sind die **Gold-, Zahn-,** und **Rotbrasse.** Die Goldbrasse ist an der Stirn goldfarbig und arm an Gräten. Die Rotbrasse hat einen rötlichen Rücken.

Tipp
Am besten behält die Brasse ihr feines Aroma, wenn man sie an der Gräte brät. Ihr zartes, mageres Fleisch eignet sich auch zum Grillen, Schmoren, Pochieren.

Soll Fisch mit oder ohne Haut gebraten werden?
Wer Fisch eher mild mag, schneidet die Haut weg. Rotbarbe, Wolfsbarsch und auch Zander schmecken allerdings sehr gut, wenn sie mit der Haut gebraten werden.
Aber die Haut muss »kross« (knusprig) gebraten sein. Das gelingt am besten, wenn der Fisch in einer beschichteten Pfanne (Teflonpfanne) erst an der Hautseite etwas länger und dann auf der Fleischseite fertig gebraten wird.

Steinbutt

Seezunge

Goldbrasse

Seeteufel

Rotbarbe

Sushi und Sashimi
Die beste Thunfischart, also jene, die auch für »Sushi« und »Sashimi« verwendet wird, ist der Rote Thunfisch. Dieser Fisch ist sehr teuer, da der größte Teil für den japanischen Markt bestimmt ist.

Thunfisch

Seeteufel (croda di rospo)

Der Seeteufel ist ein am Meeresboden lebender Raubfisch, der im Verhältnis zum Körper einen großen Kopf hat. Mit seinem breiten Maul und den spitzen Zähnen ist diese Delikatesse unverwechselbar. Der relativ teure Meeresfisch wird vor allem wegen seines festen, fettarmen, weißen, grätenlosen Fleisches geschätzt. Es bleibt auch nach dem Garen bissfest und erinnert an Hummer. Vom Seeteufel kommt meist nur das Schwanzstück – mit oder ohne Haut – ohne den Kopf mit dem kräftigen, zahnbewehrten Maul in den Handel. Der Seeteufel wird auch **Lotte** oder **Angler** genannt.

Verwendung
Das Seeteufelfleisch eignet sich für Fischsuppen, kann pochiert, gebraten oder gegrillt werden.

Tipp
Man sollte den Seeteufel nicht zu lange garen, da das Fleisch sonst zäh und gummiartig wird.

Rotbarbe (triglia)

Dieser rot schimmernde Meeresfisch wird wegen seines aromatischen, festen Fleisches sehr geschätzt. Die Rotbarbe ist ein sehr wohlschmeckender, magerer Portionsfisch.

Verwendung
Die Rotbarbe eignet sich speziell zum Grillieren und Frittieren, aber auch zum Braten in der Folie, damit sie saftig bleibt.

Tipp
Da die Rotbarbe keine Galle hat, muss man sie nicht ausnehmen. Man kann sie nach dem Schuppen direkt in die Pfanne oder auf den Grill legen sowie in der Folie braten.

Thunfisch (tonno)

Thunfische sind aufgrund ihres stark entwickelten Blutgefäßsystems Warmblüter. Sie sind in allen Meeren der Welt verbreitet. Der Thunfisch ist die größte Makrelenart. Er hat weißes bis dunkelrotes, festes Fleisch und eignet sich gut zum **Braten** oder als Steak zum **Grillen**. Häufig wird er zu Konservenware verarbeitet – in dieser Form wurde er bekannt.

Einkauf
Beim Kauf von Thunfisch sollten Sie darauf achten, dass das Fleisch gleichmäßig dunkelrot gefärbt ist und feine, feste Fasern ohne große Sehnen aufweist. Das zeugt von sehr guter Qualität. Frisch wird er als Filet oder Kotelett angeboten, Thunfisch in Konserven gibt es »nature« im eigenen Saft oder in Öl eingelegt.

Roter Thunfisch
Der Rote Thunfisch, der auch Großer Thunfisch genannt wird, kann bis zu 250 Kilogramm schwer werden. Die beste Qualität kommt aus dem Mittelmeer und dem Ostatlantik. Das Fleisch ist dunkel und etwas fett.

Weißer Thunfisch
Sein feines, helles Fleisch macht ihn begehrt.

Bonito
Eine etwas kleinere, vor allem im Mittelmeer lebende Thunfischart heißt Bonito.

Konserven
In der Fisch verarbeitenden Industrie werden u. a. der »Rote Thunfisch« und der kleine »Echte Bonito« sowie der »Weiße Thunfisch« für Konserven verwendet.

Verwendung
- **Roh** als Carpaccio, Tatar, für Sushi oder kurz angebraten und scharf gewürzt
- Als **Konserve** in Öl eingelegt, als Thunfischaufstrich, Salat, Mousse, zu Pastasaucen, zu Vitello tonnato, Thunfischsalat, als Belag zu Pizza, Baguette, Tramezzini usw.

Tipp
Den Thunfisch dürfen Sie nicht zu lange garen, ja nicht durchbraten, sonst wird er trocken. Frischer Thunfisch sollte halb roh oder zumindest rosa serviert werden.

Sardine

Sardine (sardina)

Sardinen sind junge, silbrige, fettreiche Fische mit würzigem Geschmack. Sie werden bis zu 15 Zentimeter lang. Sardinen schwimmen in großen Schwärmen und sind im Mittelmeer und im Atlantik heimisch. Im späten Frühjahr und im Sommer ziehen die Sardinenschwärme auf Nahrungssuche nordwärts und in Küstennähe, im Herbst ziehen sie nach Süden, um dort in tieferen Wasserschichten zu überwintern.

Einkauf
Hier zu Lande werden vor allem junge Sardinen angeboten und kommen als Frischfisch, eingesalzen und in Konserven auf den Markt.

Verwendung
Frische Sardinen schmecken wunderbar, kosten wenig und haben einen hohen Nährwert. Ganze Sardinen kann man grillen, backen, aber auch füllen.

Sardellen (alice)

Die zu den Heringsfischen gehörenden Salzwasserfische haben ein würziges Fleisch mit hohem Jodgehalt und werden durchschnittlich 10 cm lang. Angeboten werden Sardellen eingesalzen als Salzsardellen, als Dosenware mit oder ohne Kapern, in Öl eingelegt sowie als Sardellenpaste.

Verwendung
Durch ihren intensiven Geschmack werden sie vor allem als Appetitbissen oder als Würzzutat verwendet. Aber auch zum Frittieren und Braten eignen sich die frischen Sardellen.

Sardellen in Salz eingelegt

Kriterien zur Beurteilung der Frische vom Fisch

	geprüfter Fisch	sehr gut	akzeptabel	nicht annehmbar
Aussehen	Haut	lebhafte Pigmentierung schillernd transparenter Schleim	lebhafte Pigmentierung, aber nicht leuchtend Schleim leicht getrübt	stumpfe Pigmentierung undurchsichtiger, matter Schleim
Aussehen	Augen	nach außen gewölbt Pupillen schwarz und leuchtend, Hornhaut transparent	nach außen gewölbt und leicht eingekerbt Pupillen schwarz und stumpf, Hornhaut leicht matt	konkav in der Augenhöhle Hornhaut milchig, Pupillen grau
Aussehen	Kiemen	leuchtende Farbe ohne Schleim	bleicher; leichte Spuren von hellem Schleim	Kiemen gelblich und milchiger Schleim
Aussehen	Fleisch	bläulich, durchscheinend, glatt schimmernd und fest	samtig, Farbe leicht verändert, wachsähnlich und filzig	matt
Zustand	Fleisch	kompakt und elastisch und fest Oberfläche glatt	geringe Elastizität	weich, schlaff, die Schuppen haften nicht mehr an der Haut
Zustand	Bauchfell	liegt vollständig am Fleisch an	anliegend	nicht anliegend
Zustand	Rückgrat	bricht, statt sich zu lösen	anliegend	nicht anliegend
Geruch	Kiemen, Haut, Bauchhöhle und Fleisch	duftet nach frischem Meer- oder Süßwasser	riecht nicht unangenehm	riecht säuerlich und stark nach »Fisch«

Tipp
Fragen Sie Ihren Fischhändler im Mai nach frischem Lachs, da beginnt nämlich die Fangzeit.

Lachs (salmone)

Lachs wird an den Küsten Europas ebenso gefangen wie an der nordamerikanischen Pazifikküste und dem Atlantik. Das Fleisch des Grönlandlachses ist dunkelrot. Norwegischer, schottischer und irischer Lachs hat helleres, rötliches Fleisch. Besonders hell ist das Fleisch der Ostseelachse. Der den Forellen verwandte Lachs verbringt seine ersten zwei bis drei Lebensjahre im Süßwasser und wandert dann flussabwärts ins Salzwasser, wo er zum laichreifen Fisch heranwächst. Zum Laichen kehrt er wieder ins Süßwasser zurück. Die appetitliche Farbe des Fleisches verdankt der Lachs den Krustentieren, von denen er sich ernährt.

Lachs

Zuchtfisch
Lachse werden schon seit geraumer Zeit in großem Stil gezüchtet. Die meisten Zuchtlachse kommen aus Norwegen. Fortschrittliche Zuchtmethoden sorgen aber für eine recht gute Qualität der Lachse. Deshalb ist Lachs nach wie vor sehr beliebt. Am besten und teuersten ist natürlich der seltene **Wildlachs**.

Verwendung
Man isst Lachs roh mariniert, gegrillt, pochiert, gebraten, gedämpft oder geräuchert.

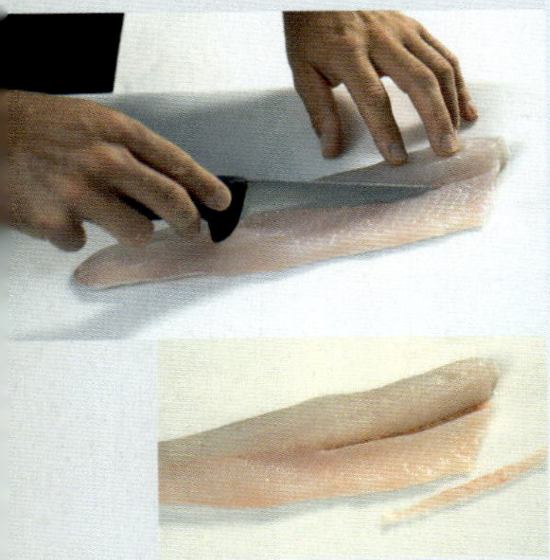

Beim Zanderfilet schneidet man die Gräten mit dem Messer vorsichtig heraus.

Zander (lucioperca)

Das Fleisch ist im Winter besonders schmackhaft. Man erkennt ihn an seiner schlanken hechtähnlichen Form, an dem schmalen, spitz zusammenlaufenden Kopf und an der dunklen, grünlich-silbergrauen Färbung des Rückens.

Tipp
- Man schneidet die Rückenflosse am besten mit einer Fischschere ab.

  ! Vorsicht: Seine Rückenflosse sticht!
- Es ist fast unmöglich, die Gräten beim Zander zu ziehen, deshalb müssen sie herausgeschnitten werden.

Zander

Bottarga

Bottarga – der Kaviar des Mittelmeers

Bottarga wird aus dem Rogensack der Meeräsche, seltener auch aus jenem des Thunfischs hergestellt. Die Rogensäcke ausgewählt großer Fische werden zunächst eingesalzen, nach etwa 2 ½ Stunden in Salzwasser gewaschen und auf Holzbrettern im »Bottarga-Haus« so übereinander gelegt, dass auf die Eier ein leichter Druck ausgeübt wird. Nach einigen Tagen Lagerung werden die Rogensäcke dann je nach Sorte eine bis mehrere Wochen oder Monate luftgetrocknet.

Verwendung
Bottarga wird wie Trüffel über Pasta oder andere Gerichte gehobelt oder auch in granuliertem Zustand als Würzzutat verwendet.

Weitere beliebte Fische

Aal (anguilla)
Drachenkopf (scorfano)
Glattrochen (razza)
Hering (aringa)
Kabeljau/Stockfisch (stoccafisso/baccalà)
Katzenhai (palombo)
Knurrhahn (gallinella)
Makrele (sgombro)
Meeraal (anguilla di mare)
St. Petersfisch (pesce San Pietro)
Scholle (platessa/passera)
Schwertfisch (pesce spada)
Zahnbarsch (dentice)

Krustentiere

Die Krebs- oder Krustentiere sind eine formen- und artenreiche Gruppe. Sie werden in langschwänzige Krebse (Hummer, Langusten, Scampi, Garnelen) und kurzschwänzige Krebse (Taschenkrebse) unterteilt. Der Körper ist von einem Panzer umschlossen. Während der Wachstumsperiode müssen sich die Tiere mehrmals häuten, um einen größeren Panzer bilden zu können. Das essbare Fleisch befindet sich hauptsächlich im Schwanz und in den Scheren.

Einkauf

Lebende Krustentiere werden in Körben, in nasse Holzwolle verpackt, versandt. Sie müssen gegen Kälte und Hitze geschützt sein. Der Schwanz lebender Tiere muss eingezogen und elastisch sein, bei Berührung zieht das Tier den Schwanz sofort ein.

Werden bereits tote Tiere gekocht, so ist der Schwanz nach dem Kochen nicht nach unten eingezogen; der hängt vielmehr am Körper und lässt sich leicht bewegen.

Tiere töten

Die lebenden Tiere werden durch Eintauchen in kochendes Wasser in Sekundenschnelle getötet.

Verwendung

Krustentiere finden vor allem in der kalten Küche Verwendung, wie z. B. für Buffets, Cocktails, Terrinen, aber auch für Suppen, Saucen, Nudelgerichte und Risotti.

Scampi

Auch als **Kaisergranat** oder **Langostino** bezeichnet, haben Scampi zwei lange, schlanke Scheren und sehen aus wie Mini-Hummer. Ihr Fleisch ist sehr aromatisch. Scampi leben auf weichem Meeresgrund. Die Farbe des Panzers wechselt beim lebenden Tier je nach Gewässer von Hell-Lachsrot bis Ziegelrot und verändert sich beim Kochen nicht.

! Achtung!
Tote Krustentiere entwickeln ein gefährliches Fischgift. Sie dürfen nicht gegessen werden.

Scampo

gebraten, mariniert als Antipasto
Fischsuppe, mit Tomaten, Oliven und Kapern
gebraten, gebacken, mit Tomaten und Oliven usw.
mariniert, für Salate, gebraten mit Oliven und Artischocken usw.
gebacken, Pariser Art, als Stockfischgröstel oder Stockfisch Vicentina-Art usw.
gedünstet, Livorneser Art
Fischsuppe, mit Gemüse im Ofen gebraten
gebraten, gegrillt, mariniert mit Zwiebel usw.
gedünstet, für Suppen, gebraten, gegrillt usw.
mit Kräutern, gebraten, in Weißweinsauce usw.
gebacken, als Ganzes gebraten
roh als Sushi, gebraten im Pfeffermantel, für Nudelgerichte, als Salat
gebraten mit Zwiebel, eingelegt als Antipasto, frittiert usw.

Drachenkopf

St. Petersfisch

Makrele

Knurrhahn

Meeraal

Tiefseegarnelen

Sägegarnele

Verwendung
Die schmalen Scheren enthalten nur wenig Fleisch; das meiste Fleisch liefern die Schwänze. Im Handel gibt es frische ganze Scampi und Scampischwänze, tiefgefroren mit oder ohne Schale.
Scampi sind ähnlich wohlschmeckend wie der Hummer. Man kann die ganzen Tiere oder auch nur die Scampischwänze grillen, frittieren, für eine feine Sauce oder auch für Fischsuppen verwenden.

Gamberi

Unter dem Sammelbegriff »gamberi« fasst man in Italien Garnelenarten bis knapp über 20 Zentimeter Körperlänge zusammen. Bei kleinen Exemplaren spricht man, zumindest im kulinarischen Bereich, von **Gamberetti.** Dabei wird zwischen Süß- und Salzwasserbewohnern nicht unterschieden; auch ein **Flusskrebs** ist im Italienischen ein »gambero di fiume«. Ansonsten unterscheidet man Garnelen in Italien oft einfach nach der Farbe.

Weiße Garnelen (gamberi bianchi)
Dazu gehört der Spitzenreiter in Größe und Geschmack, der »gambero imperiale«, zu Deutsch die Furchengarnele. Da die Tiere vergleichsweise einfach in 40 Meter Tiefe gefangen werden und darüber hinaus eine hervorragende Fleischqualität aufweisen, ist es kein Wunder, dass die Bestände abgenommen haben. Als »bianco« gilt darüber hinaus die rosa Garnele, deren Fleischqualität nicht ganz so hoch eingeschätzt wird.

Verwendung
Das Fleisch liefern die Schwänze. Garnelen sind ähnlich wohlschmeckend wie Scampi. Man kann die ganzen Tiere oder auch nur die Garnelenschwänze grillen, frittieren, für eine Sauce oder auch für Fischsuppen verwenden.

Rote und Graue Garnelen
(gamberi rossi e grigi)
Zwar nehmen alle Garnelen beim Garen eine rötliche Farbe an, doch glänzt die Schale der »gamberi rossi« von Natur aus schon in dieser Farbe. Zwei unterschiedliche Arten gehören dazu, nämlich die Rote und Blassrote Tiefseegarnele. Beide sind erst ab einer Wassertiefe von etwa 200 Meter zu finden und werden mit speziellen Schleppnetzen gefangen. Die »gamberetti grigi«, die Grauen Sandgarnelen, werden auch **Nordseekrabben** genannt.

Verwendung
Das Garnelenfleisch ist wohlschmeckend, man kann die ganzen Tiere oder auch nur die Garnelenschwänze für Cocktails, für Fischsuppen, zu Nudelgerichten oder gegrillt verwenden.

Kriterien zur Beurteilung der Frische von Krustentieren

geprüfte Eigenschaften	frisch	verdorben
Geruch	duftet nach frischem Meer- oder Süßwasser	riecht säuerlich und stark unangenehm
Kopf und Brustkorb	wiederstandsfähig, sehr lebhafte Farben und feucht	weiche, tote Farben, grünlich
Bauch	kompakt, hart und konsistent	schlaff
Augen	leuchtend voll und schwarz	gelbliche Flecken, Ablösen der Augenmembranen
Fleisch	fest, angenehmer Geruch, weißes Fleisch	gelbliches, widerwärtiges Fleisch

Sägegarnelen

Die »gamberi sega« sind eine für die Fischer aufwendige Beute, da sie nicht mit Schleppnetzen, sondern mit Handnetzen und in Reusen gefangen werden. Sie sind daher recht teuer; doch ist ihr exquisites Fleisch den Preis wert. Sie werden nur etwa 10 Zentimeter lang.

Verwendung

Das delikate Fleisch wird für Salate, Cocktails, gegrillt oder frittiert verwendet.

Taschenkrebs (granchio)

Das ist ein großer Krebs mit braunrotem, glattem Panzer. Obwohl der Körper verhältnismäßig groß ist, liefert er wenig Fleisch. Der Taschenkrebs hat zwei Scheren, in denen das beste Fleisch sitzt.

Verwendung

Das Fleisch der Scheren lässt sich mit der Hummerzange oder mit einem Nussknacker öffnen und auslösen. Man serviert es als Cocktail, für Saucen oder in den Schalen gratiniert.

Hummer (astice)

Der Hummer hat zwei unterschiedliche Scheren: eine kräftige große Fangschere, die meistens rechts sitzt, und eine kleine Schere mit scharfen Zähnen.

Die Scheren werden beim Transport immer zusammengebunden, damit sich die Tiere nicht gegenseitig verletzen. Die blauschwarze Farbe des Panzers wird erst beim Kochen leuchtend rot. Hummer gibt es frisch, tiefgekühlt und vorgekocht.

Verwendung

Am besten schmeckt Hummer mit einem Gewicht von 500–800 Gramm, denn je größer und älter die Tiere sind, desto fasriger ist ihr Fleisch. Hummer serviert man warm (gekocht, gegrillt oder gebraten) oder als kalte Vorspeise, für Cocktails usw.

Languste (aragosta)

Die Languste hat nur verkümmerte Scheren, dafür sehr große Fühler (Antennen). Der größte Teil ihres wohlschmeckenden Fleisches, das süßer ist als das des Hummers, sitzt im Schwanz. Die Tiere werden lebend oder gekocht, die Schwänze tiefgekühlt verkauft. Die Languste erreicht eine durchschnittliche Körperlänge von 30 Zentimetern, größere Exemplare können bis zu 5 Kilogramm schwer werden.

Verwendung

Sie werden wie der Hummer durch Eintauchen in kochendes Wasser getötet und auch wie dieser zubereitet.

Schalentiere – Muscheln

Muscheln sind Weichtiere. Sie sind von zwei Schalen umgeben, die durch ein elastisches »Schlossband« miteinander verbunden sind. Schließmuskeln bewirken, dass sich die Muschelschalen öffnen und schließen können.

Das Fleisch kann man auf zwei verschiedene Arten aus den Muschelschalen holen: Man bricht die rohe Schale mit einem Messer auf – dies ist die übliche Methode, Austern und Meerestrüffel zu öffnen – oder man öffnet die Muscheln durch Erhitzen; dabei öffnet sich die Schale von selbst.

Zu den Hochgenüssen gehören die delikaten **Kammmuscheln**, wie es etwa die edlen **Jakobsmuscheln** sind. Sie besitzen einen relativ großen Anteil an zartem Fleisch, das, anders als bei den meisten anderen Muscheln, vor der Zubereitung aus den Schalen gelöst wird. Aber auch die lang gestreckten, stabförmigen **Schwertmuscheln** sind für eine kulinarische Überraschung gut.

Allerdings muss man sie vor der Verwendung gründlich säubern, da sich die Tiere in die Sandböden bohren und deshalb sehr sandig sein können.

Taschenkrebs

Miesmuscheln

Ganz besonders fein schmeckt das ausgelöste Muschelfleisch, wenn man den etwas zähen Mantelrand ablöst.

Kann man Muscheln auch im Sommer essen?

Früher hieß es doch immer, Muscheln nur in Monaten mit »r« essen. Diese alte Regel sollte vor einer Fischvergiftung schützen. Und die kann nur im Sommer auftreten, wenn es zur Algenblüte und der damit verbundenen Toxinbildung kommt. Die Muscheln nehmen dann hochgiftige Panzergeißelalgen mit dem Wasser auf. Heute werden die für die Ernte von Muscheln relevanten Küstenbereiche über ein Frühwarnsystem für Algentoxine gesichert.

Vongole veraci (Teppichmuscheln)

Venusmuscheln

Herzmuscheln

Qualitätsmerkmale
Es dürfen nur lebende Frischmuscheln angeboten werden. Man erkennt die lebenden Muscheln daran, dass die beiden Schalen durch den Schließmuskel fest verschlossen sind. Bei abgestorbenen Muscheln mit erschlafften Schließmuskeln klaffen die Schalen auseinander, der Saft ist ausgelaufen, das Muschelfleisch verdorben.

Miesmuscheln (cozze)

Sie gehören zu den weit verbreiteten Muschelarten und werden inzwischen auch an italienischen Küsten, meist an in den Meeresboden gerammten Pfählen gezüchtet.
Verwandt mit den Miesmuscheln, aber aufgrund ihres feinen Geschmacks noch höher geschätzt sind die **Meerdatteln** (datteri di mare). Da diese Muscheln sich in Felsen bohren, aus denen sie herausgebrochen werden müssen, ist ihre »Ernte« entsprechend aufwendig und ihr Preis hoch.

Verwendung
Am besten kochen Sie die Muscheln in einem würzigen Sud aus Zwiebeln und Knoblauch, Petersilien- und Dillstängel, Lorbeerblatt und Weißwein. Da kommt der Eigengeschmack besonders gut zur Geltung. Sie können die Muscheln natürlich auch für Salate, Cocktails, Suppen, Antipasti verwenden.
Im Winter sind die Muscheln besonders köstlich und fleischig.

Venusmuscheln (vongole)

Die häufigste Muschelart in Italien sind die »vongole«. Die kleinsten sind die »vongole lupini«, die etwas größeren, die »vongole gialle«. Eine der bekanntesten sind die »vongole veraci«, auch **Teppichmuscheln** genannt. Man erkennt sie an ihren zwei kleinen Hörnern. Doch welche Art man auch probiert, man sollte stets darauf achten, nur Muscheln aus sauberen Gewässern zu verzehren. Die Tiere sind nämlich »Filteranlagen«, weshalb sich in ihrem Fleisch Schadstoffe konzentrieren können. Vor allem in der warmen Jahreszeit kann es zu Anreicherungen giftiger Algen kommen.

Verwendung
Man isst sie vor allem zu Pasta. Berühmt sind etwa die »spaghetti alle vongole«. Gedämpfte Venusmuscheln nimmt man für Risotti, Suppen, Salate usw.

Austern (ostriche)

Austern, die Königinnen der Muscheln, werden von September bis in den Frühling angeboten. Sie bewohnen Küstengewässer mit festem, bis zu 20 Meter tiefem Meeresboden, wo sie auf festem Grund oder Gestein die so genannten Austernbänke bilden. Austern stammen heute fast alle von künstlichen Zuchtbänken, wo sie in 3–4 Jahren zur Marktreife herangezogen werden.

Vorbereitung Cozze

Man sollte die Miesmuschel vor der Zubereitung sorgfältig unter kaltem Wasser waschen und bürsten. Damit wird sämtlicher Bewuchs an den Schalen entfernt. Auch die Byssusfäden (Bart) gehören weg. Mit diesen verankern sich die Tiere am Untergrund. Es ist günstig, die Muscheln vor dem Weiterverarbeiten noch einige Zeit in gesalzenes kaltes Wasser zu legen, da sie so noch verbleibenden Sand ausscheiden.

Einkauf
Beim Einkauf muss man immer darauf achten, dass die Austern geschlossen sind, da sie sonst gesundheitsschädlich sein können.

Es gibt viele verschiedene Arten, die sich nach Herkunft, Größe und natürlich auch Qualität unterscheiden. Die wichtigsten Arten sind:

- die **europäische Auster:** sie hat eine flache, runde Form
- die **portugiesische Auster:** sie ist länglich
- die **pazifische Felsenauster:** sie ist ähnlich der portugiesischen Auster
- die **amerikanische Auster:** sie ist ähnlich der europäischen Auster, allerdings wesentlich größer

Die bei uns sehr häufig im Handel angebotene »Fines de Claires« ist eine portugiesische Auster von bester Qualität, die in den so genannten Claires gezüchtet wird.

Frische Austern müssen so schnell wie möglich versandt werden. Die geschlossenen Schalen enthalten genügend Meerwasser, so dass die Tiere für einige Zeit Nahrung haben.

Zubereitung
Meist isst man Austern roh. Sie können aber auch pochiert, gebraten, überbacken und gebacken serviert werden.

Austern öffnen
Beim Öffnen zeigt immer die tiefe, schalenförmige Seite nach unten, damit der wertvolle Saft nicht ausrinnen kann. Man verwendet am besten ein spezielles Austernmesser, mit dem man mit einer kurzen drehenden Bewegung die Muschel öffnet. Da dabei eine relativ große Verletzungsgefahr besteht, empfiehlt es sich, die Auster in ein Tuch zu legen und einen Schutzhandschuh anzuziehen, um so die Hand bei einem eventuellen Abrutschen zu schützen.

Hat man den Muskel, der die Schalen zusammenhält, durchtrennt, so wird die obere, flache Schalenhälfte entfernt und anschließend das Fleisch vorsichtig herausgelöst. Dabei muss man besonders auf etwaige Schalensplitter achten, die bei nicht ganz exaktem Öffnen entstehen können.

Jakobsmuscheln (capesante)

Jakobsmuscheln gibt es in verschiedensten Größen und Färbungen: weiß, gelb, rot, braun. Markant an der 10–15 Zentimeter großen Jakobsmuschel sind die strahlenförmigen Rippen und die gewölbte Schale. Auf der Innenseite besitzen sie porzellanweiße Klappen.

Die Bezeichnung Pilgermuschel bekam sie, weil die Pilger im Mittelalter eine leere Hälfte dieser Muschel bei sich hatten und diese als Trink- und Essgefäß benutzten.

Jakobsmuscheln schmecken am besten von November bis März.

Verwendung
Die klassische Zubereitung ist das Gratinieren. Genauso vorzüglich schmeckt das Fleisch aber auch gebraten, pochiert oder gegrillt, gedünstet für Salate, Nudelgerichte, Suppen usw.

Tipp
Besonders wichtig bei der Zubereitung ist, dass Sie die Muscheln nicht zu lange garen, da sie sonst eine zähe, gummiartige Konsistenz bekommen.

Weitere Muschelarten

Herzmuscheln verdanken den Namen ihrem Profil. Die etwa 5 Zentimeter großen, elfenbein- bis bräunlichfarbenen Muscheln werden wie Venusmuscheln zubereitet.

Dreieckmuscheln, auf Italienisch »telline«, sind mit ihren höchstens 3,5 Zentimeter Schalenlänge eher kleine Delikatessen für Nudelsaucen oder Salate.

Schwertmuscheln, auf Italienisch »manico di coltello«, sind sehr delikate Muscheln, die für Salate oder für Saucen verwendet werden.

Offene Muscheln
Für alle frischen Muscheln gilt übrigens, dass offene Exemplare, deren Klappen sich auf »Anklopfen« nicht wieder langsam schließen, vor der Zubereitung aussortiert werden müssen.
Und nach dem Garen noch immer geschlossene Muscheln sollte man ebenfalls wegwerfen.

Vorbereitung Jakobsmuscheln
Jakobsmuscheln werden üblicherweise mittels Durchtrennen des Muskels geöffnet. Heben Sie dann die flache Schalenhälfte ab und lösen Sie das Fleisch mit einem Messer vorsichtig von der Schale. Vor der Zubereitung müssen der Bart und die dunklen Fleischteile entfernt werden. Das **orangerote Corail (1)** und der weiße Fleischteil, auch **Nuss (2)** genannt, sind die edlen Teile. Öffnen lassen sich Jakobsmuscheln am besten mit einem kleinen spitzen Messer.

Tintenfische

Tintenfisch

So manchen aus dem Binnenland mag es ein wenig Überwindung kosten, davon auch nur einen Bissen zu probieren, denn im Aussehen sind die meisten dieser Tiere doch erst einmal ungewöhnlich. Auf italienische Art zubereitet, kann man damit jedoch sicher auch Skeptiker überzeugen. Tintenfische sind so genannte Kopffüßler unter den Meeresbewohnern. Ihr Körper ist sackartig geformt, und die Arme sind mit Saugnäpfen besetzt, die zur Orientierung, zur Fortbewegung und zum Beutefang eingesetzt werden. Im so genannten Tintenbeutel ist eine schwarze Flüssigkeit. Die »Tinte« stoßen die Tiere aus, um sich gegen herannahende Feinde »unsichtbar« zu machen. Die wichtigsten Vertreter der zehnarmigen Tintenfische sind der gemeine Tintenfisch »seppia«, und der Kalmar, »calamari« zudem die achtarmige Krake «piovra«, der Oktopus. Alle drei werden in der Mittelmeerküche viel verwendet.

Gemeiner Tintenfisch (seppia)

Tintenfische zeichnen sich durch rundliche, beutelähnliche Körper aus, an deren Seiten ein schmaler Flossensaum entlanglaufen kann. Sie besitzen zehn Fangarme, von denen acht recht klein und fleischig, die restlichen beiden jedoch verlängert sind. Die Tintenfische sind nicht allein ihres zarten Fleisches wegen begehrt, sondern liefern darüber hin-

Kriterien zur Beurteilung der Frische von Weichtieren

geprüfte Eigenschaften	frisch	verdorben
Muscheln (Miesmuscheln, Austern, Venusmuscheln, Jakobsmuscheln usw.)		
• Geruch	• duftet nach frischem Meerwasser	• riecht säuerlich und stark unangenehm
• Schale	• hermetisch verschlossen	• offen und leicht zu öffnen
• Inhalt	• reichlich Meerwasser	• interne Oberfläche offen und Muschel verendet
• Zustand	• lebend und fest an der Schale haftend bei Miesmuscheln und Pfahlmuschen ist der Herzschlag zu sehen	• weich, schlaff, trocken, löst sich leicht von der Schalenhälfte, gelbliche Farbe
Bauchfüßler (Strandschnecke, Seeohr, Wellhornschnecke)		
• Geruch	• duftet nach frischem Meerwasser	• riecht säuerlich und stark unangenehm
• Zustand	• sehr feucht und gut am Gehäuse haftend	• trocken, löst sich leicht vom Gehäuse, veränderte Farbe
Kopffüßler (Kalmar, Krake, Sepia)		
• Geruch	• duftet nach frischem Meerwasser	• riecht säuerlich und stark unangenehm und penetrant
• Augen	• lebhaft leuchtend	• sehr stumpf
• Zustand	• sehr feucht schimmernd schmutzigweiß	• trockenes Fleisch von gelblicher oder rötlicher Farbe
Tote Muscheln und Bauchfüßler, die bereits Anzeichen einer Verwesung aufweisen, müssen, auch wenn die Verwesung gerade eingesetzt hat, unbedingt eingezogen und beseitigt werden.		

aus die Sepiatinte, die zum Färben von Reis und Pasta verwendet wird. Kauft man Sepien frisch, so kann man die schwarze Tinte selbst entnehmen.

Verwendung
Der Tintenfisch lässt sich wie der Kalmar und der Oktopus zubereiten. Es gibt ihn fast immer küchenfertig vorbereitet und oft auch tiefgekühlt als Ganzes. Kleine Exemplare werden als Ganzes zubereitet, größere klein geschnitten, häufig in Ringen verwendet.

Kalmar (calamari)

In den italienischen Küchen nicht weniger wichtig sind die schlankeren Kalmare (calamari). Auch Kalmare besitzen Tinte, die verwendet werden kann. Außer dem Gemeinen Kalmar wird in Italien der Kurzflossenkalmar gefangen. Er ist gekennzeichnet durch eine deutlich abgesetzte, dreieckige Schwanzflosse.

Verwendung
Das feste, magere Fleisch kann gekocht, geschmort oder frittiert werden. Der sackartige Körper lässt sich auch gut füllen.

Oktopus (piovra)

Die Gemeine Krake (Oktopus) hat nur acht Fangarme, der Schulps (Kalkblatt) und die Flossen fehlen. Die Tiere können bis zu 3 Meter lang werden und dann ein stattliches Gewicht von bis zu 25 Kilogramm erreichen. Große Kraken werden wie Sepien oder Kalmare zubereitet.

Verwendung
Der Oktopus schmeckt vorzüglich als Salat, Carpaccio, geschmort, frittiert, gekocht und mariniert.

Sepiolen

Sie sind so zart, dass sie als Ganzes zubereitet werden können.

Verwendung
Mit Peperoncino in Öl sind sie ein feiner Antipasto, aber auch als Salate, gedünstet oder gegrillt schmecken sie vorzüglich.

Moschuskraken (moscardini)

Sie werden bis zu 10 Zentimeter groß und sind mit dem Oktopus verwandt, aber nicht ganz so geschätzt.

Verwendung
Moschuskraken gibt man in Salate oder isst sie gedünstet, gegrillt usw.

Meeresschnecken (lumache di mare)

Meeresschnecken sind wie die bekannten Landschnecken eine Delikatesse. Größere Exemplare müssen allerdings lang genug gegart oder vor der Zubereitung in Scheiben geschnitten und weichgeklopft werden, damit das Fleisch nicht zu zäh ist. In Italien beliebt sind vor allem das Brandhorn (cornetto di mare) sowie die flachen Muscheln mit nur einer Schalenhälfte, die Napfschnecken (patelle), die gerne auch roh verzehrt werden, oder die ähnlich aussehenden, aber größeren Meerohren (orecchie di mare).

Verwendung
Meeresschnecken schmecken gedünstet, gekocht, zu Polenta, für Nudelsaucen und als Salat.

Seeigel (riccio di mare)

Beim Seeigel werden lediglich die Kleindrüsen der Tiere, in der Fachsprache »Zungen« genannt, verzehrt. An sie kommt man heran, indem man das Kalkskelett auf der Unterseite rings um die Mundöffnung aufschneidet und die schwarzen Eingeweide herauszieht.

Verwendung
Seeigel schmecken hervorragend in Saucen, für Pastagerichte, aber auch roh mit Zitrone.

Kalmar

Oktopus

Moschuskrake

Meeresschnecke

Seeigel

Goldbrasse mit Kräutern, im Ofen gebraten

Orata al forno con erbe aromatiche

Für 4 Personen

Zutaten	4	*Goldbrassen zu je 250 g*
		Salz
		Pfeffer aus der Mühle
	1 EL	*Petersilie, fein geschnitten*
	1 TL	*Thymian*
	1 TL	*Oregano*
	1	*Knoblauchzehe, fein gehackt*
	1 TL	*Ingwer, geschält und fein gerieben*
	2 EL	*Weißbrot, gerieben*
	60 ml	*Olivenöl*
	4	*Artischocken, geputzt und geviertelt*
	4	*Schalotten, geschält und halbiert*
	12	*Oliven, entsteint*
	2	*Rosmarinzweige*
Weiteres	4	*Zitronenspalten*

- Goldbrassen schuppen, Flossen und Kiemen entfernen, dann putzen, waschen und abtrocknen.
- Innen und außen salzen und pfeffern.
- Kräuter und Gewürze (Petersilie, Thymian, Oregano, Knoblauch, Ingwer) fein hacken, mit den Weißbrotbröseln vermischen und damit die Fische innen und außen bestreichen.
- In einer Bratpfanne Olivenöl erwärmen, Fische hineinlegen, Artischocken, Schalotten, Oliven und Rosmarin dazugeben und in das vorgeheizte Backrohr schieben.
- Die Fische von Zeit zu Zeit mit dem Bratöl übergießen. Wenn das Bratöl klar ist, dann ist der Fisch durch. In der Pfanne oder auf einer vorgewärmten Platte mit Zitronenspalten servieren.

Gartemperatur: 170 Grad
Garzeit: etwa 15 Minuten, je nach Größe der Fische

Tipps

1. *Als Beilage servieren Sie Reis, aber auch Blattsalate passen zu diesem Gericht.*
2. *Sollten Sie eine schöne Paella-Pfanne haben, dann bereiten Sie das Gericht darin zu und servieren es in der Pfanne.*

Schwertfischscheibe auf Peperonikompott

Trancio di pescespada su composta di peperoni

Für 4 Personen

Peperonikompott	600 g	*Peperoni, rot*
	30 g	*Schalotten, fein geschnitten*
	2	*Knoblauchzehen*
	30 ml	*Olivenöl*
	1/2 EL	*Honig*
	2 EL	*Balsamicoessig, weiß*
		Salz und Pfeffer aus der Mühle
Zutaten	4	*Schwertfischscheiben zu je 120 g*
		Salz und Pfeffer aus der Mühle
	2 EL	*Olivenöl zum Anbraten*
	4 EL	*Oliven, grob gehackt*
		Knoblauch, eingelegt, zum Garnieren
		Rucola, gebacken
		Lavendelzweige zum Garnieren

Peperonikompott
- Peperoni putzen, waschen, mit dem Sparschäler schälen und in 1 cm breite Streifen schneiden.
- In einem Topf Schalotten und Knoblauch in Olivenöl dünsten, den Honig dazugeben und etwas einkochen lassen, dann mit weißem Balsamicoessig löschen, die Peperoni dazugeben, mit Salz und Pfeffer würzen und zugedeckt schmoren lassen.

Fertigstellung
- Die Schwertfischscheiben mit Salz und Pfeffer würzen, in einer heißen Pfanne im Olivenöl auf beiden Seiten kurz braten und bereitstellen.
- Das Peperonikompott auf den Teller in eine Ringform geben, den Ring wegnehmen, den Schwertfisch darauf setzen, mit gehackten Oliven, eingelegtem Knoblauch, gebackener Rucola und Lavendel garnieren und servieren.

Garzeit Kompott: etwa 15 Minuten
Garzeit Fisch: etwa 3 Minuten

Tipp

Anstelle des Schwertfisches können Sie auch Lachs, Steinbutt oder Thunfisch nehmen.

Goldbrasse mit Kräutern, im Ofen gebraten

Schwertfischscheibe auf Peperonikompott

Thunfisch-Melanzanetörtchen

Tortino di tonno e melanzane

Für 4 Personen

Zutaten	*200 g*	*Melanzane*
	30 ml	*Olivenöl*
	300 g	*Tomatenscheiben*
	400 g	*Thunfischfilet*
		Salz und Pfeffer aus der Mühle
Peperonirauten	*30 ml*	*Olivenöl*
	2	*Knoblauchzehen, fein gehackt*
	30 g	*Zwiebel oder Schalotten, fein geschnitten*
	400 g	*Peperoni, in Rauten geschnitten*
		Salz
	1 EL	*Petersilie*

- Melanzane waschen, in runde, etwa 1 cm dicke Scheiben schneiden und in einer Pfanne in Olivenöl 1 Minute braten.
- Tomaten waschen, ebenfalls in Scheiben schneiden und bereitstellen.
- Thunfischfilet in ½ cm dicke Scheiben schneiden, eventuell zwischen zwei Sichtfolien etwas klopfen, dass der Fisch die Größe der Melanzanescheiben hat.
- Nun abwechselnd, beginnend mit den Melanzanescheiben, Thunfisch, Tomaten und Melanzane übereinander schichten und dazwischen immer leicht mit Salz und Pfeffer würzen.
- Die Törtchen auf eine Platte oder in eine Pfanne geben und im Backrohr fertig braten, bis der Fisch und die Tomaten erwärmt sind.

Peperonirauten
- Olivenöl in eine Pfanne geben und darin Knoblauch und Zwiebel glasig dünsten. Die Peperonirauten dazugeben, salzen und 2 Minuten weich dünsten, Petersilie dazugeben und durchschwenken. Dieses Ragout um die Törtchen anrichten und servieren.

Gartemperatur: 200 Grad
Garzeit Törtchen: 3–4 Minuten

Tipp

Anstelle des Thunfisches können Sie auch Lachs, Steinbutt oder Schwertfisch verwenden.

Aal nach Livorneser Art

Anguilla alla livornese

Für 4 Personen

Livorneser Sauce	*40 ml*	*Olivenöl*
	1	*Knoblauchzehe, fein gehackt*
	120 g	*Oliven, grün, entkernt und geviertelt*
	20 g	*Kapern*
	60 ml	*Weißwein*
	400 g	*Tomaten, geschält und in Würfel geschnitten*
	1 EL	*Petersilie, fein geschnitten*
		Salz
		Pfeffer aus der Mühle
Weiteres	*480 g*	*Aal, enthäutet*
		Salz
		Pfeffer aus der Mühle
	2 EL	*Mehl*
	50 ml	*Öl zum Braten*

Livorneser Sauce
- In einer Pfanne Olivenöl erwärmen, Knoblauch darin dünsten, Oliven und Kapern dazugeben, mit Weißwein löschen.
- Nun Tomatenwürfel und Petersilie zur Sauce geben, erwärmen, salzen und pfeffern.

Fertigstellung
- Den Aal in 3 cm große Stücke schneiden, mit Salz und Pfeffer würzen, dann mit Mehl bestreuen.
- In einer Pfanne Öl erhitzen und den Fisch darin auf beiden Seiten braten. Mit der Livorneser Sauce übergießen und servieren.

Tipps

1. *Als Beilage servieren Sie einen Risi-Bisi (siehe Seite 358), Salzkartoffeln (siehe Seite 360), Kartoffelpüree (siehe Seite 362) usw.*
2. *Sie können anstelle des Aales auch Thunfisch, Steinbutt, Seeteufel oder andere Fische verwenden.*

Variation

Muräne nach Livorneser Art: Verwenden Sie anstelle des Aals eine Muräne.

Makrele vom Grill

Sgombro alla griglia

Für 4 Personen

Zutaten	*4*	*Makrelen*
	30 g	*Zwiebel*
	1	*Knoblauchzehe*
	3 EL	*Olivenöl*
	2 EL	*Petersilie, fein geschnitten*
	2 EL	*Weißbrotbrösel*
		Salz, Pfeffer aus der Mühle
Weiteres	*1*	*Zitrone zum Servieren*
		Artischocken (siehe Seite 346)
		Bratkartoffeln (siehe Seite 360)

- Makrelen ausnehmen, Flossen abschneiden, den Fisch innen und außen waschen und trockentupfen.
- Zwiebel und Knoblauch schälen, fein hacken und in einer Pfanne in Olivenöl dünsten.
- Petersilie und Weißbrotbrösel unterrühren und die Mischung mit Salz und Pfeffer abschmecken.
- Den Grill vorheizen.
- Den Fisch mit Salz und Pfeffer einreiben, die Zwiebelmischung in der Bauchhöhle und auf dem Fisch verteilen.
- Die Makrelen auf den Grill legen und auf jeder Seite 5 Minuten grillen, eventuell kurz in das Backrohr schieben.
- Nun die Makrelen mit Zitronenspalten, gedünsteten Artischocken und Bratkartoffeln servieren.

Garzeit: etwa 10 Minuten

Rotbarbe in der Papierhülle

Triglia al cartoccio

Für 4 Personen

Zutaten	8	Rotbarben zu je etwa 100 g
	80 g	Zucchini
	80 g	Karotten
	40 g	Lauch
	30 ml	Olivenöl
		Salz
	30 g	Butter zum Bestreichen
		Salz und Pfeffer
	120 g	Tomaten, geschält und in Streifen geschnitten
	12	Oliven aus Ligurien
	1	Knoblauchzehe, in Scheiben geschnitten
	4	Lorbeerblätter, sehr klein
Weiteres	1 EL	Roggenmehl zum Verkleben der Papierhülle
	2 EL	Wasser zum Verkleben der Papierhülle

- Rotbarben putzen, schuppen, Flossen und Kiemen entfernen und waschen.
- Zucchini, Karotten und Lauch putzen, waschen und in feine Längsstreifen schneiden.
- In einem flachen Topf das Olivenöl erwärmen, das Gemüse etwa 2 Minuten darin weich dünsten und etwas salzen.

Fertigstellung

- Ein Butterpapier mit etwas Butter bestreichen, einen Teil des Gemüses darauf legen, den Fisch salzen und pfeffern, auf das Gemüse legen, mit dem restlichen Gemüse, den Tomaten, Oliven, Knoblauch und Lorbeerblättern belegen, eventuell nachwürzen.
- Aus Roggenmehl und Wasser einen Teig herstellen, das Papier mit dem Teig bestreichen, gut verschließen und im heißen Backrohr backen.

Gartemperatur: 180 Grad
Garzeit: etwa 10–12 Minuten

Tipps

1. *Sie können den Fisch auch filetieren und das Filet verwenden. Dabei verkürzt sich die Garzeit um die Hälfte.*
2. *Dieses Gericht können Sie auch mit Forellen, Saiblingen, Seewolf oder anderen Fischen zubereiten.*

Drachenkopf im Tomatenfond

Scorfano in fondo di pomodoro

Für 4 Personen

Tomatenfond	1	*Schalotte*
	300 g	*Tomaten*
	80 ml	*Olivenöl*
	1/2	*Knoblauchzehe, fein gehackt*
	50 ml	*Weißwein*
	100 ml	*Fischbrühe (siehe Seite 399) oder Wasser*
	1 TL	*Zucker*
	1	*Spritzer Tabasco*
		Salz
		Pfeffer aus der Mühle
	2	*Basilikumblätter*
Melanzane, frittiert	20 g	*Melanzaneschalen*
Weiteres	800 g	*Drachenkopf*
	2 EL	*Olivenöl*
		Salz, Pfeffer aus der Mühle
		Tortelloni (siehe Seite 175)
		Basilikum zum Garnieren

Tomatenfond
- Schalotte schälen und in feine Würfel schneiden.
- Tomaten waschen und in Stücke schneiden.
- Die Hälfte des Olivenöles leicht erhitzen, Schalotte und Knoblauch darin dünsten.
- Tomaten dazugeben, mit Weißwein und Fischbrühe aufgießen, mit Zucker, Tabasco, Salz und Pfeffer würzen und köcheln lassen.
- Den Tomatenfond mit dem Pürierstab passieren und mit dem restlichen Olivenöl und Basilikum abschmecken.

Melanzane, frittiert
- Melanzaneschalen in feinste Streifen schneiden und im 170 Grad heißen Fett backen.

Fertigstellung
- Den Drachenkopf schuppen, putzen, waschen und filetieren. Aus den Filets die Gräten herausschneiden.
- In einer Pfanne Olivenöl erhitzen. Drachenkopffilets salzen und pfeffern, auf der Hautseite 3 Minuten braten, dann umdrehen und auf der Fleischseite fertig braten.
- Den Fisch mit dem Tomatenfond und den Tortelloni anrichten, mit Basilikum und frittierten Melanzaneschalen garnieren und servieren.

Garzeit Tomatenfond: 10–15 Minuten
Garzeit Fisch: etwa 5 Minuten

Tipps

1. Wenn der Drachenkopf ganz frisch ist, eignet er sich gut zum Dämpfen, sonst sollte er immer gebraten werden.
2. Sie können auch Nudeln statt Tortelloni dazu servieren.

Variation

Wolfsbarsch im Tomatenfond: Anstelle des Drachenkopfs können Sie auch Wolfsbarsch verwenden.

Thunfisch auf geschmortem Radicchio

Tonno su radicchio brasato

Für 4 Personen

Radicchio	200 g	*Radicchio trevisano*
	200 ml	*Rotwein (Barolo oder Lagrein dunkel)*
	200 ml	*Geflügelbrühe (siehe Seite 398) oder Wasser*
	2 EL	*Balsamicoessig*
	50 ml	*Olivenöl*
		Salz, Pfeffer aus der Mühle
	1 EL	*Staubzucker*
Weiteres	2	*Thunfischmedaillons zu je 220 g*
		Salz, Pfeffer aus der Mühle
	30 ml	*Olivenöl zum Anbraten*
	20 g	*Pignoli, geröstet*
		Pesto (siehe Seite 144)
		Dillspitzen zum Garnieren

Geschmorter Radicchio
- Trevisaner Radicchio abblättern und in warmes Wasser legen, damit sich die Bitterstoffe lösen.
- Rotwein und Geflügelbrühe auf ein Drittel einkochen lassen und mit Balsamicoessig und Olivenöl vermischen, mit Salz und Pfeffer würzen.
- Staubzucker in einer Pfanne karamellisieren, die Radicchioblätter dazugeben, mit der eingekochten Rotwein-Geflügelreduktion aufgießen und den Salat etwa 5–7 Minuten in der Sauce schmoren lassen.

Fertigstellung
- Thunfisch salzen und pfeffern, in nicht zu heißem Olivenöl beidseitig braten, quer durchschneiden und auf dem geschmorten Radicchio anrichten, mit Pignoli, Pestoöl und Dillspitzen servieren.

Garzeit Fisch: 4–6 Minuten, je nach Dicke der Medaillons

Tipp

Statt Radicchio können Sie auch Chicorée, Endivie usw. nehmen.

Drachenkopf im Tomatenfond

Thunfisch auf geschmortem Radicchio

Seezunge mit Muscheln

Sogliola con molluschi

Für 4 Personen

Muschelsauce	*½ kg*	*Venusmuscheln*
	½ kg	*Miesmuscheln*
	50 g	*Zwiebel, fein geschnitten*
	½	*Knoblauchzehe*
	3 EL	*Olivenöl*
	50 ml	*Weißwein*
	1 EL	*Petersilie, fein geschnitten*
	1	*Lorbeerblatt*
	200 g	*Tomaten, geschält und in Würfel geschnitten*
		Pfeffer aus der Mühle, Salz
		Olivenöl zum Verfeinern des Muschelsudes
Weiteres	*4*	*Seezungen zu je etwa 300 g*
	1	*Zitrone, Saft*
	4	*Petersilienstängel*
		Salz, Pfeffer aus der Mühle
	4 EL	*Öl*
	30 g	*Butter*
	50 g	*Mehl zum Bestreuen*
	2 EL	*Brotbrösel*
	1 EL	*Dillspitzen zum Garnieren*

Muschelsauce

- Muscheln unter fließendem Wasser gründlich waschen. Offene Muscheln aussortieren. Bei den Miesmuscheln die Byssusfäden entfernen.
- Zwiebel und Knoblauch in Olivenöl dünsten, Muscheln hinzufügen, mit Weißwein löschen, Petersilie, Lorbeerblatt und Tomaten dazugeben und zugedeckt etwa 2–3 Minuten garen.
- Muscheln aus dem Sud heben, einige Muscheln aus der Schale nehmen. Den Sud für etwa 5 Minuten einkochen lassen, würzen und mit Olivenöl binden.

Fertigstellung

- Die Seezunge entweder vom Fischhändler küchenfertig vorbereiten lassen oder selbst putzen, indem man sie beim Schwanzende leicht einschneidet und mit einem kleinen Messer zum Körper hin etwas anschabt. Die Haut flach bis über den Kopf ziehen. Diesen Vorgang an der zweiten Seite wiederholen.
- Die Innereien entfernen. Den Kopf schräg abschneiden, flossenähnliche Seitenteile mittels Schere abtrennen und den Fisch waschen. Die Seezunge ist bratfertig.
- Seezunge mit Petersilienstängeln belegen und mit dem Zitronensaft 15 Minuten marinieren.
- Die marinierte Seezunge von den Petersilienstängeln befreien, mit Salz und Pfeffer würzen.
- In einer großen, flachen Pfanne Öl und Butter erhitzen, Mehl und Brotbrösel vermischen und die Seezungen darin wenden. In eine heiße Pfanne legen und auf beiden Seiten schön hellbraun braten.
- Die Seezungen auf vorgewärmte Teller legen und die Muschelsauce über die gebratenen Seezungen geben, mit Dillspitzen garnieren und servieren.

Garzeit Muschelsauce:	5 Minuten
Garzeit Seezunge:	8–10 Minuten

Gegrillte Fische

Pesce alla griglia

Für 4 Personen

Zutaten	*4*	*Rotbarben*
	2	*Wolfsbarschfilets*
	4	*Steinbuttscheiben*
	4	*Seeteufelscheiben*
	4	*Scampischwänze, geputzt*
		Salz, Pfeffer aus der Mühle
	1 EL	*Petersilie, fein geschnitten*
	1 TL	*Thymian*
	1	*Knoblauchzehe, fein gehackt*
	2 EL	*Weißbrot, gerieben*
	60 ml	*Olivenöl*
	4	*Zitronenspalten*

- Rotbarben schuppen, die Flossen und die Kiemen entfernen, dann putzen, waschen und abtrocknen. Wolfsbarschfilets halbieren.
- Alle Fische und die Scampi salzen und pfeffern.
- Petersilie, Thymian und Knoblauch fein hacken, mit Weißbrotbröseln und Olivenöl vermischen und damit Fische und Scampi bestreichen.

Fertigstellung

- Den Grill vorwärmen, Fische und Scampi darauf legen und auf einer Seite grillen (nicht zu schnell wenden), dann auf der anderen Seite fertig grillen. Nun den Fisch auf einer vorgewärmten Platte mit Zitronenspalten anrichten und servieren.

Gartemperatur:	220 Grad
Garzeit:	8–10 Minuten, je nach Größe der Fische

Tipp

Als Beilage eignen sich gedünstetes Gemüse, Salzkartoffeln *(siehe Seite 360)**, aber auch Blattsalate.*

Seezunge mit Muscheln

Wolfsbarsch mit Cocktailtomaten und Kapern

Branzino con pomodorini e capperi

Für 4 Personen

Zutaten	2	Wolfsbarsche zu je 400 g
	2	Thymianzweige
	1 EL	Zitronensaft
		Pfeffer aus der Mühle
		Salz
	80 ml	Olivenöl
	50 g	Zwiebel, fein geschnitten
	1	Knoblauchzehe, fein gehackt
	100 ml	Weißwein
	500 g	Cocktailtomaten
	4 EL	Kapern
	2 EL	Basilikum, fein geschnitten
	2	Tropfen Tabasco
Weiteres	4	Kapernfrüchte zum Garnieren
	1 EL	Pesto (siehe Seite 144)
		Basilikumblätter, frittiert

- Vom Wolfsbarsch die Flossen wegschneiden, den Fisch schuppen, putzen, waschen und dann mit einem scharfen Messer die Filets herausschneiden. Die Filets mit Thymian, Zitronensaft, wenig Salz und Pfeffer würzen.
- In einer Pfanne Olivenöl erwärmen und die Fische auf beiden Seiten braten.
- Zwiebel und Knoblauch mit anbraten.
- Die Cocktailtomaten schälen, dazugeben und mit Weißwein löschen, die Kapern dazugeben und im Backrohr schmoren lassen.
- Aus dem Backrohr nehmen, die Sauce mit Basilikum, Pfeffer, Salz und Tabasco abschmecken.
- Den gebratenen Fisch auf Teller geben, mit der Sauce, den halbierten Kapernfrüchten, Pesto und den frittierten Basilikumblättern anrichten und servieren.

Gartemperatur: 180 Grad
Garzeit: etwa 6 Minuten

Tipp

Als Beilage eignen sich Butterkartoffeln, Reis (siehe Seite 358) oder Blattsalate der Saison.

Variation

Rotbarschfilet mit Cocktailtomaten und Kapern: Sie können auch Rotbarschfilet auf diese Art zubereiten.

Knurrhahn mit Fenchel

Gallinella con finocchi

Für 4 Personen

Zutaten	2	*Knurrhähne zu je 400 g*
		Salz
		Pfeffer aus der Mühle
	40 ml	*Öl zum Anbraten*
	250 g	*Fenchel*
	50 g	*Zwiebel*
	1	*Knoblauchzehe*
	50 ml	*Olivenöl*
		Salz und Pfeffer
	200 ml	*Gemüsebrühe (siehe Seite 398) oder Wasser*
	1 EL	*Petersilie, fein geschnitten*
	12	*Oliven, halbiert*
	100 g	*Kirschtomaten, halbiert*
	1 TL	*Fenchelsamen, zerstoßen*
Weiteres		*Dillspitzen zum Garnieren*

- Knurrhähne schuppen, Flossen und Kiemen entfernen, putzen, waschen und abtrocknen. Mit einem scharfen Messer den Fisch filetieren und die Gräten herausziehen.
- Fische mit Salz und Pfeffer würzen. Öl in einer Pfanne erhitzen und die Fische darin etwa 3 Minuten anbraten und bereitstellen.
- Fenchel putzen, waschen und in Streifen schneiden.
- Zwiebel und Knoblauch schälen und fein hacken.
- Olivenöl erhitzen, Zwiebel dünsten, Knoblauch und Fenchelstreifen mitdünsten. Mit Salz und Pfeffer würzen, Gemüsebrühe aufgießen, Petersilie fein aufschneiden und mit den Oliven und Tomaten zur Fenchel-Ölsauce geben.
- Die Fenchel-Ölsauce auf den gebratenen Fisch geben, mit den Fenchelsamen bestreuen und im Backrohr etwa 5 Minuten garen. Mit den Dillspitzen garnieren und servieren.

Gartemperatur: 200 Grad
Garzeit: etwa 8 Minuten

Tipp

Anstelle des Knurrhahnes können Sie auch Wolfsbarsch, Rotbarbe oder andere Fische verwenden.

Steinbuttfilet in Weißwein-Buttersauce auf Gemüse

Filetto di rombo in salsa al vino bianco e verdure

Für 4 Personen

Zutaten		
	1 EL	*Butter*
	4	*Steinbuttmedaillons zu je 100 g*
		Salz
		Pfeffer aus der Mühle
	1	*Dillzweig*
	1	*Petersilienzweig*
	50 ml	*Weißwein*
	200 ml	*Fischbrühe (siehe Seite 399)*
	200 g	*Gemüse (Karotten, Zucchini, Fenchel usw.)*
	30 ml	*Olivenöl*
	100 ml	*Sahne*
	1	*Spritzer Zitronensaft*
	50 g	*Butter, in kleine Würfel geschnitten und sehr kalt*

- Eine Pfanne mit Butter ausstreichen, die Steinbuttmedaillons mit Salz und Pfeffer würzen und in die Pfanne einlegen, Dill- und Petersilienzweig darauf geben, mit Weißwein und Fischbrühe aufgießen, mit einem Deckel zudecken und garen.
- In der Zwischenzeit das Gemüse putzen, waschen und in kleine Würfel schneiden. Dann in Olivenöl 4 Minuten dünsten, leicht salzen und bereitstellen.
- Den gegarten Fisch auf eine Platte geben und warm stellen.

Fertigstellung
- Für die Sauce den Garfond des Fisches mit der Sahne aufgießen, einkochen lassen, bis die Sauce eine leicht sämige Konsistenz hat.
- Abseihen, nachwürzen und mit Zitronensaft abschmecken. Die Sauce mit kalter Butter mit dem Stabmixer aufschäumen.
- Das Gemüse auf den Tellern verteilen, die Filets daraufgeben, mit der Sauce übergießen und servieren.

Garzeit Fisch: 4–6 Minuten

Tipps
1. *Anstelle des Steinbuttes können Sie auch Lachs, Zander, Seeteufel oder Seezunge verwenden.*
2. *Wenn die Butter sehr kalt ist, bindet die Sauce besser.*

St. Petersfisch auf mediterrane Art

Pesce San Pietro alla mediterranea

Für 4 Personen

Zutaten		
	450 g	*St.-Peters-Fischfilet*
		Salz
		Pfeffer aus der Mühle
	2 EL	*Mehl*
	20 ml	*Olivenöl*
	1	*Knoblauchzehe, fein gehackt*
	50 g	*Oliven, grün*
	120 g	*Artischocken, gedünstet und geviertelt (siehe Seite 346)*
	200 g	*Kirschtomaten, halbiert*
	8	*Kapernfrüchte*
	30 ml	*Weißwein*
	1 EL	*Petersilie, fein geschnitten*
		Salz
		Pfeffer aus der Mühle
Weiteres	2 EL	*Pesto (siehe Seite 144)*

- Die Filets portionieren, mit Salz und Pfeffer würzen, dann mit Mehl bestreuen.
- In einer Pfanne Olivenöl erhitzen und den Fisch darin 2 Minuten beidseitig braten.
- Auf einer vorgewärmten Platte warmhalten.
- In der Pfanne, in der der Fisch gebraten wurde, den Knoblauch dünsten.
- Die entkernten und geviertelten Oliven, Artischocken, Tomaten und Kapernfrüchte dazugeben und mit Weißwein löschen, Petersilie dazugeben und erwärmen, salzen, pfeffern.
- Das Gemüse samt Sauce auf die vorgewärmten Teller geben, den St. Petersfisch darauf legen, mit Pesto beträufeln und servieren.

Tipp
Sie können auch andere Fische (Steinbutt, Thunfisch, Zander, Seeteufel, Seezunge usw.) verwenden.

Meeräsche mit Rosmarin, im Ofen gebraten

Cefalo con rosmarino al forno

Für 4 Personen

<u>Zutaten</u>	4	*Meeräschen zu je 280 g*
		Salz
		Pfeffer aus der Mühle
	2 EL	*Zitrone, Saft*
	4	*Rosmarinzweige*
	12	*Oliven*
	4 EL	*Olivenöl zum Braten*
	80 g	*Mehl zum Bestreuen*
<u>Weiteres</u>	3 EL	*Butter*
	2 EL	*Petersilie, fein geschnitten*

- Meeräschen schuppen, ausnehmen, waschen, Flossen und Kiemen entfernen und gut abtrocknen.
- Mit einem scharfen Messer den Fisch ziselieren (die Filets einschneiden, damit sich der Fisch beim Erhitzen nicht verbiegt oder platzt).
- Nun die Meeräschen innen und außen salzen und pfeffern. Zitronensaft, Rosmarin und Oliven ins Bauchinnere geben.
- In einer großen, flachen Pfanne das Olivenöl erhitzen, die mit Mehl bestreuten Meeräschen hineinlegen und auf beiden Seiten schön braun braten.
- Meeräschen auf eine vorgewärmte Platte legen.
- Das Bratfett aus der Pfanne schütten, die Butter darin aufschäumen lassen, mit der geschnittenen Petersilie vermischen, über die Meeräsche gießen und servieren.

<u>Garzeit:</u> 15–20 Minuten

Tipp

Als Beilage eignen sich Salzkartoffeln, Spinat (siehe Seite 154) und Fenchel (siehe Seite 350).

Variation

<u>Lachsforelle mit Rosmarin, gebraten:</u> Anstelle der Meeräsche können Sie auch eine Lachsforelle nehmen.

Seeteufel im Pancettamantel mit Artischocken

Coda di rospo in mantello di pancetta con carciofi

für 4 Personen

<u>Zutaten</u>	2	*Seeteufel zu je 400 g*
	8	*Salbeiblätter*
	12	*Pancettascheiben, dünn*
	4	*Artischocken*
	80 ml	*Olivenöl*
	50 g	*Schalotte oder Zwiebel, fein geschnitten*
	2	*Knoblauchzehen, in Scheiben geschnitten*
	80 ml	*Weißwein*
	1	*Thymianzweig*
	100 ml	*Fischbrühe (siehe Seite 399) oder Wasser*
		Salz, Pfeffer aus der Mühle
	2	*Tropfen Tabasco*
<u>Weiteres</u>		*Kartoffel-Olivenölpüree (siehe Seite 362)*
		Artischockenscheiben, frittiert, zum Garnieren
		Dill

- Die braune Haut des Seeteufels abziehen, die zwei Filets vom Knorpel schneiden und alle Häute entfernen.
- Seeteufel mit Salbeiblättern belegen und mit der Pancetta umwickeln.
- Die Artischocken putzen, alle holzigen Blätter entfernen und in sechs Stücke schneiden.
- In einer Pfanne Olivenöl erhitzen, Seeteufel pfeffern und auf beiden Seiten anbraten. Schalotte oder Zwiebel und Knoblauch mitbraten.
- Die Artischocken dazugeben und kurz mitrösten, mit Weißwein löschen, Thymianzweige dazugeben, mit Fischbrühe aufgießen und im Backrohr schmoren lassen.
- Vom Backrohr herausnehmen, die Sauce mit Salz, Pfeffer und Tabasco abschmecken. Nun den Fisch auf den Artischocken mit Kartoffel-Olivenölpüree, Dill und den frittierten Artischocken anrichten und servieren.

<u>Gartemperatur:</u> 180 Grad
<u>Garzeit:</u> etwa 15 Minuten

Variationen

<u>Flügelrochen im Speckmantel:</u> Den Seeteufel können Sie auch durch Flügelrochenfilets ersetzen.
<u>Steinbuttfilet im Speckmantel:</u> Anstelle der Seeteufel können Sie auch Steinbuttfilets verwenden.

Seeteufel im Pancettamantel mit Artischocken

Gebackene Sardinen

Sardine fritte

Für 4 Personen

Zutaten	12	*Sardinen*
		Salz
		Pfeffer aus der Mühle
Weiteres		*Mehl zum Bestreuen*
		Öl zum Backen
	4	*Zitronenspalten*
		Dill zum Garnieren

- Sardinen putzen und filetieren.
- Die Sardinenfilets abtrocknen, mit Salz und Pfeffer würzen, mit Mehl bestreuen und im heißen Öl schwimmend backen.
- Die gebackenen Sardinen auf einem Küchenkrepp etwas abtropfen lassen, dann auf eine vorgewärmte Platte mit Spitzenpapier geben und mit Zitronenspalten und Dill servieren.

Gartemperatur: 170 Grad
Garzeit: etwa 3 Minuten

Tipps

1. *Nicht zu viele Fische auf einmal frittieren.*
2. *Dazu passen Limettenmayonnaise (siehe Seite 74) oder Sauce Hollandaise (siehe Seite 397).*

Gebackener Kabeljau

Merluzzo fritto

Für 4 Personen

Kartoffelsalat	*200 g*	*Kartoffeln, gekocht und in Würfel geschnitten*
	4	*Radieschen, in Streifen geschnitten*
	1 TL	*Senf*
	1 EL	*Petersilie, fein geschnitten*
	50 ml	*Olivenöl*
	1 EL	*Weißweinessig*
	50 ml	*Fleischsuppe (siehe Seite 398) oder Wasser*
		Salz und Pfeffer aus der Mühle
Zutaten	*4*	*Kabeljaufilets zu je 150 g*
	1 TL	*Zitronensaft*
	350 ml	*Backteig (siehe Seite 355)*
	4	*Petersilienstängel, grob geschnitten*
		Pfeffer aus der Mühle, Salz
Weiteres		*Öl zum Backen*
	4	*Zitronenhälften*
		Blattsalate zum Garnieren (Rucola, Frisée, Lollo rosso und Feldsalat)

Kartoffelsalat

- Kartoffeln und Radieschen in eine Schüssel geben, Senf, Petersilie, Olivenöl, Essig, Fleischsuppe, Salz und Pfeffer verrühren, über die Kartoffeln gießen und vermischen.

Fertigstellung

- Kabeljaufilets zurechtschneiden, eventuell die Haut entfernen, waschen und gut trocknen.
- Mit Zitronensaft, Petersilienstängeln und Pfeffer etwa 10–20 Minuten marinieren.
- In einer flachen Pfanne Öl auf 170 Grad erhitzen.
- Die Filets von den Petersilienstängeln befreien, salzen, durch den Backteig ziehen und in heißem Öl schwimmend beidseitig backen. Auf Küchenkrepp abtropfen lassen.
- Kabeljaufilets auf eine vorgewärmte Platte legen und mit den Blattsalaten garnieren. Den Kartoffelsalat über die Salate geben und mit den Zitronenhälften servieren.

Garzeit Fisch: 3–4 Minuten

Tipps

1. *Sie können das Fischfilet auch mit Mehl, Ei und Brotbröseln panieren und backen.*
2. *Auch andere Fische wie Heilbuttfilet, Seezungenfilet, Zanderfilet usw. können so zubereitet werden.*

Baccalà alla vicentina

Stockfischgröstel

Für 4 Personen

Zutaten	*600 g*	*Stockfisch, gewässert*
	1½ l	*Wasser*
	½ l	*Milch*
	400 g	*Kartoffeln, in der Schale gekocht, geschält und in Scheiben geschnitten*
	40 ml	*Öl*
	60 g	*Zwiebel*
	40 ml	*Olivenöl*
	70 ml	*Weißwein*
	150 ml	*Sahne*
	1	*Knoblauchzehe, fein gehackt*
	1 TL	*Dill, fein geschnitten*
	1 EL	*Petersilie, fein geschnitten*
	1	*Lorbeerblatt*
		Salz
		Pfeffer aus der Mühle
	1 TL	*Weißweinessig*

- Den Stockfisch waschen, das Wasser öfters wechseln.
- Dann in einem Topf mit Wasser und Milch langsam weich kochen, den Fisch im Sud erkalten lassen, entgräten und in kleine Stücke zerpflücken.
- Die Kartoffeln in einer beschichteten Pfanne mit Öl wie Röstkartoffeln braten.
- Die Zwiebel in feine Streifen schneiden und im Olivenöl dünsten, Knoblauch und Fisch dazugeben und mitdünsten. Weißwein aufgießen, dann Sahne, Knoblauch, Dill, Petersilie, Lorbeerblatt sowie die Röstkartoffeln dazugeben, mit Salz, Pfeffer und wenig mildem Essig würzen. Etwas ruhen lassen und servieren.

Garzeit Stockfisch: etwa 40 Minuten

Frittura mista

Gebackene Meeresfrüchte

Für 4 Personen

Zutaten	*100 g*	*Tintenfische (moscardini)*
	100 g	*Kalmar (calamari)*
	2	*Sardellen (alice)*
	100 g	*Silberfische (megalope)*
	4	*Garnelen (gamberetti)*
		Öl zum Backen
		Pfeffer aus der Mühle
		Salz
Weiteres		*Mehl zum Bestreuen*
	4	*Zitronenspalten*
		Dill zum Garnieren

- Tintenfische putzen und waschen. Kalmare ausnehmen, enthäuten, waschen und in Streifen schneiden.
- Sardellen putzen und filetieren, Silberfische putzen und waschen.
- Garnelen aus der Schale nehmen, den Darm am Rücken entfernen und waschen.

Fertigstellung

- Die Meeresfrüchte gut abtrocknen, mit Salz und Pfeffer würzen, mit Mehl bestreuen und in heißem Öl schwimmend backen.
- Die »frittura« auf einem Küchenkrepp etwas abtropfen lassen, dann auf eine vorgewärmte Platte mit Spitzenpapier geben und mit Zitronenspalten und Dill servieren.

Gartemperatur: 170 Grad
Garzeit: etwa 3 Minuten

Tipps

1. *Sie können natürlich auch andere Meeresfrüchte (Scampi, Krakenfische, Austern usw.) für die »frittura« verwenden.*
2. *Nicht zu viele Fische auf einmal frittieren.*
3. *Dazu passen Sauce Hollandaise (siehe Seite 397) oder Limetten-Mayonnaise (siehe Seite 74).*

Frittura mista

Seehecht im Kräutersud

Nasello in fondo di erbette

Zutaten für 4 Personen

Zutaten	*800 g*	*Seehecht*
Kräutersud	*3 l*	*Wasser*
	50 g	*Zwiebel*
	50 g	*Stangensellerie*
	4	*Petersilienstängel*
	1	*Lorbeerblatt*
	2	*Thymianzweige*
	2	*Dillzweige*
	1	*Estragonzweig*
		Salz
	8	*Pfefferkörner, zerdrückt*
	3 EL	*Weißweinessig*
	100 ml	*Weißwein*
	4	*Zitronenscheiben*

- Seehecht ausnehmen, waschen, eventuell die Flossen und Kiemen entfernen, aber nicht den Schleim wegwaschen.

Kräutersud
- In einem flachen Kochtopf Wasser zum Kochen bringen. Zwiebel und Sellerie putzen und waschen, in mittelgroße Würfel schneiden und ins Wasser geben. Petersilienstängel, Lorbeerblatt, Thymian, Dill, Estragon, Salz und Pfefferkörner dazugeben. Weißweinessig, Weißwein und Zitronenscheiben ebenfalls dazugeben und alle Zutaten für den Fischsud etwa 5 Minuten leicht kochen lassen.

Fertigstellung
- Nun den Seehecht in den kochend heißen Sud geben und ziehen lassen (nicht kochen).
- Den Seehecht in ein vorgewärmtes feuerfestes Geschirr geben, mit etwas Sud und Kräutern garnieren und servieren.

Garzeit: etwa 15 Minuten

Tipps

1. *Als Beilage eignen sich Butterkartoffeln, Spinat (siehe Seite 154), gedünstetes Gemüse oder Blattsalate der Saison.*
2. *Servieren Sie den Seehecht mit zerlassener Butter, Meerrettich oder Mayonnaise.*

Variationen

Felchen im Kräutersud: Sie können auch Felchen so zubereiten.
Saibling im Kräutersud: Nehmen Sie zur Abwechslung Saiblinge.

Störfilet, in Thymian gebraten, auf roter Zwiebel

Storione al timo con cipolla rossa

Für 4 Personen

Rote Zwiebel	*600 g*	*Zwiebel, rot*
	2 EL	*Zucker*
	150 ml	*Rotwein, dunkel*
	1	*Sardellenfilet*
	1/2	*Knoblauchzehe, fein gehackt*
	1	*Lorbeerblatt*
	1	*Thymianzweig*
	60 ml	*Olivenöl*
		Salz
	1/2	*Peperoncino, fein gemahlen*
Weiteres	*1*	*Störfilet zu 600 g*
	60 ml	*Olivenöl*
		Thymian

Rote Zwiebel
- Zwiebeln schälen, halbieren und in größere Streifen schneiden.
- Zucker in einem flachen Kochtopf karamellisieren, mit Rotwein löschen, Zwiebeln, Sardellenfilet, Knoblauch, Lorbeerblatt, Thymian und Olivenöl dazugeben, mit Salz und Peperoncino würzen und langsam weich dünsten.

Fertigstellung
- Störfilet schuppen, putzen, waschen und in 4 Teile schneiden. Aus den Filets die Gräten mit einer Pinzette herausziehen.
- Fischfilets salzen. Olivenöl in einer heißen Pfanne erhitzen, die Filets auf der Hautseite 3 Minuten anbraten, dann umdrehen und für etwa 2 Minuten mit dem Thymian fertig braten. Die Störfilets auf den roten Zwiebeln anrichten und servieren.

Garzeit Zwiebel: etwa 15 Minuten
Garzeit Stör: etwa 5 Minuten

Tipps

1. *Als Beilage eignen sich anstelle von roten Zwiebeln Linsensalat (siehe Seite 72), Spinat (siehe Seite 154), Zucchini (siehe Seite 356), Fenchel (siehe Seite 350) usw.*
2. *Sie können auch Steinbutt oder Kabeljau verwenden.*

Variationen

Zander auf roter Zwiebel: Statt des Störs können Sie auch Zander verwenden.
Seeteufel auf roter Zwiebel: Anstelle des Störs können Sie auch Seeteufel verwenden.

Seehecht im Kräutersud

Störfilet, in Thymian gebraten, auf roter Zwiebel

Saibling im Gemüsefond

Salmerino in fondo di verdure

Für 4 Personen

Zutaten	4	*Saiblingsfilets zu je 120 g*
	30 g	*Schalotte oder Zwiebel*
	30 ml	*Olivenöl*
	1	*Knoblauchzehe, fein gehackt*
	100 g	*Lauch*
	100 g	*Karotten*
	100 g	*Sellerieknolle*
	70 ml	*Weißwein*
	1,2 l	*Fischbrühe (siehe Seite 399) oder Wasser*
	1	*Peperoncino*
		Salz
	80 g	*Erbsenschoten, gekocht und in Rauten geschnitten*
	1 TL	*Petersilie, fein geschnitten*
Weiteres	1 EL	*Olivenöl*
	1 EL	*Dillspitzen*

- Saiblingsfilets entgräten und zuschneiden.
- Die Schalotte fein schneiden. In einem flachen Kochtopf Olivenöl erwärmen und die Schalotten zusammen mit dem Knoblauch dünsten.
- Lauch, Karotten und Sellerieknolle putzen, waschen und in Rauten schneiden, dazugeben, dann mit Weißwein und Fischbrühe aufgießen. Den Gemüsefond mit Peperoncino und Salz würzen und etwa 3 Minuten kochen lassen.
- Die Fische in den Fond legen, Erbsenschoten und Petersilie dazugeben und alles zusammen fertig garen. Mit etwas Olivenöl übergießen und mit den gezupften Dillspitzen servieren.

Garzeit: 7–10 Minuten

Tipps

1. *Sie können den Gemüsefond auch mit anderen Gemüsesorten wie Fenchel, Petersilienwurzel, Schalotten usw. ergänzen.*
2. *Sie können auch andere Fische (Steinbutt, Zander, Seeteufel, Seezunge usw.) verwenden.*

Zanderfilet mit Kalbskopf, Kartoffeln und Saubohnen

Lucioperca con testina di vitello, patate e fave

Für 4 Personen

Saubohnen	300 g	Saubohnen
	50 ml	Kochwasser der Saubohnen
	80 ml	Olivenöl
	1	Sardellenfilet
	½	Knoblauchzehe, fein gehackt
	1	Spritzer Zitronensaft
	1 TL	Petersilie, fein geschnitten
		Salz
	1	Peperoncino, fein gemahlen
Kalbskopf	1	Knoblauchzehe, fein gehackt
	30 g	Zwiebel, fein geschnitten
	1 EL	Olivenöl
	150 g	Kalbskopf, in feine Würfel geschnitten
	1 EL	Basilikum, fein geschnitten
	1 EL	Petersilie, fein geschnitten
	1 EL	Thymian, fein geschnitten
		Salz, Pfeffer aus der Mühle
	1	Spritzer Zitronensaft
Weiteres	1	Zanderfilet zu 600 g
	2 EL	Olivenöl
	250 g	Kartoffelscheiben, gebraten
		Pfifferlinge, gebraten
		Kapernfrüchte zum Garnieren
		Bottarga

Saubohnen

- Von den Bohnen die Kerne herausnehmen, in kochendem Salzwasser 5 Minuten kochen.
- Die Bohnen in ein Sieb schütten, sofort mit kaltem Wasser oder Eiswasser abkühlen, um die grüne Farbe zu erhalten.
- Die Bohnen von der Samenschale befreien.
- Die Hälfte der Saubohnen in der Moulinette oder im Mixer mit 50 ml Kochwasser, Olivenöl, Sardellenfilet, Knoblauch, Zitronensaft, Petersilie fein pürieren und mit Salz und Peperoncino abschmecken.
- Die pürierten Saubohnen mit den übrigen gekochten Saubohnen vermischen.

Kalbskopf

- Knoblauch und Zwiebel in Olivenöl dünsten.
- Kalbskopf, Basilikum, Petersilie, Thymian dazugeben, mit Salz, Pfeffer und Zitronensaft würzen und für etwa 2 Minuten kochen lassen.

Fertigstellung

- Das Zanderfilet schuppen, putzen, waschen und in 4 große Teile schneiden. Aus den Filets die Gräten schneiden.
- In einer Pfanne Olivenöl erhitzen. Zanderfilets salzen und pfeffern, auf beiden Seiten je nach Größe etwa 2 Minuten braten und mit Kartoffelscheiben, Kalbskopf, Saubohnensauce, Pfifferlingen, Bottarga anrichten und mit Kapern garnieren.

Tipps

1. *Dazu können Sie Blattsalate der Saison reichen.*
2. *Sie können den Kalbskopf auch weglassen.*

Variation

Forellenfilet mit Kartoffeln und Saubohnen: Anstelle des Zanders können Sie auch Forellen verwenden.

Lachsröllchen mit Olivenöl-Hollandaise

Involtini di salmone con salsa olandese all'olio d'oliva

Für 4 Personen

Zutaten	1	Seezunge zu 350 g
	200 g	Lachsfilet
	2 EL	Kerbel, fein geschnitten
		Pfeffer aus der Mühle
		Salz
Weiteres		Olivenöl-Hollandaise (siehe Seite 397)

- Seezunge am Schwanzende kurz unter heißes Wasser halten oder mit einem Messer einschneiden. So löst sich die Haut und man kann sie auf beiden Seiten leichter abziehen.
- Mit einem Messer die vier Filets von der Mitte aus den Gräten entlang herausschneiden.
- Seezungenfilets leicht klopfen, salzen und mit der Hautseite nach innen auf eine Klarsichtfolie legen.
- Lachsfilet mit Salz und Pfeffer würzen und im Kerbel wälzen, auf die Seezungenfilets legen und einrollen.
- In Klarsicht- und Alufolie einwickeln und im Dämpfer dämpfen oder im Wasserbad bei 80 Grad gar ziehen lassen.
- Die Rolle aus der Folie nehmen und in Scheiben schneiden, dann mit der Olivenöl-Hollandaise servieren.

Garzeit: etwa 10–12 Minuten

Tipps

1. *Als Beilage zu den Lachsröllchen eignen sich gedünstete Fenchelstreifen, Spinat (siehe Seite 154) oder Bohnen.*
2. *Der Lachs sollte nie gar, sondern in der Mitte leicht rosa sein, dann bleibt er saftig.*

Zanderfilet mit Kalbskopf, Kartoffeln und Saubohnen

Forellenfilet mit Rohnen und Krensauce

Trota lessa con rape rosse e salsa di cren

Für 4 Personen

Zutaten	*4*	*Forellenfilets, entgrätet*
Krensauce	*30 g*	*Schalotte oder Zwiebel*
	1/8 l	*Weißwein, trocken*
	1/8 l	*Vermouth, trocken*
	250 ml	*Fischbrühe (siehe Seite 399)*
	200 ml	*Sahne*
	30 g	*Kren, fein gerieben, oder 50 g Kren aus dem Glas*
		Salz
		Pfeffer aus der Mühle, weiß
	1	*Spritzer Zitronensaft*
	30 g	*Butter, kalt*
Weiteres	*2 EL*	*Sahne, geschlagen*
	400 g	*Rohnen, gekocht, geschält und in Streifen geschnitten*

- Forellenfilets mit der Hautseite nach außen zusammenrollen und mit einer Küchenschnur fixieren.

Krensauce
- Schalotten oder Zwiebel schälen, in feine Würfel schneiden und mit Weißwein sowie Vermouth aufgießen und die Flüssigkeit fast vollständig einkochen lassen.
- Die Fischbrühe dazugießen und auf die Hälfte einkochen lassen.
- Mit der Sahne aufgießen und diese um ein Viertel einkochen lassen.
- Mit Kren, Salz, weißem Pfeffer, Zitronensaft würzen, mit kalter Butter mixen und die Schlagsahne, ohne zu mixen, unterrühren.

Fertigstellung
- Forellenfilets im Dampf-Kochtopf oder im Dämpfer garen.
- Rohnen in etwas Butter erwärmen und mit Salz und Pfeffer würzen.
- Die Rohnen auf Tellern anrichten und mit den Forellenfilets und der Krensauce servieren.

Gartemperatur:	80 Grad
Garzeit Fisch:	4 Minuten
Garzeit Sauce:	etwa 20 Minuten

Tipp
Als Beilage eignen sich Salzkartoffeln, gedünsteter Reis, Spinat (siehe Seite 154) oder Broccoli (siehe Seite 354).

Variation
Äsche mit Rohnen und Krensauce: Anstelle der Forelle verwenden Sie die Äsche.

Wildlachs auf Spinat, gedämpft

Salmone selvatico con spinaci

Für 4 Personen

Zutaten	*4*	*Wildlachsfiletscheiben zu je 120 g*
	600 g	*Spinat, frisch*
	30 ml	*Olivenöl*
		Salz
	1 EL	*Petersilie*
	1 EL	*Thymian*
	1 EL	*Fenchelsamen*
		Pfeffer aus der Mühle
	120 ml	*Fisch-Weißweinsauce (siehe Seite 399)*

- Lachsscheiben von Gräten, Fett und Haut befreien.
- Spinat putzen, waschen und in mundgerechte Stücke zupfen oder schneiden.
- In einem flachen, nicht zu kleinem Kochtopf oder in einer Pfanne etwas Olivenöl erwärmen und den Spinat darin dünsten, die Filets salzen, auf den Spinat legen, mit der geschnittenen Petersilie, Thymian und Fenchelsamen bestreuen und Pfeffer darauf mahlen.
- Den Kochtopf zudecken, den Lachs auf kleiner Flamme fertig dämpfen lassen und mit der Weißweinsauce servieren.

Garzeit: etwa 8 Minuten

Tipps
1. *Sollten Sie eine schöne Paella-Pfanne haben, dann bereiten Sie das Gericht darin zu und servieren es in der Pfanne.*
2. *Sie können das Gericht auch ohne Sauce servieren.*
3. *Probieren Sie das Rezept mit einem anderen Fisch, z. B. Zuchtlachs, Steinbutt-, Zander-, Forellen- oder Saiblingsfilet.*

Garnelenspieß auf Chicorée

Spiedino di gamberi con cicoria belga

Für 4 Personen

Chicorée	3	*Chicorée*
	2 EL	*Zucker*
	1	*Orange, Saft*
	1/2	*Zitrone, Saft*
Weiteres	16	*Garnelenschwänze*
	4	*Rosmarinzweige, sehr lang*
		Salz, Pfeffer aus der Mühle
	3 EL	*Olivenöl*
	1 EL	*Petersilie, fein geschnitten*
		Balsamicoessig, eingekocht

Chicorée

- Den Strunk abschneiden, den Chicorée vierteln und in lauwarmes Wasser legen, damit lösen sich die Bitterstoffe.
- Chicorée in Salzwasser etwa 5 Minuten kochen lassen.
- Den Zucker in einer Pfanne zu Karamell schmelzen, den Chicorée einlegen, mit Orangen- und Zitronensaft löschen und 10 Minuten einkochen.

Fertigstellung

- Garnelen aus den Schalen lösen, Darm entfernen, waschen und trockentupfen. Auf die abgeblätterten Rosmarinzweige stecken.
- Die Garnelen mit Salz und Pfeffer würzen und auf dem vorgeheizten Grill oder in einer großen Pfanne in etwas Olivenöl insgesamt 2–3 Minuten braten, dabei einmal wenden und mit Petersilie bestreuen.
- Chicorée auf vorgewärmte Teller legen, Garnelenspieße darauf geben, mit Balsamicoessig garnieren und servieren.

Tipp

Servieren Sie die Garnelen auf Gemüsestreifen.

Hummer, gratiniert

Astice al gratin

Für 4 Personen

<u>Zutaten</u>	2	*Hummer zu je 600 g*
	1 Msp.	*Kümmel*
		Salz
		Pfeffer aus der Mühle
		Salz
<u>Weiteres</u>	200 ml	*Olivenöl-Hollandaise (siehe Seite 397)*

- Wasser in einem Topf zum Kochen bringen, den Kümmel dazugeben.
- Hummer mit dem Kopf voran in das kochende Wasser gleiten lassen. Nach etwa 3–4 Minuten aus dem Wasser nehmen und in Eiswasser abschrecken.
- Vom Kopf aus mit einem scharfen Messer der Länge nach den Panzer durchtrennen und das Fleisch herausheben.
- Den Darm aus dem Schwanzstück entfernen.
- Hummerscheren vom Panzer abdrehen.
- Hummerscheren hochkantig aufstellen, mit dem Rücken eines schweren Messers darauf schlagen, bis der Scherenpanzer aufspringt.
- Scheren vorsichtig aufbrechen, das Fleisch durch leichtes Hin-und-Herbewegen aus dem Panzer ziehen.
- Das Hummerfleisch in Scheiben oder Stücke schneiden und auf flachen Tellern verteilen, mit Salz und Pfeffer würzen, mit der Olivenöl-Hollandaise überziehen und im Salamander oder im Backrohr bei starker Oberhitze gratinieren.

<u>Gartemperatur:</u>	220 Grad
<u>Garzeit Gratinieren:</u>	etwa 3 Minuten

Tipps

1. *Den Hummer kann man auch auf zarten Salaten wie Frisée, Lollo rosso, Radicchio usw. anrichten.*
2. *Weiteres kann man den Hummer mit einer Limetten-Mayonnaise (siehe Seite 74) servieren.*
3. *Teigwaren, Linsen, gedünstetes Weißkraut oder Kürbis passen hervorragend zum Hummer.*
4. *Verwenden Sie den Hummer für Hummerragout, Hummercocktail, Hummer vom Grill, Hummersalat usw.*
5. *Sie können den Hummer auch in einem Fischsud (Court Bouillon) kochen.*
6. *Wenn Sie den Hummer für einen speziellen Anlass, z. B. für ein Buffet, benötigen, sollten Sie ihn vor dem Kochen flach auf ein Holzbrett binden und dann kochen. So behält er die schöne Form.*

Variationen

<u>Hummer mit Kräuterbröseln, überbacken:</u> Bestreuen Sie den Hummer mit Kräuterbröseln und gratinieren Sie ihn wie oben beschrieben.
<u>Hummercocktail:</u> Servieren Sie im Cocktailglas das in Stücke geschnittene Hummerfleisch auf Salatstreifen mit Cocktailsauce, welche aus 200 ml Mayonnaise (siehe Seite 74), 2 Esslöffel Tomatenketchup und 1 Esslöffel Brandy hergestellt wird.

Gebratene Scampi mit Brandy

Scampi al brandy

Für 4 Personen

<u>Zutaten</u>	20	*Scampischwänze*
	1	*Knoblauchzehe*
	2 EL	*Olivenöl*
	120 g	*Lauchstreifen*
	4 EL	*Brandy*
	150 ml	*Sahne*
	1 EL	*Estragon oder Petersilie*
	1 EL	*Butter, kalt*

- Von den Scampi den Panzer und Darm entfernen, waschen und mit Küchenpapier trockentupfen.
- Knoblauch schälen und fein hacken.
- Olivenöl in einer Pfanne erhitzen, Knoblauch und Lauch zugeben und unter ständigem Wenden etwa 2 Minuten dünsten, die Scampi dazugeben und mitbraten, bis sie sich rosa verfärben.
- Mit Brandy löschen, eventuell anzünden und flambieren, mit Salz und Pfeffer würzen, Sahne dazugeben und einkochen.
- Mit Estragon oder Petersilie würzen, mit der Butter verfeinern und servieren.

Tipps

1. *Als Beilage passen gedünsteter Reis oder Bandnudeln in Butter.*
2. *Sie können die Sauce auch mit Tomaten zubereiten.*
3. *Anstelle der Scampi können Sie Garnelen oder Carabinieros verwenden.*

Riesengarnelen nach kalabresischer Art

Mazzancolle alla calabrese

Für 4 Personen

Zutaten	8	*Riesengarnelen*
	1/2	*Knoblauchzehe, fein gehackt*
	3 EL	*Olivenöl*
	1 EL	*Kapern*
	8	*Oliven, grün und entsteint*
	50 ml	*Weißwein*
	1 EL	*Petersilie, fein geschnitten*
	300 g	*Tomaten, geschält und in Streifen geschnitten*
		Salz, Pfeffer aus der Mühle
Weiteres		*Olivenöl zum Binden*
		Basilikum zum Garnieren
	1 EL	*Pesto (siehe Seite 144)*

- Riesengarnelen aus den Schalen brechen, den Darm entfernen und bereitstellen.
- Knoblauch in Olivenöl dünsten, Kapern und Oliven dazugeben, mit Weißwein löschen, Petersilie und Tomaten in die Sauce geben, dann die geputzten Mazzancolle dazugeben und zugedeckt garen.
- Mit Salz und Pfeffer würzen und mit Olivenöl binden.
- Auf Tellern anrichten, mit Basilikum garnieren und mit Pesto servieren.

Garzeit: 3–5 Minuten

Gegrillte Heuschreckenkrebse mit Koriander

Canocchie alla griglia

Für 4 Personen

Zutaten	12	*Heuschreckenkrebse*
	1	*Knoblauchzehe*
	1 EL	*Petersilie*
	½ TL	*Koriander*
	½	*Zitrone*
		Salz
		Pfeffer aus der Mühle
	2 EL	*Olivenöl*

- Die Seitenflossen der Heuschreckenkrebse mit einer Fischschere abschneiden und den Panzerdeckel abziehen.
- Knoblauchzehe schälen und hacken.
- Petersilie waschen, trockentupfen, die Blätter von den Stängeln zupfen und fein schneiden.
- Den Koriander zerdrücken und bereitstellen.
- Zitrone waschen, die Schale abreiben und den Saft auspressen.
- Die Krustentiere mit Petersilie, Knoblauch, Koriander, Zitronenschale und Saft etwa 10 Minuten marinieren.

Fertigstellung
- Den Grill vorheizen. Fische aus der Marinade nehmen.
- Auf dem Grill mit etwas Olivenöl langsam garen oder in der Grillpfanne braten.
- Heuschreckenkrebse auf einer Platte oder auf Tellern anrichten, mit etwas Marinade übergießen und servieren.

Garzeit: 8–10 Minuten

Tipps

1. *Servieren Sie dazu mariniertes Gemüse (siehe Seite 66).*
2. *Anstelle der Heuschreckenkrebse können Sie Scampi oder Langusten nehmen.*

Gegrillte Tintenfische

Seppie alla griglia

Für 4 Personen

Zutaten	600 g	*Sepien*
	60 ml	*Olivenöl*
	1 EL	*Petersilie*
	1 EL	*Basilikum*
	1	*Knoblauchzehe*
		Pfeffer aus der Mühle
		Salz
Weiteres	4	*Zitronenspalten*

- Von den Tintenfischen den Kopf und das Fischbein entfernen, dann putzen, Haut entfernen, waschen, trockentupfen und eventuell der Länge nach halbieren, dann salzen und pfeffern.
- Petersilie, Basilikum und Knoblauch fein hacken, mit Olivenöl vermischen und damit die Tintenfische bestreichen.
- Den Grill vorwärmen, die Tintenfische darauf legen und auf einer Seite grillen (nicht zu schnell wenden), dann auf der anderen Seite fertig grillen.
- Nun den Fisch auf vorgewärmten Tellern mit Zitronenspalten anrichten und servieren.

Gartemperatur: 220 Grad
Garzeit: 8–10 Minuten, je nach Größe der Fische

Tipps

1. *Als Beilage eignen sich Salzkartoffeln, aber auch Blattsalate passen zu diesem Gericht.*
2. *Wenn Sie die Zitrone in Spalten schneiden, dann versuchen Sie immer, die Spalten so zu schneiden, dass die Trennhäute der Zitrone durchgeschnitten sind, so spritzt die Zitrone nicht beim Auspressen.*
3. *Anstelle der Sepien können Sie auch Kalamare oder Moscardine verwenden.*
4. *Sie können den Fisch auch mit einer Livorneser Sauce (siehe Seite 234) servieren.*

Kleine Tintenfische im Sud gedünstet

Seppie in umido

Für 4 Personen

Zutaten	600 g	*Tintenfische, klein*
	100 g	*Zwiebel*
	50 g	*Stangensellerie, weiß*
	2	*Knoblauchzehen*
	4 EL	*Olivenöl*
	100 g	*Ofentomaten (siehe Seite 353)*
	1/8 l	*Weißwein*
	1 EL	*Petersilie, fein geschnitten*
		Salz, Pfeffer aus der Mühle
Weiteres		*Sellerieherzen zum Garnieren*

- Tintenfische küchenfertig vorbereiten und gut waschen.
- Zwiebel und Sellerie schälen und in feine Streifen schneiden.
- Knoblauch fein hacken.
- Zwiebel, Sellerie und Knoblauch in einer Pfanne in Olivenöl dünsten.
- Die kleinen Tintenfische und die Tomaten dazugeben, mit Weißwein löschen, Petersilie dazugeben und zugedeckt garen.
- Nach Ende der Garzeit die Fische auf eine Platte legen und den Sud etwas einkochen lassen, Olivenöl dazugeben, mit den Sellerieherzen garnieren und servieren.

Garzeit: etwa 5 Minuten

In Tomaten geschmorter Oktopus

Stufato di piovra e pomodori

Für 4 Personen

Zutaten	*60 ml*	*Olivenöl*
	100 g	*Zwiebel, fein geschnitten*
	1	*Knoblauchzehe, fein gehackt*
	1 kg	*Oktopus*
	150 ml	*Weißwein*
	200 g	*Tomaten*
	500 ml	*Fischbrühe (siehe Seite 399) oder Wasser*
		Salz
	1	*Lorbeerblatt*
	1	*Rosmarinzweig*
	1	*Thymianzweig*
Weiteres	*1 EL*	*Petersilie, fein geschnitten*

- Olivenöl in einem Kochtopf erhitzen, Zwiebel und Knoblauch leicht anbraten.
- Den gewaschenen Oktopus dazugeben und mit Weißwein löschen.
- Tomaten waschen, in Stücke schneiden und mit der Fischbrühe zum Oktopus geben, mit Salz, Lorbeer, Rosmarin und Thymian würzen und zugedeckt schmoren lassen.
- Wenn der Tintenfisch weich ist, herausnehmen und die Sauce eventuell passieren. Den Oktopus in der Sauce mit Petersilie servieren.

Gartemperatur: 160 Grad
Garzeit: etwa 1 Stunde

Tipp

Als Beilage eignen sich gedünstete Artischocken (siehe Seite 346), eine Caponata (siehe Seite 338), Polenta (siehe Seite 358), Salzkartoffeln, aber auch Blattsalate.

Gefüllter Kalmar

Calamari ripieni

Für 4 Personen

Füllung	200 g	*Lachs- oder Zanderfleisch*
	1	*Schalotte, fein geschnitten und gedünstet*
		Salz
		Pfeffer aus der Mühle
	80 ml	*Sahne, flüssig*
	100 ml	*Sahne, leicht geschlagen*
	1 EL	*Kräuter, fein geschnitten (Schnittlauch, Basilikum)*
	50 g	*Gemüse (Karotten, Lauch, Peperoni), gekocht und in kleine Würfel geschnitten*
Weiteres	4	*Kalmare, groß*
	2 EL	*Olivenöl*
		Linsensalat (siehe Seite 72)
		Rosmarin zum Garnieren

Füllung

- Fischfleisch in Streifen schneiden und mit der gedünsteten Schalotte, Salz und Pfeffer würzen.
- Flüssige Sahne mit dem Fischfleisch vermengen und 1 Stunde kalt stellen (0 Grad).
- Diese Zutaten im Cutter oder in der Moulinette blitzen (sehr fein hacken).
- Die so genannte Farce auf Eis kalt rühren und zwei Drittel der leicht geschlagenen Sahne unterheben.
- Die Farce durch ein Haarsieb streichen und dann die restliche Schlagsahne unterrühren, bis die Masse einen seidigen Glanz erhält.
- Mit den Kräutern und Gemüsewürfeln vermischen.

Fertigstellung

- Kalmar ausnehmen, enthäuten, waschen und gut trocknen.
- Fischfarce in den Kalmar einfüllen, die Öffnung mit einem Spieß oder Spagat verschließen.
- Kalmar in einer Pfanne mit Olivenöl anbraten und im Dämpfer garen (pochieren), oder mit etwas Flüssigkeit in einer Pfanne mit Deckel fertig garen.
- Den Kalmar in Scheiben schneiden und auf den erwärmten Linsensalat anrichten, mit Rosmarin garnieren und servieren.

Gartemperatur:	85 Grad
Garzeit:	15 Minuten

Tipp

Anstelle der Linsen können Sie auch Risotto, Bandnudeln oder Polenta (siehe Seite 358) reichen.

Gefüllte Miesmuscheln

Cozze ripiene

Für 4 Personen

Zutaten	1 kg	*Miesmuscheln*
	100 ml	*Weißwein*
	1	*Lorbeerblatt*
Füllung	50 g	*Zwiebel*
	2	*Knoblauchzehen*
	3 EL	*Olivenöl*
	500 g	*Tomatenwürfel frisch oder aus der Dose*
	4 EL	*Semmelbrösel, möglichst frisch gerieben*
	2 EL	*Petersilie, fein geschnitten*
	2 EL	*Basilikumblätter*
		Salz
		Pfeffer aus der Mühle
Weiteres		*Basilikum zum Garnieren*

- Miesmuscheln unter fließendem kalten Wasser gründlich abbürsten, die Byssusfäden herausziehen; offene Muscheln nicht verwenden.
- Muscheln in einen großen Topf geben, Weißwein aufgießen, Lorbeerblatt dazugeben, erhitzen und zugedeckt etwa 5 Minuten garen, bis sich die Muscheln öffnen.
- Abgekühlte Muscheln vorsichtig in der Mitte auseinander brechen, die leeren Schalenhälften weggeben. Die Schalen mit dem Muschelfleisch nebeneinander in eine Pfanne oder feuerfeste Form legen.

Füllung

- Zwiebel und Knoblauch sehr fein hacken. In einem Topf in Olivenöl erhitzen und dünsten, Tomatenwürfel dazugeben, Semmelbrösel, Petersilie und Basilikum untermischen und mit Salz und Pfeffer würzen.

Fertigstellung

- In jede Muschelhälfte 1 Teelöffel Füllung geben.
- Die Muscheln im vorgeheizten Backrohr überbacken, mit Basilikum garnieren und servieren.

Garzeit Muscheln:	5 Minuten
Gratinierzeit Muscheln:	etwa 4 Minuten
Gartemperatur:	200 Grad

Tipps

1. *Muscheln, die sich beim Garen nicht öffnen, nicht verwenden.*
2. *Sie können die gefüllten Miesmuscheln auch mit Parmesan oder Pecorino bestreuen, Butterflocken darauf verteilen und überbacken.*
3. *Probieren Sie das Rezept auch ohne die Tomatenwürfel aus.*

Gefüllter Kalmar

Gefüllte Miesmuscheln

Jakobsmuscheln auf Zucchini-Olivenölcreme

Capesante su crema di zucchini ed olio d'oliva

Für 4 Personen

Zucchinicreme	*600 g*	*Zucchini*
	2 EL	*Olivenöl*
	1	*Knoblauchzehe, fein gehackt*
	1	*Schalotte, fein geschnitten*
	100 ml	*Wasser*
		Salz, Pfeffer aus der Mühle
	50 ml	*Olivenöl zum Mixen*
Weiteres	*12*	*Jakobsmuscheln*
		Salz und Pfeffer
	3 EL	*Olivenöl*
	12	*Oliven*
		Dillspitzen zum Garnieren
		Pfeffer, rosa

Zucchinicreme

- Zucchini putzen, waschen, das Kerngehäuse herausschneiden. Das Fruchtfleisch mit der Schale in Würfel schneiden.
- In einer Pfanne Olivenöl erwärmen, Knoblauch und Schalotte darin dünsten, gewürfelte Zucchini und Wasser dazugeben, salzen, pfeffern und weich dünsten.
- Im Cutter oder Mixer mit Olivenöl pürieren.

Fertigstellung

- Jakobsmuscheln öffnen, Fleisch aus der Schale schneiden, die Haut entfernen und gut waschen.
- Olivenöl in einer Bratpfanne erhitzen, die Jakobsmuscheln salzen und pfeffern, in die heiße Pfanne legen und etwa 2 Minuten braten, umdrehen, dann fertig braten.
- In einem kleinen Kochtopf die Zucchinicreme erhitzen, auf Tellern anrichten und die Jakobsmuscheln auf die Creme setzen, mit Oliven und Dill garnieren und servieren.

Garzeit Zucchinicreme:	etwa 4 Minuten
Garzeit Jakobsmuscheln:	etwa 3 Minuten

Tipps

1. *Als Beilage eignen sich Salzkartoffeln, gedünsteter Reis oder Tagliolini.*
2. *Achten Sie beim Braten darauf, dass das Muschelfleisch nicht zu stark angebraten wird, weil es schnell trocken wird.*

Variationen

Seezunge auf Zucchini-Olivenölcreme: Anstelle der Jakobsmuscheln nehmen Sie Seezungenfilet.
Garnelen auf Zucchini-Olivenölcreme: Die Jakobsmuscheln können auch durch Garnelen ersetzt werden.

CARNE

FLEISCH · GEFLÜGEL · WILD

Fleischgerichte gehören – wie auch die Fische – zu den »secondi«, den Hauptspeisen. Auch hier wartet die »cucina italiana« mit einer Fülle an Spezialitäten auf, die ihresgleichen suchen. Fleisch wird gebraten, gesotten, geschmort und gegrillt. Ob Geflügel, Kalb, Rind, Schwein oder Wild, für alles gibt es traditionelle, aber auch moderne und originelle Rezepte. Manche sind im Nu fertig, wie beispielsweise eine Bistecca ai ferri, andere brauchen ihre Zeit, wie Ossobuco oder Bollito misto.

Typischer Hof in der Toskana bei Pienza

Nur von bester Qualität
Fleisch, Geflügel und Wild

Im Casentino in der Toskana weiden die Rinder noch in Freiheit.

Fleisch

Fleisch ist ein wichtiger Bestandteil der menschlichen Ernährung. Es hat einen hohen **Sättigungs-** und **Genusswert** und kann vielseitig zubereitet werden. Die Qualität des Fleisches, d. h. der Zartheitsgrad entscheidet, welches Garverfahren das richtige ist, wobei in erster Linie aus den Grundzubereitungsarten ausgewählt werden soll, die vor oder während des Garvorganges Röstbitter entstehen lassen.

In der italienischen Küche hat Fleisch je nach Region eine ganz besondere Bedeutung. So wird in der Toskana Rindfleisch bevorzugt, in Umbrien steht das Schweinefleisch an erster Stelle, und auf Sardinien isst man fast ausschließlich Lammfleisch.

Qualitätsfleisch einkaufen

Die Qualität von Fleisch hängt in erster Linie von der **Zucht** der Tiere, ihrer **artgerechten Haltung** und der **Schlachtung** ab. Fleisch muss je nach Sorte unterschiedlich lange reifen. Dadurch wird das Fleisch zart und bekommt sein feines, arttypisches Aroma. Erfolgt diese Reifung zu kurz, kommt es vor allem beim Rind zu einer erheblichen Qualitätsminderung.

Wichtig beim Einkauf

- Gutes Fleisch ist nicht völlig mager, sondern leicht mit weißem Fett durchwachsen **(marmoriert).**
- Es sollte zarte Fasern haben, sich fest und glatt anfühlen.
- Das Fleisch junger Tiere ist hellrot, das älterer Tiere dunkelrot. Abgehangenes Fleisch ist dunkler und matter als Frischfleisch.
- Qualitativ gutes **Rindfleisch**, gleich aus welchem Fleischstück, sollte immer dunkelrot, feucht und gut von weißem Fett durchzogen sein. Gelbes Fett lässt auf alte Tiere schließen, kann allerdings auch ein Zeichen von Weidehaltung sein.
- **Schweinefleisch** sollte rosa und **Lammfleisch** dunkelrosa sein.
- Beim **Kalbfleisch** hängt die Farbe davon ab, womit das Kalb ernährt wurde. War es vor allem Getreide, ist das Fleisch dunkler gefärbt, als wenn das Tier mit Milch aufgezogen wurde.

Lagerung

- Fleisch zählt zu den leicht verderblichen Lebensmitteln
- Fleisch sollte immer gut gekühlt bei 0 bis 2 Grad gelagert werden
- Nur gut verpacktes Fleisch trocknet während der Lagerung nicht aus
- **Frisches** Fleisch sollte so kurz wie möglich gelagert werden
- **Gegart** sollte es nicht länger als 2 Stunden bei Raumtemperatur liegen
- **Geschnittenes** Fleisch wie Schnitzel, Koteletts, Steaks bleiben höchstens 2 Tage frisch.
- **Rohes** oder gebratenes Bratenfleisch (im Stück) hält sich 3–4 Tage
- **Rohes** Hackfleisch muss innerhalb eines Tages verbraucht werden, weil es durch die starke Zerkleinerung eine optimale Angriffsfläche für Bakterien bietet

Rind (manzo)

Rindfleisch steht vor allem in der Poebene mit ihren reichlichen Weiden häufiger auf dem Speisezettel. Das kulinarisch berühmteste Rind Italiens ist das große weiße **Chianina-Rind** aus dem Chiana-Tal in der Toskana. Sein bestes Stück heißt **Fiorentina,** das Roastbeef, Filet und Knochen umfasst, einige Zentimeter dick ist und mindestens 400–500 Gramm wiegt.

Kalb (vitello)

Kalbfleisch hat einen hohen Genusswert. Es ist so zart, weil die Tiere noch jung sind, das Bindegewebe noch weich ist und die Muskeln sich noch nicht vollständig entwickelt haben. Das zarte Fleisch wird von vielen ganz besonders geschätzt. Eine Spezialität ist das seltene **Vitello di latte** (Milchkalb), das nicht älter als ein Jahr ist.

Unter **Vitellone** versteht man ein Jungrind.

Schwein (maiale)

Schweinefleisch wird traditionell in den Schinken- und Wurstregionen wie in der Emilia-Romagna bei Bologna, aber auch in Umbrien gegessen. In Umbrien gibt es eine spezielle Rasse frei laufender, magerer, **schwarzer Schweine,** deren Fleisch meist – mit Speck umwickelt – am Spieß gebraten wird.

Schweinefleisch lässt sich mit vielen Gemüsesorten, auch mit rustikalen wie Hülsenfrüchten oder Kohl, mit verschiedenen Gewürzen wie Kümmel, Knoblauch, Paprika und Kräutern wie Majoran, Rosmarin, Thymian hervorragend kombinieren.

Spanferkel (porchetta)

Als große Delikatesse gilt in Italien – besonders auf Sardinien – das Spanferkel. Es ist ein sehr junges Tier mit einem Gewicht von maximal 12 Kilogramm. Es hat ein sehr helles

Bistecca alla fiorentina
Gut abgehangen, schön marmoriert und appetitlich, so muss gutes Fleisch aussehen, etwa für eines der berühmtesten Fleischgerichte Italiens, die »bistecca alla fiorentina«, für die das Fleisch junger Chianina-Rinder von beiden Seiten kurz gegrillt wird.

Gesundes Kaninchen und Geflügel
Das helle Fleisch von Kaninchen und Geflügel ist mager, hat wenig Fett und gleichzeitig einen hohen Eiweißgehalt. Es ist für eine kalorienarme Ernährung sehr gut geeignet. Die Qualität hängt allerdings immer von mehreren Faktoren wie Rasse, Haltung, Futterzusammensetzung und nicht zuletzt von der Art der Schlachtung ab.

Kaninchenkeule

Kaninchenrücken

und besonders feinfaseriges Fleisch. Es wird als Ganzes gebraten, gefüllt usw.

Lamm (agnello)

Es wird besonders gern als Milchlamm, **Agnello di latte**, zu Ostern gegessen, meist in Stücke geschnitten und als Ragout mit Gemüse wie Artischocken und Erbsen geschmort. Aber auch Lammkeule (coscia d'agnello) oder Lammkoteletts (costolette d'agnello) sind beliebt.

Zicklein (capretto)

Zicklein sind wesentlich seltener als Lämmer im Handel. Sie kommen aus bergigen Gegenden Mittel- und Süditaliens und werden u. a. mit Barolo geschmort.

Kaninchen (coniglio)

Kaninchen wird überall in Italien geschätzt. Es wird gern gefüllt (ripieno oder farcito) oder gerollt (arrotolato) oft in Wein geschmort, mit Salbei, Knoblauch, Tomaten und Rosmarin gewürzt.

Kutteln (trippa)

Kutteln sind das Magengewebe von Wiederkäuern, gewöhnlich von Rindern, in Italien auch vom Kalb. Der erste Magen liefert die glatten Kutteln, der zweite die zelligen Kutteln, die zarter sind. Kutteln werden meist vorgegart verkauft und müssen sauber und weiß sein. Man spült sie gründlich ab und schneidet sie in Streifen oder Flecken. Sie können aber auch als Ganzes gekocht und anschließend geschnitten werden. Die Kutteln müssen als Ganzes bis zu zwei Stunden und mehr gekocht werden, bis sie weich sind. Wenn die Kutteln alt sind, haben sie einen strengen Geruch. Wenn sie hart sind, sind sie nicht ausreichend gekocht.

Verwendung
Trippa alla parmigiana und Saure Suppe

Geflügel

Geflügel, vor allem das Huhn und das Perlhuhn, zählen zu den beliebtesten Gerichten auf italienischen Speisekarten. In erster Linie kommt es darauf an, dass das Geflügel ein gutes und möglichst freies Leben genießen konnte. Deshalb wird es in Italien zumindest in den ländlichen Gegenden, zwar heute eher selten, aber immer noch gern lebend gekauft und zu Hause geschlachtet und gerupft.

Vorbereitung/Lagerung

- Geflügel muss vor der Zubereitung immer von den Stoppelresten befreit, gründlich gewaschen und mit Küchenpapier trockengetupft werden.
Wird es als Ganzes gebraten, so empfiehlt es sich, das Huhn zusammenzubinden.
- Geflügel verdirbt leicht; es sollte deshalb immer so schnell wie möglich gekühlt werden. Frisches Geflügel kann in einem mit Klarsichtfolie oder Alufolie bedeckten Geschirr 2–3 Tage im Kühlschrank bei 0–2 Grad aufbewahrt werden.
Im Tiefkühlfach hält sich das Fleisch bis zu 6 Monate.

! Verwendung von Tiefkühlgeflügel
Wird tiefgekühltes Fleisch verwendet, gilt: Je langsamer Geflügel auftaut, umso besser ist die Qualität. Deshalb das Fleisch möglichst im Kühlschrank bei 4 Grad auftauen lassen. Bei dieser Temperatur haben auch Salmonellen keine Chance, sich zu vermehren.
Das Geflügel sollte ohne Verpackung auf einem Gitter oder Sieb liegen und abgedeckt sein. So liegt es nicht im eigenen Auftausaft und kommt auch nicht mit anderen Lebensmitteln in Kontakt.

! Wichtig: Die Auftauflüssigkeit unbedingt wegschütten und bei der Weiterverarbeitung des Geflügels auf peinliche Sauberkeit achten!

Truthahn (tacchino)

Truthahnfleisch hat wenig Fett und gleichzeitig einen hohen Eiweißgehalt. Es ist für eine kalorienarme Ernährung sehr gut geeignet.

Verwendung
Truthahnfleisch gart relativ schnell und ist vielseitig kombinierbar, wie z. B. mit Obst wie Äpfeln, Orangen, Trauben, Bananen, Ananas, Kastanien und Gewürzen wie Curry und Ingwer.

- Die **Brust** hat ein zartes, helles, kalbfleischähnliches Fleisch. Truthahnbrust schmeckt gut als Schnitzel, Medaillon, Geschnetzeltes und als Füllung. Geschnetzeltes Truthahnfleisch lässt sich in Minutenschnelle garen. Truthahnbrust kann man auch als Ganzes braten oder auch füllen und braten.
- Die **Keulen** haben ein unterschiedlich strukturiertes Fleisch, es ist dunkler und mit zahlreichen Sehnen durchzogen. Das festere Keulenfleisch eignet sich zum Braten, für Ragout usw.

Einkauf
Im Angebot finden Sie: ganze Truthähne, Truthahnbrust, -schinken, -würste usw. Frisches Truthahnfleisch hat einen angenehmen, feinen Geruch. Speziell bei der Brust können Sie eine längere Lagerung an einer schmierigen Oberfläche erkennen. Die Anschnittsflächen sollten feucht, glänzend, ohne trockene Stellen sowie möglichst ohne Austreten von Fleischsaft sein.

Lagerung
Verarbeiten Sie das Fleisch so rasch wie möglich, maximal – wie jedes Geflügel – 2 Tage im Kühlschrank aufbewahren!

Fasan (fagiano)

Die Fasanenjagdsaison dauert von Oktober bis Dezember. Ein junges, zartes Tier erkennt man am spitzen Ende der Schwungfedern, an den grau gefärbten Beinen und am biegsamen Brustbein. Das Fleisch des Fasans ist relativ langfaserig.

Fasan

Teilweise werden die Fasane in Gehegen gezüchtet.

Verwendung
Wenn Sie einen Fasan als Ganzes braten, warten Sie nicht, bis die Keulen durch sind, sondern lösen Sie die Brüste vorher ab. Diese werden nämlich leicht trocken, da sie eine geringere Garzeit als die Keulen haben.

Wachteln (quaglie)

Wachteln sind das kleinste Feldwild. Ihr Fleisch zeichnet sich durch einen delikaten Geschmack aus. Es ist hell und erinnert an Wild. Wachtelfleisch kommt zwar ab und zu noch von wild lebenden Tieren auf den Tisch, stammt jedoch überwiegend von Vögeln, die in speziellen Brut- und Mastfarmen gezüchtet werden. Sie wiegen bratfertig etwa 180 Gramm, wobei die Hennen schwerer sind als die Hähne. Wachteln werden vorwiegend frisch oder tiefgefroren angeboten.

Wachtel

Verwendung
Man kann die Wachtelbrüstchen und die Keulen verwenden, aber auch die Wachteln ganz auslösen und füllen.

Kleines Geflügellexikon

Ente	anatra
Fasan	fagiano
Gans	oca
Hähnchen	galletto
Huhn	pollo
Junghenne	pollastra
Junghahn	pollastro
Kapaun	cappone
Masthuhn (Poularde)	pollastra da ingrasso
Perlhuhn	faraona
Rebhuhn	pernice
Schnepfe	beccaccia
Suppenhuhn	gallina
Taube	piccione
Truthahn	tacchino
Truthenne	tacchina
Wachtel	quaglia

Rebhuhn

Taube

Verwendung Geflügel

- Grundsätzlich sollte Geflügel immer durchgebraten werden. Erst ab einer Kerntemperatur von mindestens 80 Grad werden Salmonellen abgetötet.
- ! Geflügelfleisch sollten Sie deshalb nie roh verzehren.
- Für ganze Truthähne rechnet man mit einer Garzeit von etwa 40 Minuten pro Kilogramm. Die Keulen müssen lange genug garen, um weich zu werden.
Die Brust neigt allerdings zum Austrocknen. Sie dürfen sie nicht zu lange garen.
- Sie können die Fasanenbrust mit Salz, Salbei, Thymian oder Rosmarin würzen und dann mit Speckscheiben umwickeln und braten.

Wachteleier: Eine hübsche Dekoration sind die kleinen marmorierten Eier der Zuchtwachteln, die pochiert vor allem zu kalten Vorspeisen, als Spiegeleier oder als Suppeneinlage serviert werden.

Rebhuhn (pernice)

Sie sind etwas kleiner als Fasane und wiegen etwa 350–400 Gramm. Am besten schmecken einjährige Rebhühner. Junge Tiere haben übrigens gelbe Füße und einen leicht biegsamen Schnabel.

Verwendung
Rebhuhnfleisch ist sehr hell und mager. Deshalb sollten Sie das Rebhuhn vor dem Braten mit dünnen Speckscheiben oder Weintraubenblättern umwickeln.
Als Beilage zu Rebhuhn passen Rosenkohl, Rotkraut und Pilze.
Ein Rebhuhn reicht für eine Portion.

Taube (piccione)

Sie werden im Alter von etwa 10 Wochen geschlachtet und wiegen bratfertig 300–400 Gramm. Sie haben ein zartes mageres Fleisch. Pro Person rechnet man eine Taube.

Verwendung
Die Brüstchen werden meistens rosa gebraten.

Ente (anatra)

Jungenten mit einem Gewicht von rund 2 Kilogramm sind mit 6 bis 9 Wochen am zartesten. Flug- und Barberie-Enten sind Züchtungen und mit der Hausente nur entfernt verwandt. Sie haben ein fettärmeres, aber sehr saftiges, dunkleres Fleisch als Frühmastenten.

Einkauf
Junge Tiere erkennt man am festen Fleisch und an der fleckenlosen, weißen Haut.

Lagerung
Verarbeiten Sie die Enten so rasch wie möglich; keinesfalls länger als 2 Tage im Kühlschrank aufbewahren.

Tipps

- Damit die **Haut knusprig** wird, bestreichen Sie sie während des Bratens mit Bier oder gegen Garende mit Honig. Die Haut (nicht das Fleisch) während des Bratens öfters anstechen, damit das Fett auslaufen kann.
- **Bratdauer** hängt von Gewicht und Fleischqualität ab (Richtlinie: pro Kilogramm etwa 40 Minuten).
- **Garprobe:** Mit der Fleischgabel zwischen Brust und Schenkel stechen; ist der Saft hell und klar, dann ist die Ente gar.
- **Füllungen** halten die Ente beim Braten in Form, geben dem Fleisch durch Gewürze, Kräuter, Äpfel, Orangen, Kastanien, Pilze usw. Geschmack. Sie sind eine gute Beilage.

Wildente (anatra selvatica)

Sie sind magerer und kerniger als Hausenten, wiegen bratfertig etwa 800 Gramm und reichen mindestens für zwei Personen. Die bekannteste Wildentenart ist die Stockente. Junge, frische Enten haben einen grünen Schnabel und biegsame helle Beine.

Verwendung
Die Wildenten eignen sich gut zum Braten als Ganzes. Besonders schmackhaft ist das Brustfleisch. Das Fleisch älterer Tiere ist zäh und schmeckt nicht so gut.

Wildente

Wild

Italiener sind begeisterte Jäger. So findet man in der Jagdsaison im Spätherbst und zu Winterbeginn in Regionen wie Toskana, Latium, Abruzzen und Kalabrien traditionelle Wildgerichte auf der Speisenkarte.
Wildfleisch ist grundsätzlich fettarm und eiweißreich. Heute wird Wild vermehrt in Gehegen gezüchtet.

Einkauf
Wildkauf ist Vertrauenssache. Denn man sieht dem Fleisch nicht an, ob es aus einer durch Schadstoffe belasteten Region stammt. Die fachkundige Lagerung spielt ebenfalls für die Qualität eine Rolle. Ein bisschen hilft dabei die Nase. Durchgereiftes Fleisch riecht fein säuerlich. Hat es einen faulig-muffigen Geruch, dann ist es nicht in Ordnung.

Reh (capriolo)

Reh gilt als das edelste Wildfleisch. Sehr beliebt ist das Reh im zweiten Jahr. Denn das rotbraune, kurzfaserige Fleisch von Reh und -kitz ist besonders zart und saftig. Ein besonderer Leckerbissen ist der Rücken.

Verwendung
- Der **Rücken** kann als Ganzes rosa gebraten werden, ausgelöst schneidet man daraus Rehmedaillons.
- Die **Keule** eignet sich zum Braten, die Fleischteile wie Nuss und Kaiserteil können auch als Rehnüsschen zubereitet werden.
- Die **Schulter** wird geschmort, gebraten oder zu Gulasch verarbeitet.

Hase (lepre)

Hasen schmecken am besten, wenn sie nicht älter als 8 Monate sind. Ihr Fleisch hat einen ausgeprägten Eigengeschmack und eine dunkelrote Farbe.

Verwendung
- Hasenrücken werden kurz gebraten.
- Keulen und Schultern werden geschmort, gebraten oder als Ragout zubereitet.
- Ein klassisches Gericht ist der **Hasenpfeffer.** Alle Fleischteile werden geschmort, dann wird das Fleisch vom Knochen gelöst und wie ein Ragout zu Nudeln oder zu Polenta serviert.

Wildschwein (cinghiale)

Das Wildschwein wird in der Fachsprache als Schwarzwild bezeichnet. Es gilt als Urahn des Hausschweins, unterscheidet sich in Aussehen und Fleischqualität aber erheblich von diesem. Zwar ist der Fettanteil höher als der von anderem Wild, im Vergleich zum Schwein ist Wildschweinfleisch aber magerer und von festerer Struktur.

Frischling
Die bis zu einem Jahr alten Tiere nennt man Frischlinge. Sie haben im Verhältnis zum Gewicht in der Regel einen hohen Fleischanteil. Mit zunehmendem Alter wird das Fleisch dann zäher; darum ist die Wahl der Garmethode nicht zuletzt eine Frage des Alters des Tieres.

Verwendung
Das Fleisch von Frischlingen können Sie wie Rehfleisch behandeln, also Rücken und zarte Keulenteile zum Kurzbraten verwenden. Das Fett, sofern vorhanden, sollten Sie bei der Zubereitung nicht entfernen, denn dadurch bleibt das Fleisch beim Braten oder Schmoren saftig. Fleisch von jungen Tieren können Sie braten, aber auch für Schnitzel, Koteletts, Medaillons verwenden. Fleisch von älteren Tieren ist dunkler und zum Schmoren für Ragout oder Gulasch geeignet.

Lagerung von Wild
Will man Wildschwein einfrieren, muss sichtbares Fett entfernt und das Fleisch gut verpackt werden, damit es während der Tiefkühlphase nicht ranzig wird.

Wildschwein fehlt auf keiner Speisenkarte in der Toskana.

Kalbsschnitzel mit Marsalasauce

Piccata al Marsala

Für 4 Personen

<u>Zutaten</u>	*8*	*Kalbsschnitzel zu je 60 g (kleine Nuss oder vom Karree)*
		Salz
		Pfeffer aus der Mühle
	2 EL	*Mehl*
	2 EL	*Öl zum Braten*
	30 g	*Butter*
	40 ml	*Marsala*
	200 ml	*braune Kalbssauce (siehe Seite 400) oder Fleischsuppe (siehe Seite 398)*
<u>Weiteres</u>	*20 g*	*Butter, kalt, zum Verfeinern der Sauce*

- Die Kalbsschnitzel, wenn nötig, von Sehnen und Fett befreien, mit dem Fleischklopfer klopfen (am besten legen Sie eine Folie auf das Fleisch, dann lässt es sich gleichmäßiger klopfen).
- Fleisch mit Salz und Pfeffer würzen, leicht mit Mehl bestreuen und in einer heißen Pfanne in wenig Öl auf beiden Seiten langsam braten.
- Nun zum Fleisch etwas Butter geben, nach kurzer Zeit das Fleisch aus der Pfanne nehmen und warm stellen.
- Die Bratrückstände mit Marsala löschen und die Kalbssauce dazugeben.
- Die Sauce etwas einkochen lassen, eventuell abseihen, mit kalter Butter verfeinern, über die Schnitzel geben und servieren.

<u>Garzeit:</u> etwa 5 Minuten

Tipp

Als Beilage passen Reis (siehe Seite 358), Bratkartoffeln (siehe Seite 360) usw.

Saltimbocca alla romana

Für 4 Personen

<u>Zutaten</u>	*8*	*Kalbsschnitzel zu je 60 g (kleine Nuss oder vom Karree)*
		Salz
		Pfeffer aus der Mühle
	8	*Salbeiblätter, klein*
	8	*Coppa-Scheiben*
	2 EL	*Mehl*
	2 EL	*Öl zum Braten*
	30 g	*Butter*
	30 ml	*Weißwein*
	200 ml	*braune Kalbssauce (siehe Seite 400) oder Fleischsuppe (siehe Seite 398)*
<u>Weiteres</u>		*Bohnen und Schalotten (siehe Seite 357)*

- Die Kalbsschnitzel, wenn nötig, von Sehnen und Fett befreien, mit dem Fleischklopfer klopfen (am besten legen Sie eine Folie auf das Fleisch, dann lässt es sich gleichmäßiger klopfen).
- Fleisch mit wenig Salz – da die Coppa schon salzig ist – und Pfeffer würzen und mit Salbeiblättern sowie Coppa belegen.
- Auf der Fleischseite leicht mit Mehl bestreuen und in einer heißen Pfanne in wenig Öl zuerst auf der Schinkenseite, dann auf der Fleischseite langsam braten.
- Nun zum Fleisch etwas Butter geben, nach kurzer Zeit das Fleisch aus der Pfanne nehmen und warm stellen.
- Die Bratrückstände mit Weißwein löschen und die Kalbssauce dazugeben.
- Die Sauce etwas einkochen lassen, eventuell abseihen.
- Die »Saltimbocca« auf die Bohnen und Schalotten legen und mit der Sauce servieren.

<u>Garzeit:</u> etwa 5 Minuten

Tipps

1. *Anstelle der Coppa können Sie auch Rohschinken verwenden.*
2. *Damit die Coppa beim Braten nicht herunterfällt, kann man sie mit einem Zahnstocher befestigen, den man vor dem Servieren entfernt.*
3. *Als Beilage passen Reis (siehe Seite 358), Bratkartoffeln (siehe Seite 360) usw.*

Saltimbocca alla romana

Pizzaiolakotelett

Braciola alla pizzaiola

Für 4 Personen

Zutaten	4	*Kalbskoteletts zu je 180 g*
		Salz
		Pfeffer aus der Mühle
	2 EL	*Mehl*
	50 ml	*Öl zum Anbraten*
	200 ml	*Tomatensauce (siehe Seite 150)*
	125 g	*Mozzarella, in Würfel geschnitten*
	1/2 TL	*Oregano*
	50 ml	*Weißwein*
	2 EL	*Olivenöl zum Verfeinern*
Weiteres		*Bratkartoffeln (siehe Seite 360)*
		Oreganoblätter zum Garnieren

- Die Kalbskoteletts leicht mit einem Schnitzelklopfer klopfen, mit Salz und Pfeffer würzen, in Mehl wenden und auf beiden Seiten in einer heißen Pfanne in Öl kurz braten.
- Jedes Kotelett mit etwas Tomatensauce übergießen, mit Mozzarella belegen, mit Oregano bestreuen und im Backrohr überbacken oder unter dem Salamander den Käse schmelzen lassen.
- Die Koteletts aus der Pfanne nehmen und auf vorgewärmte Teller oder eine Platte legen.
- Den Bratensatz in der Pfanne mit Weißwein löschen, einkochen lassen, mit Olivenöl verfeinern und über das Fleisch geben.
- Mit Bratkartoffeln und frischen Oreganoblättern servieren.

Gartemperatur: 200 Grad
Garzeit: etwa 5 Minuten

Tipps

1. *Sie können das Kotelett auch am Herdrand zugedeckt fertig garen.*
2. *Anstelle der Tomatensauce können Sie auch frische Tomatenwürfel verwenden.*
3. *Als Beilage eignen sich besonders gut Tagliatelle in Butter oder Risi-Bisi (siehe Seite 358).*
4. *Sie können auch Schweinskoteletts oder Truthahnschnitzel anstelle der Kalbskoteletts verwenden.*

Kalbsgulasch mit weißen Bohnen

Gulasch di vitello con fagioli

Für 4 Personen

Zutaten	200 g	*Bohnen, weiß (Corona)*
	800 g	*Kalbsschulter (hohe Schulter)*
		Salz, Pfeffer aus der Mühle
	2 EL	*Mehl*
	50 ml	*Öl zum Anbraten*
	200 g	*Zwiebel, fein geschnitten*
	1 EL	*Tomatenmark*
	1/2 EL	*Paprikapulver*
	60 ml	*Weißwein*
	1 l	*braune Kalbsbrühe (siehe Seite 400) oder Fleischsuppe (siehe Seite 398)*
Gulaschgewürz	1/2 TL	*Majoran*
	1/2 TL	*Kümmel*
	1 Msp.	*Zitronenschale, gerieben*
	1/2	*Knoblauchzehe, fein gehackt*
Weiteres		*Gartenkarotten und Broccoli zum Garnieren*
		Rosmarin zum Garnieren

- Die weißen Bohnen 8 Stunden in kaltem Wasser einweichen.
- Fleisch in etwa 30 g schwere Würfel schneiden, mit Salz und Pfeffer würzen und mit Mehl bestreuen.
- In einem Topf Öl erhitzen, das Fleisch anrösten, dann wieder herausnehmen. Zwiebel im selben Topf leicht anrösten, das Tomatenmark mitrösten, dann den Paprika dazugeben. Mit etwas Weißwein löschen, das Fleisch zum Ansatz geben und mitdünsten, bis der Fleischsaft eingekocht ist.
- Nun noch einige Male mit dem Weißwein löschen, bis eine schöne braune Farbe entstanden ist, dann mit der braunen Kalbsbrühe aufgießen und die eingeweichten weißen Bohnen dazugeben und dünsten, bis das Fleisch und die Bohnen weich sind.
- Nun das Gulaschgewürz dazugeben (Majoran, Kümmel, Zitronenschale und Knoblauch), mit den Gartenkarotten, Broccoli und Rosmarin garnieren und servieren.

Garzeit: etwa 1 1/2 Stunden

Tipps

1. *Wenn Sie beim Hacken etwas Butter zum Gulaschgewürz geben, dann springen die Kümmelsamen nicht vom Schneidebrett.*
2. *Als Beilage eignen sich gedünsteter Reis (siehe Seite 358), Kartoffelpüree (siehe Seite 362), Zucchini (siehe Seite 356), Kohlrabi usw.*

Pizzaiolakotelett

Kalbsgulasch
mit weißen Bohnen

Gebratene Kalbsstelze

Stinco di vitello al forno

Für 4 Personen

Zutaten	1	*Kalbsstelze zu etwa 1 ½ kg*
		Salz
		Pfeffer aus der Mühle
	150 g	*Zwiebel*
	100 g	*Karotten*
	100 g	*Stangensellerie*
	4 EL	*Öl zum Anbraten*
	1 l	*braune Kalbsbrühe (siehe Seite 400) oder Fleischsuppe (siehe Seite 398)*
	⅛ l	*Weißwein*
	1	*Rosmarinzweig*
	1	*Salbeiblatt*
Weiteres		*Speisestärke zum Binden der Sauce*
	2 EL	*Butter, kalt, zum Verfeinern der Sauce*

- Die Kalbsstelze leicht einölen, mit Salz und Pfeffer würzen.
- Zwiebel, Karotten und Sellerie putzen, waschen und in mittelgroße Würfel schneiden.
- Die Kalbsstelze in einer Bratenpfanne in heißem Öl auf allen Seiten anbraten und in das vorgeheizte Backrohr geben. Nach der Hälfte der Garzeit das Gemüse dazugeben und mit etwas brauner Kalbsbrühe aufgießen.
- Das Fleisch während des Bratvorganges öfter mit Weißwein, brauner Kalbsbrühe oder Fleischsuppe übergießen und ab und zu wenden.
- Nach Garende das Fleisch herausnehmen, mit Alufolie zudecken und auf einer Platte warm stellen.
- Die Sauce mit Rosmarin und Salbei würzen und etwa 15 Minuten einkochen lassen. Abschmecken, eventuell mit etwas angerührter Speisestärke binden, abseihen und mit kalter Butter verfeinern.
- Das Fleisch vom Knochen lösen, quer zur Faser in gleichmäßige Scheiben schneiden und mit der Sauce servieren.

Gartemperatur: 180–160 Grad
Garzeit: etwa 1 ½–2 Stunden

Tipps

1. *Durch das Braten am Knochen werden Stelzen und Keulen besonders aromatisch, bleiben saftig und auch in der Form besser erhalten.*
2. *Wann das Fleisch gar ist, erkennt man, wenn beim Einstechen nur noch klarer Fleischsaft austritt.*
3. *Deckhäute vom Fleisch nicht entfernen, da es sonst austrocknet und nicht glasierfähig ist.*
4. *Als Beilage eignen sich Bratkartoffeln, Fenchel, Zwiebel, Pilze, Broccoli, Spargel und Artischocken.*

Kalbsröllchen mit Mozzarella

Involtini di vitello e mozzarella

Für 4 Personen

Zutaten	4	*Kalbsschnitzel zu je 120 g (Nuss oder Rücken)*
		Salz, Pfeffer aus der Mühle
	4	*Rohschinkenscheiben*
	100 g	*Mozzarella*
	4	*Salbeiblätter*
		Mehl zum Bestreuen der Kalbsröllchen
		Öl zum Braten
	1 EL	*Butter*
	100 ml	*Weißwein*
Weiteres	200 ml	*Tomatensauce (siehe Seite 150)*
		Oliven zum Garnieren
		Salbeiblätter zum Garnieren
		Rosmarinzweige zum Garnieren

- Die Kalbsschnitzel mit dem Schnitzelklopfer klopfen, leicht salzen und pfeffern und eine Rohschinkenscheibe in die Mitte legen.
- Mozzarella in Längsstücke schneiden und zusammen mit einem Salbeiblatt auf den Rohschinken legen.
- Links und rechts einen Rand frei lassen. Die Längsseiten der Kalbsschnitzel etwas einschlagen, damit die Füllung nicht ausläuft; von der Schmalseite her fest aufrollen und mit Holzspießchen verschließen.
- Die Röllchen mit Mehl bestreuen, überschüssiges Mehl abklopfen.
- In einer Pfanne Öl erhitzen und die Kalbsröllchen darin bei starker Hitze unter Wenden rundum braun anbraten. Butter dazugeben, mit Weißwein löschen und für etwa 6 Minuten zugedeckt am Herdrand oder im Backrohr garen.
- Die Röllchen aufschneiden, auf der Tomatensauce mit Oliven und der Bratensauce anrichten, mit Salbei und Rosmarin garnieren und servieren.

Garzeit: etwa 8 Minuten

Tipps

1. *Sie können die Röllchen auch mit Rouladenadeln feststecken oder mit Küchenschnur fest verschnüren.*
2. *Anstelle der Mozzarella können Sie auch Büffelmilch-Mozzarella oder Taleggio nehmen.*
3. *Sie können die Röllchen auch mit gegrillten Melanzane und Zucchini (siehe Seite 356) füllen.*

Variation

Truthahnröllchen mit Mozzarella: Anstelle der Kalbsschnitzel nehmen Sie Truthahnschnitzel.

Kalbsröllchen mit Mozzarella

Ossobuco alla milanese

Für 4 Personen

Zutaten	4	*Kalbsossobuchi zu je 300 g*
		Salz
		Pfeffer aus der Mühle
	50 g	*Mehl zum Bestreuen der Ossobuchi*
	50 ml	*Öl zum Braten*
	100 ml	*Weißwein*
	50 g	*Zwiebel*
	30 g	*Karotten*
	30 g	*Sellerie*
	2 EL	*Butter*
	150 g	*Tomaten, geschält und in Würfel geschnitten*
	1 l	*braune Kalbsbrühe (siehe Seite 400) oder Fleischsuppe (siehe Seite 398)*
	1	*Lorbeerblatt*
	1	*Rosmarin-, Thymianzweig*
	2	*Salbeiblätter*
	50 g	*Steinpilze oder 5 Scheiben getrocknet*
	1 EL	*Speisestärke zum Binden*
Gremolata	1	*Knoblauchzehe*
	1 EL	*Petersilie*
	1 Msp.	*Zitronenschale*
Weiteres		*Risotto alla milanese (siehe Seite 211)*

- Die Kalbsossobuchi mit Salz und Pfeffer würzen, in Mehl wenden und in einer heißen Bratpfanne in Öl anbraten, das Öl abgießen und mit Weißwein löschen.
- Inzwischen Zwiebel, Karotten und Sellerie putzen, waschen, würfelig schneiden und mit Butter in einer Pfanne dünsten.
- Tomaten und die braune Kalbsbrühe sowie die Ossobuchi zum Gemüse geben und alles aufkochen lassen.
- Lorbeerblatt, Rosmarin, Thymian und Salbei zusammenbinden und mit den Pilzen zur Sauce geben, zudecken und das Fleisch im Backrohr weich schmoren.
- Die Sauce nach Bedarf mit etwas brauner Kalbsbrühe strecken, entfetten und, wenn nötig, mit in kaltem Wasser angerührter Speisestärke binden.

Gremolata
- Knoblauch schälen, mit der Petersilie fein hacken, mit der Zitronenschale vermengen und bereitstellen.

Fertigstellung
- Beim Anrichten die Ossobuchi auf den Safranrisotto geben, mit der Gemüsesauce übergießen und mit der Gremolata bestreuen.

Gartemperatur: 170 Grad
Garzeit: etwa 1 1/2 Stunden

Kalbsfrikandeau, in Olivenöl geschmort

Fricandò di vitello brasato in olio d'oliva

Für 4 Personen

Zutaten	600 g	*Kalbsfrikandeau*
		Salz
		Pfeffer aus der Mühle
	100 g	*Zwiebel*
	60 g	*Stangensellerie*
	50 g	*Lauch*
	2 EL	*Öl zum Anbraten*
	700 ml	*Fleischsuppe (siehe Seite 398)*
	1	*Rosmarinzweig*
	100 ml	*Olivenöl*
Weiteres	120 ml	*Olivenöl zum Verfeinern der Sauce*
	1/2	*Knoblauchzehe, fein gehackt*
	2 EL	*Weißbrot, gerieben zum Binden der Sauce*
	1 EL	*Parmesan, gerieben*

- Das Fleisch vom Fett befreien (parieren), mit Salz und Pfeffer würzen.
- Zwiebel, Stangensellerie und Lauch putzen, waschen und in große Würfel schneiden.
- Das Öl in einer Bratpfanne erhitzen, das Fleisch auf allen Seiten anbraten, Gemüse dazugeben und leicht mitdünsten.
- Fleischsuppe und Olivenöl aufgießen, Rosmarin dazugeben und das Fleisch zugedeckt im Backrohr dünsten lassen.
- Während des Dünstens das Kalbsfrikandeau wenden und mit der Sauce übergießen.
- Fleisch und Rosmarin aus der Sauce nehmen und bereitstellen.
- Die Sauce etwas einkochen lassen, dann mit Olivenöl, Knoblauch und Weißbrot mixen.
- Die Sauce mit Parmesan verfeinern und über den aufgeschnittenen Braten geben.

Gartemperatur: 160 Grad
Garzeit: etwa 1 1/2 Stunden

Tipps

1. *Als Beilage eignen sich Kartoffelpüree, gedünsteter Reis, Pilze, Fenchel, Erbsenschoten, Spargel usw.*
2. *Das Fleisch kann man auch mit einer Küchenschnur binden.*
3. *Anstelle des Frikandeaus können Sie Kalbsschulter oder Kalbsnuss verwenden.*
4. *Sie können das Fleisch mit Sardellenfilet spicken.*

Ossobuco alla milanese

Geschmorte Kalbswange

Guancia di vitello brasata

Für 4 Personen

Zutaten	8	*Kalbswangen*
		Salz
		Pfeffer aus der Mühle
	100 g	*Zwiebel*
	50 g	*Karotten*
	50 g	*Stangensellerie*
	4 EL	*Öl zum Anbraten*
	30 g	*Tomatenmark*
	1 l	*braune Kalbsbrühe (siehe Seite 400) oder Fleischsuppe (siehe Seite 398)*
	$^{1}/_{4}$ l	*Weißwein*
Kräuter	1	*Thymianzweig, Rosmarinzweig, Salbeiblatt, Lorbeerblatt*
	1	*Knoblauchzehe*
Weiteres	1 EL	*Butter, kalt, zum Verfeinern der Sauce*
	200 g	*Pappardelle*
	150 g	*Pfifferlingsalat (siehe Seite 76)*
		Majoranblätter

- Die Kalbswangen putzen und das Fett wegschneiden, leicht mit Öl bestreichen, mit Salz und Pfeffer würzen.
- Zwiebel, Karotten und Sellerie putzen, waschen und in mittelgroße Würfel schneiden.
- Kalbswangen in einer Bratpfanne in heißem Öl auf allen Seiten braun anbraten und in das vorgeheizte Backrohr (180 Grad) geben. Nach der Hälfte der Garzeit auf 160 Grad zurückschalten, Gemüse und Tomatenmark dazugeben, leicht mitbraten, dann mit etwas brauner Kalbsbrühe aufgießen und mit den Kräutern weitergaren.
- Das Fleisch während des Bratvorganges öfters abwechselnd mit Weißwein und brauner Kalbsbrühe oder Fleischsuppe übergießen und ab und zu wenden.
- Nach Garende das Fleisch herausnehmen, mit Alufolie zudecken und auf einer Platte warm stellen.
- Die Sauce einkochen lassen (etwa 15 Minuten), abschmecken, eventuell mit etwas angerührter Speisestärke binden, abseihen und mit kalter Butter verfeinern.
- Das Fleisch quer zur Faser in gleichmäßige Scheiben schneiden, auf den gekochten Pappardelle und mit dem erwärmten Pfifferlingsalat anrichten, mit Majoranblättern garnieren und mit der Sauce servieren.

Gartemperatur: 180–160 Grad
Garzeit: etwa 1–1 $^{1}/_{2}$ Stunden

Tipps

1. *Wann das Fleisch gar ist, erkennt man, wenn beim Einstechen nur noch klarer Fleischsaft austritt. Braten Sie das Fleisch gut durch.*
2. *Als Beilage eignen sich Bratkartoffeln, Röstkartoffeln, Pilze, Broccoli, Spargel und Artischocken.*

Fiorentina

Für 4 Personen

Zutaten	2	*Fiorentine zu je 450 g (eine Fleischschnitte vom Roastbeef und Filet mit Knochen)*
	1	*Rosmarinzweig*
	1	*Thymianzweig*
	2	*Knoblauchzehen, halbiert*
	4 EL	*Olivenöl zum Marinieren*
		Salz
		Pfeffer aus der Mühle
Weiteres		*Kräuter (Rosmarin, Salbei, Thymian, Lavendel, Knoblauch usw.) zum Garnieren*
		Olivenöl

- Die Fiorentina von den gröbsten Sehnen befreien, nicht aber vom Fett, dann mit Rosmarin, Thymian, Knoblauch und Olivenöl etwa eine Stunde marinieren.
- Den Grill vorheizen, die Gewürze vom Fleisch nehmen, das Steak mit Salz und Pfeffer würzen und auf einer Seite 5–6 Minuten grillen. Nicht vorher wenden, denn sonst kühlt der Grill zu schnell ab, und das würde einen Saftaustritt aus dem Fleisch bedeuten, die Folge wäre trockenes Fleisch.
- Nun das Fleisch wenden und auf der anderen Seite fertig grillen.
- Vor dem Servieren soll das Fleisch noch 5–8 Minuten bei etwa 70 Grad nachziehen. Dabei werden die Fleischfasern noch lockerer und mürber.
- Das Fleisch mit einigen Kräutern garnieren, mit etwas Olivenöl beträufeln und servieren.

Gartemperatur:	220–250 Grad
Garzeit:	10–15 Minuten, je nach Dicke der Steaks

Tipps

1. *Dazu servieren Sie eine Olivenöl-Hollandaise (siehe Seite 397) oder Kräuterbutter.*
2. *Als Beilage eignen sich Kartoffeln in der Alufolie, Blattspinat (siehe Seite 154) oder gegrilltes Gemüse.*

Zwischenrippenstück in Balsamico

Costata di manzo all'aceto balsamico

Für 4 Personen

Zutaten	4	*Steaks vom Roastbeef (Mittelstück) zu je 140–160 g*
	1	*Rosmarinzweig*
	1	*Thymianzweig*
	1	*Knoblauchzehe, in Scheiben geschnitten*
	4 EL	*Olivenöl*
		Salz, Pfeffer aus der Mühle
	250 g	*Spinat*
	2 EL	*Butter*
		Salz
Weiteres	4 EL	*Balsamicoessig (extra vecchio)*
	4 EL	*Olivenöl (extra vergine)*
		Parmesanspäne zum Garnieren

- Die Steaks von den gröbsten Sehnen befreien, nicht aber vom Fett, dann in Rosmarin, Thymian, Knoblauch und Olivenöl etwa 1 Stunde marinieren.
- Den Grill vorheizen, die Gewürze vom Fleisch nehmen, das Steak mit Salz und Pfeffer würzen und auf einer Seite 2 Minuten grillen (nicht vorher wenden, denn sonst kühlt der Grill zu schnell ab. Das würde einen Saftaustritt aus dem Fleisch bedeuten; die Folge wäre trockenes Fleisch). Nun das Fleisch wenden und auf der anderen Seite fertig grillen.
- Vor dem Servieren soll das Fleisch noch etwa 3 Minuten nachziehen. Dabei werden die Fleischfasern gelockert und mürbe und der Fleischsaft läuft nicht aus.
- Den Spinat putzen, waschen. Die Butter in einer Pfanne erhitzen, den Spinat dazugeben, salzen und kurz dünsten.
- Das Fleisch in schräge Scheiben schneiden und auf dem Spinat anrichten, mit Balsamicoessig, Olivenöl und Parmesanspänen servieren.

Gartemperatur:	220–250 Grad
Garzeit:	etwa 4 Minuten, je nach Größe der Steaks

Tipps

1. *Als Beilage eignen sich Kartoffeln in der Alufolie oder gegrilltes Gemüse.*
2. *Sie können eine Sauce Hollandaise (siehe Seite 397) zum Fleisch servieren.*

Variationen

Fiorentina al balsamico: Das Fiorentinasteak kann auf die gleiche Art zubereitet werden.
Rindsrippe in Balsamico: Sie können die Rindsrippe auf die gleiche Art zubereiten.

Rindsfilet mit Parmesankruste

Filetto di manzo con crosta di parmigiano

Für 4 Personen

Parmesankruste	30 g	*Weißbrot oder Toastbrot, entrindet und fein gerieben*
	30 g	*Parmesan, gerieben*
	60 g	*Butter, kalt*
		Salz
		Pfeffer aus der Mühle
Weiteres	4	*Rindsfilets (Mittelstück) zu je 120–140 g*
		Salz
		Pfeffer aus der Mühle
	2 EL	*Öl zum Braten*
	1 EL	*Senf*
	200 ml	*braune Kalbssauce (siehe Seite 400)*
		Radicchio (siehe Seite 348)
	1 EL	*Pignoli*
		Petersilie zum Garnieren

Parmesankruste
- Aus Weißbrotbröseln, Parmesan und kalter Butter eine Krustenmasse herstellen (alles verkneten wie einen Mürbteig), mit Salz und Pfeffer abschmecken, zu einer Rolle formen und kalt stellen.

Fertigstellung
- Filetsteaks salzen, pfeffern und in einer heißen Pfanne oder auf dem Grill in Öl auf beiden Seiten rosa braten.
- Das Fleisch auskühlen lassen, mit Senf bestreichen, die Parmesankruste in Scheiben schneiden und auf die vorgebratenen Filetsteaks geben, dann im heißen Backrohr überbacken, herausnehmen und 3 Minuten ruhen lassen.
- Die Kalbssauce abschmecken, mit den Filetsteaks, dem geschmorten Radicchio und den Pignoli anrichten, dann mit Petersilie garnieren und servieren.

Garzeit Rindsfilet:	etwa 4 Minuten
Garzeit Parmesankruste:	etwa 5 Minuten

Tipps

1. *Fingerdruckprobe: Stark blutiges Fleisch ist elastisch, blutiges federt stark, rosa gebratenes federt leicht, ganz durchgebratenes Fleisch ist nicht elastisch.*
2. *Als weitere Beilagen empfehlen wir Lauchzwiebel, Gartenkarotten, Bohnen, Schalotten in Butter oder Reis (siehe Seite 358).*

Rindsfilet mit Parmesankruste

Zwischenrippenstück in Balsamico

Bollito misto

Gemischtes Gekochtes

Für 4 Personen

Zutaten	*400 g*	*Rindfleisch (Beinfleisch, Tafelspitz, Schulter)*
	400 g	*Kalbfleisch (Weißscherzel, Schulter)*
	2	*Huhnschenkel*
	1	*Zwiebel, mit Schale*
	100 g	*Karotten, geschält*
	100 g	*Stangensellerie, geputzt*
	100 g	*Fenchelknolle, geputzt*
	80 g	*Lauch, geputzt*
	1	*Lorbeerblatt*
	3	*Petersilienstängel*
	5	*Pfefferkörner, zerdrückt*
		Salz
	1	*Kalbszunge, klein*
	200 g	*Zampone oder Cotechino*
Weiteres	*150 ml*	*Salsa verde (siehe Seite 401)*
		Kerbel

Rind-, Kalbfleisch und Huhn kochen

- In einem Suppentopf Wasser zum Kochen bringen, Rind- und Kalbfleisch dazugeben, das Huhn etwas später einlegen, die Temperatur verringern, salzen und köcheln lassen.
- Die Zwiebel halbieren und auf einer Alufolie in einer Pfanne auf der Schnittfläche leicht bräunen.
- Karotten, Sellerie, Fenchel und Lauch in mittelgroße Stücke schneiden und zum Fleisch in die Suppe geben, die gebräunte Zwiebel, Lorbeerblatt, Petersilienstängel, Pfefferkörner und Salz dazugeben und so lange kochen, bis das Gemüse und Fleisch gar sind.

Kalbszunge und Zampone kochen

- Kalbszunge und Zampone knapp mit Wasser bedecken und bei geringer Hitze etwa 1½ Stunden weich kochen.

Fertigstellung

- Kalbszunge kalt abschrecken, mit dem Küchenmesser an der Spitze einschneiden und die Haut abziehen.
- Vor dem Servieren nochmals zum übrigen Fleisch geben und heiß werden lassen.
- Fleischsorten in Scheiben schneiden.
- Huhn in Portionsstücke schneiden, Zampone ebenfalls in Scheiben schneiden und alles auf einer vorgewärmten Platte anrichten, mit Fleischsuppe, Suppengemüse und Salsa verde anrichten, mit Kerbel garnieren und servieren.

Tipps

1. *Dazu passen Salzkartoffeln, Meerrettichsahne, Mostarde, Senf.*
2. *Sie können auch Rindszunge oder Kalbskopf für den Bollito misto verwenden.*

Schmorbraten mit Barolo

Schmorbraten mit Barolo

Brasato al Barolo

Für 4 Personen

Zutaten	800 g	*Rindfleisch (Tafelspitz oder Schulter)*
		Salz, Pfeffer aus der Mühle
	4 EL	*Öl zum Anbraten*
	300 g	*Röstgemüse (Zwiebel, Karotten, Sellerie)*
	100 g	*Tomaten, reif*
	30 g	*Tomatenmark*
	1/4 l	*Rotwein, Barolo*
	1	*Knoblauchzehe*
	3/4 l	*braune Kalbsbrühe (siehe Seite 400) oder Fleischsuppe (siehe Seite 398)*
	4	*Scheiben getrocknete Steinpilze, in Wasser eingeweicht*
	1	*Thymian- und Rosmarinzweig*
	1	*Salbeiblatt*
	1/2	*Lorbeerblatt*
Weiteres	1 EL	*Speisestärke zum Binden der Sauce*
	1 EL	*Butter, kalt, zum Verfeinern der Sauce*
		Brot- und Speckwürfel, geröstet, zum Garnieren

- Das Fleisch gut mit Salz und Pfeffer würzen, in einer heißen Schmorbratpfanne im Öl auf allen Seiten anbraten und anschließend aus der Pfanne nehmen.
- Das Röstgemüse in grobe Würfel schneiden.
- Das Gemüse in die Schmorbratpfanne geben, anrösten und das überschüssige Fett abgießen.
- Zum Gemüse die Tomaten und das Tomatenmark hinzugeben, mit dem Rotwein ablöschen, das Fleisch dazugeben und die Flüssigkeit fast vollständig einkochen lassen.
- Knoblauchzehe, braune Kalbsbrühe, getrocknete Pilze, Thymian, Rosmarin, Salbei und Lorbeerblatt dazugeben und im Rohr zugedeckt weich schmoren. Während des Schmorens das Fleisch öfters wenden.
- Das Fleisch aus der Pfanne nehmen und warm halten.
- Die Sauce entfetten, zur richtigen Konsistenz einkochen (etwa 15 Minuten) lassen, abschmecken, passieren und eventuell mit etwas Stärkemehl binden, mit Butter verfeinern und mit dem in Scheiben geschnittenen Fleisch sowie den Brot- und Speckwürfeln servieren.

Gartemperatur: 160–180 Grad
Garzeit: 2–2 1/2 Stunden

Tipp

Als Beilage zu diesem Gericht empfehlen wir Kartoffelpüree (siehe Seite 362), Gitterkartoffeln und Broccoliröschen.

Hammelstelze mit Gremolata

Stinco di montone con gremolata

Für 4 Personen

Zutaten	4	*Hammelstelzen*
		Salz
		Pfeffer aus der Mühle
	1 EL	*Mehl*
	30 ml	*Öl zum Anbraten*
	50 g	*Zwiebel*
	30 g	*Karotten*
	30 g	*Sellerie*
	1 EL	*Tomatenmark*
	1/8 l	*Weißwein*
	1/2 l	*braune Kalbsbrühe (siehe Seite 400) oder Fleischsuppe (siehe Seite 398)*
	80 g	*Tomatenwürfel, frisch oder aus der Dose*
		Kräuterbündel (je ein Zweig Rosmarin, Thymian, Salbeiblatt in ein Lauchblatt gebunden)
Gremolata	1/2	*Knoblauchzehe, fein gekocht*
	1 EL	*Petersilienblätter, fein geschnitten*
	1 TL	*Zitronenschale, fein gerieben*
Weiteres	1 EL	*Butter, kalt, zum Verfeinern der Sauce*

- Die Hammelstelze mit Salz und Pfeffer würzen, mit Mehl bestreuen und in heißem Öl in einer Pfanne anbraten.
- Das Fleisch aus der Pfanne nehmen, das geputzte gewaschene, in kleine Würfel geschnittene Gemüse (Zwiebel, Karotten, Sellerie) in die Pfanne geben und goldgelb rösten, dann das Tomatenmark dazugeben und mitrösten, mehrmals mit Weißwein löschen, bis eine braune Farbe entstanden ist.
- Nun das Fleisch wieder zum Gemüse geben, die heiße Kalbsbrühe aufgießen, die Tomaten dazugeben und mit dem Kräuterbündel zugedeckt im Backrohr schmoren.
- Die Sauce mit Salz und Pfeffer abschmecken und mit Butter verfeinern.
- Die Stelzen mit der Sauce und der Gremolata servieren.

Gartemperatur: 160 Grad
Garzeit: etwa 40 Minuten

Tipp

Als Beilage eignen sich Knoblauchkartoffeln, Steinpilzrisotto (siehe Seite 212), Buchweizenfleckerln usw.

Variation

Rehstelze, geschmort: Verwenden Sie anstelle der Hammelstelzen Rehstelzen.

Lammbraten mit Oliven und Saubohnen

Agnello arrosto con olive e fave

Für 4 Personen

Zutaten	1 kg	*Lammnuss*
		Salz
		Pfeffer aus der Mühle
	150 g	*Zwiebel*
	4 EL	*Öl zum Anbraten*
	30 g	*Tomatenmark*
	1/4 l	*Rotwein*
	1/2 l	*braune Lammbrühe (siehe Seite 400) oder Fleischsuppe (siehe Seite 398)*
	1	*Knoblauchzehe, fein gekocht*
	1	*Thymianzweig*
	1	*Rosmarinzweig*
	2	*Salbeiblätter*
	1	*Lorbeerblatt*
	2 EL	*Olivenöl (für die Sauce)*
	1	*Tomate, in Würfel geschnitten*
	80 g	*Oliven*
Weiteres	400 g	*Bratkartoffeln (siehe Seite 360)*
	200 g	*Saubohnen, gekocht*
		Olivenpesto zum Garnieren (siehe Seite 142)
		Rosmarin zum Garnieren

- Die Lammnuss einölen und mit Salz, Pfeffer würzen.
- Zwiebel schälen, in große Würfel schneiden. Die Lammnuss in einer Bratpfanne in heißem Öl auf allen Seiten braun anbraten.
- Die Zwiebel zum Fleisch geben, mitrösten, Tomatenmark beigeben, mit Rotwein löschen und die Sauce etwas einkochen lassen. Mit der braunen Lammbrühe aufgießen und im vorgeheizten Backrohr braten.
- Das Fleisch während des Bratvorganges öfter wenden.
- Nach Garende das Fleisch herausnehmen, mit Alufolie zudecken und 10 Minuten auf einer Platte warm stellen.
- Thymian, Rosmarin, Salbei und Lorbeer zusammenbinden und zur Sauce geben. Die Sauce mit Tomaten, Oliven, Knoblauch, einkochen (etwa 10 Minuten), abschmecken und das Kräuterbündel herausnehmen.
- Die Sauce eventuell mit etwas angerührter Speisestärke binden und mit Olivenöl verfeinern.
- Das Fleisch in gleichmäßige Scheiben schneiden und mit Sauce, Bratkartoffeln und Saubohnen anrichten, mit etwas Olivenpesto und Rosmarin garnieren und servieren.

Gartemperatur: 170 Grad
Garzeit: etwa 20 Minuten

Tipps

1. *Als Beilage eignen sich Pilze, Wirsing, Broccoli, Spargel und Artischocken.*
2. *Sie können die Lammnuss vor dem Braten auch mit einer Küchenschnur binden.*

Milchlammkeule in Kräuterbutter

Cosciotto d'agnello con burro alle erbe

Für 4 Personen

Zutaten	1	*Milchlammkeule zu etwa 600 g*
		Salz
		Pfeffer aus der Mühle
	2 EL	*Öl zum Anbraten*
	1 EL	*Butter*
	1 EL	*Minze*
	1 TL	*Thymian*
	1 TL	*Rosmarin*
	1 TL	*Salbei*
	1	*Knoblauchzehe, zerdrückt*

- Die Lammkeule vom Fett befreien, salzen und pfeffern und in einer heißen Pfanne in Öl auf allen Seiten anbraten, dann im Backrohr rosa braten (Kerntemperatur: 60 Grad).
- Die Keule aus dem Backrohr nehmen und etwa 5 Minuten ruhen lassen.
- Die Butter in die Pfanne geben, die Kräuter (Minze, Thymian, Rosmarin, Salbei und Knoblauchzehe) fein aufschneiden und dazugeben, dann die Keule in der Kräuterbutter wenden.
- Die Lammkeule aufschneiden und mit der Kräuterbutter servieren.

Gartemperatur: 180 Grad
Garzeit: etwa 30–40 Minuten

Tipp

Dazu können Sie Kartoffelgratin, Peperonata (siehe Seite 338) oder Spargel servieren.

Lammbraten mit Oliven und Saubohnen

Ziegennüsschen mit Walnüssen und Gorgonzola

Capretto con noci e gorgonzola

Für 4 Personen

Zutaten	*4*	*Ziegennüsschen zu je 120 g*
		Salz
		Pfeffer aus der Mühle
	4	*Bauchspeckscheiben oder Lardo*
	2 EL	*Öl zum Anbraten*
	8	*Walnusshälften*
	100 g	*Gorgonzola*
	100 ml	*braune Kalbssauce (siehe Seite 400) oder Fleischsuppe (siehe Seite 398)*

- Die Ziegennüsschen salzen und pfeffern, mit den Bauchspeckscheiben umwickeln und in einer Pfanne bei mittlerer Hitze in Öl auf beiden Seiten braten.
- Die Nüsschen mit den gehackten Walnüssen belegen und den in Scheiben geschnittenen Gorgonzola darüber legen.
- Nun die Nüsschen etwa 5–7 Minuten im Backrohr überbacken.
- Die Kalbssauce erwärmen und mit den Nüsschen servieren.

Tipps

1. *Als Beilage eignen sich Salbeikartoffeln, Thymiankartoffeln mit Oliven, Bohnen usw.*
2. *Sie können das Gericht auch mit glasierten Kastanien und Trauben zubereiten.*

Variation

Lammnüsschen mit Walnüssen und Gorgonzola: Verwenden Sie anstelle der Ziegennüsschen Lammnüsschen.

Schweinsfilet mit Senfkruste

Filetto di maiale con crosta di senape

Für 4 Personen

Zutaten	*500 g*	*Schweinsfilet*
		Salz, Pfeffer aus der Mühle
	2 EL	*Öl zum Anbraten*
Senfkruste	*50 g*	*Weißbrot, entrindet und fein gerieben*
	2 EL	*Senf*
	1 EL	*Petersilie, fein geschnitten*
	1	*Knoblauchzehe, fein gehackt*
	50 g	*Butter, kalt*
		Salz und Pfeffer aus der Mühle
Weiteres	*¼ l*	*braune Kalbssauce (siehe Seite 400)*
	1	*Lavendelzweig*
		Kerbel zum Garnieren
		Lavendelblüten zum Garnieren
		Olivenöl zum Servieren

- Das Filet von Sehnen befreien, zu Steaks schneiden, salzen, pfeffern und mit Öl in einer heißen Pfanne beidseitig braten.

Senfkruste
- Aus Weißbrotbröseln, Senf, Petersilie, Knoblauch und kalter Butter eine Krustenmasse (alles verkneten wie einen Mürbteig) herstellen, mit Salz und Pfeffer abschmecken, zu einer Rolle formen und kalt stellen.
- Die Masse in Scheiben schneiden und auf die Fleischstücke geben. Im 200 Grad heißen Backrohr überbacken, herausnehmen und etwas ruhen lassen.
- Die Sauce erwärmen, Lavendel dazugeben, kurz einkochen lassen, abschmecken. Die Steaks aufschneiden, auf die Teller geben, mit Kerbel und Lavendel garnieren und mit der Sauce und etwas Olivenöl servieren.

Garzeit Steak: etwa 2 Minuten
Garzeit Kruste: etwa 4 Minuten

Tipps

1. *Dazu können Sie Melanzane oder gefüllte Tomaten (siehe Seite 342) servieren.*
2. *Statt Senf können Sie Meerrettich in die Kruste geben.*
3. *Anstelle des Schweinsfilets können Sie auch Schweinsrückensteak verwenden.*

Variationen

Lammrückenfilet mit Senfkruste: Das Schweinsfilet wird durch ein Lammrückenfilet ersetzt.
Kalbsfilet mit Senfkruste: Anstelle des Schweinsfilets nimmt man Kalbsfilet.

Schweinsfilet mit Senfkruste

Gefüllte Spanferkelbrust

Petto di maialino ripieno

Für 4 Personen

Füllung	1 EL	*Butter*
	50 g	*Zwiebel, fein geschnitten*
	50 ml	*Milch*
	1	*Ei*
		Salz
	100 g	*Weißbrot, in Würfel geschnitten, oder Knödelbrot*
	1 EL	*Petersilie, fein geschnitten*
	1 TL	*Majoran, fein geschnitten*
Weiteres	1	*Spanferkelbrust zu etwa 500 g*
		Salz, Pfeffer aus der Mühle
	50 ml	*Öl zum Anbraten*
	100 g	*Röstgemüse (Karotten, Sellerie)*
	100 g	*Zwiebel, größere Würfel*
	700 ml	*braune Grundbrühe (siehe Seite 400) oder Fleischsuppe (siehe Seite 398)*
	60 ml	*Weißwein*
	1	*Rosmarinzweig*
	1	*Salbeiblatt*
	1 EL	*Speisestärke zum Binden der Sauce*
	1 EL	*Butter, kalt, zum Verfeinern der Sauce*
		Kräuter (Lorbeerblatt, Salbei, Majoran) zum Garnieren

Füllung

- Die Butter schmelzen lassen und Zwiebel darin dünsten.
- Milch mit Ei und Salz verquirlen und über das Weiß- oder Knödelbrot gießen. Petersilie, Majoran und gedünstete Zwiebel dazugeben und vermengen, dann die Knödelmasse etwas ruhen lassen.

Fertigstellung

- Spanferkelbrust vom Brustknochen lösen, dann in die Mitte der Brust eine Tasche einschneiden und mit der Hand weiter öffnen.
- Die Knödelmasse in die Spanferkelbrust füllen, die Brust zunähen oder mit einem Holzspieß verschließen.
- Die Brust salzen, pfeffern und in einer heißen Pfanne im Öl anbraten. Das Röstgemüse (Karotten, Sellerie) und Zwiebel dazugeben.
- Im vorgeheizten Backrohr 10 Minuten bei 200 Grad anbraten, dann bei 170 Grad knusprig fertig braten. Zwischendurch immer wieder mit heißer brauner Grundbrühe und Weißwein aufgießen.
- Nach einer halben Stunde Rosmarin und Salbei dazugeben.
- Wenn die Spanferkelbrust gar ist, herausnehmen und die Sauce mit der restlichen braunen Grundbrühe aufgießen.
- Die Bratenflüssigkeit abseihen, etwas einkochen lassen (etwa 10 Minuten). Eventuell mit Speisestärke binden, dann die kalte Butter einrühren und mit der in Scheiben geschnittenen Spanferkelbrust und den Kräutern servieren.

Gartemperatur:	200, fallend auf 170 Grad
Garzeit:	etwa 1 Stunde

Tipps

1. *In die Füllung können Sie auch gedünstetes Gemüse (Karotten, Lauch und Wirsing), Pilze, Kastanien, Walnüsse oder Speck mischen.*
2. *Als Beilage eignen sich Bratkartoffeln (siehe Seite 360), Karotten und gedünstetes Weißkraut.*

Schweinskotelett mit Salbeibutter

Braciola di maiale con burro alla salvia

Für 4 Personen

Zutaten	4	*Schweinskoteletts zu je etwa 180–200 g*
		Salz
		Pfeffer aus der Mühle
	3 EL	*Öl*
Weiteres	2 EL	*Butter, kalt*
	2 EL	*Salbei*
	400 g	*neue Kartoffeln, gebraten (siehe Seite 360)*
		Salbeiherzen zum Garnieren

- Die Schweinskoteletts auf beiden Seiten salzen und pfeffern.
- Öl in einer großen Pfanne erhitzen. Koteletts darin bei mittlerer Hitze auf einer Seite 2 Minuten braten, dann wenden und fertig garen.
- Anschließend auf die Teller oder eine Platte geben, das Fett abschütten.
- Den in Streifen geschnittenen Salbei und die kalte Butter in die Pfanne geben und aufschäumen lassen.
- Die Salbeibutter über das Kotelett geben und mit den Kartoffeln und Salbeiherzen servieren.

Garzeit: etwa 4 Minuten

Tipp

Servieren Sie zu dieser Fleischspeise Bratkartoffeln (siehe Seite 360), überbackenen Fenchel (siehe Seite 350) oder auch Peperonata (siehe Seite 338).

Variation

Nodino di vitello: Statt Schweinskoteletts verwenden Sie ein Kalbskotelett mit Filet und bereiten es wie oben beschrieben zu.

Schweinskotelett mit Salbeibutter

Schweinsschopfbraten

Schweinsschopfbraten

Arrosto di maiale

Für 4 Personen

Zutaten	*800 g*	*Schweinsschopf*
		Salz, Pfeffer aus der Mühle
	2 EL	*Öl zum Anbraten*
	300 g	*Schweinsknochen, klein gehackt*
	100 g	*Zwiebel*
	60 g	*Karotten*
	60 g	*Stangensellerie*
	80 ml	*Weißwein*
	700 ml	*braune Kalbsbrühe (siehe Seite 400) oder Fleischsuppe (siehe Seite 398)*
	1 EL	*Rosmarin*
	1 TL	*Kümmel*
	1 TL	*Speisestärke*
Weiteres		*Oliven aus Ligurien*
		Bratkartoffeln (siehe Seite 360)
		Zwiebelstreifen, gekocht
	2 EL	*Olivenöl zum Verfeinern der Sauce*
		Rosmarin zum Garnieren

- Das Backrohr auf 180 Grad vorheizen.
- Fleisch vom Fett befreien, mit Salz und Pfeffer würzen.
- Öl in einer Bratpfanne erhitzen, das Fleisch auf allen Seiten anbraten und mit den Knochen im Backrohr braten.
- Nach etwa 30 Minuten Bratzeit das Fleisch wenden, die in große Würfel geschnittenen Zwiebel, Karotten und Sellerie dazugeben.
- Die Hitze auf 160 Grad reduzieren und weiterbraten, nach und nach mit Weißwein und brauner Kalbsbrühe aufgießen und das Fleisch während des Bratens mehrmals mit der Sauce übergießen.
- Das Fleisch herausnehmen, mit etwas Rosmarin und Kümmel bestreuen, in Alufolie einwickeln und warm stellen.
- Die Sauce in einen Topf seihen und 8 Minuten einkochen lassen, eventuell mit etwas Stärkemehl binden.
- Die entkernten Oliven, die Bratkartoffeln und Zwiebel in die Sauce geben und diese mit kaltem Olivenöl verfeinern.
- Das Fleisch quer zur Faser in $^1/_2$ cm dicke Scheiben schneiden, auf eine vorgewärmte Platte oder einen Teller legen, mit der Oliven-Kartoffel-Zwiebelsauce anrichten und mit Rosmarin servieren.

Gartemperatur: 180 Grad, fallend auf 160 Grad
Garzeit: 60–70 Minuten

Tipp

Als Beilage eignen sich Kartoffelpüree (siehe Seite 362), gedünsteter Reis (siehe Seite 358), Pilze, Karden, Fenchel, Spargel usw.

Gedünstetes Kaninchen

Coniglio stufato

Für 4 Personen

Zutaten	*1*	*Kaninchen zu etwa 1,2 kg*
	1	*Knoblauchzehe, fein gehackt*
	1	*Rosmarinzweig*
	2	*Salbeiblätter*
		Salz, Pfeffer aus der Mühle
	40 ml	*Öl zum Anbraten*
	100 g	*Karotten, in kleine Würfel geschnitten*
	80 g	*Stangensellerie, in kleine Würfel geschnitten*
	80 g	*Zwiebel, in Würfel geschnitten*
	200 g	*Champignons, geviertelt*
	100 g	*Tomaten, geschält und in kleine Würfel geschnitten oder Tomaten aus der Dose*
	$^1/_8$ l	*Weißwein*
	$^1/_2$ l	*braune Kalbsbrühe (siehe Seite 400) oder Fleischsuppe (siehe Seite 398)*
Weiteres	*2 EL*	*Butter, kalt, zum Verfeinern der Sauce*

- Das Kaninchen in mittelgroße Stücke teilen und mit Knoblauch, Rosmarin und Salbei etwa 20 Minuten marinieren.
- Kaninchen aus den Kräutern und dem Knoblauch nehmen und mit Salz und Pfeffer würzen.
- In einem Schmortopf Öl erhitzen, Fleischteile rundum braun anbraten, Karotten, Sellerie, Zwiebel und Champignons kurz mitbraten, Tomatenwürfel dazugeben und mit Weißwein mehrmals löschen.
- Mit brauner Kalbsbrühe aufgießen und die Kräuter der Marinade dazugeben.
- Alles aufkochen lassen und zugedeckt bei mittlerer Hitze im Backrohr oder auf dem Herd weich dünsten.
- Das Fleisch aus der Sauce nehmen. Die Sauce 15 Minuten einkochen lassen, eventuell mit etwas Speisestärke binden, salzen und pfeffern und mit der Butter verfeinern.
- Die Kaninchenstücke mit der Sauce servieren.

Gartemperatur: 180–160 Grad
Garzeit: etwa 40 Minuten

Tipps

1. *Als Garnitur können Sie geröstete Speckstreifen servieren.*
2. *Wenn Sie die Fleischstücke vor dem Anbraten in Mehl wenden, bilden sich schönere Röststoffe, das Fleisch klebt nicht in der Pfanne an und die Sauce wird leicht gebunden.*

Variation

Gedünstete Hühnerkeulen: Anstelle des Kaninchens verwenden Sie Hühnerkeulen.

Kaninchenrückenfilet auf Ofenmelanzane

Sella di coniglio con melanzane al forno

Für 4 Personen

Zutaten	4	*Kaninchenrückenfilets*
	30 ml	*Olivenöl*
	1	*Rosmarinzweig*
	1	*Thymianzweig*
	50 ml	*Olivenöl zum Braten*
		Salz, Pfeffer aus der Mühle
	50 g	*Zwiebel, fein geschnitten*
	1	*Knoblauchzehe, halbiert*
	200 g	*Cocktailtomaten, halbiert*
	50 ml	*Weißwein*
	2 EL	*Kapern*
	80 g	*Oliven, schwarz*
	2	*Tropfen Tabasco*
	2 EL	*Basilikum, fein geschnitten*
Ofenmelanzane	1	*Melanzana*
	1 EL	*Olivenöl*
		Salz
	1	*Rosmarinzweig*

- Die Kaninchenfilets von den Sehnen befreien, dann mit Olivenöl, Rosmarin und Thymian etwa 1 Stunde marinieren.
- In einer Pfanne Olivenöl erwärmen, Kaninchenfilets salzen und pfeffern und auf beiden Seiten anbraten.
- Zwiebel und Knoblauch mit anbraten.
- Cocktailtomaten dazugeben und mit Weißwein löschen, Kapern und Oliven dazugeben.
- Im Backrohr dünsten lassen, herausnehmen, die Sauce mit Basilikum und Tabasco abschmecken.

Ofenmelanzane

- Die Melanzana der Länge nach halbieren, mit einem Messer das Fruchtfleisch auf der Schnittfläche einschneiden, mit Olivenöl beträufeln, salzen und mit Rosmarin im Backrohr bei 170 Grad etwa 20 Minuten garen.
- Das Fruchtfleisch mit einem Löffel aus der Schale nehmen und bereitstellen.

Fertigstellung

- Das Fleisch in schräge Scheiben schneiden, auf den Ofenmelanzane anrichten, mit der Sauce und Petersilie servieren.

Gartemperatur: 180 Grad
Garzeit: etwa 6 Minuten, je nach Größe der Filets

Variation

Perlhuhnbrust auf Ofenmelanzane: Anstelle des Kaninchens können Sie auch Perlhuhnbrust verwenden.

Kaninchenkeule mit Weißkraut und mediterranen Gewürzen

Coscia di coniglio con cavolo bianco e aromi mediterranei

Für 4 Personen

Weißkraut	*400 g*	*Weißkraut*
	40 g	*Butter*
	1/2	*Zwiebel, fein geschnitten*
		Salz
		Pfeffer aus der Mühle
	50 ml	*Weißwein*
	1/4 l	*Gemüsebrühe (siehe Seite 398) oder Wasser*
Weiteres	*4*	*Kaninchenkeulen zu je etwa 220 g*
		Salz und Pfeffer
	40 ml	*Öl zum Anbraten*
	1/2 TL	*Kümmel*
	1	*Knoblauchzehe, fein gehackt*
	1	*Rosmarinzweig*
	1/2 TL	*Fenchelsamen*
	1/2 TL	*Sternanis*
	4	*Bauchspeckscheiben*
	1 EL	*Speisestärke zum Binden des Krautes*
	1 EL	*Olivenöl zum Verfeinern*

Weißkraut
- Das Weißkraut waschen, halbieren, den Strunk entfernen und das Kraut in Blättchen oder Streifen schneiden.
- In einem Kochtopf Butter erwärmen, Zwiebel darin glasig dünsten, Kraut dazugeben, salzen und pfeffern, mit Weißwein löschen und mit Gemüsebrühe aufgießen.

Fertigstellung
- Die Kaninchenkeulen mit Salz und Pfeffer würzen.
- In einem Schmortopf Öl erhitzen, die Keulen auf allen Seiten hellbraun anbraten und auf das gedünstete Weißkraut legen.
- Die Keulen mit den Gewürzen (Kümmel, Knoblauch, Rosmarin, Fenchelsamen und Sternanis) und Bauchspeck belegen und zugedeckt bei mittlerer Hitze im Backrohr oder auf dem Herd weich dünsten.
- Das Fleisch und den Speck vom Kraut nehmen und warm stellen.
- Den Saft des Weißkrauts mit im kalten Wasser angerührter Speisestärke binden, einige Minuten einkochen lassen, mit Olivenöl verfeinern und mit den Keulen und dem Speck servieren.

Gartemperatur: 180–160 Grad
Garzeit: etwa 30 Minuten

Tipps

1. *Sie können die Keulen auch auslösen oder ein ganzes Kaninchen verwenden.*
2. *Sie können die Fleischstücke beim Anbraten auch in Mehl wenden, so bilden sich schönere Röststoffe, das Fleisch klebt nicht in der Pfanne und die Sauce wird leicht gebunden.*
3. *Als Beilage eignen sich Polenta (siehe Seite 358), gedünsteter Reis (siehe Seite 358) usw.*

Perlhuhnbrust mit Artischocken

Petto di faraona con carciofi

Für 4 Personen

Zutaten	*4*	*Perlhuhnbrüste zu je 140 g*
		Salz
		Pfeffer aus der Mühle
	2 EL	*Öl zum Braten*
Weiteres	*4*	*Artischocken, gebraten, (siehe Seite 346)*
	100 ml	*Geflügelsauce (siehe Seite 400)*
	2 EL	*Pesto (siehe Seite 144)*

- Die Perlhuhnbrüste mit einem Messer von den Sehnen befreien und das Fett zum Teil ringsherum wegschneiden. Die Abschnitte eventuell für die Sauce aufbewahren.
- Perlhuhnbrüste salzen, pfeffern und in einer heißen Pfanne mit wenig Öl zuerst auf der Hautseite knusprig braun und dann auf der anderen Seite etwas kürzer braten.
- Das Fleisch im vorgeheizten Backrohr fertig braten.
- Anschließend in Alufolie einwickeln und etwa 3 Minuten ruhen lassen.

Fertigstellung
- Die Perlhuhnbrust in Scheiben schneiden, auf den gebratenen Artischocken anrichten, mit der Geflügelsauce und Pesto servieren.

Gartemperatur: 180 Grad
Garzeit: etwa 8 Minuten (Kerntemperatur: 60 Grad)

Perlhuhnbrust mit Artischocken

Gebratenes Perlhuhn

Faraona arrosta

Für 4 Personen

Zutaten	1	*Perlhuhn zu 1–1,2 kg*
	2 EL	*Öl zum Anbraten*
		Salz
		Pfeffer aus der Mühle
	2	*Thymianzweige*
	1	*Apfel, geviertelt*
	1	*Orange, geviertelt*
	50 g	*Butter*
	100 g	*Schalotten, geschält*
	50 g	*Karotten, geputzt und in Würfel geschnitten*
	30 g	*Stangensellerie, in Würfel geschnitten*
	100 ml	*Weißwein*
	400 ml	*braune Geflügelbrühe (siehe Seite 400) oder Fleischsuppe (siehe Seite 398)*
Weiteres	1 EL	*Butter, kalt, zum Verfeinern der Sauce*
		Maisscheiben, gebraten
		Thymian zum Garnieren

- Das Perlhuhn von Stoppelresten befreien, waschen und trockentupfen. Mit etwas Öl bestreichen und mit Salz und Pfeffer innen würzen und außen gut einreiben. In die Bauchhöhle Thymian, Apfel- und Orangenspalten geben.
- Öl in einer Bratpfanne erhitzen. Das Huhn auf der Brustseite kurz anbraten, bis diese gebräunt ist. Dann das Huhn wenden.
- Butterstücke auf die Brust und die Keulen geben.
- Schalotten, Karotten und Sellerie dazugeben und im vorgeheizten Backrohr braten.
- Häufig mit dem Fett übergießen und nach etwa einer halben Stunde, wenn beide Brusthälften gebräunt sind, wenden und fertig braten.
- Das Perlhuhn aus der Bratpfanne heben und warm stellen.
- Das Fett wegschütten, den Bratenrückstand mit Weißwein löschen und mit der Geflügelbrühe aufgießen.
- Zur gewünschten Konsistenz (etwa 10 Minuten) einkochen, abseihen, mit kalter Butter verfeinern und abschmecken.
- Das Perlhuhn mit einem Messer oder einer Geflügelschere teilen (tranchieren) und mit der Sauce, den Maisscheiben, dem Bratgemüse und Thymian servieren.

Gartemperatur: 200 Grad, fallend auf 170 Grad
Garzeit: etwa 40–50 Minuten

Tipps

1. *Das Huhn ist gegart, wenn beim Anheben aus dem Inneren nur mehr klare Flüssigkeit läuft.*
2. *Damit das Huhn eine schönere Form erhält und gleichmäßiger durchgart, kann man es mit einer Küchenschnur zusammenbinden: Die Flügel am Rücken verschränken und zusammen mit den Schenkeln festbinden.*
3. *Als Beilage eignen sich Bratkartoffeln (siehe Seite 360), Kastanien, Reis (siehe Seite 358), Fenchel (siehe Seite 350) usw.*

Entenbrust mit Gewürzhonig

Petto d'anatra al miele aromatico

Für 4 Personen

Zutaten	4	*Entenbrüste zu je 140 g*
		Salz
		Pfeffer aus der Mühle
	2 EL	*Öl zum Braten*
Gewürzhonig	1 EL	*Honig*
	1 EL	*Sesamsamen*
	½ TL	*Koriandersamen, zerstoßen*
	1 TL	*Pfeffer, rosa, zerstoßen*
Weiteres	4	*Frühlingszwiebeln, gekocht*
	8	*Orangenfilets zum Garnieren*
		Petersilie, frittiert, zum Garnieren
	100 ml	*Geflügelsauce (siehe Seite 400)*

- Die Entenbrüste mit einem Messer von den Sehnen befreien und das Fett zum Teil ringsherum wegschneiden. Die Abschnitte eventuell für die Sauce aufbewahren.
- Entenbrüste salzen, pfeffern und in einer heißen Pfanne mit wenig Öl zuerst auf der Hautseite knusprig braun und dann auf der anderen Seite etwas kürzer braten.
- Das Fleisch im vorgeheizten Backrohr fertig braten.
- Anschließend in Alufolie einwickeln und etwa 3 Minuten ruhen lassen.

Gewürzhonig

- Den Honig in einer Pfanne erwärmen, Sesam, Koriander und rosa Pfeffer dazugeben.

Fertigstellung

- Die Entenbrust in Scheiben schneiden, auf den Frühlingszwiebeln anrichten, mit dem Gewürzhonig überziehen, mit Orangenfilets und Petersilie garnieren und mit der Geflügelsauce servieren.

Gartemperatur: 180 Grad
Garzeit: etwa 8 Minuten (Kerntemperatur: 60 Grad)

Gebratenes Perlhuhn

Entenbrust
mit Gewürzhonig

Truthahn mit Orangen, Äpfeln und Rosinen

Tacchino con arance, mele e uva passa

Für 4 Personen

Zutaten	1	Orange
	3	Äpfel
	30 g	Butter
	50 g	Rosinen
	500 g	Truthahnbrust
		Salz, Pfeffer aus der Mühle
	2 EL	Öl zum Anbraten
	2 EL	Brandy
	200 ml	Geflügelsauce (siehe Seite 400) oder Fleischsuppe (siehe Seite 398)
	1 EL	Butter, kalt, zum Verfeinern der Sauce
Weiteres	8 Stück	Kardamom, grün
	1 EL	Zitronenthymian

- Die Orangenschale ohne den weißen Flaum in feine Streifen schneiden und im Wasser kurz aufkochen. Den Saft der Orange auspressen und bereitstellen.
- Die Äpfel schälen, vom Kerngehäuse befreien, in 1 cm große Würfel schneiden und in etwas Butter andünsten, Orangensaft und -schale sowie die Rosinen dazugeben und etwa 2 Minuten dünsten.
- Truthahnbrust in Medaillons (kleine Schnitzel) schneiden.
- Die Medaillons mit Salz und Pfeffer würzen, in einer heißen Pfanne mit etwas Öl auf allen Seiten anbraten (2–3 Minuten), mit Brandy löschen, dann aus der Pfanne nehmen und warm stellen.
- Zum Bratsatz die Geflügelsauce geben, aufkochen lassen und mit Butter verfeinern.
- Die gebratenen Medaillons auf einen heißen Teller geben, das Apfel-Orangen-Gemisch darauf geben, mit der Sauce übergießen und mit zerdrücktem Kardamom und Zitronenthymianblättern garnieren und servieren.

Variation

Truthahnmedaillon mit Feigen und Kardamom: Verwenden Sie anstelle der Äpfel in Spalten geschnittene frische Feigen und dünsten Sie diese nur sehr kurz.

Taube im Rohschinkenmantel

Piccione in mantello di prosciutto crudo

Für 4 Personen

Zutaten	2	Tauben
		Pfeffer aus der Mühle
	8	Rohschinkenscheiben
	4 EL	Öl zum Braten
	4	Artischocken, geputzt und geviertelt
	200 g	Cocktailtomaten, halbiert
	4	Knoblauchzehen, halbiert
	1 EL	Butter
	1	Thymianzweig
	1	Rosmarinzweig
	1	Salbeiblatt
		Salz
Weiteres	200 ml	Geflügelsauce (siehe Seite 400)

- Die Federreste von den Tauben entfernen, das Fleisch putzen, halbieren und das Rückgrad entfernen. Pfeffern und mit den Rohschinkenscheiben umwickeln.
- Die Tauben in einer Bratpfanne im heißen Öl anbraten, Artischocken, Tomaten und Knoblauch dazugeben und im vorgeheizten Backrohr braten.
- Anschließend die Tauben aus dem Rohr nehmen und bei etwa 70 Grad etwa 3 Minuten ziehen lassen.
- Butter, Thymian, Rosmarin und Salbei zum Gemüse geben und eventuell nachwürzen.

Fertigstellung

- Die Geflügelsauce in einem Töpfchen erwärmen. Das Gemüse mit den Kräutern auf dem Teller verteilen, die Taube darauf legen und mit der Sauce servieren.

Gartemperatur: 170 Grad
Garzeit: etwa 15 Minuten

Tipps

1. *Als weitere Beilage eignen sich Polenta, Risotto, Reis, gefüllte Tomaten (siehe Seite 342) usw.*
2. *Sie können die Tauben auch ohne Sauce servieren.*
3. *Anstelle des Rohschinkens können Sie auch Bauchspeck oder Lardo nehmen.*

Variationen

Rebhuhn im Rohschinkenmantel: Anstelle der Tauben können Sie auch Rebhühner verwenden.
Fasanbrust im Rohschinkenmantel: Wenn Sie eine Fasanbrust verwenden, verkürzt sich die Garzeit.

Taube im Rohschinkenmantel

Gröstel von der Ente mit Artischockenherzen

Rosticciata d'anatra con cuori di carciofo

Für 4 Personen

Zutaten	*300 g*	*Kartoffeln, festkochend*
	400 g	*Entenbrust*
	5 EL	*Öl zum Anbraten*
		Salz
		Pfeffer aus der Mühle
	100 g	*Artischocken (siehe Seite 346)*
	3	*Wacholderbeeren, zerdrückt*
	1 TL	*Majoran, fein geschnitten*
	1	*Lorbeerblatt*
	1 TL	*Petersilie, fein geschnitten*
	200 ml	*braune Geflügelsauce (siehe Seite 400) oder braune Kalbssauce (siehe Seite 400) oder Fleischsuppe (siehe Seite 398)*
	1 EL	*Butter, kalt, zum Verfeinern der Sauce*
Weiteres	*4*	*Speckscheiben*
	1	*Zwiebel, in Ringe geschnitten und gebacken*

- Die Kartoffeln waschen und in Salzwasser etwa 30 Minuten kochen.
- Entenbrust vom Fett befreien und in Scheiben schneiden.
- Die abgekühlten Kartoffeln schälen und in gleichmäßige Scheiben schneiden.
- In einer Pfanne Öl erhitzen und die Kartoffelscheiben darin goldgelb rösten.
- Das Fleisch mit Salz und Pfeffer würzen und in wenig heißem Öl in einer zweiten Pfanne kurz anbraten.
- Kartoffelscheiben, Artischocken, Wacholder, Majoran, Lorbeerblatt, Petersilie und Kalbssauce hinzufügen und einmal aufkochen lassen.
- Das Gröstel abschmecken und mit kalter Butter vollenden.
- Die Speckscheiben anbraten und mit den gebackenen Zwiebelringen zum Gröstel servieren.

Garzeit: etwa 8 Minuten

Variation

Lammgröstel: Anstelle der Entenbrust können Sie auch Lammnüsschen oder Lammkarree verwenden.

Fasanbrust mit Kastanien und Trauben

Petto di fagiano con castagne ed uva

Für 4 Personen

Zutaten	*4*	*Fasanbrüstchen zu je 120 g*
		Salz
		Pfeffer aus der Mühle
	4	*Bauchspeck- oder weiße Speckscheiben*
	2 EL	*Öl zum Anbraten*
	1 TL	*Zucker*
	4 EL	*Weißwein*
	12	*Kastanien, gekocht und geschält*
	12	*Traubenbeeren, blau*
	1 EL	*Butter*
Weiteres	*100 ml*	*Geflügelsauce, mit Fasanknochen zubereitet (siehe Seite 400)*

- Die Fasanbrüstchen mit einem Messer von Knochen und Sehnen befreien, salzen und pfeffern und mit dem Speck umwickeln.
- In einer Pfanne bei mittlerer Hitze in Öl auf beiden Seiten braten. Dann etwa 4–5 Minuten zugedeckt oder im Backrohr weiterbraten lassen.
- In Alufolie einwickeln und bereitstellen.
- In der Pfanne den Zucker karamellisieren, mit Weißwein löschen, Kastanien und Trauben dazugeben und die Butter einrühren.
- Die Fasanbrüstchen aufschneiden, auf den Kastanien und Trauben anrichten und mit der erwärmten Sauce servieren.

Garzeit: etwa 8 Minuten

Tipps

1. *Die Fasanknochen und -sehnen können Sie für die Sauce verwenden.*
2. *Als Beilage eignen sich Polenta (siehe Seite 358) und Broccoli (siehe Seite 345).*
3. *Die Fasanbrüstchen sollten innen noch rosa sein, sonst sind sie trocken.*
4. *Die Trauben können Sie auch schälen.*

Wachtelbrüstchen mit Lardo auf Linsen

Petto di quaglia con lardo e lenticchie

Für 4 Personen

Linsen	50 g	*Karotten*
	50 g	*Stangensellerie*
	50 g	*Zwiebel, fein geschnitten*
	2 EL	*Butter*
	1/2	*Knoblauchzehe, fein gehackt*
	1 TL	*Tomatenmark*
	120 g	*Berglinsen*
	1 TL	*Balsamicoessig*
	1/2 l	*Fleischsuppe (siehe Seite 398) oder Wasser*
Wachtel	8	*Wachtelbrüstchen*
	8	*Scheiben Lardo (gesalzener Weißspeck) oder Pancetta*
		Salz, Pfeffer aus der Mühle
	4 EL	*Öl zum Braten*
	1/2 l	*Geflügelsauce (siehe Seite 400) oder Wasser*
	1	*Thymian- und Rosmarinzweig*
	1	*Salbeiblatt*
	1	*Knoblauchzehe, halbiert*
	1 EL	*Butter, kalt, zum Verfeinern der Sauce*
Weiteres		*Rosmarin zum Garnieren*

Linsen
- Karotten und Stangensellerie putzen, schälen, waschen und in kleine Würfel schneiden.
- Zwiebel in Butter dünsten, Knoblauch, das geschnittene Gemüse und Tomatenmark dazugeben und mitdünsten.
- Linsen waschen, zum Gemüse geben, den Balsamicoessig dazugeben und mit Fleischsuppe aufgießen, salzen, pfeffern und bei schwacher Hitze köcheln lassen, bis die Linsen weich sind. Sollte die Flüssigkeit vorher verkocht sein, noch etwas Fleischsuppe nachgießen.

Wachtel
- Die Wachtelbrüstchen von den Stoppelresten befreien, waschen und trocknen.
- Mit Salz und Pfeffer würzen und mit Lardoscheiben umwickeln.
- In einer Bratpfanne das Öl erhitzen und die Wachtelbrüstchen auf beiden Seiten braten.
- Die Brüstchen herausnehmen und warm stellen.

Fertigstellung
- Die Geflügelsauce in die Pfanne geben, Thymian, Rosmarin, Salbei und Knoblauch dazugeben, etwa 2 Minuten einkochen lassen, abseihen, eventuell mit etwas Stärkemehl binden, mit der kalten Butter verfeinern und eventuell nachwürzen.
- Die Wachtelbrüstchen auf den Linsen anrichten, mit Rosmarin garnieren und mit der Sauce servieren.

Garzeit Linsen: etwa 45 Minuten
Garzeit Wachtel: etwa 5 Minuten

Tipp

Als Beilage eignen sich Polenta (siehe Seite 358), Risotto oder Ofentomaten (siehe Seite 353).

Variationen

Gebratene Taubenbrust: Anstelle der Wachteln können Sie auch Tauben verwenden.
Gebratene Rebhuhnbrust: Es eignet sich auch Rebhuhn.

Wildschweingulasch mit Speck und Brotwürfeln

Spezzatino di cinghiale con speck e crostini

Für 4 Personen

Zutaten	100 g	*Zwiebel*
	60 g	*Karotten*
	60 g	*Knollensellerie*
	40 g	*Petersilienwurzel oder Stangensellerie*
	800 g	*Wildschweinschulter, ausgelöst*
		Salz, Pfeffer aus der Mühle
	2 EL	*Mehl*
	50 ml	*Öl zum Anbraten*
	1 TL	*Tomatenmark*
	150 ml	*Portwein, rot*
	1 l	*braune Wildbrühe (siehe Seite 400) oder Fleischsuppe (siehe Seite 398)*
	1	*Lorbeerblatt*
	1	*Rosmarin- und Thymianzweig*
	1 EL	*Fenchelsamen*
Weiteres		*Schalotten, Broccoli, Bohnen und Gartenkarotten, gekocht*
		Butter zum Schwenken des Gemüses
	50 g	*Bauchspeck und Brotwürfel, geröstet*

- Das Gemüse (Zwiebel, Karotten, Sellerie, Petersilienwurzel) putzen, waschen und in Stücke schneiden.
- Fleisch von Fett und Häuten befreien, in etwa 4 cm große Würfel schneiden, salzen, pfeffern und mit Mehl bestreuen.
- Öl in einem Topf erhitzen, Fleisch von allen Seiten braun braten, das Gemüse dazugeben und mitbraten, Tomatenmark dazugeben und mitrösten.
- Mit Portwein löschen, die Flüssigkeit einkochen lassen und mit der Wildbrühe aufgießen.
- Lorbeer, Rosmarin, Thymian und Fenchelsamen zum Fleisch geben und das Gulasch fertig schmoren.
- Die Fleischstücke herausnehmen, die Sauce passieren und etwa 5 Minuten einkochen lassen, wenn nötig mit etwas Speisestärke binden.
- Das Gemüse (Schalotten, Broccoli, Bohnen und Gartenkarotten) in der Butter erwärmen, mit Gulasch, Speck und Brotwürfeln anrichten und servieren.

Garzeit: 1–1½ Stunden

Tipp

Anstelle des Wildschweinfleisches können Sie auch Reh- oder Hirschfleisch verwenden.

Rehrückenfilet im Olivenstrudel

Sella di capriolo con strudel di olive

Für 4 Personen

Zutaten	500 g	*Rehrückenfilet*
		Salz, Pfeffer aus der Mühle
	2 EL	*Öl zum Anbraten*
Füllung	30 g	*Zwiebel, fein geschnitten*
	1	*Knoblauchzehe, fein gehackt*
	1 EL	*Butter*
	150 g	*Oliven, schwarz, in Scheiben geschnitten*
	1	*Eigelb*
	20 g	*Parmesan, gerieben*
	1 EL	*Rosmarin, fein geschnitten*
	1 EL	*Thymian, fein geschnitten*
	1 TL	*Petersilie, fein geschnitten*
Teig	150 g	*Ziehteig (siehe Seite 452) oder 250 g Blätterteig*
Weiteres	200 ml	*Wildsauce*
	2 EL	*Brotbrösel, eventuell in Butter geröstet*
	40 g	*Butter, zerlassen*

- Das Rehrückenfilet von Fett und Sehnen befreien und mit Salz und Pfeffer würzen. In einer Pfanne Öl erhitzen und das Filet auf allen Seiten anbraten, aus der Pfanne nehmen und kalt stellen.

Füllung
- Zwiebel und Knoblauch in Butter dünsten und mit den Oliven vermischen, alles abkühlen lassen. Mit Eigelb, Parmesan, Rosmarin, Thymian und Petersilie vermischen.

Fertigstellung
- Den Ziehteig zuerst etwas ausrollen, dann hauchdünn ausziehen. Auf das erste Drittel des Teiges Brotbrösel streuen und die Olivenfüllung darauf geben.
- Das erkaltete Rehrückenfilet darauf geben und den restlichen Teig mit der zerlassenen Butter bestreichen. Teigränder abschneiden, dann den Strudelteig mit Füllung und Filet einrollen.
- Den Strudel mit zerlassener Butter bestreichen und im vorgeheizten Backrohr backen.
- Anschließend etwas ruhen lassen, damit sich der Fleischsaft im Fleisch gleichmäßig verteilt und nicht ausläuft.
- Den Strudel in Scheiben schneiden und auf der heißen Wildsauce servieren.

Gartemperatur: 180 Grad
Garzeit: etwa 20 Minuten (Kerntemperatur: 56 Grad)

Wildschweinragout mit Speck und Brotwürfeln

Kalbsleber auf venezianische Art

Fegato di vitello alla veneziana

Für 4 Personen

Zutaten	30 g	Butter
	150 g	Zwiebel, in feine Streifen geschnitten
	500 g	Kalbsleber
	2 EL	Mehl zum Bestreuen
	3 EL	Öl zum Anbraten
	50 ml	Weißwein
	200 ml	braune Kalbssauce (siehe Seite 400) oder Fleischsuppe (siehe Seite 398)
	1	Spritzer Zitronensaft
	1 TL	Majoran, fein geschnitten
	1 EL	Petersilie, fein geschnitten
	1	Knoblauchzehe, fein gehackt
	1 EL	Butter, kalt, zum Verfeinern der Sauce
		Salz
Weiteres		Majoranblätter
		Zwiebelringe, gebacken

- In einer Pfanne etwas Butter erhitzen und die Zwiebel hellbraun rösten.
- Die enthäutete und in feine Scheiben geschnittene Kalbsleber mit Mehl bestreuen und in einer Pfanne in heißem Öl unter ständigem Wenden rasch anbraten.
- Mit Weißwein löschen, Zwiebel und Kalbssauce dazugeben. Mit Zitronensaft, Majoran, Petersilie und Knoblauch würzen und mit Butter verfeinern.
- Erst kurz vor dem Servieren salzen und mit Majoranblättern und den gebackenen Zwiebelringen garnieren.

Tipps

1. *Als Beilage können Sie Röstkartoffeln oder gedünsteten Reis servieren.*
2. *Zu frühes Salzen lässt die Leber hart und zäh werden.*

Variation

Saure Kalbsniere: Anstelle der Kalbsleber verwenden Sie in Milch eingelegte Kalbsnieren. Gießen Sie zuerst mit Essig, dann mit Wein auf.

Trippa nach Parma-Art

Trippa alla parmigiana

Für 4 Personen

Zutaten	700 g	Rinds- oder Schweinskutteln (Magen), weich gekocht
	150 g	Zwiebel
	50 ml	Öl zum Anbraten
	3 EL	Mehl
	1 EL	Tomatenmark
	300 g	Tomatenwürfel oder Tomaten aus der Dose
	1/8 l	Rotwein
	1 l	Fleischsuppe (siehe Seite 398) oder Wasser
	1	Lorbeerblatt
	1/2 TL	Majoran, fein geschnitten
	1 Msp.	Zitronenschale, gerieben
		Pfeffer aus der Mühle
		Salz
	40 g	Parmesan, gerieben
Weiteres	4	Scheiben Fontina-Käse
	1 EL	Petersilie, fein geschnitten

- Die Kutteln in feine Streifen schneiden (man kauft sie bereits gekocht und meistens auch schon geschnitten).
- Zwiebel schälen, in kleine Würfel schneiden und in Öl dünsten.
- Mehl, Tomatenmark und Tomaten dazugeben, umrühren, mit Rotwein und Fleischsuppe aufgießen und das Ganze aufkochen lassen.
- Kutteln dazugeben, Lorbeerblatt, Majoran, Zitronenschale hinzufügen, mit Pfeffer und Salz würzen und zugedeckt kochen lassen.
- Mit Parmesan verfeinern und zum Schluss die heiße Trippa mit Fontina belegen, mit Petersilie garnieren und servieren.

Garzeit: etwa 40 Minuten

Tipps

1. *Dieses Gericht wird vor allem in der kalten Jahreszeit gegessen.*
2. *Sollten Sie die Kutteln roh kaufen, müssen Sie die gut gereinigten Kuttelflecke in Salzwasser mit Wurzelgemüse etwa 2 1/2 Stunden weich kochen.*

Variation

Trippa alla fiorentina: Ergänzen Sie die Trippa mit Stangensellerie und Frühlingszwiebeln. Anschließend wird die Trippa mit Spinat und Parmesan überbacken.

Trippa nach Parma-Art

*Kalbsleber
auf venezianische Art*

VERDURE

GEMÜSE UND SALATE

Frisches Gemüse nimmt einen zentralen Platz in der italienischen Küche ein. Von Natur und Klima begünstigt, liefern Äcker und Felder eine Fülle an frischem, knackigem Gemüse, Salaten und Kräutern, an sonnengereiften Tomaten im Süden und genügsamem Kohl im Norden. Gemüse lässt sich als Beilage zubereiten, aber auch mit Nudeln, Reis, Getreide oder Hülsenfrüchten kombinieren und harmoniert ebenfalls bestens mit Fleisch und Fisch. Gemüse gehört zu den gesündesten Lebensmitteln und sollte jeden Tag auf unserem Speiseplan stehen.

Malcesine am Gardasee

Farbenfroh und gesund
Gemüse und Salate

Castiglione della Pescaia – Pater Cipriano schaut nach seinen Tomaten.

Gemüse

Die Produkte der Gartenkultur, das Gemüse, sind in Italien nicht das »Fleisch der Armen«, sondern die Hauptzutat des täglichen Essens. Gemüse wird aus dem Garten geholt oder täglich frisch eingekauft. Das ist eine rationale Entscheidung. Der Italiener will für sein Geld das Beste und das Frischeste haben.

Zwischen den Alpen und dem Süden Italiens gedeiht jedes erdenkliche Gemüse für eine abwechslungsreiche Küche. Ihre unumstrittene Königin ist die Tomate. Nirgendwo sonst hat die Frucht eine solche Vorherrschaft erlangt – als Sauce zu Pasta und Gnocchi, als Basis für Pizza, im Salat oder zu Mozzarella, als Zutat zu Fischsuppen sowie in Fleisch- und Geflügelgerichten und diversen anderen Speisen.
Generell gehen Italiener mit Gemüse äußerst vorsichtig um, indem sie es behutsam garen, braten oder grillen, um seine Aromen und seine Farbe zu bewahren und ihm eine angenehme Bissfestigkeit zu erhalten.

Biogemüse

Gemüse, das biologisch angebaut wird, schmeckt gut und ist gesund. Es wird kontrolliert und weist weniger Pflanzenschutzrückstände und Schwermetalle auf als herkömmliches Gemüse. Außerdem wird es meist erst im reifen Zustand geerntet und hat dadurch ein besseres Aroma als konventionell angebautes Gemüse. Wegen der aufwendigeren Anbaumethode ist es jedoch etwas teurer. Es ist nicht einheitlich groß, oft unregelmäßig geformt und im Allgemeinen auch nicht steril, sauber und essfertig verpackt.

Darin liegt auch ein Grund, warum Biogemüse noch immer nicht so bei der Bevölkerung ankommt, wie es eigentlich sein sollte, besonders heute, in einer Zeit, in der jeder von uns gesünder leben möchte. Wenn Sie Saisongemüse vom Biobauern direkt kaufen, kommen Sie fast immer preisgünstiger und qualitativ besser weg.

Einkauf und Lagerung

- Aromatisches, vitaminreiches Gemüse und erntefrische Salate erkennt man beim Einkauf an ihrem frischen Geruch, der Struktur und an den knackigen Blättern. Frisches Gemüse muss gut riechen, dann schmeckt es auch gut.
- Wenn die Schnittflächen des Strunks oder der Anschnitt von Gemüse und Salaten dunkel verfärbt ist oder ausgetrocknet erscheint, sollte man lieber eine Alternative kaufen.
- Blattgemüse, besonders Kopf- und Feldsalat, Spinat, Mangold und ähnliche Gemüsearten speichern Nitrit durch die konzentrierte Düngung, Die höchsten Werte finden sich in der Regel in Treibhausware. Auch durch Pflanzenschutzmittel wie Pestizide, Fungizide und ähnliche Stoffen können Gemüse- und Salatsorten belastet sein. Deshalb empfiehlt es sich, Gemüse und Salate aus biologischem Anbau zu kaufen.
- Je nach Sorte hält sich Gemüse und Salat wenige Tage bis mehrere Wochen im Gemüse-

Kombinationen von Gemüse und Kräutern

Der besondere Reiz eines Gemüsegerichtes ist oft auch die Kombination zweier Gemüsearten, z. B. von grünen Bohnen und Tomaten oder Zucchini und Tomaten, oder auch die Kombination von Gemüse und Kräutern wie Melanzane mit Rosmarin oder Zucchini mit Basilikum.

Kleines italienisches Gemüselexikon

Aglio	Knoblauch	**Indivia scarola**	Eskarol, glatte Endivie
Asparago bianco	weißer Spargel	**Lattuga**	Salat (allgemein)
Asparago verde	grüner Spargel	**Lattuga brasiliana**	Eisbergsalat
Bietola	Mangold	**Lattuga capuccia**	Kopfsalat
Broccoli	Brokkoli	**Lattuga romana**	Römischer Salat
Carciofi	Artischocken	**Lenticchie**	Linsen
Cardi	Karden	**Melanzane**	Auberginen
Carote	Karotten	**Patate**	Kartoffeln
Castagne	Esskastanien	**Peperoncini**	kleine, scharfe Paprikaschoten, Pfefferschoten
Cavolo	Kohl	**Peperoni**	Gemüsepaprika, Paprikaschoten
Cavolfiore	Blumenkohl	**Piselli**	Erbsen
Cavolo cappuccio	Weißkohl	**Pomodori**	Tomaten
Cavolo verza	Wirsing	**Radicchio**	Radicchio
Ceci	Kichererbsen	**Radicchio trevigiano**	Trevisaner Radicchio
Cipolla	Zwiebel	**Scorzonera**	Schwarzwurzeln
Fagioli	Bohnen	**Sedano gambi**	Stauden- oder Bleichsellerie
Fagiolini	grüne Bohnen	**Sedano rapa**	Knollensellerie
Finocchio	Fenchel	**Spinaci**	Spinat
Fiori di zucchini	Zucchiniblüten	**Zucca**	Kürbis
Funghi	Pilze	**Zucchini**	Spargelkürbis

fach des Kühlschranks, oder in einem kalten Keller kann man Karotten, Sellerie und Rohnen für den Wintervorrat in Sand einlegen. Kohlgemüse wie Weißkraut, Blaukraut, Wirsing lagert man mit dem Strunk.

- Der jeweiligen Jahreszeit entsprechend und erntereifes Gemüse einkaufen.
- Gemüse, das nicht sofort verwendet wird, muss kühl, trocken und vor Tageslicht geschützt aufbewahrt werden. Geschnittenes Gemüse nicht lange liegen lassen, sei es im Wasser oder an der Luft.

Tipps zur Vor- und Zubereitung von Salaten und Gemüse

- Salat sollte sorgfältig geputzt werden: die Blätter vom Strunk lösen, welke Stellen, die äußeren Blätter und die dicken Blattrippen entfernen (in Außenblättern und Blattrippen wird am meisten Nitrat gespeichert).
- Die Blätter dann in reichlich kaltem Wasser rasch, aber sehr sorgfältig waschen, gegebenenfalls das Wasser mehrmals wechseln. Lässt man den Salat zu lange im Wasser liegen, verliert er an Nährstoffen. Den geputzten und gewaschenen Salat gut trocknen.
- Den Salat erst kurz vor dem Servieren anmachen.
- Die richtige Zubereitungsart hilft, beim Gemüse Vitamine und Mineralstoffe zu erhalten.
- Gemüse werden erst kurz vor der Zubereitung gewaschen, da Feuchtigkeit die Vitamine und Mineralstoffe auslaugt.
- Die moderne Ernährungslehre empfiehlt uns, einen Teil des Gemüses als Rohkost aufzunehmen.

Blattsalate anmachen

Die Salatsauce erst kurz vor dem Servieren unter den Blattsalat mischen, und zwar aus gutem Grund: Das Öl der Salatsauce (Vinaigrette) haftet gut an der Oberfläche der Blätter, aber zusammen mit dem Wasser schadet es der grünen Farbe. Durch die winzigen Spaltöffnungen in der Hautschicht der Blätter dringt die Salatsauce ins Blattinnere und verdrängt dort die Luft. Das Licht wird anders gebrochen, das Blatt verliert seine frische grüne Farbe und ist nicht mehr knackig.

Dekorationstipp

Richtig arrangiert, eignet sich die edle Distel auch als originelle Tischdekoration.

Carciofi mamme

Carciofini

Gemüse- und Salatlexikon

Artischocken (carciofi)

Artischocken werden immer beliebter. Es gibt etwa 90 verschiedene Artischockenarten. Sie haben von März bis Mai und von August bis Oktober Saison. Italien ist weltweit der Hauptproduzent dieser Gemüsesorte.

Am weitesten verbreitet sind die Sorten **Carciofo sardo, Spinoso di Palermo** und **Spinoso di Liguria.** In großen Mengen angebaut werden auch die Sorten **Romanesco** und **Violetto di Toscana,** der keine Stacheln hat.

Einkauf

Sie sollten beim Einkauf auf saftige grüne und geschlossene Köpfe achten. Die Knospen mit den glatten Hüllblättern müssen geschlossen sein und dürfen keine verdorbenen Stellen oder Druckstellen aufweisen. Sie sollen so aussehen, als seien sie gerade frisch geerntet worden. Trockene Blätter deuten auf alte Früchte hin.

Lagerung

Artischocken bewahrt man kühl und eventuell in feuchten Tüchern auf.

Wenn der Stiel der Artischocke lang genug ist, können Sie auch die ganze Frucht in ein Glas Wasser stellen.

Verwendung

Artischocken isst man als Ganzes. Sie werden mit Olivenöl, Butter, Salz und frisch gemahlenem Pfeffer zubereitet. Hinter den äußeren,

meist holzigen und stacheligen Schuppenblättern und den fleischigen Blütenhüllblättern verbirgt sich der essbare Blütenboden.
Artischocken werden gewöhnlich als ganze Blütenköpfe weich gekocht oder gedämpft. Die Schuppenblätter zupft man eins nach dem anderen von der Frucht und schabt sie mit den Zähnen ab. Wenn man zum Boden gelangt, entfernt man das »Heu«, die Blüte, die blauviolett blüht, wenn sie zur Entfaltung kommt. Ist der schalenförmige Boden freigelegt, kann man diese Delikatesse verzehren.
Artischocken können aber auch roh für Salate verwendet oder frittiert, gedämpft oder gebacken zubereitet werden. Artischocken mit sehr kleiner Blüte werden für die Herstellung von Öl- und Essigkonserven verwendet.
Artischockenböden gibt es in Gläsern, Dosen und tiefgefroren.

Blattzichorie (catalogna)

Charakteristisch sind die länglichen, löwenzahnähnlichen Blätter, die je nach Sorte mehr oder weniger stark eingekerbt sein können.
Blattzichorie schmeckt, ähnlich dem Chicorée, deutlich bitter und hat recht harte Blätter.

Verwendung
In den Handel kommt der Salat bei uns von Sommer bis Herbst. Als Gemüse blanchiert und mit Olivenöl oder Butter und Knoblauch gedünstet, ist die Blattzichorie eine interessante Beilage zu Fisch- und Fleischgerichten.

Blattzichorie

Die Blattzichorie schmeckt roh im Salat. Man kann sie aber auch blanchieren, was sie geschmeidiger macht und ihr einen Teil der Bitterstoffe entzieht. Angemacht wird sie mit Olivenöl, Zitronensaft, Salz und Pfeffer.

Karden (cardi)

Karden sind ein Gemüse, das vor allem in den Wintermonaten geerntet wird und im Handel erhältlich ist. Die Blattrippen müssen süß, zart, kompakt und knackig sowie elfenbeinfarbig sein.
Ebenso wie der Sellerie werden die Karden auf dem Feld gebleicht, da das grüne Produkt bitter, faserig und herb ist. Zu den am häufigsten angebauten Sorten zählen »Gigante di Romagna«, »Riccio d'Asti« und »Spandone«.

Geschmack
Der beste Teil dieser Gemüsepflanze ist das so genannte »Herz«, das zart ist und an Artischocken erinnert, auch wenn der Geschmack weniger stark ausgeprägt ist.

Verwendung
Die Karden können nach dem Vorkochen im Ofen mit Béchamelsauce oder mit Parmesan überbacken werden.

Stängelkohl (cima di rapa)

Stängelkohl ähnelt im Aussehen sowohl dem Broccoli als auch der Speiserübe. Die Wildpflanze kommt aus dem Mittelmeerraum. Ihre kleinen, mild schmeckenden Blütenstände werden mitgegessen.

Geschmack
Blätter und Stiele des Stängelkohls haben neben dem schwefeligen Kohlgeschmack auch eine leicht bittere Note.

Zubereitung
Am besten wird der Kohl als Ganzes gedünstet und eignet sich so als Gemüsebeilage.

Artischocken putzen

Gelber Chicorée

Roter Chicorée

Chicorée (cicoria belga)

Wird auch Belgische Endivie und Brüsseler Spitzen genannt. Ähnlich wie beim Spargel spielte wohl der Zufall mit, als belgische Gärtner die zarten, unter Lichtmangel cremefarbenen Knospen der bitteren Zichorienwurzel entdeckten.

Nach der Ernte lagerten belgische Bauern Zichorienwurzeln in der Erde ein, die dann in den Wintermonaten plötzlich wunderbar zarte Sprossen hervorbrachten. Nach diesem Zwei-Phasen-Prinzip funktioniert die Chicorée-Produktion bis heute.

Die Anzucht erfolgt im Dunkeln in Spezialbetrieben. Durch das Heranziehen der Salatpflanze im Dunkeln entwickelt sich kein Chlorophyll, so bleibt der Chicorée blassgelb.

Geerntet wird von Hand, anschließend werden die Sprossen in lichtundurchlässige Kartons verpackt. Sie dürfen dem Licht nur kurzfristig ausgesetzt sein, andernfalls vergrünen die äußeren Blätter, was eine noch stärkere Bitterkeit mit sich bringt.

Roter Chicorée

Ist eine Kreuzung aus Radicchio und Chicorée, die allerdings durch Erhitzen ihre attraktive Rotfärbung verliert.

Verwendung

Vor der Zubereitung wird in der Regel der Strunk entfernt, dann kann man Chicorée und auch die meisten anderen Zichorienarten entweder roh als Salat, in Suppen, in Kombination mit Früchten und Krustentieren, geschmort, gedünstet oder überbacken servieren.

Für eine Beilage zu Geflügel kann man die Blätter in Staubzucker karamellisieren, mit Zitronen- oder Orangensaft ablöschen und servieren.

Erbsen

Es gibt zwei Gruppen: die Erbsen und die Zuckererbsenschoten, auch Kaiserschoten genannt.

Erbsen (piselli)

Bei den Erbsen wird nur das Samenkorn gegessen. Da sie auch nach der Ernte in der Schote weiterreifen, sollte man sie möglichst bald essen, dann ist ihr Stärkeanteil noch gering und der Vitamin-C-Gehalt hoch.

Ungespaltene Erbsen halten sich etwa zwei bis vier Tage im Kühlschrank. Bei frischen Erbsen brechen Sie vor der Verarbeitung die Schalen auf und lösen die Körner heraus. Dann in stark gesalzenem Wasser kochen.

Verwendung

Gut schmecken Erbsen, wenn man sie mit Estragon, Petersilie, Koriander kombiniert.

Zuckererbsenschoten oder Kaiserschoten (tegole)

Zuckererbsenschoten werden in bester Qualität im Frühjahr angeboten und haben einen leicht süßlichen Geschmack. Sie werden mit der Schale verzehrt. Die Kochzeit beträgt nur etwa 3–5 Minuten. Sie sollten noch knackig sein.

Zuckererbsenschoten

Salatvariation aus Chicorée
Eine tolle Kombination sind fein geschnittene Chicoréeblätter, Fenchel und Grapefruitfilets mariniert mit einem Dressing aus Orangensaft, Honig, Zitronensaft und Walnussöl.

Einkauf von Erbsen
Beim Kauf sollte man darauf achten, dass die Schoten glänzen und knackig aussehen. Je jünger und kleiner die Erbsen, desto süßer sind sie.

Verarbeitung von Zuckererbsenschoten
Bei den Zuckererbsenschoten sollten Sie den Stiel so abschneiden, dass Sie den eventuell vorhandenen Faden (vor allem bei den etwas größeren Schoten) an der Längsseite mit herausziehen können.

Achten Sie bei den Erbsenschoten darauf, dass die Schale möglichst unbeschädigt ist, und bevorzugen Sie eher kleinere Schoten, die sind geschmacklich am besten und haben keine groben Fasern.

Verwendung

Zuckererbsenschoten kombiniert man mit anderen Gemüsesorten oder isst sie als Salat.

Tipp

Erbsen, wie generell grünes Gemüse verlieren sehr rasch ihre schöne grüne Farbe. Deshalb ist es hier besonders wichtig, dass man sie nach dem Kochen sofort in Eiswasser kalt abschreckt.

Fenchel (finocchio)

Da der Fenchel auch im Glashaus angebaut wird, kommt er das ganze Jahr in sehr guter Qualität in den Handel. Freilandware ist von Juli bis zum Spätherbst erhältlich.

Wegen des leicht süßlichen und an Anis erinnernden Geschmacks lieben ihn nicht nur die Italiener.

Beim Einkauf sollte man darauf achten, dass der Fenchel keine braunen Stellen aufweist und das Grün frisch und saftig aussieht. Eine frische Fenchelknolle ist idealerweise fest, weiß oder blassgrün ohne braune Druckstellen.

Fenchel hat einen sehr hohen Vitamin-C-Gehalt. Damit bei der Zubereitung möglichst viel davon erhalten bleibt, sollten Sie ihn so schonend wie möglich garen.

Lagerung

Frischen Fenchel kann man im Gemüsefach des Kühlschrankes ohne Probleme eine Woche lang aufbewahren.

Verwendung

- Knolle und Stiele schmecken roh in Salaten, in Olivenöl gebraten, gegrillt, gratiniert, gedünstet oder gekocht und sind eine delikate Beilage mit mildem Aroma.
- Für Salat schneidet man Fenchel in feine Scheiben, Schnitzel oder Stäbchen. In Scheiben geschnittenen und gekochten Fenchel kann man mit einer Kräutervinaigrette anmachen.
- Fenchel schmeckt auch mit gerösteten Semmelbröseln bestreut und überbacken.
- Fenchel bietet außerdem eine aromatische Grundlage für Suppen und Eintöpfe, als Sauce für Nudelgerichte, vor allem in Verbindung mit Fisch oder geschmortem Kalbfleisch.

Tipp

- Je kleiner die Knolle, umso zarter ist sie. Große Fenchelknollen besitzen möglicherweise Fäden, die man ähnlich wie bei Stangensellerie mit einem kleinen Messer abziehen kann.
- Das Grün wird in der Regel vor dem Kochen entfernt.
- Die Fenchelsorten mit einer schlankeren, leicht zugespitzten Form sind in der Regel faseriger und weniger süß und eignen sich deshalb besser zum Kochen oder zum Überbacken.
- Man serviert Fenchel fein gehobelt als Rohkost in Kombination mit Paprika. Dabei sollte man das frische Fenchelkraut fein schneiden und beim Anrichten darüber streuen.

Kürbis (zucca)

Die Familie der Kürbisgewächse umfasst mehr als 800 Arten und war ursprünglich auf dem amerikanischen Kontinent beheimatet. Kürbisse sind uralte Kulturpflanzen. Aufgrund ihrer jahrhundertelangen Züchtung bietet sich uns heute eine fast unüberschaubare Fülle an Formen und Sorten an.

In der Küche unterscheidet man grob zwischen **Sommerkürbissen** (die Sorten mit weicher Schale) und **Winterkürbissen** (die Sorten mit harter Schale).

Botanisch ist der Kürbis ein Gurkengewächs, das mit Zucchini, Gurke und Melonen und dem bis zu 100 Kilogramm schweren Riesenkürbis verwandt ist.

Weiblicher und männlicher Fenchel

Man unterscheidet zwischen weiblichem und männlichem Fenchel. Die weiblichen Knollen (1) sind schmäler und länglich. Männlicher Fenchel (2) ist dick und rund und hat weniger Fäden, was vor allem dann eine Rolle spielt, wenn man das Gemüse nur ganz kurz gart oder roh essen will.

Es gibt auch Minifenchel (3), welche als Ganzes gekocht werden.

Muskatkürbis

Grüner Moschuskürbis

Heilkraut
Die heilsamen Wirkungen der Löwenzahnpflanze sind von jeher bekannt. Die uralte Heilpflanze regt Niere und Leber zu erhöhter Aktivität an und ist eines der wirksamsten Mittel bei Entschlackungskuren. Seine Heilwirkung bei Rheuma und Gicht ist seit langem bekannt.

Löwenzahnwochen in Südtirol
Die Löwenzahnwochen am Deutschnonsberg sind mittlerweile weitum bekannt. Eine ehemalige kleine Initiative hat sich zu einem alljährlich wiederkehrenden Treffpunkt für Feinschmecker entwickelt.

Ernährung und Gesundheit
Kürbissamen enthalten viel Kalium, auch Zink, Mangan und Vitamin E. Sie sind ähnlich gesund und kalorienreich wie Nüsse. Die Samen des Ölkürbisses sowie das Kürbiskernöl sind Vorbeugungs- und Heilmittel bei Prostata- und Blasenleiden.

Lagerung
Wichtig ist, dass der Kürbis erst dann geerntet wird, wenn er seine vollständige Reife erlangt, da er nur dann süß und angenehm schmeckt. Die Kürbisse sind reif, wenn der Stiel braun und dürr wird. Spätestens vor dem ersten Frost muss die Ernte beginnen. Der Stiel sollte so lang wie möglich am Kürbis belassen werden, weil dieser dann von oben eintrocknet und der Kürbis besser lagerfähig ist. Klopft man auf den Kürbis und er klingt hohl, so ist das ein Zeichen der Reife.

Verwendung
Verwendet werden vor allem Fruchtfleisch, Blüten und Samen. Die männlichen Blüten stellen in Teig gebacken eine Delikatesse dar.
Kürbisse sind in der Küche vielseitig verwendbar: als köstliche Suppe, als süß-saures Gemüse, püriert, als Bestandteil eines Risotto, für Kürbisnocken, zum Füllen der Tortelloni und Ravioli, gekocht als Gemüse, im Eintopf, als süßes Kompott, Kürbiskernbrot und vieles mehr. Die Kerne knabbert man einfach als Snacks.

Moschuskürbis

Die Früchte sind meist rundlich. Das Farbenspektrum reicht von einem hellen rötlichen Gelb, hellen und dunklen Grüntönen bis zu fast Schwarzbraun. Das Fruchtfleisch ist dunkelgelb bis orangefarben. Der Moschuskürbis ist einer der geschmackvollsten Kürbissorten.

Muskatkürbis

Zählt zu der Familie der Moschuskürbisse. Die Früchte können länglich, birnenförmig sein. Das Farbenspektrum reicht von einem hellen rötlichen Gelb bis Orange. Das Fruchtfleisch ist orangefarben, sehr kompakt und hat sehr gute Kocheigenschaften. Er ist auch eine geschmackvolle Kürbisart.

Garten- oder Zierkürbis

Der wohl bekannteste Winterkürbis ist der Gartenkürbis, hartschalig und duftend, mit leicht faserigem Fleisch und großen Kernen. Die meisten Kürbisarten sind Zierkürbisse. Die Früchte sind bei der Reife grün, gelb, orange oder weiß, einfarbig, gestreift oder gefleckt. Die Form kann kugelig oder länglich bis abgeflacht sein. Die Schale ist glatt, warzig oder runzelig. Das Fruchtfleisch ist weiß oder orange gefärbt. Diese Früchte sind außerordentlich unterschiedlich und innerhalb der Kürbissorten in ihrer Vielfalt unübertroffen. In der Küche sind diese Kürbissorten nicht von Bedeutung.

Riesenkürbis

Die Form ist kugelig oder ellipsenförmig, es kommen jedoch auch birnenförmige oder abgeflachte Formen vor. Die Schale ist glatt oder gerippt. Die Früchte dieser Art sind bei der Reife häufig orange, grün oder grau, selten weiß oder gelb gefärbt. Kulturformen von Riesenkürbis liefern die größten und schwersten Früchte aller Kürbissorten und werden hauptsächlich für die Ölgewinnung verwendet.

Löwenzahn (dente di leone)

Löwenzahn steht für naturnahe, gesunde Küche, für ein Kochen mit einem Naturprodukt, das in naturbelassenen Wiesen »gestochen« und in der Küche zu leckeren Gerichten zubereitet wird. Bis heute hat sich das Löwenzahnstechen im Frühling, je nach Höhenlage, von Februar bis April erhalten. Der Löwenzahn gedeiht in höheren Lagen auf Wiesen besonders zart und gut.

Er erinnert im Geschmack an Chicorée oder Endivie. Man kann die Blätter jedoch auch leicht entbittern, indem man sie für 30 Minuten in Wasser (Salzwasser) legt.
Der Erntezeitpunkt der Pflanze sollte auf jeden Fall vor der Blüte sein, weil sich ansonsten die Zusammensetzung der Inhaltsstoffe verändert.

Verwendung
Löwenzahn ist nicht nur hübsch, sondern ist auch vitaminreich und gesund. Am besten schmeckt der Salat, wenn er mit möglichst jungen und zarten Löwenzahnblättern zubereitet wird. Beim Marinieren sollte man zur Abwechslung ein Walnussöl verwenden. Es unterstützt den nussig-bitteren Geschmack des Löwenzahns.
Löwenzahn wird oft als Unkraut abgetan, völlig zu Unrecht, denn aus der gesunden Pflanze lassen sich verschiedene schmackhafte Speisen zubereiten:

- Salat von Löwenzahn
- Löwenzahn-Kräutersuppe
- Tortelloni mit Löwenzahn-Frischkäsefüllung und Speckbutter
- Risotto mit Löwenzahn
- Gebackene Löwenzahnblüten
- Kräuternudeln in Zitronen-Olivenölsauce
- Käsenocken mit Löwenzahnsauce
- Löwenzahnhonig
- Löwenzahnhonig-Halbgefrorenes und -Eis

Mais (mais)

Der Gemüsemais (Speise-, Zucker- oder Süßmais) gehört zur Gattung der Gräser. Er unterscheidet sich vom Futtermais dadurch, dass sich der Zucker langsamer in Stärke umwandelt und die Körner deshalb deutlich süßer schmecken.
Der Körnermais hat kleinere Kolben, welche im nicht ganz reifen Stadium (Milchreife) geerntet werden. Die Körner sind glatt und auf Druck tritt ein milchiger Saft hervor.

Maiskörner vom Kolben trennen
Als Erstes muss man den Mais enthülsen, ganz gleich ob der ganze Kolben oder die Körner verwendet werden, vor dem Garen müssen zuerst die Hüllblätter und die Narbenfäden (die »Seide«) entfernt werden. Um die Körner vom Kolben zu trennen, halten Sie ihn am Stielende fest, nehmen ein Schneidbrett als Unterlage und schneiden mit einem scharfen Messer am Kolben von oben nach unten die Körner ab. Rund um den Kolben bleibt eine dünne Schicht Fruchtfleisch stehen. Das übrig gebliebene Fruchtfleisch mit dem Messerrücken abschaben und für Suppe oder Eintopf verwenden.

Zuckermais

Zuckermais wird als Gemüse verwendet und ist zweifelsohne eine Delikatesse. Möchte man jedoch Zuckermais nicht als Ganzes zubereiten, wäscht man ihn, entfernt die Enden und schabt die Körner mit einem Messer einfach ab.

Baby- oder Minimais

Von einigen Zuckermaissorten werden auch die ganz jungen, etwa 10 Zentimeter langen Kölbchen geerntet und sauer eingelegt (Pickles) angeboten. Sie sind so weich, dass sie als Ganzes gegessen werden können.

Verwendung
Die meisten Maisrezepte sind amerikanischen Ursprungs. Zum Beispiel gegrillter Maiskolben, Maisküchlein, Maispuffer, Rahmmais, Mais mit Chilisauce, Maisbrot, Maisbrei, Polenta, Salate, Suppen und vieles mehr.

Maisprodukte

Häufige Verwendung findet Mais für Cornflakes, für Maisstärke, als Bindemittel für Saucen und Suppen sowie als Maisgrieß, besser bekannt als Polenta, oder als Maiskeimöl. Gemüsemais wird als frischer Kolben, Konserve und tiefgekühlt angeboten.

Gelbe Polenta
Polenta gibt es im Handel als feines und mittelfeines Mehl sowie als groben Grieß oder auch als Instant-Maisgrieß, der besonders schnell gart.

Weiße Polenta
Aus weißem Maismehl lässt sich die »weiße« Polenta zubereiten.

Gelber Maiskolben

Weißer Maiskolben

Ovale und längliche Melanzane

Tipps zum guten Geschmack der Melanzane

- Das Fleisch ist nur gegart oder eingelegt essbar.
- Melanzane haben wenig Eigengeschmack, deshalb sollte man sie immer gut würzen.
- Knoblauch, Basilikum, Oregano, Thymian, Rosmarin und selbstverständlich Salz und frisch geriebener Pfeffer passen sehr gut.
- Für Gerichte, in denen die Farbe eine Rolle spielt, entfernt man die harte Schale der Frucht.

Aubergine/Eierfrucht (melanzane)

Melanzane sind Nachtschattengewächse und haben viele Namen: Auberginen, Melanzane oder Eierfrucht. Sie werden in warmen Gegenden angebaut.

Melanzane weisen je nach Sorte unterschiedliche Formen und Farben auf. Die Sorten mit länglicher Form sind dunkelviolett und in der Regel auch etwas pikanter, während die runden Sorten süßer sind. Melanzane werden im Sommer geerntet, wenn die Frucht ein recht festes Fruchtfleisch und nur wenig Samen hat.

Einkauf

Melanzane gibt es das ganze Jahr über, die Hauptsaison ist jedoch von Juni bis Oktober.

Es gibt **dunkelviolette, weiße, grüne, lavendelfarbene** und **hellbraune Sorten,** bisweilen mit dickerer Schale und festerem Fruchtfleisch. Bei Topware erinnert die glänzende Schale an Lack. Die Frucht darf auf zarten Druck hin fast nicht nachgeben.

Rohe Melanzane sind nur eingelegt genießbar. Sie enthalten das gefährliche **Alkaloid Solanin,** das Vergiftungserscheinungen hervorruft, sich jedoch durch längeres Erhitzen weitgehend verflüchtigt.

Lagerung

Melanzane lieben es nicht kalt. Also lagern Sie Melanzane nicht unbedingt im Kühlschrank. Denn dann bekommen sie rasch Flecken und verderben. Am besten lagern Sie sie bei Zimmertemperatur oder etwas drunter.

Verwendung

- Melanzane werden als Beilage, aber auch als Vorspeise gereicht, gegrillt, frittiert, mit Tomaten zubereitet oder als Zutat zu verschiedenen Saucen oder Nudelgerichten verwendet.
- Sehr beliebt ist die Kombination von Melanzane mit Paprika, Tomaten, Zucchini und Zwiebel, als Beilage zu gegrilltem Fleisch, vor allem Lamm.
- Ihr Aroma entfaltet sich vor allem beim Braten oder Grillen. Damit die Frucht nicht zu viel Fett aufsaugt, sollte das Öl heiß genug sein. Aufgeschnitten verfärbt sich das Fruchtfleisch schnell. Das lässt sich verhindern, indem man es mit ein wenig Zitronensaft beträufelt.
- Wenn Sie den Bittergeschmack nicht so mögen, bestreuen Sie die Melanzane vor dem Garen mit Salz und lassen sie 20–30 Minuten ziehen. Außerdem wird dadurch verhindert, dass die Früchte beim Braten zu viel Fett aufsaugen. Allerdings haben Sie dadurch einen Nährwertverlust und auch Geschmackverlust.

Paprikaschoten (peperoni)

Peperoni, von denen es **rote, gelbe, grüne,** aber auch **orange, schwarze** und **weiße Sorten** gibt, werden vor allem im Sommer und im Herbst geerntet und haben manchmal sehr scharfe Samen. Alle Peperoni sind zunächst grün und färben sich erst mit zunehmender Reife, so dass es nicht überrascht, dass grüne Schoten längst nicht so süß schmecken wie vollreife.

Gemüsepaprika sind nicht nur von reizvoller Farbe, sondern auch aromatisch. Die grünen Peperoni schmecken bittersüß, die roten, gelben und orangefarbenen sind süßlicher.

Es gibt sehr große, kantige Schoten, wie z. B. die Sorte **Quadrato d'Asti,** oder längere, schmalere Schoten, wie z. B. **Corno di Bue** oder **Sigaretta.**

Peperoni sind zwar mit dem scharfen Peperoncino verwandt, zählen jedoch zu den wesentlich milderen Vertretern.

! Beim Vitamin-C-Gehalt gelten Peperoni als absoluter Spitzenreiter unter dem Gemüse.

Lagerung

Peperoni sind ein kälteempfindliches Gemüse. Im Kühlschrank sollte man sie nicht unter 8 Grad lagern. Bei tieferen Temperaturen werden Peperoni runzelig, bekommen wässrige Stellen und verderben.

Beachten Sie beim Einkauf die Oberfläche sehr sorgfältig. Sie sollte glatt, glänzend, ohne Beschädigung und keinesfalls runzelig sein.

Vorbereitung

Möchten Sie Peperoni schälen, so ritzen Sie die Haut ein und braten Sie die Peperoni im Backrohr bei 200 Grad, bis die Haut Blasen wirft. Aus geschmacklicher Sicht ist diese Variante sehr gut, allerdings werden die Peperoni dabei fast weich gegart.

Sie können Peperoni auch mit dem Sparschäler schälen.

Verwendung

Für die Peperonata, auf die Bruschetta, in Suppen, Saucen, zum Füllen, als kalte Vorspeise, für Appetithäppchen und vieles mehr.

Radicchio (radicchio)

Radicchio ist einer der vielseitigsten Salate, schon was sein Aussehen anlangt – von rotviolett, hellgrün bis gelb, von rund bis kegelförmig.

Vielseitig ist Radicchio aber nicht nur in der Form, sondern vor allem in seiner Verwendung. Radicchio wird nicht nur **roh,** als Salat gern gegessen, sondern häufig auch **gegrillt, geschmort** oder einfach mit etwas Olivenöl in der Pfanne **gebraten.**

Das Hauptanbaugebiet von Radicchio – die roten Sorten werden auch als rote Endivie bezeichnet – liegt in Norditalien, vornehmlich in der Region Venetien.

Hierauf deuten schon die Namen vieler Sorten hin, wie etwa **Radicchio di Chioggia.** Chioggia ist ein kleiner Ort an der Adria, in der Nähe von Venedig. **Radicchio di Treviso** stammt aus der Umgebung von Treviso. Aber auch in Südtirol, und zwar im Vinschgau und am Nonsberg, wird Radicchio mit großem Erfolg angebaut.

Saison

Auf den Markt kommen die Salate mit den unterschiedlichen Färbungen hauptsächlich in den kühlen Monaten von Oktober bis April. Man unterscheidet grundsätzlich zwei Arten:

- **Sommerradicchio**, zu dem die Chioggia-Sorten zählen, bei denen Aussaat oder Pflanzung im Frühjahr erfolgen und die Ernte im Herbst.
- **Winterradicchio,** der im Sommer gesät wird und bei dem im Herbst die grünen Blätter absterben. Erst mit dem Einsetzen wärmerer Temperaturen treiben die Pflanzen dann erneut und bilden einen Kopf oder eine Blattrosette aus. Da sich die Bitterstoffe infolge des Frostes abbauen, sind Wintersorten wie der Radiccho di Treviso etwas milder.

Radicchioarten und Verwendung

Die kräftig rote, seltener grünlich gelbe Salatpflanze mit weißen Blattrippen wird in Europa vorwiegend in Italien angebaut. Angeboten wird der Radicchio bei uns fast das ganze Jahr. Hauptsaison hat er jedoch von Oktober bis April.

Radicchio di Chioggia

Diesen Radicchio gibt es in verschiedenen Züchtungen. Er ist der bekannteste aus der großen Radicchiofamilie. Er hat runde kompakte rote Köpfe mit weißen Blattrippen.

Geschmack von Radicchio

Im Sommer ist die bittere Note aufgrund einer ungleichmäßigen Wasserversorgung stärker ausgeprägt.

Viele schätzen die herb-bittere Note, die allen Zichoriengewächsen eigen ist und einmal mehr, einmal weniger ausgeprägt zum Vorschein kommt.

Den von vielen geschätzten Bittergeschmack verdankt der Radicchio übrigens dem in den Blattrippen enthaltenen Bitterstoff Intybin, dem eine verdauungsfördernde Wirkung nachgesagt wird.

Der grünlich gelbe Radicchio di Chioggia eignet sich gut für Salate.

Tipps zur Verwendung und Lagerung von Radicchio

1. Durch das Einlegen in lauwarmes Wasser mildert sich die Bitterkeit.
2. Radicchio und Chicorée können Sie ruhig zugedeckt in Plastikbehältern oder in Sichtfolie eingewickelt für einige Tage im Kühlschrank aufbewahren.
3. Grüne Blattspitzen, braune Verfärbungen und Eintrocknungen sind Zeichen für Überlagerung und schlechte Warenpflege.

Radicchio di Chioggia

Radicchio »Rosso di Verona«

Radicchio di Treviso

Radicchio trevigiano

Radicchio »Lucia«

Verwendung
Für Salate, in Kombination mit anderen Blattsalatsorten, und auch für Risotto, Palatschinken, zu Pasta, zum Braten, Schmoren, für Marmelade, Chutneys, Gelees usw. Allgemein gilt: Helle Sorten eignen sich für Salat, rote Sorten zum Schmoren, Grillen, für Risotto.

Radicchio »Rosso di Verona«

Dieser Radicchio ist intensiv gefärbt, bildet längliche kleine, lockere Köpfe aus und ist im Geschmack eher mild.

Verwendung
Als Salat, für Füllungen, geschmort oder gedünstet als Beilage usw.

Radicchio di Treviso

Der Radicchio di Treviso hat längliche schmale dunkelrote Blätter mit dicker weißer Mittelrippe. Er bildet keine Köpfe, sondern nur lockere Rosetten aus.

Verwendung
Als Salat, für Risotto, für Füllungen, geschmort oder gedünstet als Beilage usw.

Radicchio trevigiano

Der Radicchio trevigiano bildet nur lockere Rosetten mit nach innen gebogenen Blättern.

Verwendung
Er eignet sich für Risotto, aber auch zum Braten und Grillen.

Radicchio »Lucia«

Der Radicchio »Lucia«, eine Neuzüchtung mit einem kegelförmigen, an Spitzkohl erinnernden, festen Kopf, rotweiß gesprenkelten Blättern und weißen Blattrippen.

Verwendung
Er kann ebenfalls als Salat, für Risotto, für Füllungen, geschmort oder gedünstet als Beilage serviert werden.

Rauke (rucola)

Im Zuge der mediterranen Welle ist die duftende Kulturpflanze mit dem starken Eigengeschmack zum unverzichtbaren Bestandteil der modernen Küche geworden.
Die vielseitige Rucola, so die italienische Bezeichnung der Rauke, erlebt heute in den Küchen einen regelrechten Boom.
Dabei gab es sie hier zu Lande auch früher schon unter dem Namen Rauke. Galt sie früher noch als Geheimtipp beim Italiener, findet man sie heute fast in jedem Geschäft.
Bei der Pflanze handelt es sich um einen Kreuzblütler, sie ist damit mit verschiedenen Kohlarten verwandt.
Die Ölrauke hat zartgrüne längliche Blätter, die bei der Wildform stärker ausgefranst sind. Mit ihrem kräftigen leicht nussartig, würzig-intensiven Geschmack lässt sie sich sehr gut wie ein Kraut verwenden.

Einkauf und Lagerung
Rucola gibt es das ganze Jahr über zu kaufen. Am besten schmeckt Rucola in der Hauptsaison von Frühling bis Herbst. Achten Sie auf frische knackige Blätter.
Welke Blätter aussortieren und lange Stiele abschneiden.
Sie hält sich 3–4 Tage luftig in einem Plastikbeutel verpackt im Gemüsefach des Kühlschranks.

Verwendung
- Sie schmeckt gut in gemischten Salaten.
- Rucola kann man pur genießen, mit nur etwas Zitronensaft, Balsamicoessig oder nur mit Olivenöl angemacht.
- Rucola schmeckt auch zu gebratenen Rindsfiletscheiben, Hühnerbruststreifen, Wachtelbrüstchen.
- Sie ist aber auch eine würzige Zugabe zu Rohschinken, Mozzarella, Tomaten, Fischen, Krustentieren, Parmesan und anderen Käsesorten.

- Pastasaucen erhalten ebenso wie Pizza und der Tomatensalat eine besondere Note.
- Beliebt sind auch der Rucolapesto, die Rucolabutter und die Rucolacreme. Man kombiniert sie mit Fisch, Fleisch, Risotto und Nudeln.

Nitrat in der Rucola
Rucola gehört, wie Spinat, zu Blattgemüse mit Nitratgehalt. Dieser kann im Körper in gesundheitsschädliche Stoffe umgewandelt werden. Kleinkinder und ältere Menschen sollten deshalb nitratreiche Lebensmittel nicht in großen Mengen und nicht täglich essen.
Man kann die harten Stiele, in denen der größte Teil des Nitratgehalts steckt, entfernen. Ab April steckt von Natur aus weniger Nitrat in der Pflanze, weil ihr Stoffwechsel den Stickstoff schneller verarbeitet.

Romanasalat

Es gibt die runde und die ovale Sorte. Romanasalat hat bis zu 30 Zentimeter hoch wachsende, dunkle Außenblätter und gelbe Innenblätter. Er hat relativ kräftige, robuste Blätter und ist einige Tage im Kühlschrank haltbar.

Spargel (asparagi)

Es gibt mehr als 20 Sorten, die sich durch Farbe und Dicke unterscheiden. Den ausgeprägtesten Geschmack hat sicher der sehr dünne, wilde Spargel oder Feldspargel, der im Frühling wild an der italienischen Küste wächst.

Tipps

- Spargel in viel Salzwasser mit Zucker (entzieht Bitterstoffe) und Butter (verhindert Austrocknung) bissfest kochen.
- Mitkochen von altem Weißbrot ist nur bei sehr bitteren Spargeln nötig.
- Zur besseren Handhabung die Stangen mit Küchenschnur bündeln.
- Kochzeit je nach Dicke: 8–20 Minuten.

Weißer Spargel ist durch Erde lichtgeschützt. Kommt Licht dazu, verfärben sich die Köpfe bzw. Stangen erst violett, dann grün. Er wird noch in der Erde gestochen und schmeckt edel.
Violetter Spargel wird beim Kochen graugrün. Im Sonnenlicht wird er zart-violett und kräftiger im Aroma.
Grüner Spargel, erkennbar an seiner Farbe und dem an Erbsen erinnernden Geschmack.

Einkauf
Die heimische Spargelsaison beginnt Anfang bis Mitte April und endet traditionell spätestens am 24. Juni (Johannistag). Die Spargelpflanze treibt nämlich erst bei Bodentemperaturen über 10 Grad, die idealste Temperatur liegt bei 20 Grad, wobei eigene Folien zur Beeinflussung der Temperatur über das Feld gespannt werden.
In Italien ist **Spargel aus Bassano del Grappa,** aber auch aus **Südtirol** (Terlan, Vilpian, Nals, Vinschgau) bekannt. Der Terlaner Spargel hat auch einen Namen: »Margarethe«, die letzte Regentin Tirols, steht hierfür Patin.

Lagerung
In ein feuchtes Tuch gewickelt hält der Spargel problemlos einige Tage im Gemüsefach des Kühlschrankes.

Verwendung
Nach dem Waschen holzige Enden entfernen. Den **weißen** Spargel knapp unter dem Kopf beginnend dünn, zum Ende hin dicker schälen. Den **grünen** Spargel nur im unteren Drittel dünn schälen.

Spargelkürbis (zucchini)

Zucchini sind das kleinste und wahrscheinlich feinste Kürbisgemüse. Ernten Sie die Zucchini in halbreifem Zustand mit einer Länge von maximal 20 Zentimeter, oder beginnen Sie mit der Ernte bereits, wenn sie blühen, denn die Blüten schmecken vorzüglich.

Rucola nicht kochen!
Rucola soll nicht mitgekocht werden, ansonsten verliert sie das feine Aroma. Also immer nur zum Schluss im rohen Zustand in oder auf die Gerichte geben.

Wie viel Spargel serviert man pro Person?
Als Faustregel gilt pro Person etwa 500 Gramm (etwa 10 Stangen). Serviert man Spargel als Beilage, so reichen 250 bis 300 Gramm.
Warum ist Spargel so gesund?
Er hat weniger als 1 Gramm Fett pro 100 Gramm. Spargel regt den Stoffwechsel an, enthält viel Vitamin A und B, außerdem Eisen und Kalium.
Wie schmeckt Spargel am besten?
Klassisch reicht man die Sauce Hollandaise, eine Olivenöl-Hollandaise oder Bozner Sauce. Auch frisch geriebener Parmesan, Butter oder Schnittlauch schmecken gut.
Spargel servieren: Früher wurde er als Ganzes geschlürft. Heute darf er auch geschnitten werden.
Korrekt beginnt man mit der Spitze. Er wird übrigens mit der Spitze nach links serviert.

Zucchiniblüte

Winterspinat

Frühlingsspinat

Sommerspinat

Spinat
ist die Grundlage der italienischen Gerichte, die die Bezeichnung »fiorentina« tragen.

Wenn Sie die Zucchini zu spät ernten, also wenn sie bereits reif und voll ausgewachsen sind, dann hat man Riesenmonster mit über einem Kilogramm, bei denen das Fruchtfleisch schon schwammig und die Kerne hart sind.

Einkauf und Lagerung

- Es gibt gelbe, weißliche und natürlich – am weitesten verbreitet – grüne Zucchini. Letztere sind etwas kräftiger im Geschmack.
- Zucchini sollten fest, aber nicht hart sein.
- Bevorzugen Sie eher kleine Zucchini.
- Da Zucchini eine sehr weiche Schale haben, sollten Sie darauf achten, dass sie unbeschädigt bleiben, sonst kommt es rasch zu den ersten Fäulniserscheinungen.
- Das milde, nussartig schmeckende Gemüse hat hier zu Lande von Mai/Juni bis Oktober Saison.
- Zucchini sind das ganze Jahr über erhältlich, im Sommer auch mit Blüten. Diese stellen eine besondere Delikatesse dar.
- Zucchini können bis zu einer Woche im Gemüsefach des Kühlschranks bei 4–6 Grad aufbewahrt werden.

Verarbeitung und Verwendung

- Vor der Verarbeitung entfernen Sie den Stielansatz und auch den Blütenansatz.
- Beim Garen sollten Zucchini intensiv gewürzt werden, z. B. Knoblauch, Basilikum, Oregano, Thymian, Rosmarin eignen sich dafür.
- Zucchini sind sehr vielseitig verwendbar. Sie harmonieren mit jedem Fleisch und Fisch.
- Zucchini lassen sich auch mit anderen Gemüsesorten (z. B. Tomaten, Peperoni, Melanzane, Artischocken, Kartoffeln usw.) kombinieren.
- Beim Kochen verlieren Zucchini viel von ihrem Geschmack. Man sollte Sie möglichst kurz rösten, grillen, dünsten oder backen.
- Achten Sie bei der Zubereitung von Zucchini auf die Temperatur, denn zu heiß angebratene Zucchini schmecken bitter.
- Größere Exemplare sollten Sie schälen und auch das Kerngehäuse herausschneiden.
- Gefüllte Zucchini sind eine allseits bekannte Spezialität, wobei die Fülle nicht unbedingt aus Faschiertem, sondern auch aus verschiedenem Gemüse, kombiniert mit Getreidekörnern, Käse usw., bestehen kann.
- Weitere Gerichte sind Zucchinisuppe, Zucchiniragout, eingelegte Zucchini, Zucchini-Kartoffelpuffer, Zucchinikuchen, süßer Zucchinikuchen, Zucchinibrot, Zucchinipizza.

Zucchiniblüten

Eine Spezialität sind die Zucchiniblüten, an denen bereits kleine Zucchini mit bis zu etwa 8–10 Zentimeter Länge hängen. Dabei sollten Sie darauf achten, dass diese ganz frisch und unbeschädigt sind. Beim Verarbeiten von Zucchiniblüten entfernen Sie nur den Stielansatz. Die kleinen Zucchini lassen Sie an der Blüte. Zucchiniblüten schmecken vorzüglich in Bierteig gebacken.
Füllen können Sie die Blüten mit Tomatenwürfeln, Fischfarce oder fein würfelig geschnittenen Krustentieren, Lachs, Mozzarella usw., und pochieren oder dämpfen Sie diese.

Spinat (spinaci)

Spinat und Mangold gehören botanisch zur Familie der Gänsefußgewächse.
Spinat ist ein beliebtes Blattgemüse mit zarten, vollgrünen Blättern. Man unterscheidet ihn nach der Jahreszeit des Anbaues. Die Stängel des Spinates sollen kurz sein. Blattspinat wird oberhalb des Wurzelhalses abgeschnitten.
Den Spinat sollten Sie kühl, lichtgeschützt und luftig lagern.

Winterspinat

Er kommt bis ins Frühjahr in den Handel. Der Winterspinat hat gröbere, herbere und relativ stark gewellte Blätter.

Verwendung
Winterspinat ohne Wurzeln als Beilage blanchiert und gedünstet, für Suppen und Füllungen. Die dicken Blattstiele können auch gekocht und als Salat verwendet werden.

Frühlingsspinat

Am zartesten ist der ganz junge zarte Frühlingsspinat, der sehr feine kleine Blätter hat.

Verwendung
Er wird gern als Salat verzehrt, eignet sich aber auch für die Zubereitung als Blattspinat für eine Beilage.

Sommerspinat

Ihn gibt es von April bis Juni. Er ist um einiges zarter als Winterspinat.

Verwendung
Er wird meist als Blattspinat gekocht oder gedünstet als Beilage serviert.

Lagerung
Frischen Spinat möglichst locker im Kühlschrank lagern. Zu eng verpackt beginnt er schnell zu welken bzw. zu faulen und muffig zu riechen.

Tomaten (pomodori)

Im Klima des Südens findet die Tomate die 120 sonnenwarmen Tage, die sie zur Entfaltung ihrer ganzen Geschmacksfülle benötigt. Als Hauptbestandteil, als Zutat oder als Würze verleiht sie den Gerichten Aroma, Geschmack und Farbe. Vor allem die eiförmigen »San-Marzano-Tomaten«, eine Sorte mit festem Fleisch, sind sehr geschätzt.
Botanisch zählen Tomaten wie auch Melanzane und Peperoni zwar zu den Nachtschattengewächsen, in der Küche werden sie jedoch wie Gemüse behandelt. Sie werden besonders in italienischen – mediterranen – Gerichten verwendet, denen sie Farbe und Aroma verleihen. Die Tomate ist aus unserer Küche nicht mehr wegzudenken. Ihre Süße oder Säure hängt vornehmlich von der Sorte ab.

Ernte
Reife Tomaten sind druckempfindlich und faulen leicht. Deshalb wird ein Großteil der auf dem Markt erhältlichen Ware in unreifem Zustand, also noch grün und fest geerntet.
Die grünen Tomaten werden zunächst kühl gelagert und können dann in speziellen Wärmekammern oder an der Sonne nachreifen, bis sie rot sind. Leider mangelt es ihnen am süßwürzigen Tomatengeschmack, der für die sonnengereifte Frucht am Strauch typisch ist. Die in Hydrokultur gezogenen Tomaten sind zwar wohl geformt und farbenprächtig, aber meist auch nicht sehr geschmacksintensiv.

Lagerung
Zum Nachreifen zu Hause lagern Sie die Tomaten, an denen der Stil noch vorhanden sein sollte, am besten um die 15 Grad.
Tomaten sind kälteempfindlich, deshalb sollten sie nicht im Kühlschrank liegen, sondern dunkel bei einer Temperatur von 8 bis 10 Grad.

Passende Gewürze und Kräuter zu Tomaten
Aromatische frische Kräuter wie Basilikum, Oregano, Thymian, Salbei, Lorbeer oder Kerbel und vor allem Olivenöl harmonieren sehr gut.

Fleischtomaten

Die wohl bekannten runden Tomaten sind relativ saftig, haben eine dickere Haut und lassen sich daher gut in Scheiben oder Spalten schneiden und füllen. Den richtigen Biss haben sie, wenn der Stielansatz noch leicht grün ist.

Strauchtomaten

Sie werden mit Kelch und Stiel geerntet. Der intensive Tomatenduft und ihr volles, süßliches Aroma machen sie so beliebt. Sie sind saftig, knackig, tiefrot glänzend und schnittfest.

Tipps

- Der Geschmack der Tomaten ist von der Garzeit abhängig. Wenn sie frisch zubereitet oder nur leicht gegart werden, bleibt ihr delikates Aroma weitgehend erhalten.
- Brät man sie für längere Zeit im Ofen, bis sie zerfallen, sind sie süß.
- Tomaten schälen, warum? Da die Schalen nicht verkochen, würden sie in der Sauce stören und sind dazu auch schwer verdaulich.
- Das Schälen ist einfach
Tomaten an der Unterseite kreuzweise einritzen, einige Sekunden in kochendes Wasser legen, kurz in kaltem Wasser oder Eiswasser abkühlen lassen und die Haut abziehen.

Die beliebtesten Sorten
Heute gibt es viele Sorten in unterschiedlichen Formen: von rund bis länglich gerippt. Fleisch-, Eier-, Strauchtomaten bis zu den winzigen Cocktailtomaten, auch Kirsch- oder Cherrytomaten genannt.
Sie variieren farblich von Grün, Gelb bis hin zum vertrauten Rot und größenmäßig von der prallen Fleischtomate bis zum Ochsenherzen, welches bis zu 500 Gramm schwer werden kann.

Ochsenherztomate

Eiertomaten, San Marzano

Cocktailtomaten

Achtung!

Unreife Tomaten

Vom Genuss grüner, unreifer Tomaten anderer Sorten ist abzuraten. Grüne, unreife Tomaten enthalten den Giftstoff Solanin. Dieser bewirkt in der Regel leichte Vergiftungen, kann aber bei Kindern schlimme Folgen haben. Grüne Tomaten der üblichen Sorte, die gegen Ende der Saison gepflückt werden, sollen deshalb nachgereift werden.

Sardische Tomaten

Eiertomaten

Sie sind eine festfleischige und wenig wässrige Sorte. Sie sind besonders saftig und mild im Geschmack; sie eignen sich für Saucen und Suppen. Erkennungsmerkmal: die Eiform, wie der Name schon sagt.

San Marzano

Nicht jede Tomatensorte taugt für eine gute Sauce. Die länglichen Flaschentomaten eignen sich dafür besonders. Es sind die Napoli- oder Roma-Arten, die sehr viel Fruchtfleisch haben, aber wenig Samen. Die allerbesten Saucentomaten kommen aus der Region Kampanien. Sie sind besonders fleischig und lassen sich gut zu Saucen und Suppen verarbeiten.

Cocktailtomaten

Sie werden auch Kirsch- oder Cherrytomaten genannt. Neben der bei uns bekannten runden Cocktailtomate gibt es drei weitere Varianten: Cocktailtomaten mit birnen- und pflaumenförmigen Früchten sowie Pflanzen mit winzigen runden Tomaten.
Sie sind süßer als andere Sorten, würzig und beliebt für einen Snack zwischendurch. Sie eignen sich außerdem gut zur Dekoration und für Nudel-, Fisch- oder Fleischgerichte.

Gelbe Tomaten

Gelbe Tomaten sind eine Neuzüchtung. Sie werden wegen der Farbe und auch wegen ihrer Süße und ihres geringen Säuregehaltes angebaut. Man verwendet sie gern als Garnitur für Salat und zum Einlegen.

Grüne Tomaten (sardische Tomaten)

Diese Sorten sind robust und schmecken besonders fruchtig-aromatisch. Man sollte diese reif-grüne Sorte nicht mit unreifen »normalen« Tomaten verwechseln.

Getrocknete Tomaten in Öl

Getrocknete Tomaten

Getrocknete Tomaten

Ein besonders feines und vor allem konzentriertes Aroma haben getrocknete Tomaten. Dafür nimmt man Eiertomaten, die an der Sonne getrocknet werden, bis sie eine ledrige Konsistenz haben. Das Trocknen konzentriert das Aroma, das eine intensive süß-aromatische Note erhält. Sie eignen sich vor allem für Sughi, Saucen, für Tomatenpesto, aber auch als Zugabe bei Antipasti.

Verwendung

Kein Tag, an dem nicht Pasta, Risotto, Fisch, Fleisch oder Gemüse nach der Tomatenzutat verlangen, von den Antipasti ganz zu schweigen. Sie sind die Zutat Nummer eins der Nudelküche. Sowohl für Pizza als auch für die Tomatensauce wünscht man sich kräftig schmeckende, dunkelrote Tomaten.
Typische Tomatengerichte: Tomaten mit Mozzarella, Basilikum und Olivenöl, Tomaten gefüllt mit Zucchini, Melanzane und Mozzarella, für Suppen, Risotto, Chutneys und als Garnitur.

Industrieware und ihre Unterschiede

- **Pelati** sind Dosentomaten ohne Haut.
- **Polpa di pomodoro** sind zerkleinerte Tomatenwürfel ohne Haut.
- **Passata di pomodoro** ist eine passierte Tomatensauce.
- **Tomatenmark** ist ein Tomatenkonzentrat, das bei der Herstellung von Saucen verwendet wird.
- **Tomatenketchup** ist eine kalte Sauce, die zu vielen Fastfood-Gerichten gereicht wird.

Delikatessen aus dem Wald

Pilze und Trüffeln

Pfifferlinge und Steinpilze finden in der italienischen Küche vielfältige Verwendung.

Pilze

Ob gezüchtet oder wild, begehrt sind sie immer, bringen sie doch viel Aroma und Geschmack. Zuchtpilze sind das ganze Jahr über im Angebot. Wildpilze wachsen nur zu bestimmten Zeiten und auch nur bei entsprechender Witterung, je nach Sorte von Spätsommer bis in den Herbst hinein, und sind meist teurer. Passionierte Sammler kennen Saison und Standort von Pilzen.

Pilze sammeln

Wenn es schön warm ist, es vorher reichlich geregnet hat und der Wald so richtig dampft, dann heißt es für die Schwammerlsucher früh aufstehen, um als Erste den frischen, knackigen Steinpilz, Parasol oder auch Pfifferling zu sammeln.

! Doch Vorsicht! Nicht alle Pilze sind essbar, manche sind bitter und ungenießbar, und manche sind sogar hochgiftig, dann kann der Verzehr unter Umständen sogar tödlich sein.

In der Mykologie weniger Bewanderte sollten ihre Pilze jedoch lieber auf dem Markt oder im Geschäft kaufen. Für das Sammeln gilt generell: Nichts mitnehmen, was man nicht kennt! Bestehen nur die leisesten Zweifel, sollte man eine Pilzberatungsstelle aufsuchen.

Zuchtpilze
Weißer Champignon, Egerling oder brauner Champignon, Cremechampignon oder rosa Champignon, Shiitake-Pilze
Wildpilze
Steinpilze, Pfifferlinge, Morcheln, Parasole oder Schirmlinge

Einkauf

Im Gegensatz zu den Zuchtpilzen, die erschwinglich sind, haben Wildpilze meist einen stolzen Preis. Ganz zu schweigen von Trüffeln, die sich trotz aller Versuche bisher noch nicht mit befriedigendem Erfolg züchten lassen.

Generell sollten Sie auf Frische besonders viel Wert legen, da Pilze rasch zu faulen beginnen. Die Eiweißstoffe zersetzen sich, und es werden Giftstoffe gebildet.

Wer sichergehen will, beim Einkauf auch die gewünschte Qualität zu erhalten, sollte sich Steinpilze, Trüffeln usw. aufschneiden lassen. Nur so lässt sich Madenbefall sicher ausschließen.

Die Pilze sollten auch möglichst sauber und unbeschädigt sein und frisch und sortentypisch duften.

Steinpilze putzen

Tipps zum Verarbeiten

- Pilze sollten Sie erst unmittelbar vor der Zubereitung kurz waschen.
- Nach Möglichkeit nur trocken putzen und keinesfalls im Wasser liegen lassen, da sie sich sonst mit Wasser voll saugen.
- Wenn Pilze keine sichtbaren Verunreinigungen aufweisen, reicht es, wenn Sie sie mit einem feuchten Tuch oder Küchenpapier abwischen.
- Wenn Sie Pfifferlinge einfrieren wollen, sollten Sie diese vorher kurz in einem Gemüsesud abkochen oder anrösten, dadurch verlieren sie einen Großteil der Feuchtigkeit und es entstehen weniger Eiskristalle.
- Steinpilze können Sie, wenn sie sauber und trocken sind, auch roh einfrieren.

Pilze trocknen

Ausgezeichnet trocknen lassen sich Steinpilze, Maronenröhrlinge und Shiitake-Pilze.

Die geputzten, gleichmäßig dünn geschnittenen Pilze werden an der Sonne, im Backrohr oder auf dem Herd getrocknet und dann in Leinensäckchen an einem luftigen, trockenen Ort oder in einem gut verschließbaren Behälter aufbewahrt.

Durch das Trocknen wird der größte Teil des Wassers entzogen.

Vor dem Zubereiten werden die Pilze im Wasser eingeweicht.

Verwendung

Pilze finden in vielen Bereichen der Küche Verwendung.

Es empfiehlt sich, Pilze generell gründlich zu garen, da viele im rohen oder halbrohen Zustand unverträglich sind und Beschwerden hervorrufen können. Manche Pilze wie der Pfifferling sind schwer verdaulich, und man sollte sie nur in kleinen Mengen genießen.

Lagerung

Frische Pilze: Für kurzzeitiges Aufbewahren geben sie die Pilze locker verteilt auf ein Küchenpapier in den Kühlschrank. Zuchtpilze sind etwas besser und länger haltbar.

Getrocknete Pilze: Getrocknete Pilze bewahren Sie in einem verschlossenen Glas auf.

Steinpilze (funghi porcini)

Steinpilze sind bei Italienern der Inbegriff für Pilze. Der Star unter den Wildpilzen ist überall dort verbreitet, wo Eichen, Buchen, Kastanien, Fichten und Kiefern wachsen. Da er sich in Wurzelnähe von Nadel- und Laubbäumen wohl fühlt, kommt er vor allem im Mischwald vor.

Der echte Steinpilz oder Herrenpilz besitzt jung hell- bis dunkelbraune, feste, halbkugelförmige Köpfe.

Er ist meist fleischig und fest. Mit seinem ausgezeichneten Geschmack, dem herrlichen Aroma und seiner angenehmen festen Konsistenz ist er überaus vielseitig verwendbar.

Steinpilze werden in Ligurien und im Piemont genauso begeistert gesammelt wie im südlichen und nördlichen Teil des Apennins.

Italiener sind bereit, für Steinpilze viel Geld auszugeben.

Die Toskana ist bekannt für die überragende Qualität ihrer Steinpilze. So beliebt ist der Pilz, dass sein eigentlicher Name oft nicht einmal mehr genannt wird, sondern man einfach von Funghi (Pilzen) spricht.
Je wärmer die Region, desto intensiver wird ihr angenehm würzig-nussiger, dezenter Geruch.

Einkauf und Lagerung
Beim Einkauf oder Sammeln nimmt man am besten nur junge kleine Pilze mit weißer Hutunterseite. Ältere Steinpilze sind meist schwammig und haben olivgrün verfärbte Röhren. Daher sollte man die grünen Teile beim Putzen immer entfernen.
Steinpilze lassen sich gut konservieren, z. B. im rohen Zustand tiefkühlen, trocknen oder in Essig oder Öl einlegen.

Verwendung
Steinpilze werden auf vielseitige Weise zubereitet: als Salat, gebraten, gegrillt, gebacken oder gedünstet, eingelegt für Antipasti, als Beilage zu Fleisch und getrocknet als Aromazutat in Saucen, Suppen und Eierspeisen, Steinpilz-Carpaccio, Steinpilznudeln oder als Steinpilzrisotto.

Schirmpilz/Parasol (parasole)

Er ist ein sehr feiner Speisepilz. Sein Hut kann tellergroß werden, ist aber nur kurze Zeit haltbar. Seine Verwendungsmöglichkeiten sind beschränkter als die der Steinpilze oder Pfifferlinge. Er wird hauptsächlich mit Ei oder mit Ei und Brösel paniert gebacken serviert.

Morcheln (spugnole)

Morcheln sind ausgezeichnete Speisepilze, die als erste Pilze im Frühling in Mischwäldern zu finden sind. Die Spitzmorchel ist vom Aroma her der Breitmorchel überlegen.
! Morcheln sind nur im gegarten Zustand genießbar.

Verwendung
Morcheln werden hauptsächlich für Saucen und als Garnitur vieler Fleisch- und Wildgerichte verwendet.

Morcheln

Pfifferlinge (gallinacci)

Pfifferlinge sind sehr gute Speisepilze und für sehr viele Gerichte geeignet. Die kleinen dottergelben Pilze duften sehr intensiv, schmecken pfeffrig und sind wie alle Pilze schwer verdaulich. Man verwendet sie frisch für Saucengerichte, zu Nudeln, als Risotto, zu Wild- und Fleischgerichten.

Schirmpilz/Parasol

Trüffeln (tartufi)

Ein Luxusartikel. Trüffeln gelten in Italien als kostbares Gut, und zwar nicht nur wegen ihres ausgezeichneten Aromas und der Gerichte, die durch ihre Verwendung köstlich werden, sondern weil sie vielleicht das Produkt sind, das den Umweltschutz am besten mit wirtschaftlichen Interessen unter einen Hut bringt. Die unerreichbare weiße Trüffel kommt ausschließlich in Italien vor. Trüffeln gehören zur Gattung der Edelpilze, doch können sie nicht wie diese kultiviert werden. Sie wachsen unterirdisch in einer Tiefe von bis zu 25 Zentimeter, in der Nähe von Eichen, aber auch von Pappeln, Buchen oder Haselnusssträuchern. Ihre meist schwarze Farbe ist völlig untypisch für eine lebende

Schwarze Trüffeln – Luxus aus der Erde

Lagerung von Trüffeln
Legen Sie Trüffeln weder in Öl noch in Alkohol ein, in Öl verderben sie und Alkohol raubt ihnen ihr Aroma.

Trüffelsuche
Piemonteser Trüffelsucher sind meist nachts aktiv, da sich die Hunde dann auf ihren Geruchssinn konzentrieren. Bis zum 31. Dezember reicht die Trüffelsaison in Langhe. Im Morgengrauen kommen die Sucher mit ihrer erdigen Ernte nach Alba, um mit Köchen, Händlern und Gourmets die Preise auszuhandeln. Im Durchschnitt liegt das Gewicht zwischen 50 und 100 Gramm.

Pflanze. Geschmack und Geruch sind einzigartig.
Im Unterschied zu anderen Pflanzen können Pilze, so auch die Trüffel, kein Chlorophyll bilden, weshalb sie auf die Nährstoffe anderer Gewächse angewiesen sind.

Trüffelsuche – Sammeln
Das Sammeln der Trüffeln mit Hilfe der Trüffelschweine ist mittlerweile fast völlig überholt oder in einigen wenigen Fällen auf das Sammeln schwarzer Trüffeln beschränkt. Diese Sammelmethode war aber früher so verbreitet, da die meisten Bauern ein Schwein hatten. Sogar Päpste und Kaiser hielten ihre Lieblingsschweine, die sie unter den Schweinen mit dem feinsten Geruchssinn wählten. Schweine gehorchen aber nicht besonders gut und sind außerdem ausgesprochen versessen auf Trüffeln.
Bei der Trüffelsuche wird heute Hunden der Vorzug gegeben. Sie werden regelrecht für die Trüffelsuche abgerichtet, ähnlich wie Spürhunde für Rauschgift bei der Polizei.
Es ist lohnenswerter, einen kleinen Hund abzurichten, den man leicht überallhin mitnehmen kann. Ein gut abgerichteter Hund führt den Sammler nur dorthin, wo die Trüffeln den richtigen Duft entfalten, also wo sie den richtigen Reifegrad haben.

Weiße Piemont-Trüffeln

In Italien, im Piemont, werden die berühmten weißen Trüffeln geerntet.
Diese Trüffeln unterscheiden sich in Farbe und Konsistenz von den anderen Sorten. Ihre Haut ist weich und die Farbe gelblich. Wenn sie frisch sind, duften sie ein wenig nach Knoblauch. Gekocht oder konserviert verlieren sie allerdings diesen charakteristischen Duft, weshalb sie meistens roh gegessen werden.
Weiße Trüffeln wachsen häufig auf den Wurzeln von Pappeln. Sie werden im Herbst geerntet, wenn die Erde feucht ist, meist in der Nähe von Bachläufen. Ab Anfang Oktober beginnen die ersten Trüffeln zu reifen. Nur dann entfalten sie den starken Duft.
Im Gebiet der Langhe, besonders um Alba, findet man den teuersten und edelsten Pilz. Am letzten Novemberwochenende feiert man hier ein Trüffelfest mit Markt, auf dem der kostbare Pilz gehandelt wird. Die Piemonteser Trüffeln gelten ohnehin als etwas Besonderes. Die Form und das Aussehen dieser Trüffel sind unregelmäßig, das Fleisch ist weißlich-marmoriert.

Sommertrüffeln

Die Sommertrüffel wächst in Italien in großen Mengen, in seltenem Maße auch in Frankreich und Spanien. Die Sommertrüffel ähnelt zwar in Form, Oberfläche und Farbe der Périgord, unterscheidet sich aber wesentlich im Inneren durch weiß-graue Adern. Diese Trüffel duftet nicht so stark wie die Périgord-Trüffel.
Das Wachstum von schwarzen Trüffeln beginnt im Frühjahr. Ihre Reifezeit beträgt sieben bis zehn Monate. Nach der Ernte bleiben Trüffeln, kühl gelagert in einem Erd- oder Sandbett, bis zu zwei Wochen frisch.

Die Trüffeln werden mittlerweile mit Hunden gesucht.

Périgord-Trüffeln

Sie sind schwarze Trüffeln und haben warzige Knollen. Im Inneren sind sie bräunlich-schwarz, von weißlichen Adern durchzogen. Schwarze Trüffeln sind sehr aromatisch.
Périgord-Trüffeln findet man in den Laubwäldern des Périgord in Südfrankreich sowie in Norditalien, in Spanien und in der Schweiz.
Die echte Périgord-Trüffel ist im Inneren von feinen hellen Adern durchzogen.

Frische Trüffeln lagern
Trüffeln sind sehr empfindlich. Sie bestehen größtenteils aus Wasser, das während der Lagerung relativ schnell verdunstet. Deshalb sollten Sie Trüffeln nicht zu lange lagern.
Am wohlsten fühlen sich Trüffeln auf einem Reisbett. Füllen Sie ein Schraubglas oder eine Kunststoffdose mit Reis. Legen Sie die Trüffeln hinein, sie sollten sich nicht berühren. Stellen Sie dann Glas oder Dose verschlossen in den Kühlschrank; die ideale Lagertemperatur für Trüffeln liegt zwischen 4 und 6 Grad. Der Reis bindet die Feuchtigkeit und hält die Trüffeln bis zu einer Woche frisch.

Trüffeln haltbar machen
Trüffeln schmecken am besten frisch. Übrig gebliebene Trüffeln können jedoch tiefgekühlt oder eingekocht werden. In beiden Fällen verschwinden die weißen Adern.

- Tiefgekühlte Trüffeln büßen zwar nach dem Auftauen etwas von ihrer ursprünglichen Konsistenz ein, verlieren aber so nicht an Aroma.
- Eingekochte Trüffeln: Das Einkochen ist zwar die langwierigste, vielleicht aber auch die beste Methode, Trüffeln haltbar zu machen. Legen Sie einige Trüffeln locker in ein Einmachglas. Fügen Sie pro Trüffel 2 bis 3 Esslöffel Wasser und etwas Salz hinzu. Verschließen Sie das Glas und stellen Sie es für ungefähr 3 Stunden in kochendes Wasser. Während des Einkochens verlieren die Trüffeln etwa 25 Prozent an Gewicht. Dieser Anteil wird zu Trüffelsaft, den man natürlich zum Kochen verwenden kann.

Verwendung
Die Trüffel muss nur gut gebürstet werden, um sie von jeglicher Erde zu befreien, dann kann sie fein gehobelt oder geschnitten genossen werden.

- Roh, üppig über Nudeln gehobelt
- Feldsalat mit Trüffeln
- Sellerie-Trüffelsuppe
- Rührei mit Trüffeln
- Trüffelrisotto
- Jakobsmuscheln mit Trüffeln
- Rosa gebratenes Kalbsfilet mit Trüffeln
- Kartoffelpüree mit Trüffeln
- Roastbeef mit Trüffelsauce
- Gebratenes Hühnerbrüstchen mit Trüffeln
- Trüffelomelettes

Trüffelöl

Bei der Herstellung von Trüffelöl wird das Öl mit künstlichem Trüffelaroma parfümiert. Die kleinen Stückchen, die sich in den Fläschchen befinden, haben eher eine symbolische Funktion.
Das Trüffelöl lässt Speisen auch ohne die teure Trüffel so schmecken, als wäre es echte.
Trüffelöl verbleibt länger im Mund als andere Flüssigkeiten und spricht unsere Geschmacksrezeptoren damit komplexer an – zumindest, wenn man es erst zum Schluss einer Sauce oder den Nudeln hinzufügt.

Verwendung
Für Kartoffelpüree, Risotto, Blattsalate, Fischsaucen, Kohlrabi usw.

Weiße Piemont-Trüffel

Sommertrüffel

Périgord-Trüffel

Trüffelöl ist niemals ein Ersatz für echte Trüffeln
Echte Trüffelöle, die ausschließlich durch Einlegen von Trüffeln entstehen (wie etwa Kräuteröle nach Kräuterinfusion), sind realistischerweise nicht machbar, weil die Trüffel ihr Aroma nicht so leicht abgibt.

Caponata

Für 4 Personen

Zutaten
- 150 g *Stangensellerie*
- 150 g *Zwiebel*
- 200 g *Tomaten oder geschälte Tomaten aus der Dose*
- 30 g *Oliven, grün und entsteint*
- 30 ml *Olivenöl*
- 1/2 TL *Zucker*
- *Salz*
- *Pfeffer aus der Mühle*
- 1 EL *Kapern*
- 400 g *Melanzane*
- 30 ml *Olivenöl*
- 2 EL *Weißweinessig*
- *Salz*
- *Pfeffer aus der Mühle*
- 1 EL *Basilikum, fein geschnitten*
- 1 EL *Sellerieblätter, fein geschnitten*

- Stangensellerie waschen, eventuell mit dem Sparschäler schälen und in 2 cm lange Stücke schneiden.
- Zwiebel schälen und in 2 cm große Würfel schneiden.
- Tomaten waschen, vierteln, Kerne entfernen und die Tomatenviertel nochmals halbieren.
- Ebenso die Oliven halbieren.
- In einem großen Topf Olivenöl erhitzen. Zwiebel darin dünsten. Sellerie dazugeben und ebenfalls kurz andünsten, mit Zucker, Salz und Pfeffer würzen.
- Tomaten, Oliven und Kapern untermischen und alles bei schwacher Hitze etwa 15 Minuten garen, ab und zu umrühren.
- Melanzane waschen, putzen und in 2 cm große Würfel schneiden.
- Olivenöl in einer Pfanne erhitzen, Melanzane darin braten, zum Gemüse geben und weitere 15 Minuten garen.
- Mit Essig, Salz und Pfeffer abschmecken. Basilikum und Sellerieblätter darüberstreuen und servieren.

Garzeit: etwa 30 Minuten

Tipps

1. *Schmeckt lauwarm besonders gut.*
2. *Als Beilage zu kurz gebratenem Fleisch, zu gebratenem oder gegrilltem Fisch, zu Tintenfischen (siehe Seite 262) oder als Hauptgericht.*

Ratatouille

Für 4 Personen

Zutaten
- 300 g *Peperoni*
- 100 g *Zwiebel*
- 1 *Knoblauchzehe, halbiert*
- 30 ml *Olivenöl*
- 150 g *Zucchinischeiben*
- 100 g *Melanzanescheiben*
- *Salz*
- *Pfeffer aus der Mühle*
- 150 g *Tomaten, in Würfel geschnitten, oder Tomaten aus der Dose*
- 1 TL *Basilikum, fein geschnitten*
- 1 *Rosmarinzweig*

- Peperoni entkernen, waschen und in 3 cm große Stücke schneiden oder reißen.
- Die Zwiebel in breite Streifen schneiden und mit dem Knoblauch in Olivenöl dünsten.
- Peperoni, Zucchini und Melanzane dazugeben, salzen, pfeffern und zugedeckt weiterdünsten.
- Nach drei Viertel der Garzeit die Tomaten dazugeben, mit Basilikum und Rosmarin abschmecken und servieren.

Garzeit: etwa 35 Minuten

Variation

Peperonata: Wenn Sie eine Peperonata machen wollen, dann lassen Sie die Melanzane und Zucchini einfach weg und würzen mit Petersilie anstelle des Rosmarins.

Ratatouille

Gefüllte Peperoni

Peperoni ripieni

Für 4 Personen

Zutaten	*4*	*Peperoni, mittelgroß, rot oder gelb*
Füllung	*40 g*	*Zwiebel*
	1	*Knoblauchzehe, fein gehackt*
	1 EL	*Butter*
	250 g	*Peperoni, rot, geputzt und in feine Würfel geschnitten*
	2 EL	*Petersilie, fein geschnitten*
		Pfeffer aus der Mühle
		Salz
	50 ml	*Olivenöl*
Weiteres	*300 g*	*Tomaten, geschält und in Würfel geschnitten*
	1 EL	*Basilikum, in feine Streifen geschnitten*
	2 EL	*Olivenöl*

- Peperoni waschen, den Deckel abschneiden und bereitstellen. Aus den Peperoni die Kerne herauswaschen und umgekehrt auf einem Küchenkrepp abtropfen lassen.
- Die Zwiebel fein schneiden und mit Knoblauch in Butter anschwitzen, die in Würfel geschnittenen Peperoni mitdünsten, mit Petersilie, Pfeffer und Salz würzen.
- Die Masse in die Peperoni füllen und mit den Peperonideckeln verschließen. In eine Bratenpfanne etwas Olivenöl geben, die Peperoni hineinstellen und im vorgeheizten Backrohr backen.

Fertigstellung
- Die Tomaten im Olivenöl erwärmen und mit Basilikum und Salz würzen.
- Die gefüllten Peperoni auf den Tomatenwürfeln anrichten und servieren.

Gartemperatur: 170 Grad
Garzeit: 15–20 Minuten

Tipps

1. *Sie können die Füllung auch mit Pilzen oder Zucchini ergänzen.*
2. *Verwenden Sie rote oder gelbe Peperoni, da diese viel aromatischer sind als grüne.*

Gefüllte Tomaten

Pomodori alla siciliana

Für 4 Personen

Zutaten	4	*Tomaten, mittelgroß*
		Salz
Füllung	80 ml	*Olivenöl*
	1	*Zwiebel, in feine Würfel geschnitten*
	80 g	*Brösel*
	2	*Knoblauchzehen, fein gehackt*
	1 EL	*Petersilie, fein geschnitten*
	2	*Sardellenfilets*
	1 TL	*Kapern*
	8	*Oliven, schwarz oder grün*
	2 EL	*Parmesan oder Pecorino, gerieben*
		Salz
		Pfeffer aus der Mühle
Weiteres		*Parmesan zum Bestreuen*
		Olivenöl
		Basilikum zum Garnieren

Füllung

- Tomaten waschen, den Deckel abschneiden und mit einem Löffel oder Kugelausstecher die Kerne entfernen.
- Fruchtfleisch herauslösen und klein hacken.
- Tomaten innen leicht salzen, zum Abtropfen kopfüber auf einen Teller oder ein Sieb legen.
- In einer Pfanne Olivenöl erhitzen, Zwiebel darin glasig dünsten, die Brösel mitrösten, Knoblauch und Petersilie daruntermischen.
- Zerkleinerte Sardellen, Kapern und Oliven sowie den Parmesan und das Tomatenfruchtfleisch dazugeben, mit Salz und Pfeffer abschmecken.

Fertigstellung

- Die Tomaten mit der Masse füllen, mit Parmesan bestreuen und mit den abgeschnittenen Deckeln verschließen.
- Eine feuerfeste Form mit etwas Olivenöl ausstreichen, die Tomaten hineinstellen und im Backrohr überbacken, mit Basilikum garnieren und servieren.

Gartemperatur: 170 Grad
Garzeit Tomaten: etwa 15 Minuten

Tipp

Sie können die Tomaten auch mit gekochtem Reis, Nudeln, Rindfleisch, Sardinen, Käsewürfeln oder Kräutern wie Basilikum, Petersilie füllen.

Gefüllte Melanzane

Melanzane ripiene

Für 4 Personen

Zutaten	2	*Melanzane, klein*
	50 g	*Zwiebel*
	1	*Knoblauchzehe, fein gehackt*
	3 EL	*Olivenöl zum Braten*
	200 g	*Peperoni, rot und gelb*
	100 g	*Reis, gekocht*
	50 g	*Erbsen, gekocht*
	2 EL	*Petersilie, fein geschnitten*
		Pfeffer aus der Mühle
		Salz
Weiteres	2 EL	*Parmesankäse*
		Butter zum Gratinieren
	300 g	*Tomatenwürfel*
		Estragon zum Garnieren

- Melanzane waschen und ungeschält der Länge nach halbieren, das Fruchtfleisch leicht einschneiden, salzen, pfeffern und im Backrohr bei 170 Grad 10 Minuten braten.
- Aus dem Backrohr nehmen, mit einem Löffel einen Großteil des Fruchtfleisches herausnehmen und in kleine Würfel schneiden.
- Zwiebel und Knoblauch in Olivenöl dünsten, Peperoni in Würfel schneiden und mit den Melanzane kurz dünsten.
- Reis, Erbsen, Petersilie, Pfeffer und Salz unter das Gemüse mischen und in die Melanzanehälften füllen.
- Mit etwas Butterflocken belegen, dann im Backrohr gratinieren. Mit Parmesankäse bestreuen und mit den erwärmten Tomatenwürfeln sowie Estragon servieren.

Gartemperatur: 200 Grad
Garzeit: etwa 5 Minuten

Tipps

1. *Die gefüllten Melanzane eignen sich als Beilage zu Fleischgerichten.*
2. *Man kann die Melanzane auch als vegetarisches Hauptgericht servieren.*

Gefüllte Tomaten

Gefüllte Melanzane

Gefüllte Zucchiniblüten

Fiori di zucchini ripieni

Für 4 Personen

Zutaten	8	*Zucchiniblüten mit kleinen Zucchini*
	4 EL	*Olivenöl*
	50 g	*Schalotten oder Zwiebel, fein geschnitten*
	1	*Knoblauchzehe*
		Pfeffer aus der Mühle
		Salz
	4 EL	*Parmesan*
	1 EL	*Basilikum, fein geschnitten*
Weiteres	2 EL	*Butter zum Ausstreichen und Übergießen*
	150 ml	*Tomatensauce (siehe Seite 150)*
		Majoran zum Garnieren

- Die Blüten von den Zucchini brechen und die Zucchini in kleine Würfel schneiden.
- Das Olivenöl erhitzen und darin die Schalotten oder Zwiebel anschwitzen, Knoblauch dazugeben, dann die feinwürfelig geschnittenen Zucchini mitdünsten lassen, mit Salz und Pfeffer würzen.
- Abkühlen lassen, Parmesan und Basilikum untermengen.
- Nun die Zucchiniblüten mit der Masse füllen, in eine mit Butter ausgestrichene Form geben, mit flüssiger Butter bestreichen, mit Salz und Pfeffer nachwürzen und im vorgeheizten Backrohr backen.
- Die Zucchiniblüten mit Tomatensauce und Majoran servieren.

Gartemperatur: 180 Grad
Garzeit: etwa 8 Minuten

Tipps

1. *Sie können die Zucchiniblüten auch panieren und backen.*
2. *Zucchiniblüten können Sie auch im Backteig (siehe Seite 355) backen.*
3. *Die Füllung kann mit Melanzane und Peperoni erweitert werden.*

Melanzane mit Öl und Knoblauch

Melanzane al funghetto

Für 4 Personen

Zutaten	400 g	*Melanzane*
		Salz, Pfeffer aus der Mühle
	3 EL	*Olivenöl zum Braten*
	1	*Knoblauchzehe, fein gehackt*
	1 EL	*Petersilie, geschnitten*

- Melanzane waschen, putzen und ungeschält in 2–3 cm große Würfel schneiden, mit Salz und Pfeffer würzen und in einer Pfanne mit heißem Olivenöl rasch 2 Minuten braten.
- Den Knoblauch und die Petersilie dazugeben, durchschwenken und servieren.

Tipps

1. *Diese Zubereitungsart der Melanzane eignet sich als Beilage für Fischgerichte.*
2. *Man kann die Melanzane auch als Salat servieren.*

Kürbis mit Knoblauch und Thymian

Zucca con aglio e timo

Für 4 Personen

Zutaten	600 g	*Kürbis*
	50 g	*Zwiebel*
	1	*Knoblauchzehe*
	2 EL	*Butter*
	2	*Thymianzweige*
	2 EL	*Weißwein*
		Salz

- Den Kürbis waschen, putzen und in 2 cm lange Stäbchen schneiden.
- Zwiebel und Knoblauch schälen und sehr fein hacken.
- Die Butter in einem Topf erhitzen. Zwiebel, Knoblauch und abgezupften Thymian hinzufügen und bei mittlerer Hitze unter Rühren braten. Er darf dabei aber nicht braun werden, sonst schmeckt er bitter.
- Kürbis hinzufügen und bei mittlerer Hitze 5 Minuten braten, mit Weißwein aufgießen, salzen und servieren.

Melanzane mit Öl und Knoblauch

Zucchini mit Rohschinken

Zucchini con prosciutto crudo

Für 4 Personen

Zutaten		
	500 g	*Zucchini*
	100 g	*Rohschinken*
	50 g	*Zwiebel*
	2 EL	*Olivenöl*
	1	*Knoblauchzehe, fein gehackt*
	200 g	*Tomatenwürfel oder Tomaten aus der Dose*
	2 EL	*Petersilie, fein geschnitten*
		Salz
		Pfeffer aus der Mühle

- Zucchini waschen und Blüten- und Stielansätze abschneiden, nicht schälen.
- Der Länge nach in Viertel und diese in 2 cm lange Stifte schneiden.
- Rohschinken in Streifen schneiden.
- Zwiebel schälen und in Ringe schneiden.

Fertigstellung

- In einer Pfanne Olivenöl erhitzen, Zwiebelringe, Zucchini und Knoblauch dazugeben und etwa 3 Minuten rösten. Den Rohschinken ebenfalls dazugeben und leicht mitdünsten.
- Dann Tomaten und Petersilie untermischen, mit Salz und Pfeffer würzen und alles gut mischen.
- Das Gemüse zugedeckt bei schwacher Hitze fertig dünsten, dabei ab und zu umrühren.

Garzeit: 8–10 Minuten

Tipp

Anstelle des Rohschinkens können Sie auch Speck oder Bauchspeck verwenden.

Gedünstete Artischocken

Carciofi stufati

Für 4 Personen

Zutaten		
	8	*Artischocken*
	30 ml	*Olivenöl*
	1	*Zitrone, Saft*
	50 ml	*Weißwein*
	1/8 l	*Wasser*
	1	*Spritzer Zitronensaft*
	1	*Knoblauchzehe*
		Salz
		Pfeffer aus der Mühle
		Petersilie, fein geschnitten

- Holzige Stiele aus den Blütenböden herausbrechen, zwei Drittel der Hüllblätter mit einem Sägemesser wegschneiden. Die noch verbliebenen Hüllblätter rund um den Blütenboden lassen sich nun leicht mit einem kleinen Messer entfernen. Dabei kommt das so genannte Heu zum Vorschein.
- Mit einem kleinen, scharfen Gemüsemesser werden die Artischockenböden von den verbliebenen Blattansätzen und harten Stellen an der Unterseite befreit.
- Das faserige, ungenießbare Heu im Inneren der Böden lässt sich am besten mit einem Kugelausstecher oder einem scharfkantigen Teelöffel herausnehmen.
- Die Böden in Zitronenwasser legen, um das Braunwerden zu verhindern.
- In einem Topf Olivenöl erwärmen, die in Scheiben geschnittenen Artischockenböden dazugeben und mit Weißwein und Wasser aufgießen. Mit Salz, Pfeffer und Petersilie würzen und zugedeckt so lange dünsten, bis sie weich sind.

Garzeit: etwa 20 Minuten

Tipp

Artischockenböden kann man roh, fein gehobelt als Salat essen.

Variation

Gebratene Artischocken: Die gedünsteten Artischocken in Spalten schneiden und ohne den Dünstfond in Olivenöl braten.

Gedünstete Artischocken

Geschmorte Zwiebel

Cipolle brasate

Für 4 Personen

Zutaten	700 g	*Zwiebel, weiß*
	2 EL	*Zucker*
	1 EL	*Weißweinessig*
	60 ml	*Weißwein*
	100 ml	*Wasser*
	1	*Lorbeerblatt*
	30 g	*Butter*
	1	*Spritzer Tabasco*
		Salz
		Pfeffer aus der Mühle

- Die Zwiebel schälen, den Wurzelansatz wegschneiden, dann, der Länge nach halbiert, in Spalten schneiden.
- Zucker in einem flachen Kochtopf karamellisieren, mit Weißweinessig, Weißwein und Wasser löschen, Zwiebel, Lorbeerblatt und Butter dazugeben, mit Tabasco, Salz und Pfeffer würzen, langsam glasieren und servieren.

Garzeit: etwa 15 Minuten

Tipps

1. *Servieren Sie die glasierten Zwiebeln zu Geflügel- und Schmorgerichten, Roastbeef oder Wildschweinragout.*
2. *Sie können auch verschiedene Gewürze beigeben wie Zimtstange, Sternanis oder Vanille.*

Variationen

Perlzwiebeln mit Balsamicoessig: Anstelle der Zwiebeln verwenden Sie geschälte Perlzwiebeln. Den Weißwein ersetzen Sie mit einem guten Balsamicoessig. Verfeinern Sie die Zwiebel mit Thymian, Rosmarin und etwas Honig.

Schalotten mit Rotwein: Verwenden Sie statt der Zwiebeln Schalotten und ersetzen Sie den Weißwein mit einem Barolo oder Lagrein dunkel.

Gebratener Radicchio mit Pancetta

Radicchio ai ferri con pancetta

Für 4 Personen

Zutaten	600 g	*Radicchio*
	100 g	*Zwiebel*
	3 EL	*Olivenöl*
	1	*Knoblauchzehe, fein gehackt*
	50 g	*Pancetta, in Streifen geschnitten*
	100 ml	*Barolo oder Lagrein dunkel*
		Salz
		Pfeffer aus der Mühle
Weiteres		*Petersilie, fein geschnitten*
		Pancettastreifen, geröstet, zum Garnieren

- Radicchio putzen, die äußeren Blätter entfernen.
- Salatköpfe längs vierteln und den Strunk herausschneiden, waschen, dann in lauwarmes Wasser legen, damit die Bitterstoffe herausgelöst werden.
- Die Zwiebel schälen und fein schneiden.
- In einer großen Pfanne Olivenöl erhitzen, Zwiebel, Knoblauch und Pancetta dünsten.
- Den Radicchio in die Pfanne geben, bei geringer Hitze etwa 5 Minuten braten, dabei 1–2-mal wenden, dann mit Rotwein löschen. Mit Salz und Pfeffer würzen und fertig schmoren lassen.
- Mit Petersilie und Pancettastreifen garnieren und servieren.

Tipps

1. *Eine besondere Spezialität aus Venetien ist der Radicchio di Treviso. Er hat lange schmale statt rundliche Blätter und ist besonders aromatisch.*
2. *Den gebratenen Radicchio können Sie zu gebratenem oder gegrilltem Fleisch servieren.*

Variation

Radicchio vom Grill: Den geputzten, gewaschenen und geviertelten Radicchio mit Olivenöl beträufeln, grillen und mit Salz und Pfeffer würzen.

Gebratener Radicchio mit Pancetta

Überbackener Fenchel

Finocchi al gratin

Für 4 Personen

Zutaten

	700 g	*Fenchelknollen*
	1/2	*Zitrone, Saft*
	1 EL	*Butter zum Ausstreichen der Form*
	300 g	*Tomaten, in Würfel geschnitten, oder Tomaten aus der Dose, abgetropft*
	80 g	*Zwiebel, in feine Würfel geschnitten*
	1	*Knoblauchzehe*
	4 EL	*Olivenöl*
	2 EL	*Semmelbrösel*
	2 EL	*Petersilienblätter, fein geschnitten*
	40 g	*Parmesan, gerieben*

- Vom Fenchel die äußeren Schalen und harten Stiele entfernen und das Fenchelgrün fein schneiden.
- Fenchel in 1 cm dicke Längsscheiben schneiden.
- Wasser mit Zitronensaft aufkochen, Fenchelscheiben kochen, aus dem Wasser heben und abtropfen lassen.

Fertigstellung
- Eine feuerfeste Form mit Butter ausstreichen und die Tomaten in die Form geben.
- Fenchelscheiben darauflegen, salzen und pfeffern.
- Zwiebel mit Knoblauch in einer Pfanne in Olivenöl dünsten, die Semmelbrösel dazugeben und leicht rösten lassen.
- Petersilie und Fenchelgrün unterrühren und über die Fenchelstücke verteilen. Mit Parmesan bestreuen, im vorgeheizten Backrohr überbacken und servieren.

Backtemperatur: 200 Grad
Backzeit: etwa 8 Minuten

Variationen

Überbackener Mangold: Anstelle des Fenchels nimmt man Mangoldstiele.
Überbackener Sellerie: Sie können auch eine Sellerieknolle oder -stange so zubereiten wie den Fenchel.

Gratinierter Spargel

Asparagi al gratin

Für 4 Personen

Zutaten	800 g	*Spargel, weiß*
		Salz
	1 EL	*Butter*
	125 g	*Mozzarella*
Weiteres		*Butter zum Ausstreichen der Form*
	1 EL	*Schnittlauch, fein geschnitten*

- Spargel waschen, eventuell die eingetrockneten Enden abschneiden und von der Spitze aus schälen.
- Reichlich Salzwasser zum Kochen bringen, die Butter hinzufügen und die Spargel je nach Dicke 12–15 Minuten garen.
- Dann die Spargelstangen aus dem Wasser heben und in einem Sieb abtropfen lassen.
- Eine feuerfeste Form mit Butter ausstreichen und die Spargel hineingeben.
- Die Mozzarella in dünne Scheiben schneiden, auf die Spargel legen, salzen und pfeffern.
- Das Gratin im Ofen etwa 8 Minuten überbacken und in der Form als Beilage oder als kleines Hauptgericht mit Schnittlauch servieren.

Tipps

1. *Anstelle von Mozzarella können Sie auch Bel Paese, Taleggio, Fontina oder Brie verwenden.*
2. *Sie können die Spargel auch nur mit viel Parmesan oder Pecorino bestreuen, Butterflocken daraufgeben und dann das Gericht überbacken.*
3. *Anstelle der weißen Spargel können Sie auch grüne verwenden.*

Variation

Spargel und Garnelen, überbacken: Hervorragend passen auch Garnelen zu diesem Gericht. Geben Sie die geputzten und der Länge nach halbierten Garnelen unter die Mozzarellascheiben.

Karde mit Oliven und Tomaten

Cardi con olive e pomodori

Für 4 Personen

Zutaten	600 g	*Karden*
		Salz
	250 g	*Tomatensauce (siehe Seite 150)*
	50 g	*Oliven, halbiert*
	4	*Sardellen in Öl*
	1 TL	*Rosmarin, fein gehackt*
	1 EL	*Petersilie, fein geschnitten*
	60 g	*Parmesan, gehobelt*

- Mit einem Messer den Strunk aus den Karden schneiden.
- Blattreste sowie die stacheligen Ränder der Blattstiele vollständig entfernen.
- Die zähen, ungenießbaren Fäden abziehen, die Stangen der Länge nach halbieren und sofort in Salzwasser etwa 30 Minuten kochen.
- In eine Form die Tomatensauce geben und die gegarten Kardenstängel darauflegen.
- Die restliche Tomatensauce, Oliven und Sardellen über die Stängel verteilen, mit Rosmarin und Petersilie bestreuen, Parmesan darüber verteilen, im Backrohr backen und servieren.

Gartemperatur: 200 Grad
Garzeit: 10–15 Minuten

Tipp

Auch wenn die Karde äußerlich dem Stangensellerie ähnelt, verrät sie doch durch zwei Eigenschaften ihre Verwandtschaft zur Artischocke: einerseits durch den leicht bitteren Geschmack, anderseits durch die Tatsache, dass die Schnittflächen schnell dunkel werden.

Variation

Karde mit Béchamelsauce und Parmesan: Das Gratinieren der gekochten Karden mit Parmesan und Béchamelsauce ist die klassische Zubereitung für Karden in Italien.

Ofentomaten mit Kräutern

Pomodori al forno

Für 4 Personen

Zutaten	4	*Tomaten*
	2 EL	*Olivenöl*
	1	*Knoblauchzehe, in Scheiben geschnitten*
	1	*Thymianzweig*
		Salz
		Pfeffer aus der Mühle

- Reichlich Wasser in einem Topf zum Kochen bringen.
- Den Fruchtansatz der Tomaten herausschneiden.
- Die Tomaten auf der Oberseite einritzen und 8–10 Sekunden (je nach Reife) ins kochende Wasser geben.
  Die Tomaten kurz in kaltes Wasser oder Eiswasser tauchen und die Haut abziehen.
- Tomaten vierteln, dann die Kerne und die Flüssigkeit herausnehmen.
- Die Tomatenviertel auf ein Backblech legen, Olivenöl, Knoblauch und Thymian daraufgeben. Mit Salz und Pfeffer würzen und im Backrohr backen.

Gartemperatur: 90 Grad
Garzeit: etwa 3 Stunden

Spinat mit Pignoli und Rosinen

Spinaci alla romana

Für 4 Personen

Zutaten	600 g	Spinat
	2 EL	Butter
	½	Knoblauchzehe, fein gehackt
	1 EL	Rosinen, in Wasser eingeweicht
		Salz, Pfeffer aus der Mühle
	1 EL	Pignoli, geröstet

- Den Blattspinat entstielen, im kalten Wasser waschen. Den Waschvorgang je nach Verschmutzung wiederholen.
- Den Spinat in kochendem Salzwasser kurz aufkochen lassen und in kaltem Wasser abkühlen, abseihen und etwas ausdrücken, dann grob aufschneiden.
- In einer Pfanne Butter schmelzen lassen, den Knoblauch dazugeben und bei mittlerer Hitze dünsten.
- Spinat dazugeben, Rosinen ohne Wasser unter den Spinat mischen, mit Salz und Pfeffer abschmecken.
- Zum Schluss die gerösteten Pignoli darüberstreuen und servieren.

Tipps

1. *Verwenden Sie für dieses Gericht einen jungen Spinat.*
2. *Als Gewürz eignet sich auch frisch geriebene Muskatnuss.*
3. *Sie können den Spinat mit Parmesankäse, Speckwürfeln oder auch mit gerösteten Brotwürfeln bestreuen.*

Mangoldstiele mit Knoblauchrahm

Coste di bietola con salsa all'aglio

Für 4 Personen

Zutaten	800 g	Mangold
	80 g	Zwiebel
	2 EL	Butter
	1	Knoblauchzehe
		Salz, Pfeffer aus der Mühle
	150 ml	Sahne
Weiteres	1 EL	Parmesan, gerieben

- Den Mangold waschen. Die Blätter von den Stielen abtrennen (das Grün für ein anderes Gericht verwenden). Das untere Ende der Stiele abschneiden.
- Die Stiele in etwa 3 cm breite Stücke schneiden und etwa 10 Minuten in Salzwasser kochen.
- Zwiebel schälen und in feine Würfel schneiden.
- Butter erhitzen, Zwiebel dünsten, die Mangoldstiele dazugeben und mitdünsten.
- In der Zwischenzeit Knoblauch schälen, fein hacken und dazugeben. Den Mangold mit Salz und Pfeffer würzen, mit Sahne aufgießen, nochmals bei schwacher Hitze 5 Minuten einkochen lassen und mit Parmesan servieren.

Tipps

1. *Sie können beim Dünsten auch etwas Weißwein hinzufügen.*
2. *Weitere Gewürze: Basilikum oder Bohnenkraut.*
3. *Bündner Fleisch passt hervorragend zu diesem Gericht.*

Broccoli mit Mandelbutter

Broccoli con burro e mandorle

Für 4 Personen

Zutaten	1 kg	Broccoli
		Salz, Pfeffer aus der Mühle
	1 Msp.	Muskatnuss
	50 g	Mandelblätter
	40 g	Butter, gebräunt

- Broccoli putzen, trockene Stielenden abschneiden, die Blätter entfernen, die Stängel einschneiden und kurz waschen.
- Salzwasser zum Kochen bringen, Broccoli knackig kochen.
- Eventuell auf einem Küchenkrepp trocknen lassen.
- Broccoli auf einer Platte nebeneinander reihen, große Stücke halbieren.
- Mit Salz, Pfeffer und Muskatnuss würzen. Mandelblättchen in einer Pfanne ohne Fettzugabe rösten und zusammen mit brauner Butter über die gekochten Broccoli geben.

Garzeit: 8 Minuten

Tipp

Broccoli mit geröstetem Speck, mit Käsesauce in Backteig gebacken oder mit Sauce Hollandaise.

Variationen

Broccoli mit Balsamicobrösel: Anstelle der Mandeln und der braunen Butter vermischen Sie 40 g erwärmte Butter mit 2 Esslöffel Brotbrösel und 2 Esslöffel Balsamicoessig und geben das Ganze über die Broccoli.
Gebackener Broccoli: Sie können die gekochten Broccoliröschen im Backteig (siehe Seite 355) eintauchen und im Fett backen.

Stängelkohl mit Brotwürfeln und Speck

Cime di rapa con pane e speck

Für 4 Personen

Zutaten	700 g	Stängelkohl
	50 g	Zwiebel
	1	Knoblauchzehe
	30 ml	Olivenöl
		Salz
		Pfeffer aus der Mühle
	50 ml	Wasser
Weiteres	80 g	Weißbrot, eventuell vom Vortag
	1 EL	Butter
	80 g	Speck, in Würfel geschnitten
	50 g	Parmesan, gehobelt

- Die äußeren, großen Blätter vom Stängelkohl entfernen und die inneren Blätter sowie die Röschen vom Strunk lösen.
- Blätter und Röschen gut waschen.
- Zwiebel schälen und in feine Ringe schneiden.
- Knoblauch ebenfalls schälen und in feine Scheiben schneiden.
- Olivenöl in einer Pfanne erhitzen, Zwiebelwürfel und Knoblauchscheiben darin farblos anschwitzen, vorbereiteten Stängelkohl zufügen und mit Salz und Pfeffer würzen.
- Wasser aufgießen und den Kohl etwa 8–10 Minuten bei reduzierter Hitze dünsten.
- In der Zwischenzeit Weißbrot von der Rinde befreien und in kleine Würfel schneiden.
- Butter in einer Pfanne zerlassen und die Brotwürfel darin goldgelb rösten.
- Den Speck ebenfalls rösten.
- Das Gemüse auf Tellern anrichten und die Brotwürfel und den Speck darüber verteilen.
- Mit gehobeltem Parmesan bestreuen und servieren.

Tipp

Anstelle des Stängelkohls können Sie auch Mangoldstiele, Karden oder Broccoli verwenden.

Gebackener Fenchel

Finocchi fritti

Für 4 Personen

Zutaten	600 g	Fenchelknolle
Backteig	120 g	Mehl
	120 ml	Milch, Weißwein oder Bier
	1	Eigelb
	1 TL	Olivenöl
	1	Eiweiß
		Salz

- Fenchel putzen, grüne Blätter entfernen, waschen und die großen Teile wegschneiden. Stiele abschneiden und im Salzwasser etwa 10 Minuten kochen, aus dem Wasser nehmen und abkühlen lassen.

Backteig
- Für den Backteig alle Zutaten außer dem Eiweiß zu einem glatten Teig verrühren. Eiweiß zu Schnee schlagen und unterheben.
- Fenchel in Spalten schneiden, durch den Backteig ziehen und schwimmend im Fett 3 Minuten backen.

Gartemperatur: 180 Grad

Tipp

Zum gebackenen Gemüse servieren Sie ein Tomatenragout (siehe Seite 202), eine Knoblauchsauce oder eine Limettenmayonnaise (siehe Seite 74).

Variationen

Gebackener Sellerie: Sie können auch eine Sellerieknolle genauso zubereiten wie den Fenchel.
Gebackene Perlzwiebeln: Statt des Fenchels verwenden Sie vorgekochte Perlzwiebeln.
Gebackene Peperoni: Verwenden Sie anstelle des Fenchels rohe Peperoni, in Streifen geschnitten.
Gebackene Zucchiniblüten: Die Zucchiniblüten salzen und pfeffern, durch den Backteig ziehen und backen.

Zucchini in Parmesan, gebacken

Parmigiana di zucchini

Für 4 Personen

Zutaten	400 g	*Zucchini*
		Salz
		Pfeffer aus der Mühle
	60 g	*Mehl*
	1	*Ei*
	2 EL	*Milch*
	100 g	*Parmesan*
	1 EL	*Brotbrösel*
Weiteres		*Kerbel zum Garnieren*

- Die Zucchini waschen, abtrocknen, die Enden abschneiden und die Zucchini schräg in etwa 1/2 cm dicke Scheiben schneiden, dann salzen und pfeffern.
- In Mehl wenden, Ei, Milch, Parmesan und Brösel mit einem Schneebesen verrühren.
- Die Zucchinischeiben darin wenden und im heißen Backfett goldgelb backen. Mit Kerbel garnieren und servieren.

Gartemperatur: 180 Grad
Garzeit Zucchini: etwa 4–5 Minuten

Cannellini-Bohnen mit Salbei

Fagiolini all'uccelletto

Für 4 Personen

Zutaten	250 g	*Cannellini-Bohnen*
	4 EL	*Olivenöl*
	1	*Knoblauchzehe, fein gehackt*
	2	*Salbeiblätter*
	300 g	*Tomaten, enthäutet und in Würfel geschnitten, oder Tomaten aus der Dose*
		Salz
		Pfeffer aus der Mühle
Weiteres		*Parmesan, gerieben*

- Bohnen über Nacht in reichlich kaltem Wasser einweichen.
- Am nächsten Tag die Bohnen mit Wasser halb zugedeckt bei geringer Hitze köcheln lassen. Sie sollten weich sein, aber nicht zerfallen.
- In der Zwischenzeit in einem Topf Olivenöl erhitzen, Knoblauch und Salbeiblätter darin dünsten.
- Bohnen abtropfen lassen und mit den Tomaten in den Topf geben, mit Salz und Pfeffer würzen und zugedeckt etwa 20 Minuten garen.
- Verfeinern Sie die Bohnen mit etwas Parmesan.

Garzeit Bohnen: 30–40 Minuten

Tipps

1. *Bohnen eignen sich als Beilage zu Schweinefleisch, Fiorentina usw.*
2. *Das Gericht kann man auch kalt als Antipasto mit aromatischem Schinken oder Salami servieren.*
3. *Borlottibohnen, Lima- oder auch Mondbohnen eignen sich gut für dieses Gericht, da sie beim Kochen weich und mehlig werden und dennoch nicht zerfallen.*

Variationen

Cannellini-Bohnen mit Garnelen: Dazu werden die Garnelen bis auf das letzte Glied geschält und die Därme entfernt. Öl wird in einer Pfanne erhitzt und die Garnelen werden kurz von beiden Seiten darin gebraten. Würzen und auf den Bohnen servieren.
Cannellini-Bohnen mit Peperoni: Sie können auch in kleine Würfel geschnittene Peperoni die letzten 20 Minuten mitkochen.

Zucchini in Parmesan, gebacken

Bohnen und Schalotten mit Bröselbutter

Fagioli e scalogni con pangrattato

Für 4 Personen

Zutaten	*300 g*	*Bohnen, grün*
	250 g	*Schalotten*
	50 g	*Butter*
	3 EL	*Semmelbrösel*
		Salz
		Pfeffer aus der Mühle

- Die Bohnen putzen, waschen und halbieren.
- In reichlich Salzwasser etwa 7 Minuten kochen und in Eiswasser abkühlen lassen.
- Die Schalotten schälen, halbieren und in Salzwasser etwa 5 Minuten kochen.
- Die Butter in einer Pfanne schmelzen lassen, die Brösel dazugeben, goldbraun rösten und Schalotten und Bohnen dazugeben, schwenken, mit Salz und Pfeffer würzen und servieren.

Tipps

1. *Diese Beilage passt zu Fleischspeisen aller Art.*
2. *Sie können unter die Brösel auch ein gekochtes, gehacktes Ei mischen.*

Variation

Kaiserschoten mit Bröselbutter: Anstelle der Bohnen können Sie auch Kaiserschoten verwenden.

Kichererbsen mit Ingwer

Ceci allo zenzero

Für 4 Personen

Zutaten	*150 g*	*Kichererbsen, getrocknet*
	50 ml	*Olivenöl*
	150 g	*Lauch, in kleine Würfel geschnitten, oder Zwiebel*
	1	*Knoblauchzehe, fein gehackt*
	2 l	*Wasser*
		Salz
	1 TL	*Ingwer, gerieben*
	150 g	*Tomaten, geschält und gewürfelt*
	1 EL	*Petersilie, fein geschnitten*
	1 EL	*Basilikum, fein geschnitten*
	20 g	*Butter*

- Kichererbsen waschen und etwa 10 Stunden in kaltem Wasser quellen lassen.
- In einem Topf Olivenöl erhitzen, Lauch und Knoblauch darin andünsten, Kichererbsen abschütten und zum Lauch geben. Mit Wasser aufgießen und zugedeckt kochen lassen.
- Am Ende der Garzeit salzen (zu frühes Salzen verhärtet den Zellkern der Erbsen und sie bleiben hart).
- Nun Ingwer und Tomaten dazugeben, noch einige Minuten mitkochen, mit Petersilie und Basilikum würzen, mit Butter verfeinern und servieren.

Garzeit: etwa 1 Stunde

Schwarzer Reis

Riso nero

Für 4 Personen

Zutaten	*250 g*	*schwarzer Reis aus dem Piemont*
	20 ml	*Olivenöl*
	1/2	*Zwiebel, fein geschnitten*
	1/2	*Knoblauchzehe, fein gehackt*
	30 g	*Karotten, in kleine Würfel geschnitten*
	30 g	*Sellerieknolle, in kleine Würfel geschnitten*
		Salz
	1 EL	*Petersilie, fein geschnitten*
	1/2 TL	*Peperoncino, fein zerrieben*

- Den schwarzen Reis in einem Sieb waschen. In einem Topf reichlich Wasser zum Kochen bringen, den Reis dazugeben und kochen lassen. Das Wasser abschütten.
- In einem Topf Olivenöl erhitzen, Zwiebel, Knoblauch, Karotten und Sellerie dünsten, den gekochten Reis dazugeben, mit Salz, Petersilie und Peperoncino würzen, alles gut vermischen und servieren.

Garzeit: etwa 40 Minuten

Tipps

1. *Den gekochten schwarzen Reis kann man im Verhältnis 1 : 1 mit gedünstetem weißen Reis vermischen.*
2. *Sie können den Reis auch mit anderem Gemüse wie Fenchel, Lauch, Peperoni oder Artischocken zubereiten.*

Gedünsteter Reis

Riso pilaf

Für 4 Personen

Zutaten		
	250 g	*Langkornreis (Basmati oder Siam Patna)*
	300 ml	*Wasser*
	1/2	*Zwiebel*
	20 ml	*Olivenöl*
	1	*Lorbeerblatt*
		Salz
	1 EL	*Butter*

- Den Reis in einem Sieb waschen.
- In einem Topf das Öl erhitzen und den Reis glasig dünsten.
- Mit heißem Wasser aufgießen, etwas umrühren (bis der Reis aufkocht), dann die Zwiebel und das Lorbeerblatt zum Reis geben, salzen und zugedeckt im Backrohr oder am Herdrand dünsten.
- Zwiebel und Lorbeerblatt aus dem Reis nehmen, Butter zufügen, mit einer Gabel locker umrühren und servieren.

Gartemperatur: 170 Grad
Garzeit: etwa 16 Minuten

Tipp

Nach dem Aufkochen den Reis nicht mehr umrühren, denn die herausgekochte Reisstärke macht den Reis klebrig.

Variationen

Ingwerreis: Anstelle der Zwiebel dünsten Sie 20 g geschälten Ingwer mit.
Gewürzreis: Geben Sie zum Reis 1 Esslöffel zerstoßene Gewürze (Koriander, Kardamom, Gewürznelke, Kreuzkümmel usw.).
Risi e Bisi: Ergänzen Sie den gedünsteten Reis mit 200 g gekochten Erbsen.

Polenta

Für 4 Personen

Zutaten		
	1/4 l	*Wasser*
	1/4 l	*Milch*
		Salz
	2 EL	*Öl*
	125 g	*gelbe Polenta, mittelfein*
	2 EL	*Butter*

- Wasser und Milch in einem hohen Topf zum Kochen bringen, salzen und das Öl hinzufügen.
- Die Polenta langsam mit einem Schneebesen einrühren, um die Knollenbildung zu vermeiden. Weiterrühren, bis die Polenta fest ist, dann mit einem Holzlöffel unter zeitweisem Umrühren langsam kochen lassen.
- Die Polenta soll sich vom Topfboden lösen.
- Zum Schluss die kalte Butter unterrühren und servieren.

Garzeit: etwa 20–30 Minuten

Tipps

1. *Fertige Polenta als Beilage zu Nocken formen oder in eine Kastenform füllen, erkalten lassen, in Scheiben schneiden und in Olivenöl braten.*
2. *Wer wenig Zeit hat, kann auch Instant-Polenta nehmen, die in wenigen Minuten zubereitet ist.*
3. *Die Polenta passt als Beilage zu Gulasch, Wildgerichten, Braten und Pfifferlingen.*

Variationen

Polenta mit Gorgonzola: Kochen Sie die Polenta wie im Rezept angegeben und geben Sie zum Schluss 100 g Gorgonzola dazu.
Polenta mit Steinpilzen: Kochen Sie die Polenta wie im Rezept angegeben. 100 g frische Steinpilze mit dem Messer putzen und mit einem sauberen feuchten Tuch reinigen, in Würfel schneiden und mit 1 Esslöffel Zwiebelwürfel und etwas Knoblauch in Öl dünsten. Weiters können Sie auch 1 Esslöffel geschnittene Petersilie oder Schnittlauchröllchen untermischen.
Überbackene Polenta: Die gekochte Polenta in eine leicht geölte Form (Dachrinnen-, Kasten- oder Auflaufform) geben und kalt stellen, anschließend stürzen, in eher dicke Scheiben schneiden, mit Parmesankäse bestreuen oder mit einer Scheibe Gorgonzola oder anderem Käse belegen und bei 170 Grad für etwa 8 Minuten überbacken.
Gegrillte Polenta: Die gekochte Polenta in einer Kastenform auskühlen lassen, dann in Scheiben schneiden und auf dem Grill langsam beidseitig grillen, mit etwas Olivenöl und Rosmarin servieren.

Gegrillte Polenta

Salzkartoffeln

Patate lesse

Für 4 Personen

Zutaten	*800 g*	*Kartoffeln, festkochend*
		Salz

- Die Kartoffeln schälen, waschen und in beliebige Formen schneiden (tourniert, würfelig, in Spalten oder nur halbiert).
- In einem Topf in Salzwasser weich kochen.

Garzeit: 15–30 Minuten, je nach Schnittart

Variationen

Kräuterkartoffeln: Dieselbe Zubereitung wie bei den Salzkartoffeln. Zum Schluss in etwas Butter und gehackten Kräutern (Oregano, Basilikum, Kerbel) schwenken.
Pesto-Kartoffeln: Verfeinern Sie die Kartoffeln mit Basilikum-Pesto.

Kümmelkartoffeln

Patate al cumino

Für 4 Personen

Zutaten	*12*	*neue Kartoffeln*
	3 EL	*Öl zum Braten*
		Salz
	1 EL	*Butter*
	1 TL	*Kümmel*

- Die Kartoffeln waschen und halbieren.
- Kartoffeln in Salzwasser 3 Minuten kochen.
- In eine Bratpfanne mit heißem Öl geben, salzen und im Backrohr braten, dabei ab und zu wenden.
- Kurz vor Garende Butter und Kümmel dazugeben.

Gartemperatur: 200 Grad
Garzeit: etwa 30 Minuten

Salbeikartoffeln

Patate alla salvia

Für 4 Personen

Zutaten	*700 g*	*Kartoffeln, mehlig*
	3 EL	*Öl zum Braten*
		Salz
	1 EL	*Butter*
	1 TL	*Salbei*

- Kartoffeln schälen, waschen und in gleichmäßig große Würfel oder Spalten schneiden.
- In kochendes Salzwasser geben und aufkochen lassen.
- In eine Bratpfanne oder ein feuerfestes Geschirr geben, das Öl dazugeben, salzen, umrühren und im Backrohr braten, dabei ab und zu wenden.
- Kurz vor Garende die Butter und den fein geschnittenen Salbei dazugeben, nochmals umrühren und servieren.

Gartemperatur: 210 Grad
Garzeit: etwa 20–30 Minuten

Tipps

1. Sie können die Kartoffeln auch dämpfen.
2. Salbeikartoffeln passen zu gebratenem Fleisch.

Variation

Gekochte Salbeikartoffeln: Die gleiche Menge Kartoffeln, wie oben angegeben, in einen Topf mit Wasser geben. Leicht salzen und zugedeckt bei mittlerer Hitze 20 Minuten garen. Anschließend die Kartoffeln in Salbeibutter schwenken und servieren.

Rosmarinkartoffeln

Patate al rosmarino

Für 4 Personen

Zutaten	*800 g*	*Kartoffeln, festkochend*
	3 EL	*Öl zum Braten*
		Salz
	1 EL	*Butter*
	1 TL	*Rosmarin, fein gehackt*

- Die Kartoffeln schälen, waschen, in größere Würfel oder Spalten schneiden und in Salzwasser einmal aufkochen lassen.
- In eine Bratpfanne mit heißem Öl geben, salzen und im Backrohr braten, dabei ab und zu wenden.
- Kurz vor Garende Butter und Rosmarin dazugeben.

Gartemperatur: 210 Grad
Garzeit: etwa 20 Minuten

Variation

Thymiankartoffeln: Wie Rosmarinkartoffeln, wobei mit der Butter anstatt Rosmarin 1 Teelöffel gehackter Thymian beigegeben wird.
Bratkartoffeln: Wie Rosmarinkartoffeln zubereiten, wobei Sie den Rosmarin einfach weglassen.

Oben: Rosmarinkartoffeln
Unten: Kümmelkartoffeln

Sassi-Kartoffeln

Patate alla sassi

Für 4 Personen

Zutaten		
	12	*neue Kartoffeln*
	3 EL	*Öl zum Braten*
		Salz
	2 EL	*Butter*
	2 EL	*Brotbrösel*

- Kartoffeln waschen, größere Kartoffeln halbieren und in Salzwasser 3 Minuten kochen lassen.
- In eine Bratpfanne mit heißem Öl geben, salzen und im Backrohr braten, dabei ab und zu wenden.
- Kurz vor Garende die Kartoffeln in Butter und Brotbröseln wenden und servieren.

Gartemperatur: 210 Grad
Garzeit: etwa 30 Minuten

Tipp

Anstelle der neuen Kartoffeln können Sie auch festkochende, geschnittene Kartoffeln verwenden.

Olivenkartoffeln

Patate alle olive

Für 4 Personen

Zutaten		
	800 g	*Kartoffeln, festkochend*
	3 EL	*Olivenöl*
		Salz
	60 g	*Oliven*
	1 TL	*Petersilie, fein geschnitten*

- Die Kartoffeln schälen, waschen, in größere Würfel oder Spalten schneiden und in Salzwasser einmal aufkochen lassen.
- In eine Bratpfanne mit heißem Olivenöl geben, salzen und im Backrohr braten, dabei ab und zu wenden.
- Kurz vor Garende Oliven und Petersilie dazugeben und servieren.

Gartemperatur: 200 Grad
Garzeit: etwa 20 Minuten

Variationen

Zwiebelkartoffeln: Wie Olivenkartoffeln zubereiten, nur anstelle der Oliven verwenden Sie 100 g gedünstete Zwiebelstreifen.
Speckkartoffeln: Anstelle der Oliven verwenden Sie in Streifen geschnittene Pancetta oder Speck.

Kartoffelpüree mit Olivenöl

Purè di patate con olio d'oliva

Für 4 Personen

Zutaten		
	600 g	*Kartoffeln, mehlig*
	100 ml	*Olivenöl*
		Salz
	1 Msp.	*Muskatnuss, gerieben*
	200 ml	*Milch*

- Kartoffeln schälen, kurz waschen und in große Würfel schneiden.
- In Salzwasser besonders weich kochen und abseihen.
- Noch heiß durch die Kartoffelpresse drücken oder durch die Handpassiermaschine (Flotte Lotte) drehen.
- Olivenöl einrühren, nachsalzen und mit geriebener Muskatnuss würzen.
- Die heiße Milch nach und nach unterrühren, bis das Püree flaumig ist.
- In einen Spritzbeutel mit Stern oder glatter Tülle füllen und als Rosette oder Welle auf Teller oder Platte spritzen und servieren.

Tipps

1. *Die portionsweise Zugabe der Milch ist wichtig, denn je nach Kartoffelsorte ist der Stärkegehalt unterschiedlich und somit variiert auch die Menge, die man zum Cremigrühren benötigt.*
2. *Verwendung als klassische Beilage zu Saucengerichten.*
3. *Wenn Sie die Olivenölmenge erhöhen, wird das Püree noch schmackhafter.*

Variationen

Oliven-Kartoffelpüree: Sie können auch fein geschnittene Oliven unter das Kartoffelpüree mischen.
Tomaten-Kartoffelpüree: Unter das Püree 50 g getrocknete, fein geschnittene Tomaten rühren.
Rosmarin-Kartoffelpüree: Kurz vor dem Servieren einen Esslöffel frisch gehackten Rosmarin unter das Püree mischen.
Kartoffel-Mandelpüree: Unter das Püree kurz vor dem Servieren einen Esslöffel fein gehackte, in einer Pfanne ohne Fettzugabe geröstete Mandeln geben.
Kartoffel-Trüffelpüree: Mengen Sie etwas frisch gehobelte Trüffel oder einige Tropfen Trüffelöl unter das Püree.

Oben: Sassi-Kartoffeln
Unten: Olivenkartoffeln

PANE E FORM

BROT · KÄSE · EINGELEGTES

AGGI

Die einfachsten Dinge sind oft die besten: Ein Stück frisches, knuspriges Weißbrot, dazu etwas Käse und eingelegtes Gemüse – fertig ist ein schmackhafter Imbiss. Brot gehört in Italien zu jedem Essen, und ein Körbchen mit verschiedenen Brotsorten und Grissini darf auf dem Tisch nicht fehlen. Käse kann man nicht nur mit Wein kombinieren, er macht auch viele Vorspeisen erst komplett und wird besonders als Dessert sehr geschätzt. Gemüse wird in Italien gerne sauer beziehungsweise süßsauer eingelegt oder zu pikanten Chutneys verarbeitet, die wiederum exzellent zu vielen Käsesorten passen.

Blumenwiese im Casentino

Die Dauerbrenner
Pizza und Brot

Aus dem Holzofen schmeckt die Pizza am besten.

Pizza

Mit Sicherheit kann behauptet werden, dass es sich bei der Pizza um das Gericht mit dem weltweit höchsten Bekanntheitsgrad handelt. Die Zubereitung einer guten Pizza ist eine typisch italienische Kunst, die vielen italienischen Emigranten auch jenseits des Ozeans zu großem Erfolg verholfen hat. Ursprünglich war sie ein ausgesprochenes »Arme-Leute-Essen« in Neapel.

Buchstäblich hoffähig wurde die Pizza am 1. Juni 1889. Damals besuchte das italienische Königspaar Neapel. Um sich volksnah zu zeigen, bestellte es Pizza. Der beauftragte Bäcker (pizzaiolo = Pizzabäcker) belegte die Pizza mit weißer Mozzarella aus Büffelmilch, roten Tomaten und grünen Basilikumblättern, den Farben der italienischen Flagge (Trikolore). Seitdem heißt sie »Pizza alla Margherita« (Königin Margherita von Savoyen) und wurde zur klassischen neapolitanischen Pizza.

Als ein heimwehkranker Neapolitaner in New York die erste Pizzeria eröffnete, ahnte er nicht, dass sein heimatlicher Hefefladen sich anschickte, die Welt zu erobern. Mittlerweile gibt es überall auf der Welt Pizzerien, die nach bester italienischer Tradition Pizza anbieten. In

den Gassen von Neapel wurde sie in holzbefeuerten Öfen gebacken, mit Kräutern, Olivenöl und bestenfalls eingesalzenen Sardellen gewürzt.
Für gute Pizzas (pizze) gelten italienische Grundregeln. Handarbeit ist Bedingung und das Austreiben des Teigballs in der Luft eine artistische Show.

Brot

Es schmeckt immer wieder anders, dabei sind die Zutaten fast immer dieselben: etwas Mehl oder Schrot, Wasser, Salz, Gewürze und meist noch ein Lockerungsmittel.
Ohne Brot ist kein italienisches Essen denkbar. Es wird zu Antipasti, Suppen, Pasta, Fleisch, Fisch und Gemüse gegessen. Die Italiener sind Meister in der vielfältigen und verfeinerten Verwendung von Brot. Das gilt nicht nur für die weltweit bekannte Pizza. Man röstet und überbackt Brotscheiben, bestreut oder bestreicht Fladen mit Kräutern, Olivenöl oder Käse, aromatisiert Brote mit Rosmarin, Salbei oder Basilikum. Aus altbackenem Brot stellt man auch nicht zwangsläufig Brösel her, sondern verwendet es zur Zubereitung von Suppen, zum Binden von Saucen usw. Italienisches Brot ist weiß, feinporig, innen weich und außen sehr knusprig.

Ciabatta

So nennt sich ein flaches, lang gezogenes Weißbrot aus der Lombardei. Es hat seinen Namen von der typischen Form und heißt übersetzt »Pantoffel«. Nur Weizenmehl, Öl, Hefe, Salz und Wasser kommen in den Teig. Das Öl muss Olivenöl sein, die Form länglich und flach, die Kruste goldgelb gebacken und das Innere weiß und grob gelocht.
Die Ciabatta kann wie die Focaccia mit sonnengereiften oder getrockneten Tomaten, Oliven oder Kräutern zubereitet werden und schmeckt als Vorspeise oder Snack mit verschiedenen Belägen wie Tomaten, Knoblauch, Olivenpaste, Sardellen, Wurst fantastisch.

Focaccia

Das Wort kommt vom italienischen *focolare* (Kohlebecken). Sie ist eine dünne Flade aus einfachem Hefeteig, mit Olivenöl, Kräutern, Salz und Oliven gewürzt. Diese Spezialität Liguriens kommt aus dem Holzofen.
Als Belag eignet sich allerlei Herzhaftes wie Wurst, Sardellen, Käse, Oliven, Zwiebel, Tomaten, Gemüse, Kräuter. Gern wird sie als »Doppeldecker« mit verschiedenen Füllungen gebacken, und in der süßen Variante isst man die Focaccia mit Honig, Anis, Rosinen oder Mandeln.

Grissini

Die langen italienischen Backstäbchen helfen, das Warten auf das Essen zu überbrücken oder werden an einem Ende mit Parmaschinken umwickelt und bilden so einen delikaten Fingerfood bei Empfängen.
Grissini werden so lange gebacken, bis der aus Mehl und Wasser hergestellte Teig zu einer Kruste wird. Die dickeren Grissini del panettiere (Bäcker-Grissini) werden von Hand gerollt.

Pizzabäckerregeln der »Associazione Vera Pizza Napoletana«

1. Der Teig besteht nur aus Mehl, Hefe, Salz und Wasser.
2. Den Teig nur von Hand kneten (oder nur in nicht warm laufenden Knetmaschinen).
3. Den Teig nur von Hand ausflachen.
4. Der Durchmesser darf höchstens 30 Zentimeter betragen.
5. Die Pizza direkt auf die Steinplatte im Ofen legen.
6. Der Ofen muss gemauert und holzbefeuert sein.
7. Die Ofentemperatur muss mindestens 400 Grad betragen.

1. Bruschetta
2. Cocodrillo/Paesani
3. Brot für Crostini (Baguette)
4. Croccantino
5. Cornetto
6. Mantovana
7. Tartaruga
8. Ciabatta
9. Pan carasau/carta di musica

Tipp
Panettone und Pandoro isst man weder mit der Gabel noch zerkrümelt man ihn. Vielmehr zupft man ihn in mundgerechte Bissen. Dazu munden am besten prickelnder Spumante, Tee oder Kaffee.

Panettone

Pandoro

Hausgemachte Grissini
Hausgemachte Grissini sind unregelmäßig und oft viel länger als Fertigprodukte. Manchmal werden sie vor dem Backen mit Sesam, Mohnsamen, Peperoncino, Rosmarin usw. bestreut.

Piadina (Fladenbrot)

Die Piadina ist ein Fladenbrot aus der Emilia-Romagna, das auf einer heißen Tonplatte gebacken wird. Die Piadina romagnola oder kurz Piadina wird als Leibspeise der Bewohner der Adriaküste zwischen Ravenna und Cattolica angesehen.
Die Zutaten sind Mehl, Hefe, Milch, Schweineschmalz, Salz, eventuell Eier und eine Prise Zucker. Meist werden die flachen Brote (Fladen) pur, aber auch warm zu Rohschinken, Oliven oder Ricotta als Antipasto serviert.

Panzerotti

Je nach Region sind die Panzarotti aus simplem Hefe- oder fettreichem Mürbteig; als Brötchen sind sie immer länglich, eckig und werden mit verschiedenen Füllungen gegessen.

Bruschetta

Die italienische Art, alterndes Brot stilvoll aromatisch aufzupeppen, sind die Bruschette. Brot wird geröstet, mit Knoblauch eingerieben und mit Olivenöl beträufelt. Sie werden auch gern als Appetitanreger mit gehackten Tomaten gereicht.
Als Belag eignen sich Zucchini, Oliven, Sardellen, Mozzarella, Ricotta usw.

Crostini

Ins Deutsche übersetzt wären das die »Krüstchen!«. Crostini sind getoastete oder frittierte Scheiben Weißbrot, die geschmackvoll dekoriert und heiß serviert werden. Als Belag nimmt man Olivenpaste, Sardellen und Zwiebel, Thunfisch in Öl usw.

Mantovana

Es ist ein einfaches Hefegebäck, das sehr knusprig ist und vor allem zur Pasta gegessen wird.

Panini

Panini sind Brötchen. Die italienischen Bäcker geben ihren Brotlaiben und Brötchen verschiedene Namen und Formen: runde oder weniger runde, rustikale Brötchen, Zöpfchen, Hörnchen usw.

Panettone

Wörtlich übersetzt heißt Panettone »großes Brot«. Der Panettone war ursprünglich ein einfaches gesüßtes Brot, wie es für die Lombardei typisch ist. Er stammt aus Mailand, wo man ihn gern mit Eiscreme füllt, doch jedes Jahr zur Weihnachtszeit verwandelt er sich von der berühmten Mailänder Spezialität zum gesamtitalienischen Festtagskuchen. Der Panettone gelingt nur mit großer Sorgfalt. Hefe als Backtriebmittel und eine Gehzeit von 10 bis 15 Stunden garantieren, dass er hoch und locker aufgeht.

Zubereitung
Dem mäßig gezuckerten Teig werden Rosinen, Sultaninen, kandierte Früchte wie Orangeat und Zitronat untergemischt. Der Panettone geht in einer (meist) runden Form (Papierform) auf, in der der Kuchen auch verkauft wird. Sie zwingt den Teig beim Aufgehen in die Höhe. Zu Ostern wird der Panettone in Form einer Taube gebacken und als »Colomba« bezeichnet.

Pandoro

Pandoro ist ein hoher Hefekuchen, dem Panettone sehr ähnlich ist. Er enthält aber keine Früchte.

Das Beste aus Milch
Von Mozzarella bis Parmesan

Italiener schätzen guten Käse als Nachtisch.

Unter **Frischkäse** versteht man allgemein frisch hergestellte, unreife Käse, die unmittelbar nach der Herstellung genussfertig und für den baldigen Verbrauch bestimmt sind, wie z. B. Speisequark. Sogar das Eiweiß der Molke, die bei der Herstellung von Käse anfällt, kann eine Ausgangsbasis für Frischkäse sein. Bekanntestes Beispiel hierfür ist die italienische **Ricotta.**

Aber auch »Zwischenprodukte« bei der Käseherstellung wie Zieger zählen dazu, die entweder frisch verzehrt oder durch Salzen, Räuchern oder Trocknen haltbar gemacht werden, oder solche wie die **Caciotta,** mit leichter Reifung.

Die entscheidenden Elemente eines Frischkäses sind der erfrischende Geschmack und die lockere Beschaffenheit. Manche Käse sind cremig und haben einen verhältnismäßig hohen Fettgehalt wie beispielsweise der **Mascarpone.** Frischkäse kann so glatt wie Joghurt, so körnig wie Ricotta oder so geschmeidig wie Doppelrahmkäse sein.

Obwohl fast alle Frischkäse aus Kuhmilch hergestellt werden, ist ihr Feuchtigkeits- und Fettgehalt doch recht unterschiedlich, so dass man sie in Kochrezepten nicht immer ohne weiteres gegeneinander austauschen kann. So ist z. B. Ricotta trockener als Quark.

Ricotta-Arten

- Ricotta di vacca aus der Molke von Kuhmilchkäse gewonnen. Sie wird vor allem in den Provinzen Norditaliens hergestellt.
- Ricotta di pecora entsteht aus Molke, die bei der Schafskäseherstellung anfällt. Sie hat im Schnitt einen höheren Fettgehalt als Ricotta aus Kuhmilch und ist fein geschmeidig.
- Ricotta salata aus Kuhkäsemolke mit kompakt-geschmeidigem Teig.
- Ricotta salata affumicata wird gleich hergestellt wie Ricotta salata, die Haut ist durch das Räuchern gefärbt.
- Ricotta piacentina kommt aus der Poebene und ist eine Kuhmilch-Ricotta, die in dem bei der Herstellung verwendeten Abtropftuch angeboten wird. Sie ist cremig, aber leicht krümelig.

Ricotta

Frische Ricotta braucht man für viele italienische Gerichte, wo sie unter anderem ein gutes Bindemittel für Pastafüllungen darstellt. Gereift und gepresst ist sie ein beliebter Tischkäse. Die Qualität des fertigen Käses hängt weitgehend von der verwendeten Milch ab.

Ricotta wurde ursprünglich nur aus Schafskäsemolke (ricotta di pecora) hergestellt und oft nach den Pecorino-Gebieten benannt, wie Ricotta romana, Ricotta siciliana, Ricotta canestraia. Ricotta wird nicht aus frischer Milch hergestellt, weshalb es falsch wäre, von Quark zu sprechen. Die leicht körnige Ricotta aus purem Molkeneiweiß (*ricotta* = die Wiedergekochte) ist leicht süßlich und auch kaum fett.

Herstellung

Das Eiweiß wird beim Erhitzen der Molke auf 80–90 Grad abgetrennt, teilweise unter Zufügung von gesäuerter Molke oder Säuren wie Zitronen- oder Essigsäure. Durch das Erwärmen und Aufsäuern fallen auch die Molkenproteine aus, wodurch sich Flocken bilden, in denen die Fette enthalten sind. Der nächste Arbeitsgang besteht in einer teilweisen Entfernung der Flüssigkeit aus der ausgeflockten Masse. So erhält man bereits die fertige Ricotta.

Einkauf

Normalerweise wird Ricotta als ungereifte und ungesalzene »Ricotta tipo dolce«, aber auch gesalzen als »Ricotta salata« sowie gesalzen und gereift als »Ricotta tipo forte« angeboten. Schafskäse-Ricotta enthält, dank des höheren Fettgehalts der Schafskäsemolke, normalerweise mehr Fett als Kuhkäse-Ricotta.

Mascarpone

Der Doppelrahmfrischkäse wird aus Sahne hergestellt. Die Sahne wird auf 85–90 Grad erhitzt und mittels Zitronensäure oder einer anderen Säure wie Weinsteinsäure zum Gerinnen gebracht. Anschließend lässt man die Masse abtropfen und abkühlen. Nach zweimaligem Abtropfen ist er cremig. Nachdem ein Teil der Molke entfernt wurde, kann der Mascarpone bereits gegessen werden. Der weißlich bis strohgelbe, sahnig-milde Frischkäse ist kompakt, doch geschmeidig und streichfähig. Er bildet eine Grundlage für viele Desserts und wird oft anstelle von Sahne in der Küche verwendet.

Verwendung

Mascarpone eignet sich für Tiramisu, Mascarponesauce, Mascarponecreme, zur Verfeinerung von Risotto, als Füllung für Ravioli usw.

1. *Büffelricotta*
2. *Ricotta di vacca*
3. *Ricotta di pecora*
4. *Ricotta salata affumicata*
5. *Mascarpone*
6. *Stracchino*

Mozzarella

Sie ist ein ungereifter Käse von weicher, zäher Beschaffenheit, mit einem milden und leicht säuerlichen Geschmack. Sie wird zu Ballen geformt und in Salzlake eingelegt verpackt, damit sie nicht austrocknet. Heute wird Mozzarella aber auch in Blocks ohne Lake zum Aufschneiden angeboten. Industrie-Mozzarella schmeckt ein wenig langweilig, gewinnt aber beim Gratinieren etwas an Aroma. Ursprünglich bestand Mozzarella aus Büffelmilch, mittlerweile wird sie häufiger aus Kuhmilch oder einer Mischung aus beiden hergestellt. Büffelmozzarella ist teurer, aber viel aromatischer. Mozzarella verwendet man zum Überbacken von Pizza, Bruschetta und Gemüse.

<u>Büffelmozzarella</u>
Büffelmozzarella wird auch **Fiordilatte** genannt. Sie ist ungereift und leicht gesalzen, angenehm säuerlich-süßlich und hat eine gummiartige Konsistenz.

<u>Mozzarella di bufala campana</u>
Dieser Frischkäse mit gezogener Käsemasse wird aus Büffelvollmilch hergestellt. Sie ist ein typischer Käse, die in Form kleiner Kugeln oder als Zopf im Handel ist.

<u>Scamorza</u>
Die Scamorza aus den Abruzzen wird auch gereift und häufig geräuchert angeboten.

<u>Mozzarellabällchen (Bocconcini)</u>
Die portionsgerechten Kugeln sind ideal als Antipasto und lassen sich gut für Salate und Vorspeisen verwenden.

<u>Stangen-Mozzarella</u>
Sie wird heute in zunehmendem Maße hergestellt. Diese rationelle Vermarktungsform wird vor allem von Restaurants und Pizzerien bevorzugt.

1. Fiordilatte (Büffelmozzarella)
2. Burrata
3. Scamorza
4. Stangenmozzarella
5. Mozzarella di bufala campana
6. Mozzarelline
7. Mozzarellabällchen (Bocconcini)
8. Provolone
9. Caciocavallo

<u>Filata-Käse von Mozzarella bis Provolone</u>
Die gebrühten Knetkäse Italiens werden als »formaggi a pasta filata« bezeichnet, also als Käse mit gezogenem Teig. Die bekanntesten Repräsentanten dieser Gruppe sind Mozzarella, **Provolone, Caciocavallo** und **Burrata.**

Gorgonzola

Der Gorgonzola ist ein italienischer Weichkäse, einer der ältesten italienischen Käse überhaupt, benannt nach der Stadt Gorgonzola, 20 Kilometer nordöstlich von Mailand. Zuerst wurde er nur in dem gleichnamigen Städtchen bei Mailand erzeugt, heute wird Gorgonzola in lombardischen und piemontesischen Provinzen produziert. Seine Basis ist pasteurisierte Vollmilch von Kühen. Der Käse ist sehr sahnig, cremig mit graugrünem Edelschimmel. Seinen Innenschimmel in unregelmäßigen Adern ver-

Gorgonzola

Verwendung von Frischkäse
Frischkäse wird selten allein serviert. Für einen würzigen Salat kann man ihn mit geschnittenen Frühlingszwiebeln, Nüssen, Tomaten oder Kräutern wie Schnittlauch, Kerbel, Basilikum mischen und zu Blattsalaten reichen. Quark und seine Verwandten kommen in der kalten Küche auch für Käsecremen, Mousses und Pralinen zum Einsatz. Sie sind aber auch Basis für verschiedene kalte und warme Cremedesserts wie z. B. Tiramisu. Auch für Nudelgerichte wie Cannelloni, Crespelle, Ravioli und Tortelloni eignet sich Frischkäse hervorragend.

Der Reifegrad der Käselaibe wird mit einem Hämmerchen getestet.

Der echte Parmigiano reggiano trägt einen Stempel.

Ebenfalls ist auch der echte Grana padano mit einem originalen Stempel versehen.

dankt er Schimmelpilzen, den Penicilliumaer. Ausnahmsweise fürchtet man beim Gorgonzola den Schimmel einmal nicht.

Herstellung

Die Milch wird auf 28–32 Grad erhitzt und mittels Kalbslab zum Gerinnen gebracht. Zugleich mit dem Lab werden Milchfermente und Sporen des Penicillius, eines Edelpilzes, zugefügt. Nach der Trennung von Bruch und Molke kommt der Käse in Formen von 25 bis 30 Zentimeter Durchmesser, wird gesalzen und erhält zwei Wochen Zeit, sich zu setzen. Die Rinde ist rau und rötlich. Er reift in 3 Monaten zu verschiedenen Qualitäten heran.

Einkauf

Gorgonzola ist mild bis pikant, zum Teil scharf und dem Roquefort ähnlich.

- **bianco:** sehr jung, vor der Entfaltung des Schimmels
- **dolce:** mit leichter Marmorierung, sehr mild
- **piccante:** gut ausgebildeter grüner Edelschimmel, würziger Geschmack
- **dolcelatte:** Dies ist ein sehr cremiger, feiner, milder Käse, der dem Gorgonzola sehr ähnelt. Dolcelatte lässt sich mit »süße Milch« übersetzen. Er wird auch Gorgonzola dolce genannt.
- Weiters gibt es auch noch den **Mascarpone-Gorgonzola;** hierfür wird der Gorgonzola mit Mascarpone geschichtet.

Lagerung

Man sollte den Käse kühl aufbewahren, aber bei Raumtemperatur genießen, damit sein volles Aroma zur Geltung kommt.

Verwendung

Der Gorgonzola ist ein cremiger Begleiter und kann als Käsegang mit Obst wie weißen und blauen Trauben, Birnen und Nüssen gereicht werden. Auch zur Pasta, zum Überbacken von Nudelgerichten, zum Verfeinern der Polenta, zu Fisch und Fleisch, als Frischkäsemousse und für Aufstriche eignet er sich sehr gut.

Parmesankäse (grana)

Unter diesem Namen sind einige Käse auf dem Markt, z. B. der echte Parmigiano reggiano. Auch gut ist der Grana padano oder der Spicchio grana aus Südtirol. Alle diese Käsesorten sind sehr aromatisch, brauchen beim Überbacken aber Fett (Butter, Sahne), um nicht zu verbrennen.

Der Käse ist weiß oder strohgelb und leicht körnig. Parmesan eignet sich zum Überbacken von Lasagne und Gemüse wie Broccoli oder Spargel.

Diese Hartkäse haben den niedrigsten Wassergehalt und die Form großer, runder Laibe. Die besonders harten Käse lassen sich nur schlecht schneiden und werden daher in große Stücke gebrochen und verkauft. Das Zerteilen der großen Laibe in verkaufsgerechte Portionsstücke erfolgt im Handel mit Hilfe von speziellen Hartkäsemessern. Mundgerechte Käsestücke werden mit dem Parmesanstecher aus dem Käselaib herausgestochen, frisch gerieben verfeinert er unzählige Speisen.

Parmesan und Grana sind als Tischkäse ebenso unentbehrlich wie in der Küche. Bei einem Hartkäse lässt sich die enge Verbindung zwischen Alter und Qualität nicht ignorieren. Selbst der feinste Hartkäse, der mit äußerster

Die Käseherstellung will gelernt sein.

Sorgfalt aus Rohmilch hergestellt wird, schmeckt langweilig, wenn er nicht ausreichend reift. Doch die Lagerzeit in der Käserei kostet Geld, so dass beispielsweise ein alter Parmesan recht teuer ist.

Parmigiano reggiano

Der berühmteste italienische Käse, der unzählige Nachahmer wie den Sbrinz in der Schweiz und den Grana aus Südtirol/Trentino hat, wird seit sieben Jahrhunderten auf die gleiche Weise hergestellt. Als Käse mit Ursprungsgarantie DOC darf er nur in einem genau bezeichneten Gebiet erzeugt werden, das die Provinzen Parma, Reggio-Emilia, Modena und Mantua rechtsseitig des Po und Bologna linksseitig des Flusses Reno umfasst. Zu den Regeln, welche die hohe Qualität des Parmigiano reggiano garantieren, gehört zuallererst die Bestimmung, dass die Milchkühe nicht mit Silofutter, sondern mit Luzernen gefüttert oder auf der Weide gehalten werden müssen. Für ein Kilogramm dieses hochwertigen Käses braucht man 16 Liter Milch.

Grana padano

Dieser Käse wird das ganze Jahr über in der Poebene hergestellt. Der Produktionsschwerpunkt liegt dabei in den Städten Mantua, Cremona, Brescia, Vicenza und Piacenza. Der Granakäse (Grana = Korn, Krümel) ist ein DOC-Käse, halbfett, aus harter, gekochter Käsemasse aus Kuhmilch. Die Kühe werden mit Heu und Grünfutter (ohne Silofutter) gefüttert. Der Käse reift 1 bis 2 Jahre. Die Milch wird durch Abschöpfen der natürlich angesetzten Sahne teilweise entrahmt. Der Grana padano ist ein Konkurrent des Parmigiano reggiano.

In Tüchern tropft die Molke ab.

Gran spicchio aus Südtirol

Der Gran spicchio ist ein Hartkäse, der nach Grana-Art hergestellt wird. Frische Rohmilch aus Südtirol bildet seine Grundlage. Salz und Labkulturen sind die wichtigsten Zutaten. Der Käse hat etwa 40 Prozent Fett in der Trockenmasse. Die Reifezeit beträgt etwa 12 bis 15 Monate. Sein Aussehen ist gelbbräunlich, die Rinde zum Verzehr nicht geeignet.

Im Inneren ist er weiß und gelblich. Der Käse ist hart, beim Brechen ist seine Konsistenz körnig, blättrig und leicht schuppig. Geruch und Geschmack sind vollaromatisch, milchig und besonders würzig. Der Gran spicchio muss kühl gelagert werden. Ein Laib wiegt etwa 35 Kilogramm.

Parmesanreiben

Der Parmesan eignet sich ausgezeichnet zum Reiben. Die Bequemlichkeit, abgepackten, bereits geriebenen Käse zu verwenden, geht immer auf Kosten des Geschmacks.

Zerkleinerter und geriebener Käse verliert schnell an Aroma, und die Qualität ist bei solchen gebrauchsfertig gekauften Käsen nicht nachprüfbar. Daher sollte der Käse immer möglichst frisch am Stück gekauft und bei Bedarf gerieben oder geraspelt werden. Dafür stehen verschiedene mechanische und elektrische Reiben zur Verfügung. Einfache Handreiben leisten gute Dienste, solange sie scharf sind.

Parmesanstechen
Mit eigenen Messern wird der Parmesan in mundgerechte Stückchen gebrochen, die sich vorzüglich zum Verzehr, besonders zu Wein, eignen.

Parmigiano reggiano

- Gewicht: 33–36 kg
- Durchmesser: 35–45 cm
- Seitenhöhe: 18–24 cm
- Dicke der Rinde: etwa 6 mm
- Fett in der Trockenmasse: mindestens 32 Prozent
- Farbe der Rinde: dunkel mit Paraffinierung oder natürliches Goldgelb
- Farbe der Käsemasse: Hellgelb bis Strohgelb
- Struktur der Käsemasse: feinkörnig, schuppenförmige Teilung; winzige, kaum sichtbare Durchlöcherung
- Aromen: delikat und würzig, nicht pikant
- Alter/Reifung:
  frisch (fresco), bis 18 Monate
  alt (vecchio), 18–24 Monate
  extrahart (stravecchio), 24–36 Monate

Lagerung
Man lagert den Parmesan gut verpackt im Kühlschrank, aber am besten hält er sich in der Kühlkammer oder im Keller.

Verwendung
Hartkäse sind lange gereift und daher geschmacklich sehr charaktervoll. Sie werden zum Würzen von Suppen, speziell von Minestrone, Zuppa pavese, Zuppa mille fanti, Pastasaucen, zum Verfeinern bzw. als Geschmacksgebung für Pasta und Risotti ebenso gern wie zum Überbacken von Lasagne verwendet. Auch auf den berühmten Carpaccio cipriani, auf Rohschinken, Speck, Bresaola, Blatt- und Gemüsesalate wird er frisch gerieben oder gehobelt.

Schafskäse (pecorino)

Pecorino ist ein scharfer italienischer Hartkäse meist aus Schafsmilch (pecora = Schaf). Niemand schreibt den Bauern oder den Molkereien vor, aus welcher Milch und wie sie ihn herzustellen haben. Folglich kann man die unterschiedlichsten Versionen finden:
Es gibt frische und gereifte, milde und pikante. Doch im engeren Sinne ist Pecorino ein Hartkäse aus Schafsmilch. Er wird in vielen Regionen Italiens hergestellt. Seine bekanntesten Vertreter kommen aus Mittel- und Süditalien sowie aus Sardinien und Sizilien, wo es die größten Schafherden gibt. Er wird aus der frischen Vollmilch von Schafen gemacht, die sich meist mit kargen Weiden zufrieden geben.

Pecorino romano
Der bekannteste ist der Pecorino romano, der mindestens 8 Monate reifen muss.

Pecorino toscano
Pecorino toscano ist ein würziger Schafskäse mit 40 Prozent Fett in der Trockenmasse.

Pecorino sardo
Dieser im Korb abgetropfte Schafskäse aus Sardinien reift mindestens 9 Monate.

Pecorino siciliano
Eine mit Pfefferkörnern verschärfte Variante ist der »pecorino siciliano«.

Merkmale des Pecorino
Die Alterung, während der Pecorino regelmäßig gewaschen und gewendet wird, erstreckt sich über sechs Monate.
Formen: Seine Formen variieren, sind aber meist rund.
Gewicht: Das Gewicht reicht von 1,5 bis 22 Kilogramm.
Kruste: Sie wird meist eingeölt, ist dunkel und hart.

Verwendung
Zwar kann man den Pecorino auch frisch (jung) und mild genießen, aber als Reibkäse muss er mit der Alterung eine feste Konsistenz und kräftigen Geschmack besitzen. Ein Pecorino wird meist wie Parmesan gerieben und über viele Gerichte gestreut.

Kleines Käselexikon

Bel Paese
Der Bel Paese zählt zu den berühmtesten italienischen Käsesorten. Sein Name bedeutet »schönes Land«. Mit weichem, strohfarbenem Teig und einem eigenen, leicht cremig-säuer-

1. Parmesankäse
2. Testun
3. Castelmagno
4. Bel Paese
5. Asiago
6. Pecorino
7. Cremina
8. Fontina
9. Taleggio
10. Ziegenkäse im Heu
11. Italico

lichen Geschmack ist er weit über die italienischen Landesgrenzen hinaus bekannt. Der angenehm feste Käse aus Kuhmilch erhält ein Aroma durch alkoholbildende Aminosäuren. Der feine Dessertkäse hat mindestens 50 Prozent Fett in der Trockenmasse und eignet sich auch zum Überbacken.

Asiago
Der Asiago hat 34 bis 40 Prozent Fett in der Trockenmasse, ist ein Schnittkäse aus dem Veneto. Seinen besten Geschmack entwickelt er im Alter von 3 bis 6 Monaten.

Fontina
Der Fontina hat mindestens 45 Prozent Fett in der Trockenmasse und ist ein Rohmilchkäse. Er ist würzig und leicht süßlich im Geschmack, mit hellem, leicht schmelzendem Teig. Er eignet sich gut zum Kochen.

Taleggio
Der quaderförmige Taleggio stammt aus Norditalien und hat 48 bis 50 Prozent Fett in der Trockenmasse. Traditionell wird er aus Rohmilch hergestellt, zunehmend auch aus pasteurisierter Milch.

Paglietta
Dieser Käse hat 50 Prozent Fett in der Trockenmasse und kommt aus dem Piemont. Der Name kommt von »paglia«, dem Stroh, auf dem die Käse reifen.

Italico
Ein Weichkäse aus Vollmilch.

Stracchino
Ein Weichkäse aus Vollmilch.

Käse aus Italien
In einem an Delikatessen so reichen Land wie Italien beschränkt sich die Käseauswahl natürlich nicht auf die Sorten mit staatlicher Qualitätsgarantie. Eine Vielzahl weiterer Käse, außerhalb Italiens oft nicht so bekannt, bereichert die kulinarische Palette.

Was bedeutet Prozent Fett in der Trockenmasse (Fett i. T.)?

Trockenmasse = Eiweiß-, Fett- und Mineralstoffgehalt des Käses ohne Wasser. Anhand der Fett-i.-T.-Angabe kann man Rückschlüsse auf die Fettstufe des Käses ziehen. Falls der absolute Fettgehalt nicht auf der Verpackung angegeben ist, kann man ihn über eine kleine Formel selbst berechnen. Fett i. T. multipliziert mit der Trockenmasse durch 100 entspricht dem absoluten Fettgehalt pro 100 Gramm Käse.

Käseservice

Nach dem Hauptgang wird in Restaurants gefragt, ob der Gast etwas Käse wünsche. Bejaht er, werden zunächst Messer und Gabel sowie ein Brotteller eingedeckt. Meistens wird dann ein Käsewagen an den Tisch gerollt oder ein großes Tablett herbeigetragen, auf dem verschiedene Käse liegen, aus Kuh-, Ziegen- oder Schafsmilch, harte bis cremige, sanfte bis scharfe, unterschiedlichen Alters und Reifegrads.

Unterteilung
Man unterscheidet Käse aus Rohmilch und aus pasteurisierter Milch. Jene Käse aus roher, naturbelassener Milch, die bei der Käseerzeugung nicht über 38 Grad erhitzt werden, schmecken im Prinzip besser, weil für dieses traditionelle Verfahren zumeist Milch von Tieren genommen wird, die aromatisches Futter aus freier Natur gefressen haben.

Einteilung
- gepresste, nicht nachgereifte Käse (Schnittkäse): Pecorino
- gepresste, nachgereifte Käse: Parmesan
- Blauschimmelkäse: Gorgonzola
- Käse mit gewaschener Rinde (Rotschmierkäse): Taleggio
- Frischkäse: Ricotta, Mascarpone
- gebrühte Käse: Mozzarella, Provolone

Beigaben zu Käse
Käse können Sie mit verschiedenen frischen und eingelegten Früchten wie Trauben, Birnen, Zwetschgen und Walnüssen sowie eingelegten Tomaten oder mit Honig servieren. In Italien werden vielfach Mostarde (deutsch: Marmeladen süß-sauer, englisch: Chutneys) zum Käse gereicht.

Süß, sauer und pikant
Eingelegtes auf Vorrat

Üppig – der Delikatessenladen von Angela Maria in Liguren

Wenn es sie nicht gäbe, müsste man sie erfinden, die würzigen Pürees, Pasten und Cremen aus Gemüse, Oliven, Kräutern und Fisch, die aus der Vorspeisenvielfalt der mediterranen Küche nicht mehr wegzudenken sind. Sie sind einfach und schnell zuzubereiten und schmecken unwiderstehlich nach Sonne, Süden und Urlaub.

Im Herbst und Winter verbreiten die Quitten, die Äpfel oder die Zitrusfrüchte in den Häusern wochenlang ihren wohligen Duft und werden zu süßen und herzhaften Süßspeisen oder eingelegten Chutneys verarbeitet. Die Früchte sind weit mehr als alte Hausmittel bei Verdauungsbeschwerden, sie enthalten reichlich Mineralstoffe, Vitamine und Spurenelemente, Ballaststoffe sowie das Geliermittel Pektin.

Essiggemüse, Chutneys und Pasten sollten als Beilage den Geschmack einer Speise unterstreichen oder einen Kontrast dazu bilden. Die meisten werden mit Konservierungsmethoden hergestellt, bei denen Öl oder Essig, Zucker und Salz verwendet werden. Im Prinzip versteht man unter Essiggemüse und Eingelegtem ganzes oder geraspeltes, in Lauge oder Essig konserviertes Obst oder Gemüse. In Lauge oder Essiglösung kann man Gemüse, Pilze, Kapern, Früchte, Fleisch oder Fisch konservieren. Oliven und Zitronen werden z. B. in Salzlauge eingelegt; Walnüsse, Kapern, Zwiebel

oder Gewürzgurken werden in Essiglösung eingelegt.
Chutneys sind Mischungen aus Früchten oder Gemüse, die entweder frisch sind oder zu dicken Saucen eingekocht werden. Sie schmecken süß, sind dickflüssig und würzig.
Pasten sind feine »Cremen« auf der Grundlage ihrer Hauptzutaten wie z. B. gesalzenen Fischen (Sardellen), Trüffeln, Nüssen. Ihre Lagerfähigkeit verdanken sie dem Öl und dem Salz, das enthalten ist.

Tipps zum Einkochen und Einlegen

- Verwenden Sie nur reifes, gesundes Obst und Gemüse.
- Nur gute Öle, Essige und Gewürze lassen das Produkt auch gut schmecken.
- Kochen Sie die Marmelade und Chutneys bis zur richtigen Konsistenz ein.
- Lassen Sie Gemüse und Früchte nicht verkochen.
- Verwenden Sie zum Einlegen oder -kochen eher kleine Gläser wegen der besseren Haltbarkeit und kürzeren Verbrauchszeit.
- Offene Gläser im Kühlschrank lagern.

Ob eingelegte Paprikaschoten oder Pilze, marinierte Muscheln oder Tintenfische – die kleinen Leckerbissen kommen in Italien zu verschiedenen Gelegenheiten auf den Tisch. Sind sie in Öl eingelegt, dann werden sie Sott'oli – wörtlich unter Öl – genannt. Manchmal dominiert aber der Essig, in diesem Fall spricht man von Sott'aceti – in Essig Eingelegtem. Hinzu kommen vielfach Kräuter wie Rosmarin, Salbei, Thymian und Knoblauch, vielleicht auch Kapern und Sardellen.

Sott'oli

Es empfiehlt sich, von diesen Köstlichkeiten stets einen kleinen Vorrat im Haus zu haben. Das In-Olivenöl-Einlegen bekommt manchen Lebensmitteln ausgezeichnet, da ihr Geschmack mit dem eines feinen Olivenöls gut harmoniert. Hervorragend schmecken etwa Artischocken in Öl, ebenso gegrillte Zucchini oder Melanzane. Steinpilze oder Pfifferlinge in Öl oder die kleinen Hallimasch-Pilze (chiodini), gewürzt mit Knoblauch und Petersilie, sind eine Delikatesse für sich und lassen sich gut konservieren.

Sott'aceti

Die Zubereitung der Sott'aceti verläuft anders. Hier wird das Gemüse zunächst in Salzwasser blanchiert – es sollte dabei noch Biss behalten – und dann erst mit einem Essigsud übergossen. Mit ihrer pikanten Note ergeben die Sott'aceti eine gelungene Beilage zu Antipasti, Snacks, Wurstwaren wie Salami, Bresaola, Rohschinken und zu kaltem Fleisch.

Agrodolci

Als Antipasto gerühmt werden auch die »cipolle in agrodolce«, süß-saure Zwiebeln, die zunächst in kochendem Wasser blanchiert und geschält werden, bevor man sie einlegt.

Chutneys, Mostarda, Würzmarmelade

Chutneys sind süß-saure, dickflüssige Saucen, haben eine marmeladenähnliche Konsistenz und passen sehr gut zu gegrilltem und gebratenem Geflügel, Fleisch, Reis, Fondue, Käse, Picknicksalaten oder Snacks, zur Jause. Sie sind besonders beliebt in der italienischen, asiatischen und englischen Küche.
Hauptbestandteile sind Früchte und Gemüse, Essig, Senf, Zucker, Ingwer, Cayennepfeffer, Zwiebel. Chutneys, Mostarda und Würzmarmeladen aus Mangos, Marillen, Äpfeln, Tomaten, grünen Tomaten, Melonen, Pilzen, Radicchio und Gewürzen wie Zimt, Kardamom, Ingwer und Curry können Sie selbst auf Vorrat herstellen.

Tipp
Chutneys werden mit Zucker und Essig haltbar gemacht.

Das Einmach-ABC

Abfüllen
Stellen Sie die Gläser auf ein feuchtes Tuch, damit sie nicht beim Einfüllen der heißen Marmelade zerspringen. Kleine Gläser verwenden, damit der Inhalt rascher verbraucht wird und nicht schimmelt.

Agar-Agar
Das ist ein aus Algen gewonnenes Bindemittel.

Alkohol
Zum Einlegen in Alkohol verwendet man am besten festfleischige Früchte wie Kirschen, Pfirsiche, Marillen ...

Beschriften
Gläser mit Etiketten versehen, auf denen Inhalt, Herstellungsdatum und eventuell Geliermittel draufsteht.

Gefäße
Beim Marmelade-Einkochen einen großen Topf verwenden und nur zur Hälfte füllen, damit die Masse sprudelnd kochen kann.

Ingwer
Er wird mit der Zeit immer schärfer. Deshalb sind ingwerhaltige Produkte nur begrenzt haltbar.

Lagerung
Kühl und dunkel, ohne Temperaturschwankungen lagern.

Pektin
Es wird aus unreifen Äpfeln gewonnen. Der Name kommt vom griechischen *pektos* (erstarrt). Es ist sowohl als Pulver als auch als Flüssigkeit erhältlich.

Schwarze Oliven

Braune Oliven

Grüne, gefüllte Oliven

Kapern

Tipp
Beim Würzen mit Kapern sollten möglichst wenig Kräuter verwendet werden, denn mit dominanten Gewürzen wie Salbei, Oregano oder Rosmarin harmonieren die Kapern nicht. Sie vertragen sich allenfalls mit Zitrone und Sardellen.

Tafeloliven (olive)

Der Olivenbaum, dessen Lebensdauer sich in Jahrhunderten bemisst, gehört zu den wertvollsten Speiseöllieferanten. Im Mittelmeerraum gilt der Besitz eines Olivenhains als ein Zeichen von Wohlstand, und der Olivenzweig ist auf der ganzen Welt ein Symbol für den Frieden. Nur sieben Prozent der weltweit produzierten Oliven werden als Tafeloliven verwendet. Tafeloliven werden in Italien, in Griechenland, Spanien, Portugal, Algerien und außerdem in den USA angebaut. Sie haben international viele verschiedene Namen, weil neben dem Herkunftsort oder der Olivenart auch die Art des Einlegens und der Füllung eine Rolle spielen.

Italiens berühmteste Oliven

Italien, berühmt für sein Olivenöl, produziert sowohl große wie auch kleine, in der Regel schwarze Oliven: die leicht säuerliche Liguria, die salzige Lugano, die milde Ponentine und die runzelige Gaeta.

! Frisch vom Baum ist die Olive ungenießbar. Erst durch Einweichen und Einlegen in Öl oder Salzlake wird sie schmackhaft.

Olivenernte

Da selbst reife, frisch gepflückte Oliven bitter und ungenießbar sind, müssen sie für mehrere Monate in Öl, Salzlake oder Salz eingelegt werden. Die Ernte von Tafeloliven muss, unabhängig ob sie unreif grün (Oktober) oder vollreif braun, rotviolett bis schwarz (Dezember bis Januar) geerntet werden, von Hand erfolgen, damit die Oliven keine Flecken bekommen. Öl hingegen wird nur aus reifen Oliven gepresst.

Entbittern und Konservieren der Oliven

Zu den geläufigsten Verfahren in Italien zählen:
- Behandlung mit Natriumkarbonat und Salzlake
- Trocknen mit Heißluft im Ofen
- Behandlung mit Salz im Trockenverfahren
- Behandlung mit Salzlake und Essiglösung
- Einlegen in Essig und die Vergärung in Salzlake auf sizilianische Art

Verwendung

Oliven verwendet man aufgespießt als Beigabe zum Aperitif (z. B. Martini), zu Wein, in Salaten, in Saucen, als Bestandteil vieler Antipasti, in Fischgerichten, zum Nizza-Salat, zum Belegen von Pizza usw.

Olivenarten

Grüne Oliven

Sie werden im unreifen Zustand gepflückt und haben festes, dickes Fleisch. Sie enthalten weniger Öl, sind aber sehr fruchtig.
Verwendung: Sie sind ideal für Pasta, zum Garnieren, für Cocktail (Martini dry).

Schwarze Oliven

Sie sind vollreif und haben mehr Kalorien als die grünen oder braunen Oliven. Ihr Geschmack ist weich und mild.
Verwendung: Sie passen ideal zu Pasta, Schafskäse, Geflügel, man isst sie aber auch pur.

Braune Oliven

Sie werden im halbreifen Zustand geerntet, sind etwas säuerlich und fein-bitter, ziemlich saftig und haben relativ festes Fleisch.
Verwendung: Sie sind ideal für Salate, Pizza, Saucen, Pasten, Nudelgerichte usw.

Gefüllte Oliven

Grüne und schwarze Oliven gibt es in Kräutern eingelegt und mit verschiedenen Füllungen, z. B. Peperoni, Mandeln, Kapern, Sardellen.
Verwendung: Sie eignen sich ideal zu Antipasti, als Garnitur, auf Appetithäppchen usw.

Kapern (capperi)

Bei den Kapern handelt es sich um die noch geschlossenen Blütenknospen des Kapernstrauchs, der im Mittelmeerraum wächst. Kapern sind würzig und leicht bitter. Die Größe der Kapern variiert, wobei die größeren Kapern den kräftigsten und die kleinsten den feinsten Geschmack haben. Durch Erhitzen verstärkt sich ihr Aroma und werden sie salziger.

Ernte und Verarbeitung

Die Knospen werden im Frühjahr, wenn sie noch geschlossen sind, in mühevoller Handarbeit geerntet. Nach der Ernte werden die Knospen entsprechend ihrer Größe sortiert. Sie schmecken erst einmal bitter und müssen noch genießbar gemacht werden. Dabei werden sie über Nacht angetrocknet. Man spricht hier von Welkvorgang. Anschließend werden sie in Salz, Salzlake, Essig oder Öl konserviert. Die allerbesten Kapern sind oliv- bis blaugrün. Als Kapernersatz dienen manchmal die unreifen Knospen von Sumpfdotterblumen. Verwechselbar ist ihr Geschmack nur mit dem von Kapuzinerkressesamen.

Einkauf

Beim Einkauf der Kapern in Gläsern sollte man darauf achten, dass die Flüssigkeit klar und nur wenig oder kein Bodensatz vorhanden ist. Die so genannten Kapernbeeren sind wesentlich größer, werden üblicherweise mit Stiel angeboten. Sie sind ideal als Finger-Food beim Aperitif und zu Antipasti.

Verwendung

Im Mittelmeerraum gehören die Kapern zum Küchenalltag. Der säuerliche Geschmack passt gut zu gehaltvollem Fleisch und Fisch. Kapern werden nicht gekocht, sondern erst im letzten Augenblick dazugegeben, so dass sie sich nur leicht erwärmen, weil sie dem Gericht ansonsten einen leicht bitteren Geschmack verleihen können. Unverzichtbar sind sie für die Remouladensauce. Kapernsauce wird traditionell zu kaltem und warmem Fleisch und Fisch und vor allem zu Lamm und Hammel gereicht. Darüber hinaus verwendet man Kapern in Salaten, zum Füllen von Tomaten und Paprikaschoten, aber auch für die Vitello-tonnato-Sauce.

Eier (uova)

Sie lassen sich braten, kochen, pochieren oder einlegen, dienen zum Auflockern, Binden oder Verfeinern zahlreicher Speisen. Eier sind vielseitig und einfach zu verwenden.
Beim Kauf sollten Sie Wert auf frische, hochwertige Produkte legen.

Verpackung

Zudem müssen auf der Packung, bei lose verkauften Eiern auf einem Schild, u. a. Angaben zur Gewichtsklasse und zum Mindesthaltbarkeitsdatum gemacht werden.

S (bis 54 g)
M (55–64 g)
L (65–69 g)
XL (über 69 g)

Eier der Gewichtsklasse M haben 6 g Schale, 17 g Eigelb und 34 g Eiweiß

Aufbewahrung

- Im Kühlschrank sind Eier am besten aufgehoben. Lagern Sie sie mit der stumpfen runden Seite nach oben. Liegt die Luftkammer unten, kann unter Umständen die nach oben drängende Luft die innere Haut von der Schale lösen. Dadurch wird das Ei besonders empfänglich für Keime und Gerüche.

Wussten Sie schon ...?

Geschmack

Am besten schmeckt ein Ei, wenn es 3–10 Tage alt ist. Nestfrisch hat es noch keinen ausgeprägten Geschmack und lässt sich nur schwer schälen. Wenn es älter ist, verliert es wiederum an Wohlgeschmack, und das Eiweiß lässt sich nicht mehr gut zu steifem Schnee schlagen.

Kochen/Sieden

Für gekochte Eier sollte das Wasser, dem etwas Salz zugegeben wurde, nur leicht kochen, da die Schalen in sprudelndem Wasser leicht springen und das Eiweiß zäh werden kann.

Farbe

Ob Eier weiß oder braun sind, entscheidet die Hühnerrasse. Dunkle Eier haben nur eine etwas festere Schale.
Die Färbung des Eigelbs bestimmt nicht, wie gut das Ei schmeckt, sondern eher, ob dem Futter Farbstoff zugesetzt wurde.

Kennzeichen auf jedem Ei

Seit dem 1. Januar 2004 ist es EU-weit Pflicht, jedes Ei mit einer speziellen Kennzeichnung zu versehen, die auf den ersten Blick alle wichtigen Informationen liefert.

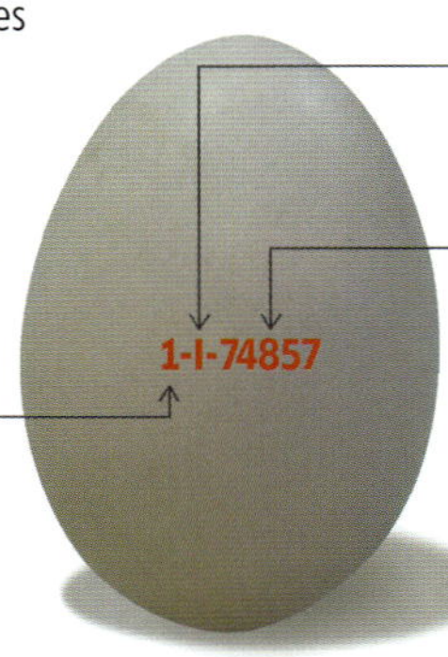

Haltungsform
0 = ökologische Erzeugung
1 = Freilandhaltung
2 = Bodenhaltung
3 = Käfighaltung

Herkunftsland
(z. B. »I« für Italien – »DE« für Deutschland)

Betriebsnummer
Die ersten zwei Ziffern stehen für die Region/Bundesland, die dritte bis sechste für den Betrieb, die siebte für den Stall.

Pizza alla Margherita

Für 4 Personen

Pizzateig	*140 ml*	*Wasser, lauwarm*
	25 g	*Hefe (1 Würfel)*
	1 EL	*Olivenöl*
	1	*Prise Zucker*
	250 g	*Mehl*
	5 g	*Salz*
Belag	*250 g*	*passierte Tomaten oder Tomatenwürfel aus der Dose*
		Pfeffer aus der Mühle
		Salz
	1 TL	*Oregano*
	200 g	*Mozzarella, in Würfel geschnitten*
	4 EL	*Olivenöl*
Weiteres		*Olivenöl zum Bestreichen des Backblechs*

Pizzateig

- Wasser, Hefe, Olivenöl und Zucker in einer Stahlschüssel gut verrühren.
- Mehl und Salz dazugeben, zu einem geschmeidigen Teig verarbeiten und anschließend auf einer leicht bemehlten Arbeitsfläche mit der Hand kneten oder sämtliche Zutaten in eine Rührmaschine mit Knethaken geben und durchkneten lassen.
- Den Pizzateig etwa eine halbe Stunde zugedeckt bei einer Temperatur von 35 Grad gehen lassen.
- In vier Teile schneiden. Die Teigstücke auf einer leicht bemehlten Unterlage mit der Handfläche in kreisenden Bewegungen so lange formen, bis eine glatte Kugel entsteht. Die Kugel einölen.
- Den Teig nochmals zugedeckt 20 Minuten gehen lassen und anschließend mit der Hand auseinander ziehen.
- Am Rand soll eine Wulst entstehen, im inneren eine glatte dünne Fläche. Man kann sich eventuell mit dem Nudelholz behelfen. Den Teig auf ein eingeöltes Backblech legen.

Fertigstellung

- Tomaten mit Pfeffer, Salz und Oregano würzen und mit einem Esslöffel auf dem Teig gleichmäßig verstreichen. Mozzarellawürfel darauf verteilen und mit Olivenöl beträufeln. Das Backblech auf die unterste Schiene in das vorgeheizte Backrohr schieben und die Pizza backen.

Gartemperatur: 220–240 Grad
Garzeit: etwa 15 Minuten

Tipps

1. *Sie können den Pizzateig auf einem geölten Backblech auch nur zu einem Rechteck ausrollen und belegen.*
2. *Beim Belag sollten Sie Ihrer Phantasie freien Lauf lassen. Sie können die Pizza nach Ihrem Geschmack zusätzlich mit gekochtem Schinken, pikanter Salami, Muscheln, Meeresfrüchten, Krevetten, Spinat, Peperoni, Zucchini, Melanzane, Lauch, Gorgonzola, Spargel, Champignons, Pfifferlingen, Steinpilzen, gekochten Eiern, Knoblauch, Zwiebel usw. belegen.*

Variationen

Pizza mit Rucola: Geben Sie nach dem Backen gewaschene und abgezupfte Rucola auf die Pizza.
Pizza mit Thunfisch: Tomaten, Mozzarella, rohe Thunfischscheiben oder Thunfisch aus der Dose, Zwiebelringe, Basilikumblätter und Oregano.
Pizza mit Meeresfrüchten: Tomaten, Mozzarella, verschiedene gekochte Meeresfrüchte wie Garnelen, Tintenfische, Muscheln, Sardellen usw.
Pizza diavola: Tomaten, Mozzarella, scharfe Salami, Peperoncino und Oliven.
Calzone: Man belegt den Pizzateig je nach Geschmack, dann wird die Pizza zu einem Calzone (einem Strumpf) zusammengefaltet und gebacken.

Ciabatta

Zutaten	*750 g*	*Mehl*
	1/2 l	*Wasser, lauwarm*
	20 g	*Hefe*
	2 TL	*Zucker*
	160 ml	*Olivenöl*
	3 TL	*Salz*

- 150 g Mehl, Wasser, Hefe und Zucker gut verrühren und zugedeckt 1 Stunde bei Raumtemperatur gehen lassen.
- Restliches Mehl, Olivenöl und Salz untermischen und gut verkneten, dann den Teig etwa 3 Stunden bei Raumtemperatur gehen lassen.
- Erneut kneten und wieder 3 Stunden gehen lassen, dann lange, an den Enden abgerundete Laibe formen, mit etwas Mehl bestreuen und die Brote nach einer letzten Gehzeit von einer 1/2 Stunde backen.

Gartemperatur: 250 Grad
Garzeit: 25–30 Minuten

Pizza diavola

Focaccia

Für 2 Brote

Zutaten	*500 g*	*Mehl*
	25 g	*Hefe*
	1/2 EL	*Zucker*
	250 ml	*Wasser*
	50 ml	*Olivenöl*
	15 g	*Salz*
Weiteres	*150 g*	*Oliven, schwarz, entsteint*
	100 ml	*Olivenöl*
		Meersalz, grob

- Das Mehl in eine Schüssel sieben, in die Mitte eine Mulde drücken.
- Hefe und Zucker in lauwarmem Wasser auflösen, in die Mehlmulde gießen und 10 Minuten zugedeckt aufgehen lassen.
- Olivenöl und Salz zum Mehl geben und zu einem glatten, geschmeidigen Teig verarbeiten.
- Den Teig mit einem Tuch zudecken und an einem warmen Ort 20 Minuten gehen lassen, bis die Oberfläche Risse zeigt.
- Den Teig nochmals durchkneten, längliche flache Brote formen und auf ein eingeöltes Backblech legen.
- Mit einem Kochlöffelstiel kleine Löcher in den Teig drücken und in diese die Oliven stecken. Das Olivenöl in die Vertiefungen zu den Oliven geben, erneut zudecken und doppelt so groß aufgehen lassen.
- Das Brot mit Meersalz bestreuen und im vorgeheizten Backrohr backen.

Gartemperatur: 220 Grad
Garzeit: etwa 20 Minuten

Variationen

Focaccia mit Sardellen und Zwiebel: Geben Sie anstelle der Oliven gedünstete Zwiebelringe und frische Sardellen-Doppelfilets auf die Focaccia.
Focaccia mit Schinken und Pecorino: Man nimmt statt Oliven Rohschinken- und Pecorinowürfel.

Kapuziner-Gemüsebrot

Pane dei cappuccini

Für 1 Form (28 cm)

Zutaten	*350 g*	*Mehl*
	40 ml	*Olivenöl*
	125 ml	*Wasser*
	10 g	*Hefe*
		Pfeffer aus der Mühle
	5 g	*Salz*
Füllung	*150 g*	*Zucchini*
	100 g	*Tomaten*
	100 g	*Mozzarella*
	2 EL	*Parmesan*
	1	*Rosmarinzweig*
		Salz
		Pfeffer aus der Mühle
	50 g	*Butter zum Bestreichen*

Teig
- Die Hefe im lauwarmen Wasser auflösen und 10 Minuten zugedeckt aufgehen lassen.
- Mehl in eine Schüssel geben, mit Öl, Wasser-Hefegemisch Pfeffer und Salz zu einem glatten Teig kneten. Zudecken und etwa 50 Minuten bei Raumtemperatur ruhen lassen.

Fertigstellung
- Teig zu zwei Blättern in Tortenformgröße ausrollen.
- Eine mit Butter ausgestrichene Tortenform dünn mit einem Teigblatt auslegen.
- Zucchini in Scheiben schneiden, kurz dünsten und in die Form legen.
- Tomaten ebenfalls in Scheiben schneiden und darauflegen.
- Mozzarella in Streifen oder Würfel schneiden und zusammen mit dem Parmesan über das Gemüse streuen, mit dem Rosmarinzweig belegen und mit Salz und Pfeffer würzen.
- Das Gemüse mit dem zweiten Teigblatt bedecken.
- Mit zerlassener Butter bestreichen, Rosmarinzweig daraufgeben und backen.

Gartemperatur: 180 Grad
Garzeit: 35 Minuten

Variation

Kapuziner-Ricottabrot: Füllen Sie die Torte mit gekochtem Mangold, Ricotta und Zwiebel.

Focaccia

Tomatenbrot

Pane al pomodoro

Für etwa 15 Brötchen

Zutaten	300 ml	*Wasser*
	25 g	*Hefe*
	500 g	*Mehl*
	1	*Ei*
	1 EL	*Olivenöl*
	50 g	*Tomatenmark*
	100 g	*Tomaten, getrocknet und fein geschnitten*
	1 EL	*Thymianblättchen*
	1	*Knoblauchzehe, fein gehackt*
	2	*Chilischoten, fein geschnitten*
	2 g	*Koriander, zerstoßen*
	10 g	*Salz*
Weiteres	1 EL	*Salz, grob*
	2 EL	*Pfeffer, zerstoßen*

- Das lauwarme Wasser mit der zerbröckelten Hefe verrühren, bis sie sich aufgelöst hat.
- Nun Mehl, aufgelöste Hefe, Ei, Olivenöl, Tomatenmark, getrocknete Tomaten, Thymian, Knoblauch, Chilischoten, Koriander und Salz zu einem Teig kneten und mit einem Tuch zugedeckt 20 Minuten bei 35 Grad gehen lassen.
- Den Teig teilen und zu Strängen rollen, diese in 15 gleichgroße Stücke schneiden und kleine Brötchen formen, mit grobem Salz und Pfeffer bestreuen, nochmals 15 Minuten aufgehen lassen und anschließend im vorgeheizten Backrohr backen.

Gartemperatur: 180 Grad
Garzeit: etwa 15 Minuten

Tipps

1. *Sie können die Brötchen vor dem Backen mit etwas Sesam bestreuen.*
2. *Das Brot kann man auch zu Laiben formen oder in einer Kastenform backen.*

Variation

Kürbisbrot: Sie können dem Teig 200 g Kürbispüree und 2 Esslöffel Kürbiskernöl beimischen und ihn in einer Kastenform backen.

Zwiebel-Pancettabrot

Pane con cipolla e pancetta

Für 2 Brote

Zutaten	20 ml	*Olivenöl*
	80 g	*Zwiebel*
	50 g	*Pancettawürfel*
	350 ml	*Milch (35 Grad warm)*
	25 g	*Hefe*
	500 g	*Mehl oder fein gemahlenes Vollkornmehl*
	30 g	*Pignoli*
	2 EL	*Oregano*
	10 g	*Salz*
Weiteres		*Butter zum Ausstreichen des Backblechs*
		Mehl zum Bestreuen des Backblechs
		Fenchelsamen zum Bestreuen

- Das Olivenöl leicht erwärmen, die fein geschnittene Zwiebel und die Pancetta darin dünsten.
- Milch mit zerbröselter Hefe verrühren, bis sich diese aufgelöst hat.
- Mehl in eine Schüssel geben, mit der aufgelösten Hefe, Zwiebel, Pancetta, Pignoli, Oregano und Salz zu einem Teig kneten und zugedeckt 20 Minuten bei 35 Grad aufgehen lassen.
- Den Teig nochmals kneten, zu Laiben formen und auf ein mit Butter ausgestrichenes und mit Mehl bestreutes Backblech geben. Mit Fenchelsamen bestreuen, nochmals etwa 20 Minuten aufgehen lassen und anschließend im vorgeheizten Backrohr backen.

Gartemperatur: 180 Grad
Garzeit: etwa 40 Minuten

Tipps

Weiters eignen sich Dill und Koriander zum Würzen.

Variation

Zucchini-Zwiebelbrot: Das Brot kann anstelle der Pancetta auch mit 200 g gedünsteten Zucchiniwürfeln vermischt werden.

Zwiebel-
Pancettabrot
Tomatenbrot

Toastbrot

Pancarrè

Für 1 Kastenform

Zutaten	125 ml	Wasser, lauwarm
	125 ml	Milch, lauwarm
	20 g	Hefe
	2 TL	Zucker
	400 g	Mehl
	50 g	Butter, zerlassen
	5 g	Salz
Weiteres		Butter zum Ausstreichen der Form
		Mehl zum Ausstreuen

- Wasser, Milch, Hefe und Zucker verrühren und 10 Minuten gehen lassen. Mehl, zerlassene Butter und Salz dazugeben und zu einem eher weichen, geschmeidigen Teig kneten. Etwa 30 Minuten zugedeckt gehen lassen.
- Den Teig nochmals durchkneten, zu einem länglichen Strang formen und mit den Teigenden nach unten in die mit Butter ausgestrichene und bemehlte Kastenform geben. Den Teig nochmals bei 35 Grad aufgehen lassen, bis er etwa das doppelte Volumen erreicht hat (40 Minuten).
- Im vorgeheizten Backrohr backen.
- Das Brot aus der Form nehmen und dann nochmals 10 Minuten ohne Form fertigbacken. So erhält das Toastbrot rundum eine knusprige Kruste.

Gartemperatur: 200 Grad
Garzeit: etwa 50 Minuten

Tipp

Wenn Sie aus dem Teig drei gleichmäßige Stränge formen, diese zu einem Zopf flechten und in die Kastenform geben, so erhalten Sie das klassische Muster des Toastbrotes.

Piadina

Für 4 Stück

Zutaten	400 g	Mehl
		Salz
	250 ml	Wasser, lauwarm
	20 g	Hefe
	2 EL	Olivenöl
Weiteres		Olivenöl zum Backen

- Mehl und Salz in eine Schüssel geben und verrühren.
- Wasser, Hefe und Olivenöl gut verrühren und zum Mehl geben.
- Alles zu einem glatten Teig kneten und gut eine halbe Stunde an einem warmen Ort aufgehen lassen.
- Kleine, etwa 150 g schwere Kugeln formen und zugedeckt nochmals 20 Minuten gehen lassen.
- Den Teig 2–3 mm dick austreiben und auf einer gut eingeölten Ton- oder Grillplatte auf beiden Seiten backen.
- Noch lauwarm servieren.

Gartemperatur: 200–220 Grad
Garzeit: etwa 5 Minuten pro Seite

Tipps

1. *Passt zu Rohschinken, Bresaola, Salami usw.*
2. *Sie können die Piadina auch mit verschiedenen Zutaten wie Ricotta, Mozzarella, Käse, Rucola, Spinat, Sardellen, gebratener Salsiccia, Oliven usw. füllen, zusammenfalten und servieren.*

Toastbrot

Grissini

Für 40 Stück

Zutaten	½ l	*Wasser, lauwarm*
	25 g	*Hefe*
	2 TL	*Zucker*
	800 g	*Mehl*
	20 g	*Salz*
	100 ml	*Olivenöl*
Weiteres	2 EL	*Sesam*

- Wasser, Hefe und Zucker verrühren und 20 Minuten gehen lassen. Dann mit Mehl, Salz und Olivenöl mischen und zu einem eher festen Teig kneten. Den Teig etwa 30 Minuten gehen lassen.
- Nochmals durchkneten und zu dünnen, 20 cm langen und 1 cm dicken Strängen rollen.
- Grissini mit etwas Wasser bestreichen und mit dem Sesam bestreuen.
- Auf ein Backblech legen und nochmals bei 35 Grad aufgehen lassen, bis der Teig etwa das doppelte Volumen erreicht hat.
- Nun die Grissini im vorgeheizten Backrohr backen.

Gartemperatur: 220 Grad
Garzeit: 8–10 Minuten

Tipps

1. *Die Grissini kann man zu Antipasti, Fischsuppen usw. servieren.*
2. *Sie können die Grissini auch vor dem Backen mit grobem Salz bestreuen.*
3. *Der Teig lässt sich mit Oliven, Rosmarin, Tomaten, Safran oder Curry verfeinern.*

Variation

Vollkorngrissini: *Verwenden Sie anstelle des Mehls ein fein gemahlenes Vollkornmehl.*

Birnensenf

Senape alle pere

Für etwa 1 kg

Zutaten
- *500 g Birnen*
- *½ l Wasser*
- *400 g Zucker*
- *10 ml Zitronensaft*
- *3 Tropfen Senföl oder 1 Msp. Senfpulver*

- Die Birnen schälen, vierteln, entkernen und in große Scheiben schneiden.
- Wasser, Zucker und Zitronensaft mit den Birnen in einen Topf geben und die Früchte weich kochen. Mit Senföl abschmecken.
- Die Birnen-Senfmarmelade in sterile Weckgläser füllen und sofort luftdicht verschließen.

Garzeit: etwa 10 Minuten

Tipps

1. *Man kann zur Geschmacksverfeinerung etwas Zimt, Sternanis oder Nelken hinzufügen.*
2. *Äpfel werden auf dieselbe Weise zubereitet.*
3. *Man reicht den Senf zu verschiedenen Käsesorten, gekochtem Rindfleisch, gekochtem Huhn und zu Leberterrinen.*

Feigensenf

Senape ai fichi

Für etwa 1 kg

Zutaten
- *500 g Feigen*
- *300 g Zucker*
- *10 ml Zitronensaft*
- *3 Tropfen Senföl oder 1 TL Senfpulver*

- Feigen waschen, in mittelgroße Würfel schneiden.
- Mit Zucker und Zitronensaft aufgießen und weich dünsten, bis die Feigen eine marmeladeartige Konsistenz haben.
- Durch ein feines Sieb streichen oder mit dem Pürierstab mixen und mit Senföl abschmecken.
- Die Feigen-Senfmarmelade in sterile Weckgläser füllen und sofort luftdicht verschließen.
- Nach dem Erkalten soll der Senf streichfähig bis schnittfest sein.

Garzeit: etwa 15 Minuten

Tipps

1. *Anstelle der Feigen können Sie auch Marillen, Pflaumen oder Mangos verwenden.*
2. *Man reicht die »Mostarda« zu verschiedenen Käsesorten.*

Variation

Grüne-Tomaten-Senf-Marmelade: Anstelle der Feigen verwenden Sie grüne Tomaten.

Peperonichutney

Chutney di peperoni

Für etwa 1 kg

Zutaten
- *500 g Peperoni, rot*
- *250 g Zucker*
- *80 ml Zitronensaft*
- *10 g Ingwer, fein gerieben*
- *1 TL Chilipulver*

- Rote Peperoni vierteln, waschen und in kleine Würfel schneiden.
- Zucker, Zitronensaft, Ingwer und Chilipulver dazugeben und weich dünsten, bis sich eine marmeladeartige Konsistenz ergibt.
- Das Chutney in sterile Weckgläser füllen und sofort luftdicht verschließen.
- Nach dem Erkalten soll das Chutney streichfähig bis schnittfest sein.

Garzeit: etwa 15 Minuten

Tipps

1. *Man kann zur Geschmacksverfeinerung 20 g getrocknete Tomaten dazugeben.*
2. *Man reicht das Chutney zu verschiedenen Käsesorten, zu Fisch oder kalten Vorspeisen.*

Feigensenf
Peperonichutney
Melonen-Zwiebelchutney
(siehe Seite 390)
Apfel-Tomatenchutney
(siehe Seite 391)
Birnensenf

Melonen-Zwiebelchutney

Chutney di cipolle e melone

Für etwa 2 Gläser zu je 250 ml

Zutaten		
	200 g	*Zwiebel, weiß, klein*
	2 EL	*Traubenkernöl oder Olivenöl*
	1 TL	*Ingwer, gerieben*
	1	*Chilischote, frisch*
	2 EL	*Korinthen*
	1 Msp.	*Koriandersamen, gemahlen*
	150 ml	*Wasser*
	200 g	*Melonenfruchtfleisch*
	1	*Zitrone, Saft*
	1 Msp.	*Salz*

- Zwiebel schälen, halbieren oder vierteln.
- Traubenkernöl in einem Topf erhitzen, Zwiebel hineingeben und unter Rühren leicht Farbe annehmen lassen. Ingwer, Chili, Korinthen und Koriander zugeben.
- Mit Wasser bedecken und 15 Minuten köcheln lassen.
- Das grob gewürfelte Melonenfleisch mit dem Zitronensaft zufügen, salzen und 10 Minuten weiterköcheln lassen.
- Wenn die Mischung eindickt, rühren, damit sie nicht anhaftet. Vom Herd nehmen und die Chilischote entfernen.
- In zwei sterilisierte Weckgläser füllen, verschließen und auf den Deckel stellen.

Tipps

1. Geöffnete Chutneys im Kühlschrank aufbewahren.
2. Wenn Chutneys bei Zimmertemperatur gelagert werden, während des Köchelns 2 Esslöffel braunen Zucker dazugeben.

Konfitüre von grünen Tomaten

Confettura di pomodori verdi

Für etwa 2 Gläser zu je 250 ml

Zutaten		
	1/2 kg	*Tomaten, grün (sardische)*
	300 g	*Zucker*
	1/2 EL	*Ingwer, gerieben*
		Pfeffer aus der Mühle

- Die Tomaten waschen, in Achtel schneiden und in eine große Schüssel geben. Mit Zucker und Ingwer verrühren und 12 Stunden ziehen lassen.
- Über einem Kochtopf abtropfen lassen und den Saft 15 bis 20 Minuten kochen lassen. Die Mischung kocht schnell über und schäumt. Einige Male umrühren.
- Die Tomaten zufügen und weitere 20 Minuten kochen lassen (Gelierprobe durchführen, siehe Seite 402).
- Mit Pfeffer würzen und in sterilisierte Gläser füllen, verschließen und auf den Deckel stellen.

Garzeit: etwa 40 Minuten

Tipps

1. Wem das Häuten der Tomaten nichts ausmacht, der kann auch rote, kleine, fleischige Tomaten zur Marmeladebereitung verwenden.
2. Kochen Sie die Marmelade, bis die Temperatur 106 Grad beträgt.

Apfel-Zwiebelchutney

Confettura agrodolce di mele e cipolla

Für etwa 1 kg

Zutaten		
	300 g	*Äpfel*
	200 g	*Zwiebel*
	1/2 kg	*Zucker*
	70 ml	*Weißweinessig*
	1	*Knoblauchzehe, in Scheiben geschnitten*
	1	*Gewürznelke*
	1	*Zimtrinde, kleines Stück*
		Pfeffer aus der Mühle

- Äpfel schälen, entkernen und in Scheiben schneiden.
- Zwiebel schälen, halbieren und in Scheiben schneiden.
- Zucker, Weißweinessig, Knoblauch, Gewürznelke und Zimt zu Äpfeln und Zwiebel geben und weich kochen. Mit Pfeffer pikant abschmecken.
- Nun das Apfel-Zwiebelchutney in sterile Weckgläser füllen und sofort luftdicht verschließen.

Garzeit: etwa 20 Minuten

Tipp

Man reicht das Apfel-Zwiebelchutney zu verschiedenen Käsesorten, gekochtem Rindfleisch, gekochtem Huhn und zu Leberterrinen.

Apfel-Tomatenchutney

Chutney di mele e pomodori

Für etwa 1 kg

Zutaten		
	100 g	*Äpfel*
	500 g	*Tomaten, grün (sardische), in kleine Würfel geschnitten*
	100 g	*Zwiebel, fein geschnitten*
	50 g	*Zucker*
	60 ml	*Weißweinessig*
	1	*Knoblauchzehe, in Scheiben geschnitten*
	100 ml	*Apfelsaft*
	1 EL	*Ingwer, fein gerieben*
	1 TL	*Cayennepfeffer*
		Pfeffer aus der Mühle

- Die Äpfel schälen, vierteln, entkernen und in kleine Würfel schneiden.
- Mit Tomaten, Zwiebel, Zucker, Weißweinessig, Knoblauch, Apfelsaft und Ingwer in einen Topf geben und zu Marmelade kochen.
- Mit Cayennepfeffer und Pfeffer abschmecken.
- Nun das Apfel-Tomatenchutney in sterile Weckgläser füllen und sofort luftdicht verschließen.

Garzeit: etwa 20 Minuten

Tipps

1. *Man kann zur Geschmacksverfeinerung etwas Sternanis oder getrocknete Feigen dazugeben.*
2. *Anstelle der Äpfel können Sie auch Birnen verwenden.*
3. *Man reicht das Apfel-Tomatenchutney zu verschiedenen Käsesorten, gekochtem Rindfleisch, gekochtem Huhn, gegrilltem Fleisch, italienischen Wurstwaren usw.*

Kastanien süß-sauer

Castagne marinate in agrodolce

Für etwa 1 kg

Zutaten		
	2	*Orangen, Schale*
	2	*Orangen, Saft*
	50 g	*Gelierzucker*
	100 ml	*Wasser*
	100 ml	*Weißweinessig*
	10 g	*Ingwer, fein gerieben*
	130 g	*Schalotten*
	500 g	*Kastanien, gekocht*
	1/2	*Peperoncino, fein gerieben*
		Salz

- Die Orangenschale in feine Streifen schneiden und in Wasser 3 Minuten kochen lassen, abseihen.
- Orangensaft zu den gekochten Orangenschalen geben und etwa 10 Minuten kochen lassen, den Gelierzucker hinzufügen und weitere 5 Minuten kochen lassen.
- Wasser, Essig, Ingwer und Schalotten 2 Minuten kochen lassen.
- Die Kastanien und das Orangengelee dazugeben, alles aufkochen lassen und mit Peperoncino und Salz abschmecken.
- Die Kastanien in sterile Weckgläser füllen und sofort luftdicht verschließen.

Tipps

1. *Die Kastanien mindestens 24 Stunden ziehen lassen, bevor sie verwendet werden.*
2. *Servieren Sie die Kastanien zu Wildgerichten oder Käse.*

Knoblauchöl

Olio all'aglio

Für etwa 500 ml

Zutaten		
	5	*Knoblauchzehen*
	500 ml	*Olivenöl*
	1	*Lorbeerblatt*

- Die Knoblauchzehen schälen und zerdrücken, mit Öl in ein Einmachglas geben, verrühren, zudecken und zwei Wochen stehen lassen. Täglich ein- bis zweimal umrühren oder schütteln.
- Das Öl durch ein Sieb abseihen, in eine gut gereinigte Flasche füllen, das Lorbeerblatt dazugeben, die Flasche verschließen und an einem kühlen, dunklen Ort lagern.

Tipps

1. *Verwenden Sie dieses Öl zum Einlegen von Pilzen und Gemüse.*
2. *Es eignet sich auch zum Verfeinern von Nudelgerichten, Fleisch- und Fischgerichten, Salaten usw.*

Pfifferlinge in Olivenöl

Gallinacci in olio d'oliva

Für etwa 4 Gläser zu je 250 ml

Sud	*1 1/2 l*	*Wasser*
	1/2 l	*Weißwein*
	1/4 l	*Weißweinessig*
	4	*Wacholderbeeren*
	1	*Zwiebel, in Scheiben geschnitten*
	1	*Knoblauchzehe*
	1	*Lorbeerblatt*
		Salz
Weiteres	*1 kg*	*Pfifferlinge*
	1/2 l	*Olivenöl zum Auffüllen*
	1	*Rosmarinzweig*

Sud

- Wasser, Weißwein, Weißweinessig, Wacholderbeeren, Zwiebel, Knoblauchzehe, Lorbeerblatt und Salz aufkochen lassen.

Fertigstellung

- Pfifferlinge putzen, eventuell halbieren und 3–4 Minuten im Sud kochen.
- Abseihen, in Gläser geben, Rosmarin hinzufügen, mit Olivenöl auffüllen und mit dem Deckel verschließen.

Tipps

1. *Es eignen sich auch Champignons.*
2. *Servieren Sie die Pfifferlinge zu Carpaccio, geselchtem Rindfleisch oder Hirschschinken.*

Variationen

Eingelegte Artischocken: Sie können auch geputzte Artischocken auf diese Weise zubereiten. Als Gewürze nehmen Sie Pfefferkörner und Thymian.
Eingelegtes Gemüse: Ersetzen Sie die Pfifferlinge durch die gleiche Menge Gemüse (Peperoni, Zwiebel, Zucchini, Karotten usw.). Als Gewürze verwenden Sie Kurkuma, Pfefferkörner, Knoblauch, Lorbeer und Salz.
Eingelegte Steinpilze: Verwenden Sie anstelle der Pfifferlinge Steinpilze.
Eingelegte Hallimasch: Hallimasch-Pilze ersetzen die Pfifferlinge.

Eingelegte Steinpilze

Eingelegte Melanzane *(siehe Seite 394)*

Pfifferlinge in Olivenöl

Eingelegte Artischocken

Eingelegtes Gemüse

Eingelegte Melanzane

Melanzane sott'olio

Für etwa 4 Gläser zu 250 ml

Sud	*1 1/2 l*	*Wasser*
	1/2 l	*Weißwein*
	1/4 l	*Weißweinessig*
	1	*Zwiebel, in Scheiben geschnitten*
	4	*Pfefferkörner*
	1	*Knoblauchzehe*
	1	*Lorbeerblatt*
		Salz
Weiteres	*1 kg*	*Melanzane*
	200 ml	*Olivenöl*

Sud

- Wasser, Weißwein, Weißweinessig, Zwiebel, Pfefferkörner, Knoblauchzehe, Lorbeerblatt und Salz aufkochen lassen.

Fertigstellung

- Melanzane waschen, in Scheiben oder Würfel schneiden und 3–4 Minuten im Sud kochen.
- Melanzane und Gewürze aus dem Sud nehmen, in sterile Gläser mit Olivenöl einlegen und gut verschließen.

Tipp

Servieren Sie die eingelegten Melanzane zu Coppa, geselchtem Rindfleisch, Bresaola oder Carpaccio.

Variation

Eingelegter Knoblauch: Anstelle der Melanzane verwenden Sie 400 g geschälten Knoblauch und würzen Sie zusätzlich mit Peperoncino, Thymian, Rosmarin und Gewürznelken.

Eingemachte Feigen mit Orangen

Fichi marinati con arance

Für etwa 2 Gläser zu 250 ml

Zutaten	*2*	*Orangen, Schale*
	400 g	*Feigen, reif*
	160 ml	*Orangensaft, frisch gepresst*
	100 g	*Zucker, braun*

- Das Gelbe der Orangenschalen in feine Streifen schneiden oder die Orangen mit dem Zestenreißer abschaben.
- Feigen vorsichtig waschen. Nebeneinander in einen Topf legen, Orangenschalen dazugeben, mit Orangensaft und braunem Zucker bedecken und 12 Stunden ziehen lassen.
- Den Kochtopf auf den Herd stellen und je nach Größe der Feigen 20–30 Minuten köcheln lassen. Darauf achten, dass die Feigen nicht am Boden haften.
- Feigen in sterilisierte Gläser geben, ohne sie zu zerdrücken, und mit dem kochend heißen Sirup auffüllen. Die Gläser verschließen und auf den Deckel stellen.

Tipps

1. *An einem kühlen Ort halten sie sich einen Monat.*
2. *Servieren Sie die Feigen mit Teegebäck, zu Kuchen oder Desserts.*
3. *Verwenden Sie immer unbehandelte Orangen, wenn die Schale gebraucht wird.*

Eingelegte Nektarinen

Nettarine marinate

Für 4 Personen

Zutaten	*600 g*	*Nusspfirsiche (Nektarinen)*
	70 g	*Zucker*
	100 ml	*Weißwein*
	1	*Zimtrinde, kleines Stück*
	1	*Sternanis*
	1 TL	*Ingwer, in Scheiben geschnitten*

- Die Früchte halbieren, entsteinen und in Spalten schneiden.
- Den Zucker leicht karamellisieren, mit Weißwein löschen und mit Zimtrinde, Sternanis und Ingwer eine Minute kochen lassen.
- Die Pfirsichspalten dazugeben, einmal aufkochen, anschließend eine halbe Stunde ziehen lassen und servieren.

Tipps

1. *Anstelle der Nektarinen können Sie auch Marillen, Äpfel oder Zwetschgen verwenden.*
2. *Wenn Sie die Nektarinen einwecken wollen, müssen Sie den Flüssigkeitsanteil erhöhen.*

Kirschmarmelade

Marmellata di ciliege

Für etwa 1 kg

Zutaten	*1 kg*	*Kirschen, vollreif*
	800 g	*Gelierzucker*

- Die Kirschen waschen, entkernen und eventuell halbieren.
- In einem Kochtopf die Kirschen mit Gelierzucker zum Kochen bringen und je nach Wassergehalt der Früchte kochen lassen.
- Die Marmelade in sterile Weckgläser füllen und sofort luftdicht verschließen.

Garzeit: 15–20 Minuten

Amarenakirschen

Ciliege d'amarene

Für etwa 1 kg

Zutaten	*1 kg*	*Weichselkirschen*
	400 g	*Zucker*
	200 g	*Zucker*

- Die Kirschen waschen und entkernen.
- 400 g Zucker mit den Kirschen vermischen und etwa 1 Stunde ziehen lassen.
- Kirschen in einem Topf zum Kochen bringen und 7 Minuten kochen lassen.
- Etwas auskühlen lassen, dann die 200 g Zucker zu den Kirschen geben und nochmals 3 Minuten kochen lassen. Kirschen in sterile Gläser abfüllen und mindestens eine Woche stehen lassen.

Tipp

Verwenden Sie die Amarenakirschen für Kuchen, zu Eis usw.

Pfirsichmarmelade

Marmellata di pesche

Für etwa 1 kg

Zutaten	*1 kg*	*Pfirsiche, vollreif*
	800 g	*Gelierzucker*
	1	*Zimtrinde*
	2	*Sternanis*

- Die Pfirsiche waschen, entkernen und in kleine Würfel schneiden.
- In einem Kochtopf die Pfirsichstücke mit Gelierzucker, Zimtrinde und Sternanis zum Kochen bringen und je nach Wassergehalt der Früchte kochen lassen.
- Die Gewürze herausnehmen, die Marmelade in sterile Weckgläser füllen und sofort luftdicht verschließen.

Garzeit: 10–15 Minuten

Tipp

Damit Sie die Gewürze leichter aus der Marmelade bekommen, können Sie diese in ein Leinentüchlein einbinden und dann in die Marmelade geben.

Amarenakirschen

Quittengelee

Gelatina di cotogne

Für 1 Kastenform zu 500 ml oder 2 Gläser zu 250 ml

Zutaten	*350 ml*	*Kochsaft der Quitten (siehe rechte Spalte)*
	250 g	*Fruchtstücke und kernige Stücke*
	200 g	*Zucker, braun*
	1 EL	*Sesamkörner*

- Den Kochsaft und die Fruchtstücke 30 Minuten bei leichter Hitze köcheln lassen.
- Durch ein Sieb passieren, den braunen Zucker dazugeben und weitere 20 Minuten köcheln lassen. Einen Geliertest machen.
- Vom Herd nehmen und die Sesamkörner hinzufügen. Das Gelee in die eingeölte Form gießen und fest werden lassen.
- Kurz vor dem Servieren das Gelee würfeln und in Papierförmchen oder auf Sandgebäck geben.

Garzeit: insgesamt 50 Minuten

Tipps

1. *Geliertestprobe: Einen Löffel heißes Gelee auf einen kalten Teller geben. Wenn es fest wird und sich beim Zusammenschieben mit den Fingern Fältchen auf der Oberfläche bilden, ist das Gelee fertig.*
2. *Sie können das Gelee auch zu Wildgerichten, Süßspeisen usw. reichen.*

Variation

Quittenmarmelade: Eine kürzere Kochzeit ergibt ein flüssigeres Gelee, das wie Marmelade in sterile Gläser abgefüllt wird.
Das Aroma kann mit etwas Zitronenschale verfeinert werden.

Quittenpüree

Purè di cotogne

Für 4 Personen

Zutaten	*1/2 kg*	*Quitten*
	250 ml	*Wasser*
	1 EL	*Apfelessig*
	30 g	*Zucker oder 2 EL Honig*
	20 g	*Butter*
		Salz, Pfeffer aus der Mühle

- Den Flaum der Quitten abreiben, die Früchte waschen und ungeschält achteln.
- Kerngehäuse und körnige Stücke entfernen und für das Gelee beiseite legen.
- Quittenstücke ins Wasser geben. Sie sollten bedeckt sein.
- Essig, Zucker oder Honig beigeben.
- Im geschlossenen Topf 30 Minuten garen. Die Früchte lassen sich dann leicht mit dem Messer einstechen.
- Abgießen und den Kochsaft für das Gelee auffangen. Die Früchte durch ein Passiersieb streichen.
- Butter unterrühren und das Püree salzen und pfeffern.

Garzeit: 30–40 Minuten

Tipps

1. *Heißes Quittenpüree bildet eine köstliche Beilage zu Geflügel oder Wild.*
2. *Geben Sie in eine kleine Vertiefung des Pürees etwas Bratensauce, das ergänzt sich hervorragend.*
3. *Das Püree hält sich im Kühlschrank 2–3 Tage.*
4. *Da die Quittensaison kurz ist, empfiehlt es sich, weitere Portionen einzufrieren.*

Orangenmarmelade

Marmellata di arance

Für etwa 1 kg

Zutaten	*4*	*Orangen, Schale*
	1 l	*Orangensaft*
	1 kg	*Gelierzucker*
	10 g	*Ingwer, in Scheiben geschnitten*

- Die Orangenschale in feine Streifen schneiden, in Wasser 3 Minuten kochen lassen und abseihen.
- Orangensaft mit der abgekochten Orangenschale etwa 20 Minuten kochen, den Gelierzucker und Ingwer dazugeben und weitere 5 Minuten kochen lassen.
- Nun die Marmelade in sterile Weckgläser füllen und sofort luftdicht verschließen.

Garzeit: etwa 30 Minuten

Kürbis-Apfelmarmelade

Marmellata di mele e zucca

Für etwa 1 kg

Zutaten	*500 g*	*Kürbis (etwa 800 g mit Schale)*
	250 g	*Äpfel, in Würfel geschnitten*
	300 g	*Gelierzucker*
	1	*Zitrone, Saft*
	1 Pkg.	*Vanillezucker*
		Salz

- Das Kürbisfleisch in Würfel schneiden.
- Apfel- und Kürbiswürfel in einen Topf geben, Gelierzucker, Zitronensaft, Vanillezucker und Salz dazugeben und köcheln lassen.
- Noch heiß in sterile Weckgläser füllen und sofort luftdicht verschließen.

Garzeit: etwa 20 Minuten

Tipps

1. *Als weitere Gewürze können Sie eine kleine Zimtstange und 3 Gewürznelken dazugeben.*
2. *Verwenden Sie für dieses Rezept eher säuerliche Äpfel.*

Olivenöl-Hollandaise

Salsa olandese all'olio d'oliva

Für 4 Personen

Reduktion	*70 ml*	*Wasser*
	50 ml	*Weißwein*
	1 EL	*Weißweinessig*
	2	*Pfefferkörner, zerstoßen*
	1	*Schalotte, fein geschnitten*
Weiteres	*2*	*Eigelb*
	200 ml	*Olivenöl, mild*
		Salz
	1 TL	*Zitronensaft*
	1	*Prise Cayennepfeffer oder weißer Pfeffer*

Reduktion

- In einem Topf Wasser, Weißwein, Weißweinessig, Pfefferkörner und Schalotte zum Kochen bringen, langsam bis zur Hälfte einkochen lassen und abseihen.

Fertigstellung

- Eigelb und Reduktion in einer Rührschüssel im Wasserbad schaumig schlagen (wie einen Weinschaum), bis etwa 85 Grad erreicht werden. Das 45 Grad warme Olivenöl fadenweise in die Eigelbmasse rühren.
- Die Sauce mit Salz, Zitronensaft und Cayennepfeffer abschmecken.

Tipps

1. *Je nach Geschmack mit fein gehackter Petersilie, Estragon oder Schnittlauch verfeinern.*
2. *Dies Sauce passt zu gegrilltem Fisch, Fleisch, Artischocken, Spargel usw.*

Variation

Sauce Hollandaise: Verwenden Sie anstelle des Olivenöls geklärte Butter.

Fleischsuppe

Brodo di carne

Für etwa 2 Liter

Zutaten		
	500 g	*Rindsknochen, vom Metzger klein gehackt*
	300 g	*Rindfleisch (Suppenfleisch)*
	1	*Zwiebel mit Schale*
	50 g	*Karotten, Stangensellerie, Lauch und Tomate*
	3 l	*Wasser*
	1/2	*Lorbeerblatt*
	4	*Pfefferkörner, zerdrückt*
	1	*Knoblauchzehe*
	3	*Petersilienstängel*
		Salz

- Die Knochen 10 Minuten in Wasser kochen lassen, um sie zu reinigen.
- Die überbrühten Knochen in kaltes Wasser geben und langsam zum Kochen bringen. Dabei mehrmals Schaum und Fett abschöpfen.
- Dann das Rindfleisch dazugeben.
- Die Zwiebel mit Schale halbieren und mit der Schnittfläche nach unten in einer Pfanne bräunen.
- Nachdem die Suppe etwa 1 Stunde gekocht hat, das geputzte und gewaschene Gemüse, Kräuter und Gewürze beigeben. Dann eine weitere Stunde leicht kochen lassen, bis das Fleisch weich ist.
- Die Suppe durch ein Tuch abseihen, entfetten und mit Salz abschmecken.

Garzeit: etwa 2 Stunden

Helle Geflügelbrühe

Fondo di volatili

Für etwa 1 Liter

Zutaten		
	500 g	*Geflügelknochen (Hals, Flügel und Abschnitte)*
	80 g	*Zwiebel*
	50 g	*Karotten, Sellerie und Lauch*
	1	*Knoblauchzehe*
	1	*Thymianzweig*
	1	*Lorbeerblatt*
	3	*Petersilienstängel*
	4	*Pfefferkörner, zerdrückt*
	2 l	*Wasser*

- Die Geflügelknochen und Abschnitte mit kaltem Wasser bedeckt zum Kochen bringen.
- Etwa 3 Minuten kochen lassen, abgießen, dann heiß spülen und anschließend kalt abschrecken.
- Knochen im Suppentopf in kaltem Wasser aufstellen, zum Kochen bringen und bei schwacher Hitze etwa 1/2 Stunde langsam kochen lassen, dabei öfters abschäumen.
- Von der Zwiebel die Wurzel wegschneiden, die Zwiebel halbieren und bräunen.
- In der Zwischenzeit das Gemüse putzen, waschen und in große Würfel schneiden, mit den Kräutern und Gewürzen eine weitere Stunde kochen lassen.
- Die Brühe durch ein feines Sieb mit Passiertuch seihen und weiterverwenden.

Garzeit: etwa 1 1/2 Stunden

Gemüsebrühe

Fondo di verdure

Für etwa 1 Liter

Zutaten		
	1 kg	*Gemüse (Lauch, Stangensellerie, Knollensellerie, Fenchel und weiteres Gemüse der Jahreszeit)*
	50 g	*Zwiebel*
	1 EL	*Butter*
	1	*Tomate*
	2 l	*Wasser*
	1	*Lorbeerblatt*
	1	*Knoblauchzehe*
		Salz

- Das Gemüse putzen, waschen und klein schneiden.
- Zwiebel schälen und in Würfel schneiden.
- Butter in einem hohen Topf schmelzen lassen, Zwiebel und Lauch dünsten, dann das restliche Gemüse und die Tomate dazugeben und mitdünsten.
- Kaltes Wasser, Lorbeerblatt, Knoblauch und Salz hinzufügen und sieden lassen.
- Gemüsebrühe abseihen und weiterverwenden.

Garzeit: etwa 30 Minuten

Fischbrühe

Fondo di pesce

Für etwa 1/2 Liter

Zutaten		
	250 g	*frische Gräten und Abschnitte von Seezunge, Steinbutt und Petersfisch*
	80 g	*Zwiebel, Lauch und Stangensellerie*
	1	*Knoblauchzehe, geschält und halbiert*
	4 EL	*Weißwein*
	1 EL	*Butter*
	1 l	*Wasser*
	1	*Lorbeerblatt*
	2	*Petersilienstängel*
	1	*Thymianzweig*
	4	*Pfefferkörner, zerdrückt*

- Fischgräten und -abschnitte (keine Kiemen und Köpfe) gründlich mit Wasser waschen.
- Zwiebel, Lauch und Sellerie putzen und in kleine Stücke schneiden.
- In einem Topf Butter erhitzen, darin das Gemüse und den Knoblauch dünsten.
- Fischgräten beigeben, ebenfalls einige Minuten dünsten, mit Weißwein löschen und mit kaltem Wasser aufgießen.
- Kräuter und Gewürze dazugeben und auf kleiner Flamme sieden lassen. Dabei öfters abschäumen.
- Fischbrühe durch ein feines Sieb passieren.

Garzeit: etwa 20 Minuten

Fischsud

Brodo di pesce

Für etwa 1 1/2 Liter

Zutaten		
	2 l	*Wasser*
	50 g	*Zwiebel*
	50 g	*Karotten, Sellerie und Lauch*
	2	*Petersilienstängel*
		Salz
	5	*Pfefferkörner, zerdrückt*
	1	*Lorbeerblatt*
	2 EL	*Weißweinessig*
	30 ml	*Weißwein*

- In einem Kochtopf Wasser zum Kochen bringen, das in mittelgroße Würfel geschnittene Gemüse (Zwiebel, Karotten, Sellerie, Lauch) sowie Petersilienstängel, Salz, Pfefferkörner und Lorbeerblatt dazugeben.
- Weißweinessig und Weißwein aufgießen und kochen lassen.

Garzeit: etwa 8–10 Minuten

Fisch-Weißweinsauce

Salsa di pesce al vino bianco

Für etwa 1/2 Liter

Zutaten		
	400 ml	*Fischbrühe (siehe oben)*
	20 g	*Butter*
	20 g	*Mehl*
	200 ml	*Weißwein*
		Salz, Pfeffer aus der Mühle
Weiteres	*100 ml*	*Sahne*

- Fischbrühe und Weißwein auf 1/3 einkochen lassen.
- In einem Topf Butter zergehen lassen.
- Das Mehl zugeben und unter ständigem Rühren mit dem Schneebesen hell anschwitzen.
- Von der Kochstelle nehmen und etwas abkühlen lassen.
- Die reduzierte Fischbrühe mit Weißwein und Sahne dazugeben und bei schwacher Hitze unter häufigem Umrühren 5 Minuten kochen lassen.
- Mit Salz und Pfeffer je nach Verwendung abschmecken.

Garzeit: 15–20 Minuten

Tipps

1. *Durch Hinzufügen von Petersilie, Schnittlauch, Basilikum oder Dill kann die Sauce variiert werden.*
2. *Man kann in die Sauce noch kalte Butter einrühren, sie aufmixen oder mit Eigelb legieren.*

Braune Kalbsbrühe

Fondo scuro di vitello

Für etwa 1 Liter

Zutaten	1 kg	*Kalbsknochen und Kalbsabschnitte*
	100 g	*Zwiebel*
	50 g	*Stangensellerie*
	50 g	*Karotten*
	1	*Tomate*
	5 EL	*Öl*
	1 EL	*Tomatenmark*
	1/8 l	*Weißwein*
	1	*Rosmarin- und Thymianzweig*
	2	*Salbeiblätter*
	5	*Pfefferkörner, zerstoßen*
		Salz
	3 l	*Wasser*

- Die klein gehackten Kalbsknochen und Kalbsabschnitte in Öl langsam anbraten.
- Das harte Röstgemüse (Sellerie, Karotten) einstreuen und alles zusammen anbraten. Etwas später die in grobe Würfel geschnittene Zwiebel dazugeben und mitrösten, bis sich das Fett klar absetzt.
- Eventuell überschüssiges Fett abgießen, etwas auskühlen lassen.
- Tomatenmark unterrühren und leicht rösten.
- Mit Weißwein mehrmals löschen, den Bratensatz lösen und mit dem kalten Wasser aufgießen und kochen lassen.
- Rosmarin, Thymian, Salbei, Pfefferkörner und wenig Salz hinzufügen und auf kleiner Flamme langsam weiterkochen lassen, dabei gelegentlich abschäumen und entfetten.
- Die braune Kalbsbrühe durch ein feines Sieb seihen und weiterverwenden.

Garzeit: 2–3 Stunden

Variationen

Braune Wildbrühe: Anstelle der Kalbsknochen und -abschnitte verwenden Sie Wild- und Kalbsknochen und Abschnitte.
Braune Geflügelbrühe: Anstelle der Kalbsknochen und -abschnitte verwenden Sie Geflügel- und Kalbsknochen und Abschnitte.
Braune Lammbrühe: Anstelle der Kalbsknochen und -abschnitte verwenden Sie Lamm- und Kalbsknochen und Abschnitte.
Braune Schweinsbrühe: Anstelle der Kalbsknochen und -abschnitte verwenden Sie Schweins- und Kalbsknochen und Abschnitte.

Braune Kalbssauce

Salsa di vitello

Für etwa 1/2 Liter

Zutaten	1 kg	*Kalbsknochen und Kalbsabschnitte*
	100 g	*Zwiebel, in große Würfel geschnitten*
	100 g	*Karotten und Stangensellerie*
	1	*Tomate, halbiert*
		Öl zum Braten
	1 TL	*Tomatenmark*
	1/8 l	*Weißwein*
	2 l	*braune Kalbsbrühe (siehe linke Spalte)*
	1	*Rosmarin- und Thymianzweig*
	2	*Salbeiblätter*
	2	*Petersilienstängel*
	4	*Pfefferkörner, zerstoßen*
		Salz
Weiteres		*Speisestärke zum Binden der Sauce*
	50 g	*Butter, kalt, zum Verfeinern der Sauce*

- Klein gehackte Kalbsknochen und Kalbsabschnitte in Öl langsam anbraten.
- Das geputzte und gewaschene, in grobe Würfel geschnittene, harte Röstgemüse (Karotten, Sellerie) einstreuen und alles zusammen anbraten. Etwas später die Zwiebel dazugeben und mitrösten.
- Überschüssiges Fett abgießen, etwas auskühlen lassen. Tomate und Tomatenmark unterrühren und leicht rösten.
- Mit Weißwein mehrmals löschen, den Bratensatz lösen, mit der kalten, braunen Kalbsbrühe aufgießen und kochen lassen, dabei gelegentlich abschäumen und entfetten.
- 15 Minuten vor Garende Rosmarin, Thymian, Salbei, Pfefferkörner hinzufügen und weiterkochen.
- Durch ein feines Sieb passieren, mit Speisestärke binden und mit der kalten Butter verfeinern.

Garzeit: 2–2 1/2 Stunden

Variationen

Braune Wildsauce: Anstelle der Kalbsknochen und -abschnitte verwenden Sie Wild- und Kalbsknochen und Abschnitte.
Braune Geflügelsauce: Anstelle der Kalbsknochen und -abschnitte verwenden Sie Geflügel- und Kalbsknochen und Abschnitte.
Braune Lammsauce: Anstelle der Kalbsknochen und -abschnitte verwenden Sie Lamm- und Kalbsknochen und Abschnitte.
Braune Schweinssauce: Anstelle der Kalbsknochen und -abschnitte verwenden Sie Schweins- und Kalbsknochen und Abschnitte.

Neapolitaner Sauce

Salsa alla napoletana

Für 4 Personen

Zutaten	500 g	*Tomaten oder Tomaten aus der Dose*
	50 g	*Butter*
	1 EL	*Olivenöl*
	50 g	*Zwiebel, fein geschnitten*
	60 g	*Karotten, in kleine Würfel geschnitten*
	50 g	*Stangensellerie, in kleine Würfel geschnitten*
	1 EL	*Tomatenmark*
	1	*Rosmarin- und Thymianzweig*
	1	*Lorbeerblatt*
	2	*Salbeiblätter*
		Salz
		Pfeffer aus der Mühle
Weiteres	1 EL	*Petersilie, fein geschnitten*
	2 EL	*Basilikum, fein geschnitten*

- Die Stängelansätze der Tomaten entfernen, die Haut kreuzweise einschneiden, die Tomaten mit kochend heißem Wasser überbrühen, kurz in kaltes Wasser tauchen und häuten. Dann quer halbieren, die Kerne mit einem Teelöffel herausnehmen und das Fruchtfleisch grob schneiden.
- Butter und Olivenöl bei mäßiger Hitze in einem Topf erwärmen, Zwiebel, Karotten und Sellerie dünsten, bis das Gemüse weich ist.
- Tomatenmark und Tomaten dazugeben. Die Kräuter (Rosmarin, Thymian, Lorbeer und Salbei) mit einer Bindschnur zusammenbinden und in die Sauce geben. Mit Salz und Pfeffer würzen und kochen lassen.
- Vom Herd nehmen und Kräuter herausnehmen. Die Petersilie und das in Streifen geschnittene Basilikum hinzufügen und nochmals abschmecken.

Garzeit: etwa 30 Minuten

Tipps

1. *Sonnengereifte Eiertomaten, San Marzano, eignen sich hierfür am besten, weil sie nur wenig Wasser enthalten.*
2. *Sie können die Tomaten auch ohne zu häuten verwenden.*
3. *Sie können diese Sauce mit einem Pürierstab oder im Mixer pürieren.*

Kalte Tomatensauce

Salsa al pomodoro fredda

Für 4 Personen

Zutaten	500 g	*Tomaten*
	2	*Knoblauchzehen*
	1	*Chilischote*
	2 EL	*Basilikum, fein geschnitten*
		Salz
		Pfeffer aus der Mühle
	4 EL	*Olivenöl*

- Tomaten waschen, schälen, halbieren, von Kernen befreien und sehr fein hacken.
- Knoblauch schälen und fein hacken, Chilischote mit einem Messer zerkleinern.
- Alle vorbereiteten Zutaten mit Basilikum, Salz, frisch gemahlenem Pfeffer und Olivenöl mischen und die Sauce für mindestens 1 Stunde kühl stellen.

Tipps

1. *Passt zu Antipasti, Crostini, Bruschetta, Pasta, Risotti usw.*
2. *Anstelle des Basilikums können Sie Rucola, Petersilie, Oliven, Sardellen usw. verwenden.*
3. *Sie können anstelle von weißem Pfeffer auch schwarzen verwenden; dieser ist allerdings viel schärfer.*

Salsa verde

Für etwa 250 ml Sauce

Zutaten	4 EL	*Petersilie, fein geschnitten*
	2 EL	*Essiggurken, fein gehackt*
	1 EL	*Zwiebel, fein geschnitten*
	1	*Knoblauchzehe, fein gehackt*
	1 TL	*Kapern, fein geschnitten*
	½ TL	*Sardellen, fein geschnitten*
	1 TL	*Senf*
	1 EL	*Weißweinessig*
	50 ml	*Samenöl*
	50 ml	*Olivenöl*
		Salz
		Pfeffer aus der Mühle

- Die Petersilie, Essiggurken, Zwiebel, Knoblauch, Kapern, Sardellen und Senf mit Weißweinessig verrühren, dann Samenöl und Olivenöl langsam einrühren und mit Salz und Pfeffer würzen.

DOLCI

SÜSSSPEISEN UND DESSERTS

Von zart schmelzender Eiscreme, über fruchtige Kuchen, bis zu knusprig frittiertem Schmalzgebäck bieten Italiens Dolci für jeden Geschmack etwas. Frische, reife Früchte spielen eine wichtige Rolle, ebenso wie die Schokolade. Süße Verführer, mit Raffinesse zubereitet, bilden den charmanten Abschluss des Menüs. In diesem Kapitel finden Sie auch Rezepte für Cremen, Gelati, Kekse, Kuchen und üppige Torten für jede Gelegenheit.

Gardasee – Punta San Vigilio

La dolce vita
Süßspeisen und Früchte

Gelateria – die Kunst der Eisherstellung hat ihren Ursprung in Sizilien.

In Italien bereitet man nur selten Süßspeisen und Kuchen zu. Als Nachtisch gibt es zu jeder Jahreszeit Obst. Der Frühling bringt die Erdbeeren, dann kommen Kirschen, Honigmelonen und Wassermelonen (angurie). Im Spätsommer und Herbst reifen Marillen, Pfirsiche, Trauben, Äpfel und Birnen. Im Winter kommen Orangen und Mandarinen aus Sizilien. An besonders kalten Herbstabenden gibt es geröstete Kastanien (castagne, marroni). All dies macht wenig Mühe und ist gleichwohl gut und schmackhaft. Gewöhnlich muss ein besonderer Anlass gegeben sein, dass nach dem Hauptgang eine Süßspeise gereicht wird.

Hinsichtlich der Zuckermenge der »dolci« gibt es ein deutliches Nord-Süd-Gefälle. Je südlicher die Region, desto süßer die Nachspeise.

Eis (gelato)

Das köstlich-kalte Symbol italienischen Geschmackssinns hat seinen Ursprung in Sizilien. Neben den bewährten Klassikern folgt der Eisgeschmack heute der Mode. Jedes Jahr werden neue Sorten wie z. B. Karotteneis oder Pfeffereis kreiert, die im darauf folgenden Jahr wieder durch andere Sorten ersetzt werden.

Zutaten für Eiscremes, Sorbets und Eisdesserts

Konsistenz und Aroma eines frostigen Desserts werden letztendlich von den verwendeten Zutaten bestimmt.

Zucker
Weißer oder auch brauner Zucker, zumeist als Sirup, in Wasser aufgelöst, macht die Eismasse geschmeidig, denn er verzögert die Bildung von Eiskristallen und hat somit eine gefrierhemmende Wirkung. Ist der Zuckergehalt zu gering, wird die Eismasse körnig; ist er zu hoch, gefriert das Eis unter Umständen überhaupt nicht.

Glukose
Traubenzucker, der in allen Früchten natürlich vorkommt, beeinträchtigt die Kristallbildung und süßt nicht so stark wie Zucker. Durch die Zugabe von geringen Mengen an Glukose erzielt man die gewünschte Geschmeidigkeit des Eises, ohne dabei die Masse zu übersüßen.

Sahne oder Milch
Je höher der Milchfettgehalt, desto geschmeidiger die Eiscreme. Sahne, flüssig oder geschlagen, mit einem hohen Fettgehalt kann beim Gefrieren gerinnen, aber auch Fettkristalle bilden. Deshalb wird zumeist Milch für die Grundmasse von Eiscremes verwendet und nach der Hälfte der Gefrierzeit etwas Sahne zugesetzt.

Mascarpone, Joghurt, Sauerrahm, Crème fraîche, Quark
Frischkäse sorgen für Volumen und Festigkeit. Der typische Geschmack der Milchprodukte, z. B. beim Joghurt, bleibt auch nach dem Gefrieren erhalten.

Alkoholika
Viele klassische Sorbets werden auf Basis von Wein zubereitet, während man Eisdesserts gern mit Likör aromatisiert. Da Alkohol jedoch die Gefriertemperatur erheblich senkt, dürfen hochprozentige Liköre oder Spirituosen nur in geringen Mengen zugesetzt werden.

Früchte
Pürierte Früchte sind eine Hauptzutat bei der Zubereitung von Sorbets und Eiscremes. Unter den Fruchtsäften spielt Zitronensaft eine wichtige Rolle, da seine Säure die Süße des Zuckers ausgleicht und das Sorbet fruchtiger und aromatischer macht. Beerenfrüchte kann man roh verwenden, doch die meisten anderen Früchte wie Äpfel, Pfirsiche, Birnen erhalten erst beim Pochieren ihr volles Aroma. Auch exotische Früchte wie Ananas und Kiwi können vor der Verwendung pochiert werden.

Nüsse
Gehackte Haselnüsse, Walnüsse oder Mandeln sorgen für Knuspervergnügen und sind klassische Zutaten für Krokant- und Karamelleis. Außerdem werden sie gern als dekorative Streuauflage für Eisdesserts verwendet.

Eier, Eigelb, Eiweiß
Ganze Eier und Eigelb sind unverzichtbare Zutaten zum Binden von Eiscremes. Meistens werden die Eier zusammen mit dem Zucker schaumig geschlagen. Eiweiß dient im Sorbet als zusätzliches Lockerungsmittel.

Cremeeis (gelati mantecati)

Cremeeis besteht aus gehaltvolleren Mischungen auf der Basis von Milch oder/und Sahne, Eiern, Eigelb, Zucker und Aromazutaten wie Kaffee, Nuss, Schokolade, Pistazien, Beeren, Banane, Joghurt, Stracciatella, Zabaione, Pfefferminze, Cappuccino usw. Bei guten Eiscremes wird durch das Rühren Luft eingearbeitet, was dem Eis eine ganz besondere Konsistenz gibt.

Sorbets (gelati sorbetti)

Sorbets werden auf der Basis von Fruchtpürees oder Fruchtsäften, Wein, Likör und Zucker hergestellt. Das Gefrorene wird in kreativen

Gemischter Eisbecher

Küchen oft auch mit Kräutern oder vollreifem Gemüse zubereitet und schmeckt ohne zu sättigen.

Ein gutes Sorbet ist immer glatt und geschmeidig. Diese Geschmeidigkeit resultiert aus dem kontinuierlichen Durchmischen in einer Eismaschine. Es verhindert, dass sich Eiskristalle bilden. Je höher der Wassergehalt, desto schneller bilden sich Eiskristalle und desto gründlicher muss die Eismasse durchgerührt werden.

Sorbet-Variationen

Für ein Sorbet können folgende Grundprodukte verwendet werden:

Früchte: Orangen, Zitronen, Limetten, Mandarinen, Beeren, Äpfel, Birnen usw.

Kräuter und **Gewürze:** Basilikum, Thymian, Pfeffer usw.

Gemüse: Kürbis, Tomaten, Sellerie, Rohnen, Fenchel usw.

Spirituosen: Marsala, Weißwein, Rotwein, Sekt, Champagner usw.

Sorbets als Dessert

Ein Sorbet, das mit Eiweiß, Milch oder Sahne gehaltvoller zubereitet wurde, eignet sich besser als Dessert.

Sorbets als »Zwischendurch«

Im klassischen Menü wird ein Sorbet stets als Erfrischung zwischen Fisch- und Fleischgang serviert, als eine neutralisierende Unterbrechung. Als »kalte Pause« zwischen zwei Gängen sollte es säuerlich sein und nicht so kräftig gesüßt wie ein Sorbet als Dessert.

Halbgefrorenes (semifreddo)

Ist ein italienisches Eisdessert, vergleichbar mit Eiscreme, aber mit einem höheren Sahne- und Zuckeranteil, wodurch eine weiche, cremige Konsistenz erreicht wird.

Variationen

Für Halbgefrorenes können folgende Grundprodukte verwendet werden:

Früchte: Himbeeren, Marillen, Mandarinen, Orangen usw.

! Vorsicht vor Salmonellen

Rohes Eigelb ist ein ausgezeichneter Nährboden für Bakterien. Allein durch das Gefrieren werden diese Keime nicht abgetötet. Deshalb dürfen Eismassen, die zur Aufbewahrung bestimmt sind, nur gegarte (warm aufgeschlagene Ei-Zucker-Mischung) oder pasteurisierte Eier enthalten.

Tipp

Am besten schmeckt ein Sorbet immer frisch gerührt.

Beliebte Süßspeisen – da kommt kein Italiener daran vorbei

Amaretti (Mandelmakronen):	überall in Italien beliebtes Gebäck, das man gern in Marsala und Vin santo stippt.
Bignè (Krapfen):	Brandteiggebäck, gefüllt mit Vanille-, Schokoladen-, Nusscreme usw.
Cassata siciliana (Ricottatorte):	gut gekühlte bis gefrorene Eistorte mit kandierten Früchten, Bitterschokolade und Pistazien.
Crème caramel (Flan oder Eiercreme):	Creme aus Milch, Zucker und Eiern, die in mit Karamell ausgegossenen Förmchen im Wasserbad gegart und kalt gestürzt wird.
Crostata (Mürbteigkuchen):	mit Marmelade bestrichener Kuchen, mit Äpfeln, Birnen, Marillen u. a. belegt.
Crostoli:	in Fett gebackene Krapfen aus dünnen Teigblättern.
Fragole all'aceto (Erdbeeren mit Balsamicoessig):	in Aceto balsamico marinierte Erdbeeren, auch Walderdbeeren.
Gelato (Eiscreme):	diverses Frucht- oder Cremeeis.
Macedonia di frutta (Fruchtsalat):	diverse zerkleinerte Früchte der Saison, auch Fruchtfilets werden mit Maraschino abgeschmeckt bzw. parfümiert.
Mandorlatta (Türkischer Honig):	flache, leicht braune, klebrige Schnitte mit Nüssen, Honig, Orangeat und Aromen.

Nüsse und **Steinfrüchte:** Haselnüsse, Kastanien, Walnüsse usw.
Spirituosen: Grand Marnier, Marillenlikör usw.

Eisspezialitäten

Die italienische Küche hat mehr Eisspezialitäten als alle anderen internationalen Küchen. Die meisten basieren auf Sahne, Eigelb und Zuckersirup mit aromatisierten Zutaten und verschiedenen Ergänzungen wie Baisermassen, Biskuits, Kaffee, Früchten, Schalenobst, kandierten Früchten, Schokolade usw.

Eistorte (torta di gelato)
Eiscreme und Biskuitboden werden abwechselnd zu einer Schichttorte zusammengesetzt und nach dem Gefrieren in Stücken serviert, oft mit heißer Schokoladensauce überzogen.

Eisbombe
Die Eisbombe ist eine halbrunde Eistorte, in der verschiedene Eissorten schichtweiße mit Früchten oder Sonstigem belegt oder garniert werden, zum Beispiel mit weißer Schokolade, Nougat, Tiramisu-, Kaffee-, Espresso-, Cappuccinoeis, Melone, Ananas usw.

Cassata
Das ist die typische italienische Version der Eisbombe. Das Innere besteht aus einer Eisbomben-Masse mit italienischer Baisermasse, geschlagener Sahne und kandierten Früchten und ist von mehreren Schichten Eiscreme umgeben.

Spumone
Dessert mit einem Mantel aus Eiscreme und einer Füllung aus »semifreddo«, ein in der Form zubereitetes Eis, erinnert an eine Eisbombe, wird aber nicht in der dafür typischen Halbkugelform hergestellt.

Eisdrink (granita)
Körnig-kristallig ist die Konsistenz der Granita. Dieses Eisdessert wird während des Gefrierens in größeren Abständen umgerührt und bekommt dadurch die Konsistenz von gestoßenem Eis. Damit die Granita schön locker bleibt, muss sie bald nach der Herstellung serviert

Granita wird mit dem Löffel herausgeschabt.

Panna cotta:	gestürzte Sahnecreme mit Karamell.
Profiteroles (kleine Windbeutel):	aus zuckerlosem Brandteig, gefüllt mit Vanillecreme, Schokoladensauce, Eiscreme.
Semifreddo (Halbgefrorenes):	mit Nüssen, Mandeln, Pistazien, Nougat usw.
Strudel di mele (Apfelstrudel):	Strudelteig gefüllt mit Apfelstücke, Zimt, Sultaninen, Vanillezucker, Zitronenschale, Rum
Tiramisu (Zieh mich hoch):	Süßspeise mit Creme aus Mascarpone, Eiermarsala, Espresso und aromatisierten Löffelbiskuits.
Zabaione (Weinschaum):	mit Marsala aromatisiert. Früher wurde der warme Weinschaum am Tisch aus Staubzucker, Eigelb, trockenem Weißwein oder einem Dessertwein schnell aufgeschlagen. Heute wird er meist in der Küche zubereitet und zu Früchten, Gebäck, Eis oder pur serviert.
Zuccotto (Eistorte):	Eistorte mit Schokolade-Mandelcreme.
Zuppa inglese (englische Götterspeise):	Biskuitkuchen, schichtweise mit Alchermes und Rum getränkt, mit Vanillecreme gefüllte Spezialität aus Rom.
Zuppa romana (Schichttorte):	Biskuitboden mit Vanillecreme, kandierten und eingemachten Früchten.

werden. Sonst gefriert sie zu einem Klumpen. Es gibt zwei Arten der Herstellung: Fruchtsirup aus Himbeeren, Johannisbeeren, Kaffee wird über zerstoßene Eiswürfelchen gegossen, oder das Eis wird aus Fruchtsaft mit oder ohne Alkohol hergestellt.

Eissoufflé
Die Eismasse wird in eine Soufflé-Form (Portionsschälchen), versehen mit einer den Rand überragenden Papiermanschette, bis nahe an den oberen Papierrand gefüllt und tiefgefroren. Die Papiermanschette wird vor dem Servieren entfernt und das Eis mit Schokoladen- oder Kakaopulver bestreut.

Eiskaffee, der Klassiker

Eiskaffee
Kalter Kaffee wird meist mit Vanilleeis und geschlagener Sahne zubereitet.

Frappé
Dabei handelt es sich um kalte Milchmischgetränke, die mit Speiseeis im Mixglas hergestellt werden. Man verwendet dafür üblicherweise Milch. Sie können aber Frappés auch aus Buttermilch (latticello) oder Joghurt zubereiten. Das Milchprodukt wird mit der jeweiligen Frucht (Erdbeere, Himbeere, Banane, Mango usw.) und dem geschmacklich dazupassenden Speiseeis im Mixglas gut gemixt. Sie können auch einen passenden Likör beigeben.

Milchshakes (frullato di latte)
Wird Milch mit Obst gemixt, spricht man vom »frullato«. Das sind kalte Milchmischgetränke, allerdings kommt hier im Gegensatz zu einem Frappé kein Speiseeis dazu. Milchshakes sollten Sie kalt, eventuell mit einigen Eiswürfeln in einem hohen Glas servieren. Sie können sie außer mit Früchten wie Erdbeeren, Himbeeren, Banane usw. auch mit anderen Zutaten wie Gemüse, Kräutern, Nüssen oder Schokolade zubereiten. Auch können Sie etwas Sahne beigeben, dadurch werden Milchshakes cremiger. Wenn Sie kein Mixglas haben, können Sie Shakes auch mit einem Stabmixer zubereiten.

Zitrusfrüchte (agrumi)

Es gibt einige hundert Arten von Zitrusfrüchten. Sie sind bekannt als Top-Vitamin-C-Lieferanten. In 100 Millilitern Orangensaft sind rund 50 Milligramm Vitamin C enthalten, was dem Tagesbedarf eines Menschen entspricht.

Orange (arancia)

Die Orange oder Apfelsine ist mit mehr als 400 Sorten die wirtschaftlich wichtigste Zitrusfrucht. Es werden etwa 20 Sorten vermarktet. Äußerlich sind weder Sorte noch Reifegrad leicht feststellbar. Der Farbwechsel von Grün zu Orange setzt erst nach einer Reihe kühler Nächte ein, wie sie in den europäischen Anbaugebieten die Regel sind. Anders dagegen in den tropischen Gebieten: Dort können die Früchte auch bei Vollreife grün bleiben.

Arten

- **Gewöhnliche Orangen:** Sie sind ausgesprochen kernreich. Ihr Anbau spielt vor allem für die verarbeitende Industrie eine Rolle.
- **Navel-Orangen:** mit dem typischen »Nabel« am Blütenansatz; sie haben ein saftig-süßes Fruchtfleisch und sind aus den verschiedenen Anbaugebieten rund ums Jahr erhältlich und kernlos.
- **Blutorangen:** zeichnen sich durch eine rote Pigmentierung der Schale und durch das dunkelrote Fruchtfleisch aus. Dank ihres kräftigen Geschmacks zählen einige Blutorangensorten zu den besten Essorangen. Je stärker die Färbung ausfällt, desto mehr unterscheiden sie sich auch im Geschmack von den hellen Orangen. Sie sind kräftiger und ein wenig herber.

Blutorangen sind bei uns allerdings nur im Winter erhältlich.

Hier einige wichtige Blutorangen: Die **Tarocco** aus Sizilien ist eine große, ovale Blutorange, sehr süß, mit feinem, ausgeprägtem Aroma und fast kernlos; die **Moro** ist eine italienische Blutorange mit dunkel geädertem Fruchtfleisch, relativ klein, säuerlich-süß, sehr saftig.

- **Zuckerorangen:** schmecken wegen der fehlenden Säure eher langweilig.
- **Pomeranze/Bitterorange:** Pomeranzen sind bittere Orangen, die für den Frischverzehr nicht von Bedeutung sind. Aus ihnen werden in erster Linie Aromastoffe, z. B. Liköre, aus ihrer Schale wird Orangeat hergestellt.
- **Zwergorange/Kumquat:** Zwergorangen kommen ursprünglich aus Asien, sind aber heute fast überall dort zu finden, wo auch Orangen angebaut werden. Ihr Geschmack ist zwar süß, aber mit einem deutlich bitteren Beigeschmack. Sie duften sehr intensiv nach Orangen.

Einkauf

Orangen müssen vollreif geerntet werden, denn sie reifen, einmal gepflückt, nicht nach.

Die Schalenfarbe sagt grundsätzlich nichts über den Reifegrad aus, sie ist sortenbedingt. Meist wird die Schale zur Verlängerung der Haltbarkeit oberflächenbehandelt. Es sind aber auch unbehandelte Orangen am Markt.

Verwendung

Orangen lassen sich vielfältig verwenden: für Obstsalate, Cremen, Mousse, Eis und für Backwaren, in pikanten Kombinationen für Vorspeisen mit Scampi oder Garnelen oder auch als Fruchtsauce, für Chutneys, zu Wild und Geflügel. Vor allem aber sind sie für den Frischverzehr und frisch gepresste Säfte geeignet, als Garnitur für Desserts oder auch als Beilage zu Gemüse- und Blattsalaten und Saucen. Für diese Gerichte sollte man sie filetieren, denn Haut und Kerne beeinträchtigen den Genuss.

Sizilien ist das Mekka der Zitrusfrüchte.

Zwergorangen kann man mit der Schale essen und für Fruchtsalat in Scheiben oder Spalten schneiden.

Jedoch sollten Sie die Früchte vor dem Verzehr kurz in den Händen wälzen, dadurch wird die Schale weicher und die Wirkung der ätherischen Öle verstärkt. Gut sind die Früchte auch, wenn man sie kurz in Zuckerwasser abkocht und mit Orangenlikör, -saft und Honig mariniert. Auch für Chutneys eignen sich die Früchte. Sie harmonieren auch gut mit Geflügel. Sehr nett sehen Kumquats als Garnitur für Cocktails aus.

Mandarine (mandarino)

Mandarine ist ein Sammelbegriff für all jene Varianten und Kreuzungen, die sich von der Orange durch ihre dünne, leicht ablösbare Schale, keine oder nur wenig Kerne und ihre geringere Größe unterscheiden. **Clementine**, **Tangerine** sind Züchtungen der Mandarine. Das Fruchtfleisch ist in 8–10 Segmente aufgeteilt, die sich leicht voneinander lösen lassen.

Einkauf

Mandarinen reifen nicht nach, deshalb sollte man keine Früchte mit grünen Flecken auf der Schale einkaufen.

Navel-Orange

Moro-Orange

Tarocco-Orange

Mandarine

Orangen sollte man filetieren, wenn man sie als Garnitur für Desserts oder auch als Beilage zu Gemüse, Blattsalaten und Saucen verwendet.

Servieren der Grapefruit
Es gibt sogar ein spezielles Grapefruitmesser, mit dem Sie das Fleisch leichter von der Schale trennen können. Grapefruits können wie Orangen filetiert werden.

In den Wintermonaten kommen Mandarinen von bester Qualität in den Handel.

Verwendung
Die vitaminreichen Mandarinen eignen sich besonders für den Frischverzehr, aber auch für Desserts, zum Belegen von Obstschnitten und als Beigabe zu Blattsalaten. Bei der Verwendung als Beilage zu Wildgerichten sollten Sie die weißen Häute sehr sorgfältig mit einem kleinen Messer entfernen. In den Anbaugebieten verarbeitet man sie in großem Umfang auch für Konserven.

Clementine

Die Clementinen sind eine Kreuzung aus Mandarine und Pomeranze. Ihren Namen tragen sie nach dem französischen Priester Pierre Clèment, der die Clementine entweder gezüchtet oder auch nur entdeckt hat. Heute ist die Clementine, weil sie ideal süß-sauer empfunden wird, beliebte Vitamin-C-Lieferantin neben der mit ihr verwandten Mandarine.

Grapefruit oder Pampelmuse (pompelmo)?

Sie sind nicht immer einfach zu unterscheiden, denn in vielen europäischen Sprachen können die Begriffe synonym gebraucht werden oder es gibt gar nur einen Namen für beide Früchte. Die Grapefruit ist also eine Verwandte der Pampelmuse.

Einkauf
Bevorzugen Sie Grapefruits, die sich schon etwas weicher anfühlen. Die Schalen werden meist behandelt, um eine längere Haltbarkeit zu erreichen. Es gibt gelb-, rosa- und rotfleischige Grapefruits. Grapefruits mit rotem oder rosarotem Fruchtfleisch sind süßer und milder im Geschmack als gelbe.

Geschmack
Sie schmecken säuerlich, etwas bitter und teilweise süßlich. Als Faustregel gilt: Je dunkler das Fleisch, umso milder und süßer die Grapefruit.

Verwendung
Grapefruits sollte man roh genießen, sei es als Cocktail, zu Fruchtsalat, zu Vorspeisen mit Schinken, zu Gemüse, Blattsalaten, zu Garnelen, sei es als frisch gepressten Grapefruitsaft usw.

Zitrone (limone)

Zitronen werden heute weltweit in den Subtropen angebaut. Italien und Spanien gehören zu den führenden Produzenten. Aber auch in den USA, Lateinamerika und Südafrika und in einigen Ländern des Mittleren Ostens werden Zitronen im großen Stil angebaut. Die Zitronenbäume mögen es weder zu kalt noch zu warm. Die Früchte brauchen während der Reifezeit sogar einige kühle Nächte, wenn sich die Schale in das »Zitronengelb« verfärben soll. Im Gegensatz zu anderen Zitrusfrüchten können Zitronenbäume das ganze Jahr über blühen und fruchten.

Einkauf
Zitronen sollten beim Einkauf klein, schwer und glänzend sein; so sind sie am saftigsten. Sie sollen fest sein und eine einwandfreie Schale haben.
Werden Zitronen übereinander gelegt, so neigen sie zur Schimmelpilzbildung. Zitronen werden, wie auch Orangen, zwecks besserer Haltbarkeit meist oberflächenbehandelt. Es gibt aber auch unbehandelte Zitronen am Markt.

Verwendung
Zitronen werden in der Küche vielfältig und vor allem als Würzmittel eingesetzt. Sie haben einen hohen Anteil an intensiv duftenden ätherischen Ölen, die vor allem Backwaren verfeinern, sich deshalb aber auch als Würzmittel für Fisch und Desserts eignen. Viele Obst- und Gemüsesorten sowie auch Fleisch, Geflügel und

Saucen erhalten durch die Zitrone erst die richtige Würze. Durch die Beigabe des Saftes werden viele Obstsorten wie Äpfel, Birnen, Pfirsiche, Bananen und Gemüsesorten wie Blumenkohl, Fenchel, Artischocken, Schwarzwurzeln nicht braun. Mit Zitronen bekommen Drinks einen säuerlichen, erfrischenden Touch. Man kann viele Desserts, z. B. aus Joghurt, mit dem Saft der Zitrone geschmacklich aufwerten.

Limette (limetta)

Diese kleine, grüne, kernlose, eher runde Frucht gilt als die feinste Zitrusfrucht. Limetten sind besonders aromatisch und saftig und haben eine elegantere Säure als Zitronen.

Limetten sind aromatischer als Zitronen.

Einkauf

Limetten sollten fest sein und eine schöne, kräftige grüne Farbe haben. Sie haben beinahe doppelt so viel Saft wie Zitronen und sind meist unbehandelt am Markt.

Verwendung

Limetten können wie Zitronen verwendet werden. Sie sind aber wesentlich teurer. Für Cocktails oder für feine Fischsaucen eignen sie sich sehr gut.

Schalenobst

Unter dem Begriff Schalenobst, gemeinhin als Nüsse bezeichnet, werden verschiedene Fruchttypen zusammengefasst. Zum Schalenobst zählen aus botanischer Sicht alle trockenen hartschaligen Früchte.

Aufbewahrung zu Hause

Nüsse schmecken frisch geknackt am besten und enthalten so auch die meisten Geschmacks- und Nährstoffe.

- **Nüsse mit Schale:** Ungeschält und mit unbeschädigter Schale halten Nüsse sehr gut, da sie vor Luft, Licht, Wärme und Feuchtigkeit geschützt sind.
- **Nüsse ohne Schale:** Wenn die Nüsse bereits geschält sind, sollten Sie darauf achten, dass sie kühl, dunkel und trocken gelagert werden und gut verpackt sind, wenn möglich vakuumverpackt im Kühlschrank.
- **Geriebene Nüsse:** Geriebene Nüsse sind weniger lang haltbar. Der Kühlschrank ist deshalb als Lagerort sehr gut geeignet, nur sollten Sie dabei beachten, dass geschälte Nüsse sehr leicht Fremdgerüche aufnehmen. Deshalb sollten Sie sie sehr gut verpacken, eventuell vakuumverpacken. Sie können Nüsse auch einfrieren.

Ernährung

Nüsse sind stärke- und fetthaltig. Aufgrund des hohen Fettgehaltes können sie leicht ranzig werden, was sich durch einen stechenden, unangenehmen Geruch bemerkbar macht. Ranzige wie auch angeschimmelte Nüsse sollten Sie keinesfalls verwenden.

Mandel (mandorla)

Mandeln gehören weltweit zu den beliebtesten Nüssen. Mandelbäume sind Rosengewächse, gedeihen nur in besonders mildem Klima und vertragen keine Frühlings- oder Herbstfröste. Mandeln haben in der Küche eine her-

! Vorsicht!
Werden Nüsse feucht und zu warm gelagert, können sie sehr giftige Aflatoxine bilden. Diese entstehen durch Schimmelpilzbildung.

Ganze Mandeln mit Schale

Mandelkerne

Mandelkerne, geschält

Marzipanfrüchte

Marzipan (marzapane)
Marzipan besteht aus zwei Teilen gerösteten, fein gemahlenen süßen Mandeln und einem Teil Zucker. Die Marzipanmasse ist mit Eiweißzugabe besonders leicht form- und mahlbar. Wenn Sie aus Marzipan Figuren, Blumen oder dergleichen machen wollen, verwenden Sie zum Einfärben Lebensmittelfarben (erhältlich im Konditoreifachgeschäft oder in Drogeriemärkten). Zum Abkneten bzw. Ausarbeiten des Marzipans verwenden Sie gesiebten Staubzucker. Traditionell deckt und verschönt Marzipan Torten. Auch dem Gebäck gibt Marzipan eine besondere Geschmacksnote.

ausragende Bedeutung und sind mit ihrem angenehm süßlichen Geschmack für sehr viele Gerichte unverzichtbar.

Man unterscheidet drei Arten

- **Süßmandeln** sind die klassischen Mandeln. Sie helfen auch bei Sodbrennen.
- **Bittermandeln** enthalten Blausäure und sind deshalb für den Rohgenuss nicht geeignet. Beim Kochen verflüchtigt sich die Säure. Aus Bittermandeln werden Aromastoffe, wie z. B. Bittermandelöl, hergestellt.
- **Krachmandeln** werden oft als Ganzes angeboten oder als Nussmischungen verwendet und besitzen eine poröse und zerbrechliche Schale.

Einkauf

Mandeln kommen meist ohne Schalen in den Handel. Die Kerne sind noch mit einer dünnen, zimtfarbenen Haut überzogen.
Es gibt aber auch weiße, also geschälte Mandeln, gehobelte Mandelblättchen und Mandelstifte sowie geriebene Mandeln.

Verwendung

- Für Torten, Kuchen, Kekse, Brot usw. sind Mandeln sehr gut geeignet, ebenso in der Süßspeisenküche für Cremen, Eis und Saucen.
- Zum Panieren von Hühner- oder Truthahnfleisch kann man sie ebenfalls verwenden.
- Geröstete Mandeln schmecken zu Gemüse, wie z.B. Broccoli, Blumenkohl, Sprossenkohl usw., sehr gut.
- Durch Rösten verstärkt sich das Aroma der Mandeln. Dafür geben Sie die Mandeln bei 180 Grad für etwa 5 Minuten ins Backrohr.
- Mandelblättchen oder -stifte können Sie in der Pfanne ohne Fett bräunen.
- Gemahlene Mandeln dienen als Rohstoff für die Marzipanherstellung.

Edelkastanie

Erdnuss (arachide)

Erdnüsse sind Hülsenfrüchte und von einer dünnen Samenschale umgeben. Für die Herstellung von Öl sind sie von größter Bedeutung, aber auch in der Konditorei und Bäckerei bedeutsam.

Einkauf

Ganze Erdnüsse sind bei uns ab dem Spätherbst erhältlich. Achten Sie darauf, dass die Schale möglichst unbeschädigt und trocken ist. Ausgelöst, geröstet und gesalzen sind sie das ganze Jahr über zu haben.

Edelkastanie (marrone)

Sie wird auch Esskastanie genannt. Die heute in den wärmeren Gebieten Europas verbreitete, zu den Buchengewächsen gehörende Art stammt ursprünglich aus dem Schwarzmeergebiet. Angebaut wird die Edelkastanie, die sehr alt werden kann, vor allem in Italien, Spanien, Portugal, Griechenland, Frankreich. Sie gedeiht aber auch in nördlicheren Regionen wie in Südtirol (Tisens, Völlan, Feldthurns, Vahrn).
Die stachelige Fruchthülle der Kastanie platzt auf, sobald die 1–3 Nüsse im Inneren reif sind. Diese sind von einer ledrigen Samenschale umgeben, die beim Rösten aufspringt, wobei sich die Stärke in Zucker umwandelt und die Kastanien süß werden. Die Kastanie ist die einzige Nuss, die mehr Stärke als Fett enthält.
Sie ist vielseitig verwendbar und lässt sich geröstet oder auch gekocht verzehren. Kastanien

eignen sich aber auch für süße wie pikante Pürees oder für Füllungen.

Einkauf

Kastanien sollen fest sein. Achten Sie auch darauf, dass sie frei von Schädlingen sind.

Ganze Kastanien: gibt es geschält, gefroren, in Konserven und getrocknet.

Kastanienpüree: gefroren und in Konserven.

Glasierte und kandierte Kastanien: meist als ganze Früchte erhältlich.

Kastanienmehl: In Italien werden mancherorts die Kastanien zu Mehl gemahlen.

Verwendung

Sie sind gebraten ein beliebtes Naschwerk im Herbst und in der Vorweihnachtszeit. Kastanien sind aber noch wesentlich vielfältiger in der Küche verwendbar.

Kastanien rösten

Es gibt zwei Möglichkeiten:

- **In der Marronipfanne:** In einer durchlöcherten Pfanne auf offenem Feuer etwa 10 Minuten rösten. Durch die starke Hitze springt die Schale sofort auf. Anschließend sollten Sie die Kastanien noch etwa 10–15 Minuten in eine Schüssel geben und mit einem feuchten Tuch bedecken, dann können Sie das Fruchtfleisch leicht herauslösen.
- **Auf dem Herd oder im Backrohr:** Zum Rösten schneidet man die Schale und die darunter liegende dünne braune Haut auf der flachen Seite ein und röstet sie so lange, bis sie aufspringen, etwa 15 Minuten. Sie können sie aber auch im Backrohr bei etwa 220 Grad rösten. Geben Sie eine Tasse Wasser ins Rohr, damit sich die Schale leichter löst.

Verwendung

- zu Wildgeflügel wie Gans, Truthahn, Fasan usw.
- püriert für Desserts wie Cremen, Mousse, Torten, Rouladen, Kastanienreis, gefüllte Datteln, Eis, Soufflés usw.
- als Ergänzung zu Blaukraut
- als Kastanienmehl für hausgemachte Nudeln

Pinienkerne (pignoli)

Diese kleinen länglichen Nüsse wachsen in Zapfen auf einer Kiefernart, die im Mittelmeerraum weit verbreitet ist, der Pinie, nicht zu verwechseln mit der **Zirbelnuss** (siehe rechts). Der Baum bildet erst nach zehn Jahren Zapfen, wofür er wiederum jedes Mal drei Jahre braucht. Deshalb sind Pinienkerne, denen ein leichter Hauch von Terpentin weggeröstet wird, so teuer. Nur etwa 2 Kilogramm wirft ein Baum alle 3 Jahre ab, das aber wenigstens 80 Jahre lang. In den länglichen Einzelblättern der aufgesprungenen Zapfen sitzt je ein Kern.

Einkauf

Pignoli kommen meist geschält in den Handel. Sie erinnern im Geschmack an Mandeln, sind aber etwas feiner. Pignoli sind weiß, cremig-weich und glänzen fett. Sie schmecken süß.

Verwendung

- als Beigabe für Apfel- oder Birnenstrudel
- als Garnitur für Salate, Vorspeisen, zu Geflügelgerichten
- zum Verfeinern östlicher Reismischungen bzw. Reisgerichte
- für den originalen Pesto genovese
- in Fruchtsalaten
- als teures Öl aus Pinienkernen

Tipp

Erst durch das Rösten kommt das feine Aroma so richtig zur Geltung.

Pistazie (pistacchio)

Pistazien, als sizilianische Pistazienmandeln im Handel, gehören zu den Steinfrüchten, die wegen ihrer schönen grünen Farbe sehr gern zum Garnieren verwendet werden. Die blassen Schalen, die erst nach dem Rösten aufsprin-

Pinienkerne (pignoli)

Zirbelnuss

Zirbelnüsse sind die Früchte der in den Alpen heimischen Zirbelkiefer. Sie werden gleich wie Pinienkerne verwendet, sind aber auch für die Ölgewinnung geeignet.

Pistazien (pistacchi)

gen, enthalten die vage nach Mandeln schmeckenden, kalorienreichen Pistazien und gehören einfach in die italienische Küche. Pistazienbäume tragen nur alle zwei Jahre. Deshalb sind diese Nüsse auch relativ teuer. Man sollte geschälte Pistazien rasch verbrauchen, da sie wegen ihres hohen Fettgehalts nicht lange haltbar sind.

Einkauf

Pistazien werden unter anderem mit der Schale angeboten. Reife Pistazien spalten die Schale an einer Seite. Geschmacklich am besten sind die Pistazien mit der Schale, doch ist das Auslösen mühsam.

Angeboten werden Pistazien im Handel:

- geröstet
- geröstet und gesalzen
- geschält kommen sie aromageschützt verpackt auf den Markt
- als Pistazienkerne schon geschält
- als Pistazienkerne gehackt

Verwendung

Torten, Rouladen, Halbgefrorenes, Cremen, Eis usw.

Man kann sie auch als Suppeneinlagen, für Nocken, zu Farcen, Pasteten, Terrinen oder Galantinen verwenden. In der Mortadella werden Pistazien aus optischen und geschmacklichen Gründen besonders geschätzt.

Walnuss

Haselnuss (nocciola)

Haselnüsse wachsen an bis zu 7 Meter hohen Sträuchern und reifen ab Mitte August. Der essbare Kern steckt in einer verholzten Schale. Haselnüsse sind ausgelöst von einer rotbraunen Haut bedeckt. Das Haselnussfett besteht zu fast 90 Prozent aus wertvollen ungesättigten Fettsäuren.

Haselnüsse

Haselnüsse rösten

Nüsse in einem auf 200 Grad vorgeheizten Backofen etwa 5 Minuten rösten, bis die Samenschale platzt. Die Nüsse auf ein Geschirrtuch schütten und die braune Schale abreiben.

Einkauf

Haselnüsse müssen trocken sein. Bei bereits geschälten Haselnüssen sollten Sie unbedingt auf das Ablaufdatum schauen. Im Handel erhältlich sind gehackte, gehobelte, geriebene oder gemahlene Haselnüsse. Es gibt sie als Nougat, Krokant oder Brotaufstrich (z. B. »Nutella«). Das aus Haselnusskernen gewonnene Haselnussöl ist besonders fein und duftet angenehm, ist aber nicht lange haltbar.

Verwendung

Haselnüsse schmecken in Nussmischungen, gehackt auf Salaten und sind besonders für viele Backwaren unentbehrlich. Haselnüsse haben eher einen milden Geschmack. Man gibt sie:

- in Torten, Kekse, Kuchen, Cremen, in die Füllung für Strudel, in Palatschinken, in Bratäpfel
- in die Panier von Kartoffelkroketten

Walnuss (noce)

Die Walnuss gehört eigentlich nicht zur Familie der Nüsse wie die Haselnuss, sondern zur Familie der Steinfrüchte. Walnüsse kann man in der Schale dunkel und trocken sehr lange lagern, aber sind sie einmal geknackt, so müssen sie schnell verwendet werden, da sie sofort ranzig werden.

Verwendung

- Verwendet wird die Walnuss vor allem im Bereich der Süßspeisen, für Torten, Kekse, Kuchen, Cremen, als Füllung für Strudel usw.
- Auch als Ergänzung für Saucen, als Füllungsbestandteil in Fleischgerichten oder zu warmen Vorspeisen wie Walnusspudding schmeckt die Nuss vorzüglich.
- Eine Spezialität sind grün eingelegte Walnüsse süß-sauer.

Trockenfrüchte (frutta secca)

Das Trocknen von Obst ist eine der ältesten Konservierungsmethoden. In Italien werden Trockenfrüchte und auch kandierte Früchte vorwiegend als geschmacksgebende Zutat in Backwaren, z. B. im Panettone, verwendet.
Zu den gängigsten Trockenfrüchten zählen: Rosinen, Sultaninen und Korinthen, Äpfel, Pfirsiche, Birnen, Pflaumen, Feigen, Marillen, Datteln, Mangos, Papayas, Birnen usw.
Beim Trocknen der Früchte wird der ursprüngliche Wassergehalt des Obstes auf weniger als 24 Prozent reduziert. Darüber hinaus werden manche Früchte noch geschwefelt, was den optischen Eindruck verbessern soll.

Trockenfeige

Die Feigen sind verlockende Früchte, die bei uns zuerst in getrockneter Form bekannt wurden, ehe sich die frischen Früchte durchgesetzt haben. Sie schmecken sehr süß und sind leicht zäh.
Verwendung: Als Zutat für Südtiroler Zelten

Dattel

Datteln wachsen büschelweise auf hohen Palmen im Bereich der Blattkronen. Die ovalen Früchte der Dattelpalme haben eine dunkelbraune, glänzende, leicht klebrige Schale, einen feinen Duft und einen sehr süßen leichten Geschmack nach Honig.

Einkauf
Datteln werden sehr selten frisch (September/Oktober) angeboten. Meist kommen sie getrocknet in den Handel. Frische Datteln sollten eine glatte Oberfläche haben, etwas feucht und als Zeichen der Reife braun sein. Getrocknete Datteln sind süß, weich, saftig und hocharomatisch.

Verwendung
Meist werden Datteln roh verzehrt. Man kann sie auch mit Likör oder Whisky marinieren. Zu Weihnachten werden Datteln oft mit Marzipan gefüllt und/oder mit Schokolade überzogen und als Konfekt gereicht. Als Beigabe zu Obstsalaten sind die Früchte ebenfalls geeignet, aber auch zu Frischkäse und als Snack.

Rosine

Rosine ist der Oberbegriff für getrocknete Weinbeeren verschiedener Rebsorten. Man unterscheidet die kleinen schwarzen Korinthen, die großen rötlich-braunen und fein säuerlichen Rosinen sowie die großen hellen und sehr süßen Sultaninen. Rosinen stammen von kernlosen, getrockneten Weinbeeren (Trauben), Korinthen von kleinen, schwarzen, kernlosen Trauben. Damit die helle Farbe der Trauben erhalten bleibt, werden Rosinen oft mit Schwefelsäure gebleicht. Sie sollten dann nur gegart verzehrt werden.
Verwendung: Desserts, Backwaren, Apfelstrudel

Rosinen

Sultanine

Sultaninen heißen die getrockneten, kernlosen Sultana- oder Thompson-Trauben. Sie sind ungeschwefelt.
Verwendung: Desserts, Backwaren

Sultaninen

Korinthe

Korinthen sind kleinbeerige, kernlose, stets ungeschwefelte dunkle Weinbeeren. Sie haben ein kräftiges, herbes Aroma.

Verwendung
Am besten die etwas teureren ungeschwefelten Trockenfrüchte kaufen (steht auf der Verpackung). Rosinen/Sultaninen schmecken gut in Gebäck wie Apfel- oder Birnenstrudel, in Müsli oder auch in orientalischen Reisgerichten, in Schmorgerichten, in der süßen Füllung für Käsesahnetorte, Quarkstrudel usw.

Korinthen

Lagerung
Die meisten Südfrüchte fühlen sich im Kühlschrank nicht wohl. Manche bekommen durch die kühle Lagerung sogar sehr rasch sichtbare Schäden. Bananen werden z. B. braun. Bei Zimmertemperatur ist es vielen Südfrüchten allerdings zu warm, am besten lagern Sie sie im Temperaturbereich von 8–15 Grad. Manche Südfrüchte können Sie natürlich, falls erforderlich, bei Zimmertemperatur nachreifen lassen. Man sollte aber trotzdem immer gut gereifte Früchte kaufen, da sie beim Nachreifen meist nicht mehr dieselbe Aromaentfaltung erzielen.

Violettbräunliche Feige

Grüngelbe Feige

Kandierte Früchte

Kandierte Früchte werden in einer konzentrierten Zuckerlösung so lange gekocht, bis sie ein glasiges Aussehen erhalten. Die Früchte sind nach dem Trocknen bei Raumtemperatur wochenlang haltbar.

Orangeat – Zitronat

Kandierte Fruchtschalen stammen durchwegs von Zitrusfrüchten wie Orangen und Zitronen und sind in erster Linie Aromaträger für Gebäck, Kekse usw.

Einkauf und Verwendung
Wenn möglich sollte man ganze Früchte kaufen, da gewürfelte oder klein geschnittene manchmal seifig und langweilig schmecken oder zu trocken sind. Trockene oder stark krustige Früchte werden vor dem Zerkleinern in warmem Wasser oder Fruchtsaft eingeweicht.

Südfrüchte

Bei den Südfrüchten ist es besonders schwierig, einen vollständigen Überblick über die angebotenen Früchte zu geben. Zu den Südfrüchten zählen Ananas, Avocado, Banane, Dattel, Feige, Granatapfel, Grapefruit, Karambole (Sternfrucht), Kiwi, Kumquat (Zwergorange), Limette, Litschi, Mandarine, Mango, Mangostan, Melone, Orange (Apfelsine), Papaya, Passionsfrucht (Maracuja), Physalis (Kapstachelbeere), Tamarillo, Zitrone und andere mehr.

Feige

Im Orient hat der Feigenbaum sein Zuhause, kultiviert wird er jedoch in allen warmen Klimazonen. Frische Feigen haben von September bis in den Winter Saison. Die samtige dünne Haut frischer Feigen ist sehr empfindlich. Die Früchte müssen daher mit größter Behutsamkeit behandelt werden.
Süß, mild-aromatisch und fruchtig schmeckt das rötliche Fruchtfleisch, das man für den Rohgenuss am besten aus der Schale löffelt. Die Schale frischer Feigen wird üblicherweise nicht gegessen.
Die **grün-gelbe** oder **violett-bräunliche** Feige kommt aus den Mittelmeerländern, im Winter auch aus Australien und Kalifornien.
Feigen schmecken süß und saftig.

Lagerung
Feigen gibt es in verschiedenen Formen und Farben. Das Fruchtfleisch ist bei vielen Sorten von zahlreichen kleinen Kernen durchsetzt. Je dunkler die Früchte, umso reifer, süßer und weicher sind sie. Feigen sollen sich weich anfühlen, sind aber druckempfindlich. Achten Sie darauf, dass die Früchte keine Druckstellen oder Flecken durch Überlagerung haben. Reife Feigen sind teilweise mit einem natürlichen weißen Film bedeckt. Ist die volle Reife erreicht, müssen die Früchte innerhalb weniger Tage verarbeitet oder gegessen werden.

Verwendung
Feigen brauchen Sie vor der Verwendung lediglich zu waschen. Die Schale kann auch mitgegessen werden. Frische Feigen kann man auch schälen. Die Schale lässt sich leicht mit einem kleinen Messer abziehen. Feigen sollten stets bei Raumtemperatur serviert werden, niemals eisgekühlt, weil ihr süßes Aroma sonst abgeschwächt wird. Köstliche Gerichte sind frische Feigen pur, mit Rohschinken, Speck, Bresaola, zu Blauschimmelkäse wie Gorgonzola oder Ziegenfrischkäse und sogar zu Geflügel, speziell zu Ente. Zu Desserts sind sie eine erfrischende Garnitur. Oft werden frische Feigen mit »Crème de Cassis« (Johannisbeerlikör), Portwein, Honig mariniert oder auch in einem Bierteig gebacken. Dafür dürfen sie allerdings nicht zu reif sein.

Melone (melone)

Melonen gehören zu den Kürbisgewächsen und kommen bei uns in verschiedenen Sorten auf den Markt. Sie lassen sich in zwei Gruppen unterteilen: Zuckermelonen und Wassermelonen.
Die Zuckermelonen werden wiederum in Netz-, Honig- und Cantaloupe-Melonen unterteilt.

Zuckermelone

Zuckermelonen haben eine hellbraune, gelbe oder grüne Schale und festes, bei Reife stark duftendes Fruchtfleisch. Je nach Gruppenzugehörigkeit ist die Schale entweder genetzt (an der Oberfläche ist eine Netzstruktur ersichtlich), gerippt oder gefurcht. Als Zuckermelonen werden auch die Wintermelonen bezeichnet. Die wohl bekannteste Zuckermelone ist die Cantaloupe. Sie hat ein aprikosenfarbenes, intensiv würziges Fruchtfleisch, das relativ fest und sehr süß ist. Auch die Honigmelone ist eine bei uns sehr beliebte Vertreterin dieser Gattung. Die Ananas-Melone sieht aus wie eine gelb gemaserte Wassermelone und schmeckt sehr süß.
Größe ist kein Zeichen für Qualität, wenngleich die größeren Früchte in der Regel wohlschmeckend sind. Weichschalige Sorten müssen am Blütenansatz auf leichten Druck nachgeben. Die Saison der Zuckermelonen reicht von Sommer bis Anfang Winter.

Wassermelone (anguria)

Wassermelonen sind nur entfernt mit den Zuckermelonen verwandt. Sie sind besonders saftig, leicht süß und an heißen Tagen ein hervorragender Durstlöscher, zudem sind sie sehr kalorienarm. Sie haben eine hell- und dunkelgrün gemaserte Schale und rotes, rosafarbenes oder gelbliches, sehr wasserhaltiges Fruchtfleisch. In der Wassermelone sitzen die Kerne direkt im Fruchtfleisch. Inzwischen gibt es auch Wassermelonen ohne Kerne. Zu Fruchtsalaten, Bowlen oder für erfrischende Kaltschalen eignen sich Wassermelonen sehr gut. Sie müssen dunkelgrüne, matt glänzende Früchte mit samtiger Schale wählen (weiße oder gelbliche Flecken entstehen durch das Aufliegen am Boden). Kleine Wassermelonen leicht schütteln, denn lose Kerne sind ein Zeichen von Reife. Angeschnittene Früchte müssen saftiges Fruchtfleisch mit dunkelbraunen, glänzenden Kernen haben. Reife Melonen klingen hohl, wenn man auf die Frucht klopft.

Netzmelone

Honigmelone

Melonenarten

Netzmelone	
Geschmack:	aromatisch-süß
Form:	rund, Netzstruktur, innen orange-rosa oder blassgrünes Fruchtfleisch
Reif:	wenn sich kleine Risse in der Schale zeigen, angenehmer Duft, schön schwer

Honigmelone	
Geschmack:	süß und leicht wässrig
Form:	oval
Farbe:	außen kräftig gelb, innen weiß-grünliches Fruchtfleisch
Reif:	wenn die Schale auf Druck leicht nachgibt

Cantaloupe-Melone (Cavaillon)	
Geschmack:	süß und aromatisch wie die Papaya
Form:	kugelrund
Farbe:	außen hell mit dicken grünen Streifen, innen kräftig oranges Fruchtfleisch
Reif:	wenn die Schale einen gelblichen Ton hat

Wassermelone	
Geschmack:	süß und erfrischend, der ideale Durstlöscher
Form:	kugelrund wie ein Fußball
Farbe:	außen dunkelgrün, innen rotes oder gelbes Fruchtfleisch
Reif:	wenn sie beim Klopfen hohl klingt

Tipps zur Vanille

- Kaufen Sie die Vanillestange in Glasröhrchen, denn sollten Sie nicht alles auf einmal benötigen, ist die Vanille darin verschlossen sehr gut aufbewahrt.
- Wenn man eine oder zwei Vanilleschoten in einem luftdicht verschlossenen Gefäß zusammen mit Zucker aufbewahrt, erhält man Vanillezucker. Man kann ihn anstelle von normalem Zucker verwenden, um den Speisen einen Hauch von Vanille-Aroma zu verleihen.
- Die Vanilleschote mit einem scharfen Messer längs aufschneiden und je nach gewünschter Geschmacksintensität für 15 bis 20 Minuten in heiße Flüssigkeit wie Milch oder Sahne legen. Für ein kräftiges Aroma danach das Fruchtmark herausschaben und in die Flüssigkeit geben. Das Ganze weitere 10 Minuten durchziehen lassen.

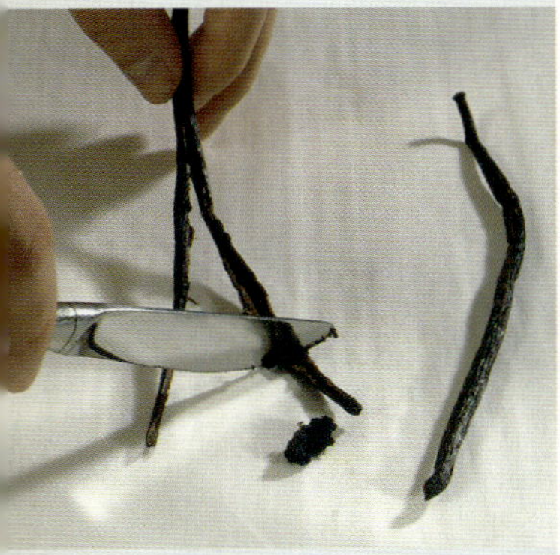

Nach dem Aufschlitzen wird die Vanillestange ausgeschabt.

Einkauf

Melonen sollten unbedingt reif sein. Kontrollieren Sie sie rundum auf eventuelle Druckstellen, Risse oder Schimmel. Unreif geerntete Melonen schmecken leicht pelzig und enthalten kaum Saft. Sie sollte man bei Zimmertemperatur reifen lassen; überreife Früchte gären leicht. Die Saison von Wassermelonen reicht vom Sommer bis Anfang Herbst.

Lagerung

Melonen sind als Ganzes bei Raumtemperatur einige Tage haltbar. Hälften oder Spalten legt man abgedeckt in den Kühlschrank.

Vorbereitung

Nach dem Aufschneiden Kerne und grobfaseriges Fruchtfleisch entfernen. Die Kerne der Zuckermelone kann man mit einem Löffel herausschaben. Vor dem Servieren teilt man die Melone längs in Segmente. Das Fruchtfleisch kann auch mit einem Kugelausstecher herausgelöst werden.

Verwendung

Melonen harmonieren gut mit rohem und gekochtem Schinken, Speck, Ente, Huhn, Blattsalaten, Himbeeren, Weichkäse. Als Durstlöscher werden sie an heißen Tagen eisgekühlt serviert. Sehr erfrischend schmecken auch eine Kaltschale oder ein Fruchtsalat aus Melonen.

Kaki

Reife Kaki schmecken sehr süß und haben ein leichtes Honigaroma. Das Fruchtfleisch schimmert durch die Schale.

Einkauf

Kaki sind in vollreifem Zustand weich. Voll ausgereifte Früchte sind sehr druckempfindlich und sollten im Kühlschrank gelagert werden.

Verwendung

Reife Kakis sollten Sie, wenn möglich, sofort essen. Sie können das Fruchtfleisch aus der Schale löffeln oder die Früchte in Scheiben oder Spalten schneiden. Auch als Fruchtsauce zu verschiedenen Desserts eignen sich Kaki.

Kiwi

Kiwis sind das ganze Jahr über erhältlich. Reife Kiwis sind süß, mit einer leichten Säure. Unreife Früchte schmecken sehr sauer.

Einkauf

Reife Früchte geben auf Fingerdruck nach, allzu weich sollen die Früchte aber nicht sein. Beachten Sie den Strunkansatz, denn fallweise kommt es vor, dass dieser verholzt ist.

Verwendung

Für Fruchtsalate, als Tortendekor, Garnitur für Drinks, Cocktails, Buffets usw.
Achtung: Kiwis enthalten das eiweißspaltende Enzym Actinidin. Man muss daher bei der Zubereitung Folgendes beachten: Wenn Sie Kiwis mit Milch, Sahne, Joghurt usw. vermischen, erzeugt das einen bitteren Geschmack. Kiwis setzen auch die Gelierfähigkeit von Speisegelatine deutlich herab. Mit Agar-Agar vertragen sich auch frische Kiwis. Wenn Sie die Kiwis vorher ganz kurz überkochen, haben Sie aber auch kein Problem mit Gelatine.

Vanille (vaniglia)

Vanille ist die Kapselfrucht einer Kletterorchidee. Die Vanillestange wird tagsüber in der Tropensonne aufgeheizt und über Nacht zum »Schwitzen« eingehüllt. Durch diese Fermentation entstehen Farbe und Aroma. Die größten Mengen an Vanilleschoten werden inzwischen nicht in der Heimat der Vanille – sie stammt aus Mexiko – erzeugt, sondern auf

Madagaskar, auf den Komoren und auf Réunion. Diese Insel, die früher nach der französischen Königsfamilie »Bourbon« hieß, verlieh einer besonders gefragten Vanillesorte ihren Namen: der Bourbon-Vanille.

Handel
Es gibt ganze Schoten, zu Vanillepulver vermahlenes Mark und Vanilleessenz. In den Handel kommt die Vanillestange getrocknet und aromageschützt verpackt in Glasröhrchen oder in Zellophan (Briefchen). Im Inneren der Vanilleschoten sitzen unzählige winzige Samen, das Vanillemark. Mark und Schote dienen zum Aromatisieren von Süßspeisen und Gebäck.

Geschmack
Vanille schmeckt intensiv süßlich und würzig, sehr aromatisch. Verantwortlich hierfür ist das »Vanillin«, das heute auch künstlich hergestellt werden kann. Künstliches Vanillin ist preiswerter und wird häufig als Ersatz für Vanille genommen, doch fehlt ihm, bei aller Intensität, das unvergleichliche Aroma echter Vanille.

Verwendung
Ganze Vanilleschoten haben das stärkste Aroma, sind jedoch sehr teuer, da die Pflanzen per Hand bestäubt werden müssen. Zur Verwendung halbieren Sie die Vanilleschote der Länge nach und kratzen mit einem Messerrücken das schwarze Vanillemark heraus. Vanille eignet sich als Gewürz für Backwaren, Desserts, Eis, Getränke, Obst- und Süßspeisen. Das Mark und die aufgeschlitzte Schote kochen Sie mit für diverse Desserts, Vanillecreme, Panna cotta, Vanillesauce usw.

Vanillezucker

Eine wichtige Angebotsform ist auch der Vanillezucker. Das Vanillin wird synthetisch hergestellt und mit Haushaltszucker vermischt. Der Geschmack ist dem der Vanilleschote sehr ähnlich. Die Verwendung ist dieselbe.

Schokolade (cioccolato)

Zu den Entdeckungen auf dem amerikanischen Kontinent gehörte auch die Bohne des Kakaobaumes, der Grundstoff für Schokolade. Durch Trocknen, Rösten und Mahlen entsteht aus den fermentierten und getrockneten Kakaobohnen eine zähflüssige, ölige Masse, die so genannte Kakaomasse, die neben anderen

Kuvertüre enthält viel Kakaobutter, deshalb lässt sie sich gut verarbeiten und erhält bei richtiger Verarbeitung einen schönen Glanz.

Bestandteilen ein gelbliches Fett enthält, die Kakaobutter. Schokolade wird aus der flüssigen Kakaomasse hergestellt. Zutaten sind Zucker und Milch oder Sahne (in Form von Milch- oder Sahnepulver) sowie gegebenenfalls Nüsse und Aromastoffe wie etwa Vanille.

Kuvertüre

Kuvertüre, auch als Schokoladenüberzugsmasse bekannt, ist eine Schokolade mit einem hohen Anteil an Kakaobutter (mindestens 31 Prozent). Deshalb schmeckt sie besonders fein. Es gibt sowohl eine dunkle als auch eine weiße/helle Kuvertüre. Die weiße Kuvertüre enthält kein Kakaopulver. Kuvertüre lässt sich gut verarbeiten und erhält bei richtiger Verarbeitung einen schönen Glanz.

Verwendung
Diese Schokolade eignet sich zum Glasieren von Torten, Kuchen, Schnitten sowie zum Tunken von

Bitterschokolade

Vollmilchschokolade

Weiße Schokolade

Keksen oder Früchten wie Erdbeeren, Bananen usw. Auch für die Herstellung von Pralinen wird die Kuvertüre verwendet.

Kochschokolade

ist eine eher gröbere Schokolade und hat durch den hohen Kakaoanteil einen leicht bitteren Geschmack.

Verwendung
Diese Schokolade können Sie für alle Backwaren, z. B. für Kuchen, Torten, aber auch für Cremen, Eis, Soufflés usw. verwenden.

Bitterschokolade

ist dunkler und bitterer, weil sie einen noch höheren Kakaopulveranteil hat.

Verwendung
Sie können sie wie Kochschokolade verwenden.

Vollmilchschokolade

ist eine besonders feine, etwas weichere Schokolade. Es wird ihr Milch- und Sahnepulver beigemengt. Sie wird z. B. bei einer Schokoladenmousse nicht so fest wie die Bitterschokolade.

Verwendung
für Schokoladenmousse, Torten, Cremen, Eis

Weiße Schokolade

enthält kein Kakaopulver und ist ebenfalls weicher als Kochschokolade.

Verwendung
Sie können weiße Schokolade wie Milchschokolade verwenden.

Lagerung
Schokolade sollten Sie kühl, trocken und dunkel lagern, am besten bei etwa 16 Grad. Durch lange Lagerung kann es zu weißen Flecken auf der Oberfläche kommen. Dies geschieht auch teilweise durch das Schmelzen und Wieder-fest-Werden der Schokolade. Diese Schokolade sieht zwar nicht schön aus, ist aber nicht verdorben, sondern es ist lediglich etwas Kakaobutter ausgetreten und hat sich an der Oberfläche abgesetzt.

Geliermittel (Gelatine)

Die Lebensmittelindustrie würde ohne Geliermittel kaum auskommen, und auch in der Küche verwenden wir öfters dieses Produkt, sowohl bei Cremen, Mousses, Gelees als auch bei Vorspeisen wie Terrinen und Sülzen. In der Küche kennen wir Gelatine in erster Linie als Blattgelatine oder als Pulver.

Was ist Gelatine eigentlich?
Gelatine ist ein tierisches Naturprodukt. Sie besteht aus reinem tierischen Nahrungseiweiß (Kollagen) und kommt natürlich in Schweins- und Kalbsfüßen sowie in Schweineschwarten konzentriert vor. Sie ist leicht ver-

Tipps zur Verarbeitung von Schokolade

- **Schokolade schmelzen**
Erwärmen Sie in einem nicht zu kleinen Topf reichlich Wasser auf etwa 40 Grad. Die Schokolade geben Sie zerkleinert in eine Stahlschüssel oder in einen Schneekessel und stellen ihn in das Wasserbad, d. h., der Kessel sollte im Wasser sein, damit eine bessere Hitzeübertragung erfolgt. Mit einem Kochlöffel oder einer Teigspachtel rühren Sie die Schokolade öfters um und lösen dabei die bereits geschmolzene Schokolade immer wieder vom Kessel.
- **Gestockte Schokolade**
Wenn Schokolade mit Wasser oder Dampf in Berührung kommt, »stockt« sie. Sie wird zu einer Art Paste, die nicht schmilzt. Man kann sie wieder schmelzfähig machen, wenn man langsam und löffelweise geklärte Butter, Pflanzenöl, Pflanzenfett oder Kakaobutter einrührt.
- **Zu stark erhitzte Schokolade**
Ein Fehler, der in der Praxis leider häufig passiert, ist, dass die Schokolade zu stark erhitzt wird. Über 32 Grad schmilzt die Kakaobutter und tritt teilweise aus – die Schokolade verklumpt. Das passiert auch, wenn Sie Wasser oder eine andere Flüssigkeit beigeben.

daulich und enthält keine Fette, Kohlenhydrate, Konservierungsmittel, künstliche Farb- oder Geschmacksstoffe.

Wie lange kann man Gelatine aufbewahren?
Gelatine ist länger als fünf Jahre haltbar. Sie sollte trocken und in einem verschlossenen Behälter oder in Klarsichtfolien eingepackt gelagert werden, da sie schnell Feuchtigkeit und Gerüche aufnimmt.

Kann man Gelatinegerichte einfrieren?
Desserts und Torten, die mit Sahne oder Ei bereitet sind, können ohne weiteres eingefroren werden. Früchtegelees, Aspik- und Gelatinegerichte eignen sich nicht zum Tiefkühlen, weil sie dann kristallisieren.

Warum werden einige Gerichte mit Früchten nicht steif?
Wahrscheinlich sind Ananas, Kiwis, Mangos, Papayas verwendet worden. Eines ihrer Enzyme wirkt eiweißspaltend; es ist daher sinnvoll, diese Früchte kurz vor der Zubereitung zu blanchieren oder kurz zu dünsten oder zu dämpfen. Bei Dosenfrüchten ergibt sich das Problem nicht, da diese bereits vorgekocht sind.

Wie viele Gelatineblätter braucht man für 1 Liter Flüssigkeit?
12 Blätter Gelatine sind ausreichend, um einen Liter Flüssigkeit (Brühe, Suppe, Sahne, Milch) fest werden zu lassen.

Kann mit Gelatine auch Marmelade hergestellt werden?
Ja, die Menge der Gelatine ist jedoch abhängig von der Obstsorte und von dem Reifegrad der Früchte. Allgemein gilt: vier Blatt Gelatine auf einen halben Liter Fruchtmus.

Andere Geliermittel

Pektin
Pektin kommt unter anderem in Äpfeln, Quitten und Beeren vor. Im Handel ist es als Pulver oder in flüssiger Form erhältlich. Pektin ist auch ein wesentlicher Inhaltsstoff des Gelierzuckers, den man wiederum für die Herstellung von Marmeladen und Obstgelees verwendet.

Agar Agar
Wird aus Algen gewonnen und kommt üblicherweise als Pulver in den Handel. Agar Agar können Sie anstelle von Blattgelatine verwenden. Es behält auch bei Ananas und Kiwis die Gelierkraft. Agar Agar gilt außerdem als die Gelatine der Vegetarier.

Wie wird Gelatine verarbeitet?

Gelatineblätter einzeln in kaltem Wasser einweichen

- Sie geben die Gelatineblätter für mindestens 15 Minuten in reichlich kaltes Wasser, und zwar so lange, bis die Blätter weich sind.
- Benötigen Sie mehrere Blätter, dann geben Sie am besten jedes Blatt einzeln ins Wasser, so weichen sie schneller auf.
- Drücken Sie anschließend die Gelatineblätter aus und lösen Sie sie in der warmen Speise, Creme usw. unter ständigem Rühren auf.
- Möchten Sie die Gelatine in kalten Speisen verarbeiten, dann lösen Sie sie nach dem Einweichen in einer kleinen Menge Flüssigkeit (Fruchtsaft, Sahne, Joghurt usw., je nach Zutaten des Rezeptes) im Wasserbad oder im Mikrowellengerät auf und fügen dann die kalte Flüssigkeit hinzu.
- Die aufgelöste und ausgedrückte Gelatine müssen Sie rasch mit dem Schneebesen z. B. in eine kalte Creme oder dergleichen einrühren, damit sie sich gleichmäßig in der Speise verteilt und nicht vorher teilweise stockt.
- Wenn Sie die in kaltem Wasser eingeweichten und ausgedrückten Gelatineblätter einer heißen oder warmen Flüssigkeit beigeben, müssen Sie diese vorher nicht in Flüssigkeit erwärmen, sondern können sie direkt beigeben.
- Wenn Sie die Gelatine zu stark erhitzen, geht die Gelierkraft teilweise verloren, die Speisen bekommen einen unangenehmen Gelatinegeschmack und werden nicht fest.

Süßes vorbereiten

Das Gelingen einer Süßspeise setzt Genauigkeit in der technischen Ausführung und größte Sorgfalt während des ganzen Arbeitsvorganges voraus.

Das Sieben von Mehl
ist notwendig, weil Teige und Massen mit ungesiebten Materialien in ihrer Beschaffenheit nie einwandfrei sind.

Fett schaumig rühren
Es ist zweckmäßig, die Butter vor dem Schaum-mit-Rühren auf 20 Grad vorzutemperieren. Sie ist dann leichter rührbar und aufnahmefähiger für weitere Zutaten. Butter darf niemals ganz geschmolzen werden, sie wird sonst grießig.

Eiweiß oder Eischnee einrühren
gelingt am besten, wenn zuerst ein kleiner Teil des aufgeschlagenen Schnees mit der Eigelb- oder Abtriebmasse gut verrührt, gleichsam aufgelockert und aufnahmefähiger gemacht wird und dann erst der restliche Schnee zum endgültigen Vermischen leicht und locker daruntergezogen wird.

Einrühren von Mehl
muss vorsichtig mit einem großflächigen Holzlöffel geschehen. Durch zu rasches, unsachgemäßes Einrühren zerstört man Luftbläschen, weshalb die Masse zusammenfällt.

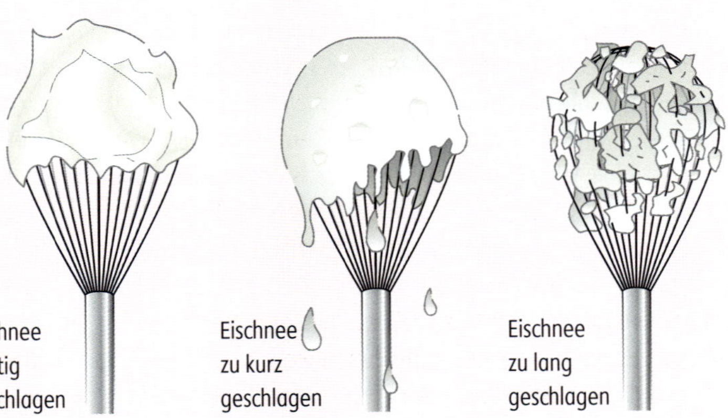

Eischnee richtig geschlagen

Eischnee zu kurz geschlagen

Eischnee zu lang geschlagen

Fetten und Stauben von Formen
Butter oder Margarine schmelzen, mit einem Pinsel dünn auftragen, reichlich mit Mehl, Bröseln, Nüssen oder Zucker einstreuen, drehen, wieder ausleeren.

Fertige Massen
mit bereits eingerührtem Schnee niemals stehen lassen. Sie müssen sofort ins Backrohr, da sie sonst unweigerlich zusammenfallen.

Das Schneiden, Portionieren
von Torten, Schnitten, Rouladen: Messer in heißes Wasser tauchen, kurz abtropfen lassen – schneiden; Vorgang wiederholen. Das ergibt glatte Schnittflächen.

Nadelprobe
für Hefeteigspeisen, Biskuitmassen und Teige, Puddings usw.: Ein Holzspieß wird an der dicksten Stelle eingestochen.
Wenn vom Teig oder von der Masse nichts haften bleibt, der Spieß also trocken ist, ist das Back- oder Kochgut gar.

Glatte Flächen an Torten und Dessertböden
erreicht man, indem man sie nach dem Backen mit der Oberseite nach unten auf ein mit Zucker oder Mehl bestaubtes Brett oder einen Tisch stürzt, auskühlen lässt und dann wieder wendet.

Die Kunst des Backens
- Wird ein Backgut zu heiß gebacken, so wird es speckig. Es geht wohl auf, kann aber die erreichte Größe nicht halten und fällt wieder zusammen.
- Wird das Backgut zu kühl gebacken, so geht es fast gar nicht auf, bleibt sitzen und wird trocken.

Alkoholische Geschmackszutaten
- Rum, Orangen- oder anderer Likör werden im Teig mitgebacken.
- In Cremen oder Cremesaucen werden sie nicht mitgekocht, sondern erst zum Schluss beigegeben.

Im Wasserbad aufschlagen

Eier oder Eigelb geben Cremen, Mousses, Sabayons, Biskuits, Gebäck, Eis usw. Halt und Luftigkeit. Das ist von Dauer, wenn die Speisen heiß aufgeschlagen werden, bis das Eiweiß oder die Eier binden und Luft einschließen. Damit das Ei nicht gerinnt, sollte die Hitze gleichmäßig etwa 80–82 Grad betragen, was am besten über Dampf »im Wasserbad« gelingt.

Die Masse wird dazu in einer Schüssel in einen Topf mit heißem Wasser gehängt. Die Schüssel sollte aus Metall (rostfreiem Stahl) sein und hat idealerweise einen gewölbten Boden und zwei Griffe. Kunststoff oder auch Glas leiten Hitze schlecht. Der Topf soll eng und hoch genug sein, damit die Schüssel nicht in dem siedenden Wasser liegt. Mehr als zu einem Drittel sollte der Topf nicht mit Wasser gefüllt sein. Aufschlagen kann man diese Masse entweder mit einem Schneebesen oder mit den Quirlbesen des Handrührgerätes.

Das Aufschlagen

Eier oder Eigelb, Zucker und eventuell andere Zutaten wie Likör, Wein usw. rührt man erst kalt in der Schüssel schaumig. Dann wird die Schüssel in den Topf mit dem siedenden Wasser gehängt und die Masse kräftig aufgeschlagen, so dass sie genug Luft bekommt und nicht stocken kann. Dazu führt man am besten den Schneebesen in Kreisbewegungen von oben nach unten, auch der Mixer wird im Kreis bewegt. Je wärmer die Masse wird, desto gründlicher muss geschlagen werden. Die Masse ist fertig, wenn sich beim Rühren dicke Wolken bilden und am Schneebesen haften.

Cremen

Bei den Cremen wird meistens nach dem Aufschlagen noch eingeweichte und ausgedrückte Gelatine in der heißen Masse unter Rühren aufgelöst. Die Schüssel kann man anschließend in kaltes Wasser oder Eiswasser stellen und die Creme kalt rühren. Sobald sie zu gelieren beginnt, wird die steif geschlagene Sahne untergerührt.

Sabayons

Sabayons sind mit dem Aufschlagen fertig und werden sofort, meist in einem schönen Glas, serviert.

»Zur Rose erhitzen«

Bleibt die Masse an einem eingetauchten Holzlöffel dick haften und entsteht beim Anblasen des Löffelrückens ein Bild ähnlich einer Rose, dann nennt man den Vorgang mit einem Fachterminus »zur Rose erhitzen«. Die Creme wird dabei auf etwa 82 Grad erhitzt.

»Zur Rose erhitzen«

Schlagsahne

Schlagsahne ist Lockerungs- und Bindemittel zugleich. Außerdem ist sie, mit Zucker oder Vanillezucker aufgeschlagen, eine Creme für sich, die man zum Füllen von Desserts, für Halbgefrorenes, Cremen, zum Garnieren, für Mousses usw. verwendet.

Für Schlagsahne sollte man möglichst eine Sahne mit mindestens 30 Prozent Fett verwenden. Je höher der Fettgehalt ist, desto leichter lässt sie sich aufschlagen. 2–3 Tage nach der Produktion ist frische Sahne ideal zum Schlagen. Sie nimmt entsprechend viel Luft auf und vergrößert ihr Volumen auf das Zwei- bis Dreifache.

Sahne schlagen

Sahne braucht Zeit, um steif und luftig zu werden. Kreisende Bewegungen verhindern weitgehend, dass die Sahne ungleichmäßig aufgeschlagen wird. Am sichersten lässt sich ein »Überschlagen«, also die Trennung von Fett und Flüssigkeit, verhindern, wenn man die mit dem Handrührgerät halbsteif geschlagene Sahne von Hand mit dem Schneebesen fertig schlägt. So bemerkt man am schnellsten, wann die Schlagsahne ihre Festigkeit erreicht hat.

Sahne schlagen

Voraussetzung für das Schlagen der Sahne ist, dass sie so kühl wie möglich verarbeitet wird. Die Sahne selbst, die Geräte und wenn möglich auch der Raum, in dem sie geschlagen wird, sollten kühl sein. Die Sahne wird luftiger und die Gefahr, dass sie zu Butter wird, ist wesentlich geringer.

Tipp

Wenn Sie Zucker in die Sahne geben, sollten Sie ihn in die flüssige Sahne geben, damit er sich während des Schlagens auflösen kann.

Crème caramel

Für 4 Personen

Karamell	*100 g*	*Zucker*
	½	*Zitrone, Saft*
Creme	*½ l*	*Milch*
	1 Pkg.	*Vanillezucker*
	1	*Prise Salz*
	3	*Eier*
	1	*Eigelb*
	70 g	*Zucker*
Weiteres		*Himbeeren, Walderdbeeren, Heidelbeeren und Physalis (Kapstachelbeeren) zum Garnieren*
		Waldmeister zum Garnieren

Karamell

- Zucker in einem kleinen Topf schmelzen lassen, bis er braun ist, Zitronensaft dazugeben und zu einem hellbraunen Karamell kochen.
- In Auflaufförmchen oder Dariolformen gießen.

Creme

- Die Milch mit Vanillezucker und Salz aufkochen.
- Eier, Eigelb und Zucker mit der heißen Milch verrühren.
- Durch ein Sieb seihen und in die Förmchen zum Karamellzucker geben.
- In einen Topf Backpapier legen, dann zwei Finger hoch heißes Wasser einfüllen, die Förmchen hineinstellen und in das vorgeheizte Backrohr geben.
- Wenn die Creme völlig gestockt ist, aus dem Wasserbad heben und 2 Stunden im Kühlschrank erkalten lassen.
- Mit einem kleinen, glatten Messer am Rand der Form entlangschneiden, damit sich die Creme löst.
- Die Karamellcreme auf Teller stürzen, mit dem flüssigen Karamellzucker aus dem Förmchen übergießen, mit Früchten und Waldmeister garnieren und servieren.

Gartemperatur: 140–160 Grad
Garzeit: 45–50 Minuten

Tipps

1. *Das Backpapier im Kochtopf verhindert, dass die Förmchen einen direkten Kontakt mit dem Kochtopfboden haben und das Wasser in die Förmchen schwappt.*
2. *Anstelle von Vanillezucker kann man auch eine Vanilleschote als Geschmacksverstärker verwenden.*
3. *Für die Garprobe stechen Sie mit einem kleinen Messer in die Creme. Kommt klares Karamell hoch, so ist die Creme fertig gegart.*

Crème brûlé

Gebrannte Creme

Für 4 Personen

Zutaten	70 ml	*Milch*
	200 ml	*Sahne*
	25 g	*Zucker*
	1 Pkg.	*Vanillezucker oder 1 Vanilleschote*
	1/2 TL	*Orangenschale, gerieben*
	1 EL	*Grand Marnier*
	1	*Prise Salz*
	5	*Eigelb*
	25 g	*Zucker*
Weiteres	2 EL	*Zucker, braun*
		Brombeeren, Erdbeeren, Heidelbeeren und Himbeeren zum Garnieren
		Pfefferminze zum Garnieren

Creme

- Milch, Sahne, Zucker, Vanillezucker oder Vanilleschote, Orangenschale, Grand Marnier und Salz aufkochen.
- Eigelb und Zucker mit der heißen Milch verrühren und durch ein Sieb seihen.
- Das Gemisch bis zur Rose (82 Grad) erhitzen und in die Porzellanförmchen geben.
- In einen Topf ein Backpapier legen, zwei Finger hoch heißes Wasser einfüllen und die Förmchen hineinstellen. In das vorgeheizte Backrohr geben.
- Wenn die Creme völlig gestockt ist, aus dem Wasserbad heben und 1 Stunde im Kühlschrank erkalten lassen.
- Die Creme mit braunem Zucker bestreuen und unter dem Salamander oder mit dem Abflämmgerät karamellisieren.
- Die Creme in den Formen servieren.

Gartemperatur:	110 Grad
Garzeit:	50–60 Minuten

Tipps

1. *Dazu reichen Sie auch andere Früchte wie Orangenfilet, Pfirsichkompott (siehe Seite 462) oder Fruchtsaucen.*
2. *Als Beigabe können Sie auch Mandelhippen, Amarettikekse (siehe Seite 442) oder Crostoli (siehe Seite 440) servieren.*

Espressocreme

Crema al caffè

Für 4 Personen

Zutaten	1/2 l	*Milch*
	50 g	*Kaffeebohnen*
	1 Pkg.	*Vanillezucker*
	1	*Prise Salz*
	2	*Eier*
	3	*Eigelb*
	80 g	*Zucker*
Karamell	100 g	*Zucker*
	1/2	*Zitrone, Saft*

Creme

- Die Milch mit den Kaffeebohnen mindestens 3 Stunden im Kühlschrank ziehen lassen.
- Die Kaffeebohnen aus der Milch nehmen. Nun die Milch mit Vanillezucker und Salz aufkochen.
- Eier, Eigelb und Zucker mit der heißen Milch verrühren.

Karamell

- Den Zucker in einem kleinen Topf schmelzen lassen, bis er braun ist, Zitronensaft dazugeben und zu einem hellbraunen Karamell kochen. Den Karamell bodendeckend in die Förmchen einfüllen.

Fertigstellung

- Die Creme durch ein Sieb seihen und in die Förmchen zum Karamellzucker geben.
- In einen Topf Backpapier legen, dann zwei Finger hoch heißes Wasser einfüllen, die Förmchen hineinstellen und in das vorgeheizte Backrohr geben.
- Wenn die Creme völlig gestockt ist, aus dem Wasserbad heben und 1 Stunde im Kühlschrank erkalten lassen.
- Mit einem kleinen, glatten Messer am Rand der Form entlangschneiden, damit sich die Creme löst.
- Die Karamellcreme auf Teller stürzen, mit dem flüssigen Karamellzucker aus dem Förmchen übergießen und servieren.

Gartemperatur: 160 Grad
Garzeit: 45–50 Minuten

Tipp

Die Creme kann auch ohne Karamell gemacht werden.

Variationen

Amarettocreme: Mischen Sie unter die Creme vor dem Garen 100 g zerbröselte Amarettikekse und 20 ml Amarettolikör.
Kastaniencreme: Mischen Sie unter die Creme vor dem Garen 150 g gekochte und passierte Kastanien.

Mascarponecreme

Crema di mascarpone

Für 4 Personen

Zutaten	1	*Blatt Gelatine*
	2	*Eigelb*
	80 g	*Zucker*
	200 g	*Mascarpone*
	1 TL	*Rum*
	1 TL	*Eierlikör*
	200 ml	*Sahne, geschlagen*

- Gelatine im kalten Wasser einweichen.
- Eigelb mit Zucker schaumig rühren, Mascarpone und Eierlikör unter die Eiermasse geben.
- Die Gelatine mit Rum im Wasserbad auflösen, zur Mascarponecreme geben und die Masse abkühlen lassen.
- Dann die geschlagene Sahne unterheben.
- Die Creme in Gläser oder Becher füllen und servieren.

Orangen-Tiramisucreme

Tiramisu all'arancia

Für 4 Personen

Orangencreme	2	*Eigelb*
	60 g	*Zucker*
	1 Pkg.	*Vanillezucker*
	125 g	*Mascarpone*
	1/2 TL	*Orangenschale, gerieben*
	150 ml	*Sahne*
Orangentunke	2	*Orangen, frisch gepresst*
	4 EL	*Orangenlikör, z. B. Gran Marnier oder Cointreau*
	1 EL	*Honig oder Zucker*
Weiteres	12	*Stück Löffelbiskuits*

Orangencreme

- Eigelb, Zucker und Vanillezucker sehr cremig aufschlagen, dann Mascarpone und Orangenschale untermischen.
- Sahne steif schlagen und unter die Creme heben.

Orangentunke

- Orangensaft mit Orangenlikör und Honig vermischen.

Fertigstellung

- Löffelbiskuits in der Orangentunke eintauchen, in eine Form schichten, mit der Hälfte der vorbereiteten Orangencreme bedecken. Den Vorgang nochmals wiederholen.
- Im Kühlschrank ziehen lassen, dann servieren.

Zabaione mit Erdbeeren

Zabaione con fragole

Für 4 Personen

Zutaten	2	Eigelb
	40 g	Zucker
	80 ml	Marsala
Weiteres	250 g	Erdbeeren
		Pfefferminze zum Garnieren

Zabaione

- Wasser in einem Topf zum Kochen bringen.
- Eigelb, Zucker und Marsala in eine Stahlschüssel geben und im heißen Wasserbad unter ständigem Rühren erhitzen, bis der Schaum bindet.

Fertigstellung

- Erdbeeren putzen, waschen und in Scheiben schneiden, in die Gläser füllen und mit Zabaione übergießen, mit Pfefferminze garnieren und servieren.

Tipp

Zabaione passt auch vorzüglich zu Apfelstrudel und gebackenen Früchten wie Birnen, Kirschen, Trauben, Äpfel.

Variationen

Zabaione mit Vin santo: Anstelle von Marsala wird Vin santo verwendet.
Glühweinschaum: Statt des Marsala wird Glühwein verwendet.

Orangencreme

Crema all'arancia

Für 4 Personen

Zutaten	2	Blatt Gelatine
	1	Eigelb
	130 ml	Orangensaft
	1 EL	Orangenschale, gerieben
	40 g	Zucker
	2 EL	Grand Marnier oder Orangenlikör
	200 ml	Sahne, geschlagen
Weiteres	4	Orangenscheiben, ohne Schale
		Himbeeren zum Garnieren
		Minze zum Garnieren

- Gelatine in reichlich kaltem Wasser einweichen.
- Eigelb, Orangensaft, Orangenschale sowie Zucker im heißen Wasserbad schaumig schlagen (82 Grad).
- Grand Marnier und ausgedrückte Gelatine zur heißen Creme geben, dann auf 10 Grad abkühlen und die geschlagene Sahne nach und nach unterheben.
- Die Orangenscheiben in runde Formen legen, die Creme einfüllen und mindestens 2 Stunden kalt stellen.
- Zum Servieren mit einem kleinen, glatten Messer am Rand der Form entlangschneiden, damit sich die Creme aus der Form löst.
- Auf Teller stürzen und mit Himbeeren und Minze servieren.

Tipps

1. *Füllen Sie die Creme in Gläser, so verwenden Sie nur 1½ Blatt Gelatine.*
2. *Sie können auch Bananensalat und Himbeereis dazu reichen.*

Variationen

Crêpes mit Orangencreme: Füllen Sie die gestockte Creme in die gebackenen Palatschinken (siehe Seite 186) und servieren Sie die Crepes auf Orangensalat.
Limettencreme: Anstelle der Orangen können Sie auch Limetten verwenden.

Zabaione mit Erdbeeren

Orangencreme

Honigmousse

Mousse al miele

Für 4 Personen

Zutaten	75 g	*Kuvertüre, weiß*
	1/4 l	*Sahne*
	40 g	*Butter*
	2	*Eigelb*
	50 g	*Honig*
	40 ml	*Drambuie oder Grand Marnier*

- Weiße Kuvertüre in einem Wasserbad schmelzen.
- Die Sahne nicht zu steif schlagen.
- Die weiche Butter schaumig rühren, nach und nach das Eigelb dazugeben.
- Honig, Drambuie und die zerlassene Kuvertüre lauwarm unter die Butter mischen.
- Zum Schluss die geschlagene Sahne unter die Masse heben.
- In ein passendes Gefäß füllen und zugedeckt etwa 3 Stunden kalt stellen.

Basilikummousse

Mousse al basilico

Für 4 Personen

Zutaten	100 g	*Schokolade, weiß*
	1/4 l	*Sahne*
	20 g	*Basilikumblätter*
	1	*Ei*
	2	*Eigelb*
	20 g	*Zucker*
	1 Blatt	*Gelatine, in kaltem Wasser eingeweicht*
	1 EL	*Crème de Cacao, weiß, oder Rum*

- Die weiße Schokolade grob schneiden und in einer Stahlschüssel im Wasserbad schmelzen lassen (35 Grad).
- Sahne mit dem in Streifen geschnittenen Basilikum im Mixer pürieren, bis die Sahne fast steif ist.
- Ei und Eigelb mit Zucker in einer Stahlschüssel über dem warmen Wasserbad zuerst warm schlagen, dann herausnehmen und kalt schlagen.
- Gelatine aus dem Wasser nehmen, ausdrücken und in lauwarmer Crème de Cacao schmelzen lassen.

Fertigstellung

- Gelatine und Schokolade unter die Eimasse rühren. Anschließend die Basilikumsahne unterheben.
- Die Basilikummousse für etwa zwei Stunden kalt stellen.

Tipp

Sie können die Schokolade auch in der Mikrowelle schmelzen.

Variationen

Waldmeistermousse: Anstelle des Basilikums verwenden Sie Waldmeister, den Sie vor dem Mixen kurz tiefgefrieren. Dadurch entfaltet sich das Aroma viel besser.
Pfefferminzmousse: Sie können auch Pfefferminze statt des Basilikums verwenden.
Rosmarinmousse: Das Basilikum wird mit 10 g Rosmarinblättern ersetzt.

Schokoladen-Olivenölmousse

Mousse al cioccolato ed olio d'oliva

Für 4 Personen

Zutaten	200 g	*Bitterschokolade*
	200 ml	*Sahne*
	4	*Eigelb*
	110 g	*Zucker*
	4	*Eiweiß*
	125 ml	*Olivenöl, kaltgepresst*
Weiteres		*Schokospäne*
		Pfefferminze, Olivenöl

- Bitterschokolade in kleine Stücke schneiden und im heißen Wasserbad schmelzen lassen.
- Sahne nicht zu steif schlagen.
- Eigelb mit der Hälfte des Zuckers im heißen Wasserbad schaumig aufschlagen und dann kalt schlagen.
- Eiweiß leicht anschlagen und mit dem restlichen Zucker zu Schnee schlagen.
- Das Olivenöl langsam in die zerlassene Bitterschokolade einrühren.
- Das mit Zucker schaumig gerührte Eigelb einrühren.
- Eischnee und die geschlagene Sahne abwechselnd unterheben.
- In eine Form füllen und zwei Stunden kalt stellen.
- Das Mousse ausstechen, mit Schokospäne, Minze und Olivenöl servieren.

Tipps

1. *Servieren Sie die Schokoladen-Olivenölmousse mit Orangenfilets und fein geschnittenem Rosmarin.*
2. *Olivenölmousse mit Mango und Basilikum: eine reife Mango schälen, das Fleisch vom Stein schneiden. Einen Teil in Fächer, den Rest in kleine Würfel schneiden. Alles zusammen mit in Streifen geschnittenem Basilikum abschmecken und zum Mousse servieren.*

Schokoladen-Olivenölmousse

Panna cotta auf Ananas

Panna cotta e ananas

Für 4 Personen

Zutaten	2	Blatt Gelatine
	300 ml	Sahne
	100 ml	Milch
	50 g	Zucker
	1	Prise Salz
	1	Vanillezucker oder Vanilleschote
	1 Msp.	Zitronenschale, gerieben
Weiteres	150 g	Ananasscheiben
	150 g	Erdbeerscheiben
	2 EL	Grand Marnier
	2	Holunderblüten
	1 TL	Limettenschale, in feinste Streifen geschnitten
	1 EL	Staubzucker

- Die Gelatine in reichlich kaltem Wasser etwa 20 Minuten einweichen.
- In einem Topf Sahne, Milch, Zucker und Salz aufkochen lassen.
- Die ausgedrückte Gelatine, Vanillezucker und die geriebene Zitronenschale dazugeben.
- Die Masse abkühlen lassen, in kleine Formen oder Gläser füllen und im Kühlschrank mindestens 2 Stunden kalt stellen, bis die Masse stockt.

Fertigstellung

- Die Ananas- und Erdbeerscheiben auf einem Teller anrichten, die Panna cotta kurz in heißes Wasser tauchen und auf die Teller stürzen. Den Grand Marnier mit den abgezupften Holunderblüten, der Limettenschale und dem Staubzucker vermischen und über den Ananas-Erdbeersalat geben und servieren.

Tipp

Sie können die Panna cotta auch auf gerösteten Mandelscheiben servieren.

Orangen-Grießknödel

Canederli di semolino e arancia

Für 4 Personen (12 Knödel)

Teig	*½ l*	*Milch*
	120 g	*Butter*
	40 g	*Zucker*
		Salz
	1 EL	*Orangenschale, gerieben*
	½	*Vanilleschote oder 1 Pkg. Vanillezucker*
	140 g	*Weizengrieß, mittelfein*
	50 g	*Rosinen oder Marillen, getrocknet und in Streifen geschnitten*
	2 EL	*Orangenlikör oder Rum*
	2	*Eier*
	1	*Eigelb*
Weiteres		*Zimt und Zucker zum Bestreuen*

Teig

- Milch mit Butter, Zucker, Salz, Orangenschale und Vanilleschote in einen Topf geben und aufkochen lassen. Die Schote ausschaben und das Mark wieder in die Milch geben.
- Den Grieß unter ständigem Rühren mit dem Schneebesen in die kochende Milch einfließen lassen. Rosinen und Orangenlikör mit der Grießmasse auf kleiner Flamme 10 Minuten kochen.
- Die Masse auf etwa 70 Grad abkühlen lassen, dann die Eier und das Eigelb einrühren und kalt stellen.

Fertigstellung

- Aus der Masse mit einem Eisportionierer oder Löffel Knödel formen und diese in kochendem Salzwasser leicht kochen lassen.
- Mit Zimt und etwas Zucker bestreuen und servieren.

Garzeit Knödel: etwa 20 Minuten

Tipp

Die Knödel können Sie mit Orangensalat, Fruchtsaucen, Malagaeis (siehe Seite 466) usw. servieren.

Mokka-Tiramisuschnitte

Tiramisu

Für 4 Personen (1 Form)

Zutaten	*1*	*Eigelb*
	1	*Ei*
	70 g	*Zucker*
	250 g	*Mascarpone*
	1 TL	*Rum*
	1 EL	*Eiermarsala*
	50 ml	*Sahne, geschlagen*
	12	*Stück Löffelbiskuits*
	2	*Espresso*
		Kakaopulver zum Bestreuen

Creme

- Eigelb und Ei mit Zucker schaumig rühren (im Wasserbad auf 82 Grad erhitzen, dann kalt rühren).
- Mascarpone, Rum und Eiermarsala unter die Eiermasse geben. Zum Schluss die geschlagene Sahne unterheben.

Fertigstellung

- Eine beliebige Form mit Löffelbiskuits auslegen, diese mit Espresso tränken und etwas von der Mascarponecreme daraufgeben. Eine weitere Schicht mit Löffelbiskuits darüberlegen, wiederum mit Espresso tränken und mit der übrigen Creme bedecken.
- Im Kühlschrank kalt stellen und vor dem Servieren mit Kakaopulver bestreuen.

Tipps

1. *Sie können das Espresso-Tiramisu auch in eine gewellte Kunststoffform geben, die mit einer Sichtfolie ausgelegt wird. Anschließend stürzen und mit Kakaopulver bestreuen.*
2. *Anstelle der Löffelbiskuits können Sie auch eine Biskuitroulade (siehe Seite 460) nehmen.*
3. *Es empfiehlt sich, pasteurisierte Eier zu verwenden.*

Mokka-Tiramisuschnitte

Reiscreme mit Amarenakirschen

Crema di riso con ciliege d'amarene

Für 4 Personen

Zutaten	60 g	*Rundkornreis (Arborio oder Carnaroli)*
	400 ml	*Milch*
	1	*Prise Salz*
	1 Pkg.	*Vanillezucker*
	1 Msp.	*Zitrone, gerieben*
	60 g	*Zucker*
	2	*Blatt Gelatine*
	40 g	*kandierte Früchte*
	2 EL	*Kirschwasser oder Rum*
	1/4 l	*Sahne, geschlagen*
Weiteres		*Amarenakirschen (siehe Seite 395)*
		Joghurt, aufgeschäumt
		Pfefferminze
		Pistazien, grob gehackt

- Den Reis etwa 15 Minuten im kalten Wasser einweichen.
- Milch zum Kochen bringen. Salz, Vanillezucker, Zitronenschale und Reis dazugeben und bei schwacher Hitze weich kochen lassen, anschließend Zucker dazugeben.
- Die Gelatineblätter in kaltem Wasser einweichen.
- Die Gelatineblätter ausdrücken, unter den heißen Reis mengen und erkalten lassen.
- Kurz bevor die Reismasse stockt, kandierte Früchte, Kirschwasser und die geschlagene Sahne vorsichtig unterheben.
- Die Reiscreme sofort in kalt ausgespülte Auflaufförmchen füllen und mindestens 2 Stunden im Kühlschrank kühlen.
- Vor dem Servieren die Förmchen kurz in heißes Wasser tauchen und stürzen.
- Die Reiscreme auf Tellern anrichten, mit Amarenakirschen, Joghurtschaum und Pfefferminze garnieren sowie mit Pistazien und Staubzucker bestreuen.

Garzeit: 30 Minuten

Tipp

Sie können die Reiscreme auch in Schokoladenförmchen – wie auf dem Foto – einfüllen und darin servieren.

Gebackene Birnenspalten

Pera fritta

Für 4 Personen

Zutaten	2	*Birnen, reif, mittelgroß*
	1/2	*Orange, Saft*
	1 EL	*Orangenschale, in feinste Streifen geschnitten*
Backteig	125 g	*Mehl*
	1/8 l	*Milch oder Bier*
	2	*Eigelb*
	1/2 Pkg.	*Vanillezucker*
	1 EL	*Olivenöl*
	2	*Eiweiß*
	1 EL	*Zucker*
	1	*Prise Salz*
Weiteres		*Zucker und Zimt zum Wälzen*

- Die Birnen schälen, Kerngehäuse herausschneiden und in gleichmäßige Spalten schneiden.
- Mit Orangensaft beträufeln, die Orangenschalen darüberstreuen und 10 Minuten ziehen lassen.

Backteig
- Mehl in eine Schüssel geben und mit Milch oder Bier glatt rühren.
- Eigelb, Vanillezucker und Öl einrühren.
- Eiweiß mit Salz leicht aufschlagen und mit Zucker zu Schnee schlagen und unter den Backteig ziehen.

Fertigstellung
- Die Birnenspalten mit der Gabel in den Backteig tauchen und im heißen Fett schwimmend hellbraun backen.
- Auf einem Küchenkrepp abtropfen lassen.
- Den Zucker mit Zimt vermischen und die Birnenspalten darin wälzen und servieren.

Gartemperatur: 180 Grad
Garzeit: etwa 3 Minuten

Tipp

Sie können zu den Birnen Zabaione (siehe Seite 428) und ein Fruchteis servieren.

Variationen

Gebackene Kirschen: Verwenden Sie anstelle der Birnen Kirschenpaare mit Stiel.
Gebackene Holunderblüten: Tauchen Sie die Holunderblüten in den Backteig und bestreuen Sie dann die gebackenen Blüten mit Zimtzucker.

Mohn-Kastanienrosen auf Kakisauce

Torta di rose al papavero e castagne su salsa di cachi

Für 1 Auflaufform (etwa 28 cm)

Füllung	100 g	*Mohn, gemahlen*
	100 g	*Kastanien, gekocht und püriert*
	80 g	*Zucker oder Honig*
	2 EL	*Rum*
	150 ml	*Milch*
Kakisauce	250 g	*Kaki*
	20 g	*Staubzucker*
	2 EL	*Kirschlikör oder Grand Marnier*
Weiteres	600 g	*Hefeteig (siehe Seite 448)*
		Butter, zerlassen

Füllung
- Den Mohn, Kastanienpüree, Zucker und Milch in einem Kochtopf etwa 5 Minuten kochen lassen und bereitstellen.

Kakisauce
- Kaki waschen, durch ein feines Sieb streichen und mit Staubzucker und Kirschlikör vermischen.

Fertigstellung
- Den Hefeteig mit einem Nudelholz austreiben, mit der Mohn-Kastanienfüllung bestreichen, aufrollen wie einen Mohnstrudel, dann in 4 cm lange Stücke schneiden.
- Die Rosen in zerlassene Butter tauchen und in eine mit Butter ausgestrichene Auflaufform nebeneinander schichten. Mit einem Tuch bedeckt nochmals an einem warmen Ort 15 Minuten gehen lassen.
- Das Backrohr auf 180 Grad vorheizen und die Mohn-Kastanienrosen backen.
- In der Form kurz abkühlen lassen und dann auf einen Tisch oder ein Brett stürzen, auseinander nehmen und noch warm auf der Kakisauce servieren.

Gartemperatur: 180 Grad
Garzeit: etwa 30 Minuten

Tipps

1. *Sie können den Hefeteig auch nur mit Marillen-, Orangen- oder Feigenmarmelade usw. füllen.*
2. *Anstelle der Kakisauce können Sie auch einen Ananassalat verwenden:*
   Die Ananas schälen, mit der Aufschneidemaschine in hauchdünne Blätter schneiden und mit Grand Marnier und Staubzucker marinieren.

Bignè mit Schokoladensauce

Bignè mit Schokoladensauce

Bignè con salsa al cioccolato

Für 4 Personen

<u>Brandteig</u>	60 ml	Wasser
	60 ml	Milch
	50 g	Butter
	1	Prise Salz
	1 TL	Zucker
	80 g	Mehl
	2	Eier
<u>Schokoladensauce</u>	30 g	Kakaopulver
	125 ml	Wasser
	90 g	Zucker
	1 TL	Butter
<u>Füllung</u>	200 ml	Sahne
	2 EL	Staubzucker
	2 EL	Rum
	1 Pkg.	Vanillezucker
<u>Weiteres</u>		Staubzucker zum Bestreuen

Brandteig
- Wasser, Milch, Butter, Salz und Zucker in einem Topf kurz aufkochen lassen.
- Mehl auf einmal dazugeben und mit einem Kochlöffel den Teig bei mittlerer Hitze kräftig rühren, bis sich der Teig vom Topfboden löst. Den Teig in eine Schüssel schütten.
- Etwas auskühlen lassen, dann die Eier nach und nach unterrühren. (Das nächste Ei immer erst dazugeben, wenn sich das vorherige mit dem Teig gut verbunden hat.)
- Das Backrohr auf 200 Grad vorheizen. Den Teig in einen Spritzsack mit Sterntülle füllen.
- Ein Blech mit Backpapier auslegen, darauf mit dem Spritzsack den Teig zu Bignè aufspritzen und backen.
- Bei ausgeschaltenem Backrohr etwas trocknen lassen.
- Auskühlen lassen und mit einem Sägemesser in der Mitte durchschneiden.

Schokoladensauce
- Kakao, Wasser und Zucker verrühren und etwa 10 Minuten kochen lassen. Die Sauce mit der kalten Butter verfeinern und bereitstellen.

Füllung
- Sahne steif schlagen, mit Staubzucker, Rum und Vanillezucker süßen. Die Creme in einen Spritzsack mit einer Lochtülle von einem ½ cm Durchmesser einfüllen, dann in die auf der Unterseite angestochenen Bignè die Creme einspritzen.
- Die Bignè mit Staubzucker bestreuen und mit der Schokoladensauce servieren.

<u>Gartemperatur:</u>	200 Grad
<u>Garzeit:</u>	15–20 Minuten

Tipp

Öffnen Sie das Backrohr während des Backens nicht, sonst fällt das Brandteiggebäck zusammen.

Variation

<u>Profiteroles:</u> Kleine Profiteroles (Brandteigkrapfen) backen. Diese durch ein Loch an der Unterseite mit Vanillecreme, Kaffeemousse oder gezuckerter, geschlagener Sahne mittels Spritzsack mit kleiner Tülle füllen, eventuell mit einer Schokoladenglasur bestreichen oder mit Schokoladensauce servieren.

Bussolà-Kekse

Biscotti Bussolà

Für etwa 50 Stück

<u>Zutaten</u>	250 g	Mehl
	70 g	Butter
	150 g	Zucker
	2	Eigelb
	1	Ei
	50 g	Sultaninen
	1 EL	Rum
	1 Msp.	Zitronenschale, gerieben
	1 Pkg.	Vanillezucker
	1	Prise Salz
<u>Weiteres</u>		Staubzucker zum Bestreuen

- Das Mehl auf eine Arbeitsfläche geben.
- Die in Würfel geschnittene Butter, Zucker, Eigelb, Eier, Sultaninen, Rum, Zitronenschale, Vanillezucker und Salz verkneten und zusammen mit dem Mehl zu einem glatten Teig verarbeiten und eine Rolle formen.
- 1 Stunde im Kühlschrank ruhen lassen.
- Die Teigrolle in kleine Stücke schneiden, daraus Kugeln formen oder die Stücke zu kleinen Nudeln rollen und diese zu Kipferln drehen.
- Diese auf ein Backblech geben und hellbraun backen.
- Kekse oder Kipferln noch warm mit Staubzucker bestreuen.

<u>Gartemperatur:</u>	180 Grad
<u>Garzeit:</u>	5–7 Minuten

Tipp

Die »Bussolà buranelli« haben eine runde Form, die »Bussolà essi« haben die Form eines S, der Teig ist derselbe.

Crostoli mit Vin santo

Crostoli con Vin santo

Für etwa 30 Stück

Crostoliteig	*250 g*	*Mehl*
	50 g	*Butter, flüssig*
	1	*Eigelb*
	125 ml	*Milch*
	25 ml	*Vin santo oder Grappa*
	1 Msp.	*Zucker*
	1	*Prise Salz*
Weiteres		*Staubzucker zum Bestreuen*

Crostoliteig

- Mehl, Butter, Eigelb, Milch, Vin santo oder Grappa, Zucker und Salz in einer Schüssel vermischen und auf einem Arbeitstisch durchkneten.
- Zugedeckt 30 Minuten ruhen lassen.

Fertigstellung

- Den Teig mit der Nudelmaschine dünn austreiben.
- Mit dem Krapfenrad in 6 x 8 cm breite Streifen schneiden.
- Mit dem Krapfenrad die Blätter kreuzförmig leicht einschneiden.
- Das Backfett erhitzen und die Crostoli auf einer Seite knusprig braun backen, dann umdrehen und auf der zweiten Seite fertig backen.
- Auf einem Krepppapier das Öl abtropfen lassen.
- Mit Staubzucker bestreuen und servieren.

Gartemperatur: etwa 190 Grad
Garzeit: 2–3 Minuten

Tipps

1. *Servieren Sie zu den Crostoli einen Vin santo.*
2. *Sie können die Crostoli auch zur Mascarponecreme (siehe Seite 427) oder als Garnitur zum Eis reichen.*

FRESCOBALDI

Amarettikekse

Biscotti all'amaretto

Für etwa 60 Stück

Zutaten	100 g	*Mandeln, geschält*
	100 g	*Mandeln, ungeschält*
	100 g	*Staubzucker*
	2	*Eiweiß*
	100 g	*Zucker*
	1/2 TL	*Bittermandelaroma*

- Geschälte und ungeschälte Mandeln fein mahlen und mit Staubzucker vermischen.
- Eiweiß leicht anschlagen, dann den Zucker langsam einrieseln lassen und zu Schnee schlagen (der Eischnee soll glänzen).
- Mandelaroma dazugeben und das Mandel-Staubzuckergemisch unter den Eischnee heben.
- Die Mandelmasse in einen Spritzbeutel mit 1 cm großer Lochtülle füllen, Mandelmasse in 2 cm großen Häufchen auf das mit Backpapier belegte Blech spritzen und backen.

Gartemperatur: 140–160 Grad
Garzeit: etwa 20 Minuten

Tipps

1. *Die Amarettikekse werden in Vin santo (ein italienischer Süßwein) eingetaucht und gegessen.*
2. *Amaretti können auch in Espresso eingetaucht gegessen werden.*
3. *Zerbröselt werden Amaretti in verschiedenen Gerichten wie Spinat, Kürbis, Saucen und natürlich in vielen Süßspeisen verwendet.*

Zaietti nach venezianischer Art

Zaietti alla veneziana

Für 4 Personen

Zutaten	100 g	*Sultaninen*
	250 g	*Mehl*
	250 g	*Polentamehl, mittelfein*
	200 g	*Butter*
	150 g	*Zucker*
	4	*Eier*
	1 Msp.	*Zitronenschale, gerieben*
	1 Pkg.	*Vanillezucker*
	1 Prise	*Salz*
Weiteres		*Staubzucker zum Bestreuen*

- Sultaninen in lauwarmem Wasser etwa 1 Stunde einweichen. Mehl und Polentamehl auf eine Arbeitsfläche geben und vermischen.
- Die in Würfel geschnittene Butter, Zucker, Eier, Zitronenschale, Vanillezucker, Salz und Sultaninen verkneten. Zusammen mit dem Mehlgemisch zu einem glatten Teig verarbeiten und eine Rolle formen.
- 1 Stunde im Kühlschrank ruhen lassen.
- Die Teigrolle in kleine 2 cm lange Stücke schneiden, daraus Kugeln formen und dann mit dem Daumen andrücken.
- Diese auf ein Backblech geben und hellbraun backen.
- Das Gebäck noch warm mit Staubzucker bestreuen.

Gartemperatur: 180 Grad
Garzeit: etwa 5–7 Minuten

Tipp

Sehr gut passt zu diesem typisch venezianischen Kleingebäck ein Glas Fragolino (Erdbeertraubenwein).

Millefoglie mit Vanillecreme

Millefoglie con crema alla vaniglia

Für 4 Personen

Zutaten	400 g	*Blätterteig*
Vanillesahnecreme	2	*Blatt Gelatine*
	3 EL	*Eierlikör oder Rum*
	300 g	*Vanillecreme (siehe Seite 444)*
	200 ml	*Sahne, geschlagen*
Weiteres		*Staubzucker zum Garnieren*

- Den Blätterteig ½ cm dick ausrollen und in drei gleiche (20 x 20 cm) große Blätter schneiden. Auf ein Backblech legen, mit einer Gabel einstechen, etwas im Kühlschrank ruhen lassen, so geht der Teig gleichmäßiger auf.
- Den Teig im Backrohr backen, auskühlen lassen.

Vanillesahnecreme

- Gelatineblätter in reichlich kaltem Wasser einweichen.
- Ausdrücken, in einer Schüssel im warmen Wasserbad mit dem Likör schmelzen und kräftig unter die Vanillecreme rühren. Diese leicht stocken lassen und dann die geschlagene Sahne unterziehen.

Fertigstellung

- Einen Teil der Creme auf das erste Blatt Blätterteig geben, mit einem weiteren Blatt belegen, wieder mit Creme füllen und mit dem dritten, in Portionen geschnittenen Blatt abdecken und anschließend kalt stellen.
- Die Millefoglie mit einem in Wasser getauchten Messer schneiden, mit Staubzucker bestreuen und servieren.

Gartemperatur Blätterteig:	200 Grad
Garzeit Blätterteig:	etwa 20 Minuten

Tipps

1. *Statt Vanillesahnecreme können Sie auch Zitronencreme (siehe Seite 461) verwenden.*
2. *In die Millefoglie können Sie auch Himbeeren, Erdbeeren oder andere weiche Früchte einlegen.*

Zuppa inglese

Für 1 Form

Vanillecreme	250 ml	*Milch*
	1 Pkg.	*Vanillezucker*
	1 Msp.	*Zitronenschale, gerieben*
	1	*Prise Salz*
	2	*Eigelb*
	60 g	*Zucker*
	30 g	*Mehl*
	2	*Blatt Gelatine, eingeweicht*
	200 ml	*Sahne*
Meringenmasse	4	*Eiweiß*
	120 g	*Staubzucker oder Zucker*
	30 g	*Kakaopulver*
Weiteres	1	*Biskuitboden (siehe Seite 460), ½ Rezept oder Löffelbiskuit*
	2 EL	*Alcermes, Rum oder Amaretto*

Vanillecreme

- 200 ml Milch mit Vanillezucker, Zitronenschale und Salz zum Kochen bringen.
- In einer Schüssel die restlichen 50 ml Milch mit Eigelb, Zucker und Mehl verrühren.
- Die kochende Milch in die Eimasse rühren und zurück in den Kochtopf seihen. Unter ständigem Rühren etwa 1–2 Minuten kochen lassen.
- Die Gelatine ausdrücken und in die heiße Creme rühren.
- Die Creme auskühlen lassen, dabei ab und zu umrühren. Bevor die Creme zu stocken beginnt, die geschlagene Sahne nach und nach unterziehen.

Fertigstellung

- Die Hälfte der Creme mit Kakaopulver vermischen.
- Den Biskuitboden in 1 cm dicke Scheiben schneiden, eine rechteckige Form mit Biskuitscheiben auslegen, mit Alcermes beträufeln und Vanillecreme auftragen.
- Mit einer weiteren Schicht Biskuitscheiben abdecken und mit Alcermes beträufeln.
- Die Schokoladencreme ebenfalls einfüllen, wieder mit Biskuit abschließen und nochmals mit Likör beträufeln.

Meringenmasse

- Das Eiweiß anschlagen und mit Zucker zu Schnee schlagen.
- Einem Spritzbeutel mit Sterntülle die Meringenmasse einfüllen und auf die Zuppa spritzen.
- Nun die Zuppa inglese im Backrohr bei 220 Grad Oberhitze kurz überbacken oder mit einem Abflämmgerät abflämmen.

Meringentorte mit Früchten

Torta alla meringa con frutta

Zutaten	*1*	*Biskuitboden (siehe Seite 460)*
	300 ml	*Vanillecreme (siehe Seite 444)*
	100 g	*Marillenmarmelade*
	200 g	*Erdbeeren*
	200 g	*Himbeeren*
Tortengelee	*1/4 l*	*Fruchtsaft oder Wasser*
	1 Pkg.	*Tortengelee*
	2 EL	*Zucker*
Weiteres		*Meringenmasse (siehe Seite 444)*

- Den Biskuitboden quer in drei gleichmäßige Scheiben schneiden. Auf die Biskuitscheiben die Vanillecreme verteilen und wieder zusammensetzen. Einen Tortenreifen um die Torte geben.
- Den obersten Biskuitboden mit Marillenmarmelade bestreichen und die halbierten Erdbeeren und Himbeeren sehr eng aneinander legen.

Tortengelee
- Fruchtsaft oder Wasser, Zucker und Gelierpulver kalt verrühren, einmal aufkochen lassen, dann bis zum Gelierpunkt abkühlen lassen.

Fertigstellung
- Die Torte mit dem Gelee überziehen und kalt stellen, dann aus dem Reifen schneiden.
- Die Meringenmasse in einen Spritzsack mit Sterntülle füllen und den Tortenrand damit verzieren. Mit dem Abflämmgerät abflämmen.

Tipps

1. *Es eignen sich auch andere Früchte zum Belegen, z. B. Johannisbeeren, Kiwi, Pfirsiche, Bananen.*
2. *Anstelle der Vanillecreme können Sie Mascarponecreme (siehe Seite 427) oder nur Marillenmarmelade verwenden.*
3. *Als Unterlage der Torte können Sie auch noch zusätzlich einen gebackenen Mürbteigboden (siehe Seite 450) nehmen.*

Meringentorte mit Früchten

Pfirsichkuchen mit Mandelkruste

Torta di pesche con crosta di mandorle

Für 1 Kuchenblech

Zutaten	*220 g*	*Butter*
	200 g	*Zucker*
	1 Pkg.	*Vanillezucker*
	1	*Prise Salz*
	1 Msp.	*Zitronenschale, gerieben*
	4	*Eier*
	1/2 Pkg.	*Backpulver*
	220 g	*Mehl*
	50 g	*Mandeln, gerieben*
	1,5 kg	*Pfirsiche*
Mandelkruste	*30 g*	*Zucker*
	2 EL	*Mehl*
	60 g	*Mandeln, grob gerieben*
	40 g	*Butter*
Weiteres		*Butter, zum Ausstreichen des Backbleches*

- Weiche Butter, Zucker, Vanillezucker, Salz und Zitronenschale schaumig rühren.
- Die verquirlten Eier nach und nach einrühren.
- Das gesiebte Backpulver und Mehl mit den Mandeln vermischen und unter die Buttermasse heben.
- Die Masse auf ein mit Butter ausgestrichenes und bemehltes Backblech gleichmäßig auftragen.
- Die Pfirsiche entsteinen, in mittelgroße Würfel oder Spalten schneiden und auf die Masse legen.

Mandelkruste
- Zucker, Mehl, Mandeln und die kalte Butter vermischen, zerbröseln und damit den Kuchen bestreuen.
  Im vorgeheizten Backrohr backen.

Gartemperatur: 180 Grad
Garzeit: etwa 30 Minuten

Tipp

Alle Zutaten sollten Raumtemperatur haben, dann gelingt die Masse leichter und besser.

Variation

Kirschkuchen mit Mandelkruste: Anstelle der Pfirsiche können Sie entsteinte Kirschen verwenden.

Bienenstich mit Vanillecreme

Dolce lievitato con crosta di mandorle e crema

Für 1 Kuchenblech

Hefeteig	400 g	*Mehl*
	120 ml	*Milch*
	25 g	*Hefe*
	40 g	*Butter, zerlassen*
	50 g	*Zucker*
	3	*Eier*
	1 Pkg.	*Vanillezucker*
	1 Msp.	*Orangenschale, gerieben*
	1	*Prise Salz*
Mandelmasse	60 g	*Butter*
	100 g	*Zucker*
	150 g	*Mandelblätter*
	2 EL	*Sahne*
Vanillecreme	250 ml	*Milch*
	1 Pkg.	*Vanillezucker*
	1 Msp.	*Zitronenschale, gerieben*
	1	*Prise Salz*
	2	*Eigelb*
	60 g	*Zucker*
	30 g	*Mehl*
	2	*Blatt Gelatine*
	2 EL	*Rum oder beliebiger anderer Likör (Eierlikör, Grand Marnier)*
	200 ml	*Sahne, geschlagen*

Hefeteig
- Das Mehl in eine große Schüssel geben und in die Mitte eine Mulde drücken.
- Lauwarme Milch mit zerbröselter Hefe, zerlassener Butter und Zucker verrühren und in die Mehlmulde geben. An einem warmen Ort 20 Minuten zugedeckt gehen lassen.
- Eier, Vanillezucker, Orangenschale und Salz zum Mehl geben und schlagen, bis der Teig Blasen wirft und sich vom Schüsselrand löst. Den Teig erneut zugedeckt 20 Minuten gehen lassen.

Mandelmasse
- Butter, Zucker und Mandelblättchen mit Sahne bei mittlerer Hitze verrühren, bis der Zucker karamellisiert.

Vanillecreme
- 200 ml Milch mit Vanillezucker, Zitronenschale und Salz zum Kochen bringen.
- In einer Schüssel die restlichen 50 ml Milch mit Eigelb, Zucker und Mehl verrühren.
- Die kochende Milch in die Eimasse rühren und unter ständigem Rühren etwa 1 bis 2 Minuten kochen.
- Die eingeweichte Gelatine ausdrücken und in die heiße Creme rühren.
- Die Creme auskühlen lassen, dabei ab und zu umrühren, dann den Rum und die geschlagene Sahne unterheben.

Fertigstellung
- Den Teig auf einer bemehlten Arbeitsfläche 1 cm dick ausrollen und auf ein mit Butter ausgestrichenes Blech geben.
- Mit der Mandelmasse bestreichen und im vorgeheizten Backrohr backen.
- Den Hefeteig in der Mitte durchschneiden, mit der Vanillecreme füllen und 1 Stunde kalt stellen, portionieren und servieren

Gartemperatur: 180 Grad
Garzeit: etwa 30 Minuten

Mandelschnitten

Crostata alle mandorle

Für 1 Kuchenblech

Zutaten	200 g	*Rohmarzipan*
	250 g	*Butter*
	6	*Eigelb*
	1	*Zitronenschale, gerieben*
	6	*Eiweiß*
	1	*Prise Salz*
	100 g	*Zucker*
	200 g	*Mehl*
	80 g	*Amarettikekse, gerieben*
	1 Pkg.	*Backpulver*
	400 g	*Apfel- oder Birnenwürfel*
	2 EL	*Amarettolikör*

- Rohmarzipan in kleine Würfel schneiden.
- Weiche Butter schaumig rühren, Eigelb, geriebene Zitronenschale und Rohmarzipan nach und nach unterrühren.
- Eiweiß mit einer Prise Salz leicht anschlagen und mit dem Zucker zu Schnee schlagen.
- Mehl, Amarettikekse und gesiebtes Backpulver vermischen und abwechselnd zusammen mit Eischnee, Äpfelwürfeln und Amarettolikör unter die Buttermasse mengen.
- Die Amarettomasse auf ein mit Backpapier ausgelegtes Backblech geben, schön verteilen und backen.
- Nach dem Backen beliebig schneiden.

Gartemperatur: 170 Grad
Garzeit: etwa 20 Minuten

Bienenstich mit Vanillecreme

Apfel-Crostata

Crostata di mele

Für 1 Kuchenform (28 cm)

Mürbteig	*130 g*	*Butter*
	150 g	*Zucker*
	1 Msp.	*Zitronenschale, gerieben*
	1/2 Pkg.	*Vanillezucker*
	1	*Ei*
	2 EL	*Milch*
	250 g	*Mehl*
	1/2 Pkg.	*Backpulver*
	1	*Prise Salz*
Weiteres	*400 g*	*Äpfel*
	2 EL	*Zucker zum Bestreuen*
	100 g	*Marillenmarmelade zum Bestreichen*
	20 g	*Pignoli, geröstet*

Mürbteig

- Die nicht zu kalte Butter mit Zucker, Zitronenschale und Vanillezucker in einer Schüssel rasch zu einer homogenen Masse (bis keine Butterstücke mehr zu sehen sind) verarbeiten.
- Ei und Milch dazugeben, mit dem gesiebten Mehl, Backpulver und Salz zu einem Teig kneten.
- Den Teig vor Gebrauch eine 1/2 Stunde ruhen lassen.

Fertigstellung

- Den Teig rund ausrollen (etwa 28 cm Durchmesser) und in eine flache, runde Kuchenform geben. Den Teig mit den in Spalten geschnittenen Äpfeln belegen, mit Zucker bestreuen und in das vorgeheizte Backrohr geben und backen.
- Die noch heiße Crostata mit der erwärmten Marillenmarmelade bestreichen, mit den gerösteten Pignoli bestreuen und servieren.

Gartemperatur: 180 Grad
Garzeit: 25–30 Minuten

Tipps

1. *Anstelle des Mürbteiges können Sie auch 500 g Blätterteig verwenden.*
2. *Wenn Sie die Crostata besonders dekorativ herstellen möchten, legen Sie ein Teiggitter über die Früchte.*

Variationen

Marillen-Crostata: Anstelle der Apfel- verwenden Sie Marillenspalten.
Zwetschgen-Crostata: Statt Apfel- nehmen Sie Zwetschgenspalten.
Birnen-Crostata: Birnenspalten ersetzen die Apfelspalten.

Kartoffel-Mandelkuchen

Torta di patate e mandorle

Für 1 Kuchenform (28 cm)

Zutaten	*50 g*	*Sultaninen*
	3 EL	*Rum*
	4	*Eier*
	200 g	*Zucker*
	50 g	*Mehl*
	50 g	*Kartoffelmehl*
	150 g	*Mandeln, gerieben*
	1 Pkg.	*Backpulver*
	1 Msp.	*Zitronenschale, gerieben*
	300 g	*Kartoffeln, gekocht und passiert*
	1	*Prise Salz*
Weiteres		*Butter zum Ausstreichen der Form*
		Mehl zum Bestauben

- Die Sultaninen in Rum einweichen.
- Die Eier und den Zucker mit dem Rührgerät schaumig schlagen.
- Mehl, Kartoffelmehl, geriebene Mandeln, Backpulver, Zitronenschale, gekochte, passierte Kartoffeln, in Rum eingeweichte Sultaninen und Salz vermengen.
- Nun das Gemisch unter die Eiermasse heben.
- Die Masse in eine mit Butter ausgestrichene und bemehlte Kuchenform geben und im vorgeheizten Backrohr backen.

Gartemperatur: 170 Grad
Garzeit: 45–50 Minuten

Tipps

1. *Servieren Sie dazu geschlagene Sahne.*
2. *Den Kartoffel-Mandelkuchen können Sie auch in einer Kastenform oder als Törtchen backen.*

Apfel-Crostata

Rotweinkuchen mit Amarenakirschen

Torta al vino rosso con ciliege d'amarene

1 Kastenform zu 1 1/2 l

Zutaten	250 g	Butter
	250 g	Zucker
	4	Eier
	200 g	Schokolade, grob gerieben
	1 Pkg.	Backpulver
	1 EL	Kakaopulver
	2 TL	Zimt
	300 g	Mehl
	1 Msp.	Zitronenschale, gerieben
	1	Prise Salz
	300 ml	Rotwein, dunkel und kräftig, auf die Hälfte eingekocht
	100 g	Amarenakirschen (siehe Seite 395)
Weiteres		Butter zum Ausstreichen der Form
		Mehl oder Nüsse zum Ausstreuen der Form
		Sahne, leicht geschlagen

- Die Butter mit Zucker schaumig rühren und die Eier nach und nach einrühren.
- Geriebene Schokolade, gesiebtes Backpulver, Kakao, Zimt und Mehl dazugeben und alles gut verrühren. Zitronenschale, Salz und Rotwein unterrühren und Kirschen unter die Masse heben.
- Eine Kuchenform mit Butter ausstreichen und mit Mehl oder Nüssen bestreuen.
- Die Masse in die vorbereitete Form geben und im vorgeheizten Backrohr backen.
- Den Kuchen in Scheiben schneiden und mit Sahne und eventuell eingelegten Kirschen servieren.

Gartemperatur: 170 Grad
Garzeit: 45–50 Minuten

Tipp

Den Rotweinkuchen können Sie auch in einer Ring- oder Gugelhupfform backen.

Feigenkuchen

Dolce ai fichi

Für 1 Kuchenform (28 cm)

Zutaten	100 g	Feigen, getrocknet
	100 g	Korinthen oder Sultaninen
	4 EL	Cognac oder Brandy
	150 g	Butter, weich
	150 g	Zucker
	3	Eier
	175 g	Mehl
	1/2 Pkg.	Backpulver
Weiteres		Butter zum Ausstreichen der Form
		Mehl zum Bestreuen
	5	Feigen, frisch
		Marillenmarmelade zum Bestreichen

- Die Feigen grob hacken, mit Korinthen und Cognac vermischen und mindestens eine Stunde ziehen lassen.
- Eine Form mit Butter auspinseln und mit Mehl bestreuen.
- In einer Schüssel weiche Butter und Zucker schaumig rühren, die Eier einzeln unterrühren. Das gesiebte Mehl und Backpulver, sowie Feigen, Korinthen und Cognac unterziehen.
- Die Masse in die Form füllen, mit den halbierten Feigen belegen und im Backrohr backen.
- Den noch heißen Kuchen mit Marmelade bestreichen.

Gartemperatur: 170 Grad
Garzeit: 40–50 Minuten

Ziehteig

Pasta tirata

Für 1 Strudel

Zutaten	150 g	Mehl
	60 ml	Wasser, lauwarm
	1/2	Ei (30 ml)
	1 TL	Öl
	1	Prise Salz
	1 TL	Weißweinessig
Weiteres		Öl zum Bestreichen

- Mehl, Wasser und Ei mit Öl, Salz und Weißweinessig in einer Schüssel vermischen, dann zu einem glatten Teig kneten.
- Den Teig mit ein wenig Öl bestreichen und zugedeckt 20 bis 30 Minuten bei Zimmertemperatur rasten lassen.
- Auf einem bemehlten Tuch mit dem Nudelholz dünn austreiben, mit den Handrücken hauchdünn ausziehen.

Traubenstrudel mit Zabaione

Strudel all'uva con zabaione

Für 1 Strudel

Füllung	*400 g*	*Trauben*
	80 g	*Butter*
	30 g	*Zucker*
	3	*Eigelb*
	40 g	*Haselnüsse, gerieben*
	40 g	*Mandeln, gerieben*
	3	*Eiweiß*
	50 g	*Zucker*
	1 Msp.	*Zitronenschale, gerieben*
	1 Msp.	*Orangenschale, gerieben*
	1	*Prise Salz*
Weiteres	*200 g*	*Ziehteig (siehe linke Seite)*
		zerlassene Butter zum Bestreichen
		Zabaione (siehe Seite 428)
		Staubzucker zum Bestreuen
		Minze zum Garnieren

Füllung

- Trauben waschen, halbieren und eventuell entkernen.
- Weiche Butter mit den 30 g Zucker schaumig rühren, Eigelb, Zitronenschale und Orangenschale beimengen und dann die geriebenen Nüsse und Mandeln daruntergeben.
- Das Eiweiß mit Salz anschlagen und mit 50 g Zucker zu Schnee schlagen und unter die Masse heben.

Fertigstellung

- Den Ziehteig auf ein gut bemehltes Küchentuch legen, den Teig an der Oberfläche gut bestauben und etwas ausrollen. Dann mit den Händen ausziehen, dabei mit den Handrücken unter den Teig fahren und diesen nach allen Seiten vorsichtig ausziehen, bis der Teig ganz dünn ist.
- Die Füllung auftragen und darauf die vorbereiteten Trauben verteilen. Die dicken Teigränder wegschneiden. Mit Hilfe des bemehlten Küchentuches wird der Teig mit der Fülle eingerollt.
- Nicht vom Tuch wegnehmen, sondern mit Hilfe des Tuches auf ein mit Butter bestrichenes Backblech heben. Erst dann vorsichtig vom Tuch auf das Blech rollen lassen.
- Den Strudel mit zerlassener Butter bestreichen und im vorgeheizten Backrohr hellbraun backen.
- Den Strudel lauwarm in Portionen schneiden und mit Zabaione, Staubzucker und Minze servieren.

Gartemperatur:	180 Grad
Garzeit:	30–40 Minuten

Tipps

1. *Servieren Sie zum Strudel eine Vanillesauce anstelle der Zabaione.*
2. *Anstelle des Ziehteiges verwenden Sie Mürbteig (siehe Seite 450)*

Variationen

Kirschstrudel: Anstelle der Trauben können Sie auch entsteinte Kirschen verwenden.
Marillenstrudel: Verwenden Sie anstatt der Trauben in Spalten geschnittene Marillen.

Traubenstrudel mit Zabaione

Schokoladen-Orangentorte

Torta di cioccolato all'arancia

Für 1 Kuchenform (28 cm)

Zutaten	150 g	Butter
	75 g	Zucker
	1/2 TL	Orangenschale, gerieben
	6	Eigelb
	100 g	Schokolade, braun
	6	Eiweiß
	1	Prise Salz
	75 g	Zucker
	125 g	Haselnüsse, fein gerieben
	75 g	Mehl
	50 g	Speisestärke
	1/2 Pkg.	Backpulver
		Butter zum Ausstreichen der Form
		Mehl zum Bestreuen
Orangenglasur	1	Orange, Saft und Schale
	250 g	Staubzucker
Tunke	2 EL	Rum
	70 ml	Wasser
	1 EL	Staubzucker
Weiteres	250 g	Orangenmarmelade, fein
		Butter zum Binden
		Mandelscheiben, geröstet, zum Bestreuen

- Die weiche Butter mit der Hälfte des Zuckers und der Orangenschale schaumig rühren. Das Eigelb nach und nach einrühren.
- Die geschmolzene, lauwarme Schokolade einlaufen lassen und ebenfalls schaumig rühren.
- Das Eiweiß mit Salz anschlagen und mit dem restlichen Zucker zu Schnee schlagen.
- Haselnüsse, Mehl, Speisestärke und gesiebtes Backpulver vermischen und unter die Eimasse rühren.
- Zum Schluss den Eischnee nach und nach unterheben.
- Eine Springform mit Butter ausstreichen und mit Mehl bestreuen. Die Schokoladenmasse in die Form füllen, glatt streichen und backen.
- Nach dem Backen den Kuchen sofort auf eine Platte stürzen und auskühlen lassen.

Orangenglasur

- Orangensaft und die geriebene Orangenschale leicht erwärmen und durch ein feines Sieb streichen. Den Staubzucker mit dem Orangensaft gut verrühren.

Fertigstellung

- Tortenboden mit einem Messer vom Rand lösen und aus der Form nehmen und zweimal horizontal durchschneiden.
- Rum, Wasser und Staubzucker vermischen und die drei Böden damit beträufeln.
- Den unteren Boden mit leicht erwärmter Orangenmarmelade bestreichen.
- Den zweiten Tortenboden daraufsetzen, wieder mit Marmelade bestreichen und den dritten Boden daraufsetzen.
- Die gesamte Torte mit der Marmelade einstreichen und kühl stellen.
- Die Orangenglasur umrühren und in einem einzigen Guss über die Torte geben, rasch mit einer Palette glatt streichen, mit Mandeln bestreuen und für etwa 1 Stunde kühl stellen.

Gartemperatur: 180 Grad
Garzeit: etwa 45 Minuten

Honigkuchen mit kandierten Früchten

Torta al miele con frutti canditi

Für 1 Kuchenform (28 cm)

Zutaten	200 g	Butter
	200 g	Honig
	4	Eier
	1 Msp.	Zitronenschale, gerieben
	1 TL	Zimtpulver
	1 Msp.	Nelkenpulver
	1/2 TL	Backpulver
	400 g	Weizenvollkornmehl oder Mehl
	100 ml	Milch
	100 g	Mandeln, grob gehackt
	100 g	Früchte, kandiert
Weiteres		Butter zum Ausstreichen der Form
		Mehl zum Bestreuen

- Die weiche Butter mit Honig schaumig rühren. Eier nach und nach einrühren.
- Zitronenschale, Zimt- und Nelkenpulver hinzufügen.
- Das gesiebte Backpulver mit dem Weizenvollkornmehl vermischen, mit der Milch unter die Buttermasse heben.
- Die Masse in eine mit Butter ausgestrichene und bemehlte Kuchenform geben, mit den Mandeln und den kandierten Früchten bestreuen und backen.

Gartemperatur: 170 Grad
Garzeit Kuchen: etwa 45 Minuten

Bananenkuchen

Torta di banane

Für 1 Kuchenform (28 cm)

Zutaten	*150 g*	*Butter*
	100 g	*Zucker*
	1 Pkg.	*Vanillezucker*
	4	*Eigelb*
	4	*Bananen, reif, mittelgroß*
	2 EL	*Bananenlikör*
	250 g	*Mehl*
	1/2 Pkg.	*Backpulver*
	100 g	*Schokoladenraspeln*
	4	*Eiweiß*
	50 g	*Zucker*
Weiteres		*Butter zum Ausstreichen der Form*
		Mehl zum Bestreuen der Form
	100 g	*Kuvertüre zum Überziehen*
	3 EL	*Kokosspäne*
	150 ml	*Sahne*
		Bananenscheiben, frisch oder getrocknet

- Weiche Butter mit Zucker und Vanillezucker cremig rühren. Eigelb nach und nach hinzufügen.
- Bananen schälen, in Scheiben schneiden, mit einer Gabel zerdrücken, mit dem Bananenlikör verrühren und die Masse unterheben.
- Mehl und Backpulver sieben und mit den Schokoladenraspeln vermischen.
- Eiweiß mit Zucker zu Schnee schlagen und unter die Bananenmasse heben.
- Die Masse in eine mit Butter ausgestrichene und bemehlte Springform füllen und backen.

Fertigstellung
- Den ausgekühlten Kuchen mit geschmolzener Kuvertüre überziehen.
- Den Rand mit Kokosspänen bestreuen. Mit steif geschlagener Sahne und mit frischen oder getrockneten Bananenscheiben garnieren.

Backtemperatur: etwa 180 Grad
Backzeit: etwa 45 Minuten

Tipp

Sie können auch 50 g Kokosraspeln in die Masse geben.

Joghurtkuchen

Crostata di yogurt

Für 1 Kuchenform (28 cm)

Teig	*100 g*	*Butter*
	2	*Eigelb*
	100 g	*Zucker*
	1 Msp.	*Zitronenschale*
	1	*Prise Salz*
	200 g	*Mehl*
	1/2 Pkg.	*Backpulver*
Füllung	*3*	*Eigelb*
	1/2 Pkg.	*Vanillezucker*
	250 ml	*Naturjoghurt*
	2 TL	*Speisestärke*
	3	*Eiweiß*
	60 g	*Zucker*
Weiteres	*350 g*	*Marillen oder Erdbeeren, in Spalten geschnitten*
		Butter zum Ausstreichen der Form
		Mehl zum Bestreuen

Teig
- Butter mit Eigelb, Zucker, Zitronenschale und Salz in einer Schüssel verkneten.
- Mehl und Backpulver mischen, sieben und dazugeben. Zu einem glatten Teig kneten und etwa eine 1/2 Stunde in den Kühlschrank stellen.

Füllung
- Eigelb und Vanillezucker gut schaumig rühren.
- Naturjoghurt und Speisestärke dazugeben.
- Eiweiß mit Zucker zu Schnee schlagen und unter die Masse heben.

Fertigstellung
- Kuchenform mit Butter ausstreichen und mit Mehl bestreuen.
- Den Teig dünn austreiben und in die Form geben, mit einer Gabel einige Male einstechen.
- Mit den Marillenspalten belegen.
- Die Füllung darübergeben und backen.

Backtemperatur: 170 Grad
Backzeit: etwa 30 Minuten

Gratinierter Kirschkuchen

Torta di ciliege al gratin

Für 1 Kuchenform (28 cm)

Teig	*130 g*	*Butter*
	150 g	*Zucker*
	1 Msp.	*Zitronenschale, gerieben*
	1/2 Pkg.	*Vanillezucker*
	1	*Ei*
	2 EL	*Milch*
	200 g	*Mehl*
	1/2 Pkg.	*Backpulver*
	50 g	*Mandeln, gerieben*
	2 EL	*Kirschlikör*
	1	*Prise Salz*
Weiteres	*400 g*	*Kirschen, entsteint*
	2 EL	*Zucker*
	1/2 TL	*Zimt*
		Meringenmasse (siehe Seite 444)

Teig

- Die nicht zu kalte Butter mit Zucker, Zitronenschale und Vanillezucker in einer Schüssel rasch zu einer homogenen Masse verarbeiten.
- Ei und Milch dazugeben, mit gesiebtem Mehl und Backpulver, Mandeln, Kirschlikör und Salz zu einem Teig kneten.
- Den Teig vor Gebrauch eine 1/2 Stunde ruhen lassen.

Fertigstellung

- Den Teig rund ausrollen (etwa 28 cm Durchmesser) und in eine flache, runde Kuchenform geben. Den Teig mit Kirschen belegen, mit Zucker und Zimt bestreuen und im vorgeheizten Backrohr backen.
- Den Kuchen mit der Meringenmasse bestreichen und im Backrohr bei starker Oberhitze oder mittels Abflämmgerät überbacken.

Gartemperatur:	180 Grad
Garzeit:	25–30 Minuten

Tipp

Anstelle des Mürbteiges können Sie auch 500 g Blätterteig nehmen.

Variationen

Gratinierter Marillenkuchen: Anstelle der Kirschen verwenden Sie Marillenspalten.
Gratinierter Zwetschgenkuchen: Verwenden Sie anstelle der Kirschen Zwetschgenspalten.
Gratinierter Pfirsichkuchen: Statt der Kirschen können Sie auch Pfirsichspalten verwenden.

Süßer Zucchinikuchen

Torta dolce di zucchini

Für 1 Kuchenform (28 cm)

Zutaten	*3*	*Eigelb*
	140 g	*Staubzucker*
	170 ml	*Samenöl*
	1	*Zitrone, Saft und geriebene Schale*
	1 Pkg.	*Vanillezucker*
	100 g	*Haselnüsse, gerieben*
	300 g	*Mehl*
	1 Pkg.	*Backpulver*
	1 TL	*Zimtpulver*
	1 Msp.	*Nelkenpulver*
	350 g	*Zucchini*
	3	*Eiweiß*
	200 g	*Zucker*
Weiteres	*200 g*	*Orangenmarmelade zum Füllen*
Glasur	*100 g*	*Butter, zerlassen*
	120 g	*Schokolade, geschmolzen*

- Eigelb mit Staubzucker, Samenöl, Zitronensaft und -schale sowie Vanillezucker kalt schaumig rühren.
- Haselnüsse, Mehl, gesiebtes Backpulver, Zimt und Nelkenpulver vermischen und unter die Masse geben.
- Zucchini putzen, waschen und grob raspeln, eventuell auspressen und in die Masse rühren.
- Zum Schluss Eiweiß mit Zucker zu Schnee schlagen und unterheben.
- Die Masse in eine mit Backpapier ausgelegte Kuchenform geben und backen.
- Auskühlen lassen und den Kuchen mit der Orangenmarmelade füllen.

Glasur

- Zerlassene Butter und geschmolzene Schokolade vermischen und über den Kuchen gießen.

Gartemperatur: 180 Grad
Garzeit: etwa 50 Minuten

Tipp

Sie können anstelle der Orangenmarmelade auch Preiselbeermarmelade verwenden.

Erdbeertörtchen

Tortine di fragole

Für 8 Törtchen oder 1 Kuchenform

Zutaten	*200 g*	*Butter*
	80 g	*Zucker*
	1 EL	*Honig*
	1 Pkg.	*Vanillezucker*
	5	*Eigelb*
	200 g	*Mehl*
	1/2 Pkg.	*Backpulver*
	5	*Eiweiß*
	1	*Prise Salz*
	100 g	*Zucker*
Weiteres	*250 g*	*Erdbeeren*
		Butter zum Ausstreichen der Form
		Mehl zum Bestreuen

- Weiche Butter, Zucker, Honig und Vanillezucker schaumig rühren.
- Eigelb nach und nach dazugeben und ebenfalls gut schaumig rühren.
- Mehl und Backpulver mischen und sieben.
- Eiweiß mit Salz leicht schlagen und mit Zucker zu Schnee schlagen.
- Eischnee unter die Buttermasse heben, Mehl und Backpulver unterheben.
- Die Masse in mit Butter ausgestrichene und bemehlte Förmchen füllen.
- Die Formen sollten 3/4 voll gefüllt werden.
- Die Erdbeeren putzen, achteln und auf die Masse legen und backen.

Gartemperatur: 170 Grad
Garzeit Törtchen: 15–20 Minuten
Garzeit Kuchen: etwa 45 Minuten

Tipps

1. *Sie können anstelle der Erdbeeren auch geschälten Rhabarber verwenden.*
2. *Die Masse kann auch mittels Spritzsack in die Formen gefüllt werden.*

Reiskuchen mit Pfirsichen

Torta di riso con pesche

Für 4 Personen

Füllung	*800 ml*	*Milch*
	1	*Prise Salz*
	1 Msp.	*Zitronenschale, gerieben*
	1	*Zimtrinde, klein*
	1/2 Pkg.	*Vanillezucker*
	150 g	*Zucker*
	1	*Gewürznelke*
	100 g	*Rundkornreis (Arborio oder Carnaroli)*
	6	*Blatt Gelatine, in kaltem Wasser eingeweicht*
	300 ml	*Sahne*
Weiteres	*1*	*Biskuitboden (siehe Seite 460)*
	8	*Pfirsichhälften, gekocht*

Füllung

- Milch mit Salz, Zitronenschale, Zimtrinde, Vanillezucker, Zucker und Gewürznelke erwärmen, Reis dazugeben und zum Kochen bringen.
- Unter zeitweiligem Umrühren 40 Minuten kochen.
- Den gekochten Reis in eine Schüssel geben, die eingeweichte Gelatine ausdrücken und dazugeben, etwas abkühlen lassen (auf 10 Grad abkühlen, bis die Masse geliert).
- Die geschlagene Sahne nach und nach daruntermischen.

Fertigstellung

- Den Biskuitboden einmal quer durchschneiden, das Deckblatt sollte etwas dünner sein.
- Einen Tortenring um den Tortenboden legen, die Reis-Sahne-Creme gleichmäßig darauf verteilen und die Pfirsichhälften einlegen.
- Das Deckblatt auf die Creme legen und leicht andrücken.
- Die Torte 2 Stunden im Kühlschrank ruhen lassen.
- Den Tortenring entfernen, mit Staubzucker bestreuen und die Torte in Stücke schneiden und servieren.

Tipp

Weiters können Sie auch Himbeeren, Amarenakirschen oder Marillen in die Creme einschichten.

Polentakuchen

Torta di polenta

Für 1 Kastenform von $1\frac{1}{2}$ l

Zutaten	80 g	Butter
	175 g	Zucker
	1 TL	Zitronenschale, gerieben
	3 EL	Zitronensaft
	3	Eier
	175 g	Polentamehl, fein
	½ Pkg.	Backpulver
	3 EL	Milch
	100 g	Haselnüsse, geröstet und grob zerstoßen
	50 g	Marillen oder Sultaninen, getrocknet und klein gehackt
Weiteres		Butter zum Ausstreichen der Form
		Mehl zum Bestäuben der Form

- In einer Schüssel die weiche Butter mit Zucker, Zitronenschale und Zitronensaft schaumig schlagen. Die Eier nach und nach einrühren.
- Das Polentamehl mit gesiebtem Backpulver vermischen und zur Buttermasse geben, dann die Milch unterrühren.
- 50 g große Haselnussstücke zum Bestreuen beiseite legen. Den Rest mit den klein gehackten, getrockneten Marillen in den Teig geben und alles zu einer homogenen Masse verarbeiten. 30 Minuten ruhen lassen.
- Das Backrohr auf 180 Grad vorheizen.
- Eine Kastenform von 1½ l Fassungsvermögen mit Butter auspinseln und mit Mehl bestreuen. Den Teig in die Form geben. Mit den restlichen Haselnüssen bestreuen und backen.

Gartemperatur: 180 Grad
Garzeit: 40–50 Minuten

Tipps

1. *Wenn der Kuchen zu schnell Farbe annimmt, mit Alufolie zudecken.*
2. *Ein buntes und eher säuerliches Kompott oder gemischte Beeren ergänzen den Polentakuchen vorzüglich.*
3. *In Alufolie eingewickelt hält er sich 2–3 Tage im Kühlschrank.*

Variationen

Polenta-Dattelkuchen: Legen Sie vor dem Backen 10 entsteinte Datteln auf den Kuchen und bestreichen Sie ihn nach dem Backen mit Marillenmarmelade.
Polenta-Feigenkuchen: Legen Sie vor dem Backen 5 halbierte Feigen auf den Kuchen und bestreichen Sie ihn nach dem Backen mit Marillenmarmelade.

Biskuitroulade

Rotolo di pan di Spagna

Für 1 Backblech

Zutaten	6	Eigelb
	60 g	Zucker
	6	Eiweiß
	1	Prise Salz
	60 g	Zucker
	100 g	Mehl
	30 g	Weizenstärke
	1 Pkg.	Vanillezucker
		Zitronenschale, fein gerieben

- Eigelb und Zucker mit dem Rührgerät schaumig rühren.
- Eiweiß mit Salz leicht schlagen und mit Zucker zu Schnee schlagen.
- Eigelb und Eischnee vermischen, Mehl mit Weizenstärke vermengen. Vanillezucker und Zitronenschale unterheben.
- Ein Backblech mit Butterpapier belegen, die Masse fingerdick gleichmäßig auftragen und sofort im Backrohr backen.
- Ein Tuch mit Zucker bestreuen, das Biskuit daraufstürzen, das Papier abziehen und die Roulade auskühlen lassen.

Gartemperatur: etwa 220 Grad
Garzeit: 5–6 Minuten

Biskuitboden

Pan di Spagna

Für 1 Tortenform (28 cm)

Zutaten	8	Eier
	300 g	Zucker
	1 Pkg.	Vanillezucker
	1	Prise Salz
	1 Msp.	Zitronenschale, gerieben
	50 g	Weizenstärke
	250 g	Mehl

- Eier, Zucker, Vanillezucker, Salz und Zitronenschale im heißen Wasserbad warm schlagen (40 Grad), dann die Eiermasse kalt schlagen, bis sie dick-cremig ist.
- Das gesiebte und mit der Weizenstärke vermischte Mehl vorsichtig mit einem Kochlöffel unter die Eiermasse heben und in die Tortenform geben, glatt streichen und im vorgeheizten Backrohr backen.

Gartemperatur: 180 Grad
Garzeit: etwa 40 Minuten

Zitronenröllchen

Involtini al limone

Für 4 Personen

Zitronencreme	1	*Blatt Gelatine, in kaltem Wasser eingeweicht*
	4 EL	*Limoncello (siehe Seite 515) oder Rum*
	40 ml	*Zitronensaft*
	1 Msp.	*Zitronenschale, gerieben*
	80 g	*Staubzucker*
	30 ml	*Weißwein*
	1/4 l	*Sahne, geschlagen*
Weiteres	1/2	*Biskuitroulade (siehe linke Seite)*
		Staubzucker zum Bestreuen
		Brombeeren und Himbeeren zum Garnieren
		Zitronenminze zum Garnieren

Zitronencreme

- Die eingeweichte Gelatine ausdrücken und mit Limoncello in einer Schüssel im Wasserbad schmelzen.
- Zitronensaft, Zitronenschale, Staubzucker und Weißwein dazugeben, auf 10 Grad abkühlen lassen, dann die geschlagene Sahne unterheben.
- Die Creme etwa 15 Minuten im Kühlschrank stocken lassen.

Fertigstellung

- Die Biskuitroulade mit der Zitronencreme bestreichen, dann einrollen und kalt stellen.
- In 6 cm lange Röllchen schneiden. Einen Kochlöffel auf die Röllchen legen und mit Staubzucker bestreuen (damit ein Streifen frei bleibt), dann mit den Früchten und der Zitronenminze servieren.

Ananas-Chips

Chips all'ananas

Für etwa 20 Chips

Zutaten	70 g	Zucker
	150 ml	Wasser
	1	Babyananas

- Zucker und Wasser aufkochen, danach kalt stellen.
- Babyananas schälen, Strunk herausnehmen und mit der Aufschnittmaschine in dünne Scheiben schneiden.
- Ananasscheiben in Zuckersirup tauchen, auf Butterpapier legen und im Ofen trocknen lassen.

Gartemperatur: 80 Grad
Garzeit: etwa 3 Stunden

Tipp

Diese süßen Chips verwendet man als Dekoration für Desserts.

Variationen

Apfel-Chips: Statt der Ananas können auch Äpfel verwendet werden.
Birnen-Chips: Sie können Birnen auf dieselbe Art zubereiten.

Pflaumenkompott

Composta di prugne

Für 4 Personen

Zutaten	500 g	Pflaumen oder Zwetschgen
	300 ml	Wasser
	50 ml	Rotwein, kräftig, oder Portwein
	100 g	Zucker
	1/2	Zimtstange
	2	Gewürznelken
Weiteres	1 TL	Speisestärke zum Binden

- Die gewaschenen Pflaumen entstielen, mit der Gabel einige Male einstechen, halbieren und entsteinen.
- Wasser mit Rotwein, Zucker, Zimtstange und Gewürznelken aufkochen.
- Pflaumen hineingeben, aufkochen und heiß ziehen lassen, bis die Früchte weich sind.
- Nach dem Kochen die Früchte herausnehmen. Den Sud einkochen lassen, eventuell mit Speisestärke binden, die Gewürze herausnehmen und über die Pflaumen gießen.

Garzeit: etwa 8 Minuten

Pfirsichkompott

Composta di pesche

Für 4 Personen

Zutaten:	800 g	Pfirsiche oder Nusspfirsiche (Nektarinen)
	300 ml	Wasser
	100 g	Zucker
	1	Zitronenschale, am Stück
	1	Zimtrinde, kleines Stück
	4 EL	Weißwein

- Zum Schälen die Pfirsiche kurz in kochendes Wasser halten, dann sofort in kaltes Wasser oder Eiswasser geben.
- Mit einem kleinen Messer die Haut abziehen.
- Früchte halbieren, entsteinen und eventuell vierteln.
- Wasser mit Zucker, Zitronenschale und Zimtrinde aufkochen, die Pfirsiche einlegen, einmal aufkochen lassen und anschließend kurz ziehen lassen.

Rhabarberkompott

Composta di rabarbaro

Für 4 Personen

Zutaten	400 g	Rhabarber
	50 ml	Weißwein
	100 ml	Wasser
	1 EL	Honig
	1	Zimtstange, kleines Stück
	1/2	Vanillestange
	1 TL	Speisestärke
	50 ml	Orangensaft
Weiteres		Erdbeersorbet (siehe Seite 468)
	100 g	Erdbeeren
		Pfefferminze

- Die Rhabarber waschen, putzen und die Haut abziehen.
- Die Stangen in mundgerechte Stücke schneiden.
- Weißwein mit Wasser, Honig, Zimtstange und Vanillestange aufkochen.
- Rhabarber dazugeben und etwa 5 Minuten kochen lassen.
- Den Sud mit in kaltem Wasser angerührter Speisestärke binden.
- Die Sauce abseihen, Orangensaft dazugeben, über die Rhabarberstücke gießen und 10 Minuten ziehen lassen.
- Erdbeeren waschen, putzen und vierteln.
- Das Rhabarberkompott mit Erdbeersorbet, Erdbeeren und Pfefferminze servieren.

Pfirsichkompott

Rhabarberkompott mit Erdbeersorbet

Limetteneis auf Melonensalat

Gelato di limette su insalata di melone

Für 4 Personen

Zutaten	*250 ml*	*Milch*
	80 g	*Zucker*
	1	*Eiweiß*
	80 ml	*Sahne*
	150 ml	*Naturjoghurt*
	1	*Limettenschale, gerieben*
	1	*Limette, Saft*
Weiteres		*Melonensalat (siehe rechte Seite)*
		Pfefferminze zum Garnieren

- Milch mit Zucker aufkochen.
- Heiße Milch mit Eiweiß verrühren und zur Rose (82 Grad) erhitzen. Abseihen und etwas auskühlen lassen.
- Sahne und Naturjoghurt sowie geriebene Limettenschale und Limettensaft beigeben.
- Alles gut verrühren und in der Eismaschine oder Sorbetière gefrieren lassen.
- Den Melonensalat im tiefen Teller mit dem Limetteneis anrichten und mit Pfefferminze garnieren.

Tipps

1. *Sie können auch 1 Esslöffel Glukose unter die Eismasse rühren, so wird das Eis noch geschmeidiger.*
2. *Anstelle der Limetten können Sie Zitronen verwenden.*

Melonensalat

Insalata di melone

Für 4 Personen

Zutaten	1 kg	Honigmelone
	60 ml	Wasser
	40 ml	Zucker
	2 EL	Honiglikör, Portwein oder Rum

- Melone halbieren und mit einem Löffel die Kerne herausnehmen.
- Fruchtfleisch in Stücke oder Spalten schneiden.
- Wasser mit Zucker aufkochen und mit Honiglikör, Portwein oder Rum beigeben und servieren.

Kumquats mit Malagaeis

Mandarini cinesi con gelato al malaga

Für 4 Personen

Zutaten	400 g	Kumquats
	125 ml	Weißwein
	100 g	Zucker
	1	Sternanis
	1/2	Vanilleschote
Weiteres		Speisestärke zum Binden
		Malagaeis (siehe Seite 466)

- Kumquats waschen und in 2 Millimeter dicke Scheiben schneiden.
- Weißwein, Zucker, Sternanis und aufgeschlitzte Vanilleschote aufkochen lassen, Kumquats hineingeben und etwa 10 Minuten leicht kochen lassen.
- Vanilleschote und Sternanis herausnehmen, mit etwas in kaltem Wasser angerührter Speisestärke binden und mit Malagaeis servieren.

Erdbeeren mit Balsamicoessig

Fragole con aceto balsamico

Für 4 Personen

Zutaten	500 g	Erdbeeren
	3 EL	Staubzucker
	30 ml	Aceto balsamico tradizionale
	4	Pfefferminzblätter

- Die Erdbeeren kurz waschen und auf einem Küchenpapier trocknen.
- Stiele abzupfen, große Früchte halbieren oder vierteln und in eine Schüssel geben.
- Staubzucker mit Balsamessig verrühren, bis sich der Zucker aufgelöst hat.
- Die Flüssigkeit über die Erdbeeren gießen und kurz marinieren lassen.
- Die Erdbeeren in Schalen oder Teller verteilen und mit der Pfefferminze garniert servieren.

Tipps

1. *Für dieses köstliche Dessert sollte man nur einen alten Balsamicoessig verwenden, da dieser süßer ist.*
2. *Verwenden Sie einen »normalen Balsamicoessig«, dann müssen Sie diesen bis fast zur Gänze einkochen lassen.*

Kumquats mit Malagaeis

Reis-Eis

Gelato di riso

Für ½ Liter Eis

Zutaten	*40 g*	*Rundkornreis*
	800 ml	*Milch*
	¼	*Vanilleschote oder ½ Pkg. Vanillezucker*
	100 g	*Zucker*
	1	*Prise Salz*
	1	*Stück Zitronenschale*
	80 ml	*Sahne*
	2 EL	*Eierlikör*

- Den Reis in die kalte Milch geben, die aufgeschlitzte Vanilleschote, Zucker, Salz und Zitronenschale dazugeben und etwa 40 Minuten bei nicht zu starker Hitze kochen.
- Vanilleschote und Zitronenschale aus der Milch nehmen. Reismilch mixen und durch ein feines Sieb seihen.
- Sahne und Eierlikör dazugeben und auskühlen lassen.
- Die Eismasse in die Eismaschine geben und gefrieren.

Tipps

1. *In das Eis können Sie auch 1 Esslöffel Glukose geben, dann bindet das Eis besser und ist cremiger.*
2. *Das Eis können Sie mit Kumquats-Kompott (siehe Seite 465) servieren.*

Malagaeis

Gelato al malaga

Für ½ Liter Eis

Zutaten	*40 g*	*Rosinen*
	80 ml	*Malagawein oder Marsala*
	400 ml	*Milch*
	100 ml	*Sahne*
	1 Pkg.	*Vanillezucker oder 1 Vanilleschote*
	5	*Eigelb*
	100 g	*Zucker*

- Die Rosinen in Malagawein eine ½ Stunde einweichen.
- Milch mit Sahne, Vanillezucker oder Vanilleschote aufkochen.
- Eigelb mit Zucker schaumig schlagen und zur Milch geben.
- Bis zur Rose erhitzen (etwa 82 Grad).
- Die Eismasse durch ein Sieb abseihen.
- Die eingeweichten Rosinen mit dem Malagawein zum Eis geben und in der Eismaschine gefrieren.

Variation

Haselnusseis: Anstelle von Rosinen und Malagawein verwenden Sie 100 g Haselnüsse, die mit der Hälfte des oben angeführten Zuckers karamellisiert werden. Anschließend auf einem Blech erkalten lassen, in der Moulinette reiben, zur Eisgrundmasse geben und in der Eismaschine gefrieren.

Rosmarineis

Gelato al rosmarino

Für ½ Liter Eis

Zutaten	*3*	*Rosmarinzweige, klein*
	250 ml	*Sahne*
	250 ml	*Milch*
	70 g	*Zucker*
	3	*Eier*
	2	*Eigelb*

- Rosmarin mit Sahne, Milch und 40 g Zucker aufkochen und eventuell über Nacht ziehen lassen.
- Eier und Eigelb mit dem restlichen Zucker aufschlagen.
- Das warme Milch-Sahnegemisch über Eimasse geben, bis zur Rose (82 Grad) erhitzen und abseihen.
- Auskühlen lassen und anschließend in der Eismaschine gefrieren lassen.

Tipp

Servieren Sie das Eis mit Kirschkompott oder einem anderen Kompott.

Stracciatellaeis

Stracciatella

Für 1 Liter Eis

Zutaten	*500 ml*	*Milch*
	170 g	*Zucker*
	½	*Vanilleschote oder 1 Pkg. Vanillezucker*
	200 ml	*Sahne*
	100 g	*Bitterschokolade (Kuvertüre), zerlassen*

- Milch mit Zucker und aufgeschlitzter Vanilleschote erhitzen.
- Topf vom Herd nehmen, abseihen und auskühlen lassen.
- Sahne dazugeben.
- Masse in einer Eismaschine gefrieren, am Ende des Gefrierprozesses zerlassene Bitterschokolade in das Eis einlaufen lassen.

Variation

Fiordilatte-Eis: Bereiten Sie das Eis ohne Vanille und ohne Schokolade zu.

Stracciatellaeis
Haselnusseis

Pfirsichsorbet

Sorbetto alla pesca

Für 4 Personen

Zutaten	*400 g*	*Pfirsiche*
	200 ml	*Wasser*
	100 g	*Zucker*
	80 ml	*Weißwein*
	2 EL	*Zitronensaft*
	2 EL	*Pfirsichlikör*
Weiteres		*Pfirsichspalten zum Garnieren*

- Pfirsiche waschen, halbieren, den Kern entfernen und in Stücke schneiden.
- Wasser mit Zucker, Weißwein und Pfirsichen kochen.
- Auskühlen lassen, pürieren, mit Zitronensaft und Pfirsichlikör abschmecken und in der Eismaschine gefrieren lassen.
- Das Sorbet in Gläsern anrichten und mit Pfirsichspalten garnieren und servieren.

Garzeit: etwa 10 Minuten

Variationen

Orangensorbet: Statt der Pfirsiche nehmen Sie geschälte und in Stücke geschnittene Orangen, anstelle des Wassers Orangensaft. Abgeschmeckt wird mit Orangenlikör.

Erdbeersorbet

Sorbetto alle fragole

Für 4 Personen

Zutaten	*400 ml*	*Wasser*
	150 g	*Zucker*
	200 g	*Erdbeeren*
	1 EL	*Zitronensaft*

- Wasser mit Zucker aufkochen lassen.
- Erdbeeren putzen, waschen, fein pürieren und ins kalte Zuckerwasser geben.
- Zitronensaft unterrühren und in der Eismaschine frieren lassen.

Tipp

Bei Sorbets sollten die Zuckergrade (Baumégrade: °Bé) gemessen werden, denn sie sind entscheidend für die Festigkeit des Sorbets: beim Zwischengang 14 °Bé, als Süßspeise 18 °Bé.

Variationen

Kiwisorbet: Anstelle der Erdbeeren können Sie auch geschälte, fein pürierte und passierte Kiwis verwenden.

Orangensorbet

Pfirsichsorbet
Kiwisorbet

Ricottasorbet

Sorbetto alla ricotta

Für 4 Personen

Zutaten	*250 ml*	*Wasser*
	180 g	*Zucker*
	350 g	*Ricotta*
	1	*Zitrone, Saft*
	1	*Orange, Saft*

- Wasser mit Zucker aufkochen und anschließend abkühlen lassen.
- Ricotta beigeben und mixen.
- Zitronen- und Orangensaft untermischen und die Masse in der Eismaschine gefrieren lassen.

Tipp

Anstelle der Ricotta verwenden Sie Topfen.

Himbeergranité

Granita al lampone

Für 4 Personen

Zutaten	*500 g*	*Himbeeren*
	60 ml	*Wasser*
	40 ml	*Zucker*
	50 ml	*Weißwein*
	2 EL	*Himbeerlikör*

- Himbeeren putzen, eventuell waschen.
- Mit Wasser, Zucker und Weißwein etwa 6 bis 8 Minuten kochen lassen.
- Durch ein feines Sieb seihen und mit Himbeerlikör vermischen. Den Saft in einem flachen Geschirr einfrieren.
- Wenn die Granité hart ist, mit einem Löffel abkratzen oder in der Eismühle zerkleinern.
- In vorgekühlten Gläsern oder Schüsseln anrichten und servieren.

Cassata alla siciliana

Für 1 Form

Ricottafüllung	*250 g*	*Ricotta*
	125 g	*Zucker*
	70 ml	*Wasser*
	2 EL	*Marsala*
	80 g	*Früchte, kandiert*
	60 g	*Zartbitter-Schokolade*
	30 g	*Pistazien, grob gehackt*
Weiteres	*300 g*	*Pistazieneis*
	300 g	*Erdbeereis*
	200 g	*Sahneeis*
	200 g	*Früchte (Erdbeeren, Himbeeren, Physalis)*
		Minze zum Garnieren
		Crostoli zum Garnieren (siehe Seite 440)

Ricottafüllung
- Ricotta in einer Schüssel glatt rühren.
- Zucker und Wasser verrühren und 3 Minuten kochen, dann auskühlen lassen.
- Sirup mit Marsala unter die Ricotta rühren.
- Kandierte Früchte in kleine Würfel schneiden.
- Schokolade ebenfalls in kleine Stücke schneiden.
- Nun kandierte Früchte, Schokolade und Pistazien unter die Ricottacreme mischen.

Fertigstellung
- Eine Kasten- oder runde Form mit Klarsichtfolie auskleiden.
- Pistazieneis einfüllen und mit einer Schablone oder einem Löffel am Rand hochstreichen. Etwas Erdbeereis in die Form geben, dann die Ricottacreme einfüllen, glatt streichen, mit Erdbeer- und Sahneeis abdecken.
- Cassata mit der Folie verschließen und im Gefrierfach mindestens 2 Stunden gefrieren lassen.
- Cassata in Scheiben schneiden, mit Früchten, Minze und Crostoli garnieren und servieren.

Tipps

1. *Die Cassata können Sie auch nur mit der Ricottacreme in eine mit Biskuit ausgelegte Form füllen und dann gefrieren.*
2. *Anstelle der angeführten Eissorten können Sie auch andere Eissorten wie Schokoladeneis, Vanilleeis, Himbeereis verwenden.*

Cassata alla siciliana

Torrone-Parfait

Semifreddo al torrone

Für 4 Personen

Zutaten	2	*Eigelb*
	15 g	*Zucker*
	1 EL	*Honig*
	80 g	*Torrone, Mandorlata (türkischer Honig), fein gerieben*
	30 g	*weiße Schokolade, gerieben oder geschmolzen*
	$^1/_4$ l	*Sahne*
Weiteres	100 g	*Crostoliteig (siehe Seite 440)*
		Himbeeren und Minze zum Garnieren

- Eigelb mit Zucker, Honig warm und dann kalt schlagen.
- Torrone und zerlassene weiße Schokolade untermischen.
- Zum Schluss die geschlagene Sahne unterheben.
- In eine Ringform abfüllen und mindestens für 3 Stunden gefrieren.
- Den Crostoliteig dünn ausrollen und 10 bis 15 cm lange zulaufende Streifen schneiden.
- Die Teigstreifen im heißen Fett backen.
- Das Parfait stürzen und mit Himbeeren, Minze und Crostoli garnieren und servieren.

Tipps

1. *Sie können das Parfait auch nur mit geraspelter Schokolade bestreuen.*
2. *Die Mandorlata sollten Sie einfrieren, dann lässt sie sich besser zerkleinern.*

Zuccotto

Für 4 Personen

Füllung	50 g	*Schokolade, braun*
	20 g	*Mandeln*
	20 g	*Haselnüsse*
	150 ml	*Sahne*
	20 g	*Staubzucker*
Weiteres	1	*Biskuitroulade (siehe Seite 460), etwa $^1/_2$ Rezept*
	2 EL	*Brandy*
	2 EL	*Amaretto (Mandellikör)*
	150 ml	*Sahne zum Garnieren*
		Staubzucker
		Kakaopulver zum Garnieren

Füllung

- Die Schokolade grob raspeln.
- Mandeln und Haselnüsse grob hacken und im heißen Ofen etwas rösten.
- Sahne mit Staubzucker steif schlagen.
- Schokoladenraspeln, Mandeln, Haselnüsse unter die Sahne mischen und bereitstellen.

Fertigstellung

- Halbrunde Schüsseln oder Eisbombenformen mit Klarsichtfolie auslegen.
- Mit Biskuit bis oben hin auskleiden.
- Brandy und Amaretto mischen und damit den Biskuit beträufeln.
- Die Füllung in die Form geben und mindestens 2 Stunden tiefkühlen.
- Sahne steif schlagen, mit etwas Staubzucker süßen und mittels eines Spritzsackes mit Lochtülle auf den Zuccotto aufspritzen und mit Kakaopulver bestreuen.

Tipps

1. *Statt Amaretto kann man auch eine Mischung aus Maraschino, Rum und Orangenlikör verwenden.*
2. *In die Sahnefüllung geben Sie zur Abwechslung grob geriebenes Baiser, klein gewürfelte kandierte Früchte oder Amarenakirschen.*
3. *Als Dekoration können Sie auch kleine Moccabohnen, Mandelsplitter oder Schokoladenraspeln verwenden.*

Torrone-Parfait

Zuccotto

Amaretto-Halbgefrorenes

Semifreddo all'amaretto

Für 1 Form zu 600 g

Zutaten	3	Eigelb
	1	Ei
	80 g	Zucker
	3 EL	Amarettolikör
	80 g	Amarettikekse, grob zerdrückt
	250 ml	Sahne

- Eigelb und Ei mit Zucker in einer Rührschüssel im Wasserbad schaumig schlagen (bis auf 80 Grad erhitzen).
- Amarettolikör dazugeben und kalt rühren.
- Nun die Amarettikekse und die geschlagene Sahne unterheben.
- Die Masse in eine mit Klarsichtfolie ausgelegte Form geben, glatt streichen und etwas anklopfen, damit sich die Masse schön in der Form verteilt.
- Mit der Folie verschließen und mindestens 3 Stunden gefrieren lassen.

Tipp

In das Halbgefrorene können Sie zur Abwechslung grob geriebenes Baiser, klein gewürfelte kandierte Früchte oder Amarenakirschen geben.

Variationen

Mandorlata-Halbgefrorenes: 100 g Mandorlata sollten Sie einfrieren, dann zerkleinern und anstelle der Amarettikekse unter das Halbgefrorene mischen.
Zabaione-Halbgefrorenes: 100 ml Marsala auf die Hälfte einkochen und anstelle des Amarettolikörs unter das Halbgefrorene mischen, anstelle der Amarettikekse verwenden Sie grob zerbröckelte Löffelbiskuits.

VINO E BEVA

WEIN UND GETRÄNKE

NDE

Schon Goethe beschrieb den Chiantiwein. Nicht nur der bekannte toskanische Rebensaft erfreut heute Liebhaber in aller Welt, sondern auch der Gewürztraminer aus Südtirol, der Teroldego aus dem Trentino, der Barolo aus dem Piemont und der Nero d'Avola aus Sizilien, um nur einige zu nennen. Zum Aperitif können die Italiener auf etliche fertige Mixturen wie Aperol oder Martini zurückgreifen, aber auch der Prosecco erfreut sich großer Beliebtheit.

Neben Wein spielen andere Getränke in Italien eine große Rolle: »il caffè« – ob schwarz oder mit Milch – ist aus dem täglichen Leben nicht wegzudenken.

Colliogebiet im Friaul

Die kulinarische Ouvertüre
Aperitif und Schaumwein

Der Aperitif kann uns – gleich einer Ouvertüre – auf das kommende Essen und die begleitenden Weine einstimmen. Ein Aperitif kann den Appetit steigern, er kann ihn aber nicht erzeugen ...

Der Aperitif

Bereits die Römer genossen ihren Aperitif, und es war meist ein Wein – der damals wahrscheinlich ganz anders schmeckte als heute – mit Honig gesüßt. Im Mittelalter versetzte man die »Aperitifweine« dann vor allem mit Kräutern und im 19. und zu Beginn des 20. Jahrhunderts schätzte man – besonders in Frankreich und in anderen Ländern rund um das Mittelmeer – die »Grüne Stunde« mit absinthhältigen Getränken. Es war die Zeit vom späten Nachmittag bis zum frühen Abend, etwa zwischen 17 und 19 Uhr, als man sich mit Freunden im Bistro, in der Bar oder Trattoria zum Aperitif und einem gemütlichen Plausch traf. Absinthhaltige Getränke mit Auszügen aus der Wermutpflanze waren damals stark in Mode.
Heute könnte der Aperitif mithelfen, die Hektik des Alltages zu vergessen, und wenn man genügend Zeit hat ihn, zu genießen, kann man ganz in Ruhe die Speisen- und Weinkarte studieren. Die Auswahl an passenden Getränken ist fast unerschöpflich, und trotzdem neigt man zu oft dazu, sich Neuem zu verschließen.
Der Gourmet liebt also den Aperitif, weil er den Appetit lockt, und Gastgeber schätzen ihn, da Gäste nicht befangen und mit leeren Hän-

den herumstehen müssen, bis die letzten Gäste eintreffen.
Keinesfalls soll aber der Aperitif Pflicht sein, auch nicht in Gesellschaft. Ein Mineralwasser vorweg ist ein guter Ersatz dafür. Und überhaupt: Es muss auf keinen Fall ein alkoholisches Getränk sein!
Der Aperitif ist ein appetitanregendes, alkoholisches oder alkoholfreies Getränk, das vor dem Essen getrunken wird und besonders in den Ländern rund um das Mittelmeer genauso eine Selbstverständlichkeit ist gleichsam das Getränk zum Essen. Wenn man den Drink aber nur als Appetitanreger sieht, hat man doch auf etwas Wesentliches vergessen: Es ist auch die Atmosphäre, die nicht nur den Magen, sondern auch die Seele für das Genießen bereitmachen soll. Der Aperitif ist das stilvolle Vorspiel eines guten Essens.

Nicht alles ist geeignet

Welche Getränke können die Aufgabe, Appetitanreger zu sein, überhaupt erfüllen?
Im Wesentlichen muss ein Getränk dafür mindestens eine der wichtigen Inhaltsstoffe in ausreichendem Maße enthalten: Es ist entweder **Säure** in nicht zu geringer Menge oder ein **Bitterstoff**. Beides wirkt appetitanregend.

Welche Getränke sind geeignet?

Alkoholfreie Aperitifs

Säurereiche Getränke, die sich dafür sehr eignen, sind zum Beispiel

- frischer Orangen- oder Grapefruitsaft und andere eher säuerliche Fruchtsäfte, auf keinen Fall süße Nektare.

Auch Mischungen aus Frucht- und Gemüsesäften sind bestens geeignet und wohlschmeckend.

Einige Anregungen dazu:

- Orangen, Mandarinen, Äpfel und Karotten
- Tomaten, Karotten, Sellerie und Gurken
- Äpfel und Stangen- oder Knollensellerie
- Äpfel, Karotten und Tomaten
- Karotten, Tomaten und Radieschen
- Rohnen (Rote Bete) mit Apfel- und Orangensaft
- Beeren der Saison mit Äpfeln, Zitrusfrüchten und Karotten

Die verschiedenen Mischungen können mit Mineral- oder Sodawasser verdünnt werden.
Mit gemischten Gemüsesäften harmoniert ein kleiner Anteil Buttermilch, die gleich mitgemischt werden kann.
Außerdem passen verschiedene Kräuter ganz ausgezeichnet zu frischen Säften, die aus Gemüse und Obst gewonnen werden. Gartenkräuter, die sich dazu ganz besonders anbieten, sind Basilikum, Pfefferminze, Zitronenmelisse und Rosmarin.
Der Phantasie sind bei der Zusammensetzung von Obst- und Gemüsesäften und den passenden Würzkräutern fast keine Grenzen gesetzt. In jedem Fall sollte aber ein leicht säuerlicher oder fein-herber Geschmack den »Cocktail« begleiten, damit der Effekt des Appetitanregens gegeben ist.

Stille oder schäumende Weine

- Junge und leichte Weißweine aus allen säurereichen Sorten erfüllen den Zweck. Dabei können regionale Sorten besonders passend eingesetzt werden.
- Und wenn's etwas feiner sein soll, dann passt natürlich ein Glas trockener Schaumwein. Dazu bieten sich hochwertige Sekte aus Südtirol oder der Trento Spumante aus der Provinz Trient an. Nicht zu vergessen sind die hochwertigen Spumanti unter der geschützten Marke »Talento«. Unter dieser Bezeichnung werden in verschiedenen Weinbauregionen- und Anbauzonen Norditaliens hochwertige Sekte nach der klassischen Flaschengärmethode erzeugt. Zugelassen sind dafür nur die Rebsorten Pinot bianco, Chardonnay und Pinot nero.

Egon Mark,
Diplomsommelier und Weinakademiker, »Falstaff-Sommelier des Jahres 1992/93«, Trainer und Prüfer bei der Sommelierausbildung. Als freiberuflicher Journalist ist er regelmäßig in den Weinbaugebieten Italiens und der Weinwelt unterwegs.
Jahrzehntelange Praxis in der Gastronomie und die Liebe zu Wein und gutem Essen machten ihn zu einem Liebhaber italienischer Tischkultur.

Der Ursprung des Wortes Aperitif

Das Wort Aperitif kommt vom Lateinischen *aperire* und bedeutet nichts anderes als öffnen. Ein als Aperitif angebotenes Getränk soll den Magen auf die Speisen vorbereiten – also öffnen. Er soll als Appetitanreger dienen, und er kann den Appetit auch wirklich steigern. Seine wichtigste Aufgabe ist es, die Speichel- und Magensekretion anzuregen und so auf die folgenden Speisen einzustimmen.

Prosecco ist im wahrsten Sinne des Wortes schon längst in aller Munde. Das Angebot ist sehr groß. Prosecco wird aus der gleichnamigen Traube gewonnen und kommt ausschließlich aus Venetien. Unter der DOC »Conegliano-Valdobbiadene« (oder Conegliano oder Valdobbiadene) kann er als Frizzante oder Spumante auf den Markt kommen, und in den Geschmacksrichtungen *Brut, Extra Dry* oder *Dry* ist es auf jeden Fall ein passender Aperitif. Unter der Klassifizierung IGT (Landwein) kommt er aus verschiedenen Anbauzonen Venetiens.

Champagner ist die Krönung unter den schäumenden Weinen, und die Anbauzone Franciacorta in der Region Lombardei wird gerne als die »Champagne Italiens« bezeichnet. Hier, in den Hügeln von Brescia, wachsen die Trauben für die besonderen Spumanti, die unter der DOCG »Franciacorta« bekannt sind.

Mit passenden Fruchtsäften können einfache Schaumweine geschmacklich verändert werden. Einem hochwertigen Spumante oder Champagner sollte man dies allerdings nicht antun.

Schaumweine sind ein idealer Appetitanreger.

Bier als Appetitanreger

- Einer der alltäglichsten Aperitifs ist ein Glas Bier mit hohem Hopfenanteil, vorzugsweise ein Pils-Typ. Beim Bier ist es der bitter schmeckende Hopfen, der die besten Voraussetzungen bietet, appetitanregend zu wirken.

Mit etwas mehr Alkohol

- Bei den Getränken mit Bitterstoffen finden wir die große Palette der aromatisierten Bitteraperitifs und der Wermutweine. Hier ist Italien Weltmeister, und das Angebot ist dementsprechend umfangreich.

Bitter

- Sind Branntweine, die aus bestimmten Grundstoffen und Essenzen mit oder ohne Zucker oder Karamell hergestellt werden. Die geschmacksbildenden Stoffe stammen aus Wurzeln, Kräutern, Rinden, Samen oder Früchten und werden durch verschiedene Methoden wie z. B. Mazeration ausgelaugt.

Einige davon sind unentbehrliche Zutaten für verschiedene Bardrinks, manche werden »straight« – also ohne weitere Zutaten – serviert und andere fast generell mit Sodawasser aufgespritzt.

Klassische italienische Bitteraperitifs

Campari

Der Bitteraperitif entstand in Mailand im Jahr 1860: Als das »Caffè Campari« in der Gallerie Emauelle II am Domplatz eröffnet wurde, servierte der Inhaber Gaspare Campari seinen Gästen ein leuchtend rotes Getränk, das er »Bitter all'uso di Hollanda« (Bitter nach holländischer Art) nannte. Die Gäste fanden an dem fein-herben Aperitif schnell Gefallen und verlangten bald nur mehr den »Bitter Campari«. Kräuter, Auszüge von Zitrusfrüchten, destilliertes Wasser und Alkohol waren die wichtigsten Zutaten. Das genaue Rezept wird allerdings auch heute noch streng gehütet, von der Herstellung weiß man allerdings, dass das Ganze in zwei Produktionsphasen geschieht und einige Wochen lang dauert.

Campari hat einen Alkoholgehalt von 25 Vol.-% und wird in mehr als 150 Ländern der Welt vertrieben und in vielen Ländern in Lizenz hergestellt.

Die klassische Servierart ist mit oder ohne Eis mit Sodawasser oder Orangensaft. Etliche internationale Drinks haben Campari in ihrer Standardrezeptur.

Aperol

Ein beliebter Bitteraperitif auf der Basis von Kräutern und Zitrusextrakten. Aperol hat nur 17 Vol.-% Alkohol und wird pur mit Eis oder Sodawasser getrunken.

Amaro Felsina Ramazzotti
Oder einfach Ramazzotti, ist ein angenehm herber Kräuterlikör, der sich als Aperitif genauso wie als Digestif eignet. Er hat 32 Vol.-% Alkohol und wird zu den Bitters bzw. »Amari« gerechnet.

Rossoantico
Der Aperitif wird auf der Basis verschiedener Bologneser Weine und rund dreißig verschiedenen Kräutern gewonnen. Sein Alkoholgehalt beträgt 17 Vol.-%.

Punt e Mes
Ein weiterer typisch italienischer Aperitif auf Weinbasis mit verschiedenen Kräutern, besonders dem Wermutkraut. Der Rotbraune Punt e Mes hat 16,5 Vol.-% Alkohol.

Wermut/Vermouth

Bereits vor 2000 Jahren wurde Wein mit Kräutern aromatisiert. Der Ursprung des heutigen Wermuts ist zweifelsohne die piemontesische Hauptstadt Turin. Carpano, Cinzano und Martini sind nur drei der großen Namen unter den italienischen Wermutproduzenten. Wermut hat sein besonderes Aroma vom Wermutkraut und verschiedenen anderen Pflanzen, sein Alkoholgehalt liegt in der Regel zwischen 15 und 18 Vol.-%. Der Zuckergehalt ist je nach Sorte sehr unterschiedlich und beginnt bei mindestens 4 Gramm pro Liter.

Die Wermutsorten in Italien

Secco bzw. Extra Dry
Hellgelb mit höchstens 4 Gramm pro Liter Zucker und mindestens 18 Vol.-% Alkohol.

Bianco
Dunkleres Gelb, süß im Geschmack, etwa 15 bis 17 Vol.-% Alkohol.

Rosé
Rosafarben und halbsüß. Meistens zwischen 16 und 17 Vol.-% Alkohol.

Rosso
Rot bis rotbraun, süß und 16–17 Vol.-% Alkohol. Wird in internationalen Barrezepturen als »italienischer Vermouth« bezeichnet.

Amaro
Rotbraun mit bittersüßem Geschmack nach Chinarinde. 16–18 Vol.-% Alkohol.

Südweine

Auch bei den Südweinen ist das Angebot riesengroß: Marsala, Sherry und Portwein sind nur einige Beispiele, die sich dazu eignen. Allerdings immer nur die trockenen Varianten dieser aufgespriteten Weine.

Marsala
Der bekannte Südwein aus Sizilien ist seit dem 18. Jahrhundert bekannt und wird aus lokalen Traubensorten mit Zusatz von Alkohol und Traubensaftkonzentrat gewonnen.
Als Aperitif eignen sich die trockenen Typen »Fino«, »Vergine« und »Vergine Stravecchio«.

Sherry
Das Anbaugebiet ist Spaniens Region Andalusien. Die Typen »Manzanilla« und »Fino« eignen sich als Aperitif. Zur italienischen Küche ist jedoch der nicht unähnliche trockene Marsala zu bevorzugen.

Portwein
Bei dem portugiesischen Dessert- oder Südwein kommt nur die trockene Variante des »White Port« als Appetitanreger in Frage.

Cocktails

Und da wären noch die klassischen Cocktails wie »Martini Dry« oder »Manhattan«, die einst die eleganten Aperitifs waren. In den letzten Jahren haben sie in Europa jedoch deutlich an Bedeutung verloren. Starke Alkoholika schon vor dem Essen zu sich zu nehmen, ist nicht mehr ganz zeitgemäß. Wegen ihres starken Bezugs zu Italien sollten sie trotzdem erwähnt werden.

Campari – der Klassiker unter den italienischen Aperitifs

Nach Beendigung der Reifezeit kommen die Flaschen auf das Rüttelpult. Hier wird die abgelagerte Hefe langsam zum Flaschenhals gerüttelt. Der anschließende Vorgang ist das Degorgieren.

Martini Dry
Er zählt zu den weltweit bekanntesten Cocktails, die vor dem Essen gereicht werden. Neben dem würzigen Gin ist weißer, trockener Vermouth die zweite wichtige Ingredienz.
Über die Entstehung gibt es mindestens gleich viele Geschichten, wie es Variationen des Drinks gibt. Nur eines ist sicher: Er wird gerührt und nicht geschüttelt – wie bei James Bond.

Manhattan
Manhattan ist ein weiterer Klassiker in jeder Bar, und auch hier spielt Vermouth eine wichtige Rolle. Allerdings ist es der so genannte »italienische Vermouth« – der rotbraune Süße, der den kanadischen oder amerikanischen Whisk(e)y begleitet.
Anders als beim Martini Cocktail ist die Herkunft des Manhattan ziemlich gesichert: Es war die Kreation einer jungen Amerikanerin, die Lord Churchill heiratete und später in England die Mutter von Winston Churchill wurde.

Americano
In diesem bekannten Bardrink ist noch mehr Italien zu finden. In einem stängellosen Glas werden je zur Hälfte Campari und roter Vermouth über Eiswürfel gefüllt. Auf Wunsch mit etwas Sodawasser ergänzt.

Klassiker aus der Bar

Bellini
Wurde in den sechziger Jahren in »Harry's Bar« in Venedig kreiert. Der Drink besteht aus frisch pürierten weißen Pfirsichen, die mit gut gekühltem Spumante oder Champagner aufgefüllt werden.

Testarossa
Etwa $^1/_3$ Himbeermark mit $^2/_3$ trockenem Spumante oder Champagner auffüllen.

Kir
Kir ist eine der besonders bekannten Mischungen mit Wein, die vom stellvertretenden Bürgermeister der französischen Stadt Dijon, Kanonikus Kir, kreiert wurde: Er machte einen sehr trockenen Burgunderwein mit einem Schuss »Crème de Cassis« (schwarzer Johannisbeerlikör) milder und trinkfreundlicher. Wenn anstatt dem Weißwein Sekt oder Champagner verwendet wird, gilt das Getränk als **Kir Royal.**

Italiens Schaumweine

Italien bietet nicht nur das umfangreichste Weinsortiment der Welt, das Land kann auch mit einem sehr vielfältigen Angebot an schäumenden Weinen aufwarten. Praktisch in jeder Region gibt es den einen oder anderen Erzeuger von Frizzante oder Spumante. Wirklich von Bedeutung ist die Schaumweinproduktion jedoch nur in den nördlichen Regionen des Landes. Die Begründung dafür ist ganz einfach: Sektgrundweine sollten leicht im Alkohol und frisch in der Säure sein. Zudem sind nicht alle Rebsorten dafür gleich gut geeignet, und die typischen Trauben der heißen Regionen erfüllen die Voraussetzungen nur teilweise.

Frizzante oder Spumante?

Beide Arten sind schäumende Weine, es gibt jedoch einige wichtige Unterschiede:

Frizzante
Es ist die italienische Bezeichnung für »Perlwein«, der leicht schäumende Wein, dessen Kohlensäure-Druck (genau genommen Kohlendioxid) nicht höher als 2,5 Atue (bar) sein darf. Die Herstellung von Frizzante bzw. Perlwein ist einfacher als von Spumante bzw. Sekt. Frizzante wird nur einmal vergoren, denn die Kohlensäure kann im Tank oder in der Abfüllmaschine zugesetzt werden.

Spumante
In Italien entspricht »Spumante« einem Sekt in anderen Ländern. (Allerdings gilt dies nicht für

Asti spumante!) Spumante hat einen Kohlensäure-Druck von mindestens 3,0 Atue (bar), in der Regel sogar zwischen 5 und 6 Atue.

Bei der Spumante- bzw. Sekterzeugung wird der fertige Grundwein ein zweites Mal vergoren, um die das erwünschte Prickeln – durch das CO_2 – zu erzielen. Dies kann nach der klassischen Methode in jeder einzelnen Flasche geschehen oder im großen druckfesten Tank. Ausschlaggebend für die Qualität ist nicht nur das Herstellungsverfahren, sondern auch der verwendete Grundwein.

Die bekanntesten Schaumweine Italiens

Prosecco

Ist ein sehr populärer italienischer Schaumwein, welcher aus der Rebsorte Prosecco in der Region Venetien erzeugt wird. Nach der Herstellung kann Prosecco mehr oder weniger Kohlensäure haben, also ein Frizzante oder ein Spumante sein und in verschiedenen Geschmacksrichtungen auf den Markt kommen.

Prosecchi mit DOC-Status tragen die Zusätze Conegliano und/oder Valdobbiadene und kommen aus einer genau abgegrenzten Anbauzone. Mit dem Zusatz »IGT« (Landwein) können sie in verschiedenen Bereichen Venetiens angebaut und erzeugt werden.

Franciacorta

Ist die Bezeichnung für sehr hochwertige Schaumweine aus der Lombardei mit einer DOCG-Anerkennung. Franciacorta-Spumanti werden nur aus Chardonnay-, Pinot-bianco- und Pinot-nero-Trauben gewonnen. Hergestellt wird er nach der traditionellen Champagnermethode. Franciacorta-Spumante kann in den Geschmacksrichtungen »Naturherb« bis »Halbtrocken« auf den Markt kommen. Eine besondere Qualität – nur aus weißen Trauben gewonnen – ist »Satèn«, ein milder Spumante mit weniger Kohlensäure.

Trento-Spumante

Ist der Qualitätsschaumwein aus der Provinz Trient. Zugelassene Rebsorten und Herstellung entsprechen dem Franciacorta-Spumante.

Alto-Adige-Spumante bzw. Südtiroler Sekt

Wird aus Chardonnay, Pinot bianco, Pinot grigio und/oder Pinot nero nach der klassischen Flaschengärmethode hergestellt.

Talento

Schaumweine mit dieser Zusatzbezeichnung kommen aus verschiedenen italienischen Regionen. Alle werden aus den schon erwähnten Rebsorten nach der klassischen Methode hergestellt.

Asti-Spumante

Das ist das Richtige, wenn man süße und alkoholarme, aber sehr wohlschmeckende Schaumweine liebt oder eine passende Begleitung zu einem süßen Dessert sucht. Asti-Spumante wird nach einem ganz speziellen Verfahren hergestellt, und das Prickeln kommt nicht von der zweiten, sondern von der ersten alkoholischen Gärung. Seinen süßen Geschmack und das Aroma hat er von der weißen Muskatellertraube, aus der er gewonnen wird.

Voller Genuss von Schaumweinen

- Trinken Sie trockene und halbtrockene Schaumweine sowie Perlweine nur aus hohen, schmalen Sektgläsern.
- Süße und aromatische Spumanti hingegen bringen in einer breiten Sektschale das volle Aroma.

Die Geschmacksbezeichnungen und Restzuckerwerte

für alle Schaumweine in der Europäischen Union

Italienisch	Deutsch	Restzucker in Gramm pro Liter		
Pas dosé/brut zéro	naturherb		bis	3 g
Extra brut	extra herb		bis	6 g
Brut	herb		bis	15 g
Extra secco	extra trocken	12	bis	20 g
Secco	trocken	17	bis	35 g
Semi-sec	halbtrocken	33	bis	50 g
Dolce	süß/mild		über	50 g

Das Land der Reben

Weinland Italien

Moderne Hochkulturen werden auch in Italien angewandt.

Italien zählt mit rund 900.000 Hektar Rebfläche und einer Jahresproduktion von mehr als 50 Millionen Hektoliter Wein zusammen mit Frankreich zu den größten Weinproduzenten der Welt. Gleichzeitig ist es das Land mit dem vielfältigsten Angebot und den unterschiedlichsten Weinsorten. Dies ist wohl darauf zurückzuführen, dass der Weinbau über das ganze Land verbreitet ist.

Die Ursprünge des italienischen Weines liegen eigentlich in Griechenland, und als die ersten Griechen um etwa 1000 v. Chr. nach Italien kamen, gründeten sie Kolonien in Sizilien und den heutigen Regionen Kalabrien und Kampanien. Sie nannten die Gebiete *Oinotria Tellus* – das Land des Weines –, und dies ist es bis heute geblieben. Aus *Oinotria* wurde *Enotria*, und die neue latinisierte Bezeichnung galt später für ganz Italien.

Das »Land des Weines« heute

Der italienische Weinbau und sein Wein haben sich in den letzten vierzig Jahren mehr verändert als in den vierhundert Jahren davor. Die ehemals gemischten Kulturen aus Reben, Obstbäumen und Oliven sind vielfach verschwunden, und in den Weinbergen werden die vielen verschiedenen Sorten getrennt angebaut. Italienische Weine sind auf der ganzen Welt bekannt und begehrt und außerdem eine unersetzliche Begleitung zum Trend der italienischen Küche.

Ein kurzer Streifzug durch Italiens Regionen

Südtirol

Das ist ein kleines, aber feines Weinland, und gemeint ist damit die Provinz Bozen, denn die politische Region ist Trentino-Südtirol. In der Bilderbuchlandschaft wird eine Vielfalt an weißen und roten Sorten angebaut. Besondere Bedeutung haben die zwei autochthonen Rotweine Vernatsch und Lagrein. Auch die Burgunder- und Bordeauxreben gedeihen im Südtiroler Klima ganz ausgezeichnet und sind schon seit mehr als 150 Jahren heimisch.

Trentino

In der Provinz Trient gibt es fast alle Sorten, die auch in Südtirol zu finden sind. Die zwei regionalen Spezialitäten sind jedoch die Rotweine Teroldego und Marzemino. Bekannt sind auch die hervorragenden Schaumweine, die nach der klassischen Flaschengärmethode hergestellt werden und die Bezeichnung »Trento DOC« tragen.

Lombardei

Die Spumanti unter »Franciacorta-DOCG« zählen zu den besten Italiens. Aber auch bei den Rotweinen hat die Lombardei beachtenswerte Qualitäten, allen voran »Valtellina Superiore« aus dem Norden der Region. Dies sind kraftvolle Rotweine aus einer Spielart der Piemonteser Nebbiolotrauben, die hier im Veltlintal auf extremen Steillagen angebaut werden.

Piemont

Das Land »zu Füßen der Berge« zählt zu den führenden Weinbauregionen Italiens und kann sich rühmen, neben der Toskana die bekanntesten Weine zu bieten. Wenn früher hauptsächlich von den kraftvollen Weinen wie Barolo und Barbaresco sowie Gattinara und Gheme – aus der Nebbiolorebe – gesprochen wurde, so werden inzwischen immer mehr große Weine aus Barberatrauben gewonnen.

Aosta

Es ist die kleinste Weinbauregion des Landes, und trotz seiner Höhenlage werden hier schon seit der Römerzeit Reben kultiviert. Teilweise sind es die gleichen Trauben wie in Piemont und der benachbarten Schweiz, aber auch autochthone Sorten sind in dem Hochtal zu finden. Alle Weine tragen auf dem Etikett die Bezeichnung »Valle d'Aosta-DOC« und den Zusatz der Rebsorte oder eines Ortes.

Ligurien

Der halbmondförmige Küstenstreifen zwischen der französischen Grenze im Westen und der Toskana ist vor allem durch ein Naturjuwel bekannt: die »Cinque Terre«. Der bekannteste Weißwein, der hier in extremen Steillagen über dem Meer wächst, trägt den gleichen Namen.

Venetien

Die Region zählt zu den größten Weinproduzenten des Landes, und innerhalb ihrer Grenzen finden sich einige der bekanntesten Weine Italiens: Soave, Bardolino und Valpolicella sind nur einige davon. Zudem wachsen etliche verschiedene weiße und rote Rebsorten in mehreren Gebieten, die den Namen der Anbauzone und der Traube auf dem Etikett tragen. Venetien ist auch die Heimat der Proseccotrauben, aus denen die überaus erfolgreichen Schaumweine gekeltert werden.

Friaul

Früher war die Region im äußersten Nordosten Italiens eine Rotweininsel, aber innerhalb einer Generation verwandelte sie sich in ein Weißweinzentrum. Neben vielen Rebsorten, die

Traubenlese in den kühlen Nachtstunden für besondere Weinqualitäten

sich auch in Venetien, Trentino und Südtirol finden, bilden die heimischen Tocai-, Verduzzo-, Ribolla- und Picolittrauben die typischen Weißweine der Region. Bei den roten Sorten gelten Terrano und Refosco als autochthon und sehr typisch für die Region.

Emilia-Romagna

Die große und überaus fruchtbare Region erzeugt eine Reihe verschiedener Weiß- und Rotweine. Besonders bekannt sind die schäumenden Lambruscoweine mit verschiedenen Herkunftsbezeichnungen. Der weiße »Albana di Romagna« war Italiens erster Weißwein mit einer DOCG-Anerkennung. Die Weine der Emilia-Romagna bilden eine gewachsene Harmonie zu den vielen regionalen Köstlichkeiten wie Käse, Schinken und Wurstspezialitäten.

Toskana

Das weite Land zwischen dem Apennin und dem Tyrrhenischen Meer ist eine der bekanntesten Weinbauregionen Europas und der Welt. Neben Chianti aus verschiedenen Anbauzonen zählen Brunello di Montalcino, Carmignano und Vino Nobile zu den Säulen der toskanischen Rotweine. Vernaccia di San Gimignano und der edelsüße Vin santo sind nicht minder bekannt. Aus der kleinen Gemeinde Bolgheri kommt der erst berühmt gewordene »Super-Toskaner« »Sassicai«, der vielen anderen Weingütern als Vorbild gilt.

Umbrien

Das »grüne Herz Italiens« hat viele Gemeinsamkeiten mit der Toskana, konnte sich jedoch nie ganz an diesen Erfolg anhängen. Landschaft, Klima und Rebsorten sind sehr ähnlich, und der überall bekannte Rotwein »Torgiano Rosso Riserva« wird aus denselben Trauben wie so mancher Toskaner gekeltert. Der bekannteste Weißwein kommt aus der Anbauzone rund um die Stadt Orvieto, trägt den gleichen Namen und ist schon seit Jahrtausenden bekannt.

Marken

Hier an der Küste zum Adriatischen Meer ist der bedeutendste Weißwein der Region – »Verdicchio di Castelli di Jesi«. Er wächst auf den lehmigen Kalkböden am Fuße des Apennin und wird oft in einer amphorenartigen Flasche abgefüllt. Unter den Rotweinen sind Rosso Piceno und Rosso Conero die bekanntesten. Eine außergewöhnliche Rarität ist der rote, leicht schäumende Vernaccia di Serrapetrona aus der gleichnamigen Traube.

Latium

In Latium überwiegen seit jeher die weißen Rebsorten, sowohl in Bezug auf die Fläche als auch auf die Vielfalt. »Frascati« aus den Hügeln nahe der Hauptstadt Rom und »Est! Est!! Est!!!« aus dem nördlichen Teil – in der Nähe des Bolsenasees, sind die zwei bekanntesten Weißweine der Region. In der Anbauzone Aprilia werden auch beachtliche Rotweine erzeugt.

Abruzzen

Hier dominiert die Rebsorte Montepulciano die Weinlandschaft. In der nördlichsten Provinz Teramo hat der Wein »Montepulciano d'Abruzzo – Colline Teramane« als erster Wein der Region im Jahr 2003 eine DOCG-Anerkennung erhalten. Der einzig bekannte Weißwein wird aus Trebbiano gekeltert. Die hügelige und gebirgige Region ist seit einigen Jahren auf dem besten Weg, vom Fasswein- zum Qualitätsweinlieferanten zu werden.

Molise

Die Region liegt zwischen den Abruzzen und dem apulischen Flachland und zählt zu den kleinsten Weinproduzenten des Landes. Die Weinberge sind stark zersplittert, nur zwei Produzenten haben größere Rebflächen. Molise kennt nur drei DOC-Bereiche, und aus diesen kommen weniger als zehn Prozent der Produktion. Die übrigen Weine kommen als Tafel- bzw. Landweine auf den Markt.

Kampanien

Hier befinden sich die Wurzeln des italienischen Weinbaues, und inzwischen kommen immer mehrere hochwertige Weiß- und Rotweine aus der Region. Aus dem Gebiet rund um die Stadt Avellino stammen die bedeutendsten Weine: Der Rotwein Taurasi sowie die Weißweine Greco di Tufo und Fiano di Avellino – alle drei im Status eines DOCG-Weines.

Apulien

Als »Weinkeller Europas« versorgte die Region früher ganz Italien und auch andere Länder mit dunklen und kraftvollen Rotweinen. Nach großen Veränderungen in den Weinbergen und Kellereien zählen einige DOC-Weine und besonders die Landweine (IGT) Apuliens zu den interessantesten Weinen Italiens. Die heimischen Rotweinsorten Primitivo, Negro Amaro, Uva de Troia und Aglianico sind für Erfolge der letzten Jahre verantwortlich.

Basilikata

Am Fuße des erloschenen Vulkans Monte Vulture werden auf kleinen Terrassen die roten Aglianicotrauben angebaut, aus denen einer der meistgeschätzten Weine Süditaliens – der Aglianico del Vulture – gewonnen wird. Einige neu gegründete große Unternehmen, zusammen mit mittleren und kleinen Kellereien arbeiten hart daran, das Image des ganzen Gebietes zu verbessern.

Kalabrien

Aus der Region im äußersten Süden des italienischen Stiefels kommen nur wenige beachtenswerte Weine, aber es war einst eines der ersten Weinbaugebiete Italiens. Die Griechen begründeten hier die Weinkultur und brachten auch eigene Reben mit, so zum Beispiel die roten Gaglioppo- und die weißen Grecotrauben. Der bekannteste und meistgeschätzte Wein der Region ist der rote »Cirò«, der aus Gaglioppotrauben gewonnen wird.

Sizilien

Die Insel ist nach der Rebfläche die absolut größte Weinbauregion Italiens, allerdings ist der Anteil an DOC-Weinen – wie überall im Süden – sehr gering. Dafür haben die IGT's, die Landweine Siziliens, eine ganz besondere Bedeutung erlangt. Etwa drei Viertel der Weinberge sind mit Weißweinreben bestockt, aber die Rotweine, besonders aus der Sorte Nero d'Avola (Calabrese), sind seit Jahren besonders erfolgreich.

Sardinien

Auch auf der Insel Sardinien gibt es einen erfreulichen Aufschwung: Aus dem eher kühlen Norden kommen zum Beispiel die frischen Weißweine der Sorte Vermentino. Die Rotweine sind meist kraftvoll, nicht selten auch süß als »Passito« oder »Liquoroso dolce«. Bei den Rotweinen erreichten die DOC-Weine »Cannonau di Sardegna« bereits hohe Anerkennung und internationales Niveau.

Ein kleiner Weingarten im Herzen der Toskana

Die wichtigsten Rebsorten

Schon lange vor der Besiedelung durch Menschen, war die Rebe im heutigen Italien verbreitet, wie Funde von Kernen der »Vitis vinifera«, der europäischen Edelrebe, bezeugen. In der Römerzeit wurden die Reben bis weit in den Norden hinauf verbreitet und der Weinbau insgesamt stark ausgedehnt.

Vermutlich gab es in Italien mehr als 1000 verschiedene Sorten, heute könnten es noch 600 bis 800 sein, aber nachgewiesen sind etwa 260 verschiedene Edelreben. Nach dem Weingesetz wird in jeder Region zwischen den »zugelassenen« und »empfohlenen« Sorten unterschieden.

In Italien findet der Weinbau etwa zwischen dem 37. und dem 47. Breitengrad in sehr unterschiedlichen Klimazonen und auf sehr verschiedenen Bodenformationen statt. Mehr als die Hälfte der italienischen Rebgärten sind in hügeligen Gebieten, etwa zehn Prozent auf Steillagen, und der Rest liegt in ebenen Regionen. Diese sehr unterschiedlichen kleinklimatischen Bedingungen bieten vielen verschiedenen Rebsorten einen idealen Lebensraum.

Trebbiano

Sangiovese

Die Sorten in einer Rangliste

Italien hat eine Rebfläche von mehr als 900.000 Hektar, darauf werden im Jahr durchschnittlich rund 50 Millionen Hektoliter Wein gewonnen. Die Rebsorten mit der größten Verbreitung (alle Sorten in den verschiedenen Spielarten):

Weißweinrebsorten

Trebbiano
Die Traube ist beinahe in ganz Italien verbreitet – von Venetien bis nach Süditalien. Meistens wird Trebbiano mit anderen Sorten in einer Cuvée vereint, in den Abruzzen auch reinsortig ausgebaut.

Catarratto
Das ist die im Westen von Sizilien vorherrschende Weißweinsorte, welche sich an das dortige Klima gut angepasst hat. Oft wird sie mit anderen Sorten verschnitten.

Malvasia
Die Traube wird in verschiedenen Spielarten in ganz Italien angebaut und ist sehr ertragreich. Sie dient als Verschnittsorte für verschiedene Weine – auch für Chianti ist sie (noch) zugelassen.

Grillo, Grechetto und Moscato bianco
Dies sind drei weitere Sorten, die in Italiens Weinbergen stark vertreten sind.

Rotweinrebsorten

Sangiovese
Als »piccolo«, »grosso«« und noch dazu in anderen Spielarten ist sie die absolut führende Rotweinsorte Italiens. Ihre Heimat ist wahrscheinlich die Toskana, aber auch nördlich und südlich davon ist die hoch geschätzte Sorte weit verbreitet. Einige der größten und vor allem bekanntesten Weine Italiens werden aus Sangiovese gekeltert. Laut Statistik ist etwa jeder zehnte Rebstock Italiens aus dieser Familie.

Barbera
Es ist die bekannte Sorte aus dem Piemont und die Nummer zwei unter Italiens roten Trauben. Und sie wird nicht nur in ihrer piemontesischen Heimat, sondern auch in der Lombardei und der Emilia-Romagna angebaut.

Merlot
Die Rotweinsorte hat ihre Heimat zwar nicht in Italien, sondern im französischen Bordelais, aber sie ist – vor allem in den nördlichen Regionen – fest eingebürgert. Sie bringt weiche und oft erstaunlich gute Weine und gilt als willkommener Partner in Cuvées.

Montepulciano
Dieser Traube ist die namentliche Verwechslung mit dem bekannten toskanischen Weinort sicher. Es ist aber eine eigenständige italienische Rebsorte, die in der Region Abruzzen beheimatet ist. Aber auch in den Nachbarregionen, nördlich und südlich davon, ist Montepulciano stark verbreitet.

Negroamaro (Negro amaro)
Negro amaro – »die Schwarze« – ist vor allem in Apulien zu finden, und dort ist sie für das wachsende Ansehen der kraftvollen Weine der Region mitverantwortlich. Diese Liste könnte man mit Primitivo, Nero d'Avolo, Aglianico und vielen anderen Sorten fortsetzen. Italien, als eines der zwei größten Weinländer der Welt, hat viele berühmte Vertreter in den Weinbergen.

Etikettensprache italienischer Weine

abboccato	halbtrocken (leicht süßlich, süffig)
amabile	lieblich, halbsüß
amaro	bitter
annata	Jahrgang
asciutto	Bezeichnung für trocken bzw. austrocknend
Auslese	besondere Qualität, entspricht dem → **superiore,** gibt es nur bei Kalterersee – DOC
bianco	weiß, Weißwein
bric/bricco	Hügel, Hügelkuppe, wird häufig als Synonym für eine Einzellage im Piemont verwendet
cantina	Weinkeller, Weinkellerei
cantina sociale	Winzergenossenschaft, Genossenschaftskellerei
cerasuolo	Bezeichnung für Roséwein = kirschrot
chiaretto	Roséwein
classico	aus dem ursprünglichen Anbaugebiet
colle (colle di)	Hügelgebiet, aus dem Hügelgebiet
DOC	Denominazione di Origine Controllata, kontrollierte Ursprungsbezeichnung oder Qualitätswein bestimmter Anbaugebiete
DOCG	Denominazione di Origine Controllata e Garantita, kontrollierte und garantierte Ursprungsbezeichnung
enoteca	Vinothek
fattoria	Weingut
franconia	Blaufränkisch, Lemberger in Friaul
frizzante	Perlwein, schwach perlender Wein mit maximal 2,5 bar CO_2-Druck
imbottigliato	abgefüllt in (im)
klassisch	für Südtiroler Weine (St. Magdalener und Kalterersee) entspricht → **classico**
liquoroso	aufgespritete – mit Alkohol verstärkte – Weine; bei süßen Weinen likörartig, bei trockenen sherryartig
macerazione carbonica	Kohlensäuredruckgärung, die besondere Herstellungsmethode für → **vino novello**
Moscato giallo	Goldmuskateller
Moscato rosa	Rosenmuskateller
passito	meist eine Art Strohwein, kann aber auch eine Art Beerenauslese sein (ohne Zusatz von Destillat)
Pinot bianco	Weißburgunder
Pinot nero	Blauburgunder, Blauer Spätburgunder
Pinot grigio	Grauburgunder, Ruländer
Riesling italico	Welschriesling
Riesling renano	Rheinriesling, Weißer Riesling
ripasso-Methode	wörtlich »erneuerter« Durchgang; eine Technik, um den Valpolicella durch die Trebern, des Amarone zu verstärken
riserva	Weine mit längerer Lagerung beim Produzenten, vor allem Fasslagerung; nach Weinsorte sehr unterschiedlich, aber meist 2–4 Jahre
rosato	rosé, Roséwein, rosafarbiger Wein
rosato	rot, Rotwein
Schiava	Bezeichnung für die Vernatschtraube
Schiava gentile	Edelvernatsch
Schiava grigio	Grauvernatsch
Schiava grosso	Großvernatsch
secco	trocken, trockener Wein
spumante	Sekt, Schaumwein nach verschiedenen Herstellungsverfahren mit mindestens 3 bar CO_2-Druck
superiore	Weine von höherer Qualität bzw. höherem Alkohol und/oder längerer Reifezeit
Talento	Bezeichnung für Qualitätsschaumweine aus bestimmten Rebsorten und nach klassischer Methode hergestellt
tenuta	Weinbaubetrieb
Traminer aromatico	Gewürztraminer
tranquillo	stiller Wein, nicht schäumend, wie z. B. bei Prosecco möglich
uva	Weintraube
vendemmia tardiva	Spätlese
Vino novello	der neue Wein, der durch eine besondere Herstellungsmethode bereits im Jahr der Ernte auf den Markt gebracht wird
Vin(o) santo	Strohwein, aus angetrockneten Trauben bereiteter Wein, aus verschiedenen Teilen Italiens; besonders bekannt in der Toskana und im Trentino

Vorfreude auf den Genuss
Einkauf und Verkostung

Weinkauf ist auch eine Stimmungsfrage
Weine im Urlaubsland oder im urigen Weinkeller schmecken oft viel besser als dann zu Hause im Alltag. Also bevor man größere Bestellungen macht, sollte man den Wein mindestens zweimal verkosten.

Die Weinwelt hat sich in den vergangenen Jahren rasend schnell verändert. Das Angebot wird immer größer und immer neue Flaschen stehen in den Regalen von Vinotheken und Supermärkten. Für den Weinkundigen eine große Freude, für die Mehrzahl der Konsumenten wird die Verwirrung noch größer. Allein die vielen Weinbezeichnungen können zu Konfusionen führen.
Ein klassisches Beispiel bei zwei bekannten italienischen Weinen: »Vino Nobile di Montepulciano« und »Montepulciano d'Abruzzo« – einmal ist Montepulciano die Stadt und das zweite Mal die Rebsorte.

Weinkauf ist eine Geschmacksfrage

Wenn man beginnt, sich für Wein zu interessieren, sind es meist liebliche oder halbtrockene Weiß- oder Roséweine. Erst später werden die Rotweine nach und nach dunkler und kraftvoller.

Weinkauf ist nicht zuletzt eine Preisfrage

»Etikettentrinker« werden immer ihren Preis zahlen müssen, während unzählige italienische Landweine (IGT) in vergleichbaren Qualitäten zu einem viel besseren »Preis-Genuss-Verhältnis« zu finden sind.

Wein ist ein lebendes Produkt

Nicht jeder Wein eignet sich für eine lange Lagerung, und auf der anderen Seite gibt es eine ganze Reihe von Rotweinen, die eine bestimmte Reifezeit brauchen, um gut trinkbar zu werden.
Ausschlaggebend für die Lagerfähigkeit sind nebenstehende analytische Werte, die natürliche Konservierungsstoffe im Wein darstellen. Daher versteht es sich von selbst, dass beispielsweise ein alkoholstarker und tanninreicher Rotwein einem simplen Tischwein an Haltbarkeit weit überlegen ist. Bei Weißweinen sind es vor allem Säure und Restzucker, welche eine gute Haltbarkeit garantieren. Bei diesen zwei simplen Beispielen bleibt allerdings noch die Frage offen, ob solche Weine auch harmonisch und trinkfreundlich sind, und dies kann nicht mit wenigen Sätzen beantwortet werden.

Verkosten mit allen Sinnen

Eine Weinverkostung im privaten Kreis ist eine beliebte Beschäftigung für alle, die Gutes schätzen, und der Kreis der Weinfreunde wird immer größer. Eine solche Probe ist nicht nur eine Angelegenheit für Profis, denn schließlich entscheidet ja der persönliche Geschmack darüber, ob einem ein Wein zusagt oder nicht. Die eigenen Wahrnehmungen kann man bis zu einem gewissen Grad schulen, und je mehr man über die Funktionsweise der Sinnesorgane weiß, desto mehr Eindrücke kann man dabei herausholen.

Einige Regeln für die Weinverkostung

- Vergeuden Sie keine Zeit für Weinverkostungen, wenn Sie erkältet sind, es ist sinnlos!
- Der späte Vormittag ist die beste Zeit dafür. Da können die Sinneseindrücke am deutlichsten wahrgenommen werden.
- Bei Tageslicht kann die Farbe des Weines am besten erkannt und bewertet werden.
- Eine weiße Unterlage in Form eines Tischtuches oder eines Blattes Papier hilft mit, die Farbe des Weines zu bestimmen.
- Rauchen ist strikt verboten! Starke Parfums irritieren den Geruchssinn.
- Die Verkostung von mehr als einem Dutzend Weinen ist nur für geübte Verkoster sinnvoll. Der Anfänger sollte mit einer kleinen Anzahl von Weinen beginnen und langsam steigern.
- Wird eine größere Anzahl von Weinen verkostet, soll der Wein nicht geschluckt, sondern in bereitstehende Spucknäpfe oder Becher gespuckt werden.
- Möglichst keine Speisen zur Verkostung anbieten. Am ehesten ungesalzenes Weißbrot.

»COS« – Formel für kritisches Verkosten

Schon die alten Römer beschäftigten sich mit dem Thema »Weinprobe«, und aus jener Zeit stammt auch die heute noch gültige Verkostungsformel »COS«:
Die drei Buchstaben stehen für:
»Color« (Farbe und Aussehen)
»Odor« (Geruch)
»Sapor« (Geschmack)

»Color« – Farbe und Aussehen

Wenn wir Wein nach dem Aussehen beurteilen, prüfen wir zuerst, ob er klar ist, und dann seine Farbe.

Der Weißwein

Bei Weißweinen kann sich die Farbskala von einem sehr hellen Grüngelb bis zu einem kräftigen Goldgelb, je nach Alter und Qualitätsstufe, erstrecken. Das heißt, dass ein junger, leichter Wein sehr hell und ein reifer, hochwertiger Prädikatswein von kräftiger Farbe sein kann.

Natürliche Konservierungsmittel im Wein
- Alkohol
- Tannin
- Säure
- Restzucker
- Extrakt

Der Kellermeister prüft regelmäßig seine Weine.

Ein weiser Kompromiss
Wie viele und welche Flaschen man einkauft, ist eine Geschmacksfrage und von den vorhandenen Geldmitteln und den Lagermöglichkeiten abhängig.
In der Praxis hat sich der »dreigeteilte« Keller bewährt:
1. guter Wein für alle Tage
2. Weine für kurz- bis mittelfristige Überlagerung
3. »Langstreckenläufer«, die man auch gerne herzeigt

Reihenfolge einer Verkostung

- Weißweine vor Rotweinen
- Rotweine vor Süß- und Dessertweinen
- leichte Weine vor schweren Weinen
- trockene Weine vor lieblichen Weinen
- säurereiche Weine vor säurearmen Weinen
- jüngere Weine vor älteren Weinen
- kleine Weine vor großen Weinen
- kleine Jahrgänge vor großen Jahrgängen

fruchtig

blumig

pflanzlich oder vegetabil

würzig

Bleibt der Weißwein »in Tränen« lange an der Glaswand hängen, ist dies ein Zeichen für hohen Extrakt und Glycerin und oft auch für höhere Qualität. Sind bei einem Weißwein sichtbare kleine Bläschen im Boden des Glases, so ist dies eine Spur von CO_2, welches noch von der Gärung herrührt und auf jeden Fall ein Zeichen von Frische und Lebendigkeit ist.

Der Rotwein

Bei Rotweinen ist die Bestimmung der jeweiligen Farbe schon etwas schwieriger. Hellrot, rubin-, granat-, ziegel- oder braunrot sind zwar verständliche Bezeichnungen, die Grenze zwischen zwei Rottönen ist jedoch meist fließend. Ein weißes Tischtuch oder ein Blatt Papier helfen mit, die richtige Farbe zu erkennen. Gläser mit farbigen Stielen behindern das Erkennen der richtigen Farbe und sind daher für eine Verkostung nicht ideal.

»Odor« – der Duft des Weines

Das Riechen an einem guten Wein (aus dem richtigen Glas) ist für Weinfreunde oft ein noch größerer Genuss als das Verkosten im Mund. Bei Odor, dem Geruch, stellen wir in erster Linie fest, ob der Wein reintönig und fehlerfrei ist. Kork- oder Schimmelgeruch lassen sich sehr leicht feststellen.

Fruchtig

Erinnert der Duft an irgendeine Frucht wie z. B. Apfel, Pfirsich, Zitrus, Beeren, Dörrpflaumen oder andere, dann bezeichnen wir den Wein insgesamt als »fruchtig«.

Blumig

Zeigt der Wein in der Nase den Duft von Blüten oder Blumen wie Rosen, Veilchen, Holunderblüten oder ähnliches, bezeichnen wir den Wein als »blumig«. Besondere Beispiele dafür sind der Rosenduft im Gewürztraminer und Moscato rosa oder Holunderblüten im Sauvignon. Schwere, gereifte Baroloweine zeigen manchmal einen leichten Duft, der an Veilchen erinnert.

Pflanzlich oder vegetabil

Erkennen Sie im Wein Duftstoffe, die an frisches Gras, grünen Paprika, grünen Spargel oder ähnliches erinnern, wird der Wein als »pflanzlich« oder »vegetabil« eingestuft.

Würzig

Diese Bezeichnung bezieht sich einerseits auf aromatische Rebsorten, wie zum Beispiel Gewürztraminer, Moscato bianco bei Weißweinen oder Aleatico und Brachetto bei den roten Sorten. Zimt, Nelken und schwarze Pfefferkörner sind einige würzige Aromen, die man öfters in Weinen erkennen kann. Andererseits sind es Aromastoffe, die sich aus einer langen Lagerung heraus gebildet haben und natürlich jene Aromen aus einer besonderen Reifung im kleinen Eichenfass – allen voran die feinen Vanilletöne. Die Bandbreite ist hier sehr groß. Von Kräutern, die wir aus dem Garten kennen, bis hin zum angebrannten Eichenholz der Barriques.

Sapor – der Geschmack

Nach der Vorfreude des Riechens versuchen wir Sapor – den Geschmack des Weines – zu erkunden. Dabei müssen wir bedenken, dass wir im Mundbereich verschiedene Geschmäcker an unterschiedlichen Stellen wahrnehmen können. So zum Beispiel reagiert die Zungenspitze besonders auf Süße, die vorderen Zungenränder schmecken Salziges und die hinteren Zungenränder Saures. Weiter hinten, am Gaumen, reagieren wir vor allem auf Bitteres. Die Form des passenden Glases hilft mit, den Wein auf den entsprechenden Punkt der Zunge zu bringen.

Süß

Es ist der unvergorene Restzucker im Wein, aber auch eine hohe Konzentration von Glycerin im Wein, die wir als süßlich empfinden.

Salzig

Unsere Weine sind natürlich nicht wirklich salzig, aber Mineralstoffe im Wein können eine Spur davon andeuten.

Sauer

Was wir an den hinteren Zungenrändern als sauer bzw. säuerlich schmecken, ist die natürliche Wein- und Apfelsäure – besonders in trockenen Weißweinen.

Bitter

Bitter am Gaumen ist vor allem das Tannin – der Gerbstoff – in Rotweinen.

Harmonisch

Wenn ein Wein nicht nur von einer dieser Grundgeschmacksrichtungen dominiert wird, sondern eine Fülle von Eindrücken hinterlässt, kann man ihn gerne als »harmonisch« bezeichnen.

Die Vielfalt der Aromen

Die Aromen eines Weines bestehen aus den Teilen, die der Mensch riechen, und denen, die er schmecken kann. Die Faszination bei einer Weinverkostung ist die geschmackliche Vielfalt.

Wissenschaftler haben rund 500 verschiedene Weinaromen nachweisen können, und wenn ihre Messverfahren – die Gas-Chromatographie und die Massenspektralanalyse (eine Art »Riechzellen-Computer«) – noch weiter entwickelt sind, werden es bestimmt noch mehr werden.

Auch durch einfaches Verkosten kann eine gewisse Einteilung der Aromen vorgenommen werden:

Die Primäraromen

Als solche werden die natürlichen Traubenaromen bezeichnet, welche von den Beeren kommen. Meist sind es fruchtige und blumige Aromen, die zumindest bei jungen Weinen dominieren. Die Primäraromen können jedoch – auch bei gleicher Rebsorte – sehr unterschiedlich ausfallen, je nach Mikroklima und Bodenverhältnissen.

Das primäre Sortenaroma ist beispielsweise besonders ausgeprägt bei aromatischen Weißweintrauben wie bei Muskateller oder Gewürztraminer und bei den roten Cabernettrauben. Beim Essen der süßen Trauben kann man tatsächlich die Sorte des entstehenden Weines herausschmecken.

Die Sekundäraromen

Neben den Aromen, die aus der Traubenfrucht kommen, finden sich im Wein auch Aromen, die während der Gärung entstehen. Verantwortlich dafür ist ein biochemischer Prozess, bei dem durch Hefe ein Abbau bzw. eine Umwandlung verschiedener Stoffe – vor allem Zucker – vor sich geht. Die süßen Fruchtaromen werden stark reduziert, und neue Stoffe werden gebildet. Ein wertvolles, neu entstehendes Aroma stammt von Glycerin, einer Alkoholart mit angenehmem Geruch.

Diese Sekundär- oder Gäraromen bereichern den Wein und führen dazu, dass er ein anderes Aromaprofil hat als der Traubensaft. Die Träger dieser Aromen sind vor allem Alkohol und Säuren.

Die Tertiäraromen

Die Tertiär- oder Lageraromen beginnen sich einige Monate nach der Traubenlese im Fass oder noch mehr in der Flasche zu bilden. Die primärfruchtigen Aromen treten in den Hintergrund, und es entwickeln sich neue Duftkompositionen. Es sind die ersten Anzeichen einer beginnenden Reife. Dieser Reifeprozess ist eine Art von Feinoxidation, die durch eine kleine Menge von Sauerstoff möglich ist, welche bei der Abfüllung in die Flasche kommt. Der Fachmann spricht nun nicht mehr von Aroma, sondern von Bouquet.

Einen großen Teil des Weingenusses nehmen wir mit der Zunge wahr.

Die unzähligen Geschmackszellen auf unserer Zunge nehmen die vier wichtigsten Geschmacksrichtungen unterschiedlich stark auf.

süß

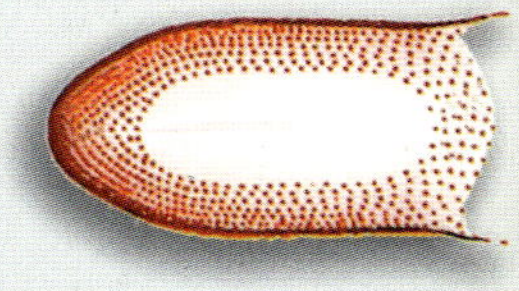

Die Zungenspitze erkennt Süße und die jugendlichen Fruchtaromen des Weines.

sauer

Die hinteren Zungenränder reagieren besonders auf die Säure in den Weinen. Dies betrifft vor allem die Weißweine.

salzig

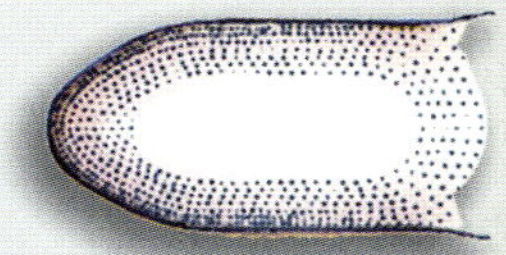

Die vorderen Zungenränder erkennen mineralische Töne, die wir als salzig empfinden.

bitter

Der Zungengrund oder der Gaumen registriert als letzten wichtigen Eindruck die Bitterstoffe bzw. die Tannine im Wein.

Die Weinverkostung – Erklärung der Begriffe

Abgang
Der letzte Geschmackseindruck eines Weines. Ein positiver und langer Abgang ist ein wesentliches Qualitätsmerkmal für einen gut ausgewogenen Wein.

Alkohol
Eine der Hauptkomponenten im Wein. Er gibt ihm Körper und Rückgrat.

Apfel- bzw. Äpfelsäure
Die besonders bei Weißweinen feststellbare – eher schärfer schmeckende – Säure im Wein.

Aroma
Angenehme Geruchskomponenten, die von der Traubenfrucht herrühren. (Aroma wird häufig anstelle von Bouquet verwendet.)

Aromatisch
Sind Weine mit besonders hervortretendem Bouquet. Diese Sorten haben meist auch einen ausgeprägten Geschmack wie z. B. Gewürztraminer oder Muskateller.

Ätherisch
Charakteristische und etwas stechende Empfindung, hauptsächlich bei älteren Weinen.

Aufdringlich
Ein Geruch, der schnell und intensiv in die Nase steigt, ohne nobel oder fein zu sein. Oft folgt ein enttäuschender Geschmack im Mund.

Blumig
Erinnert im Geruch (oder Geschmack) an Blumen und Blüten.

Bouquetweine
Sind Weine mit auffälligem und meist unverwechselbarem Aroma aus bouquetreichen Sorten wie z. B. Gewürztraminer.

Brandig
Weine mit hohem, im Gesamteindruck dominierendem Alkohol. Dies kann entstehen, wenn ein Wein zu stark aufgebessert wurde und dadurch zwar viel Alkohol, aber zu wenig Körper hat.

Caramel/Karamell
Süßlicher Geruch, der an Caramel-Bonbons bzw. gebrannten Zucker erinnert. Der Duft ist sehr typisch für gewisse Süßweine wie zum Beispiel Vin santo.

Charakteristisch
Ein charakteristischer Wein besitzt alle Stärken und Schwächen einer Rebsorte, eines Anbaugebietes, Jahrganges usw. So sollte ein junger Weißwein eine helle Farbe und lebendige Säure haben. Ein sehr gereifter Rotwein hingegen darf braunrote Töne haben, und sein Bouquet darf an Madeira erinnern.

Duftig
Ein angenehmer Wein in Bezug auf Aroma, Bouquet und eventuell auch Geschmack.

Dünn
Eher mangelhafte, wässrige Weine mit zu wenig Körper.

Edelfäule
Besonderer Duft und Geschmack bei Weinen hoher Prädikatsstufen. Erinnert oft an honigähnliche Komponenten.

Entwickelt
Ein voll entwickelter – richtig gereifter – Wein.

Erdig
Beschreibt den Geruch und Geschmack, der an Erde erinnert. Muss kein Fehler sein, sondern kann durch die Herkunft entstehen oder im Zuge der Reifung Aromen wie Walderde, Pilze, Unterholz entwickeln.

Essigton
Sticht in der Nase, ist scharf und aggressiv am Gaumen. Besonders Rotweine haben unter ihren Säuren einen kleinen Anteil an Essigsäure, der bis zu einer Menge von etwa 1 Promille nicht wahrnehmbar ist. Durch einen unsauberen Gärverlauf kann sich der Anteil erhöhen und diesen Weinfehler entstehen lassen. In der Weinsprache auch als ⟶ **flüchtige Säure** bekannt.

Extrakt (zuckerfreier Extrakt)
Die Fülle an allen Inhaltsstoffen des Weines außer Zucker, Wasser und Alkohol. Hauptsächlich aber Glycerin.

Firnig
Alterston bei Weinen, ein natürlicher Oxidationsvorgang.

Flach
Ein Wein, der in Geruch und Geschmack durch fehlende Säure ausdruckslos ist.

Flüchtige Säure
Ein normaler Weinbestandteil, der nur in sehr geringen Mengen erwünscht ist. Es ist eigentlich Essigsäure.

Foxton
Ein erdbeerähnlicher Duft bei Weinen aus Hybriden, besser bekannt als »Erdbeertrauben«. Die Weinherstellung aus solchen Trauben ist in der EU (eigentlich) nicht erlaubt.

Fremdgeschmack
Unsauberer Geschmack, fehlerhaft. Nicht zu verwechseln mit einem Aroma, das einem nicht bekannt ist.

Fruchtig
Dieser Geruchs- oder Geschmacksausdruck kann sich auf die Traubensorte beziehen, aus welcher der Wein gekeltert wurde, oder auf eine andere Frucht. Ein Riesling oder Kerner hat zum Beispiel den fruchtigen Ton von Pfirsichen und ein Pinot bianco vom grünen Apfel.

Gerbstoff
Die häufig fälschlich als »Gerbsäure« bezeichneten Inhaltsstoffe stammen aus der Beerenhaut, den Traubenkernen und den Stängeln und verleihen dem Wein den herben Geschmack. Dies ist keine Säure, sondern Tannin.

Gesamtsäure
Alle im Wein enthaltenen Säuren, mit Ausnahme der »Kohlensäure« (CO_2).

Glycerin
Ein wertvolles Nebenprodukt der alkoholischen Gärung. Es verleiht dem Körper Fülle,

schmeckt süßlich und hat eine ölige Konsistenz.

Grasig
Es ist ein Sortenmerkmal bei Cabernet franc und Sauvignon blanc. Bei Weinen aus unreif geernteten Trauben kann der grasige Geruch oder Geschmack die Harmonie stören.

Halbtrocken
Beschreibt den unvergorenen Restzucker im Wein, der durch Verkosten erkennbar oder durch das Weingesetz vorgegeben ist.

Halbsüß
Ist eine andere Bezeichnung für ⟶ **lieblich** und beschreibt den Restzucker im Wein.

Harmonisch
Ein Wein, bei dem alle Inhaltsstoffe vom Geruch her und geschmacklich eine angenehme Einheit bilden.

Hefeton
Kann positiv bei Schaumweinen und speziellen, im Barrique vergorenen Weißweinen sein. Im Besonderen hochwertige Spumanti, die lange auf der Flasche reifen, haben diesen typischen und erwünschten Ton in Geruch und Geschmack.

Hochfarbig
Durch zu lange Lagerung bzw. Oxidation zu dunkel gewordene Weißweine.

Hölzern
Meist ein Resultat zu langer Lagerung im kleinen Holzfass.

Kantig
Durch zu hohe Säure, besonders Apfelsäure, kann der Wein eine kantige Säure aufweisen.

Körper
Bezeichnung für Weine mit »Stoff«, also Weine mit betontem Alkohol und gutem Extrakt.

Krautig
Unreifer Geschmack, der an grünes Holz erinnert.

Kurz
Weine, deren Geschmackseindrücke oder der Nachgeschmack schnell abklingen.

Lang
Bezieht sich auf die Länge (Dauer) des Geschmackseindruckes und ist ein wichtiges Qualitätsmerkmal.

Ledrig
Ein Geschmack im Mund, der an feines Wildleder erinnert.

Lieblich
Ist eine andere Bezeichnung für ⟶ **halbsüß.**

Metallisch
Unangenehmer Beigeschmack, verursacht durch einen metallischen Gegenstand während der Weinbereitung oder Reifezeit.

Mild
Meist in Bezug auf Säure und Tannin.

Mostig
Geschmack, der an unfertigen Wein erinnert. Kann auch ein Weinfehler sein.

Neutral
Wein ohne eindeutige Charakteristik.

Oxidiert
Ein Wein, der durch Luftzufuhr im Fass oder durch zu lange Lagerung in der Flasche geschmacklich stark beeinträchtigt ist.

Rund
Ist ein abgerundeter Wein mit einer ausgeglichenen Menge der wichtigsten Inhaltsstoffe.

Samtig
Angenehm weicher Wein mit einer gewissen Fülle und weichen bzw. gut gereiften Tanninen. Von der Rebsorte ausgehend, bringt zum Beispiel die Sorte Merlot samtige Weine. Aber auch hoher Extrakt lässt die Weine so erscheinen.

Sauber
Bezeichnung für Weine, die vom Geruch her und geschmacklich einwandfrei sind.

Säurereich
Besonders bei Weißweinen, die früh geerntet werden, ist der Anteil an der eher scharf schmeckenden Apfelsäure hoch. Rebsorte und Anbaugebiet entscheiden zusätzlich über den Säurereichtum einer Sorte.

Schwefelig
Wein mit »hohem« Schwefelgehalt, der in der Nase ein leichtes Stechen verursachen kann.

Schwer
Kräftige, alkoholhaltige Weine mit hohem Extraktgehalt. Eine eventuell dunklere Farbe spielt dabei keine Rolle.

Spritzig
Frischer, meist junger Wein mit einem als angenehm empfundenen Kohlensäuregehalt (von der Gärung herrührend).

Stahlig
Ein fester Weißwein mit kräftiger Säure und mineralischen Tönen, die in unserem Geschmacksempfinden als salzig erkannt werden. Beides zusammen erscheint uns stahlig.

Süß
Geschmacksempfindung im Wein beziehungsweise eine gesetzliche Geschmacksbezeichnung.

Tannin
Ist der korrekte Fachausdruck für den Gerbstoff.

Verschlossen
Passt hauptsächlich zu einem noch unreifen, zu wenig lange gelagerten Rotwein. Die roten Spitzenqualitäten aus Italiens Weingärten – wie Barolo, Barbaresco oder Brunello – brauchen eine jahrelange Reifung, um sich zu öffnen und trinkfreundlich zu werden.

Vinifizierung
Vorgänge der Weinbereitung: von der Traube bis zum fertigen Wein.

Weich
Wein ohne irgendwelche Ecken. Tannin und Säure sind gut eingebunden.

Würzig
Geruch oder Geschmack erinnert an Gewürze oder Weine aus Bouquet-Rebsorten.

Zart
Weine mit feiner Struktur und mittlerem Körper.

Zitrustöne
Fruchtige Weißweine, welche auch an Zitronen oder Grapefruits erinnern.

Essen und Trinken

Harmonie des Geschmackes

Italien bietet eine riesige Vielfalt an Delikatessen mit dazupassenden Weinen.

Wein und Speisen

Richtig ausgewählte Getränke – im Speziellen Weine – vervollkommnen den Geschmack einer Speise. Sofern der Wein in Maßen genossen wird, fördert er auch die Verdauung durch eine stärkere Absonderung der Magensäfte. Voraussetzung dafür ist auf jeden Fall, dass er von guter Qualität ist und mit den Speisen, zu denen er gereicht wird, in Einklang steht.

Da jeder Wein besondere Eigenschaften hat, die den Geschmack gewisser Speisen ergänzen können, haben sich im Laufe der Zeit Regeln darüber entwickelt, welche Weine mit welchen Speisen am besten harmonieren.

Wenn diese Kunst der Anpassung auch keinen genauen mathematischen Formeln unterliegt, so gibt es trotzdem Grundsätzliches zu beachten. Genügend Spielraum für Phantasie und Kreativität bleiben aber immer noch.

Subjektive Eindrücke

Noch bevor man an gewisse Regeln denkt, die bestimmte Kombinationen sinnvoll erscheinen lassen, gibt es eine Reihe von Überlegungen, die nicht wirklich real sind, sondern eher mit persönlicher Stimmung, Jahreszeit und Anlass zu erklären sind. Bei Sonnenschein und warmem Wetter sind leichte Weißweine mit ihrer erfrischenden Säure besonders angebracht. Bei winterlicher Stimmung oder kühlem Wetter können kraftvollere Weißweine und natürlich dunkle Rotweine viel leichter ein positives Gefühl von Wärme und Genuss erzeugen. Zu besonderen Anlässen sollten auch die begleitenden Weine entsprechend nobel sein.

Grundsätzliche Überlegungen

Zutaten und Zubereitungsarten

Um eine echte – eine begründbare – Empfehlung machen zu können, sollte man beide Produkte, den Wein und die Speise, möglichst genau kennen. Dabei geht es nicht nur um die Rohwaren, aus denen eine Speise gemacht wird, sondern in gleichem Maße auch um die Zubereitungsart. Es macht also einen erheblichen Unterschied, ob ein Stück Fleisch, Fisch oder Gemüse gebraten, gebacken, pochiert oder geschmort wird.

Intensität des Geschmackes ausbalancieren

Weder Essen noch Wein dürfen Übergewicht erhalten. Deshalb ist der Wein auf das geschmacksintensivste Produkt am Teller abzustimmen. Im Zweifelsfall soll eher der Wein etwas zurückstehen.

Den Wein mit der Sauce abstimmen

Die Sauce ist meist der geschmacksintensivste Teil einer Speise, und so ist der Wein nicht nur auf das Fleisch, sondern auf die Sauce anzupassen.

Ein einfaches Beispiel kann es erklären: Ein Filetsteak mit einer Pfeffersauce ist geschmacklich intensiver als das gleiche Steak mit einer Steinpilzrahmsauce, obwohl dasselbe Fleisch verwendet wurde.

Oder: Ein Brasato – Italiens klassischer Rinderbraten – in Barolo mit weißem Trüffel verlangt unbedingt nach dem gleichen kraftvollen Barolo als Weinbegleitung. Das gleiche Stück Fleisch kann auch mit einem Pinot nero aus dem Friaul zubereitet und einem feinen Gemüserisotto serviert werden. Hier ist der feingliedrige Pinot nero (Blauburgunder) als passender Wein gefragt.

Geschmacksgebende Inhaltsstoffe zueinander

Das Verhältnis verschiedener Säuren zueinander

Essig- oder Milchsäure in Speisen addiert sich mit der Wein- oder Apfelsäure des Weines und schadet der Geschmacksharmonie.

Beispiel: Die zu sauer marinierten Blattsalate schlagen sich mit einem säurereichen Wein wie zum Beispiel einem frischen Riesling italico (Welschriesling) aus dem Veneto.

Abhilfe: Den Salat mit Balsamicoessig, Kräutern und Olivenöl marinieren. Ein etwas gereifterer oder säurearmer Wein kann ausgleichen. Generell können die Weißweine aus den Sorten Trebbiano, Malvasia, Sylvaner oder Müller-Thurgau als säurearm angesehen werden.

Das Verhältnis zwischen Süße und Säure

Ein säurebetonter Wein wird durch Zucker in jeglicher Form noch aggressiver. Auch kohlensäurehältige Getränke erscheinen geschmacklich trockener und säurereicher als Stillweine.

Beispiel: Zu einem süßen Dessert passt niemals ein trockener Wein oder gar ein trockener oder extratrockener Schaumwein. Die großen Qualitäten von Spumante und natürlich von Champagner gibt es fast nur in der Geschmacksrichtung »Brut«.

Süße und Süße zueinander

Zucker und Zucker addieren sich nicht, sondern heben sich in unserem Geschmacksempfinden gegenseitig auf.

Spargel und Wein sind eine ideale Vermählung.

Es passt, was schmeckt
Das Wichtigste ist der persönliche Geschmack oder der der Gäste, sofern man es beurteilen kann!
In Anlehnung an die Mode gilt immer öfters der Leitsatz: »Es passt, was schmeckt.«

Ein gut sortierter Lagerkeller eines Restaurants

Daher: Süßspeisen verlangen nach süßen Weinen, und je süßer die Speise, desto süßer muss die Begleitung sein. Von **Vendemmia tardiva** über **Vin santo** bis **Asti spumante** bieten sich unzählige Möglichkeiten zu süßen Desserts jeder Art.

Salz und Säure zueinander
Salz in den Speisen und Säuren im Wein addieren sich gleich wie verschiedene Säuren.
Beispiel: Eingesalzene Fischmarinaden sind »Weinfeinde«, da passen andere Getränke besser, zum Beispiel ein Glas Bier.
Oder: Stark salzige Käsesorten mit milden Weinen servieren.

Fett und Säure zueinander
Die Säuren im Wein – besonders im Weißwein – helfen mit, ölige und fettreiche Speisen aufzulösen, und erzeugen eine Geschmacksharmonie. Die Rebsorten Vermentino, Riesling renano (Rheinriesling) oder Pinot bianco haben in der Regel eine gute Säurestruktur.

Salz und Zucker zueinander
Salz in Speisen – vor allem in Käse – und Zucker, wie Restzucker im Wein, gleichen sich teilweise aus.
Abhilfe: Servieren Sie kräftige Weine mit mehr als 12,5 Vol.-% Alkohol und wenn möglich in der Geschmacksrichtung »abboccato« (halbtrocken).

Bitterstoffe und Tannine zueinander
Bitterstoffe in Gemüse und Salat addieren sich mit dem Tannin (Gerbstoff) des Weines. Dies betrifft ganz besonders Rotweine mit Barriqueeinsatz.
Beispiel: Gemüse mit Bitterstoffen wie z. B. Radicchio oder Chicorée passen schlecht zu sehr tanninhaltigen Weinen.
Abhilfe: Milde Rotweine mit reifen Tanninen und klassischem Ausbau können ausgleichen. Generell sind zum Beispiel die Sorten Merlot und Pinot nero eher gerbstoffarm.

Bitterstoffe und Restzucker zueinander
Etwas Restzucker oder kraftvoller Extrakt im Wein können gegenüber Bitterstoffen schlichtend wirken. Auch Gemüsearten mit Zuckergehalt, wie glacierte Zwiebeln, Karotten oder Erbsen, bewirken einen ähnlichen Effekt.

Bitterstoffe und Fett zueinander
Unreife oder kräftige Bitterstoffe (Tannine) im Wein werden durch fettreiche Gerichte weitgehend neutralisiert.
Beispiel: Verstecktes Fett in marmorierten Steaks oder Olivenöl und Butter in Saucen und Ragouts machen Weine mild und angenehm.
In weiterer Folge sind noch sehr viele andere Faktoren zu berücksichtigen. Insgesamt ist das Thema »Wein und Speisen« fast unerschöpflich, und dabei kann alles nur subjektiv sein, denn der persönliche Geschmack, Gewohnheiten und vor allem regionale Traditionen spielen eine große Rolle. So wird zum Beispiel in typischen Weißweinzonen öfters Weißwein getrunken, obwohl manchmal vielleicht Rotwein besser harmonieren würde.

Alte Regeln, die jeder kennt

Weißwein zu hellem Fleisch
Zu natur Gebratenem oder Gebackenem ist Weißwein meistens passend.
Aber: Wenn das helle Fleisch mit einer kräftigen Sauce zubereitet ist, passt ein leichter Rot- oder Roséwein oft besser. Ein in Rotwein zubereitetes Hähnchen zum Beispiel verlangt natürlich nach dem gleichen Wein, mit dem es zubereitet wurde.

Weißwein zu Fisch
Das ist eine uralte Regel, die nur mehr teilweise richtig sein kann. Meeresfische, wie beispielsweise Thunfisch, können je nach Zubereitung durchaus mehr Geschmack bringen als so manches Stück Fleisch. Auch wenn der Fisch mit Rotwein zubereitet wird, passt natürlich der zum Kochen verwendete Wein dazu.

Daher: Leichte, gekühlte Rotweine mit weicher Tanninstruktur können sehr gut zu Fischen – im Besonderen zu Meeresfischen – harmonieren. Valpolicella und Bardolino aus Venetien oder Grignolino aus Piemont können zu den leichteren und weicheren Rotweinen Italiens gezählt werden. Auch ein Roséwein aus den südlichen Regionen kann ein passender Kompromiss sein.

Rotwein zu dunklem Fleisch
Meistens ist es die passende Kombination.
Aber: Zu gekochtem Rindfleisch verträgt sich trockener Weißwein besser. Einfach deshalb, weil durch diese Zubereitung ein dezenterer Geschmack entsteht. (Die regionalen Gewohnheiten können hier sehr unterschiedlich sein!) Das Angebot an Rotweinen ist in Italien riesengroß. Alle Regionen haben passende Weine, von einem frischen Vernatsch aus Südtirol bis zum dunklen Negro amaro aus Apulien.

Die richtige Reihenfolge bringt die Harmonie

Nicht nur die richtige Kombination ist wichtig, auch eine entsprechende Reihenfolge der Weine ist notwendig, um unsere Geschmacksnerven nicht zu überanstrengen.

Einige Regeln mit ihren Ausnahmen:

Junge, leichte vor älteren, gehaltvollen Weinen
Eigentlich eine klare Sache.
Aber: Wird zu einer kalten Vorspeise mit Gänseleber ein wuchtiger Gewürztraminer serviert, kann darauf folgend trotzdem ein leichterer, trockener Weißwein gereicht werden. Eine klare Suppe oder ein Glas Mineralwasser helfen innerhalb eines Menüs beim Neutralisieren unserer Geschmacksempfindung.

Trockene Weine vor süßen Weinen
Im Normalfall ja, aber der vorher erwähnte Gewürztraminer könnte zur Gänseleberpastete auch halbsüß oder gar edelsüß sein.

Weißweine vor Rotweinen
Rotweine sind in der Regel geschmacksintensiver als Weißweine, daher die Weißweine zuerst. Kraftvolle edelsüße Weißweine werden natürlich auch nach dem Rotwein zum Dessert serviert.

Fisch muss schwimmen – natürlich in Wein.

Wein und Fisch

Dreimal soll der Fisch schwimmen, sagt der Volksmund. Das erste Mal im Wasser, ein zweites Mal in der Pfanne und ein drittes Mal im Wein. Allerdings bleibt die große Frage: In welchem Wein?
Dass Wein der ideale Begleiter zu Fisch und Meeresfrüchten ist, steht außer Zweifel. Wie bei allen Anpassungen soll er die gereichte Speise von der Zunge bis zum Magen freundlich begleiten, ohne sich irgendwie vorzudrängen. Der Wein kann den Geschmack des Gerichtes nicht nur ergänzen, er darf es auch leicht hervorheben oder neutralisieren.

Es gibt keine Faustregeln

Bei der Kombination von Fisch mit Wein gibt es unzählige Möglichkeiten, und deswegen kann die Frage nach dem passenden Wein zu Fisch-

Eiweiß dominiert
»Fisch ohne Getränk ist Gift«, sagt ein französisches Sprichwort, und das Getränk, das gemeint ist, kann nur Wein sein. Hinter dieser Redewendung steckt eine tiefere Weisheit: Fisch enthält bekanntlich sehr viel tierisches Eiweiß und um dieses zu verdauen, benötigt der Körper tatsächlich viel Flüssigkeit. Diese Regel gilt natürlich in Italien genauso wie im mediterranen Raum und auf der ganzen Welt.

gerichten unmöglich pauschal beantwortet werden.
Bei den vielen Möglichkeiten kann »gleich und gleich« so passend oder unpassend sein wie »Gegensätze ziehen sich an«. Gleichklang kann sehr harmonische Vermählungen ergeben, und gewagte Kontraste können äußerst interessant sein. Je nach Fisch und Zubereitungsart passt ein leichter, neutraler Weißwein oder aber in einem anderen Fall ein vollmundiger Rotwein.

Harmonische Vereinigungen

Nicht nur im täglichen Leben, auch bei Weinen sind gewisse Verträglichkeiten für glückliche Vereinigungen notwendig.
- Bei Wein ist es das Aroma, die Säure, Fülligkeit und Alkoholgehalt sowie eine eventuelle Bitterkeit durch Tannine.
- Beim Fisch ist es die Konsistenz des Fleisches, der Fettgehalt und sein mehr oder weniger intensiver Geschmack.

Entscheidender als der Fisch selbst sind die Arten der Zubereitung und die begleitenden Saucen und Beilagen.

Einige Empfehlungen

Trotz all dieser Vorbehalte und Einschränkungen können einige Regeln aufgestellt werden:

Die richtige Reihenfolge
Sollen zu einem mehrgängigen Fischmenü verschiedene Weine serviert werden, so ist auf jeden Fall auf die Reihenfolge zu achten:
- leichte vor schweren Weißweinen
- trockene vor halbtrockenen Weißweinen
- Weiß- vor Roséwein
- Rosé- vor Rotwein

Regionale Kombinationen
Das sind meist gewachsene Verbindungen, die zweifellos passend sind. Generell wird in typischen Rotweinregionen eher Rotwein zu Fisch getrunken als in einem klassischen Weißweingebiet.

Aus dem Süß- oder Salzwasser
Süßwasserfische sind in den meisten Fällen zarter im Geschmack als Salzwasserfische. Sehr geschmacksintensiv ist zum Beispiel ein gebratenes Thunfischsteak, das mindestens genauso viel Aroma aufweist wie ein gebratenes Stück Fleisch.

Der Kochwein als Begleitung
Zu Fischen, die in Weiß- oder Rotwein pochiert werden, oder Filets in Weinsauce wird selbstverständlich derselbe Wein gereicht. Der »Kochwein« sollte gute Qualität aufweisen!

Zartes Aroma und leichter Wein
Besonders deutlich kann es am Beispiel einer Forelle gezeigt werden: Eine Forelle blau verlangt nach einem Weißwein mit leichtem Alkohol und zartem Aroma wie Pinot bianco (Weißburgunder), Trebbiano oder Malvasia – fast überall in Italien zu finden.
Ist der Fisch gebraten, mit brauner Butter und Mandelsplittern serviert, verträgt er gerne Chardonnay, Pinot grigio aus den nördlichen Regionen Italiens oder Vermentino aus Sardinien, Ligurien und der Maremma.

Gebraten und gegrillt
Die Zubereitungsart kann das Aroma des Fisches stark verändern – das Brat- oder Grillaroma kommt zum Geschmack des Fisches. Wenn Weißwein dazu serviert wird, darf dieser kraftvoller sein. Das heißt, einen Alkoholgehalt bis 13 Vol.-%. aufweisen; Greco di Tufo aus Kampanien, Tocai aus dem Friaul oder sardischer Vermentino di Gallura könnten passende Begleiter sein.
Fette gegrillte Fische wie Sardinen oder Makrelen fühlen sich zusammen mit Roséweinen in guter Gesellschaft. Italienische Keller bieten eine Fülle passender Weine. Etliche Rotweine mit DOC können auch als Roséweine ausgebaut werden.

Einige bekannte Arten: Kretzer-Weine aus Südtirol, Rosato aus dem Trentino, Bardolino chiaretto vom Ufer des Gardasees, Montepulciano cerasuolo aus den Abruzzen oder Cerasuolo di Vittoria aus Sizilien.

Wenn es Rotwein sein soll

Dann muss er auf jeden Fall leicht, das heißt mit moderatem Alkohol und ohne Barrique-Ausbau sein. Die natürliche Tanninstruktur darf nicht zu ausgeprägt sein. Aus allen bekannten italienischen Rebsorten gibt es auch Rotweine, die nicht für eine lange Lagerung, sondern für einen unkomplizierten Weingenuss gedacht sind. Solche Weine in kellerfrischer Temperatur serviert, können durchaus eine passende Begleitung zu feinen Meeresfischen sein.

Die großen italienischen Rotweine wie zum Beispiel: Barolo, Barbaresco, Brunello oder die Spitzenweine der südlichen Regionen und der großen Inseln sind in den allermeisten Fällen keine idealen Kombinationen zu den Köstlichkeiten aus dem Wasser.

Ein vornehmer Kompromiss

Eine noble und gleichzeitig sehr harmonische Begleitung können die vielen verschiedenen Spumanti Italiens sein. Natürlich in den Geschmacksrichtungen »Secco« oder »Brut«, und da ist die Auswahl wieder riesengroß. Besonderes Ansehen genießen die feinen Schaumweine aus der Lombardei oder genauer gesagt aus der DOCG-Zone Franciacorta und die »Talento-Spumanti« aus verschieden Regionen.

Wein zu Käse

Wein und Käse passen zusammen wie Adam und Eva, aber das Verhältnis ist nicht immer ganz konfliktfrei – genau so wenig wie jenes der Geschlechter.

Wein und Käse haben eine Jahrtausende alte Tradition und diese beiden Kulturgüter sind Aushängeschilder ganzer Regionen. Sie haben als Naturprodukte so manches gemeinsam: die Vielfalt nach dem Ursprung und der Herstellung sowie Reifung und Lagerung.

Eine harmonische Verbindung zwischen einem bestimmten Käse und dem passenden Wein zu finden, ist nicht immer ganz einfach – aber spannend. Die nachfolgenden Regeln sollen eine kleine Hilfe sein, Wein und Käse in harmonischen Gleichklang zu bringen.

Ein wohlschmeckender Kompromiss

Zu einem gängigen Sortiment von etwa 6 bis 10 verschiedenen Käsesorten kann nicht zu jedem Käse der optimale Wein serviert werden. Einen Wein, der sich allen angebotenen Käsearomen anpasst, ohne diese zu verdecken, zu verfälschen oder zu überlagern, den gibt es nicht! Erleichtern kann man die Anpassung, wenn das Sortiment verkleinert und genau abgestimmt wird.

Eine größere Auswahl ist bei Feinschmeckern natürlich sehr gefragt, und daher empfehlen sich – als kulinarischer Kompromiss – ein Weiß- und ein Rotwein.

Der Weißwein sollte trocken bis halbtrocken, sehr fruchtig und extraktreich sein: Pinot bianco, Pinot grigio, Chardonnay, Soave oder Orvie-

Nicht nur Rotwein

Eine Regel vorweg: Es muss nicht immer Rotwein sein, auch Weißweine harmonieren sehr gut, und sogar Süßweine können die beste Verbindung bringen – aber eben nur mit dem richtigen »Partner«.

Die Käsevielfalt Italiens harmoniert am besten mit den regionalen Weinen.

Wein und Käse

- Je härter der Käse, desto gerbstoffreicher darf der Wein sein.
- Je cremiger der Käse, desto mehr Säure braucht der Wein.

to von guter Qualität sind nur einige Vorschläge aus dem umfangreichen italienischen Weinsortiment. Überraschend gut können sich weiße Süßweine – besonders zu geschmacklich starkem Käse – behaupten.
Ein vielseitig einsetzbarer Rotwein sollte ebenfalls trocken, vollmundig und nicht zu tanninreich sein. Pinot nero, Valpolicella oder gereifte Weine aus Sangiovese-Trauben – alle ohne Barrique-Ausbau – können etliche Käsesorten begleiten.

Obst als Begleitung?

Es schaut schön aus, schmeckt zu verschiedenen Käsesorten sehr gut, macht aber die Anpassung an Wein noch viel schwieriger: das Obst auf der Käseplatte. Besonders Birnen mit Säure und Bitterstoffen, aber auch Äpfel gehören nicht zu den »Freunden« des Weines. Bedenkenlos und absolut ideal zu Käse und Wein sind jedoch verschiedene Nüsse.

Nüsse schmecken gut zu Käse und lassen dem »Weine das Seine«.

Italien, das Weinland mit großer Käseauswahl

Bei der riesigen Auswahl an Wein und Käse, wie Italien sie bietet, passen die typischen Weine und Käsesorten der jeweiligen Regionen meistens sehr gut zusammen. Es sind »gewachsene« Harmonien und eine fast unfehlbare Regel.

Unsere Geschmacksempfindung

Bei jeder Anpassung von Käse und Wein geht es im Wesentlichen um die gleichen Regeln, wie bei der Kombination von Wein und Essen im Allgemeinen. Diese sind von den natürlichen Empfindungen unserer Geschmacksorgane vorgegeben.

Hartkäse

Hier kann die Regel »Rotwein zu Käse« meistens passen. Umgekehrt wird ein sehr tanninlastiger Rotwein mit einem Würfel gut gereiftem Hartkäse, wie beispielsweise Parmigiano oder Grana, rund und angenehm zu trinken.

Weich- oder Weißschimmelkäse

Auch hier geht es um die Sorte bzw. um deren Reife, ob er sich besser von einem fruchtigen Weißwein oder einem leichten Rotwein begleiten lässt.

Blauschimmel und Wein

Blauschimmelkäsesorten, allen voran Gorgonzola, vereinen viel Geschmack mit hohem Extrakt bzw. Fettgehalt. Eine Kombination mit verschiedenen Weintypen ist interessant, verändert aber meistens den Geschmack des Weines zu sehr. Eine besondere Harmonie erfahren diese Käsearten mit edelsüßen Weinen wie Vendemmia tardiva.

Schwierige Kombinationen

Käsesorten mit Rotschmierkulturen – egal ob aus Kuh-, Schaf- oder Ziegenmilch – haben viel Geschmack, daher kann es sein, dass ein feiner Wein von den Käsearomen »erschlagen« wird. Versuchen Sie dazu aromatische Weißweine, wie beispielsweise Gewürztraminer. Sie sind mild in der Säure und haben genügend Eigengeschmack, um solche Käsesorten bestens zu begleiten.

Ein geistvoller Ausklang

Von Grappa bis Caffè

Nach dem Essen wird ein Espresso oder ein Digestif aus der Bar serviert.

Der Digestif

Digestifs gibt es schon so lange wie Menschen Früchte und Weine destillieren und die wärmende und verdauungsfördernde Wirkung nach einem Essen kennen. Diese Mittel waren natürlich nicht unter diesem Namen bekannt und in der Hauptsache Bitterliköre. Schon vor unserer Zeitrechnung und bevor das Prinzip der Destillation bekannt war, gab es Ähnliches: Hippokrates soll den ersten Bitterlikör hergestellt haben, indem er in einem kräftigen süßen Wein Blätter einlegte, deren Geschmack den Bitterton erzeugten.

Fast eintausend Jahre alt sind die ersten gesicherten Nachweise über die Herstellung von Weingeist, und in den darauf folgenden Jahrhunderten wurde erstmals der Ausdruck »Aqua vitae« (»Wasser des Lebens«) – geprägt. Ein großer Teil der Heilkunst des Mittelalters basierte auf Kräuterdestillaten.

Digestifs auf Branntweinbasis

Dies können eigentlich alle Schnäpse sein, die aus zuckerhaltigen oder stärkehaltigen Rohstoffen nach einer Vergärung und durch Destillation gewonnen werden.

Was ist ein Digestif?
Will man Digestifs in eine besondere Kategorie von Getränken einreihen, wird dies schwer, denn es sind keine einheitlichen Alkoholsorten. Allgemein versteht man darunter Getränke, die häufig nach einem guten Essen serviert werden und der Verdauungsförderung dienen. Milder Grappa kann es ebenso sein wie guter Weinbrand oder Cognac. Zu den Digestifs zählen auch Edel-, Bitter- und Halbbitterliköre. Feine Destillate werden auch aus Marillen, Kirschen und Pflaumen gewonnen. Aus vielen verschiedenen Apfel- und Birnensorten werden die edlen Kernobstbrände destilliert. Seit man vermehrt auf die Menge des konsumierten Alkohols achtet, werden immer öfter auch edelsüße Weine dazu eingesetzt, um ein schönes Dinner richtig abzurunden.

Die Weintraube als Zuckerlieferant

Aus den eingemaischten und vergorenen Trauben können die interessanten Traubenbrände destilliert werden.

Aus vergorenem Wein wird Brandy (Weinbrand), Cognac, Armagnac und Geläger- oder Hefebrand gewonnen. Letzterer wird aus den stark hefehaltigen Rückständen aus der Fasslagerung destilliert. Er entspricht geschmacklich einem feinen Weinbrand mit einem ausgeprägten Hefeton.

Die ausgepressten Rückstände aus der Weinproduktion sind die »Treber« oder »Trester«, und daraus werden in Italien die verschiedensten Grappe gebrannt. In Frankreich sind diese Destillate als »Marc« und in der Schweiz außerdem noch als »Träsch« bekannt.

Aus Obstwein

Auch aus vergorenem Apfelmost werden feine Spirituosen gewonnen. Ein besonders bekanntes Produkt ist Calvados aus der französischen Normandie, der nicht aus vergorener Apfelmaische, sondern aus »Cidre« – dem Apfelwein – durch Destillation gewonnen wird.

Diese Art des Obstbrandes wird in Italien nur vereinzelt erzeugt.

Obstbrände

Der Reichtum an verschiedenen Obstarten in Südtirol und in anderen Gebieten Italiens bietet sich an, edle Brände zu erzeugen. Zum größten Teil werden die zerkleinerten Früchte einer alkoholischen Gärung zugeführt und dann destilliert. Nur bei Früchten mit viel Aroma, aber wenig Saft wird der Geschmack durch verschiedene andere Methoden und zusammen mit Alkohol herausgelöst. Das klassische Beispiel dafür ist der Himbeergeist.

Das Angebot an edlen Obstbränden wird immer größer, denn im Grunde können alle Stein- und Kernobstarten sowie Beeren eingemaischt, vergoren und destilliert werden. Vor allem die verschiedenen Apfel- und Birnensorten sowie Marillen, Pflaumen und Kirschen liefern die begehrten Edelbrände. Bei billigen Obstschnäpsen kann man hingegen nicht immer die Frucht erwarten, die am Etikett zu sehen ist. Da wird auch mit Aromastoffen und einfachem Alkohol nachgeholfen, um den niedrigen Preis zu erzielen.

Aus keimfähigem Getreide

Jede Art von Getreide kann zu Spirituosen »veredelt« werden, allerdings muss das Korn erst gemälzt werden, um die Getreidestärke in Malzstärke umzuwandeln. Beim nächsten Schritt der Herstellung wird daraus Malzzucker. Die entstandene Stammwürze wird ähnlich wie Bier vergoren und dann destilliert.

Je nach Getreidesorte, Destillationsverfahren und Lagerung werden verschiedene Arten von Whisky (Whiskey), Vodka (Wodka), Gin und Genever sowie Aquavit aus Getreide gewonnen.

Destillate aus Getreide werden fast nur in den nördlichen Ländern gewonnen und haben in Italien eigentlich keine Bedeutung.

Liköre als Digestifs

Edelliköre

Bei den Likören sind es vor allem die so genannten »Edelliköre«, die in Frage kommen. Diese unterscheiden sich dadurch, dass der Basisalkohol nicht ein einfacher Monopolalkohol, sondern ein wertvolles Destillat – wie zum Beispiel echter Weinbrand, Cognac oder Whisky – ist. Die Aromen sind dann »natürlich«, das heißt aus Früchten oder Pflanzenteilen gewonnen. Orangen, Pfirsiche und Kräuter sind nur einige Beispiele dafür. Die Süße erhalten die Liköre durch Zucker oder Honig.

Bitters und Halbbitters

Auch diese können großteils zu den Likören gezählt werden: Sie werden mit natürlichen Auszügen von Kräutern, ätherischen Ölen, teilweise mit Zucker oder Honig und natürlich mit Alkohol hergestellt.

Die verschiedenen Kräuterliköre, die ihren Ursprung sehr oft in Klöstern haben, werden mit verschiedensten Zutaten erzeugt, und oft sind deren Rezepturen noch heute streng gehütete Geheimnisse.

Dessertweine bzw. Vini passiti

Einem allgemeinen Trend entsprechend, auf Getränke mit weniger Alkohol umzusteigen, werden immer öfter edelsüße Weine als Abschluss eines schönen Essens serviert. Manchmal sind es süße Variationen bekannter internationaler Weine, welche in der trockenen Art als Aperitif gereicht werden.

Sowohl aufgespritete Weine wie Marsalas, Portweine, Cream Sherries oder edelsüße Prädikatsweine wie Vin santo, Eiswein, Tokaier Ausbruch und Trockenbeerenauslesen garantieren ein schönes Finale.

Die klassischen After-Dinner-Drinks

Allgemein sind sie nicht mehr so gefragt wie früher einmal, aber einige sind noch immer aktuell: aus der internationalen Bar zum Beispiel »Rusty Nail«, »Alexander« oder »Stinger«.

Grappa

Kein anderes Destillat hat in den letzten Jahren für so viel Furore gesorgt wie Grappa. In aller Welt schwärmen Feinschmecker davon. Allein der Name regt zum Genuss an, und würde man ihn einfach als »Tresterbrand« anbieten, dann wäre es zwar das gleiche Produkt, aber ohne das besondere Flair Italiens.

Mit dem Siegeszug der italienischen Küche in ganz Europa hat sich neben Mozzarella, Aceto balsamico, Parmigiano und unzähligen weiteren Zutaten für die »cucina italiana« auch der traditionelle italienische »Tresterschnaps« überall eingebürgert.

Die Veränderung ist perfekt, Grappa hat sich vom einfachen Arbeiter- und Bauernschnaps zur Edelspirituose gewandelt.

Ein Nebenprodukt der Weinherstellung

Eigentlich ist Grappa »nur« ein Nebenprodukt der Weinerzeugung, daher darf man die Weinbereitung nicht ganz außer Acht lassen:

Die Weintrauben werden üblicherweise gerebelt, das heißt, sie werden von den gerbstoffhaltigen Stängeln getrennt. Die Maische – das gemahlene Traubengut – wird entweder vor, nach oder während der alkoholischen Gärung gekeltert, je nachdem, ob es Weiß-, Rot- oder Roséwein werden soll. Der Most wird zu Wein, und die festen Bestandteile bleiben übrig. Während die Trester der roten Trauben schon weitgehend vergoren sind, haben die weißen Traubenschalen noch den Großteil ihres natürlichen Zuckers, der erst jetzt seine Gärung durchmacht. Nun beginnt die eigentliche Grappaherstellung.

Die hohe Kunst des Destillierens

Der Trester besteht aus festen und flüchtigen Substanzen, Destillieren bedeutet im Grunde nichts anderes, als die einzelnen Bestandteile zu trennen und vor allem den hochprozentigen Alkohol – unseren Grappa – zu gewinnen: Wie bei allen Destillaten ist die Qualität des Ausgangsproduktes besonders wichtig. Und dabei geht es insbesondere um die Frische der Treber und um deren Eigenaroma.

Die Trester, welche ja auch Wasser enthalten, werden erhitzt und kondensiert (abgekühlt) und somit als verschiedene Flüssigkeiten aufgefangen. Ein schon lange bekanntes Naturgesetz kommt dem Brennmeister dabei zugu-

Angetrocknete Trauben sind die Basis für Vini passiti.

Seine Ursprünge

Seit dem 15. Jahrhundert belegen Urkunden die Produktion von Grappa in Italien. Jahre später verbesserten die Jesuiten das Brennverfahren, und Grappa wurde ein begehrtes Produkt, auf das der Staat sogar Zölle erhob. Dies war wohl der Grund, weshalb der Schmuggel mit Grappa weit verbreitet war. Um dies etwas einzudämmen, wurde armen Bauern erlaubt, für den Eigenbedarf zu brennen. Dies hatte zur Folge, dass Brände aus Trestern im 15. Jahrhundert als »Arme-Leute-Schnäpse« galten. Es waren aber auch diese Bauern und Winzer, die ihre Grappatradition weitergaben und so das Brennhandwerk ständig verfeinerten.

Grappa
Heißt es »der« oder »die« Grappa? Der Duden sagt zwar »die Grappa«, im alltäglichen Gespräch hat sich aber wohl »der Grappa« eingebürgert, und für den Italienischkundigen sind es in der Mehrzahl auf jeden Fall »die Grappe«. Die Bezeichnung stammt übrigens aus dem mittelalterlichen lateinischen Wort *rapus*, welches damals einfach »Traube« bedeutete. Heute würde man den Namen wohl eher mit *grappolo*, dem italienischen Wort für Traube, in Verbindung bringen.

Ein modernes Kolonnen-Destilliergerät

te: Alkohol verdampft bereits bei ca. 78 Grad und trennt sich somit vom Wasser, das ja einen viel höheren Siedepunkt hat.

Die wahre Kunst besteht darin, den Vorlauf (testa) und den Nachlauf (coda) zum richtigen Zeitpunkt vom Herzstück (cuore) zu trennen.

Die verschiedenen Verfahren

Doppelt gebrannt

Um ein gutes Produkt zu gewinnen, gibt es inzwischen sehr unterschiedliche Destilliergeräte. Die traditionelle Methode des »Zweimalbrennens« wird heute vor allem in kleineren Betrieben angewandt. Das Wichtigste ist dabei die Heizvorrichtung und ein doppelwandiger Brennkessel mit einem »Helm« und der Kühlung, die den Alkoholdampf kondensiert und in Flüssigkeit verwandelt. Es wird dabei auf jeden Fall »doppelt« gebrannt, um alle unerwünschten Stoffe entfernen zu können. Nach jedem Brennvorgang müssen die Geräte gereinigt werden, und man spricht von einer diskontinuierlichen – weil unterbrochenen – Methode oder aber vom »Pot-Still-Verfahren«.

Moderne Technik

Die so genannte kontinuierliche Methode ist vor allem in größeren Betrieben im Einsatz. Der Trester wird dabei in der entsprechenden Menge dosiert, in den Vorwärmbehälter und anschließend in die Destillationskammer gefüllt. Der mitgeführte heiße Dampf hilft mit, den Alkohol, zu verflüchtigen und ihn in die einzelnen Bestandteile zu trennen. Die minderwertigen Fuselöle werden von den hochwertigen Fraktionen getrennt. Durch die Naturgesetze der unterschiedlichen Siedepunkte verschiedener Alkohole trennt die moderne Technik den Vorlauf mit seinem hohen Methanolgehalt, das feine Herzstück und den Nachlauf mit seinen Fuselölen voneinander.

Jedes dieser Verfahren hat seine Vor- und Nachteile, und den Konsumenten interessiert letztlich nur das fertige Produkt. Der so entstandene Grappa ist auf jeden Fall zu stark im Alkohol und muss mit besonderem Wasser auf die gewünschte Trinkstärke gebracht werden.

Das Gesetz

Fertiger Grappa muss nach dem Gesetz mindestens 37,5 Vol.-% Alkohol aufweisen. Außerdem ist eine Mindestlagerzeit von sechs Monaten obligatorisch. Darüber hinaus gibt es noch verschiedene Bezeichnungen, die auf die Reifung oder eine besondere Aromatisierung hinweisen.

Besondere Qualitäten

Einige Bezeichnungen, die auf dem Flaschenetikett stehen können, sind »riserva«, »stravecchio« oder »invecchiata«. Sie alle stehen für einen Grappa, der mindestens 12 Monate unter amtlicher Überwachung gelagert werden muss, davon mindestens 6 Monate in unbehandelten Holzfässern. Die wirklich guten Qualitäten reifen allerdings deutlich länger in Gebinden aus verschiedenen Holzarten.

Weitere Angaben

»Giovane« (jung) – wenn der Grappa ohne Lagerung im Holzbehälter und ohne Aromatisierung direkt in Flaschen abgefüllt wird.

»Giovane aromatica« (jung aromatisch) – wie vorher, aber der Grappa wird aus aromatischen Rebsorten wie Muskateller oder Gewürztraminer erzeugt.

»Affinata« (verfeinert) – nach einer Reifezeit von 6 Monaten im Holzfass oder mindestens ein Jahr in einem luftdichten Behälter.

»Affinata aromatica« (verfeinert und aromatisch) – wie vorher, wird aber aus einer aromatischen Rebsorte gewonnen.

»Invecchiata aromatica« (gealtert, aromatisch) – wenn er eine Reifezeit von einem Jahr hinter sich hat, davon 6 Monate in Holzbehältern, wiederum aus aromatischen Trauben.

Die aromatisierten Grappe

Nachdem die Destillate in früheren Zeiten nicht immer so rein waren wie heute, begann man schon sehr früh, diese mit den verschiedensten Zutaten zu aromatisieren, und so entstanden die aromatisierten Grappe.

Heute trägt er am Etikett die Bezeichnung »aromatizzata«, und für dieses Aromatisieren werden unterschiedliche Pflanzen und Früchte verwendet. Dabei sind Grappa »alla ruta« mit Weinraute oder »alla menta« mit Pfefferminzgeschmack schon übliche Arten. Zudem geben auch Rhabarber, Brennnesseln, Salbei und andere Kräuter dem Grappa ein spezielles Aroma. Unter den Beerenfrüchten sind es Wacholder- und Heidelbeeren, die Verwendung finden.

Die bekanntesten Grapparegionen

Traditionell wird Grappa hauptsächlich im Norden des Landes erzeugt, aber am Erfolg des ehemaligen »Bauernschnapses« beteiligen sich immer öfter auch andere Regionen.

Südtirol und Trentino

Mit seinen Höhenlagen und dem sonnenreichen Klima sind die Provinzen Bozen und Trient ideale Gebiete für weiße, aromatische Trauben. Sie sind eine gute Basis für die Herstellung von Grappa. Gerne werden auch die Trester von Teroldego und Marzemino, den zwei klassischen Rotweinsorten des Trentino, zu Grappa destilliert.

Friaul-Julisch-Venetien

Hier hat man schon vor Jahrzehnten mit der Erzeugung reinsortiger Top-Produkte begonnen. Einige »Brenner« der Region zählen zu den bekanntesten Italiens.

Venetien

Die Region ist einer der größten Weinproduzenten Italiens mit einer Reihe von sehr bekannten Weinen. Dadurch spielt Grappa auch hier eine bedeutende Rolle.

Piemont

Dieses Gebiet ist für den Grappafreund ein absoluter Begriff. Praktisch aus allen bekannten Rebsorten und deren Weinen werden reinsortige Destillate gewonnen. Das Grappasortiment der Region gleicht einer Aufzählung der angebauten Rebsorten.

Toskana

Die Heimat einiger der bekanntesten Weine Italiens hat auch bei Grappa große Namen zu bieten. Neben den bekannten DOCG-Weinen sind es die berühmten »Kult-Weine«, die den edlen Tresterbränden ihre Namen geben.

Grappa als Trinkgenuss

Grappa kann in Duft und Geschmack nur sehr schwer mit anderen Bränden verglichen werden – er ist eben etwas Besonderes. Je nach Sorte und Reifung schmeckt er sehr unterschiedlich. Trinkt man ihn pur, soll er knapp unter der so genannten Zimmertemperatur – bei etwa 16–18 Grad – liegen. »Giovane« – junge Destillate ohne Lagerung im Holz oder Aromatisierung können auch etwas kühler serviert werden, aber niemals eiskalt.

Verschiedene Gläserformen bringen die unterschiedlichen Destillate zum optimalen Genuss.

Das Lagern

Generell gelten die gleichen Regeln wie für andere hochwertige Spirituosen, und die Flaschen werden am besten stehend gelagert. Aufgrund seines Alkoholgehaltes verändert sich Grappa auch bei jahrelanger Lagerung nicht. Dass eine angebrochene Flasche immer fest verschlossen werden soll, damit sich Alkohol nicht verflüchtigt, braucht wohl nicht extra erwähnt zu werden.

Liköre und Bitters

Alpestre
Der 49-prozentige Kräuterlikör wird aus 34 Kräutern gewonnen und reift in Eichenholzfässern.

Amaretto
Der bekannte Mandellikör wird aus natürlichen Mandelextrakten und zusätzlichen Aromen erzeugt. Er kommt von verschiedenen Erzeugern und hat meist 28 Vol.-% Alkohol.

Aurum
Ein goldfarbener fein-herber Likör aus in Wein mazerierten Abruzzenkräutern und Orangenschalen, destilliert mit 30 Vol.-% Alkohol.

Limoncello – ein italienischer Zitronenlikör, der ursprünglich vom Golf von Neapel und der amalfitanischen Küste kommt. Je nach Produzent hat er einen Alkoholgehalt von etwa 30–35 Vol.-%.

Averna
Ein dunkler Kräuterlikör – auch als Amaro Siziliano bezeichnet – wird aus rund 60 verschiedenen Kräutern nach einem streng gehüteten Familiengeheimnis gewonnen. Averna hat 32 Vol.-% Alkohol.

Fernet Branca
Der weltbekannte Bitter wird aus rund 50 aromatischen Pflanzen und Heilkräutern hergestellt. Die genauen Zutaten sind ein Firmengeheimnis, Anteile von Pfefferminze, Kamille, Safran, Myrrhe und Holunderblüten sind jedoch bekannt. Fernet Branca hat 42 Vol.-% Alkohol. Die Variante Fernet Branca menta, die leicht gesüßt und mit Pfefferminzgeschmack ist, hat 40 Vol.-% Alkohol. In Italien gibt es mehrere Firmen, die Fernet herstellen, Fernet Branca gilt als das Original und hat seinen Namen vom italienischen Arzt Fernet.

Frangelico
Ein bernsteinfarbener Likör mit 26 Vol.-% Alkohol, der aus Kräutern, Haselnüssen und Beeren gewonnen wird.

Galliano
Eine italienische Likörspezialität, die nach altem Rezept aus 70 verschiedenen Kräutern und Blüten hergestellt wird. Anis, Wacholder, Enzian, Lavendel und Schafgarbe sind einige davon, Vanille und Zimt vollenden das feine Aroma. Der goldgelbe Likör hat 35 Vol.-% Alkohol.

Nocino
Ein Likör mit mindestens 30 Vol.-% Alkohol, der sein Aroma von eingemaischten Walnüssen hat.

Ramazzotti
Der bekannte Kräuterlikör wird aus 33 Kräutern und Pflanzenauszügen gewonnen und hat einen Alkoholgehalt von 32 Vol.-%. Ausano Ramazzotti wollte im 19. Jahrhundert einen besonders kräftigen und wohlschmeckenden Kräftigungs- und Verdauungstrank herstellen. Inzwischen ist er fast weltweit zu finden.

Sambuca
Wird hauptsächlich aus Holunderbeeren gewonnen und mit Sternanis aromatisiert. Der Likör wird von verschiedenen Firmen erzeugt, und sein Alkoholgehalt liegt bei 38–40 Vol. % Alkohol.

Solado
Ein sizilianischer Mandarinenlikör mit 40 Vol.-% Alkohol. Für die Herstellung werden Mandarinenschalen in der Sonne getrocknet und danach längere Zeit in Alkohol mazeriert.

Strega
Liquore Strega ist ein Kräuterlikör, der aus über 70 verschiedenen Kräutern destilliert wird. Er hat 42 Vol.-% Alkohol und ist safranfarben, und die Zusammenstellung der Zutaten wird noch immer geheim gehalten.

Unicum
Der 42-prozentige Bitter stammt ursprünglich aus Ungarn. Heute wird Unicum nach traditionellem Rezept aus 40 Kräutern und Wurzeln in Italien hergestellt. Das geheime Rezept stammt von einem ungarischen Arzt.

Caffè Espresso

Schon seit vierhundert Jahren ist die Kunst des Kaffeebrauens in Italien bekannt. Die Ursprünge dieser Tradition liegen in Afrika und Arabien. Espresso bedeutet »express« oder schnell, und bei der Kaffeezubereitung wird kochend heißes Wasser mit viel Druck durch das Kaffeepulver gepresst. Nur die wohlschmeckenden und angenehmen Aromastoffe werden dabei gelöst.
Viele Faktoren sind für guten Kaffee verantwortlich: Die Sorgfalt bei der Ernte, die Aufbereitung der Bohnen, die verwendeten Sorten, die Mischung, das Rösten, das Mahlen und letztendlich die Zubereitung mit der entsprechenden Technik.
Ein Qualitätsmerkmal guten italienischen Espressos ist die »crema«, der feine Schaum auf dem Kaffee.

Kaffee belebt viele Sinne

Ohne Kaffee nach dem Aufstehen fällt manchem das Arbeiten schwer. Denn das enthaltene Koffein regt Kreislauf, Atem- und Zentralnervensystem an. So wirkt Kaffee – in Maßen genossen – unter anderem gegen Erschöpfung und Müdigkeit. Er steigert die Leistungsfähigkeit und wirkt verdauungsfördernd.
Wegen des kräftigen Geschmacks wird Espresso allgemein als besonders stark und koffeinhaltig angesehen. In Wirklichkeit hat er weniger Koffein und noch dazu weniger Säuren als Filterkaffee. Mit einem Schuss Milch oder Kaffeeobers wird das schwarze Getränk noch bekömmlicher.

Bekannte Espresso-Variationen

Espresso
Ein kleiner starker Kaffee aus Espresso-Bohnen in einer Espressotasse serviert.

Espresso macchiato
Espresso mit einem Häubchen Milchschaum in einer Espressotasse serviert. Das »gefleckte« Aussehen ist der Grund für die Bezeichnung »macchiato«. Es ist ein einfacher Espresso.

Espresso ristretto
Es ist ein extrem starker kurzer Espresso, der mit gleicher Menge Kaffee, aber weniger Wasser zubereitet wird.

Espresso doppio
Ein starker Espresso – so wie »ristretto« –, aber in doppelter Menge.

Espresso corretto
Der »korrigierte« Espresso. Espresso mit einem Schuss Grappa, Brandy, Whisky, Sambuca oder einer anderen Spirituose in einer Espressotasse serviert.

Cappuccino
Ist ein langer Espresso, der mit heißer Milch aufgefüllt wird. Eine Milchschaumhaube, mit Kakao bestäubt, bildet die Krönung. Als Mischungsverhältnis gilt: je ein Drittel Espresso, Milch und schließlich Milchschaum.

Latte macchiato
Bedeutet die »gefleckte Milch«. Heiße Milch wird in einem hohen Glas mit Espresso aufgegossen, so dass »Flecken« entstehen.

Caffè lungo
Es ist ein abgeschwächter Espresso, mit mehr Wasser hergestellt.

Orzo
Ein koffeinfreier Gerstenkaffee. Kann mit der Maschine zu Espresso, Macchiato oder Cappuccino verarbeitet werden.

HAG
Dies ist die bekannte Firmenbezeichnung für koffeinfreien Kaffee. Kann zu Macchiato, Cappuccino oder Latte macchiato gemacht werden.

Espresso

Espresso macchiato

Cappuccino

Latte macchiato

Aperol sour

Für 1 Drink

Zutaten	5	*Eiswürfel*
	4 cl	*Aperol*
	2 cl	*Orangensaft, frisch gepresst*
	1	*Spritzer Zitronensaft*
	1 cl	*Zuckersirup*
Garnitur	1/2	*Orangenscheibe*
	1	*Cocktailkirsche*

- Eiswürfel mit Aperol, Orangensaft, Zitronensaft und Zuckersirup in einen Shaker geben und schütteln.
- Anschließend in ein Old-Fashion-Glas geben und mit einer halben Orangenscheibe und einer Cocktailkirsche servieren.

Venezia

Für 1 Drink

Zutaten	4 g	*Honigmelonenpüree, frisch*
	1–2 cl	*Aperol*
	6–8 cl	*Sekt oder Champagner, trocken*
	5	*Eiswürfel*
Garnitur		*Melonenkugeln*

- Honigmelonenpüree, Aperol und Sekt oder Champagner vorsichtig aufgießen (da es sonst zu viel schäumt) und in einem Mixglas kurz auf Eis anrühren.
- In ein großes Sektglas seihen und mit Melonenkugeln servieren.

Caruso

Für 1 Drink

Zutaten	5	*Eiswürfel*
	2 cl	*Gin dry*
	2 cl	*Martini dry*
	2 cl	*grüner Pfefferminzlikör*
Garnitur	1	*Pfefferminzblatt*
	1	*Cocktailkirsche*

- Eiswürfel mit Gin dry, Martini dry und grünem Pfefferminzlikör in ein Mixglas geben, gut umrühren und in ein Martiniglas seihen.
- Als Garnitur das Pfefferminzblatt in die Cocktailkirsche stecken und auf dem Glasrand aufsetzen.

Negroni

Für 1 Drink

Zutaten	5	*Eiswürfel*
	2 cl	*Gin dry*
	2 cl	*Martini rot*
	2 cl	*Campari*
Garnitur	1/2	*Orangenscheibe*
	1	*Cocktailkirsche*

- Eiswürfel mit Gin dry, Martini rot und Campari in ein Old-Fashion-Glas geben und gut umrühren.
- Als Garnitur eine halbe Orangenscheibe und eine Cocktailkirsche mit ins Glas geben.

Tipp

Sie können in den Negroni-Cocktail einen Spritzer Angostura geben.

Martini-Cocktail

Für 1 Drink

Zutaten	5	*Eiswürfel*
	5 cl	*Gin dry*
	1 cl	*Martini dry*
		Zitronenschale zum Abspritzen
Garnitur	1	*Olive*

- Eiswürfel mit Gin dry und Martini dry in ein Mixglas geben, umrühren und ins Martiniglas schütten.
- Mit der Zitronenschale abspritzen (die ätherischen Öle der Zitrone in das Glas spritzen) und mit der Schale über den Glasrand streifen.
- Olive auf einen Spieß stecken und ins Martiniglas geben.

Caruso
Negroni

Campari shakerato

Für 1 Drink

Zutaten	5	*Eiswürfel*
	5 cl	*Campari*
Garnitur	1	*Olive, grün*
Weiteres		*Orangenschale zum Abspritzen*

- Eiswürfel mit Campari in einen Shaker geben und kräftig schütteln.
- In ein Martiniglas seihen, Olive auf einen Spieß stecken und ins Glas geben.
- Mit der Orangenschale abspritzen (die ätherischen Öle der Orange in das Glas spritzen) und mit der Schale über den Glasrand streifen.

Bellini

Für 1 Drink

Zutaten	4 cl	*Pfirsichpüree*
	6–8 cl	*Sekt oder Champagner, trocken*
	5	*Eiswürfel*
Garnitur	1	*Pfirsichspalte*
	1	*Pfefferminzblatt*

- Das Pfirsichpüree mit Sekt oder Champagner vorsichtig in einem Mixglas kurz auf Eis anrühren.
- In ein Sektglas seihen und mit einer Pfirsichspalte und einem Pfefferminzblatt am Glasrand dekorieren.

Tipp
Für das Pfirsichpüree pürieren Sie entsteinte Pfirsiche im Mixer.

Garibaldi

Für 1 Drink

Zutaten	4 cl	*Bitter Campari*
	10 cl	*Orangensaft, frisch gepresst*
Garnitur	$^1/_2$	*Orangenscheibe*

- Ein Longdrinkglas Bitter Campari mit frischem Orangensaft füllen.
- Mit einer halben Orangenscheibe servieren.

Rossini

Für 1 Drink

Zutaten	4 cl	*Erdbeerpüree, frisch hergestellt*
	6–8 cl	*Sekt oder Champagner, trocken*
	5	*Eiswürfel*
Garnitur	1	*Erdbeere*

- Das Erdbeerpüree mit Sekt oder Champagner vorsichtig in einem Mixglas kurz auf Eis anrühren.
- In ein Sektglas seihen und mit einer Erdbeere am Glasrand dekorieren.

Americano

Für 1 Drink

Zutaten	5	*Eiswürfel*
	2 cl	*Campari*
	2 cl	*Martini rot*
		Soda nach Belieben
Garnitur	$^1/_2$	*Orangenscheibe*
	1	*Cocktailkirsche*

- Eiswürfel mit Campari, Martini rot und Soda nach Belieben in ein Old-Fashion-Glas geben und gut umrühren.
- Als Garnitur eine halbe Orangenscheibe und eine Cocktailkirsche ins Glas geben und servieren.

Bellini
Rossini

Puccini

Für 1 Drink

Zutaten	4 cl	*Mandarinensaft, frisch gepresst*
	6–8 cl	*Sekt oder Champagner, trocken*
	5	*Eiswürfel*
Garnitur	1	*Mandarinenspalte*

- Den Mandarinensaft mit Sekt oder Champagner vorsichtig in einem Mixglas kurz auf Eis anrühren.
- In ein Sektglas seihen und mit einer Mandarinenspalte am Glasrand dekorieren.

Mimosa

Für 1 Drink

Zutaten	4 cl	*Orangensaft, frisch gepresst*
	6–8 cl	*Sekt oder Champagner*
	5	*Eiswürfel*
Garnitur	1/4	*Orangenscheibe*

- Den Orangensaft mit Sekt oder Champagner vorsichtig in einem Mixglas kurz auf Eis anrühren.
- In ein Sektglas seihen und mit der Orangenscheibe am Glasrand dekorieren.

Melonenbowle mit Basilikum

Bowle di melone e basilico

Für 4 Gläser

Zutaten	30 g	*Honig oder Zucker*
	350 ml	*Weißwein, trocken und kalt*
	20 g	*Basilikumblätter*
	1/2	*Honigmelone, sehr reif*
	2 EL	*Staubzucker*
	1/4 l	*Sekt, trocken*

- Honig oder Zucker und Weißwein so lange erhitzen, bis sich der Honig aufgelöst hat. Anschließend abkühlen.
- Inzwischen die Basilikumblätter waschen. Sollten die Blätter sehr groß sein, den Basilikum in Streifen schneiden und dazugeben.
- Melonen entkernen und mit einem Kugelausstecher aus dem Fruchtfleisch Kugeln ausstechen oder das Fruchtfleisch in kleine Stücke schneiden.
- Staubzucker ebenfalls dazugeben.
- Die Melonenkugeln, in die Bowle geben und mindestens 2–3 Stunden kalt stellen.

Fertigstellung
- Die Melonenbowle in ein Bowlegefäß gießen, mit Sekt auffüllen und sofort servieren.

Tipps
1. *Um die Bowle optisch etwas aufzuwerten, kann man weiße und orangefarbene Melonen verwenden.*
2. *Als Snack dazu können Sie mit Rohschinken umwickelte Grissini servieren.*
3. *Man kann auch roten Basilikum, Melisse, Pfefferminze usw. verwenden.*

Limoncello

Für 1 Liter

<u>Zutaten</u>

5	*Zitronen (Sorte Zitronatzitrone/Zitrus medica)*
1/2 l	*Wasser*
300 g	*Zucker*
1/4 l	*Alkohol, 95-prozentig*

- Zitronatzitronen im kochenden Wasser kurz aufkochen und in kaltem Wasser abkühlen lassen.
- Zitronenschale dünn abschälen (ohne den weißen Flaum)
- Wasser, Zucker und Zitronenschale 2 Minuten kochen lassen.
- Alkohol dazugeben und zugedeckt 7 Tage bei Raumtemperatur stehen lassen, danach abseihen und in Flaschen abfüllen.
- Den Limoncello eiskalt servieren.

Tipp

Anstelle des 95-prozentigen Alkohols können Sie auch Wodka verwenden. Der Limoncello wird dadurch etwas milder.

Eierlikör

Liquore all'uovo

Für 1 Liter

<u>Zutaten</u>

1/2 l	*Milch*
1/2	*Vanilleschote*
5	*Eigelb*
300 g	*Zucker*
1/8 l	*Weingeist oder 95-prozentiger Alkohol*

- Die Milch mit der aufgeschnittenen Vanilleschote zum Kochen bringen.
- Eigelb und Zucker in einer Schüssel schaumig rühren, die kochende Milch dazugießen und unter ständigem Rühren auf den Siedepunkt bringen.
- Durch ein Sieb passieren, den Weingeist dazugeben, in Flaschen abfüllen und kalt stellen.

Limonade

Limonata

Für etwa 1 1/2 Liter

<u>Zutaten</u>

2	*Zitronen*
80 g	*Zucker*
1/2 l	*Wasser*
1 l	*Mineralwasser zum Aufgießen*

- Die Zitronen 2 Minuten abkochen, die Schale fein abreiben und den Saft auspressen.
- Die Zitronenschale und den Saft mit dem Zucker in 1/2 Liter Wasser etwa 5 Minuten kochen, anschließend abkühlen lassen.
- Den Zitronensud durch ein feines Sieb seihen, mit Mineralwasser auffüllen und servieren.

Tipps

1. *Servieren Sie die Limonade eisgekühlt und mit einer Zitronenscheibe garniert.*
2. *Verwenden Sie unbehandelte Zitronen.*

Variation

<u>Orangenlimonade:</u> Anstelle der Zitronen verwenden Sie Orangen.

RATGEBER

RUND UM DIE KÜCHE

»Gesund« zu Essen wird immer wichtiger, je mehr die Zusammenhänge zwischen Gesundheit und Ernährung wissenschaftlich nachgewiesen werden. Die Wellnessküche wird diesem neuen Trend ebenso gerecht wie die italienische Küche. Beide setzen auf frisches Gemüse und Obst, Kräuter, Vollkornprodukte, Fisch, mageres Fleisch und gesunde Fette.
Viele Gerichte können auch nur für eine Person gekocht werden und eignen sich gut für die Single-Küche.

Frühstück über den Dächern Roms

Mit allen Sinnen genießen

Man bittet zu Tisch

Essen in kühlen Hinterhöfen hat in der Toskana, wie hier in Poppi, Tradition.

Wellnessküche

Die Küche für ein neues Wohlbefinden

Diäten sind in den vergangenen Jahren zu einem Dauerthema geworden. Jeder möchte schlank und fit aussehen. Diäten haben es aber an sich, dass man zumeist sehr schnell wieder zunimmt, wenn man sie absetzt. Außerdem sind sie meistens einseitig und verursachen irgendwann Mangelerscheinungen.

Ein neuer Ansatz, gesund, schlank und fit zu sein und sich auch so zu fühlen, ist die Wellnessküche. Sie setzt auf eine ausgewogene Ernährung mit frischen Lebensmitteln, viel Gemüse und Obst, leichten Saucen, wenig Fett, Nudelgerichten, Fisch, frischen Kräutern und Vollkornprodukten. Reduziert werden Fleisch, Fett, Salz und Konvenienzprodukte.

Besonders leicht ist die Wellnessküche in der italienischen Küche umzusetzen: Gemüse ist ein wichtiger Bestandteil dieser mediterranen Küche. Es wird mehr Fisch als Fleisch gegessen. Gesundes Olivenöl ersetzt ungesunde tierische Fette, die den Cholesterinspiegel in die Höhe treiben. Nudelgerichte machen nicht dick, sättigen aber und vermitteln ein Wohlgefühl. Die Tomaten mit ihrer krebsvorbeugen-

den Wirkung spielen eine Hauptrolle in der italienischen Küche. Salz wird nur gering oder wenig verwendet, denn gewürzt wird viel lieber mit frischen Kräutern und Gewürzen. Frisch gepresste Obst- und Gemüsesäfte werden in jeder Bar angeboten und sorgen zusätzlich für eine Rundumversorgung des Körpers.
Wer sich nach dem Mittagessen oft schlapp und müde fühlt, sollte auf die italienische Küche umsteigen. Die leichten Gerichte halten Geist und Körper leistungsfähig und fit. Warum sollte man sich die Wellnessküche also nur im Gesundheitsurlaub gönnen, wenn es so einfach ist, sie auch zu Hause anzuwenden?

Single-Küche

Lohnt es sich überhaupt, für eine oder zwei Personen zu kochen? Dieser Satz wird immer wieder als Rechtfertigung gebraucht, um zu Fertigprodukten zu greifen oder sich aus dem Fast-Food-Angebot zu bedienen. Dabei lässt sich dank der heutigen Lebensmittelauswahl und deren Kühl- und Lagermöglichkeiten das Single-Leben aus kulinarischer Sicht äußerst vielfältig gestalten.
Auch Singles wollen gut essen. Wie man das jeden Tag schafft, dafür finden Sie in diesem Kochbuch viele Rezepte und Tipps – und das für den ganzen Tag, vom Frühstück über kleine Snacks zwischendurch bis zum Mittagessen und Abendessen mit tollen Desserts zum Verwöhnen. Unsere Vorschläge zeigen, dass sich Kochen für eine Person lohnt. Voraussetzung dafür sind allerdings eine gut angelegte Vorratskammer und Ideen zur Verwertung des bereits Vorhandenen in Kühlschrank und Keller.

Tipps

Hier einige allgemeine Hinweise, die besonders für all jene, die wenig Zeit zum Kochen haben, eine Hilfe darstellen. Sie zeigen, wie man mit wenigen Handgriffen ein Essen auf den Tisch bringt, das allen Anforderungen entspricht.

Salate

Für einen schnellen Salat ist fast immer etwas im Hause: gekochter oder roher Schinken, Salami, Speck, Käse, Zwiebel, Peperoni, Tomaten, Thunfisch, Eier, Mayonnaise, Quark und Salate. Aus einigen dieser Zutaten können Sie in wenigen Minuten einen Salat zubereiten.

- Braten Sie Zucchinischeiben in etwas Olivenöl, vermischen Sie diese mit rohen Tomatenvierteln, Oliven und Kapern und marinieren Sie das Gemisch mit Olivenöl und Balsamicoessig, und schon haben Sie einen leckeren, würzigen Salat, der obendrein auch vitaminreich ist.
- Oder vermischen Sie feine Blattsalate mit Thunfisch, Bohnen und Zwiebel, marinieren Sie die Zutaten mit Öl und Essig: Noch schneller geht es kaum, und es schmeckt fantastisch.
- Weitere Salatideen finden Sie im Rezeptteil.

Gemüse

Gemüse (Karotten, Kohlrabi, Rohnen, Fenchel usw.) kann einfach nur geraspelt als Rohkost gegessen werden, oder man überbäckt gekochten Broccoli mit Käse. Kurz in der Pfanne gebratene Zucchini, Melanzane und Paprikastreifen schmecken ebenfalls herrlich. All dies sind schnelle Gerichte, die voller Geschmack und Nährstoffe sind. Ernährungsexperten empfehlen $^1/_2$ Kilogramm Gemüse pro Tag allen, die auf Gesundheit und Fitness Wert legen.
Auch Kartoffeln sind rundum gesund. Sie enthalten kaum Fett. Man kann sie vielseitig verwenden, z. B. braten, gratinieren, kochen, grillen oder kalt als Salat essen. Ein tolles Hauptgericht sind kleine, neue Kartoffeln gekocht und mit einer Prise Salz und etwas Olivenöl, Butter oder Kräuterquark.

Sandwich und Baguette

Der Bogen reicht von der knusprigen Bruschetta, belegt mit Tomaten, Zucchini, Mozzarella, Oliven, Thunfisch, Garnelen, über Tramezzini aus entrindetem Kastenbrot, mehrlagige

Kochen soll Spaß machen
Warum soll man nicht auch einfach einmal für sich selbst ein tolles Essen auf den Tisch zaubern? Abgesehen davon sind frisch zubereitete Speisen viel gesünder, und der Körper wird leistungsfähiger.

Beim Garen von Gemüse gehen durch die Hitzeeinwirkung Vitamine verloren. Um dennoch möglichst viele der wertvollen Stoffe zu erhalten, sollten Sie deshalb auf eine schonende Zubereitung achten.

Sandwichs mit fantasievollen Füllungen, bis hin zu gefülltem Baguette und Bauerntoast.

! Brot immer mit trockenen Salatblättern belegen, um zu verhindern, dass es die gesamte Feuchtigkeit aufsaugt.

Pasta

Bei der Pasta steht man nicht selten vor der Qual der Wahl, welche der vielen Nudelsorten man mit welcher Sauce zubereiten soll. Hier einige Grundregeln, welche Nudeln zu welcher Sauce passen:

Für ölige Saucen wie Olivenöl, Petersilie und Knoblauch, Basilikumsauce mit Peperoncino, Venusmuschelsauce nimmt man Spaghetti.

Zu Ragout nimmt man breite Bandnudeln, wie z. B. Tagliatelle. Zu einer sämigen Tomaten- oder Gemüsesauce kurze dicke Röhrennudeln, und zu einer gehaltvollen Sahnesauce passen beispielsweise Fusilli hervorragend (siehe Seite 116).

Ein festlich gedeckter Tisch in stimmungsvollem Ambiente

À-la-Minute-Fleisch- und -Fischgerichte

Schnitzel, Steaks, Hühnerbrüstchen, Hühnerschenkel, Lammkoteletts, Fischfilets, Garnelen oder küchenfertige Portionsfische bereitet ihnen der Fachhandel vor. Würzen Sie das Fleisch oder den Fisch und braten Sie ihn. Dazu isst man etwas Weißbrot und Salat. Schon haben Sie eine tolle Hauptspeise.

Das Auge isst mit!

Unser Geschmackserlebnis wird durch viele Faktoren beeinflusst, z. B. durch die Augen, die »mitessen«, und durch unseren Tastsinn, den wir auch im Mund haben. Wir nehmen wahr, ob die Kruste schön kross, der Braten butterweich, der Reis körnig, das Eis schmelzend und der Salat knackig ist. Speisen, die als besonders stimulierend gelten, wie z. B. Austern, reizen vor allem unseren Tastsinn von Zunge und Gaumen. Dieses Mundgefühl entscheidet mit darüber, wie gut uns etwas schmeckt. Die Sinne kann man genauso trainieren wie die Muskeln. Übung macht auch beim Geschmack den Meister, am schnellsten, wenn man mit frischen Produkten der Saison und natürlichen Gewürzen »übt«.

Wer möglichst schnell besser schmecken lernen möchte, sollte ein paar hilfreiche Grundregeln beachten:

- Man schmeckt um so mehr, je feuchter der Mund ist.
- Man riecht um so besser, je leerer der Magen ist; dann läuft einem das sprichwörtliche Wasser im Munde zusammen. Ein voller Magen lässt die sinnliche Wahrnehmung abstumpfen.

- Mittags und abends sind die Riech- und Schmeckfähigkeit größer als beim Frühstück.
- Immer die zarteren Gerichte vor den kräftigen essen.

Neben der Auswahl der geeigneten Lebensmittel und ihrer korrekten Zubereitung gilt es, auch folgende Empfehlung immer vor Augen zu halten:

- Die Gerichte sollen so präsentiert werden, dass jedes Essen zu einem angenehmen, entspannenden Moment wird.
- Ein schön gedeckter Tisch, ein appetitlich angerichteter Teller in freundlicher Atmosphäre erfreuen das Auge.
- Wann immer möglich, sollten Sie Ihre Mahlzeit im Freien einnehmen.

Von der Nase ins Gehirn

Strömt ein bestimmter Geruch in unsere Nase, werden dort mit jedem Atemzug zehn Millionen Riechzellen stimuliert, die mit Hilfe ihrer Sinneshärchen die Duftmoleküle entschlüsseln. Ist ein Duft erkannt, werden über die Nervenbahnen Impulse an das limbische System gesendet, das Gefühlszentrum in unserem Gehirn. Hier wird die Duftbotschaft interpretiert und durch Reaktionen im Hormon- und Immunsystem beantwortet. Das alles geschieht in Sekundenbruchteilen.

Gästebewirtung

Italienische Menüs

Im Alltag hat man selten Zeit und oftmals auch keine Lust, ein umfangreiches Menü zu kochen. Dabei ist es gar nicht schwierig, ein authentisches italienisches Menü zuzubereiten.

Wie stellt man ein Menü zusammen?

Drei Gänge sind die Basis eines jeden Menüs: Vorspeise, Hauptspeise, Dessert. Zusätzlich kann man Zwischengerichte wie eine klare oder gebundene Suppe nach der Vorspeise einplanen. Möchten Sie außerdem noch einen Fisch servieren, so können Sie zwischen dem Fischgang und dem Fleischgang ein Sorbet servieren.

Einfach

Servieren Sie zum Beispiel einen Salat mit gehobeltem Parmesan als Vorspeise, als Hauptgericht Pasta und zum Dessert frische Früchte der Saison. Ein Espresso und ein Amarettino (Mandelkeks) runden das kleine Menü ab.

Etwas aufwändiger

Für Festtage erweitern Sie das Menü mit einem Fleisch- oder Fischgericht, Salat und Gemüse. Ein süßes Dessert, vielleicht etwas Käse und ein Espresso vervollständigen das Mahl.

Für Gäste

Bei besonderen Gelegenheiten oder wenn Sie Gäste erwarten, bieten Sie Crostini und einen Prosecco zum Aperitif an. Als ersten Gang gibt es eine kalte Vorspeise, danach eine kleine Portion Pasta oder einen Risotto. Als Hauptgericht servieren Sie etwas Fleisch oder Fisch, dazu Gemüse oder eine Kartoffelbeilage. Zum Abschluss dann ein süßes Dessert und/oder Käse, danach den Kaffee und einen Digestif, z. B. einen Amaro oder Grappa.

Zum guten Ton gehört auch ein richtig gedeckter Tisch.

Checkliste für Feste – daran sollten Sie bei der Menüplanung denken:

- Nur keinen Stress: Kombinieren Sie höchstens ein zeitaufwändiges Gericht mit schnell zu kochenden anderen Gängen.
- Alle haltbaren Zutaten wie Käse, Gemüse, Tiefkühlprodukte bereits einige Tage vorher besorgen; Fleisch oder Fisch eventuell vorbestellen.

Wichtig ist:
keine ähnlichen Zutaten und Zubereitungsarten aufeinander folgen lassen. Also kein rotes Fleisch zur Vorspeise und zum Hauptgericht oder kein Obstsalat nach Ente mit Orangen.

»Ich mache eine Pause.«

»Bitte nachlegen!«

»Sie können abräumen.«

Besteck
Während des Essens wird bereits benutztes Besteck auf dem Tellerrand abgelegt, niemals auf dem Tisch oder auf der Tischdecke.

- Am Vortag eines Feiertages oder am Tag des Festtages nur noch die frischen Zutaten wie Salate, Brot, Milch, Sahne usw. einkaufen.
- Getränke bereits einige Tage vorher kaufen oder liefern lassen.
- Haben Sie ausreichend Geschirr? Eventuell Teller, Besteck und Gläser beim Partyservice mieten.
- An Servietten, Kerzen und eventuell Namenschilder sowie an Material für die Tischdekoration denken.
- Bevor die Gäste kommen: mindestens eine Stunde Zeit zum Duschen, Umziehen und Etwasausruhen einplanen!

Eindecken des Besteckes und Bestecksprache

Die Menü-Auswahl und Menüfolge bestimmen die Anordnung der Besteckteile links und rechts vom Teller.

- Die Messerschneide zeigt immer nach links zum Tellerrand.
- Die Gabel liegt links mit den Zinken nach oben.
- Messer und Löffel werden nebeneinander parallel auf einer Höhe platziert.
- Der Abstand zur Tischkante beträgt etwa einen Fingerbreit.
- Gabeln können in der Höhe versetzt eingedeckt werden.
- Das Dessertbesteck (Dessertlöffel und Dessertgabel oder Kaffeelöffel und Kuchengabel) liegt quer oberhalb des Tellers. Dabei liegt die Gabel mit dem Griff nach links oberhalb des Tellers, der Löffel mit dem Griff nach rechts über der Gabel.
- Wird Käse als Dessert gereicht, liegt oberhalb des Tellers das Dessertmesser mit dem Griff nach rechts, darüber die Gabel mit dem Griff nach links.

! Das Dessertbesteck kann aber auch nach dem Hauptgang neu eingedeckt werden.

Bestecksprache

Die Art, wie Sie Ihr Besteck ablegen, verrät, ob Sie gerne noch etwas nachgelegt möchten oder ob Sie mit dem Essen fertig sind.

- »Ich mache eine Pause.«
- »Bitte nachlegen!«
- »Sie können abräumen.«

Benehmen bei Tisch

Die Regeln und das Benehmen des modernen Menschen bei Tisch sind das Ergebnis einer langen geschichtlichen Entwicklung. Der Mensch wird auch durch die Art und Weise, wie er isst, charakterisiert. In der Tat liebt es der Mensch, gemeinsam mit anderen (Familie, Gruppen, Kollegen, Freunden) zu essen. Hieraus entsteht auch die Notwendigkeit von Verhaltensregeln bei Tisch.

- Man sollte aufrecht am Tisch sitzen, die Ellenbogen am Oberkörper anliegend und auf keinen Fall auf den Tisch aufgestützt.
- Gabel und Löffel werden zum Mund geführt und nicht der Mund zum Teller.
- Das Messer sollte auf keinen Fall zum Mund geführt werden; es dient nur zum Zerlegen oder Streichen der Speisen.
- Am Tisch wird nicht geschmatzt und geschlürft. Das gilt insbesondere beim Essen von Suppen.
- Mit vollem Mund spricht man nicht.
- Die Gerichte werden von rechts serviert, der Wein wird von rechts mit der rechten Hand eingeschenkt.
- Wenn man zu Gast ist, kann man einen kleinen Rest auf dem Teller lassen.

Wie isst man das?

Tischmanieren stehen wieder hoch im Kurs. Doch bei so manchem Gericht wissen viele nicht genau, wie man es isst. Wie entfernt man zum Beispiel die Gräten aus einer Forelle? Isst man Spaghetti mit Gabel und Löffel oder nur mit der Gabel, und wie vermeidet man, dass man sich beim Essen mit der Sauce von oben bis unten bespritzt? Und die Olive: Sie ist einfach zu essen, aber wohin mit dem Kern?
Sie werden im Folgenden viele Tipps finden, die Ihnen helfen, (fast) jede Situation zu meistern, sei es am kalten Buffet, sei es beim eleganten Diner.

Artischocken

Artischocken werden als Ganzes serviert, auf einem Spezial- oder tiefen Teller. Dazu werden auf Wunsch verschiedene Saucen, Dips wie Sauce Hollandaise, Kräutermayonnaise, Knoblauchdressing gereicht.
Mit der linken Hand hält man die gekochte Artischocke, mit der rechten zupft man sich allmählich vom äußeren Blattwerk nach innen. Man zieht Blatt für Blatt ab, dippt jedes einzeln in die Sauce – Artischockenteller haben dafür separate Vertiefungen –, schiebt das dicklich-gelbe Blattende zwischen die Zähne und schabt das »Fleisch« ab. Den ungenießbaren Blattteil legt man auf einen eigenen Teller. Die eigentliche Delikatesse ist der Boden, der umgeben ist vom so genannten Heu. Das Heu wird entfernt und der Artischockenboden mit Messer und Gabel gegessen.

Pellkartoffeln

Vor dem Schälen etwas abkühlen lassen. Erkaltete Kartoffeln lassen sich allerdings schlecht schälen. Mit der linken Hand die Kartoffel auf eine Gabel spießen und mit dem Messer oder Löffel in der rechten Hand die Schale abziehen.

Oliven

Man nimmt die Olive mit einem Zahnstocher oder mit Daumen und Zeigefinger. Den Kern lässt man in die leicht geöffnete Faust gleiten und legt ihn am Tellerrand oder im Aschenbecher ab. Einen Löffel verwendet man nicht.

Salat

Das Messer ist überflüssig, außer man muss eine große Tomatenscheibe oder grüne Bohnen zerteilen. Oft ist es auch praktisch, mit dem Messer ein großes Blatt Salat zurechtzufalten, damit es viel Sauce nimmt. Bei Salaten wie Gurkensalat, Chicorée, Krautsalat kann ein Messer verwendet werden, muss aber nicht. Salat sollte generell mundgerecht gezupft oder geschnitten sein.

Avocado

Die reife Frucht wird der Länge nach geteilt, der Kern durch gegenläufiges Drehen der Hälften gelöst. Die Frucht ist dann reif, wenn das Fruchtfleisch butterweich ist. Man löffelt es bis zum Schalenrand heraus. Je nachdem, ob man Rechts- oder Linkshänder ist, hält die besteckfreie Hand die Fruchtschale fest. Wer die Avocado lieber in handlichere Spalten schneidet, der kann das Messer verwenden.

Cocktailfrüchte

Steckt am Rand eines Cocktailglases eine Orangenscheibe, so lässt man sie stecken, wenn sie einen beim Trinken nicht stört. Das Früchtespießchen aus Kirschen und Ananas oder Melonenperle, das quer über das Glas gelegt ist, kann man hingegen genießen. Man zieht Frucht für Frucht mit den Zähnen vom Spießchen. Die Olive im Martini, wenn sie nicht aufgespießt ist, nimmt man aus dem leeren Glas mit Daumen und Zeigefinger und isst sie. Der Kern wird mit dem Löffel auf den Tellerrand gelegt.

Unser erster Tipp
Genieren Sie sich nicht zu fragen, wenn Sie ein Gericht nicht kennen. Es ist nicht schlimm, nicht zu wissen, dass ein Knurrhahn kein Geflügel ist.

Dekoration
Im Prinzip gilt: Es kann alles gegessen werden, was auf dem Teller liegt. Gemüse und Obst sind keine Requisiten, sondern Lebensmittel.

Kiwi

Die Kiwi, eine eiergroße Frucht, ist fast wie ein Ei zu verzehren. Man löffelt sie aus. Allerdings nicht, indem man sie »köpft«, sondern man schneidet sie an der Breitseite durch und verspeist dann das reife Fruchtfleisch der beiden Hälften mit einem Dessert- oder Eierlöffel.

Kirschen

Auch das Kirschenessen will gelernt sein.

Werden zum Nachtisch Kirschen in einer gemischten Obstschüssel gereicht, nimmt man sie mit der Hand am Stängel. Man trennt Stiel und Frucht mit den Zähnen und entledigt sich des Kernes wie bei der Olive, indem man eine leicht geöffnete Faust bildet. In die entstandene kleine Kuhle lässt man den Kern fallen und legt ihn an den Tellerrand. Die Hand reinigt man dann eventuell in einer Fingerschale.
Wo es feiner zugehen soll, da steht zum Kirschenessen ein Dessertlöffel zur Verfügung, auf den man den Kern gibt: den Löffel zum Mund führen, den Kern mit den Lippen mit geringem Kraftaufwand herausdrücken und den Kern vom Löffel auf den Tellerrand gleiten lassen.

Kokosnuss

- Die harte Schale lässt sich auf mehrere Arten »spalten«: Am oberen Ende erkennt man bei genauem Hinsehen drei dunkle Punkte, die Keimlöcher, in die man einen Meißel treibt, um die Schale dann mit einem Hammer zu sprengen.
- Man kann die Nuss auch mit Schwung auf einen harten Untergrund werfen. Sie zerspringt, und das Fruchtfleisch liegt frei.
- Mit einer Säge kann man der Kokosnuss ebenfalls zu Leibe rücken.
- In jedem Fall gilt: Das feste Fruchtfleisch muss mit einem kräftigen Messer herausgehobelt oder -gestemmt werden und lässt sich dann mit dem Messer mundgerecht schneiden. Eine Köstlichkeit für sich ist die Kokosmilch, die man beim Schütteln der unbearbeiteten Frucht gluckern hört. Die Milch gewinnt man, indem man die Frucht an den Keimlöchern mit einem spitzen Instrument anbohrt. Man lässt die Flüssigkeit in ein Glas laufen.

Mango

Die reife Mango wird längs aufgestellt und parallel zum abgeflachten, spitzen Kern beidseitig in einer Dicke bis zu eineinhalb Zentimeter abgeschnitten. Um sie bis zur Schale auslöffeln zu können, schneidet man das Fruchtfleisch kreuzweise ein. Wer die Mango als Ganzes essen möchte, zieht die Haut mit einem Schäler ab und schneidet das Fruchtfleisch Stück für Stück ab.

Melone

Melonen werden meist mit einem scharfen Messer der Länge nach geteilt. Dann entkernt man sie mit einem Löffel und schneidet sie in Spalten. Will man dem Gast entgegenkommen, filetiert man das Fruchtfleisch von der Schale. So kann die Melone mit Obstmesser und Gabel oder mit der Hand gegessen werden. Die Melone kann aber auch kugelförmig ausgestochen und in einer Cocktailschale gereicht werden.

Canapés

Man nimmt die edlen Häppchen mit den Fingern und verspeist sie mit einem einzigen Biss. Sie sollten immer als Fingerfood angeboten werden, also als kleine Mundbissen.

Weiches Ei

Macht man es elegant, wird die Schale der Eispitze vorsichtig mit dem Eierlöffel leicht angeschlagen, dass Sprünge entstehen. Vorsicht, dass die Sprünge nicht zu klein ausfallen. Mit dem Löffel wird die Eikuppe abgehoben, in die

Hand genommen und ausgelöffelt. Den Rest des weich gekochten Eies löffelt man aus. Als Alternative kann man das Ei »köpfen«, d. h. die Eispitze mit dem Messer anschlagen und absägen.

Käse

In der Regel gilt: die Rinde, ob zum Abziehen weich oder zum Abschneiden hart, wird nicht mitgegessen, sondern bis zu dem Punkt entfernt, an dem der Käse seinen optimalen Reifungsgrad hat.

Schinken (Rohschinken)

Die guten italienischen Schinken werden so hauchdünn geschnitten, dass man eine Zeitung durch sie lesen könnte. Der Schinken wird wegen seines wunderbaren Geschmacks mit der Hand gegessen. Mit der Grissinispitze kann man die Schinkenscheibe aufnehmen, wenn man sich die Finger nicht fettig machen will. Man wickelt den Schinken um die Grissinispitze und beißt ab.

Fischgerichte/Fischgräten

Stößt man beim Kauen auf eine Gräte, entfernt man diese hinter vorgehaltener Hand mit Daumen und Zeigefinger aus dem Mund und legt sie auf den Tellerrand.

Forelle zerlegen

- Man beginnt unterhalb des Auges. Es werden die Bäckchen – ein Leckerbissen – mit leichtem Druck der Fischmesserspitze herausgelöst und gegessen. Dann werden Rücken- und Bauchflosse, zuletzt die Schwanzflosse entfernt. Die Gräten werden auf einen eigenen Teller (Grätenteller) gelegt, auf den Sie, falls Sie mit einer Zuchtforelle vorlieb nehmen müssen, auch die Fischhaut legen.
- Mit der Schneide des Messers erfolgt dann ein Schnitt über die ganze Länge des Rückgrates und ein weiterer Schnitt unterhalb des Kiemenlappens am Kopf; nicht zu tief, damit später der Kopf mitsamt dem Rückgrat herausgelöst werden kann. Nun wird mit der flachen Seite des Fischmessers möglichst behutsam die Haut vom Fleisch getrennt.
- Das Filet wird dann von der Gräte gelöst und beiseite geschoben. Die Gräte samt Kopf vom Schwanz beginnend vom unteren Filetteil lösen und zu den anderen Abfällen legen.
- Das verbleibende Filet wird über den Rückenteil gewendet, so dass der untere Bauchlappen nach oben zu liegen kommt. Die Haut wird wieder vorsichtig entfernt, und die beiden Filets werden so zusammengelegt, dass der ursprüngliche Fischkörper wieder erkennbar ist.

Seezunge

Sie lösen Ober- und Unterflossen vom geputzten und enthäuteten Fisch und legen die Teile auf den Grätenteller. Das obere, frei liegende Filet essen Sie dann unmittelbar von der Gräte. Nach seinem Verzehr heben Sie den Grätenstrang mit Kopf vom unterliegenden Filet auf den Grätenteller und essen weiter.

Garnelen/Scampi

Man nimmt den Kopf der gegarten Garnele in die linke Hand und hält ihn fest. Mit der rechten Hand trennt man den Kopf vom Körper, indem man die beiden Teile knickt.
Das hat zur Folge, dass sich der Panzer vom Schwanz löst. Den schwarzen Faden des Darms entfernt man mit dem Fischmesser, mit der Gabel oder ganz einfach mit der Hand.

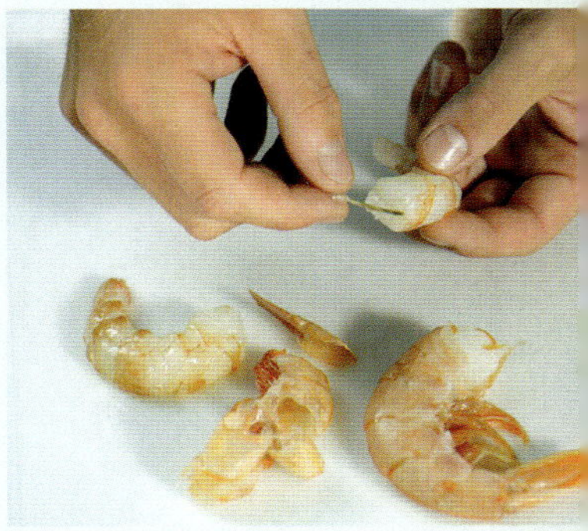

Bei rohen Garnelen und Krustentieren sollte man den Darm entfernen.

Austern

Man fasst die geöffnete Auster mit der linken Hand und löst das Fleisch mit der Gabel vom so genannten Bart. Je nach persönlichem Geschmack gibt man etwas Pfeffer aus der Mühle und etwas Zitronensaft auf das Austernfleisch. Dann »schlürft« man (möglichst geräuschlos) die Auster mit dem verbliebenen Austernwasser direkt aus der Schale.

Muscheln (Miesmuscheln oder auch Venusmuscheln)

Nehmen Sie die Muscheln in die Hand und ziehen Sie das Muschelfleisch mit ihren Lippen oder Zähnen aus der Schale.

Geflügel wie Huhn, Wachteln usw.

Für Keule und Flügel gibt es heutzutage eine allgemein akzeptierte Regel: Messer und Gabel werden so lange benutzt wie nötig. Dann legt man das Besteck beiseite und isst mit der Hand weiter, indem man die Knochen zum Mund führt und mit den Zähnen abnagt.

Spaghetti werden nicht geschnitten, sondern aufgedreht.

Lammkoteletts

Es gilt im Prinzip das Gleiche wie für das Geflügel. Man schneidet sich so lange an den Knochen heran, wie es geht, und bedient sich dann seiner Hände, um das Knochenfleisch mit den Zähnen abzunagen.

Spaghetti

Das Wichtigste beim Spaghettiessen ist die Serviette, wegen der ganz und gar unvermeidlichen Saucenspritzer. Man steckt sie sich in Hemdkragen oder Bluse. Italiener und Könner kommen ohne Löffel aus. Sie wickeln die Nudeln mit der Gabel am Tellerrand auf oder nehmen ein Stück Brot mit der linken Hand zu Hilfe. In anderen Ländern ist es aber auch üblich, Spaghetti mit Löffel und Gabel zu essen. Die Gabelspitze greift die Nudeln auf, hebt sie leicht in die Höhe und wickelt sie mit den Gabelspitzen auf dem Löffel auf.

Pizza

Pizza wird wie eine Torte geschnitten und dann ohne Messer und Gabel als Fingerfood, also mit der Hand gegessen. Und zwar von der Spitze aus, indem man die Pizza an ihrem dickwulstigen Rand festhält. Man kann sie aber selbstverständlich auch mit Messer und Gabel essen.

Soufflé

Man stürzt das Soufflé aus der Form (Cocotte oder Timbaleform) auf den Teller, auf dem bereits ein Fruchtsaucenspiegel angerichtet ist. Die Sauce kann auch nachträglich um das Soufflé getröpfelt werden. Dann kann mit Dessertlöffel und -gabel gegessen werden.

Suppe

Man führt niemals den Kopf hinab zum Löffel. Bei Suppentassen kann man sich des Henkels bedienen, um die Tasse zum Mund zu führen und die letzten Schlucke auszutrinken. Man füllt den Löffel halb oder zu zwei Drittel voll. Bei Suppen mit unhandlichen Einlagen, langen Fadennudeln etwa, darf man sich mit der Gabel weiterhelfen und alles Unhandliche handlich auf den Löffel geben. Isst man die Suppe aus einem Suppenteller, so kippt man diesen für die letzten Reste nicht zu sich hin, sondern von sich weg.

›Mamma's‹ Ratschläge
Tipps und Tricks

Geselligkeit, auch bei der Arbeit, wird in Italien groß geschrieben.

Warum wird Braten knusprig?

Die Fleischfasern enthalten Aminosäuren, die wiederum zuckerhaltig sind. In der Backrohrhitze karamellisieren die Zuckermoleküle und die Oberfläche bekommt eine braune Kruste.

Wann brät man mit Butter, wann mit Öl?

Alles, was länger als 10 Sekunden gebraten wird, sollte mit Öl gebraten werden, denn Butter brennt in der Pfanne an (wegen der Molke). Wer auf den Geschmack von Butter nicht verzichten möchte, gibt sie ganz zum Schluss in die Pfanne.

Warum läuft Milch über?

Bei Hitze verschmelzen die Fetttröpfchen in der Milch miteinander. Das enthaltene Kasein gerinnt, auf der Milch bildet sich eine Haut. Der Wasserdampf auf dem Topfboden hebt diese Haut. Das Malheur ist passiert.

Warum muss man Teig kneten?

Die Proteine im Mehl werden dabei voneinander getrennt, die Proteinfäden »schwimmen« im Teig (wie Algen im Meer), dehnen sich wie Spiralfedern, machen die Masse elastisch und nach dem Backen schön locker.

Warum mit heißem und viel Fett frittieren?

Weil das an sich kühle Frittiergut in wenig Fett zu schnell abkühlen würde. Die Folge: Es bildet sich nicht schnell eine Kruste, sondern Fleisch- und Gemüsestücke saugen sich voll, werden pappig. Bleibt das Fett dagegen schön heiß, wird die Oberfläche »verschweißt«. Das »Innenleben« bleibt relativ trocken und fettarm.

Warum darf ein Dressing (Salatsauce) erst kurz vor dem Servieren auf den Salat?

Besonders Blattsalate sind empfindlich. Der Grund: Die Oberfläche wird beim Anmachen verletzt. Essig und Wasser dringen durch haarfeine Risse ins Blattinnere und verdrängen dort die Luft. Das Licht wird anders gebrochen, das Blatt verliert seine frische grüne Farbe.

Warum werden aufgeschnittene Äpfel und Birnen in kurzer Zeit braun?

Beim Schneiden werden Zellen verletzt und dadurch Enzyme frei, die die Moleküle oxidieren lassen. Es bildet sich der braune Farbstoff Melanin. Wird das Obst mit Zitrone beträufelt, verzögert die geballte Portion Vitamin C über längere Zeit die Oxidation.

Warum beim Spiegeleibraten nur das Eiweiß, aber nicht das Eigelb salzen?

Salz (Natrium) entzieht dem Eigelb das Wasser, macht es hart. Ohne Salz bleibt das Eigelb weich, weil es erst bei einer acht Grad höheren Temperatur als das Eiweiß gerinnt.

Warum geraten die Gerichte in der Salzkruste so schmackhaft?

Neben der kulinarischen Inszenierung mit großer Wirkung bieten Salzkrustengerichte eine Reihe weiterer Vorteile: Fisch und Fleisch ohne Fett unter der Kruste gegart bleiben schmackhaft. Der Saft bleibt erhalten, er ist sehr aromatisch. Das Salz zieht außerdem kaum ein. Denn aus der weißen Kruste absorbieren diese Gerichte nur geringste Mengen Salz.
Um den Eigengeschmack der Fische in Salzkruste hervorzuheben, sollten intensive Saucen vermieden werden; delikates Olivenöl und einige Tropfen Zitronensaft eignen sich deutlich besser.
Welche Fische eignen sich: Goldbrasse, Zahnbrasse, Barben usw.
Welches Fleisch eignet sich: Roastbeef, Rindslende usw.

Was ist eigentlich so gesund am Fisch?

Fisch enthält kein Cholesterin, hat wenig Kalorien, aber viel Eiweiß und ist leicht verdaulich.

Wie lässt sich die Qualität eines Fischfilets auf dem Teller erkennen?

Wenn es schonend gebraten oder pochiert ist, sieht man, ob das Eiweiß geronnen ist oder nicht. Bei einem gefrorenen Fisch gerinnt das Eiweiß allein schon durch das Auftauen schneller. Ist zum Beispiel ein Zander frisch, hat er festes, blättriges Fleisch, fast so wie ein Wolfsbarsch. Je älter der Fisch, desto lascher das Fleisch.

Darf man Muscheln im Sommer essen?

Diese alte Regel sollte vor einer Fischvergiftung schützen. Und die kann nur im Sommer auftreten, wenn es zur Algenblüte und der damit verbundenen Toxinbildung kommt. Die Muscheln nehmen dann hochgiftige Panzergeißelalgen mit dem Wasser auf.
Heute werden die für die Ernte von Muscheln relevanten Küstenbereiche über ein Frühwarnsystem für Algentoxine gesichert. In den Verpackungszentren werden die Muscheln nochmals kontrolliert. So wird eine gesundheitliche Beeinträchtigung durch schädliche Bakterien weitestgehend ausgeschlossen.

Stimmt das oder stimmt das nicht?

Woher manche »Weisheiten« kommen, ist oft nicht mehr nachvollziehbar. Sicher ist auf jeden Fall, dass so manche Regel, die noch aus Großmutters Zeiten stammt, wissenschaftlich betrachtet falsch ist.
Lesen Sie im Folgenden einige dieser Ernährungsirrtümer, die, einmal unters Volk gebracht, scheinbar kaum mehr auszumerzen sind.

»Olivenöl darf man nicht hoch erhitzen.« Das Gegenteil ist richtig. Olivenöl eignet sich besonders gut zum Braten, weil es durch den hohen Vitamin-E-Gehalt und spezielle Fettsäuren extrem hitzebeständig ist (bis 200 Grad).

»Nudeln machen dick.« Eine Portion (etwa 60 Gramm ungekocht) hat nur 220 Kalorien. Dickmacher sind die gehaltvollen Sahne- und Fleischsaucen.

»Scharfes ist schlecht für den Magen.« Peperoncino, Pfeffer und Curry sind Bakterienkiller. Sie unterstützen die Arbeit von Galle und Leber.

»Brauner Zucker ist gesünder als weißer.« Zusammensetzung, Energie und Süßkraft sind identisch. Damit sind beide Sorten (im Übermaß) gleich ungesund.

»Spinat enthält viel Eisen.« Falsch, Spinat ist mit 3 Milligramm pro 100 Gramm Eisengehalt zwar längst nicht so eisenhaltig wie früher angenommen, jedoch ist er reich an Mineralstoffen, Eiweiß und Vitaminen.

100 Küchentipps zum sicheren Gelingen

Abtropfen lassen sollten Sie das Gemüse nach dem Kochen und Abschrecken. So kann es kein weiteres Wasser anziehen und behält seinen Biss.

Ananas sind reif, wenn sich die Blätter aus dem Blattschopf ganz leicht herausziehen lassen. Reife Ananas riechen auch süßlich. Beim Kauf sollte man darauf achten, dass die Frucht keine weichen oder dunklen Stellen hat.

Artischocken nicht in Aluminiumtöpfen kochen, denn sonst verfärben sie sich schwarz.

Backformen werden meist mit Mehl oder Semmelbröseln ausgestreut, damit sich der Kuchen später leicht löst. Das geht aber auch mit gehackten Nüssen, Mandeln oder Kokosraspeln. So erhält der Kuchen eine besondere Note.

Backpapier verrutscht leicht auf dem Backblech. Damit das nicht passiert, einfach in jede Ecke des Backblechs einige Tropfen Öl träufeln, dann das Papier auf das Blech legen, leicht andrücken.

Baiser geht beim Backen besonders gut und luftig auf, wenn man eine Prise Backpulver hinzufügt. Den sehr feinen Zucker erst nach und nach in den halbfesten Eischnee einrieseln lassen.

Beschichtete Pfannen verhindern, dass beim Braten in Edelstahlgeschirr etwas hängen bleibt. Zuerst wird die Pfanne oder der Topf stark erhitzt, dann gibt man das Öl bzw. Fett dazu und sofort danach das Fleisch oder den Fisch. Kommt das Fett in die kalte Pfanne, bildet es beim Erhitzen eine Kruste am Boden und alles, was man darin brät, klebt ebenfalls fest.

Blanchieren Sie das Gemüse und schrecken Sie es nachher ab, so bleiben Vitamine, Nährstoffe und nicht zuletzt die Farbe optimal erhalten.

Blätterteig geht besser auf, wenn man beim Backen ein hitzebeständiges Gefäß mit Wasser in das Backrohr stellt. Der Wasserdampf sorgt dafür, dass das Gebäck schön locker und luftig aufgeht.

Blätterteig backen: Stellen Sie das *Umluftbackrohr* auf 200 Grad ein, das normale *Backrohr* mit Ober- und Unterhitze auf 220 Grad, das *Gasbackrohr* auf Stufe 3 bis 4. Das Backgut immer auf die 2. Einschubleiste geben.

Brandteig sollte man vor dem Einrühren der Eier in eine kühle Rührschüssel umfüllen. Die Eier können sonst im heißen Topf gerinnen und damit ihre Bindefähigkeit verlieren.

Braten, der nicht durch ist, kann in dünne Scheiben geschnitten werden und etwa 15 Minuten in der köchelnden Sauce fertig garen.
Er erhält eine schöne Kruste, wenn man ihn vor dem Servieren mit einer Mischung aus Senf und Parmesan oder Brösel bestreicht und dann nochmals für kurze Zeit in das Backrohr schiebt.
Das Fleisch sollte vor dem Anschneiden einige Minuten ruhen, damit sich der Fleischsaft besser verteilt. Besonders aromatisch wird der Braten, wenn er während dieser Zeit zusammen mit frischen Küchenkräutern in der Sauce liegt.

Brot, damit es frisch bleibt, nur an einem trockenen und sauberen Ort aufbewahren, und zwar am besten in einem Leinen- oder Baumwollsack oder einem Brotkasten aus Holz. Bei angeschnittenem Brot am besten die Schnittfläche mit einer Frischhaltefolie abdecken. Ausgetrocknetes und hartes Brot für Suppe, Brösel oder Tierfutter verwenden. Schimmeliges Brot muss entsorgt werden.

Brot-Croûtons sind eine beliebte Beilage zu Salaten oder Suppen. Meist bereitet man sie aus Toastbrot zu. Viel würziger und aromatischer schmecken sie aus Vollkornbrot.

Butter verleiht Saucen, Suppen und Gemüsegerichten einen besonders delikaten Geschmack. Es genügt, dem fertig gegarten Gericht etwas kalte Butter zuzufügen. Sie wird beim Braten nicht so schnell braun, und es spritzt nicht, wenn man einige Tropfen Öl hinzufügt.

Cayennepfeffer am besten immer erst nach dem Garen in die Speisen geben, da er diesen sonst ein bitteres Aroma verleiht.

Champignons mögen wie alle Pilze kein Wasser. Man kann die Köpfe mit einem feuchten Tuch putzen oder mit einem Pinsel säubern. Sie bleiben beim Braten oder Dünsten schneeweiß, wenn man sie nach dem Putzen mit Weißwein oder Zitronensaft beträufelt. Man kann sie am nächsten Tag noch einmal aufwärmen, wenn das Pilzgericht am Tag der Zubereitung schnell abgekühlt, zugedeckt im Kühlschrank aufbewahrt und am nächsten Tag auf mindestens 70 Grad erhitzt wird. Länger als zwei Tage sollte man Pilzgerichte nicht aufbewahren.

Chicorée immer in einem dunklen Raum lagern. Licht verfärbt die Kolben grün und sie bekommen einen bitteren Geschmack. Der Salat besitzt im Kern wesentlich mehr Bitterstoffe als in den äußeren Blättern. Um ihm das bittere Aroma zu nehmen, den Strunk vor der Zubereitung mit einem Messer keilförmig aus dem Wurzelende herausschneiden.

Peperoncino kann aufgrund seiner ätherischen Öle Haut und Schleimhäute stark reizen. Nach dem Putzen und Schneiden der Schoten die Hände gründlich und mehrfach waschen. Peperoncino verleiht Gerichten ein besonders scharfes Aroma, wenn man die Trennwände und die Kerne nicht entfernt. Immer nur vorsichtig dosieren, denn die Schärfe breitet sich nur langsam aus. Gerade im Sommer, wenn es so warm ist, sind die feurigen Zutaten ideal, denn sie desinfizieren den Magen, schützen vor Infektionen. Außerdem fördern sie die Durchblutung, machen die Speisen leichter bekömmlich und regen die Verdauung an.

Eier zum Pochieren müssen immer sehr frisch und gut gekühlt sein, damit das Eiweiß beim Garen optimal zusammenhält.

Eischnee wird nicht steif, sollten Spuren von Eigelb mit ins Eiweiß gelangt sein. Passiert das beim Eiertrennen trotzdem, lässt sich das Eigelb ganz einfach mit der Eierschale wieder herausfischen.

Eischnee, fertig geschlagen, darf nicht weitergerührt werden, sonst kann er wieder zusammenfallen. Wenn Sie 1 Prise Salz oder 1 bis 2 Tropfen Zitronensaft zum rohen Eiweiß geben, wird der Eischnee schneller steif.

Eiweiß aufschlagen: Wann soll man den Zucker zum Eiweiß geben? Den Zucker nicht zu früh beimengen! Er darf erst dann untergemischt werden, wenn der Eischnee fest genug ist, weil Zucker den Proteinen Wasser entzieht, und zwar um so mehr, je feiner er verteilt wird. Wenn man also den Zucker zu früh beimengt, dann lässt sich das Eiweiß nur schwer schlagen.

Fettgebackenes nach dem Frittieren auf Küchenpapier legen. So kann es besser abtropfen, das Papier saugt das überschüssige Fett aus dem Gebäck auf.

Fisch verträgt bei der Zubereitung keine zu starke Hitze. Er lässt sich wesentlich leichter schuppen, wenn man ihn zuvor für kurze Zeit in Essigwasser legt. Fisch wird nicht trocken, wenn man ihn während des Grillens gelegentlich mit gewürztem Öl bepinselt. Für große Fische gibt es eine einfache Garprobe: Sie sind gar, wenn sich die Rückenflosse leicht herausziehen lässt.

Fisch ist gar, wenn Sie mit einem kleinen Messer in das Fleisch stechen, die Schnittstelle etwas öffnen, so dass Sie ins Innere sehen können. Ist der Fisch innen nur noch ganz leicht glasig, ist er gar.

Fischbrühe/-fond: Fischfond soll nur 20 bis 30 Minuten ziehen und auf keinen Fall kochen. Die Zeit darf nicht überschritten werden, weil sich nach ungefähr 30 Minuten die Gräten auflösen und die Gelatine darin in den Fond übergeht. Dadurch schmeckt er tranig. Sollten Sie keine Fischbrühe vorrätig haben, verwenden Sie stattdessen Fleischsuppe.

Fleisch ist gut durchgegart, wenn es sich mit Finger oder Gabel kaum eindrücken lässt. Bildet sich an der Druckstelle vorübergehend eine Vertiefung, ist das Fleisch medium. Bleibt die Stelle bestehen, ist es noch fast roh.

Fleisch ist ausreichend gegart, wenn das Hineinstechen mit der Gabel ganz leicht geht.

Forellen werden beim Braten besonders knusprig, wenn man die Haut im Abstand von etwa 2 bis 3 Zentimetern einschneidet und sie hauchdünn mit etwas Mehl oder Brotbrösel bestäubt.

Frittierfett oder auch Bratfett hat die richtige Temperatur, wenn sich rund um den Stiel eines Kochlöffels, den man in das Fett hält, Bläschen bilden.

Geflügel trocknet während des Garens nicht aus, wenn man es vor dem Braten mit dünnen Scheiben weißen Specks oder mit Bauchspeck umwickelt; kurz vor Ende der Garzeit entfernen.

Gefüllte Teigwaren können einzeln eingefroren werden, wenn sie noch roh und ungekocht sind. Sie werden bei der Zubereitung auch nicht aufgetaut, sondern gleich gefroren ins kochende Wasser gegeben. Die Garzeit verlängert sich dann höchstens um eine Minute.

Gemüse sollte man nicht in Salzwasser kochen, sondern lieber in etwas Olivenöl und Brühe dünsten. Es entwickelt so viel mehr Aroma und gart im Dämpfeinsatz besonders schonend.

Gemüsesud, der beim Kochen von Blumenkohl, Kohlrabi, Spargel usw. anfällt, können Sie zur Zubereitung von Suppen und Saucen verwenden.

Gewürze: Beim Würzen immer zunächst die milderen, später dann die schärferen Gewürze hinzufügen. Paprikapulver immer erst während des Garens, nicht schon während des Anbratens beigeben, da es den Speisen sonst ein bitteres Aroma verleiht. Gewürze werden nicht immer vor oder während des Garens zugegeben. Fleisch kann man normalerweise vor dem Braten würzen, salzen sollte man es erst ganz zum Schluss oder erst nach dem Braten. Dies gilt insbesondere für Kurzgebratenes. Hingegen werden Braten und Geflügel, die im Backofen zubereitet werden, bereits vor dem Garen mit Salz eingerieben.

Gulasch immer portionsweise in heißem Fett anbraten, damit das Fleisch saftig bleibt und rundum schön braun wird. Dadurch erhält auch die Sauce ihre gewünschte dunkle Farbe. Erst nach dem Anbraten mit Paprikapulver würzen, da es sonst durch die hohe Hitze sehr leicht bitter wird.

Kandierte Früchte kleben beim Kleinschneiden immer an der Messerklinge fest. Das geschieht nicht, wenn man die Klinge vorher dünn mit Speiseöl einstreicht.

Kartoffelpüree ist auch eine beliebte Beilage zu gebratenem Fisch. Es harmoniert noch besser, wenn man etwas geriebene Zitronenschale, fein geschnittene Dillspitzen oder auch kaltgepresstes Olivenöl und frisch geriebenen Parmesan unter das fertige Püree rührt.

Kartoffelsuppe bekommt einen guten Geschmack, wenn man einige getrocknete Steinpilze mitkocht.

Klare Suppen, Brühen bleiben klar, wenn sie nur leicht kochen. Aufsteigender Schaum muss abgeschöpft werden.

Knoblauch sollte nie stark angebraten werden, da er sonst bitter wird und dadurch auch das Aroma der Speisen beeinträchtigen kann.

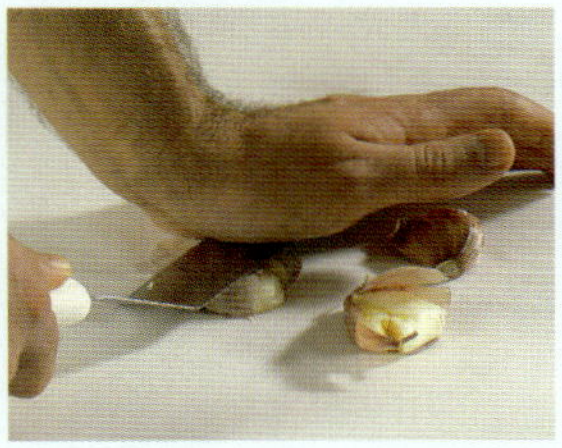

Knoblauchzehen lassen sich mit folgendem Trick leicht schälen: einfach beide Enden abschneiden und danach mit der Faust kurz auf die Zehe drücken oder schlagen. Schon lässt sich die Haut problemlos abziehen.

Kümmel macht viele schwer verdauliche Speisen bekömmlicher.

Kurzgebratenes immer bei hoher Temperatur von beiden Seiten anbraten, dann die Hitze reduzieren und unter Wenden fertig garen. Durch das scharfe Anbraten schließen sich die Poren des Fleisches besonders schnell, und die Stücke garen zart und saftig.

Mandeln lassen sich leichter häuten, wenn man sie kurz mit kochendem Wasser überbrüht, abgießt und dann in einem Küchentuch kräftig rubbelt. So löst sich die braune Haut schnell ab.

Nudeln, Reis, Kartoffeln kochen nicht so leicht über, wenn man dem Garwasser einen kleinen Schuss Öl zufügt.
Selbst gemachte Nudeln können Sie auch vollständig trocknen lassen und dann einfrieren. Zum späteren Garen werden sie unaufgetaut ins kochende Wasser gegeben.

Nudelteig wird, wenn er trocken und brüchig geworden ist, wieder geschmeidig, wenn Sie ein wenig Wasser dazugeben. Ist er hingegen zu feucht, kneten Sie etwas Mehl darunter.

Nudelwasser kocht schneller, wenn man das Salz erst nach dem Aufkochen hinzufügt.

Nüsse rollen beim Hacken nicht so leicht vom Brett, wenn man etwas Zucker daraufstreut. Sie sind manchmal schwer zu »knacken«. Einfach für einige Minuten in das vorgeheizte Backrohr bei 200 Grad legen.

Nusshaltigen Teig besser auf gemahlenen Nüssen als auf Mehl ausrollen. Dann wird der Teig nicht so bröselig und bleibt gut formbar.

Orangen lassen sich leichter schälen, wenn man sie kurz in warmes Wasser oder auf die Heizung legt. Ebenfalls hilfreich ist es, sie auf einer Tischplatte etwas hin und her zu rollen.

Paprikaschoten sind leichter verdaulich, wenn man die Haut mit einem Sparschäler dünn schält. Die Haut lässt sich auch leicht abziehen, wenn man die Schoten bei 220 Grad im Backrohr etwa 15 Minuten erhitzt, bis die Haut Blasen wirft. Unter einem feuchten Tuch etwas abkühlen lassen und anschließend die gelöste Haut abziehen.

Parmesan schmeckt besonders würzig und wird gern zum Überbacken genommen. Da er aber wasserarm ist und wenig Fett enthält, verbrennt er leicht. Darum Parmesan mit etwas Butter verkneten und erst dann auf das Gemüse geben.

Pfannen: Gusseiserne und beschichtete Pfannen mögen weder Spülmaschinen noch Spülmittel. Nach jedem Gebrauch mit Küchenpapier auswischen. In stark verschmutztem Kochgeschirr ein Gemisch aus Wasser, Essig und Salz aufkochen und anschließend klar nachspülen.

Pilze erst nach dem Braten oder Garen salzen, da sie sonst zäh und ledrig werden.

Pizza bekommt einen knusprigen Boden, wenn man sie auf der untersten Schiene des Backrohres backt.

Reibkäse wie Parmesan kauft man am besten am Stück und lagert ihn im Kühlschrank. Frisch gerieben entfaltet er dann sein ganzes Aroma. Je älter und trockener der Käse wird, desto würziger schmeckt er.

Reis sieht sehr appetitlich aus und bekommt ein pikantes Aroma, wenn man den gekochten Reis mit etwas Currypulver mischt. Man unterscheidet verschiedene Garmethoden für Reis:

Wasser-Methode: Den Langkornreis in sprudelnd kochendes Wasser geben, etwa 18 bis 20 Minuten bei mittlerer Hitze garen, in ein Sieb abgießen. Das Mengenverhältnis von Wasser und Reis ist 4 : 1.
Quell-Methode: 1 Teil Reis mit 2 Teilen Wasser zum Kochen bringen, bei schwacher Hitze köcheln lassen, bis die Flüssigkeit aufgesogen ist. Dies dauert je nach Reissorte 18 bis 20 Minuten.

Risotto-Methode: Den Rundkornreis in etwas Fett und Zwiebel glasig dünsten, wenig Flüssigkeit zugeben und köcheln lassen, bis die Flüssigkeit aufgesogen ist. Immer wieder kleine Mengen Flüssigkeit zugießen, bis der Reis sämig gegart ist. Das Mengenverhältnis von Wasser und Reis ist etwa 2 : 1.

Reisreste lassen sich ganz leicht wieder erwärmen: den Reis in ein Sieb geben und in einen Topf über kochendes Wasser oder Brühe hängen. Zugedeckt einige Minuten ziehen lassen, bis der Reis vom Wasserdampf erhitzt ist.

Salatsauce wird leichter, wenn man den Ölanteil reduziert und durch entfettete Brühe ersetzt.

Salatblätter dürfen nicht nass sein, wenn sie mit der Salatsauce gemischt werden, sonst verwässert diese. Außerdem nehmen dann die Salatblätter das Öl nicht gut auf.

Salatsauce erhält die cremige Konsistenz, wenn das Öl ganz zum Schluss daruntergeschlagen wird. Besonders gut geht dies mit dem Pürierstab. Die Sauce bekommt dann allerdings eine helle Farbe.

Saucen lassen sich gut mit getrockneten Pilzen verfeinern – einfach einige Steinpilze oder Mischpilze in eine Pfeffermühle füllen und in die Sauce mahlen.

Schnitzel, Piccata, Medaillons schmecken aromatischer, wenn man das Fleisch vor dem Braten in einer Mischung aus Olivenöl und Knoblauch mariniert.

Schokoladenguss, der auf der Torte nicht glatt geworden ist, erhitzt man kurz mit dem Fön und verstreicht ihn dann noch einmal.

Selbst gebackenes Brot erhält eine mediterrane Note, wenn man getrocknete Kräuter oder gehackte Oliven unter den Teig knetet.

Sellerieknollen färben sich nicht braun, wenn man die geschnittene Knolle mit etwas Zitronensaft beträufelt.

Speckscheiben werden schön knusprig, wenn man sie bei starker Hitze in einer beschichteten Pfanne anbrät. Anschließend auf Küchenpapier gelegt, wird überschüssiges Fett aufgesogen.

Spinat gibt man tropfnass in einen Topf und lässt ihn bei mittlerer Hitze in sich zusammenfallen. Er erhält ein pikanteres Aroma, wenn man zunächst

Zwiebelwürfelchen und Knoblauch in heißem Fett andünstet, den Spinat (am besten Minispinat) hinzufügt und unter Rühren in etwa 2 bis 3 Minuten bei mittlerer Hitze zusammenfallen lässt. Wegen seines hohen Nitritgehalts sollte man Spinat am besten nicht aufwärmen.

Spritzsack/-beutel zum Füllen in einen hohen Rührbecher stellen und den oberen Teil über den Becherrand stülpen. So geht beim Einfüllen von Sahne oder Cremen nichts daneben.

Steaks und Lammkoteletts: Den Fettrand vor dem Braten nicht entfernen, denn er gibt dem Fleisch Aroma und hält es saftig. Wichtig ist aber, den Rand einzuschneiden, damit sich das Fleisch beim Braten nicht wölbt.

Suppen werden sämiger, wenn man die Gemüseeinlage, eventuell auch nur einen Teil davon, püriert.

Tomaten lassen sich leicht häuten: den Blütenansatz herausschneiden, die Frucht über Kreuz einschneiden, in kochendem Wasser etwa eine Minute kochen lassen, herausnehmen, mit eiskaltem Wasser abschrecken und die Haut abziehen.

Tomatenhaut trocknen und als Garnitur verwenden. Die Schalen auf ein Papier geben und im Backrohr bei 80 Grad für etwa 2 bis 3 Stunden trocknen lassen. Dann fein reiben.

Torten mit Schokoladenglasur vor dem Überziehen auf einen Gitterrost stellen und ein Stück Backpapier darunterlegen. Die überflüssige Schokolade kann so abtropfen und später z. B. für Desserts weiterverwendet werden.

Trockenpilze sollten möglichst luftig gelagert werden, deswegen nach Anbruch der Packung am besten in Leinensäckchen umfüllen. Sie müssen vor der Verwendung 15 bis 20 Minuten in lauwarmem Wasser eingeweicht werden.

Zitrusfrüchte vor dem Schälen heiß abspülen und trockenreiben. Dann können die Konservierungsmittel nicht von den Händen auf die Frucht bzw. auf die Fruchtfilets übergehen.

Zwiebel sollten Sie immer mit einem scharfen Küchenmesser schneiden. So werden die Zellen nicht gequetscht und weniger ätherische Öle freigesetzt, die die Augen reizen. Braunschalige Zwiebel verwendet man zum Dünsten, Rösten und Schmoren, rote Zwiebel für Salate und Rohkost. Die milde weiße Zwiebel und Gemüsezwiebel kann man auch roh essen.

Zwiebel kurz blanchieren, um die Schärfe zu mildern, damit sie bekömmlicher wird.

Allgemeine Begriffe aus der Küche

Abfrischen
Unter fließendem kalten Wasser oder Eiswasser abkühlen.

Ablöschen
Zugabe von Wein, Suppe oder Likör nach dem Anbraten von Fleisch oder dem Andünsten von Gemüse und Früchten. Damit wird der Bratensatz unter Rühren gelöst, der die Grundlage der Sauce bildet.

Abschmelzen
Eine fertige Speise, besonders Teigwaren, mit heißer, leicht gebräunter Butter übergießen.

Abschrecken
Einen Garprozess abrupt beenden, indem man das Gargut, wie z. B. grünes Gemüse, nach dem Abgießen des Kochwassers sofort in kaltes Wasser taucht, um die Farbe zu erhalten.

Anbraten
Bei starker Hitze in heißem Fett Fleisch usw. schnell anbräunen, damit sich die Poren schließen und es saftig bleibt.

Anschwitzen
Im Öl oder Butter ohne Bräunung leicht anbraten lassen, z. B. Zwiebel, Fleisch, Mehl usw.

Aroma
Gemisch von Substanzen, die einem Lebensmittel seinen unverwechselbaren Charakter verleihen: ätherische Öle, Essenzen, Aromastoffe.

Ausrollen
Teige oder Marzipan mit einem Nudelholz (Rollholz) zur gewünschten Dicke (oder besser Stärke) ausrollen.

Backpulver
Chemisches Lockerungsmittel, das aus zwei Teilen Natron, fünf Teilen Salz oder Säure und drei Teilen Stärke besteht.

Bittermandelöl
Ätherisches Öl aus Bittermandeln, dem durch eine spezielle Behandlung die Blausäure entzogen wird; es wird heute vorwiegend synthetisch hergestellt, aber auch Kerne von Pfirsichen und Aprikosen werden zur Herstellung verwendet.

Blanchieren
Kurz mit siedendem Wasser überbrühen oder im Fett vorbacken.

Brandig
Ein Teig wird durch zu langes Bearbeiten mit vielleicht auch zu weicher Butter brandig; er verliert seine Bindungsfähigkeit, und das Fett tritt aus, vor allem beim Mürbteig.

Bratensatz
Beim Braten zurückgebliebene Röststoffe, die für die Saucenherstellung verwendet werden.

Braune Butter
Die Butter wird erhitzt, bis sich die Molke absetzt; dann wird die haselnussbraune Butter heiß und schäumend über die angerichtete Speise gegossen.

Chutney
Als Basis dienen verschiedene Obst- und Gemüsesorten; sie werden mit Gewürzen zu einer süß-sauren Paste mit fester Konsistenz eingekocht.

Cocktailkirschen
In Zuckerlösung eingelegte, mit Bittermandelöl behandelte, meist halb kandierte und gefärbte Sauerkirschen, die süß schmecken. Sie werden als Garnitur verwendet.

Dressing
Kalte Würzsauce (Salatsauce), die erst kurz vor dem Servieren über den Salat gegeben wird.

Dünsten
Garen in wenig Flüssigkeit und Fett oder in eigenem Saft bei geringer Temperatur, meist im geschlossenen Topf.

Eigelb/Eidotter
Eigelb enthält etwa 32 Prozent Fett, ein Drittel davon ist Lezithin, die Verwendung von Eigelb beeinflusst die Emulgierbarkeit, die Färbung, den Geschmack, die Saftigkeit und Oberflächenbräunung der Backwaren.

Einkochen/reduzieren
Saucen und Suppen im offenen Topf so lange kochen, bis eine sämige oder sirupartige Konsistenz entsteht, die den Geschmack intensiviert.

Einweichen/quellen lassen
Trockene Nahrungsmittel wie Linsen, Bohnen, Erbsen, Blattgelatine einige Zeit in kaltes Wasser legen, damit sie weich werden. Sie nehmen mehr oder weniger Flüssigkeit auf.

Eiswasser
Mit Eiswürfeln oder im Eisschrank stark abgekühltes Wasser.

Eiweiß
Eiweiß enthält 86 % Wasser und etwa 11 % Eiweiß. Die Verwendung von Eiweiß beeinflusst die Lockerheit von Backwaren und die Trockenheit der Gebäcke; es hat eine gute Bindefähigkeit.

Filetieren
Darunter versteht man im Süßspeisenbereich das Herausschneiden von Fruchtsegmenten ohne Trennwände aus Zitrusfrüchten.

Gar ziehen/pochieren
Langsames Garen in Brühe, Suppe, Wein usw., die nicht kochen darf (unterhalb des Siedepunktes). Empfindliches Kochgut wie Fisch, Eier usw. wird dadurch nicht beeinträchtigt.

Gratinieren
Fertigen Gerichten durch Backen mit Oberhitze eine bräunliche Kruste geben.

HACCP
Hazard Analysis Critical Control Point (Gefahren- bzw. Risikoanalyse und kritischer Kontrollpunkt), ein Hygienekontrollsystem für Küchenbetriebe, das die Lebensmittelsicherheit garantieren soll. Von der Warenanlieferung über die Lagerung, die Vor- und Zubereitung bis zur Speisenausgabe.

Kalt schlagen
Warm geschlagene Massen schlagen, bis sie auf Raumtemperatur (20 Grad) ausgekühlt sind und eine ausreichende Festigkeit aufweisen.

Karamellisieren
Bräunen und Schmelzen von Zucker, öfters auch unter Anschwitzen von Butter.

Köcheln
Bei schwacher Hitze leicht kochen lassen; am Siedepunkt sanft sprudelnd garen.

Läuterzucker/Zuckersirup
Zucker mit Wasser im Verhältnis 2 : 1 etwa 1 Minute kochen. Läuterzucker kann auf Vorrat hergestellt werden. Zum Tränken von Gebäck, Glasuren und Cocktails.

Marinieren
Fisch, Fleisch, Gemüse, Salate, Früchte usw. in eine Würze (Marinade aus Öl, Kräutern, Likör, Wein usw.) für längere Zeit einlegen oder damit anmachen, um das Aroma zu verstärken oder um die Speisen mürber oder länger haltbar zu machen.

Marzipanrohmasse
Masse aus Mandeln und Zucker im Verhältnis 2 : 1.

Most
Saft aus Äpfeln, Birnen usw. oder bei der Weinerzeugung nach dem Pressen gewonnener, noch unvergorener Saft.

Parfait
Ein Halbgefrorenes, »Semifreddo«; das Wort kommt aus dem Französischen und bedeutet: besonders fein, luftig.

Parüren
Abschnitte, die beim Zurechtschneiden von Fleischstücken entstehen und für Saucen und Brühen verwendet werden.

Passieren
Früchte, Cremen, Quark usw. durch ein engmaschiges Sieb streichen.

Pürieren
Rohe oder gekochte Lebensmittel mit dem Pürierstab oder dem Mixer fein zerkleinern.

Reduzieren
Flüssigkeiten (Saucen, Essig, Säfte) so lange einkochen, bis ein Teil davon verdampft ist; verringert die Menge und verstärkt den Geschmack.

Salamander
Gratiniergerät mit regulierbarer, starker Oberhitze zum Überbacken bzw. Bräunen.

Schalotten
Kleine, eiförmige, oft auch violette Zwiebelart mit mildem, feinem, aromatischem Geschmack, für Saucen, Suppen und Füllungen.

Schmoren
Fleisch oder Gemüse wird zunächst in heißem Fett bei starker Hitze von allen Seiten angebraten und anschließend mit Brühe zugedeckt im Ofen oder auf dem Herd fertig gegart.

Schnee
Schaumig geschlagenes Eiweiß.

Sepiatinte
Im Fachhandel erhältlich; schwarze Flüssigkeit im Drüsenbeutel (Tintensack) des Tintenfisches.

Tabasco
Konzentrierte, intensiv scharfe Pfeffersauce aus vergorenen roten Chilischoten, Weinessig und Salz; wird zum Würzen und Aromatisieren tropfenweise in Speisen und Getränke gegeben.

Unterheben
Steif geschlagenes Eiweiß oder geschlagene Sahne langsam mit dem Schneebesen unter eine Creme oder Masse heben, damit diese besonders locker wird.

Vanillezucker
Mischung aus fein geriebener echter Vanille und weißem Kristallzucker.

Warm/kalt schlagen
Massen im warmen Wasserbad bis maximal 40 Grad warm und anschließend bis Raumtemperatur (20 Grad) kalt schlagen.

Warm schlagen
Massen (Schaum oder Eiermassen) in warmem Wasserbad bis max. 40 Grad aufschlagen.

Wasserbad
In einen Topf mit wenig heißem (80 Grad) oder siedendem Wasser wird ein zweiter Topf oder eine Metallschüssel gehängt; das Kochgut (Massen, Cremen, Zabaione usw.) wird nur durch den Dampf erhitzt.

Zeste
Orangen oder Zitronen hauchdünn schälen, die Schale in feinste Streifen schneiden oder mit einem Zestenreißer abschaben oder mit einer Zitronenreibe abreiben.

Zitronat
Dicke Streifen der Schale der Zedratzitrone.

Zuputzen/parieren
Vom Fleisch bzw. Fisch werden Sehnen, Häutchen usw. weggeschnitten.

Begriffe aus der italienischen Küche

Aceto balsamico
Wird aus dem Most der Trebbiano-Trauben gewonnen und in Holzfässern lange gelagert.

Al dente
Nicht zu weich gekochte Nudeln und gekochtes Gemüse, das noch Biss hat.

Amarenakirschen
Dunkelrote, fleischige Sauerkirschen, die meist in Sauerkirschensirup eingelegt und haltbar gemacht werden.

Amaretti
Kleine italienische Mandelmakronen.

Antipasti
Kalte oder warme Vorspeisen.

Aranzini
Kandierte, in Zucker gewälzte bereits geschnittene Schalen von Orangen und Pomeranzen.

Biscotti
Kekse, Löffelbiskuits.

Bruschetta
Knusprig geröstetes Brot, das beliebig belegt werden kann.

Caprese
Salat mit Mozzarella, Tomaten und Basilikum.

Carpaccio
Ursprünglich hauchdünn aufgeschnittenes und mariniertes rohes Rindsfilet; heute allgemeine Bezeichnung für roh Aufgeschnittenes und Mariniertes (Fleisch, Fisch oder auch Gemüse).

Ciabatta
Flach geformtes, außen knuspriges Weißbrot.

Crespelle
Hauchdünne, pikant gefüllte Pfannkuchen (Crepês).

Crostino
Beliebig belegtes Weißbrot, das knusprig überbacken wird.

Fiorentina
T-Bone-Steak, ein gegrilltes Rindskotelett mit Filet.

Frittata
Pikant gewürzter Eierkuchen.

Gnocchi
Kleine Nocken aus Kartoffelteig.

Granita
Gefrorener Fruchtsaft, der zum Essen mit einem speziellen Schaber abgeschabt oder gerieben wird.

Grissini
Dünne oder dicke Brotstangen.

Limette
Grüne, kleine säuerliche Zitrusfrucht.

Meringue
Eiweiß-Zucker-Schaummasse als Gebäck oder zum Überziehen von Kuchen oder Torten.

Mokka
Espresso (starker, schwarzer Kaffee aus der Espressomaschine).

Panettone
Hefegebäck, das zum ersten Mal von einem Bäcker namens Tonio gebacken und nach ihm Panettone, »il pane di Tonio« (Brot des Tonio) benannt wurde.

Piadina
Fladenbrot, meist noch warm mit Schinken, Tomaten, Spinat gefüllt.

Piccata
Dünne, kleine Schnitzel (meist vom Kalbfleisch).

Polenta
Fein gemahlener Mais.

Polipo
Oktopus/Krake, eine Tintenfischart.

Porchetta
Spanferkel.

Ragù
In kleine Würfel geschnittenes Fleischgericht, auch Sauce.

San Marzano
Längliche Tomaten (Eiertomaten).

Tramezzini
Dünne, saftige mit Rohschinken, Mozzarella, Garnelen usw. gefüllte Weißbrotscheiben.

Zabaione
Weinschaum, aufgeschlagenes Eigelb mit Zucker, Wein oder Marsala.

Getränke

Amaretto
Likör aus Mandeln, Bittermandeln, Kräutern, Vanille und anderen Gewürzen, bittersüß, herb: z. B. Amaretto di Saronno Originale, mittelbraun 28 Vol.-%.

Aprikot Brandy
Fruchtlikör; zartes bis sehr intensives Aprikosenaroma, gelblich, mindestens 30 Vol.-%.

Campari
Italienischer Aperitif aus 86 Kräutern, Wurzeln und Gewürzen. Die Extrakte daraus werden gemischt und mit Neutralalkohol, Zucker und destilliertem Wasser vollendet; rubinrot, herbsüß, 25 Vol.-%.

Cherry Brandy
Pikanter Kirschlikör aus Kirschsaft, Kirschwasser, Zucker, Weingeist und Wasser, mindestens 25 Vol.-%.

Cinzano
Wermutmarke.

Cointreau
Fruchtlikör, wird aus Bitterorangen hergestellt, wasserklar, 40 Vol.-%.

Crème de cacao
Kakaolikör; wird aus Kakaobohnen und Vanille hergestellt, sehr süß, farblos oder braun, 25 Vol.-%.

Drambuie
Honiglikör, aus Malt Whisky und Heidemehl sowie Heidekräutern hergestellt, goldgelb, 40 Vol.-%.

Grand Marnier
Fruchtlikör, auf Basis von Cognac und Bitterorangen mit einer Kräutermischung, etwa 40 Vol.-%.

Grappa
Italienischer Branntwein aus Weintrestern.

Malaga
Dessertwein, wird aus Weißwein, Mostkonzentrat, karamellisierter Zuckerlösung und Alkohol hergestellt; goldbraun.

Maraschino
Fruchtlikör aus Marasken (dalmatinische Sauerkirschen); der Markenname ist nicht geschützt und wird daher auch für Liköre verwendet.

Marsala
Dessertwein aus der Umgebung der alten Hafenstadt Marsala an der Westküste Siziliens; wird aus Weißweinen, Traubendestillat und konzentriertem Traubenmost hergestellt, dunkelrot bis braun, trocken, halbtrocken oder süß, 17–18 Vol.-%.

Rum
Branntwein aus Zuckerrohr oder Zuckerrohrmelasse mit verschiedenen Gewürzen wie Rosinen, Ananas, Zimtäpfeln oder Vanille, dessen Qualität durch die Dauer der Lagerung bestimmt wird. Man unterscheidet weißen Rum (lagert in vorbehandelten Fässern, die keine Farbe abgeben, oder in Stahltanks), braunen Rum (die Farbe stammt von den Eichenholzfässern sowie Zusatz von Zuckercouleur); Originalrum hat 62 Vol.-%, der auf Trinkstärke herabgesetzte echte Rum 38 Vol.-%.

Weinbrand
Branntwein aus Wein; aus 100 % Weindestillat oder als Verschnitt; mindestens 36 Vol-%.

Weingeist
Alkohol (Ethylalkohol), der durch Gärung (niedrigprozentiger Alkohol, z. B. Wein und Bier) oder durch Destillation (hochprozentiger Alkohol, Spirituosen) von zucker- oder stärkehaltigen Stoffen/Pflanzen, gewonnen wird.

Gerhard Wieser, Chefkoch im Gourmethotel »Castel« in Dorf Tirol

Heinrich Gasteiger, Fachlehrer an der Landeshotelfachschule »Kaiserhof« in Meran

Die Kochkunst **ist eine Art, sein Land und dessen Kultur …**

Gerhard Wieser

Heinrich Gasteiger

Helmut Bachmann, Fachlehrer an der Landesberufsschule für das Gastgewerbe »Emma Hellenstainer« in Brixen

Der Star in der Küche ist das Produkt.

… zu präsentieren

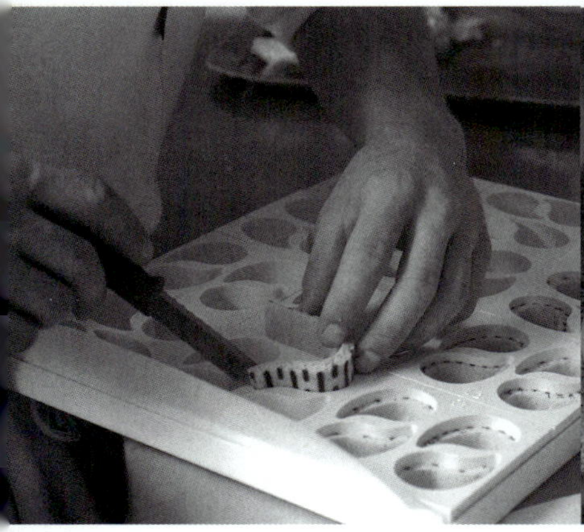

Helmut Bachmann

Hinweis für den Benutzer

Fette Schrift bedeutet, dass es sich um ein Stichwort aus dem Abschnitt »Wissenswertes« handelt.
Normale Schrift bedeutet, dass es sich um ein Stichwort aus dem Rezeptteil handelt.
Die mit einem Punkt (•) gekennzeichneten Rezepte sind als Variation oder Tipp zum Hauptgericht angegeben.

A

B

H

I

J

K

N

O

T

Einen herzlichen Dank sprechen wir allen aus, die uns beim Zustandekommen des Kochbuches unterstützt haben.

Castel
Gourmet-Restaurant »Trenker Stube«
www.hotel-castel.com

Der größte Dank gebührt Frau **Evelyn Dobitsch** für die logistische Unterstützung beim Zustandekommen des Kochbuches, indem sie uns vollstes Vertrauen entgegenbrachte und absolute Handlungsfreiheit ließ.

Bildnachweis

Udo Bernhart: Seite 16, 18, 20, 21, 22o, 23, 24, 25, 26, 27l, 27m, 28, 31u, 35, 36, 38, 39o, 40, 43u, 46, 48, 49, 50, 90, 92, 94r, 110, 112, 218, 221, 270, 272, 277, 316, 318, 320r, 333, 335l, 335u, 336, 364, 372o, 372r, 372m, 373, 376, 402, 404, 409o, 411l, 412l, 476, 480, 483, 484, 486, 490, 491, 496, 498, 499, 501, 503, 505, 508, 516, 518, 527

Egon Mark: Seite 479, 481, 482, 485, 487, 488, 492, 497, 502, 506, 507

foto focus: Seite 4, 541

Stefano Hochkofler, Athesiagrafik: Seite 22u, 47, 422

Helene Pitscheider: Seite 379

Marion Prossliner: Seite 27r

Alexa Rainer: Seite 14

Südtiroler Sennereiverband: Seite 369

H. P. Siffert: Seite 563ul

Alle übrigen Aufnahmen stammen von Daniela Kofler, Foto Rapid.

- Landeshotelfachschule »Kaiserhof«, Meran
- Landesberufsschule für das Gastgewerbe »Emma Hellenstainer«, Brixen
- Küchenmannschaft des Hotels »Castel«
- Robert Staudacher, Barmann
- Cornelia Zingerling